Impotence

性的不能の文化史

“男らしさ”を求めた男たちの悲喜劇

アンガス・マクラレン　山本規雄 訳

作品社

性的不能の文化史

——〝男らしさ〟を求めた男たちの悲喜劇

［はじめに］性的不能の歴史は〝男らしさとは何か〟の歴史である

第1章　挿入させない挿入者

——〝本物の男〟を求めた古代ギリシア・ローマ

第2章 性器は時に不服従の態度を示す
——勃起・挿入・射精の実証を求めた中世キリスト教会

第3章 「お馬がレリダで立ち往生」——性的不能が嘲笑の対象となったヨーロッパ初期近代

第4章 普及する科学、理想化される愛——啓蒙の時代、繊細さを求められるようになった男たち

第5章 新婚初夜を恐れた男たち
——19世紀、女性への恐怖と脅かされる男らしさ

第6章 「一粒で驚きの精力増大……」
——ヴィクトリア朝時代、医学とインチキ医学の闘い

第7章 「セックスこそ幸せな結婚の条件」
——フロイトとマリー・ストープス、精神分析による新たな定義

第8章 睾丸移植、ホルモン療法
——戦間期の外科的治療と回春療法、そして優生学

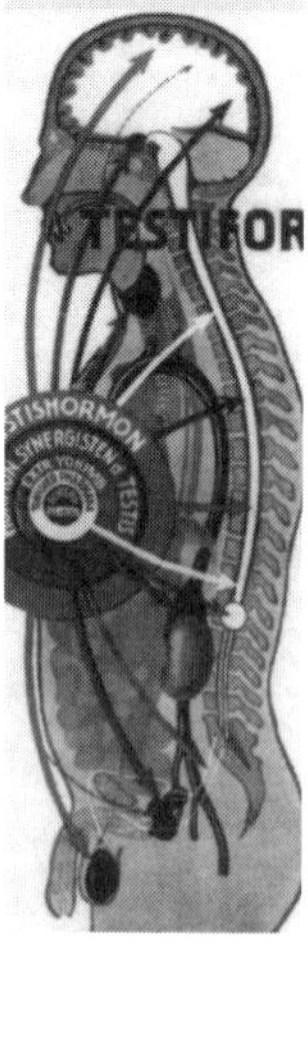

第9章 性の解放と「インポテンツ急増中」
——キンゼーとマスターズ&ジョンソン、性革命、ピル、ウーマンリブ

訳者あとがき——日本文学史に性的不能者を垣間見る

凡例

一　◆印は、訳注が付されていることを示す。訳注は、見開き左端に掲載した。
一　＊印と番号は、原注が付されていることを示す。この注は、以下のウェブサイトにアップロードした（http://www.sakuhinsha.com/history/25897.html）。＊印はおおむね段落単位で付けられているので、当該の注はその段落全体に対応していると理解されたい。なお、番号は章ごとの通し番号になっている。
一　［　］で括った割注は、訳者による補足である。
一　引用文中の〔　〕は、原著者による補足である。
一　小見出しは原書にはなく、訳者および編集部が加えた。

［はじめに］性的不能の歴史は〝男らしさとは何か〟の歴史である

性的不能を研究テーマにした理由

なぜ私が性的不能、インポテンツを研究テーマに選んだか説明したい。私の初期の研究テーマは、人類が歴史上、どのような避妊方法を試みてきたかということだった。したがって本研究は、ある意味で一からやり直したようなものだった。私は、生殖に関する初期近代の論文を調べているときに、性的に虚弱な人々が、自分の欲望を掻き立て、子づくりできるようになるためにどうすれば良いか、教えさとす箇所をしばしば目にしていた。また医学や薬草学の文献に、催淫剤の記述が多いことに驚いていた。しかし当時の私は、避妊に関する事柄を見つけ出すことに夢中になっていたので、その多くを読み飛ばしがちだった。しかしそれでも、記憶の片隅にその一部がひっかかっていたのであろう。あるとき私は、それも体系的な検討に値するのではないかと考え始めたのだ。

というのも、男女の避妊の話ばかり集めて、逆に子づくりのためにしていたことをなおざりにしたり、また女性の身体の記録ばかり収集して、男性の身体の歴史をなおざりにするなら、歴史を見る目が偏る危険があると思うからだ。このような思いから私は、何十年も前に精読した、たくさんの資料に立ち戻り、すみずみまでもっと丹念に調査することにした。このような回り道を経て開始した研究が、本書に結実したのである。

時代によって変化した「男らしさ」と「性的不能」の中身

今日、バイアグラのことを知らない人がいるだろうか。この小さな青い錠剤によって、ファイザー社は数十億ドルの利益を上げたのである。だがもっと大きな変化は、インポテンツが〝ED〟（勃起不全）と言い換えられて、大っぴらに議論されるようになったことだった。しかしそうした議論のなかでも、インポテンツを歴史的な観点から考察するということは行なわれていない。例えば男達は、今と同じように、これまでもずっとインポテンツに苦しめられ、心悩ましてきたのだろうか。厳密に言えば、答はノーなのである。と言うのも『オックスフォード英語辞典』には、「インポテンツ」という言葉が精力の欠乏の意味で普通に使われるようになったのは、一七世紀になってからのことだった、とあるからだ。だからと言って、一七世紀以前の男達が悩まなかったわけではない。「元気」がなくなったとか、その気になれないとか、腰が弱くなったというような言葉で嘆いていたのだ。しかしボキャブラリーの変化以上に重要なのは、男性の性的不能に文化や社会が与える意味が、長い歴史のなかで変化してきたという事実である。インポテンツ（わかりやすいように、この言葉を用いることにする）の原因とされるものも様々に変化してきたし、インポテンツが持つ影響力も変化してきた。歴史家の発見によれば、紀元前七世紀のメソポタミアの文献に、性的な力を回復するため、男達は様々な植物の根や葉を摂っていたと書かれている。当時の男達は、魔術師から男としての力を攻撃されないよう、魔除けの呪文も唱えていたという。

昂《たか》ぶらせろ！　昂ぶらせろ！　そそり勃《た》たせろ！
雄鹿のように昂ぶらせろ！　野牛のようにそそり勃たせろ！
おまえと共に、獅子もそそり勃たせるんだ！[*1]

それから何世紀も経った一六世紀、ヴェネツィアの異端審問官は、男に離別されたある女が、呪文を繰り返しながらロープに結び目を三つ作ることによって、自分を捨てた男を性的不能に陥れたと報告した。一九世紀イギリスのインチキ医者は、インポテンツの主な原因がマスターベーションにあると主張していた。「この有害な習慣のために、男も女も、セックスによって快楽を得たいという気を殺がれてしまう。種の繁殖と密接に結びついているこの嗜好が失われれば、実りある交わりを実行する力自体が破壊されてしまうこともある」[*2]。今日、泌尿器科医と製薬会社は、勃起不全の原因を血流不足にあるとしている。

男性の不能の歴史は、一回りして、ある意味で元に戻ったように思われる。二〇世紀までの社会通念では、セックス＝結婚＝子づくりは切っても切れない関係にあったと、複数の歴史家が語っている。だからインポテンツは、性交ができるかどうかだけではなく、男性が結婚して子供をもうけることができるか、という意味で長い間議論されていたという。初期近代のヨーロッパでは、家父長制権力を握れるか否かは、男性が世継ぎに恵まれるか否かによって決まっていたので、インポテンツの問題が世間で大っぴらに議論されていた。医者や産婆や聖職者が、様々な薬草や魔法の薬を処方した。一族の繁栄、王朝の安泰のためには、性交が成就しなくてはならなかった。スペイン・ハプスブルク朝が滅びたのは、カルロス二世に世継ぎが生まれなかったせいだった。ルイ一六世は結婚当初、マリ・アントワネットとの床入りをなかなか成就できずにいると噂されたせいで社会不安を招き、これが結局フランス革命に繋がった。ジョージ・ワシントンには子供がいなかったので、王朝を打ち建てて子々孫々に継承することは不可能だった。このおかげで、誕生したばかりのアメリカの共和制は堅固なものとなった。つまりインポテンツは、国家の衰退の隠喩であると同時に、実際の原因でもあり得たのだ。一九世紀には、家族のプライバシーを守り、男性を傷つけないようにするという配慮から、良識ある人々はこのような話題を避けるようになった。数十年間に及んだこの慎み深さは、異例なことだった。二〇世紀に入ると、インポテンツに罹る人が増えている原因を、精神分析家はエディプス的欲望に結びつけ、内分泌学者は男性ホルモン不足だとした。小説家は、自信過剰のフェミニストを恐れて尻に敷かれる男を話の種にした。一九九〇年代には、正規の医療の一環としての治療薬の発売が告知され、インポテンツは再びトップニュースとなった。しかし、バイアグラ、レビトラ、シアリスの販売元が打ち出した薬の効用は、子供ができないという意味での不能の克服ではなかった。核家族文化における男性の性交能力は、もはや子供をもうけることができるか否かではなく、セックスのパートナーとして完全か否かになったのだ。

ペンシルヴェニア大学のマイケル・R・ソロモンによると、病気は「社会によって構築される」。ということは、「解釈を共有する共同体の慣習に合致するように生産される様式、イメージ、形式などによって、複合的にコード化されて初めて成り立つということだ。つまり病気になるということは、身体が悪い状態になる過程である以上に、その状態をカテゴリー、寓話、フィクション、神話に当てはめる過程、あるいは誰かに当てはめてもらう過程なのであり、それによって症状が説明され、対処する方法が練られ、治る見込みが与えられるのだ」[*3]。本書では、インポテンツを病気とは捉えず、身体の不調と見なしているが、それでもソロモンと同じような見方を採用している。だから本研究が目指すところは、社会からの期待や、文化による決定事項という、絶えず変化する文脈のなかにインポテンツの位置を定めること、つまりインポテンツを社会的構築物と見なして、その歴史を提示することである。そのために我々は、西洋の言説と理論を辿って、男性の性的欠陥がどのように表現されてきたか、その表象を組み立てている文化の力を理解しようと努めた。その結果は、ミシェル・フーコーが、近代のある特定の問題に関する系譜学と呼んでいたものに似たものとなった。我々は、物の世界が常に言葉によって媒介されているという前提から始めたので、各時代の性的語句には特に注意を払った。身体の描かれ方によって、実際の身体経験が影響されていたことは、明らかだった。言い換えれば、妖術が信じられていた時代のインポテンツと、科学が信じられていた時代のインポテンツとでは、まったく異なっているのである。このように比較すると、それぞれの文化がなぜそれぞれの方法で、インポテンツという身体のこの不調に対処し、概念化したのかが、はっきりとわかる。身体の働きに関して、一見したところ奇妙に思われる見方をしていても、文化的な文脈のなかに位置づけてみると、そうした見方が、社会の持つ価値観を合理的に、わかりやすく反映していることがはっきりする。したがって西洋のセクシュアリティの歴史を再考するとき、特にセクシュアリティが、

〝男らしさ〟の理想とどのように関係しているのかを問うとき、インポテンツをどのように見ていたか検討することで、大いに得るところがあるだろう。

性的能力と「男らしさ」という規範

インポテンツの歴史を書くには、〝男らしさとは何か〟という規範がどのような変遷を辿ってきたか、調査する必要がある。[*4] セクシュアリティを表現したり統制したりするのに、言説が用いられるのはどの時代も変わらない。しかし男性の性機能障害の問題が、とりわけ大きな不安を掻き立てていたことが、言説にはっきり表われている時代がある。しかし一口に「インポテンツ」と言っても、それを人はどういう意味で用いていたのだろうか。産めよ増やせよの時代には、この言葉はたびたび不妊症と混同された。現代でさえ、この言葉には様々な意味がある。例えば勃起が完遂しないこと、挿入に失敗すること、そして射精できなかったり、逆に射精が早過ぎることなどである。さらにそれぞれについて、いつもそうなるという場合と、時々そうなるという場合がある。その要因も、肉体的な場合と精神的な場合がある。さらには、加齢が原因となっている場合もある。

勃起に対してこのように心配するのは、なぜであろうか。性交の目的が、子供を生み増やすことだったときには、勃起が必要不可欠であることは明白だった。しかし近年の性行動の調査が明らかにしたところによれば、男性の性的快楽の大部分とまではいかなくても、その多くは、挿入以外の方法から得られている。それにもかかわらず西洋の文化では、セックスとは性交、すなわち男性がパートナーにペニスを挿入することである、と当然のように考えられていた。このような固定観念が潜在的にあるので、男性はインポテンツを恐れた。つまり、インポテンツのせいで快楽が得られなくなるからではなく、むしろ男として、すべきことができなくなるからである。長い間、性交ができることは人間としての成熟と見なされていた。精力と若さが結びつけて考えられるようになったのは、比較的最近の現象である。

男性の勃起は、誰のためのものだったのだろうか。女性の快楽の問題は、この議論のどこに登場するのであろうか。重要なことは、文化が表象していることと実際とを混同しないことである。今日の製薬会社の広告を信じるなら、男性が性機能障害を克服したいと願うのは、パートナーに対する気遣いからである。それは本当だろうか。現代においてどうだろうか、また過去にはどうだったのか。このように問うことは、性の実践は多様な意味を持ち得るという事実に光を当てることになる。「セックス」とは具体的には性交のことであり、セックスと性交は同義語だと多くの男性が考えてきた。その考え方が社会の主流派となったからである。

我々はここまで、男性一般について話を進めてきた。しかし本書の焦点は、西洋文化が男らしさをどう考えてきたかである。ところがこんな狭い領域内であっても、白人による性機能障害の議論が、人種や民族性といった観念の構築に果たした役割を無視することはできないのである。例えば、白人以外の人種は動物のような原始的な性交能力を持っているとか、あるいは逆に精力を使い果たして乾上がっているという議論が、人種的な「他者」を作り出す一端を担ったのだ。非白人に対するそのような思い込みが、人種に基づく階層化過程にどのような役割を果たしてきたか、歴史家が調べ始めたところである。[*5]

男性の権力や欲望の成り立ち

セックスに関する男性の不調を、社会がどう扱うかという問題は、当然のことながらジェンダー史の研究者も深い関心を抱くテーマである。インポテンツの扱われ方、論じられ方は、いつも男性／女性双方に影響を及ぼす。その最も良い例が、バイアグラが登場したとき、なぜか『プレイボーイ』や『ペントハウス』の記者が、「これで男性はフェミニストの抑圧から解放される」と書いたことだ。しかしこのような言われ方は確かにあるのだが、インポテンツの歴史の中心は、おそらく男性間の力関係にある。なぜなら、男にとって何が健全で、何が正常か決めてきたのは、誰か。それは伝統的に、男性だ。その基準を設けたのは、誰か。それも男性だ。さらにはそれを喧伝したのは、誰か。これもまた男性なのだ。男性の性交能力の基準は、決して生物学的に確定しているわけではないし、普遍的に共有されているわけでもないのに、インポテンツについて語るときには、どの文化の男性でも、どうなったときに一番、男性の性交能力が脅かされると感じるか、皆よくわかっているのである。男らしさの欠如の徴《しるし》の最たるものは何か、「男らしさを回復する」ためには何をすれば良いか、認識が共有されているのである。要するに男性達は、ジェンダー・アイデンティティというものが脅かされることもあれば、防衛することもできると、信じ込んでいるのだ。

ここで、伝統医学の歴史を研究している人から抗議があるかもしれない。近代的な生化学の出現まで、勃起できない男が治る見込みはなかった。昔のインチキ医者が何と言おうと、インポテンツの歴史がそれを物語っているのだ、と。しかし、話はもっと込み入っている。文化史家は、治療の進歩を否定はしないだろうが、どんな時代でも、男性の不能に関する議論は文化によって形成されてきたのだ、インポテンツの歴史がそれを示しているのだ、と主張するであろう。[*6] ベッドルームでの失敗は、時に応じて妖術、マスターベーション、同性愛的欲望、戦争神経症《シェルショック》、過剰性欲、フェミニズム、そして無意識のせいにされてきた。新しい説明が生まれると古いものが廃れる、というわけではなかった。たとえ科学の時代でも、失敗を超自然的な力のせいにする人はいるだろう。歌、演劇、小説、映画などにはっきり描かれているように、インポテンツは、西洋の文化において、人生最大の悲劇であると同時に、最高の笑いの種であると見なされてきた。

バイアグラを巡る論争を通して、世間の人々は、規範的なセクシュアリティの追求には、利点もあるが代償も必要であることを身にしみて認識した。インポテンツを歴史的に辿ることによって、そうした議論をそれぞれの文化という文脈のなかに位置づけることが可能になるだけではない。男性の権力や男性の欲望の成り立ちについて、確かな理解を得ることもできる。男らしさというものは、簡単に崩壊する脆《もろ》いものであるという考え方を促したのは何だったか。男性の懸念はどのように払拭されたのか。男性の精力を脅かすと見なされたのは、どのような女性だったか。こうした疑問に対する答を探すことによって、セクシュアリティの快楽と危険性、またその公的および私的な機能について、それぞれの文化がどのように独自の考え方を構築したのか、明らかにすることができた。どの時代も、それぞれの目的のために男性の性機能障害を利用した。またどの文化も、それぞれが最も警戒すべきだと見なすインポテンツの形態を作り出した上で、それと格闘し、そして曲がりなりにもそれを治療してみせたのである。

男性のセクシュアリティ史の可能性

インポテンツの歴史の研究から我々が学び取れることで最も重要なことは、男性のセクシュアリティにも歴史があるということである。女性のセクシュアリティの「構築」のされ方や、抑圧・管理のされ方を辿った研究は、無数にある。例えばヒステリーや妊娠、オーガズム、乳房の歴史などである。対照的に、男性の振る舞いの規範となる基準が、どうやって確立されたかについては、ほとんど語られたことがない。最近、ある法学者が次のように述べた。「昨今盛り上がりを見せている挑発的なフェミニズム文献においては、女性の身体イメージを、漏出・揮発しやすく、外から何でも浸透させると論じている。そこでは暗黙のうちにせよ、ありのままに明言されるにせよ、男性の身体イメージが対比されていて、男性の身体の方は、境界線がはっきりしていて安定的な、外から何も浸透させないものとされている。しかし男性の身体を巡るこの解釈は、それほど多くの批評を惹起しているわけではない。このことは、注目に値する[*7]」。しかし男性の身体は、本当に安定しているものと考えられていたのだろうか。セクシュアリティの歴史の多くは、この立場を採っているように思われる。トマス・ラカーは、その先駆的な研究『メイキング・セックス――古代ギリシア人からフロイトまでの身体とジェンダー』［邦題『セックスの発明』］（一九九〇）において、男性をほとんど無視している。彼はこう主張する。「男性の身体とその快感の歴史を書くことは、おそらく不可能であろう。歴史として残されている資料は、そのような歴史を必要とはしない文化的伝統のなかで記録されたものだからだ[*8]」。しかしインポテンツを研究していくと、男性の性交能力に興味を持っていた人々が、入れ替わり立ち替わり歴史に登場することがわかる。彼らのプライベートな身体の不調は、結婚、離婚、生殖、病気、老化など、公に重要とされていた幅広い事柄を巡る議論に組み込まれる形で問題にされていたのだ。そうした議論は当然、男性の身体と男らしい振る舞いの理想に関する社会の見解の移り変わりを反映していると同時に、性別、人種、ジェンダー、年齢、階級を巡る社会の懸念が絡みついたものだった。最近の研究のなかには、インポテンツは二〇世紀になるまでほとんど認識されていなかった、という印象を与えるものがある。しかし、かつての文化が男性の機能障害の原因や治療法と見なしていたものを調査すればわかるが、男性の性交能力自体、誰にでも備わっていて当然だとされることは、めったになかったのである。文化が、それぞれ独自の方法で、男性の性交能力を育み、保護するよう努めていたのだ。過去におけるインポテンツに対する反応を理解することによってのみ、我々は未来におけるインポテンツの扱われ方を、十分に認識することが（そしておそらく予測することも）できる。

本書の構成について

まず初めに、第1章では古代ギリシア・ローマ時代のセクシュアリティに関する議論を検討する。この世界では、挿入するのが男であることの証明だった。そのとき挿入される側が、女性か少年かはあまり重要ではなかった。性交能力は評価を左右する重大問題だったので、医者は強壮剤を処方する一方、下品な物書きは、肝心の試験に合格できなかった男の話を喜劇として描いた。ローマ人と違って、キリスト教徒は性交能力を讃えることも、インポテンツを笑い話と見ることもできなかった。しかしその一方で、結婚の目的に関するアウグスティヌス的な悲観論に基づいて、新たに独身主義と「内なる男らしさ」が重視されるようになっていたので、キリスト教徒は「性器が意志にも欲望にも服従しない」という問題を無視できるわけではなかった。

第2章では、独身主義の教会医の系譜を辿る。彼らは、勃起・挿入・射精の専門家とされていた。王政復古時代のイギリスのように、教会の権力が衰退したとき、インポテンツはもう一度、機知《ウィット》によって笑いの種となった。第3章では、一七世紀の男性の通俗文化において、性にまつわる不名誉を笑う笑い話が、極めて重要な役割を果たしたのはなぜか例証する。

続く一八世紀には、男性の性機能障害がまったく異なる様相を呈する。哲学者やインチキ医者が、セックスを巡る男性の不調に対して、治療や撲滅、あるいは解明を試みるなかで、別々の性的領域に存在する男性と女性という新しい概念を作り上げていくのである。これを第4章で示す。

プライバシーを強く求める一九世紀文化では、この種の災いについての議論を不愉快なことと見なしたが、ブルジョワは能動的男性と受動的女性という概念にこだわっていたため、インポテンツの問題が無視されることはあり得なかった。これを、第5章で論証する。

ブルジョワ向けの結婚手引き書の書き手は、「精液の節約《エコノミー》」という概念を喧伝した。これは、節制しないと男性の精力が失われていき、行き着く先はインポテンツという破産状態である、と説く考え方である。医者達は、若者に見られる過ちに新たな懸念を表明するようになった。マスターベーションや精液漏、売春、性病の危険性を声高に触れまわったのである。そうした通俗的な新説を最大限利用したのがインチキ医者だった。彼らは不安を煽るだけ煽っておいて、「失われた男らしさ」を回復すると称するいかがわしい薬を売った。このようにヴィクトリア朝時代の男らしさの規範は、自制することに価値を置いた。以上が第6章の内容である。

二〇世紀に入って、ヴィクトリア朝風の規範が緩やかになるにつれて、インポテンツについて語る言説は、道徳的なものから心理学的なものへと変化した。第7章で述べるのは、結婚手引き書の書き手が男性に実行力を求めて圧力を強めたのとは対照的に、フロイト主義者がインポテンツの原因をエディプス的罪悪感にあるとし、その結果、女性を聖母マリアか売春婦のどちらかと見なす、男性の女性観が後退したことである。

第8章では、一九二〇年代の内分泌学の進歩によって、男性の生殖システムを科学的に研究することが遂に正当化され、老化に対する二〇世紀の闘いの幕が切って落とされたことを論証する。新たに出現した手術や特許薬には、特定の男らしさの徴《しるし》を必死になって追求するよう、一文化がどれほどまで男性を煽るかが見て取れる。

第二次世界大戦が終わると、結婚カウンセラーとセックスセラピストが、インポテンツは一人ではなく二人で悩む問題である、だから二人で治療を受けなければならない、と唱えた。一九七〇年代には、「新しいインポテンツ」に関する報告が相次いで発表された。それに先立って、フェミニズムの第二波が発生していたこと、また連続して何度もオーガズムに達する女性の存在が発見されていたことは、決して偶然ではない。このことを第9章で明らかにする。

第10章では結びとして、バイアグラによって生じた狂乱を分析する。バイアグラを後押しする人達は、医薬品が外科的治療、精神分析、セックスセラピー、フェミニズムに勝る切り札だと主張した。企業は数十億ドルも稼いだ。しかし、新しいインポテンツの錠剤は、セクシュアリティに「革命」を起こしたのだろうか?

セクシュアリティは医療の対象となり、かつて性的不調の原因だと信じられた罪や悪癖、あるいは魔法の呪文といったものはその座を失ったが、完全に駆逐されたわけではない。実際には、セックスを巡る不調の原因を説明するものとして、以前から蓄積されてきた論拠の上に、生物医学の理論がまた一つ新たに加えられたのである。

本研究の要点は、次の通りである。すべての時代は、それぞれの目的に沿ってインポテンツを利用してきた。どの時代も、男達に対して、男らしさの規範を説いた。男達は、その規範に則って、自分が性に関して成功者であるかどうかを判断した。そしてもし落伍者であるならば、なぜそうなのかを知らされてきた。そうやって男達は、心痛や苦難と闘いつつ、「正常」や「自然」と称されることを追い求めるよう、各時代の文化によって煽り立てられた。そのために文化は、膨大なエネルギーを注いできた。

つまり「性的能力」と呼ばれるもの、それを保持している「男らしさ」と称されるものは、すべての時代に存在し、男達を駆り立ててきたが、その中身はそれぞれの時代の社会やイデオロギーを背景に、文化によって形成されるので、時代によってまったく異なっているのである。性的不能の歴史とは、〝男らしさとは何か〟の歴史であり、各時代の〝男らしさ〟を追い求めた男たちの悲喜こもごもの歴史なのだ。

第１章

挿入させない挿入者

“本物の男”を求めた古代ギリシア・ローマ

インポテンツとは単なる勃起不全ではない

オウィディウス［前四三〜後一七］の『恋の歌』とペトロニウス［?〜五五／六六］の『サテュリコン』には、インポテンツに対する古代人の見方を表わしていることで有名なくだりがある。ラテン語の詩『恋の歌』の方は、第三巻第七歌で、長い間渇望してきた、ある女性との行為なのに、なぜかうまくできないことが、おもしろおかしく描かれている。

確かに美しく、確かにすこぶる上品な乙女ではないか、
確かに、思うに、ぼくの願いがいつも求めた女ではないか。
にもかかわらず、その女を抱《こ》きながら、ひどく無力で何の役にも立たず、鈍重な床に責めを負い、重荷となって横たわり、
欲しているのに、乙女も等しく欲しているのに、無気力な体で、喜ばせる役を果たせなかった。

この悲惨な光景が過ぎ去ったあと、それまで言うことを聞かなかった身体の一部が、突然元気いっぱいになったので、語り手は激怒する。

ところがぼくの体は、まるで早死にしたように、醜くも昨夜の花冠の薔薇よりしぼんだ形で横たわった。
それが今は、見よ、時を違《たが》えて元気づき、勢力みなぎり、今は行為を求め、自分の軍事行動を要求している。
どうしてそこに慎しく寝ていないのか、ぼくの体の最低の部分よ、そのようにしてぼくは前にも、お前の約束にだまされた。

お前は主人をたぶらかす。武器も持たずに、お前のために捕えられ、大恥かいて、ひどい損害を蒙った。[*1]

古代の詩のなかでこのようになじみ深い筋書きに出会うと、ギリシア・ローマ時代の男達も、二一世紀の男達とまったく同じようにインポテンツを見ていた、と断定したくなる。現代の認識に照らして、勃起を巡る懸念が書かれていると解釈できる文献をすべて単純に積みあげれば、確かにインポテンツの歴史が簡単に一つ出来上がるであろう。しかし、このようなアプローチは明らかに危険である。なぜならそこでは、「インポテンツ」と呼ばれている現象が、確たるものとして存在し、時を超えて追跡できるということを、前提にしてしまっているからだ。科学の世界においてさえ、術語の意味は使う人によって千変万化する。したがって、実に当たり前なことなのだが、一般的には男性の性的不全という言葉で表現される事柄について、かつての文化が、現代とはまったく異なるやり方でそれを組み立て、説明し、特別な意味をそこに付与していたという事実に、我々は配慮すべきだ。話はさらに複雑になるが、このような性的不全が本当に存在したかどうかを知ることができない、という点も認めなければならない。教養のあるエリートによって書かれた史料から我々が現に知り得ることは、このような出来事（あるいは〝不出来事〟）が文化的にどのように表象されていたか、ということだけなのである。

ペトロニウスの『サテュリコン』を読むと、文化の枠組みがどれほど重要か、ある程度わかる。主人公エンコルピウスは、魅惑的な美女キルケとベッドを共にしようとする。しかし、肝心なところで彼もまた、萎《な》えてしまう。

三《み》度《たび》、ぼくはおっかなびっくり両刃の斧を手につかむ。
三度、ぼくはたちまち刃物に怯え玉菜の茎よりもへなへなとなる。
手がふるえ、じょうずに刃物が使えなくて。

さっきまでやりとげたいと願っていたことがもう駄目になった。[*2]

これもまた、現代人には非常に聞き慣れた内容のように思われる。インポテンツを巡って、ここに響いている文化の影響は、ペトロニウスがこのあと、考え得る不調の原因、その治療法、それが孕む意味について論じる段になって、ようやく明らかになる。エンコルピウスの自尊心が傷ついているのは、単にセックスに対する準備ができていなかったからだけではなく、自分より身分が低いキナエドゥスすなわち受身役の同性愛者よりも、自分が劣っているように思われてしまうからだ。つまり、エンコルピウスの勃起不全が不名誉なのは、男としての地位と社会的な地位の、両方の失墜を意味しているからだ。では、彼はなぜ、このような憂き目にあうのだろうか。愛人の少年のせいなのか。これについては美女キルケも、彼に別れた方が良いと言っている。あるいは不養生のせいなのか。禁欲や食事制限、ワインの節制によって改善しようと努めてみる。あるいはひょっとすると、魔術にかかったのだろうか。邪視に対抗するために、しわくちゃの老婆の助けを借りる。そして第一三八章では、とうとう、この年老いた女祭司から極めて残酷な治療を施されるに至る。女祭司は彼の肛門に、香油、コショウ、すり潰したイラクサの葉を塗りつけた革の張形を差し込んだのだ。[*3]

インポテンツを巡る喜劇的な一挿話を語るに当たって、ペトロニウスは同時代の人々のあらゆる見解を網羅しようとしているわけではない。それでもやはり、ペトロニウスのこの大傑作を読んでつくづく感じるのは、身体機能に関して過去の社会がどのように理解していたか正しく把握するためには、過去の社会も現代の見解や価値観を共有しているはずだと決めてかかるのを、極力意識して避けなければならないということである。ギリシア人やローマ人の行為のなかには、おそらく性交能力を抑制したり刺激したりするものがあったであろう。しかし重視されていたのは行為そのものよりも、その行為に対して社会がどのような意味付けを組み立てているか、またその意味付けに対して個々人がどう反応するかということだった。それではインポテンツに関する古代人の議論を、現代の我々はどうしたら理解できるであろうか。インポ

ペトロニウス『サテュリコン』挿絵より

【左上】美女キルケ【右上】キルケとエンコルピウス【左下】エンコルピウスに迫る女祭司【右下】女祭司らに鞭打たれるエンコルピウス
いずれも 1922 年英訳版へのノーマン・リンゼーによる挿絵

テンツという不調と、その治療法を社会がどのように構成しているか、という点には、セックスとジェンダーについての古代人の考え方が密接に関係している。インポテンツの問題を社会という背景に位置づけるために、この章ではまず初めに、古代世界が男性と女性に割り当てていた役割を分析し、次に、性交や子づくりに対するギリシア人とローマ人の態度を考察する。そうして欲望を自在に制御するために試された数多くの方法を検討し、男らしさについての彼らの考え方が、生物学的現実と行動との間の折り合いを、どのように付けていたか詳しく吟味するつもりだ。

性器は男の象徴、挿入能力は男としての力の象徴

古代世界で男であるためには、活力に溢れた性格が不可欠であった。自制的、攻撃的、精力的という男性像に、ローマ人は断固こだわった。また、社会的業績によって認められることに、大いなる野心を抱いていた。男性は強く、活動的に見えなければならなかった。これは、地中海的な男性観と呼びならわされてきたものに合致している。正当な怒り、強烈な欲望、個人としての自主性を表現することが、男としてふさわしい行動であった。ユーモアにさえ、性的な攻撃という手荒い要素が加えられた。例えば訴訟の相手や政敵を、「柔《やわ》だ」とか「めめしい」とののしることが当たり前だった。だから詩人カトゥルス［前八四頃〜前五四頃］は、自分を批判する者に対して、「強姦してやる」とか「肛門に突っ込んでやる」と言って脅したのだ。[*4]

もちろん、我々が入手できる情報源は、ほとんどすべて男性によって書かれたものであることを考えるなら、攻撃的、精力的、しかし感情的には冷静という男性像は、現実というよりむしろ理想か、そうでなければ紋切り型であったのは明らかだ。それだけに古代人は、実行力の重要性を強調した。人は男として生まれてくるかもしれないが、男であることを証明するためには、決まった歩き方や話し方をする必要があった。例えば弁論術が、ジェンダー・アイデンティティを確立する上で重要な役割を果たした。事実上ジェンダーは、習得されるものだったのだ。ある学者がこう記している。「古代世界の男らしさは獲得されたものであって、解剖学上の性によって決定されることは本質的に少なかった[*5]」。厳しい決まりは、ほとん

どなかった。[*6]ジェンダー規範は存在したが、逸脱は容認された。男性としての評判や栄誉で、生まれつき決まっているものはなかった。男性は、共同体の期待と男らしさの規範を、自分に有利なように操作する術を習得したのだ。

断固たる振る舞いこそ男らしいという考え方は、性器にも投影された。例えばプラトン〔前四二八／七～前三四八／七〕は、ペニスを次のように擬人化した。「その隠しどころの不従順で我がままなことは、まるで言葉を聞き入れない動物のようなものでして、その狂暴な欲望のために、あらゆるものを征服しようと試みるのです」。それどころか、古代人は、公の場で男性が裸でいることを容認したり、男性器に特別の注意を払ったり、男根像《ファルス》を飾ったりしていた。それを考えると、古代人にとっての男らしさは、解剖学的な事実だけから決定されるものではない、という主張はにわかに信じがたい。ギリシアでは、赤ん坊の身体の世話をしたのは乳母だったが、その際、陰嚢を布でくるんで形を整えたり、陰茎の包皮を引っぱって伸ばしたりもしていた。絵図や彫像から判断すると、小さくて細くて、包皮の先端が尖ったペニスが理想だった。ギリシア人は、小さなペニスの方が魅力的なだけでなく、精液の通過距離が短くて済むので熱損失が抑えられ、生殖に効果的であると信じていた。ギリシア人の描くサテュロスは、巨大なペニスを備えているが、それは醜さの徴《しるし》だったのだ。しかしローマ人は、大きいペニスを好んだ。あるいは少なくとも、皇帝が寵臣を選ぶときには、それも基準となった。[*7]

古代世界においては、勃起したペニスは成熟と力の象徴であった。ローマ人は、少年が初めて射精するとそれを祝った。ペニスの表象は、至るところに見られた。アテナイでは紀元前四世紀まで、喜劇を上演するときに役者が人工のペニスをぶら下げることがあった。ギリシアの家々の戸口には、男根を備えたヘルメス柱が建てられていたし、祭りのときには、男達が巨大な男根像《ファルス》を担いでコミュニティのなかを行進した。ローマの農園では案山子《かかし》の代わりに、ペニスを勃起させたプリアポス神の像が、侵入すれば強姦してやるぞと威嚇していた。[*8]

さらにはまた、古代人が男性性器を描写するときに使った語彙が、たいへん凝ったものだった。ギリシア

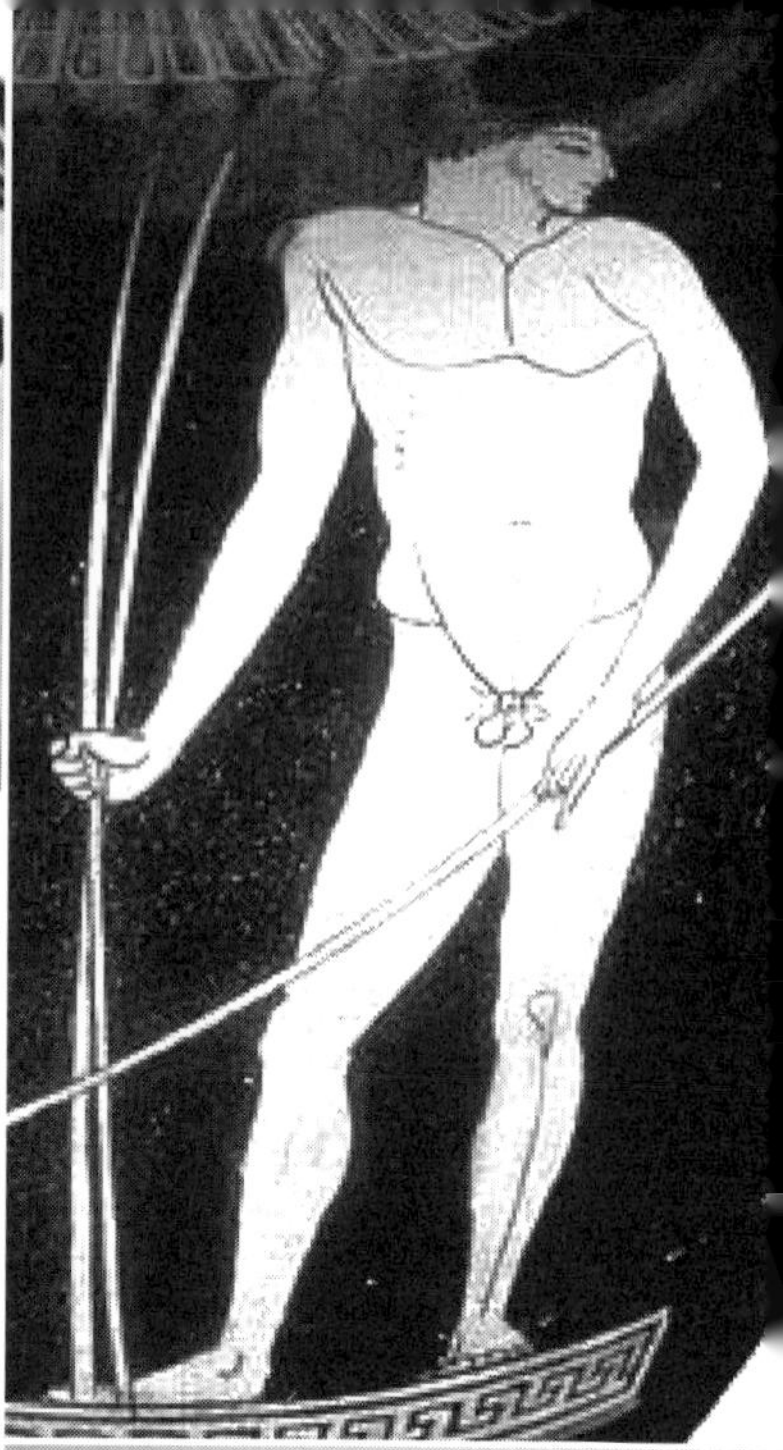

古代ギリシアの「キュノデスメー」

古代ギリシアでは，オリンピックなどの競技は全裸で行なわれた．しかし人前で亀頭を露出させることは恥ずべきことだったので，競技者は「キュノデスメー（犬の綱の意）」を身に着けることもあった．これは陰茎を包茎状態にして包皮が剝けないように，包皮の先を縛る紐である．その紐は，腰に回して結ぶか（右図参照），または陰茎を上向きに折り曲げる状態にして陰茎の付け根に結びつけた．【左】競走者を描いたエトルリア黒絵アンフォラ（紀元前 550 年頃，メトロポリタン美術館）【右】アッティカ赤絵アンフォラ（紀元前 6 世紀）

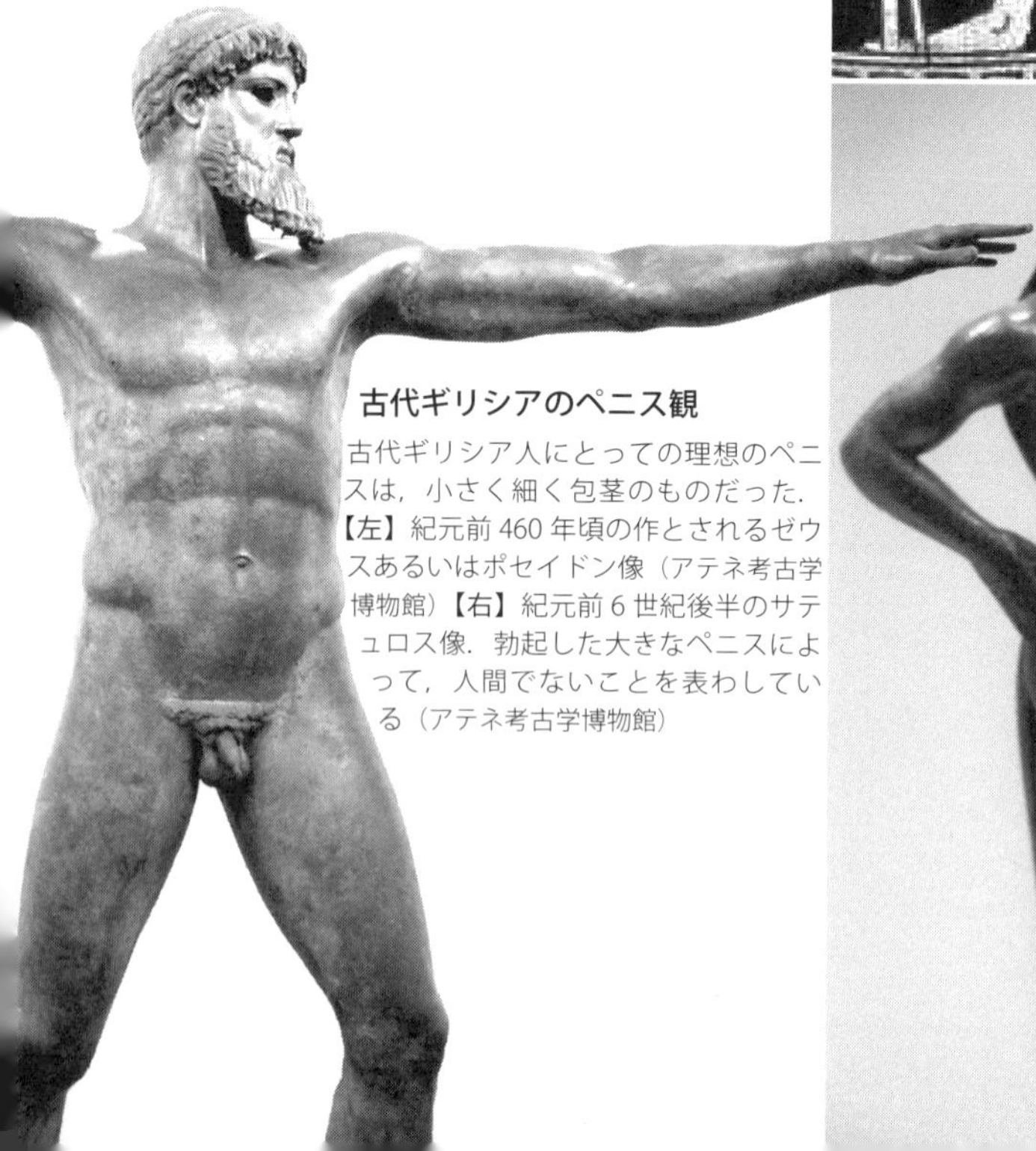

古代ギリシアのペニス観

古代ギリシア人にとっての理想のペニスは，小さく細く包茎のものだった．【左】紀元前 460 年頃の作とされるゼウスあるいはポセイドン像（アテネ考古学博物館）【右】紀元前 6 世紀後半のサテュロス像．勃起した大きなペニスによって，人間でないことを表わしている（アテネ考古学博物館）

ヘルメス柱

ヘルメス神の胸像が戴った四角柱石で，柱の中ほどに男根がついている．【左】紀元前520年頃のヘルメス柱（アテネ考古学博物館）【右】アッティカ赤絵壺に描かれたヘルメス柱（紀元前475-50，ルーヴル美術館）

プリアポス神

ギリシア神話の神．もともとは古代のヘレスポントス（ダーダネルス海峡）地方で崇拝された豊穣多産の神．【左】2世紀の大理石製プリアポス像（エフェソス考古学博物館）【右】帝政ローマ時代の大理石製プリアポス像（170-240，高さ約160cm，ボストン美術館）

時代初期のある寸鉄詩《エピグラム》は、「もしも装備が整っていない船で出航するという危険を冒すなら、櫂《かい》を無くした舟人と大笑いされることであろう」と戒めている。勃起したペニスは、装備、道具、槍《やり》、槌《つち》、突き棒、錐《きり》といった言葉で言い表わすのが普通だった。一方、弛緩した状態は、ヘビやロープと呼ばれたようだ。だからある女性が、ライバルの年下の女性を呪うときに、「お前のベッドにいるのが、ヘビでありますように」と言ったのだ。ローマ人は、スズメを好色と信じていたので、ラテン語の「スズメ」は、ペニスと同義語だった。カトゥルスの詩◆のなかに、自分の恋人のスズメが死んだ歌がある（第二歌、第三歌）が、これはつまり、自分自身のインポテンツを歌っているのだ。文学作品のなかで、男根はしばしば擬人化されたが、この章の冒頭で引用したオウィディウスの『恋の歌』第三巻第七歌のように、不能の陰茎はことさらその対象となった。[*9]

古代世界で男らしいと認められる者にとって、セックスは挿入すること以外の意味を持ち得なかったので、弛緩したペニスは欠陥の表象だった。男は挿入するか、さもなくば挿入されるかだった。例えばマルティアリス［四〇頃～一〇四頃］のエピグラム集《エピグランマタ》に収められたある詩（第三巻七三）は、ガルスという人物を「勃たない」と責めている詩だが、ガルスはフェラチオをする男だと暗に意味する言葉もある。本物の男は、「挿入させない挿入者」であったのだ。この概念が含む特別な響きを十分に理解するためには、当時は徹底的に不平等な社会で、エリートの男性は、いつでも自分達の自由になる、従順で、セックスの相手にも用いることができる男女の奴隷を所有していた、ということを思い起こさなければならない。性的関係が、社会的関係に組み込まれていたのだ。地位のある男性にとって最大級の侮辱は、必然的に、性的に受け身であるという非難だということになる。なぜならそこには、奴隷も同然だということが含意されるからである。男性に対する中傷には、「あいつは柔らかい」というような仄めかしが盛んに使われていた。落首や落書き、諷刺といった大衆的なものだけでなく、セネカ［前四頃～後六五］のような哲学者の思想にも、めめしさを嫌悪する同様の表現が使われている。[*10]

性器は男性の象徴であり、性交能力は権力の象徴だった。だからペニスを武器とする文学表現があれほど多いのだ。そして性交能力の喪失は、男らしさの失墜と敗北を意味した。カトゥルスが若い男について詠んだ一編の詩がある。「脚の間の短剣は／一度もヘソに向かってぴんと勃つこともなく／ふにゃふにゃの細長いサトウダイコンのようにぶらさがっていた」。ペトロニウスの『サテュリコン』でも、「私は、兵士として戦うつもりでしたが、武器がなくなったのです」と語り手が嘆いている。詩人マルティアリスは、敵対者を傷つける最大の非難の一つとして、勃起できないと言い立てた。ある犠牲者は次のように嘲笑されている（『エピグランマタ』第一一巻四六）。「マエウィウスよ、もうおまえは眠っているときしか勃たず、／おまえのちんこは、両足の真ん中へ小便し始める。／そして、くたびれた指でダラリとしたちんこを突っ込もうとするが、／忙しく動かしても消耗した頭は上がらない」。マルティアリスは、まんこと尻穴が、もはやマエウィウスの役に立たなくなったのだと述べて、最後の手段として口を狙えと仄めかす。それどころか、マルティアリスはリヌスを非難するときにはこのように言う（同、第一一巻二五）。「あのちんこ、あまりに奔放で、少なからぬ女の子に知られている、／リヌスのちんこ。ところがもはや勃たなくなった。奴の舌に、気を付けよ」。しまいには、ナンネイウスに対して、あまりに軟弱で、その舌さえインポテンツだと断言する[*11]（同、第一一巻六一）。

挿入は、古代世界の男性の、健全なセクシュアリティ概念の中心に位置した。では、男性は誰に挿入したのだろうか。セクシュアリティという概念が、欲望を体系化し制御する一手段として言説化されたのは、現代になってからのことであるというのが、今日の歴史家のおおむね一致した意見だ。したがって、現代の「セクシュアリティ」概念、とりわけ、自身が異性愛者であるか、同性愛者であるか、誰もが自覚しているはずだという考え方を、歴史にお構いなしに古代世界にも当てはめてしまわないよう注意しなければならない。

◆カトゥルスの詩　「嘆け、おお、ウェヌス達よ、クピードーらよ、／そして情けのわかる人は皆。／すずめが死んだ、ぼくの恋人の。／すずめの子、ぼくの恋人のお気に入り［……］」（『レスビアの歌』第三歌「すずめが死んだ」。中山恒夫訳、『ローマ恋愛詩人集』国文社、所収）。

らない。そうやって現代的な考え方を持ち込んでしまわないように、古代ギリシア史の専門家は最近、プレセクシュアリティの時代という言葉を用いている。「性的アイデンティティ」というようなものがなかった時代、という意味だ。同様に、ギリシアの同性愛をもっと厳密に、疑似同性愛あるいは男＝男間性交と呼ぶべきだ、という提案もある。なぜなら、欲望の対象は一つの性に限るという考え方は、古代世界にはほとんどなかったからだ。[*12]

　地中海世界の男性は、男性か女性どちらかに挿入し、支配することで、男らしさを証明した。他人を喜ばせようとする男性や、男性を相手にするにせよ女性を相手にするにせよ、相手に対して受け身的に振舞う男性は、男らしくないと見なされた。古代人にとって、少女にも少年にも性的興奮を覚えないことは問題だった。マルティアリスはある男を、三〇人の少年と三〇人の少女がいたにもかかわらず、ちんこを勃たせることができなかったと蔑《さげす》んだ（前掲書、◆第一二巻八六）。古代ギリシアの詩人ストラトンは、ある詩の最後で、勃起できない自身をアステュアナクスになぞらえて自嘲している。「昨夜、私はフィロストラトスを招いたが、駄目だった。彼は、できる限りのあらゆること——他に何と言いようがあるだろう——を試してくれたのに。友よ、もはや私を友人と見なさないでくれ。私はまるでアステュアナクスのようだったのだ。だから私を、塔から投げ捨ててくれ」。もっと後の箇所では次のように嘆いている。「こんちくしょう。今やおまえはまっすぐ上を向き、しかも硬い。ここに誰もいないときには。しかしここに誰かがいた昨日は、おまえは息を潜めていた[*13]」。

　ギリシア人は、少年愛という幾分曖昧な形を認めていた。この場合、どちらの男性も名誉が損なわれることはない。このギリシアの文化では、現代人なら同性愛と呼ぶものが、時おりは心配の種となりながらも容認されてはいた。しかしローマでは、誰が誰に挿入するかが、極めて重要であり、肛門を犯されることが恐れられていた。

トロイア陥落の際に塔から投げ落とされようとするアステュアナクス．母親のアンドロマケが取りすがる

受け身側の少年の快楽に関する議論は、まったくなかった。いやそれどころか、受け身である男性は、快楽を得ることはできないとされていた。めめしさを公然となじる人々は、受け身である男性をしばしば奴隷や女性になぞらえた。でもやはり、男性の行為のなかでも最悪だと非難されるのは、他の男性にフェラチオを供することよりもさらに悪いこと、つまりマルティアリスが触れているように（前掲書、第二巻二八）［他にも第六巻二六や第一一巻二五、第一二巻八五にクンニリングスを仄めかす記述がある］、女性にクンニリングスを供することだった。[*14]

女はセックスに貪欲で、男より劣った存在

性交能力に関する古代人の心配を十分に理解するためには、男性の優位を賞揚する一方で、セックスに貪欲な女性という架空の存在を恐れる文化が背景にあることを、考慮に入れなければならない。この文化が育んだ独特のセクシュアリティは、不公平で多くの場合暴力を伴う関係を前提としていた。そこでは必然的に、女性と奴隷の地位が低かった。古代世界では、男性はセックスに関して攻撃的なものであるとされていた。怒りと欲望で満たされていると考えられていたのである。医者は、男性のこの二つの感情には関係性があると見ていた。女性は物扱いされ、食事をとるように男性に利用されたが、それはしばしば、せいぜい健康上必要なこと程度にしか見なされなかった。[*15]

古代ギリシアの家族内での女性の地位は、未だによく論議の対象になっている。古代ギリシア人の気質に暗い面ばかり見て取ろうとする人は、古代の神話に男性優位と暴力というテーマが溢れていることを強調する。ギリシア文学には、父権制や女性嫌悪《ミソジニー》を表わしていると言い得る記述が数知れず、それを無視することは難しい。ギリシアの叙事詩人ヘシオドス［前七〇〇頃］によれば、プロメテウスが火を盗んだので、ゼウスは人間を罰するために女性をつくり、「偽りと甘き言葉、犬の心、不実の性《さが》」を授けたという［『仕事と日』六〇～八二行、松

◆アステュアナクス　ギリシア神話でトロイアの王子ヘクトルとアンドロマケの間に生まれた人物。トロイア陥落時に塔から投げられ、殺されたと言われる。

平千秋訳、岩波文庫］。ヨーロッパ文学で女性を最初に主題にした（紀元前六四〇年頃）と考えられている作品で、詩人セモニデス［前七世紀頃］は女性を、その悪徳においてブタ、キツネ、イヌ、ロバ、イタチ、ウマ、サルに匹敵するとした。男連中は自分達自身に関しては、セックスを巡る二重基準を手放しで擁護してはばからなかった。アテナイの雄弁家は明言した。「人が遊女《ヘタイラ》を持つのは快楽のため、妾を持つのは身のまわりの世話のため、妻を持つのは嫡子をもうけるため、そして家のなかの管理を任せるため」。男同士の同性愛が社会的に寛容に扱われ、しかもギリシアでは賞賛されたので、異性間の交わりは重要視されなかった。詩人は、美少年と女性どちらの臀部も賛美したが、少年の肛門のように、膣が誉められることはなかった。[16]

　古代ギリシアの女性の地位についての見解は、どの女性像に注目するかによってまったく異なる。法律のなかに登場する女性なのか、演劇のなかなのか、医学なのか。[17] 最大限言い得ることは、男性と女性が多くの場合、様々な理由でまったく別の人生を歩んでいたということだ。男性は、政治的な集会の開かれる広場《アゴラ》、青年訓練所《ギュムナシオン》、饗宴《シュンポシオン》などといった公的世界を支配し、女性は、家内領域を監督した。夫婦の年齢差から考えれば、人生観が異なることは初めからわかっていることだった。古代ギリシアの諸都市の男性は、三〇歳近く（彼らの父親達がまだ生きているなら、次世代に道を譲る準備をしていた頃）で結婚したが、花嫁の年齢は、たいてい十代前半だった。古代ローマでは、新郎新婦の年の差が一〇歳くらいあれば、家族の秩序は最高に安定すると考えられていた。

　アリストテレス［前三八四〜前三二二］は、晩婚は健康に良いと考えていた。その理由を次のように説いている。「貞節の点から見ても、やや年がいってから嫁にやることが有益である。というのは若くて性交を経験した女は比較的放縦であるように思われるからである。また男達は、その精液がなお成長しつつあるときに性交を行なうと、身体の成長が損なわれるように思われる」。アリストテレスは、射精と月経は始まりと終わりの年齢が同じであるが、男性の方は、二一歳になるまでは授精能力がないと考えていた。しかしのちに、前言を撤回して、男性は老齢でも性交能力があると認めた。夫が年長であれば、若い妻を難なく監督できるということがおそらくあっただろうが、アリストテレスは、若妻からセックスを求められ過ぎてしまうかもしれないという恐れを口にした。プルタルコス〔四六頃〜一二〇頃〕の『英雄伝』によれば、ギリシア七賢人の一人ソロン〔紀元前七〜六世紀〕が制定したアテナイの法律では、年が離れ過ぎた女性との結婚を思いとどまらせるために、少なくとも月に三回、夫婦の義務を果たすよう、妻の側が夫に要求する権利があったという。*18

古代人にとってはセックスを巡る二重基準が当たり前だったので、彼らが異性間性交をいったいどのように考えていたかとなると、いささか曖昧である。快楽の効用が論じられる一方で、不節制の危険が説かれるのが常だった。例えばマスターベーションや、肛門性交《ソドミー》、同性間性交など、何か特定の性行為や性にまつわる行動が、問題となったわけではない。彼らが懸念していたのは、むしろ過剰性ということに対してだった。一見すると古代人は、性の問題を、飢えや渇きのそれと同列に考えていたように見える。これに対するよくある解釈は、キリスト教徒ではなく多神教徒だったから、彼らはセクシュアリティを「自然なもの」と見なしていたのだという主張だった。しかしこれは間違っている。なぜなら彼らにとって重要なのは、ジェンダーであって、セクシュアリティではなかったからである。というのも、古代人は、エリート男性のすることを、それがエリート男性がすることであるという理由で、ほとんど何でも受け入れていたのである。エリートの行動は、生物学によってその因果関係を説明すべきようなものだとは見なされていなかった。生物学にできることは、せいぜいそれを追認することだと思われていたのだ。だからこそ、古《いにしえ》の医学書には、食餌法や養生法、自制心についての記述が多いのである。そうした記述のなかにオーガズムの分析があったとしても、それはオーガズムがもたらす快楽に動機があるのではなく、自制や効用や衛生への懸念からであった。ある男性が誰とセックスをするか、またどのようにセックスをするかということは、彼がそのセックスにおいて優位な立場を占めている限り、古代人の関心の対象にはならなかった。問題はむしろ、欲望の力学にあったのだ。だから、古代人には禁じられた行為という概念など一つもなかったのだと考えるとすれば、間違えることになる。彼らは確かに、キリスト教徒のような完全な禁欲は追求しなかったかもしれないが、欲望を制御する力を持っていることを示さなければならないとは感じていたのである。*19

男の精子が子供をつくる、女はその場所を提供するのみ

たとえセックスで快楽が得られないとしても、女性の健康にはセックスが必要だと言われていた。男性の性欲は、当然のことと見なされていた。プラトンは、精子《たね》そのものが欲望を持つと考えた。古代ギリシアの医学では、生命にとって熱が不可欠であり、冷えは死をもたらすと考えた。そして精液を作り出すほどの熱を持っているのは、男性だけだとされた。犬儒派《キュニコス》のディオゲネス◆の考えでは、大気こそが生命の根源であり、男性の精液は血液の「泡」であった。そして母親は、父親が生み出す子供を、子宮内で育てるだけだとした。同様に、ヒッポクラテス全集に収められている『生殖について』にも、精液は脳から陰部に送られる、それ故、耳の上を切開された人は不妊症になる、という記述がある。精液が頭部から送られてくるという考えは、それが脊髄液に似ていることに由来する。一方、生命の本質は膝から送られてくると考えられていた。精液が脊髄を通って来るというヒッポクラテス〔前四六〇〜?〕の考え方に基づき、佝僂《くる》病性円背の人達は、脊柱が彎曲して肥大したように見えるために、とりわけ淫乱だと考えられていた。[20]

アリストテレスは精液を、血液になった栄養分の残余であると考えた。さらに交接の際に、血液が調理され、精液として分泌される。生まれてくる子供が両親に似ているのは、このためだという（『動物発生論』第一巻一九章）。またアリストテレスは、精液に精気《プネウマ》が含まれているからこそ、その色が白く、ペニスを膨張させるのだと主張した（同、第二巻二章）。そのため精液を出すには息を止めておいてしなければならないという（同、第一巻六章）。またアリストテレスは、精液の在処《ありか》を陰嚢のなかと特定はしたが、睾丸については、錘《おもり》として小さな嚢《ふくろ》が体内に引っぱり上げられないようにするためのもの、という認識しかなかった（同、四章）。ギリシアの解剖学者ヘロフィロス〔前三〇〇頃〕は、精管、精嚢、前立腺を観察したが、彼もまた、血液が精液に変化するという考えだった。精液は睾丸で作られると初めて断定したのは、紀元一世紀終わりから二世紀初めにかけて活躍した医師エフェソスのルフスであった。[21]

ヒッポクラテス全集◆では、女性も男性同様に精液《たね》を産出するが、その性質は男性のものより弱いとして

いる。これに対してアリストテレスは、女性には熱が不足しているので精液を生みだすことができない、とした。そして循環論法式に、精液を生み出せないことが、熱不足を証明している、と主張した。さらに、女性は精液を放出できないということから当然導き出されることとして、女性にとっては、妊娠を可能にするためにはオーガズムに達しなければならない男性とは違い、快楽は必須ではないという。アリストテレスによれば、「女性は男性の出すような種子を出さないし、ある人々の言うように、『発生は両方の種子が混じることによる』ものでもない。その証拠は、しばしば女性が、交接時に快楽を感じないのに妊娠するということである」。またさらに、女性の生理機能が男性の場合より熱を生じにくいのは、月の影響から来ていると考えていた。「月経は、自然ならば、月の欠ける頃に起こる傾向がある……一ヶ月のうちこの時期は、より冷たく湿っているからである」。弱く、冷えていて、受け身な存在である女性は、去勢された男や、未成熟な少年と同類とされた。女性は生物学的レベルで不完全であり、その完成には男性が必要だと考えられていたので、女性が男性に刃向かうことなど不可能だったのである。[*22]

女性は男性より劣るというこの前提は広く受け容れられ、生殖の議論にも影響を及ぼした。ギリシアの三大悲劇詩人の一人アイスキュロス〔前五二五〜前四五六〕は『慈みの女神達』のなかで、女性は生長する胎児のねぐらに過ぎないと描写した。「母というのは、その母の子と呼ばれる者の生みの親ではない、その胎内に新しく宿った胤《たね》を育てる者に過ぎないのだ、子をもうけるのは父親であり、母はただ、あたかも主人《あるじ》が客をもて

◆犬儒派のディオゲネス　酒樽に住み、人前でマスターベーションをしたことで有名な哲学者。しかしここはアポロニアのディオゲネスの間違いかと思われる。こちらの人物は、現在のブルガリアの黒海に面した都市アポロニア出身で、紀元前五世紀の哲学者。本文で紹介されている彼の考え方を示す引用が、アリストテレス『動物誌』にある（511b〜512b）。

◆ヒッポクラテス全集では……としている　女性も精液を産出するという考え方は、「生殖について」第四節にある。しかし女性の精液が男性のそれより弱いということの典拠は不詳。むしろ「生殖について」第六節には、「女性から射出されるものが強性のものである場合と弱性のものである場合がある。男性から射出されるものも同様である」（近藤均訳、『ヒポクラテス全集』第二巻、エンタプライズ、所収）と書かれている。

なすように、その若い芽を護り育ててゆくだけなのだ」。ギリシアの哲学者アナクサゴラス［前五〇〇頃〜前四二八頃］は、男性が精液《たね》を提供し、女性は胎児を育てる「土」のみを供すると主張したという。アリストテレスは、次のように書いている。「アナクサゴラスやその他の自然学者達によれば、性別は既に精液《たね》のなかで決定されているのだという。『父親は精液を提供し、母親は胎児が成長するための場所を提供するだけ』であり、『男子は、右側の睾丸から、女子は左側からできる』のであり、子宮についても、『男子はその右側に、女子は左側に宿る』のだという」。プラトンも同様の主張をしている。「大地が女をまねて孕《はら》み、生むのではなく、女が大地をまねて、そうするのだ」。アリストテレスは、女性という受動的な質料に対して、形相と運動原理を提供する男性を、動物の乳をチーズに変える凝乳剤《レンネット》（『動物発生論』第一巻二〇章）や、木材を加工する大工（同、一二章）にたとえた。[*23] そして種子が、質料に形相を刻印することに成功した場合は男性が生まれ、失敗した場合は女性が生まれるとした（同、第四巻一章）。

ローマ人は、生殖の知識に関して、ギリシア医学に依拠するところが大きかった。実際、ローマ帝国の一流の医師はギリシア人だった。だが健康に対するローマ人の見方は、ギリシア人よりも悲観的になる傾向があった。彼らには、肉体の弱々しさに対する不安、食餌法や養生法に対する強い関心が、はっきりと見て取れるのだ。ローマ帝国時代のギリシアの医学者ガレノス［一二九〜一九九／二一六］は、性交が不可欠であるのは健康のためだとした。彼は次のように断じている。「慎み深い人が性交に耽るとすれば、それは快楽のためではなく、その衝動を緩和するためである。その人にとって性交は、まるで快楽とは何の関係もないかのようである」。ガレノスも、ヒッポクラテス全集と同じように、女性も精液《たね》を作りだすと考えた。そして種子が放出されず過剰になると、ヒステリーが引き起こされるのだとした。また男性が精液を放出しないでおくことの害は、女性よりも大きいとしていたので、その対処法として、マスターベーションを奨励していた。古代人はマスターベーションについて、ほとんど何も語っていないが、この行為が倫理上の問題を引き起こさなかったことは確かだ。◆ガレノスは、犬儒派《キュニコス》のディオゲネスの自慰にまつわる逸話を取り上げて、それは快楽のためではなく、身体の不調を取り除くためだったと言っている。[*24]

インポテンツと不妊の原因とされたこと

医学文献には、不妊の治療に関する記述が多く見られるが、これは不妊への恐れが一般的だった証《あかし》と考えてよいだろう。妻が不妊症であれば、離婚される危険があることは明白だった。だが、男性が性行為を果たせない場合は、どうだったのだろうか。プルタルコスの次の言葉からも明らかなように、不妊とインポテンツが混同されることがよくあった。ギリシアの医学者ディオクレス〔前二世紀後半〕は、「男性が生殖不能となるのは、種子をまったくといっていいほど、あるいは必要とされるほどには射出しないからか、もしくは、種子が生殖力を持たないということによって、あるいはまた、生殖に関わる器官が麻痺することによって、また、男根の斜傾によって〔……〕であると考えている」*25。ここに書かれているような状態がどのように発症するか、またそれに対してどのような治療法があるかということについて、古代の様々な文献が詳細に論じている。これこそが、インポテンツに対する恐怖から生じる不安を最も端的に表わす事実である。

古代の人々が、男性の性的不全の原因であると見なしていた事柄は多岐にわたる。ギリシア人は、男の子を墓の上に乗せると、その子はインポテンツになると信じていた。ローマ時代の法律家で占星術師のフィル

ディオゲネスは樽に住み，人前で自慰をしたという（J・W・ウォーターハウス，1882）

◆ガレノスは……と言っている　該当箇所を仏語訳から重訳すると以下の通り。「犬儒派のディオゲネスは、禁欲と忍耐を要するあらゆる行ないを甘んじて耐える人々のなかでも、最も辛抱強かった人物として通っている。しかしそんな彼も、性的な快楽を活用していた。射精が引き起こす快楽を求めたわけではなく、精液を溜め込むことで生じる不調を取り除くためなのであった。ディオゲネスについては、こんな話が伝えられている。ある日彼は、自分のところへ来るよう、ヘタイラ（遊女）に依頼した。しかし彼女がなかなかやって来ないので、彼は手を使って精液を放出した。そのあとヘタイラが到着したが、彼はこう言って追い返した。『お前より先に、手と結婚式を挙げてしまったよ』」。

ミクス・マテルヌスは、原因の一つとして、惑星の影響を挙げた。神々の仕業《しわざ》にする者もいた。『オデュッセイア』では、ヘルメス神がオデュッセウスに、彼をインポテンツにするキルケの魔力について警告している。さらに『オデュッセイア』では、動物の言語を解した最初の人間メランプスについても触れている。メランプスが、フュラコスの息子であるイフィクロスのインポテンツを治癒したら、フュラコスは、メランプスを解放し牛を与えると約束した。そこでメランプスは、二羽のハゲタカからイフィクロスのインポテンツの解決策を聞き出すのである。ディオニュソス神が、自身を祀る祭礼を侮辱したことで、アテナイ市民にインポテンツという罰を与えた、という伝説もある。逆に、復讐心に燃えた人間の方から、神々に呼びかけることもあったであろう。例えば去勢された男の姿を黒曜石に刻み、それを敵《かたき》に触らせることによって、相手をインポテンツにすることができるとされた。また、蠟人形に向かって呪文を唱えることによっても、同じ目的が達成できるとされていた。[*26]

男性は自分の性的不全を、このような魔術のせいにすることがいつでも可能だった。しかし実際には、女性の責任とされることの方が多かったようである。特に現代なら心因性インポテンツと呼ばれるような、なぜかわからないがどうしてもできないという場合はそうだった。マルティアリス（前掲書、第一巻四六）は、パートナーがロマンスの雰囲気を台無しにしたせいだと責めている。

ヘーデュルスよ、お前が「ぼく急ぐんだ、するなら、してよ」と言うと、
私の道具はたちまちだらりと力を失い、動かなくなる。
待って、と言ってくれ。待たされると、私はもっと早く行くだろう。
ヘーデュルスよ、急ぐのなら、私に言ってくれ、急がぬようにと。[*27]

古代ローマの詩人ホラティウス［前六五〜前八］は、できないのは自分のせいではない、ひどく醜く、ひどく太っているくせに、精根尽き果てた犠牲者である自分に向かって「鈍牛」だと、あつかましくも非難するよう

魔女キルケ

その魔力を封じる薬草を，オデュッセウスはヘルメス神から授かる．それがなければ彼は，インポテンツにされていただろう

医者の元祖メランプス

ギリシア神話の予言者メランプスは，ある日，死んでいる蛇を見つけ葬ってやり，その子蛇を育てていた．あるとき眠っている間に，この蛇達に耳を舐められて，虫・鳥・獣の言葉を理解する能力を得た（上図がその物語を描いた現代の絵本の表紙）．その後アポロンから予言術を授けられ，また薬草学も修得した

兄弟から頼まれて，家畜持ちのフュラコスの牝牛を盗みに行くが，捕えられて牢に入る．牢の屋根に巣喰う木食い虫達の，梁を食い尽くしたという話を聞いて，屋根が近いうち崩れ落ちるから他の牢に移すよう求める．メランプスが移った途端その予言通りになったことに驚いたフュラコスは，息子イフィクロスに子供ができない訳を教えるなら，牝牛を与えて解放すると約束する

メランプスが禿鷹に事の顛末を尋ねたところ，次のような原因が判明した．昔フュラコスが牡羊の去勢をしたときに，血に濡れたナイフを子供のイフィクロスの傍に置いた．イフィクロスは怯えて逃げ出した．フュラコスはこのナイフを聖なる樫の木の幹に突き立てたままにしたので，樹皮がこれを覆って見えなくなってしまった．もしもこのナイフを見つけ出し，その錆を掻き落として 10 日の間それを飲ませれば，イフィクロスに息子が生まれるであろう，ということだった．メランプスがやってみると禿鷹の言葉通りになったので，フュラコスは彼に牝牛を与えた

時を隔ててメランプスは，プロイトス王の許に赴き，報酬として王国の土地をもらえるなら，王の 3 人娘の狂気を癒すと申し出た．紆余曲折の末，王がそれを承諾したので，メランプスは屈強な若者達と共に，神がかったように踊り，大声を上げながら狂った女達を追い立てた。このとき王の長女は亡くなるが，他の女達は皆，清めの儀式により正気を取り戻す（下図．メランプスとプロイトス王の娘達）．この功によって王国の 3 分の 2 の土地を得たメランプスは，兄弟と共に移り住み，プロイトスの生き残った 2 人の娘をそれぞれの妻にした

な女が悪いのだと、自己弁護する男を描いた。歴史家ヘロドトス〔前五世紀〕は、エジプト王アマシスが、妻に迎えたラディケを相手にするときだけインポテンツになるため、この妻をひどく呪ったことを、ラディケに対して同情的に描いている。前にも述べたように、オウィディウスとストラトンは、先に挙げた詩のなかで、なぜか最愛の人と成し遂げられない男のいらだちを取り上げている。マルティアリスは、自分の妻だったときには足蹴にしていた女性が、他人のものになった途端、欲望を覚える対象となったという男を描いている。「何もスリルがないと、勃たないと言うのかね」（前掲書、第三巻七〇）。ストア派は、不妊は相性の問題だとして、相手によって子供ができたり、できなかったりすることを理由に挙げた。[*28]

性機能障害の原因として、器質上の理由も数多く列挙された。ヒッポクラテス全集は、スキタイ人のインポテンツを馬に乗るせいだとしている（『空気、水、場所について』第二二節）。アリストテレスは、男性は太ると「排出される精液の量はかえって少なくなり、性欲は減退する」と書いた。また「太った人々は、女でも男でも、太っていない人々より生殖力が弱いように見えるが、これは栄養が良過ぎると、過剰物が調合されて脂肪になってしまい精液とならないためである。つまり脂肪も、精液同様、豊富な食餌による健康な過剰物なのである」。[*29]

性交を成就するためには、男性は健康でなければならないとされた。またワインは、飲み過ぎれば眠くなるが、催淫作用があると広く信じられていた。アリストテレス◆は次のように言っている。「男性は酩酊していてはいけない。白ブドウ酒も飲んではならない。むしろなるべく強い生《き》のブドウ酒を飲む方がよい。食物は身体を非常に強壮にするようなものを食べるようにする。また熱い風呂に入ってはならない。男性は身体が丈夫で健康でなければならない。さらに子づくりの仕事のために良くないような食物は控える」。身体を冷やす飲食物が、性欲を減退させる、と説いて警告する者もいた。例えばプルタルコス◆は、ワインは身体を冷やすので、熱

古代エジプト第26王朝の王アマシス（在位前570-前526）は，4人目の妻としてギリシアのキュレネから迎えたラディケを相手にするときだけインポテンツに陥った

情を鎮静化すると主張している。古代人は、身体を冷やす野菜が、避妊薬としても制淫剤としても作用するとの両方に用いることができると唱えた。古代ローマの博物誌家である大プリニウス〔二三頃〜七九〕は、種子が成熟しないうちに飛び散ってしまうヤナギのことを、古代ギリシアの詩人ホメロスが「実散らし」と形容したことに注目し、これを根拠に、「ヤナギの種子を薬剤として用いれば、女性の不妊を引き起こすことが、よく知られている」と続けた。雄牛の尿を混ぜたブリュア〔ギョリュウ科〕の灰は、インポテンツを引き起こすとされた。二世紀初めのエフェソス出身の医師ソラノスは、ワイン、ヘンルーダ〔ミカン科〕、ニオイアラセイトウ〔アブラナ科〕の種子、ギンバイカ〔フトモモ科〕、没薬《ミルラ》〔カンラン科の植物から採る香気のある樹脂〕、白コショウなどが、身体を冷やす効果があると述べている。一世紀の医師で『薬物誌』で名高いディオスコリデス〔一世紀後半〕は、避妊効果のある植物九種、またインポテンツを引き起こす植物として、スイレンの一種を挙げている。三世紀初めの修辞学者クラウディ

◆**アリストテレスは……言っている**　原注に示されているアリストテレスの該当箇所には、このような記述は見当らない。ヒッポクラテス「不妊症について」二一八節の誤りかと思われる（本文には以下の邦訳を借用した。岸本良彦訳、『ヒポクラテス全集』第二巻、エンタプライズ、所収）。

◆**プルタルコスは……と主張している**　原文は、以下の通り（プルタルコス「食卓歓談集」松本仁助訳、『モラリア』第8巻、京都大学学術出版会）。

「『アレクサンドロス大王の幕僚が記した』日誌には、『この日は、飲酒の後就寝された』とか、ときには『次の日もまた』と絶えず、しかもくり返し記されていたのである。したがって、大王は、高温の体熱からくる激しく怒りっぽい気性を持っているのに、性交にはいたって淡泊であった」（623E）。

「ブドウ酒は、雪と同じように、いやそれ以上に、冷却作用と患部保護により、病状の進行を阻止し、体力を強化する。〔……〕ブドウ酒は〔……〕穏やかに患部を冷やして、その痛みを気持ちよく抑制し、終息させる。さらにその上、熱には生殖力がある。すなわち、熱によって、生成的水分の流動性が、よくなり、精神は、緊張して、性欲能力を持つようになる。だが、生（き）のブドウ酒を多く飲む男達は、性交に弱く、注入される精液は、生殖能力に欠け、活力もない。ところで、彼らの女性との性交が、瞬時に終わり、満たされないのは、彼らの精液が、劣悪で冷たいからである。事実、人間が、冷気によって受ける患いのすべては、酔ったときに被っている」（652C〜D）。

ウス・アエリアヌスは、その著『動物の性質について』のなかで、ふだんは性欲の強い動物の雄でも、ある種の薬草を使えば、おとなしくさせることができると唱えている。[*30] オウィディウス（『恋の歌』第三巻第七歌）は、勃起を妨げる恐ろしい制淫剤として、ドクニンジンに触れている。

辛辣な笑いの種にされた高齢者の不能

彼女の方はぼくの首に　象牙の腕を巻きつけた、
シートニイーの雪よりも白く輝くその腕を。
そうして熱烈な舌で格闘する口付けを差し入れ、
情欲的な内股を　内股の下に当て、
そうしてぼくに睦言を言い、御主人様と呼び、
その他に、喜ばせるために　誰もが話す言葉を話した。
けれどもまるで冷たいドクニンジンに当たったように、ぼくの肢体は
だらりとして、ぼくの計画を見放した。[*31]

文学には、自分の食べ物に女性が何か細工を施すのではないかと恐れる男性が、たくさん描かれている。男性が性交能力を発揮するためには、興奮する必要があるというのが医者の見解であったから、そこから当然、気分を鎮めたり落ち着かせる鎮静剤には、男性から精力を奪う効果もあるとされた。そこで夫の愛情を繋ぎ止めようとする妻達や、恋人を自分に夢中にさせようとする女達、恋敵が現状に安住するよう仕向けたい男達は、呪文や鎮静剤を使って男性の怒りを抑え、そうすることで性交能力を弱めたと伝えられている。プルタルコス◆は、女性が配偶者に媚薬や魔術を用いないようにと戒めた。また彼は、アントニウスが統治者としての地位を失墜したのは、まるで薬物か呪文で魔法をかけられたように、クレオパトラのことしか考えていなかったからだと唱えた。[*32]

ディオスコリデス『薬物誌』(1 世紀後半) に書かれた避妊薬

①セイヨウニンジンボク（クマツヅラ科ハマゴウ属 *Vitex agnus-catus*)「ブドウ酒で服用すれば，乳の分泌を促し，月経血を排出させる．また不妊にさせ，頭の働きを乱し，深い眠りに陥らせる」

②ヤナギ（*Salix*）またはギョウギシバ（イネ科 *Cynodon dactilon*)「葉を細かく砕いてそれだけを水で飲めば避妊効果がある」

③アスパラガス（ユリ科クサスギカズラ属 *Asparagus acutifolius*)「(魔除けのお守りのように）体のまわりに吊しておいたり，煎じ汁を飲むと，生殖不能になる」

④コショウ（*Piper nigrum*)「膣座薬として用いれば，事後の避妊薬になるようである」

⑤セイヨウハッカ（*Mentha sativa*)「搾り汁を水割蜂蜜酒と混ぜたものは，交接前の婦人に外用すると避妊効果がある」(60 頁⑭に同じ)

⑥ヘデュサルム（トウダイグサ科ヒトツバハギ属 *Securigera coronilla*)「事前に膣座薬として蜂蜜と混ぜて用いれば，避妊の効果が得られると考えられている」

⑦セイヨウヒルガオ（ヒルガオ科ヒルガオ属 *Convolvulus arvensis*)「陰干しにした種子を約 4g ずつ 37 日間服用すると，人を不妊にすると言われている」

⑧イカリソウ（メギ科イカリソウ属 *Epimedium alpinum*)「葉を細かく砕いてブドウ酒と共に月経終了時から 3 日間約 13g ずつ服用すれば避妊の効果がある」

⑨ワラビ（旧学名 *Pteris aquilina*)「婦人に与えると不妊にし，妊娠している場合には流産を誘発する」

以下は，植物以外．

⑩凝乳素（チーズ製造に用いた仔ウシの第 4 胃の内膜）「月経終了後，床を共にする直前にバターと一緒にこれを外陰部に塗ると，受胎を促す．しかしこれを服用すると，流産をひき起こし，月経終了後には避妊効果をもたらす」

⑪鉄錆「膣座薬として用いれば婦人の帯下を止め，服用すれば避妊の効果がもたらされる」

以下は，本文中で「インポテンツを引き起こすスイレンの一種」と書かれているもの．

⑫ニュムフェア（スイレン科ヒツジグサ属 *Nymphaea alba*)「根は夢精を抑制するためにも服用される．続けて飲んでいると，2，3 日で性器を弱める効果が顕われる．種子を服用しても同じ作用がある」

※　引用は邦訳版（『ディオスコリデスの薬物誌』鷲谷いづみ訳，エンタプライズ）より．但し英訳版から訳した箇所もある．挿絵はディオスコリデスの初版には一切含まれていないのでかった．ここに紹介したものは，すべて後代の作品である

①

③

④

⑤

⑦

⑧

⑨

⑫

最もありがちなインポテンツの原因は、老人にも若者にも見られる身体の不調だと説かれていた。高齢者、なかでも特に乾いた冷たい食品を好む人が、最もセックスに不向きと考えられていた。古代の人々は、老人がインポテンツになるのは既定のことだと思っていた。アリストテレスによれば、精子の放出が、若者にとっては益になるが、老人にとっては害になるという。彼は、男性は七〇歳で子づくりが終わり、女性は五〇歳だと説いた。年を取ると栄養分の調理が不十分になるので、精液が産出されないようになると考えたのである。ギリシアの詩人アンティファネス〔前三八八頃〜三一一頃〕は、若いうちに人生を楽しまなければならない、という格言を書いた。「爾来、老年という厳冬期になり、汝は性交を行なえないだろう。たとえ一〇〇〇ドラクマ積まれても。これが汝を待ち受けている、不能というものだ」[*33]。

古代ギリシア・ローマ人は、高齢者の不能を辛辣な笑いの種にした。二世紀前半のローマの諷刺詩人ユウェナリスは、加齢に伴いがちな性的欲求不満を、冷ややかな目で活写している（『サトゥラエ』一〇巻二〇四〜二一〇九行）。

性交など久しく忘れていることだから、
無理に思い出そうとしても、血管が浮きあがり萎《しな》びた道具は寝たっきり、
一晩中しごいても
寝たっきりだろう。
この白髪の生えた病める股間にいったい何が期待できようか？
現に情熱を失って、
できもしないのに欲望があるなんて、まったく疑わしいことではないか[*34]？

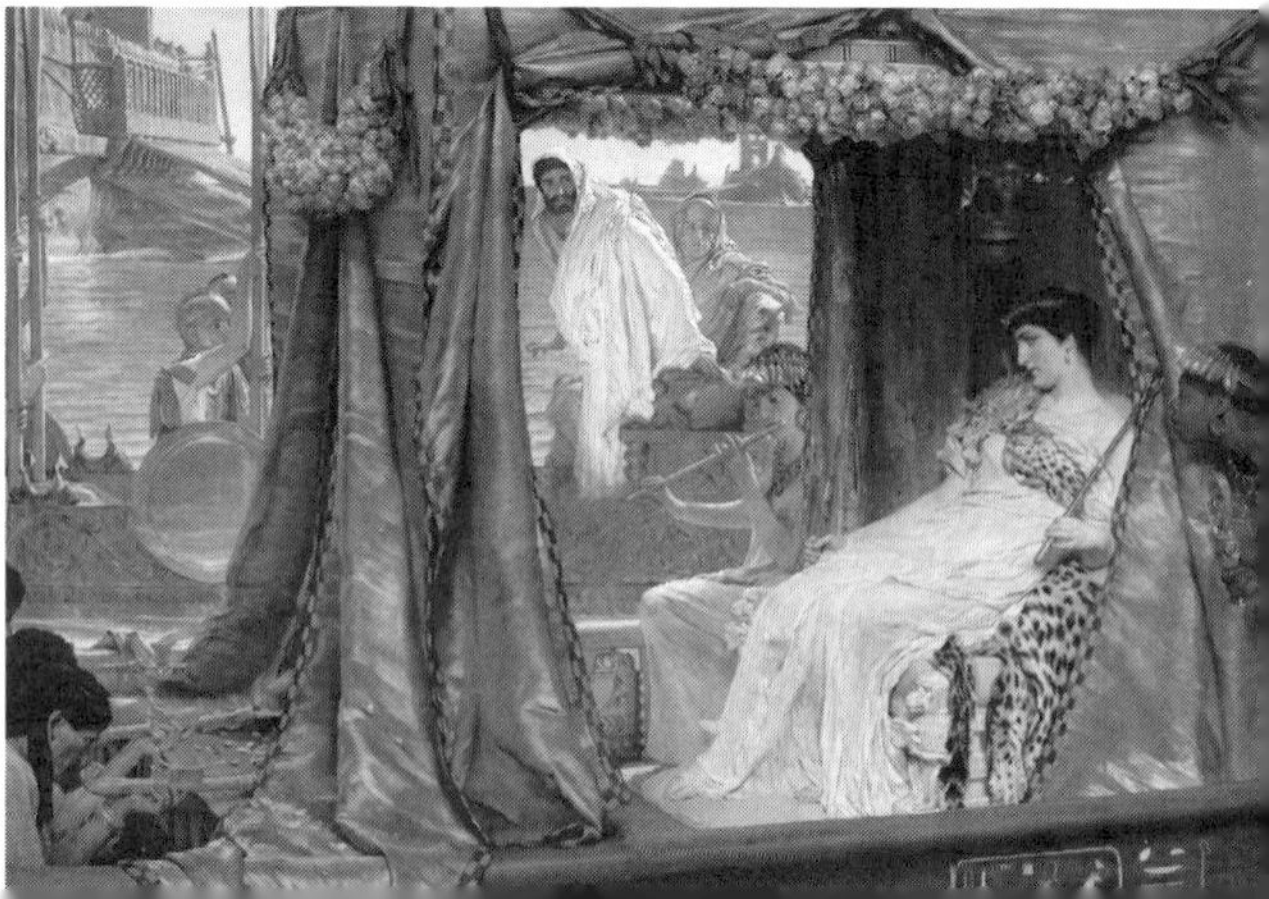

イギリスの画家ローレンス・アルマ＝タデマによる『アントニウスとクレオパトラ』（1885）

諷刺作家達が、勘違いした醜いインポテンツ老人の萎えた器官に言及することは、「もちろん下品さという喜劇の大きな一つの伝統に属することであり、少しも珍しくない」と、ある歴史家は言っている。古代ギリシアの喜劇作家アリストファネス〔前四四五頃～三八五頃〕の散逸した戯曲『アンフィアラオス』は、若い妻を持つ老人が、精力を取り戻そうと、レンズ豆を試したり、エロティックな呪文を唱えたりするという話だ。古代ローマの諷刺詩人ルキリウス〔?～一〇二頃〕は、老人の精力の弱さを笑いものにした。マルティアリスは、年老いて役に立たなくなった老人を、去勢者と並べて記述している[*35]（前掲書、第一一巻八一）。


去勢者のディンデュムスが、じいさんと一緒にアエグレーを興奮させようとしているが、
この不感症の女はベッドの中央に横になっている。

一方は精力《ちから》がなく、一方は歳のせいで、しごとの役に立たぬ。

それ故両方とも、淫奔な労力を費やして効果がない。

女は自分自身と、このあわれな二人のために辞を低うして頼む、

――キュテーラの女神ウェヌスよ、一人を若者に、一人を男にしてやって下され、と。


六世紀の作家マクシミアヌス・エトルスクスの『老年の哀歌』では、美人のギリシア女性との行為を成就できない主人公の、老境にまつわる悲喜劇が最大限に誇張して描かれている。

◆**プルタルコスは……と戒めた**　原文は以下の通り（プルタルコス「結婚訓」瀬口昌久訳、『モラリア』第二巻、京都大学学術出版会、所収）。「毒薬を用いた漁は、魚を手早くとらえ容易に捕まえるけれど、魚を食べられない悪いものにしてしまう。同じように、媚薬やまじないを弄して夫を快楽で操る女達は、ふぬけで分別のない自堕落な者と一緒に生きることになる」（139A）。

心から欲し、嘆願し、遂に手に入れた麗《うるわ》しの彼女
それなのに私から力を奪うとは、何と恐ろしい魔術だろう！
私はあの美しき身体の上に、力なく横たわったまま
神聖なる愛に、報いることができずにいた
活気に溢れた熱は、弛緩した四肢からすっかり引いて
残された私の身体は冷え切り、まるで干からびた樫の老木のよう
浅ましくはあるが私の自慢だった、あの肝っ玉はもはや痩せ細り、
闘いにひるんで逃げ出す、臆病者のようになってしまった

枯れて萎《しな》びた花のように、乾いて縮み上がり
一切の気勢を殺がれ、活力を失ってしまった
そんな弱々しいこの道具が
肥沃な潤いを、実りある精を、注ぐことができるはずはなく
なめらかな肌触りの、香油を放つはずもない
ミルクのように滋養があり、蜂蜜のように甘い味のする、あの香油だ
美しきあの人は、すっかり失望して、遂にこう叫んだ
ぐったり動かない、あんたの身体が、重くて耐えられない
手足がのしかかってきて、痛くて、少しも気持ちよくない
あんたがいくら頑張ったって、どうせ無駄なんだから……
私が初めて喜びを感じさせることも、感じることもできなかった
悲しいあの夜は、こんなふうだった

それどころかあの夜は、五感すべてに惨めな恥が取り憑いて
意気消沈した私は一言も言い訳できず
ただ自分の不能の罪を、一身に背負うばかりだった……

こんな不完全な身体で、どんな求めに応じることができようか
すっかり底力を奪われた、老人には許されないことなのだ
そう思うと既に赤面して、呆然としていた私は
自分自身が恥ずかしく、さらにぐったり参ってしまったのだった*36

このような切ない描写は、男性は老いを恐れるべきではない、肉欲への執着から解放されるのだからむしろ老いを歓迎すべきだ、と説く哲学者への反論となった。*37

セックスは、男には精力の消耗、女には健康の源

一方の若者について医者達は、あまり快楽にのめりこみ過ぎると、歳よりも早く老けると忠告した。射精による疲労から、過度のセックスはインポテンツを招くと信じられていたのである。医学書の著者達の共通の関心事は、バランスを保ち、行き過ぎを避けることだった。例えばヒッポクラテス全集は、脊髄癆《せきずいろう》という消耗性疾患の原因は、肉欲を抑えられないことにあると断定している。「脊髄癆は髄から起こる。特に、若いときに結婚した人や成功に耽っている人が罹る。〔……〕患者に尋ねれば、アリのようなものが上から、つまり頭から、脊柱に沿って下りていくような感じがすると答えるであろう。排尿か排便の後で、水っぽい精液が多量に出るが、それには生殖力はない。患者は、女性と共に寝ても寝なくても、とにかく夢精する」[「疾病について」第二巻五一、近藤均訳、大槻真一郎編『ヒポクラテス全集』第二巻、エンタプライズ、所収]。ガレノスは、精液は最も精巧な血液で、生命に不可欠な精気《プネウマ》を注入されるから白く泡立っているのだと説いた。だから過度な性行為は、精気の喪失を招くことになる。

快楽主義で名高い古代ギリシアの哲学者エピクロス◆〔前三四一頃〜前二七〇頃〕も、性交はすべて危険であると言った。エフェソス出身の医師ルフスも、ほぼ同意見で、女性と違って男性は性交時に熱を失うため、過度の性交は、消化不良や記憶喪失、吐血、視力や聴力の衰えを招くと指摘した。ソラノス〔二世紀初め〕も、過度な性交の危険性に合意している。ソラノスを翻訳・要約した古代ローマの医師カエリウス・アウレリアヌス〔五世紀〕は、好色に耽ると、胸膜炎、卒中、精神錯乱、麻痺、腎炎、大量出血が誘発されると主張している。さらに彼は、古代ギリシアの医師でローマで活躍したアスクレピアデス〔前一世紀〕が、癲《てん》癇《かん》は性交で治療できるとしたことに反対し、性交そのものが「軽い癲癇」であると主張した。「なぜなら性交は、癲癇と同じ動きを身体の各部位に引き起こす。様々な部位が痙攣し、同時に、呼吸は浅く速くなり、汗をかき、眼球が回転し、頬が紅潮する。そして性交が頂点に達すると共に、顔面は蒼白になり、肉体、精神が衰弱し、不快感が訪れる」。彼は、性交は狂気《マニア》を悪化させると結論づけた。「なぜなら体力を奪うだけでなく、魂を攪乱するからである」[*38]。

古代ギリシアにおいて、同性間の行為が男性に害を及ぼすと言っている文献は存在しないのに、女性とのセックスを危険視する思想家は綿々として後を絶たない。ヒッポクラテス全集によれば、女性は禁欲が過ぎれば乾上がるが、男性は過度のセックスで乾き切るという。したがって女性が健康を保つためには、男性との性交が必要である。しかし男性はそれによって精力を使い果たしてしまう。女性は疲れ知らずで、自制することもできないという。なかでも特定の季節に危険が大きくなるとされた。アリストテレスが次のように主張している。「一般に、動物が強く発情するのは春の季節である。しかし、すべての動物が同じ時期に交尾を行なうのではなくて、生まれる子の養育に適した時期に行なうのである」。暑い夏には、男性はすぐに疲れ果て、女性の性欲は満たされないままになる。ヘシオドスは、「凌ぎがたい夏の日々、その季節となれば」、「女は最も色情をつのらせ、男は最も精気を失う」と言っている〔『仕事と日』五八二〜五九六行、邦訳書前掲〕。女性が男性をインポテンツにしかねない。男性は自分が「若いのに老けた」と思うだろう。「火も使わずに焼き焦がし、早々と老い込ませてしまう」[*39]〔同、六九五〜七〇五行〕。プリアポス神ですら、次のように文句を言っている。

盛りのついた隣の女、
春のツバメよりもやりたがって切りがなく、
私はすっかりくたくただ*40

男性は、性的な求めの多い女性から自分の身を守らなければならないとされた。そういう女性をアリストテレスは、発情中の牝ウマにたとえた。ギリシアの哲学者デモクリトス〔前四六〇頃～前三七〇頃〕は、次のように警告した。「性交は、卒中の軽い発作である。自分が自分から引き離され、迸り出るほどの打撃を受けるようなものだからだ」。厭世主義のピタゴラス学派によれば、精液は「脳みそのしたたりで、なかに熱い蒸気を含んでいる」ので、あらゆる性的快楽は有害だという。同様に、プラトン、アリストテレス、そしてヒッポ

◆エピクロスも……と言った　著者は典拠を示していないが、プルタルコスに次のようなくだりがある。

「エピクロスは、宴会後若者達を散歩に連れ出し、自制について彼らと議論し、愛欲は常に有害になりやすく、とりわけ飲食直後の性交は最も有害である、と述べて、彼らに情欲を慎ませようとした〔……〕。エピクロスは、性交による、非常に激しい動きをする肉体内部の振動から、体調がくずれるのを、心配したのだ。つまり、生（き）のブドウ酒は、概して乱暴で騒動を起こしやすく、肉体を土台から変えてしまう。そして、このような状態から我々の肉体を、安静と睡眠ではなく、性交による別の衝動が捉えると、本来、特に強く肉体を密着させているものが、取り除かれたり、壊されたりして、肉体は、土台から揺り動かされる家のように不安定になる危険がある。つまり、肉体がこのような状態になるときは、ブドウ酒が身体に満ちるから、精液はよく流れず、ブドウ酒に混じって無理をして出てくる。したがって、エピクロスは、次のように言っている。肉体が落ち着いた状態になり、食物の消化が終わり、栄養として体内にいきわたり、排泄物として外に出てしまい、そして身体がさらに次の食物を求める前である場合に、性交すべきだ、と。このエピクロスの見解には、医者の説も一致しよう。それは、昼間は、食物の消化が終わっているから、性交に安全な時であるのだが、食事の後に、性交に励もうとするのは、安全でなく、食べたものが消化されていないから、性交による身体の異常な動きと振動が、消化不良を起こし、傷害が倍加するかもしれないから、ということだ」（プルタルコス「食卓歓談集」松本仁助訳、653B～D、F～654A、『モラリア』第八巻、京都大学学術出版会）。

クラテス全集も、性的な節制の必要性を強調した。紀元前一世紀のローマの詩人哲学者ルクレティウスは、『物の本質について』［樋口勝彦訳、岩波文庫］のなかで、性交を男性にとっての罠《わな》だとした。「のみならず、男性は精力を浪費し、苦労のために自滅していく。のみならず、女性の言いなりになって暮らしていくことになる」[*41]。このような言葉づかいで、性交が男性にとって危険を及ぼすとされながら、その一方では女性には性交が推奨されたのである。それ故女性の健康は、パートナーからの性的奉仕に頼らざるを得ない。ヒッポクラテスに端を発する医学思想は、そう主張することで男性を女性より優位に置くのである。

古代の性の手引き書が説く対処法

身体の熱と活力を失うということは、事実上女性になってしまうことだ、という思い込みは、古代の男性達の抱く女性恐怖の最たるものである。この悪夢のような恐怖心を見ると、なぜ彼らがあれほど精力の誇示を重んじていたかがよくわかる。だからこそ、自分の性交能力が衰えてきたのではないかと気に病む男性には、助言にも事欠くことがなかったのである。どうすればインポテンツを克服できるか、という問題を論じている資料は、莫大な量にのぼる。古代ギリシア・ローマ人が、この問題にどれほど心を奪われていたか、そこにはっきり顕われている。古代人は数々の性の手引き書を著わして、体位や技法を指南した。そうした文書は明らかに男性中心主義で、もっぱら異性愛のことが書かれている。作者はおそらく男性であろうが、通常は、遊女が書いたものとされていた。つまりインポテンツの変態皇帝は別として、本物の男に指南の必要などないという神話が、無傷のまま温存されるようになっていたのである。残存する断片（およびオウィディウスによるパロディ）を実際に見てみると、そうした指南書は、まるで料理書のように体位をリストアップすると同時に、能動的な男性と受動的な女性の筋書きを重視していたものと思われる。[*42]

男性の性交能力に翳りが訪れたときどうしたら良いか説明する文献は、広範囲にわたる。それらは皆、男性が男性のために書いたものだ。なかには、刺激的な書物や絵画を用いるよう、勧めるものもあった。四世紀の医学者テオドルス・プリスキアヌスが勧めたのは、「愛の物語を読むこと」だった（第二書一一）。「そのような患者には、周りに美少女か美少年達をはべらせよ。そして欲情を刺激し、それとなく恋物語が描かれている本を読ませると良い」。オウィディウスの作品◆には、エロティックで刺激的な絵画に言及する記述が見られる。ポンペイでは、性愛を描いた壁画が、娼館だけでなく個人の家でも飾られていたらしい。[*43]

マルティアリスは、考えられ得る様々な治療法を記しているが、そのなかには、お金を払って若者の力を借りることも含まれていた（前掲書、第三巻七五）［このエピグラム後出］。老人を性的に興奮させるために雇われる、踊り子の少女達もいた。皇帝ティベリウス［在位一四〜三七］の伝記を書いたスエトニウス◆［七〇頃〜？］は、宮廷の人々が欲望を刺激するために、覗きや小児性愛《ペドフィリア》に走る姿を描いた。インポテンツの老人には、最終手段としてフェラチオが勧められた。しかしこのような助言を実行に移しても、必ずしもうまくいくとは限らなかった。オウィディウスは、次のように嘲笑している。[*44]

それをさえぼくの乙女は　手を添えて、
そっと刺激することを　あなどらなかった。
しかしどれほど技巧をこらしても、起き上がらず、

◆**オウィディウスの作品**　『悲しみの歌』第二巻五二一〜五二四行。
確かに、我々の家のなかには、昔の英雄の姿が
画家の手で描かれて輝いているように、
そのように、性愛の様々な体位や姿を
描く小さな絵がどこかにある。

ポンペイの銀行家ルキウス・カエキリウスの家から発見された壁画（1世紀）.【右】ベッドのなかの男女【上】サテュロスに乳房を揉まれるマイナス

務めを忘れて寝ているのを　彼女は見る〔……〕

古代人が頼った催淫剤の様々

文献資料から判断すると、インポテンツを恐れる男性が採る対処法で最も一般的だったのは、催淫効果のある薬草や飲料の摂取だった。催淫剤が広く使われていたことは、よく知られている。恋人に毒を盛ったかどで訴えられた女性達が、媚薬を与えただけだと主張する事件の裁判記録が残っているのだ。スエトニウスによれば、皇帝カリグラ〔在位三七〜四一〕は「妻のカエソニアに媚薬でも飲まされ、それが彼を狂人に変えたのではないか、と信じられていた」という。プルタルコスは、男性に催淫剤の使用を避けるように言う。プルタルコスが書いた、紀元前一世紀のローマの政治家ルクルスの伝記のなかに、次のような記述がある。「コルネリウス・ネポスは、ルクルスの気が狂ったのは老年や病気のためではなく、解放奴隷の一人カリステネスの与えた薬のためだと記している。カリステネスが薬を与えたのは主人から一層愛されたいためで、そういう効能を持っているはずの薬が理性を狂わせて駄目にしたのである」[*45]。性欲を刺激する数多くの方法が提唱されていたが、それは通常男性向けのものだった。例えばプリニウスは、女性を性的に刺激することを、自分は問題だとは思わないが、女性自身がもしかすると問題だと思うかもしれないと言っている。

ペニスのような形をしたものや、身体を温めるもの、刺激するものなら何でも効能があると思われていた。ヒッポクラテス全集には、豆類、穀類、木の実には空気と熱が含まれているので、感情を昂ぶらせるとある。油分として摂っても、液体や固形物の状態で摂っても、同じように効果があるとされた。また男性の性欲は、とりわけ怒りと関連していると考えられていたので、刺激物が男性の性的興奮を呼び起こす、とされた。そのため古代ギリシア人は、イラクサやコショウ、またカンタリス◆〔マメハンミョウ科の昆虫の粉末〕などを、勃起促進薬として活用した。古代ギリシアの哲学者テオフラストス〔前三七二頃〜前二八八頃〕の著作『植物誌』には、このような治療薬がたくさん記載されている。ディオスコリデスは、先駆者テオフラストスの薬草情報をさらに充実させた『薬物誌』で性愛行為にもしばしば言及し、特徴類似説〔後出〕に基づいて多数

◆**覗きや小児性愛（ペドフィリア）に走る姿**　スエトニウス『ローマ皇帝伝』の該当箇所は次の通り。

　ところでティベリウスは、カプリ島に隠栖中、「セラリア」という房事用椅子のある密室を考案した。その中で各地から入念に探し求めた少女や稚児の手合いや、「スピントリア」と呼ばれていた怪物的な秘戯の発案者らが、三人一組となって彼の前で交代で汚しあう情景を見て衰えた性欲を刺激せんとしたのである。

　あちこちに設けた寝室は、卑猥な春画や姿態の淫らな彫像で飾られ、さらに演技を披露する際、誰でも命じられた体位の手本をすぐ見つけるように、エレパンティスの秘本もそなえつけてあった。

　森や木立の中のいたるところに、趣向をこらした性愛の四阿（あずまや）が設けられ、洞窟や崖の横穴にも、小さな牧神（パン）や水の精（ニンフ）に扮した両性の若者が色を売っていた。彼らは仲間うちで、ティベリウスのことを、今やおおっぴらに、島の名をもじって「カプリネウス」と呼び合っていた。

　ティベリウスはさらにおぞましい破廉恥な醜行へと煽られた。それは、ほとんど言ったり聞いたりすることも憚られるほどの、いや信じられないほどの醜悪さで、例えば、こんなふうであった。彼が「稚魚」と呼んでいた年端のゆかぬ子供に、泳いでいる最中、股の間を潜らせ、舌や歯でそっと触れて戯れるように教えこむ。さらにこんな具合である。活潑に動くがまだ乳離れしていない赤ん坊を、鼠蹊部や胸にあてがった。確かに彼は性格の上からも老齢からもどちらかというとこういった性的な快楽にひかれていたのである。（国原吉之助訳、岩波文庫、上巻、二七一〜二頁）

◆**カンタリス**　一九〇五年に発行されたフランスの一般向け百科事典（J. Pizzetta, *Dictionnaire Populaire Illustré d'Histoire naturelle*, A. Hennuyer, Paris, 1905）は、カンタリスの材料に用いる昆虫カンタリドについて次のように書いている。「全長二〇〜二五ミリ、鮮やかな緑色、触覚は黒［……］熱した酢の蒸気でこれを殺し、乾燥して保存する［……］外用した場合は皮膚に強い刺激を与え、剥離させる性質があるので、水疱を生じさせる目的で用いられる。内服すると、たとえ少量でも中毒症状を引き起こす危険がある。それでも神経系の病気、とくに麻痺にはよく用いられている」。図も同書より。

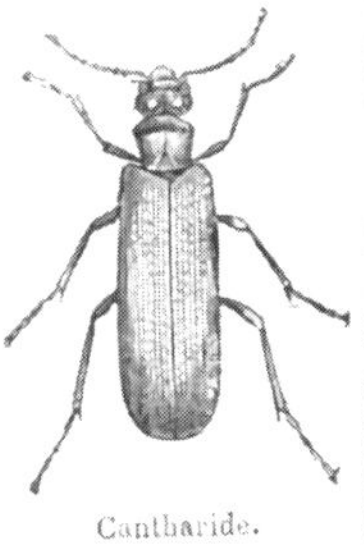

Cantharide.

『カプリ島のティベリウス』（1906）

の催淫剤を列挙している。七世紀のギリシアの医師アイギナのパウロス〔ラテン名パウルス・アエギネタ〕は、催淫作用のある食品として、軟体動物〔イカ・タコ・貝類〕、香味野菜類、ルッコラ、カブ、豆類を推奨した。インポテンツには、スイセンの鱗茎、イラクサの種子、アニス、コショウ、サテュリオン〔ラン科の植物〕、サフラン、ヒヨコマメ、マツノミ、蜂蜜、ワインを勧めた。*46

最も広範囲にわたって興奮剤を列挙したのが、大プリニウスの『博物誌』であった。例えば刈り取るポルム〔葉の部分だけを刈り取って食用とするリーキ〕は「催淫剤となる」という（二〇巻二一章四七）。生《なま》松やにを生ずるテレビンノキは、「緩下剤《かんげざい》であり、催淫作用もある」（二四巻一八章二七）。ニンニクは、「新鮮なコリアンダーと一緒につぶして生《き》のブドウ酒に入れたものは、催淫剤の作用があると信じられている」（二〇巻二三章五七）。野生のアスパラガスの煮汁も、同じ効能がある（二〇巻四三章一一〇）。「ドナクスと呼ばれるキプロスのアシは、〔……〕ブドウ酒に入れると催淫の作用がある」（二四巻五〇章八七）。クレマティスの葉を「酢に漬けて食べると、催淫の作用がある」（二四巻八九章一四〇）。「性欲は、クシフィウム〔グラジオラス属〕の根の上部をブドウ酒に入れて、飲み薬として与えられると昂進する。野生のクレムノスと呼ばれる植物〔不詳〕によっても、またオルミノス・アグリオス〔ムラサキサルビア〕にオオムギ粉を加えて磨り潰しても、同様の効果が得られる」（二六巻六一章九四）。「デモクリトスは、食物としてのラディッシュ〔邦訳書ではラファヌス（ダイコンの類）〕は媚薬であると考えている。おそらくそのせいで、一部でラディッシュは、声に有害だと伝えてきた人々がいるのだろう」（二〇巻一三章二八）。「オルフェウスは、スタフェリヌス〔ニパースニップまたはニンジンか〕には媚薬成分が含まれていると言った。というのも、おそらくこれを食べると催淫作用があることが確かなことだからであろう。それ故、スタフェリヌスは妊娠を助けると断言する者もいた」（二〇巻一五章三二）。プリニウスは金色アザミ〔邦訳書ではスコリュムス（スパニッシュ・サルシファイ（キク科バラモンジン属）〕の利用について、ヘシオドスとアルカイオスを引き合いにだしている（二二巻四三章八七）。「彼らは次のように記している。この花が盛りになる頃、セミの鳴き声も激しくなり、女性の性欲も大いに高まるが、男性の精力はひどく鈍る。そのときまさに、この最も強力な助け手が与えられるのは、自然の配剤であるかのようだ」。つまり、夏の暑い時期のことだ。またスカンディクス〔セリ科〕について、「その特別な効能は、性交に疲れ、消耗しきった体力を回復させ、年取った者にも精力を蘇らせることである」(二二巻三八章八一)と言っている。ディオスコリデスは、ルッコラ［邦訳書ではエウゾーモン］(アブラナ科 *Eruca sativa*)を「生のまま大量に食べると催淫効果をもたらす」と主張した[*47](『薬物誌』第二巻一七〇)。プリニウスもまたルッコラを勧めている。「性欲は、食品によっても刺激されると信じられている。例えば、人間の場合はルッコラが、牛の場合はタマネギがそれである」(『博物誌』一〇巻八三章一八二)。別の箇所でも、彼はルッコラについて書いている。「その性質はレタスと反対で、催淫剤として働く」(一九巻四四章一五四)。

このような薬草による多くの治療法は、外見や、あるいは理屈ではわからないような連想を根拠としていた。いわゆる特徴類似説である。だからペニスのような形をした野菜や植物が重んじられ、同様に、睾丸に似た二つの肥大した球茎を有するランのような植物は、生殖を巡る不調に効果があるとされ、また催淫剤として用いることができると考えられたのだ[*48]。さらに、タマネギやニンニクのような鱗茎は、当時、勃起に必要であると考えられていたガスを発生させるとして重んじられた。だからこそマルティアリスは、次のような助言を残したのである。「もし女房《かみ》さんが年老いていて、君の足が言うことを聞かないときには／タマネギ以外では、君は十分に満足できないよ」(前掲書、第一三巻三四)。ディオスコリデスも、様々な球茎を勧めている。ランの一種オルキス(ラン科ハクサンチドリ属 *Orchis rubra, O. papilionacea*)の球根をヤギの乳に入れて飲むと、「催淫効果がある」(『薬物誌』第三巻一四一)。やはりランの一種であるサテュリオンについては、「女性と床《とこ》を共にしようと思うときに用いる。この植物には、催淫作用があると言われているからである」(第三巻一四三)。サテュリオンの別種でサテュリオン・エリュトロニオンと呼ばれる植物は、「根を手に持っていれば催淫効果がもたらされ、ブドウ酒で飲むと、その効果がさらに強くなると言われている」(第三巻一四四)。ホルミヌム(シソ科アキギリ属 *Salvia horminum*)も、「ブドウ酒で飲めば催淫効果がもたらされると考えられている」(第三巻一四五)。クシフィオン(アヤメ科グラジオラス属 *Gladiolus communis*)も同様だ。「その根の上部はブドウ酒と共に飲むと、催淫効果があるとも言われている。しかし、根の下部は制淫効果があるとされている」(第四巻二〇)。

プリニウスも同じように、様々な球茎について述べている。「しかし、不思議なもののリストの上位は、オルキス〔ラン科の植物〕である。〔……〕その根には二つの球茎があり、睾丸に似ている。そのため、大きい方、あるいは別の人の言うには細長い方を水に入れて飲むと、性欲が刺激される」（前掲書、二六巻六二章九五）。「メガラ産のブルブス〔タマネギの一種か？〕は、強力な催淫剤である」（二〇巻四〇章一〇五）。アスフォデルス〔ユリ科〕という別の球茎植物は、解毒に使われた。「また、それをブドウ酒や蜂蜜と混ぜて、軟膏として用いるか、薬として服用すると、催淫剤になると考えられてきた」（二二巻三二章七一）。キュノソルキス〔ランの一種〕の根は、二つの部分からなっている。「男性がこの根の大きい方を食べると男の子を、女性が小さい方を食べると女の子をもうけると言われている。テッサリアの男性は、柔らかい方の根は催淫剤として、硬い方の根は制淫剤として、ヤギの乳に入れて飲んでいる。根の二つの部分は、このように互いに相反する作用がある」（二七巻四二章六五）。エリュンゲ〔セリ科エリンギウム属〕の効果は解毒ばかりではないと、プリニウスは主張する。「この植物について、不思議な話が伝えられている。根が生長すると、男女どちらかの性器に似てくるというのだ。めったに見つかるものではないが、男性が男に似た形の根をたまたま見つけることができたら、その男性は女性から愛される者になるという」（二二巻九章二〇）。「サテュリオンは、性的興奮を高める力がある。〔……〕人間の睾丸に似た一対の根があり、一年おきに交互に膨張したり収縮したりする。〔……〕飼育されているヒツジの乳に入れて飲むと勃起を誘発するが、水に入れて飲むと、逆の効果をもたらす」（二六巻六二章九六）。

古代の人々は、動物に効くものは人間にも効くだろうと考えていた。アリストテレスによると、人間はまず、動物を観察することによって薬草の使い方を学んだ。それに基づいて薬草学が発達すると、今度は逆に人間と動物に同じ治療法が提唱されるようになったという。例えばプリニウスは、次のように述べている。「エリュトライコンと呼ばれるサテュリオンのさらにまた別の一種類は、〔……〕その根を単に手に握るだけで、誰でも性欲が刺激されると言われている。しかし、もし辛口ブドウ酒に入れて飲むなら、もっと強い情欲が喚起される。そのため、精力のない雄ヒツジや雄ヤギも、これを飲まされる。またサルマティア人は、交尾が長びいて種馬が疲れ果てたときにこれを与える。この症状はプロセアダムムと呼ばれている」（二六巻六三章九七〜九八）。ブプレスティス〔セリ科ミシマサイコ属の植物〕は、少なくともウシにとっては確かに有毒であるが、飲み物と一緒に摂ると、「他の何よりも催淫作用が強いと考えられている」ので、欲情に突き動かされてそれを求める者がある、とプリニウスは書いている（二二巻三六章七八）。

動物の部位で、性交能力が連想されるものがあれば、それを治療に用いるようにもなった。例えばヘビは、若返ると広く信じられていたことから用いられた。雄鶏やヤギの生殖器も使われた。生まれたばかりの子ウマの額に見られるヒッポマネス〔「雄ウマ狂い」の意〕と呼ばれる瘤《こぶ》は、強力な催淫剤であるとアリストテレスが言っている。[*49] ペニスはたびたびトカゲのような爬虫類にたとえられたので、プリニウスはスキンコスという名の大トカゲの力について触れている（二八巻三〇章一一九）。「白ブドウ酒に入れてその鼻面と足を飲むと、催淫剤になる。特にこれを、サテュリオンおよびルッコラの種子〔……〕などと混ぜ合わせたものを、ほんの一ドラクマ〔約三・四グラム〕だけ飲み物に入れて摂ると良い」。プリニウスはさらに、動物の持つ性交能力で、人間が自分のために活用することが可能だと広く信じられている事例を収集している。

催淫剤は、イノシシの胆汁を塗ること、ブタの髄を飲むこと、あるいはロバの堅脂に雄ガチョウの脂を加えて塗ることであり、またウェルギリウス〔前七〇〜前一九。古代ローマの代表的詩人〕も述べているのだが、雌ウマが交合した後で洩らす液、ウマの睾丸を乾かし粉にして飲物に入れて飲めるようにしたもの、ロバの右の睾丸をブドウ酒に入れたものを服用すること、その一部分を護符として腕輪に着けて持っていること、あるいは、オスタネス〔プリニウスによれば「魔術について現存する論文を書いた最初の人」〕が告げるところでは、ロバが交合した後で出す泡を赤い布で採って銀の函に入れておくこと、などである。サルペ〔ギリシアのリムノス島出身で婦人病に関する著作がある〕は、ロバの性器を熱い油に七回浸け、それで関連部分を擦れと、ダリオン〔草本学者。地理学の著作もある〕はその性器を焼いた灰を飲物に入れて飲めとか、雄ウシが交合した後でする小便を飲めとか、その小便でつくった泥を陰部に塗れとかと指示している。

（二八巻八〇章二六一〜二）

があるが，催淫の効果ももたらす」
⑩コショウソウ（*Lepidium sauvum*）「どの種類の種子も，胎児を殺し，月経を招来し，また催淫作用もある．それは，カラシナの種子やエルカの種子と同様の性質を持っている」
⑪ドラコンティウム・マイウス（サトイモ科 *Arum dracunculus*）「ブドウ酒で飲むと激しい催淫効果がある」
⑫ドラコンティウム（サトイモ科 *Arum maculatum*）「ブドウ酒で飲むと催淫効果がある」
⑬ブルブス（ユリ科ヒアシンス属 *Hyacinthus comosus*）「刺激的な味を持っている．温める効果と催淫効果がある」
⑭セイヨウハッカ（*Mentha sativa*）「搾り汁を酢と混ぜて服用すると，吐血を止め，絛虫を殺し，また催淫効果もある」（45 頁⑤に同じ）
⑮パスティナカ（セリ科ニンジン属 *Daucus guttatus* またはノラニンジン *Daucus carota*）「根は催淫作用もある」
⑯アニス（*Pimpinella anisum*）「服用すれば乳の分泌を促し，催淫効果もある」
⑰イラクサ（*Urtica pilulifera* または *Urtica urens*）「種子をレーズン酒と共に服用すると月経を促し，また催淫効果があり，子宮の口を開かせる」
⑱ガリオン（アカネ科ヤエムグラ属 *Galium verum*）「根には催淫作用がある」

※　引用は邦訳版（『ディオスコリデスの薬物誌』鷲谷いづみ訳，エンタプライズ）より．但し英訳版から訳した箇所もある．挿絵はディオスコリデスの初版には一切含まれていなかった．ここに紹介したものは，すべて後代の作品である

⑩

⑫

⑬

⑭

⑮

⑯

⑰

⑱

ディオスコリデス『薬物誌』（1世紀）に書かれた催淫剤・興奮剤

①ルッコラ（アブラナ科 *Eruca sativa*）　ディオスコリデスの邦訳書では音訳して「エウゾーモン」となっているが，本書原書では rocket という英語に置き換えられているので，「ルッコラ」という訳語をあてた．しかし下の挿絵を見ると，現在日本で通常売られているルッコラ（葉が丸みを帯びている）ではなく，埼玉県坂戸市などが特産品としている野生種に近いルーコラ・セルヴァーチカと呼ばれる品種のようにも見える

②オルキス（ラン科ハクサンチドリ属 *Orchis rubra, O. papilionacea*）

③サテュリオン（*Satyrion-trifolium*）

④サテュリオン・エリュトロニオン（*Satyrium-basilicum mas*）

⑤ホルミヌム（シソ科アキギリ属 *Salvia horminum*）

⑥クシフィオン（アヤメ科グラジオラス属 *Gladiolus communis*）

以上が本文中に登場したもの．以下はそれ以外のもの

⑦スキンコス（トカゲ科トカゲ属 *Scincus officinalis*）「腎臓のまわりの部分の約 4g をブドウ酒に入れて服用すると，催淫効果があると言われているが，それでも，レンズマメの煎じ汁を蜂蜜と一緒に，あるいはレタスの種子を水と共に飲むと，その激しい催淫効果が抑えられるともいう」

⑧アマ（*Linum usitatissimum*）「蜂蜜およびコショウと混ぜたものをドロップのかわりに，多量に服用すると，催淫効果がある」

⑨カブ（*Brassica rapa*）「煮たカブの根には栄養分

①

③
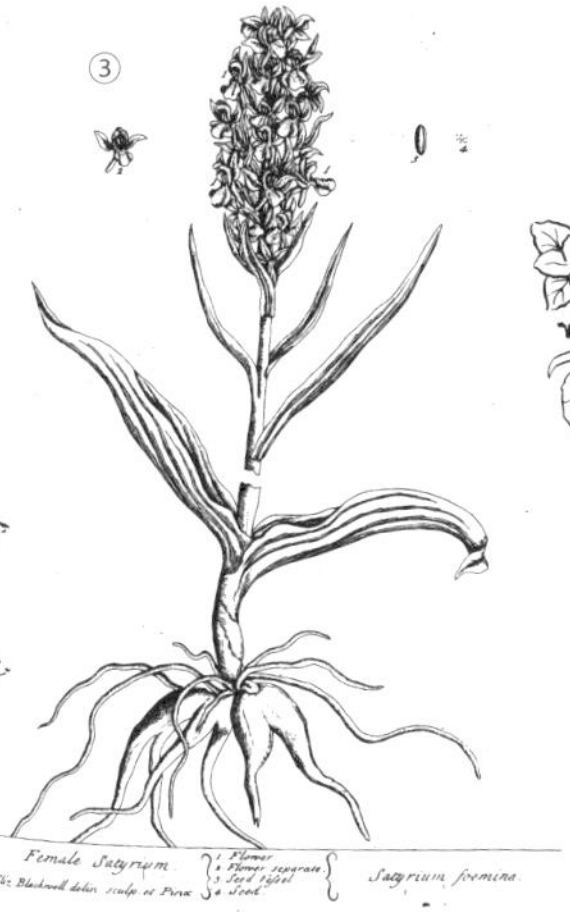

⑤

⑥

⑦

⑧

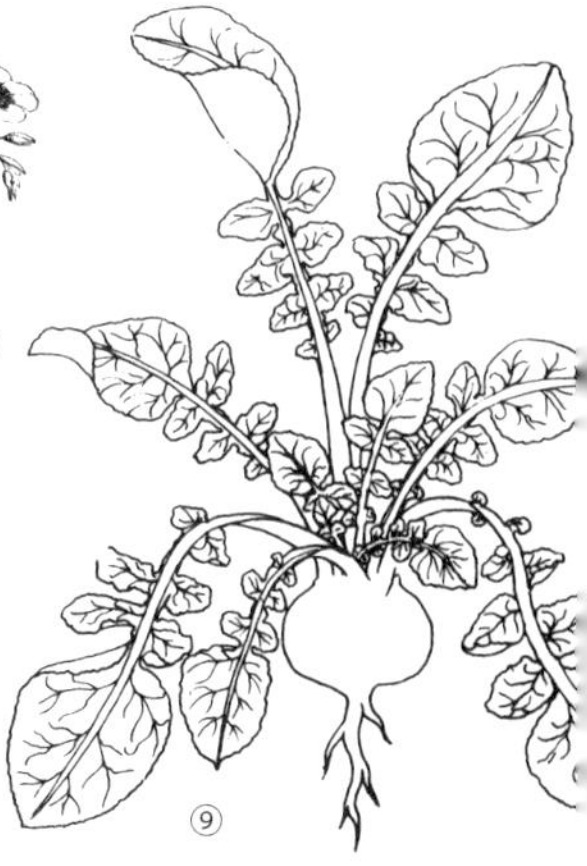
⑨

プリニウスが指摘しているように、治療法のすべてが口から摂取するものではなかった。ギリシア人は、硬軟様々な膏薬や、クリーム状の塗り薬を用いて性交能力を高めようとした。数多くの怪しげな文書に、「女性との戯《たわむ》れのため」とか、「女性とのお楽しみのため」と称して、ペニスに塗る「勃起用」ローションを処方している。エジプトのパピルス紙に書かれた、魔術に関する古い文書にも、早漏用のニンジンジュースを始め、呪文、飲み薬、塗り薬が列挙されている。四世紀の医師で、古来の医学書を編纂したことで名高いオリバシウスは、その著書のなかでルフスを参照しながら、男根の麻痺を治療するために座薬を勧めている。そして特に体液が濃く、男根が冷えている人のための座薬としては、カラシを用いる配合法を挙げている。オリバシウスは患者に対して、この座薬を用いると肛門がひりひり痛くなる恐れがあるから注意するようにと言っている。[*50]

呪術は不能にすることも治療することもできた

動物を原料とする調合薬にせよ、植物を用いたものにせよ、ある種の共感呪術◆の作用によって効能があるとされるものが数多くあった。インポテンツももちろん、しばしばその種の魔法をかけられたせいだとされた。人形や毒入りの飲み物、呪文を用いる黒魔術が、恐ろしい効果を発揮した例について、オウィディウスが語っている（『恋の歌』第三巻第七歌）。


　ぼくの体はテッサリアの毒に　呪われて力が抜けたのか。哀れなぼくを　呪文の歌と薬草が　害しているのか。

　それとも魔女が深紅の蠟［蠟人形のこと］に　名前を呪い込めて、肝臓の真ん中に細い針を刺したのか。

　呪文に打たれてケレースは　不毛の草となって消え、呪文に打たれた泉の水は　涸れてしまう。

　ときわがしからどんぐりが、ぶどうの木からぶどうの房が　魔法で落ち、誰も揺さぶらないのに果実は流れる。

魔術によって筋肉が萎《な》えるのを　何が防げよう。たぶんそのために　ぼくの腰は無能になっている
のだろう。[*51]

特に「子づくりを妨げるための魔術に対抗するためには、去勢者の尿」が薬として効用があると、プリニウスは提唱している（二八巻一八章六五）。また悪寒《おかん》を鎮めるのによく効くハブロトヌム〔ヨモギ属〕は、「枕の下に一枝置けば、催淫作用がある。またこの植物は、インポテンツから身を守るための魔術に対抗する手段として、最も効果的である」（二一巻九二章一六二）。インポテンツから身を守るために、男性は石のお守りや魔除けを身に着けたこともあった。「魔除けとして、小型ワニの右側の臼歯を身に着けた男性には、勃起が約束される」と言われていた。ローマの男性は、邪眼から身を守る手段として、ファスキヌムと呼ばれるペニスのレプリカを身に着けた。この名称は、のちに英語の「魔法にかける《ファシネイト》」という言葉へと派生する、ラテン語の単語に由来する。そして最終手段は神頼みだ。「田園の守り神よ、あなたがおわします限り、われは望みを棄てません／いざ恵みを与えたまえ、不屈のプリアポス神よ、われを硬くしたまえ」[*52]。

催淫剤やローション類、それにお守りは、効き目があったのだろうか。確かに古代のギリシア人やローマ人は、薬草の多くに不思議な力があると考えていたが、ここで言う「効き目」という言葉が、我々現代人が薬について語るときと同じように、科学的な確からしさを前提にしているのであれば、この問いに歴史学は答えることができない。そうは言うものの、強壮剤が必ずしも望み通りの効き目を発揮しない場合

◆共感呪術 Sympathetic magic　『金枝篇』で名高い人類学者フレーザーは、共感すなわち「誤った観念連合」によって結びつけられた、二個の事物間の相互作用の力を用いる呪術の意味でこの語を用いた。彼によれば、共感呪術は大きく二つの種類があって、一つは、二個の事物が互いに似ていること、すなわち類似・模倣の原理に基づく類感呪術 Homoeopathic magic（または模倣呪術 Imitative magic）で、もう一つは、二個の事物が（以前に）互いに触れたこと、すなわち接触・感染の原理に基づく感染呪術 Contagious magic である。

もあることを、古代の人々もよくわかっていたということは、認識しておくべきだ。だからマルティアリスは、無駄なお金を薬につぎこむ男を次のように嘲笑しているのである（前掲書、第三巻七五）。

効かない。
おまえさんは、ルペルクスよ、とうの昔に魔羅《まら》が勃たなくなっちまってるのに
一生懸命になって勃てようとしているのは、到底正気の沙汰とは思えない。
けれども、キャベツも蕪も何の効き目もないし、精をつけるという秘薬の菜っ葉も、おまえさんには
金の力をかりておまえさんは無垢な（少年の）口を潰し始めたが、
そうしても、恋の神ウェヌスはむくむくと生きてはくださらない。
これに驚いて信ずることのできる人が誰ぞいようかね、ルペルクスよ、
おまえさんの精の方はつかないのに、金の方がこう高くつくなんて

プリニウスは、自身が半信半疑の治療法について述べるとき、「……と言われている」という言い回しを使ったり、誰か他の人の記録だということにして、疑念を示すことがよくあった。[*53] 例えば、彼は次のように述べている。「ティテュマルス［トウダイグサ属］の枝の髄を身に着けている者は、それによって一層性的に興奮するという。このことに関してテオフラストスが伝える事柄は不自然である。彼は、その他の点では慎重な著述家であるのだが、ある植物に触れることによって、続けざまに七〇回も性交をするほど欲求が止まらないという。しかしそれがどんな植物なのか、彼は名前も種類も示さないのである」（二六巻六三章九九）。こうした治療法は、望み通りの生理学的な効果を直接もたらしたかどうかという意味で言えば、その多くが「効き目」のないものであったことは明らかだが、一方で、心理的に良い効果をもたらすものも、数多くあっただろうということは、想像に難くない。古代の男性は、自身が受動的な存在であると認めることを拒み、自分の運命を自分で制御しようとしたのである。効き目がどうであれ、様々な治療法が用いられた

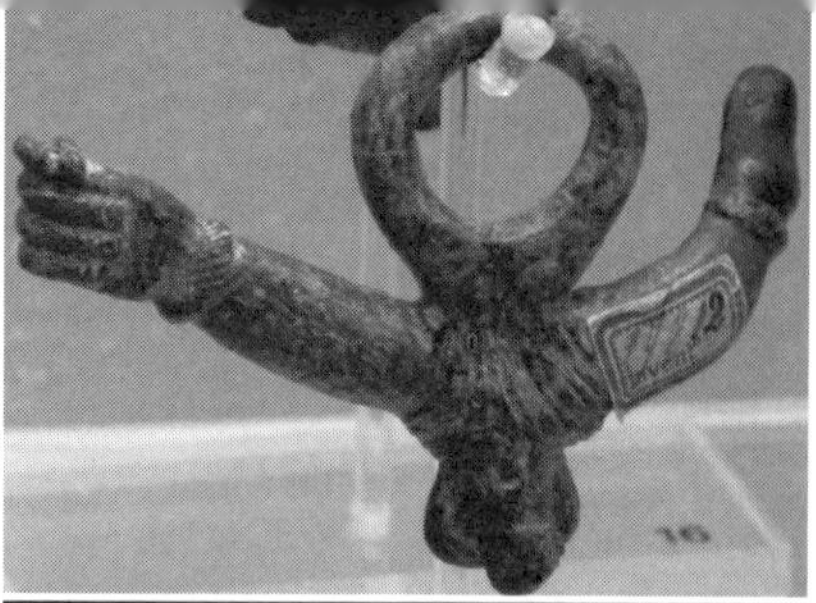

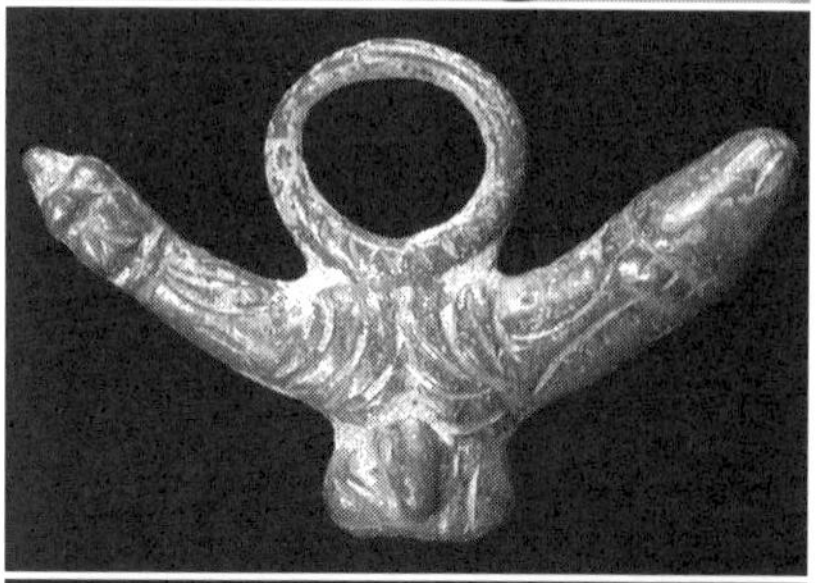

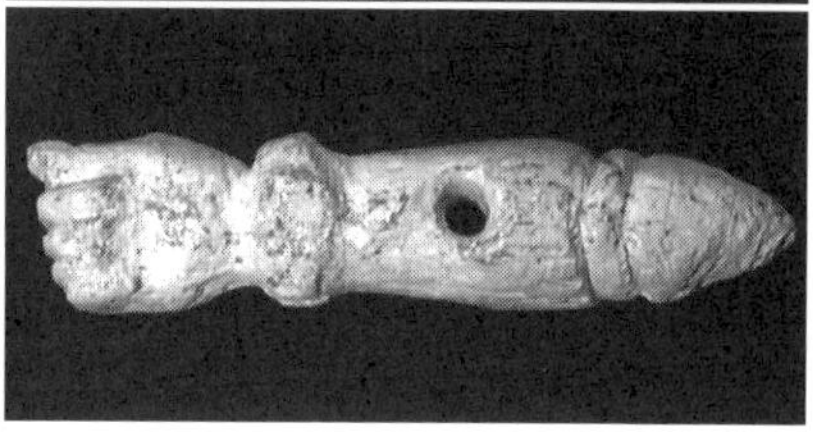

ファスキヌム

ローマ時代の人々が身に着けた，ペニスを象ったお守り．握った手の親指を人差指と中指の間から突き出すのは，「マヌス・フィクス」と呼ばれる幸運・豊穣の徴

【左上】ローマ時代のガリア地方（フランス）（ランス，サン・ルミ博物館，写真 Vassil）

【右上】ポンペイ出土，ブロンズ製（1 世紀，ナポリ考古学博物館，写真 Sailko）

【右中】ブロンズ製（1 〜 3 世紀頃）

【右下】象牙製（1 〜 3 世紀頃）

プリアポス像のお守り

その大きさから携帯したか，室内に飾ったものと思われる．いずれにせよ個人的なものであろう．

【左】ギリシア時代（前 4 終盤 - 前 3 世紀），テラコッタ，14.9cm

【下】ローマ時代（1-2 世紀），ブロンズ，5.7cm

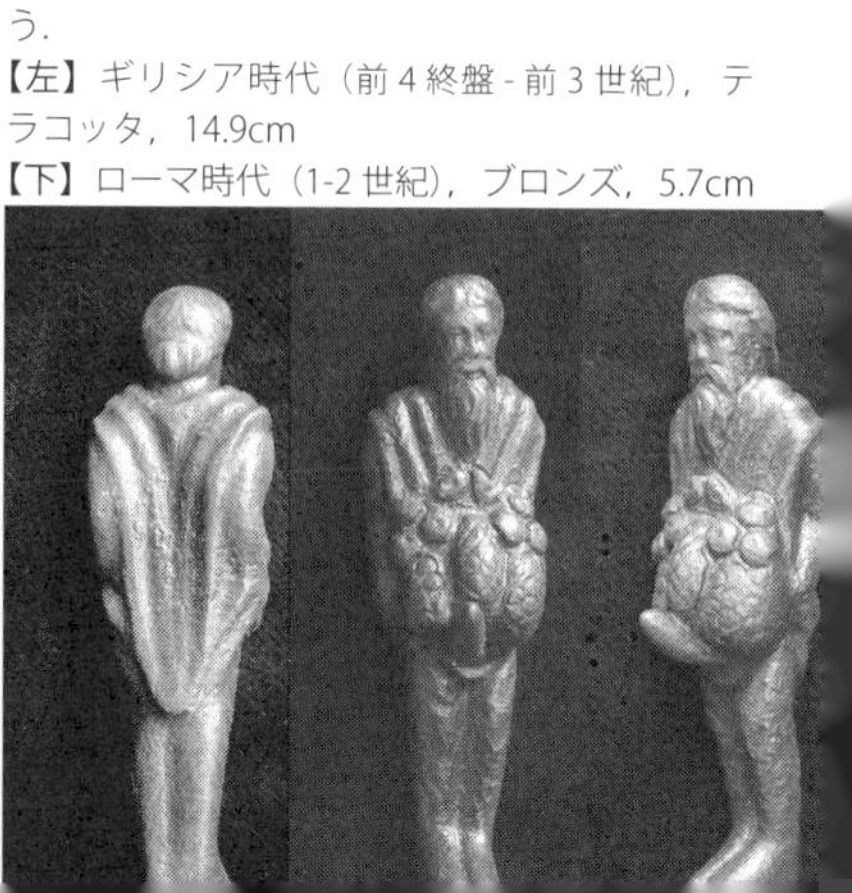

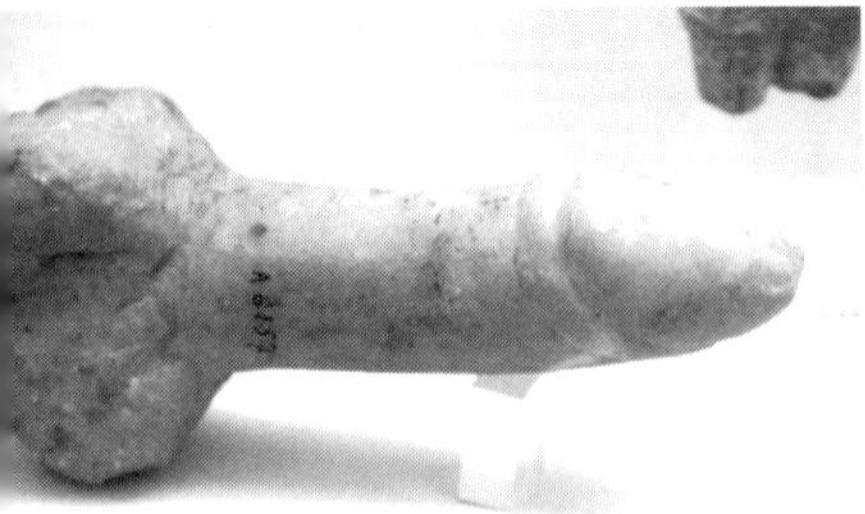

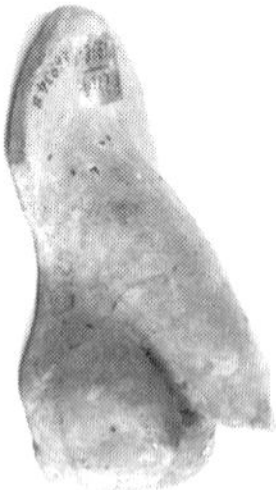

ペニス型の祈願奉納物

【左上】大理石製．ディオニュソス神殿への奉納物か，あるいは実用されていた可能性もあると言われる（紀元前 1 世紀，デロス島考古学博物館蔵）

【左上以外】粘土製奉納物．祈願の詳細は不明だが，個性豊かで実物を正確に象ったものか（前 200- 後 200，ロンドン Wellcome Library）

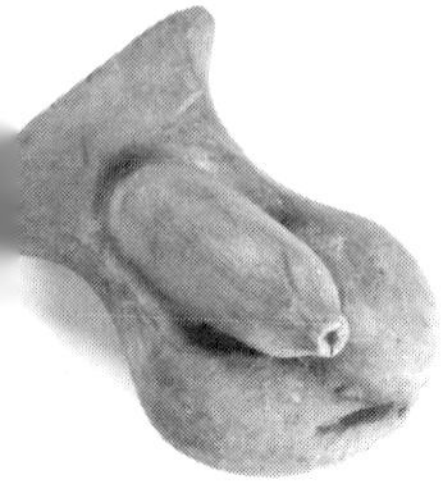

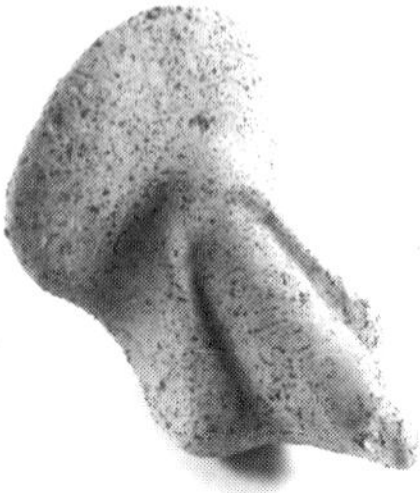

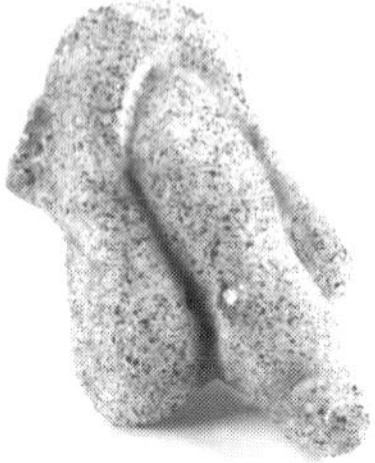

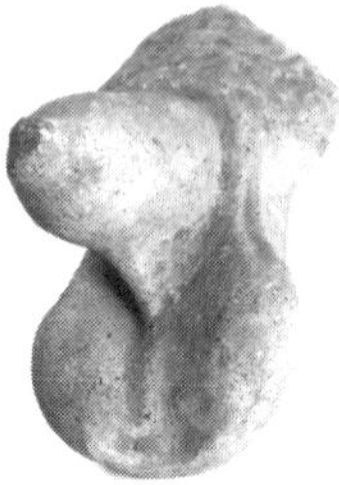

ポンペイ出土のフレスコ壁画．このプリアポスはヘルメス神の特徴を備えている（1 世紀，ナポリ考古学博物館）

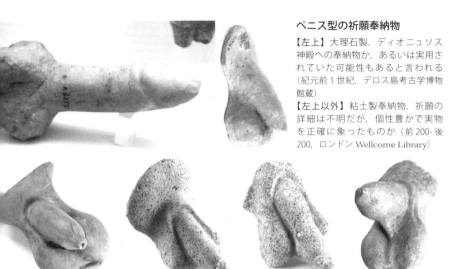

Fig.1.

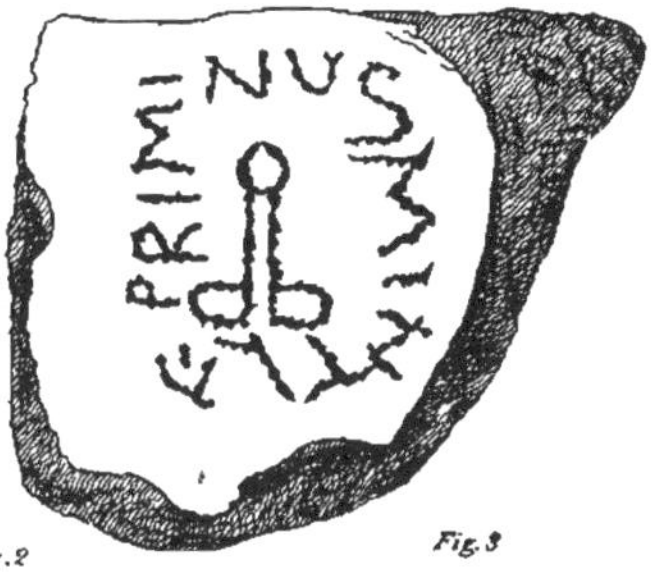

古代の男根崇拝

【上】古代ローマ時代のブリタニア（イギリス）の浮彫り男根．Fig.1 と 2 は，性的な不調を克服できるようプリアポス神に祈願する人々が奉納したもの．Fig.3 は住居の玄関や門口で見つかるタイプのもので，悪い力から家を守るために用いられた

【中左 2 点】ポンペイ出土の浮彫り男根（1 世紀．ナポリ考古学博物館）．左の浮彫りの上下に書かれた文字は「ヒク・ハビタト・フェーリーキタース」すなわち「ここに幸あり」の意

【中右】リビアの浮彫り男根．邪眼に精液を浴びせている（2 世紀）

【下】トルコ南部アンタキヤで発見されたローマ時代のモザイク．邪眼が様々な攻撃に晒されている．男根を屹立させている人物が，棒を交差させているのも，魔除けの徴だろうか

Fig.2

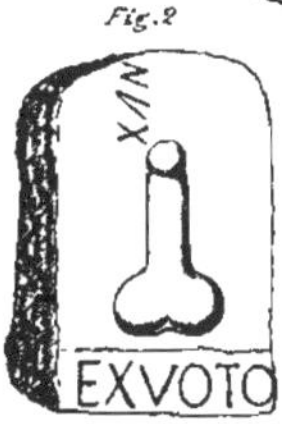

Fig.3

ということ自体が、生物学的現実をも制御しようという古代人の真剣な思いの証《あかし》である。

不能者でも結婚と子供を得ることができた

古代世界で性交能力が問題になったのは、すべての自由人にとって、結婚し、子供を持つことが、極めて重要であると見なされたからである。ギリシアやローマでは、男子相続が基本であった。ギリシアでは、男性だけが土地や配偶者、子供の主《キュリオス》になることができた。ローマ帝国では、独身男性は法的に不利な立場に置かれ、大家族には褒賞が与えられた。マルティアリス◆は、本物の男なら跡取りを持てるはずだと断言し、インポテンツなのに妻が子を生まぬと不平をもらす者を揶揄している（前掲書、第九巻六六、第一〇巻九二）。では、男性が子供をもうけることができなかったなら、どうなるのだろうか。結婚する資格も父親となる資格も奪われた、と思う人もいるかもしれないが、古代世界では、生物学的現実よりも社会的地位が優先されたのである。ある学者が指摘しているように、男性であるということは「男性としての社会的役割を果たすということだった。すなわち妻帯することや、養子を取ることが、法的に可能だということだ。そしてペニスがある人であれば誰でも、たとえそのペニスが十分に機能していなくても、あるいはペニスがあったのが過去のことだったとしても、男性に分類され、一たび法律上、成人であると認められれば、男性としての法的能力を持つことになったのだ」[*54]。ローマでは、男性とはペニスを持つ何者か、だったのだ。そして男性だけが、跡取りを持つことができた。少女は一二歳になれば自動的に成人となったが、少年は、性器を検分され、子づくりの能力があると認められて初めて成人とされた。但し、たとえインポテンツであっても、一四歳になると成人したのである。

当時は結婚によって、社会的地位が再確認された。その社会的地位は、エリート男性によって割り振られたものだった。例えば五〇歳過ぎの女性は、結婚できなかった。奴隷も結婚を禁じられていた。男女で暮らすことは許されたが、相続の権利はなく、奴隷の所有者はその家族をばらばらにすることもできた。但し、血縁やローマの自由人にとって、婚前セックスは何ら問題にはならず、結婚の障害でもなかった。

階級は結婚の壁として存在した。しかし本書の目的から見て、理解しておかなければならない最重要の点は、古代ローマ人にとって結婚が、必ずしも性交を伴う必要がなかった、つまり単なる契約だった、ということだ。一、二世紀にはまだ、性交能力は、のちのキリスト教徒が考えたような「正式な結婚の法定必要条件」ではなかったのである。古代ローマの法学者ウルピアヌス［?～二二三］は、去勢者は遺言することができないと述べた。つまり、結婚や跡取りの指名ができなかったということだ。仮に、一過性のインポテンツを患っているだけなら、何の問題もなかった。スパドー（先天的に生殖能力の失われている人）の身体的な障害ですら、結婚の障害にはならなかった。但し、精神障害は結婚の妨げとなった。常に重要な問題は、承認を得ることだった。古代の人々にとって、性行為そのものは倫理上の問題にはならなかった。むしろ彼らの懸念は、社会的ヒエラルキーや家族の財産を危うくする可能性があるものに向けられたのである。*55 同じような懸念は、離婚を巡ってエリート男性が示す関心にも表われている。古代ローマの男性は、とりたてて理由がなくても配偶者を離縁することができた。離縁には正当な理由が必要とされたのは、コンスタンティヌス一世［在位三〇六～三三七］による法令だけである。また、女性から一方的に男性を離縁するときに、男性のインポテンツを正当な理由として認めたのは、ユスティニアヌス一世［在位五二七～五六五］による法令だけであった。結婚の目的は、子供をもうけることにあった。それどころか、ローマ帝国初代皇帝アウグストゥス［在位前二

◆マルティアリスは……揶揄している　原文は次の通り（藤井昇訳、慶應義塾大学言語文化研究所刊、より）。
「お前に、美人で、貞淑で、若い女房（かみさん）がいるのに、／ファブルスよ、『三子の権利』が何の役に立っているのだ？／われらの主にして神なる皇帝にお前が鞠躬如として［身を屈めて］乞うているものは、／お前が自分で自分に得られるだろう──エレクトできるものならば」（第九巻六八六）。

邦訳書の訳注によれば「三子の権利」とは、西暦九年の法律で、三人の息子の父親に与えられると定められた権利で、劇場で良い席に座れるとか、公職に優先的に就けるなどの特権が認められたという。

「アルモーは睾丸（きん）抜きどもをみんな侍（はべ）らせていて、自分じゃ勃てない。／しかも女房のポルラが一人も産まぬとこぼしている」（第一〇巻九一）。

七〜後一四〕の法令では、子供がいないと財産相続の際に罰則が科せられた。そうであれば、インポテンツの人の結婚にはどんな意味があったのだろうか。結婚しても子供ができないのは、妻に責任があると主張する男性ももちろんいた。古代ローマの修辞学者の大セネカ〔前五五頃〜後四〇頃〕が、そうした主張をしている。結婚しているのに子供がいない男性は、笑いの種にされることもあった。ユウェナリスが書いているように、子供は「おのが男性の証拠」（前掲書、九巻八五行）だからである。しかしそんな弱みも、夫婦交換で克服できた。プルタルコスの『英雄伝』によれば、スパルタの伝説的な立法者リュクルゴスは、インポテンツの場合、妻を貸したり夫を二人にすることを認めたという。子供をもうけるために、配偶者を共有したのだ。例えば、「若い妻を持っている年を取った夫」が、妻のために高貴な若者を選ぶこともできた。あくまで非公式にではあるが、無頓着な夫は、自分の務めを他人に代行させることもあったという。ユウェナリスは、登場人物に抗議させている。「もしおれがお前の献身的なこぶん《クリエンテス》でなかったならば、お前の女房は生娘のままでいただろう[*56]」（九巻七一〜七二行）。

もう一つの解決策は、養子縁組だった。たとえスパドーであっても、養子を取ることができ、未婚者もまた、それが可能であった。それどころか、アウグストゥス帝の法令では、確かな地位に就くためには「父親」であることが求められたので、必要に迫られて養子を取ることもあった。当時の婚姻法は、ある程度緩やかで、たとえ実子がいなくても家父になることができた。ローマでは、相続人になれたのは実質的には男性だけだったので、娘しかいない人は、このために青年を養子に迎えることがあった。但し、そうして新たに相続人になった青年は、その家の娘の一人と結婚するよう迫られることがしばしばだった。養子縁組は、古代世界ではよくあることだったが、たいていの場合、養子として迎えられたのは成人であった。というのも養子縁組の目的は、生きるために子供を手放さざるを得ない貧者の求めに応じることではなく、むしろ自分の家族の財産を守るために、権利を主張する資格のある者を得ることにあったからだ。実子はたびたび失望の種となったので、超合理的なデモクリトスが主張するように、養子縁組は、まともな相続人を得るための、最も理に適《かな》った方法であった。セネカ◆は、子供をもうけること自体は、父親の役割のなかで最も小さなことだという見解を述べている。「私を生んだことは、恩恵としては最小のものだ。なぜなら生きることは、獣と共通だからである。善く生きることこそが、最も重要なのだ」。ギリシア喜劇には、不妊症の裕福な妻達が、捨て子を自分の子供だと偽り通していることが、仄めかされている。家の存続、財産の維持、家名の継承、親族間の結束、高齢化した年長者の世話、彼らの死後の葬儀執行……。そうしたことはすべて、子供が担うものとされていた。[*57] しかし古代ギリシア・ローマにおいては、家族の存続が生物学的な父親だけに委ねられていたわけではなかったので、男性の性機能障害がもたらし得る、最も破壊的な影響は回避されていた。

おわりに

我々は、インポテンツに関する古代の人々の議論をどのように理解すべきだろうか。はっきりと読み取れるのは、彼らの男らしさの概念が、矛盾を孕んでいるということだ。一方で、本物の男と見なされるためには、性交能力が必要だ、と言い切っていながら、もう一方で、性的不全は珍しいことではない、と認識してもいたのだ。セックスをすることは、精力の証《あかし》であった。しかしやり過ぎれば消耗すると、恐れられてもいた。活力が衰えたエリート男性が、多岐にわたる治療法に走ったのは、生殖能力の回復を求めた

◆セネカ　ここに引用されているのは、セネカそのものの文章ではなく、要約英語版のそれである。これはセネカの、以下の二つのくだりを元にしているものと思われる。「単に生きているということは、人が善く生きるための最小の部分に過ぎないではないか。また、あなた［父親。すなわち大セネカ］が私に与えたものは、獣や、何かごくちっぽけな動物と、あるいは何かとても汚い生物とさえ共通のものではないか」（セネカ「恩恵について」小川正廣訳、『セネカ哲学全集』第二巻「倫理論集2」岩波書店、所収、第三巻三〇）。「男女の性的交わりは、父と母からの恩恵としては最小のものに過ぎない、もしも両親が、この最初の贈り物に続いて別の恩恵を付け加え、他の様々な世話によってその価値を証明しないならば。幸福とは、単に生きることではない。それは善く生きることである。ところで、私は今善く生きているとしよう。しかし、私は悪く生きることもできた。それ故、あなたからの恩恵は、私が生きていることだけである」（同、三一）。

のはもちろんだが、それと同時に社会的地位を維持するためでもあった。[*58] インポテンツにしても、その治療法にしても、どちらもそれが社会的に構築される仕方は、古代ギリシア・ローマ人の、セックスおよびジェンダーに対する考え方に直接関係していた。これまで見てきたように、彼らは、自身の「セクシュアリティ」に基づいて自己のアイデンティティを構築していたわけではない。「セクシュアリティ」は当時まだ存在していない概念である。古代の男性の欲望は、現代人のそれと同じであるように見えるのだが、実は我々が男らしさということから通常連想するものと同じではない。当時の男性は、女性を前にしても、少年を前にしても、いずれの場合も欲情を掻き立てられないとすれば、不安を覚えることがあり得た。彼がもしも勃起しないことを恥じたとすれば、それは相手の女性に快感を与えることができなかったからではなかったであろう。そのような罪悪感を抱くことは、めめしいことだとされていたのだ。規範的男性の欲望を焚きつけるのは、攻撃性と怒りである、女性の欲望の場合は受動性である、と古代の人々は信じていた。挿入は、相手を打ち負かす行為になぞらえられた。それが表わしているのは、一方の側による支配と、もう一方の側の服従である。親交を深めるためではなく、支配のためにセックスを活用せよ、と男性はありのままに教え込まれていた。欲情を煽るために、薬草、媚薬、呪術が用いられた。もしも効き目がなくても、自由人の男性であれば結婚もできたし、養子縁組によって父親にもなれた。権力を握っていたからである。ギリシア・ローマ世界では、男らしさは生物学的に定められたものではなく、一つの社会的な地位であった。そうであればこそ、構築し、防衛し、攻撃し、喪失する対象であったのだ。古代地中海世界では、性的不全について数多くのことが論じられていた。詩人によるものもあれば、医師によるものもあった。それらに目を通していると気付くのだが、インポテンツを巡る彼らの議論のすべてに反映されているのは、エリート男性の弱さではない、その権力と特権なのである。

第2章

性器は時に不服従の態度を示す

勃起・挿入・射精の実証を求めた中世キリスト教会

「善女」――教会に任命された不能を検査する女性たち

夫のインポテンツを理由に結婚の無効を判断するに当たって、一五世紀イギリスの教会裁判は、当の夫を検査するために「善　女《オネスト・ウーマン》」と呼ばれる女性達を任命することがあった。

同証人は両の乳房をさらけ出し、先に述べた火で両手を温めると、前述したジョンの陰茎および睾丸を手に取って撫でた。さらに彼女は同ジョンを抱きしめ、何度も接吻するなど、できる限り彼に生殖能力を発揮させようと尽くした。そうしながら彼女は、恥を掻きたくなければ、この場で直ちに男であることを証明してみせなければいけないのだと彼に諭すのだった。その後、彼女に対して仔細に尋問したところ、その述べるところによれば、前述した検査の間中、同ペニスはせいぜい三インチ［約七・五センチ］の長さにとどまり、〔……〕それ以上大きくなることも小さくなることもなかったとの由である。[*1]

こんな試験であれば、いつもは生殖能力を発揮できる男性でも、不合格になるのが当たり前だろう。「このように極度の緊張を強いられる検査では、被験者が性的に興奮できないことも大いにあり得る。しかも検査をする者から、まるで不合格にさせたいかのような言葉を浴びせられたらなおさらである。このようにすっかり震え上がってしまっているのでない場合に性交能力があろうがなかろうが、そんなことはもはや関係ないのである」。[*2]驚かされるのは、このような詮議に聖職者が夢中になっていたということだ。キリスト教徒は、結婚が性的に完成されたか否か、知る必要があったのだ。しかし、と独身主義を貫いている教会医は考え込んでしまう。結婚の完成とは何のことだろうか。単に挿入があればそれで良いのか。あるいは射精に至らなければならないのか。ひょっとしたら、妻の側もオーガズムに達する必要があるのではなかろうか。ミシェル・フーコーが辛辣な調子で指摘しているように、古代ギリシア・ローマの異教徒は慎み深さを備えていたので、結婚にまつわる権利や手順や義務などといったことについて、微に入り細にわたって議論するような文献は遺さなかった。[*3] それではなぜ教会は、インポテンツのような下品な問題に、最終的にあれほど熱をあげることになってしまったのか。聖職者にとって、男性の性交能力の問題など、初めはただただ当惑の対象でしかなかったはずなのに、それがいつの間にか監視すべきものとなってしまったのは、いったいなぜなのか。

初期キリスト教と性交能力

古代ローマ時代の末期に、文化が大きく方向転換したのではないかという説を唱える歴史家もいる。この転換によって、セクシュアリティが、詩や実用的な手引き書などで大いに論じられる対象となると同時に、快楽の源泉として特権的な地位を占めるようになった。それ以前であれば、社会のエリート層に属する人々の生活は、その内奥に至るまで、一族とか財産とか名誉という、ほぼその要請のみに従って組み立てられていた。しかしそうした要請を押しやる形で、私生活とか性的な嗜好に対する配慮が取って代わったというのである。[*4] キリスト教の勃興も、文化のこの内部への方向転換を表わす、もう一つの側面だといえる。内部への方向転換とは、つまり関心の対象が公的なものから私的なものに移ったということだ。但し初期キリスト教徒については、この転換とずれる部分もある。なぜなら彼らはストア派を忠実に模倣して、性欲に疑いを抱いていたからである。それどころか、キリスト教徒の多くは、セックスを本質的に罪深いものだと見なしていた。ローマ人と違って、彼らは性交能力を讃えもしなければ、インポテンツを笑いの種にもしなかったのである。

初期キリスト教徒達は、議論の焦点がもっぱら身体的な欲望の問題に特化するインポテンツの話題を、最初はもちろん嫌っていた。彼らは、異教徒と一線を画そうと努力してはいたが、道徳観について言えば、革命を起こしたわけではない。既存のものを進化させただけだった。つまりキリスト教徒は、まったく新しい行動規範の創造者というよりも、継承者、伝道者だったのである。「清教徒的」信条は、既にストア派によって整えられていたし、超俗的な思想は、新プラトン主義の形而上学や神秘主義的な信仰集団によって既に民衆間に普及していた。情欲は既に危険なものとされ、セクシュアリティは必然的に、理性と対立するものと見なされていたのである。キリスト教という新しい宗教に帰依した者達は、ストア派が既に緒を就けていた、過去の生活様式に対する総攻撃をそのまま継承しただけなのである。四世紀の代表的ギリシア教父ヨアンネス・クリュソストモスは、人前で裸になることに異を唱えて公衆浴場に反対したが、それも既に異教の道徳家が提唱していたことだ。例えばローマ帝政初期のストア派哲学者セネカが、姦淫を激しく非難していた。姦淫が混乱をもたらし、秩序が破られるからだ。四世紀の聖書学者ヒエロニムスも姦淫を攻撃した。不道徳であるし災いをもたらすから、というのがその理由だった。一世紀のストア派の哲学者ムソニウス・ルフスは、性的快楽の追求を批判していた。それを二世紀のキリスト教神学者オリゲネスや、ギリシア教父アレクサンドレイアのクレメンス、そしてヒエロニムスらが継承した。*5 アレクサンドレイアのクレメンス、西方教会最初の教父である二世紀のテルトゥリアヌス、三世紀後半〜四世紀初めの神学者ラクタンティウスらは、情欲の危険を活き活きと表現して見せた。オリゲネスはセックスのやり過ぎは危険だと指摘した。ほとんどの者が、情欲を刺激するために用いられる呪術や催淫剤を非難し、「めめしい」自制の美徳を称揚した。

　キリスト教の唱える美徳のほとんどが、古代人から受け継いだものであると言っても、キリスト教徒が単なる哲学者だったというわけではない。なぜなら社会的な運動を組織したからだ。彼らは実践者であり、伝道者であった。特に目を引くのが、膨大な種類の悪徳を並べ立て、攻撃するときの、彼らの情熱である。彼らは、性的倒錯への嫌悪をユダヤ教徒から引き継ぎ、自身は「淫行を免れている」［『コリント人への第一の手紙』七章二。直前に「男の女に触れぬを善しとす」という文言がある］ことを誇りにした。一世紀のシリアのキリスト教徒によるものとされる『ディダケー』、別名『十二使徒の教え』に列挙されているように、「淫行」には堕胎や子殺し、呪術、同性愛行為も含まれていた。『ディダケー』と共に使徒後教父文書の一つに数えられる『バルナバの手紙』では、古代ギリシアの博物学の知識を援用して、姦淫者をハイエナになぞらえている。「それはこの動物が年ごとにその性別を変え、あるときは雄に、あるときは雌になるからである」。またフェラチオをする者はイタチに。「なぜならこの動

セックスを危険視した初期キリスト教の面々

【左から右，上から下の順に】ヨアンネス・クリュソストモス（347頃-407），ヒエロニムス（340頃-420，アントニオ・ダ・ファブリアーノによる1451年の作品），オリゲネス（182?-254頃），アルルの司教カエサリウス（468/70-542），アレクサンドレイアのクレメンス（150頃-215頃，アンドレ・テヴェによる1584年の作品），テルトゥリアヌス（160頃-220以後），ラクタンティウス（3世紀後半-4世紀初め）

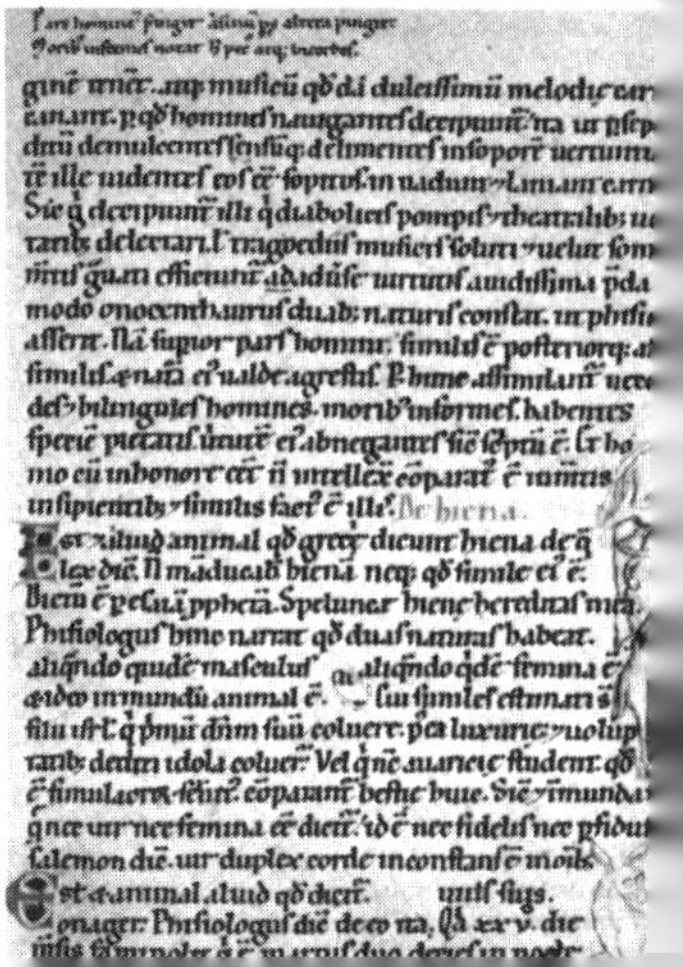

ハイエナとイタチ

【右】抱擁するハイエナ．ラテン語で書かれた動物説話の頁右余白部の落書（12世紀）．本文にはハイエナについて，「不浄の動物であり，あるときは雄，あるときは雌になる」と書かれている（ピルパント・モーガン文庫）

【左】口で交合し，耳から生むイタチ．『詩篇』の余白下部に描かれた落書（14世紀）．左が口で交合する図，右が耳から出産している図（大英博物館）

（いずれもジョン・ボズウェル『キリスト教と同性愛』（国文社）口絵より）

物は、口で孕むからである」。そして「小児を汚す者」はウサギだ。「一年ごとに出産の数が増えるので、生きた年の数だけ多くの穴を持っているからである」[*6]。姦淫は、特に性欲を亢進させるためにギリシア・ローマ人が用いていた媚薬と結びつけて、非難されることが多かった。

ギリシア・ローマ人にとって、欲望が議論の俎上に載せられることはそれほど多くはなかった。問題とされたのは性交を遂行する能力の方だった。しかしキリスト教ヨーロッパ世界では、欲望が次第に危険視され、自制すべきものであると見なされるようになっていく。男性を性的に興奮させるために、様々なことを実際に試みる者がいることには、心底衝撃を受けると教父達は強調する。性欲を刺激するからと、彼らはワインにも異を唱える。ヨアンネス・クリュソストモスは、男女が酒や、呪文や、媚薬を用いることを非難している。アレクサンドレイアのクレメンスは、欲望を喚起する目的で描かれた、異教徒の猥褻な絵画を攻撃する。なかでもキリスト教徒達の嫌悪の的となったのは、ギリシア・ローマ人が子づくりを促進するために用いていた様々な手段であった。アレクサンドレイアのクレメンスは、女性がお守りを身に着けることを非難した。六世紀のアルルの司教カエサリウスは、ガリア人が不妊を治すためと称して「神を怖れぬ薬」を用いている、と攻撃した。彼はこのように言っている。「神が子供を授けることを良しとしないのであるから、そういう者達は、薬草や、魔術的な象徴や、邪悪なお守りなどの手段になど訴えるべきではないのである」[*7]。

もっと過激なキリスト教思想家は、最終的に、セクシュアリティの表われと見なし得るものを、ほとんどすべて拒絶するに至る。その対象は堕胎、避妊、離婚、姦淫から始まって、鬘《かつら》を着けたり化粧をしたりすることにまで及んだ。そうした非難の意図するところは、表向きは放蕩に終止符を打つため、とされていた。同じような懸念は、既に異教徒によって表明されてはいたが、どこに力点を置くかという点で、明らかに異なっている。かつては何よりもまず、財産の問題が懸念の対象とされていたのに対して、新たに懸念の中心となったのは、倫理的な問題であった。ギリシア・ローマ人がセクシュアリティを監視しようとしたのは、すべての個人を家父長の下に従わせるという、伝統的な目的のためであった。ところがキリスト教徒がセクシュアリティを監視するのは、俗世の権力争いや家族内のもめ事など、つまらない混乱に人を巻き込むこの世界からキリスト教徒を解放するという、根源的な目的のためだったのである。初期キリスト教徒の多くが禁欲主義を唱えたのは、彼らに黙示録的な終末を待望するところがあったからだ。彼らが性交を軽んじたのは、これまで主張されてきたように、彼らがセックスそのものを嫌悪したからではない。むしろ、来たるべき世に備える必要を感じていたからなのである。*8

キリスト教はセックス放棄を男らしさの至高の証とした

キリスト教徒の道徳観を知る上で鍵となるのは、彼らが男らしさをどのように位置付けたかという点である。ローマ人にとって、性差は決定的重要性を持っていた。男であるということは、支配する者であるということであり、人に支配される男は、それだけ女性化しているのだと見なされた。キリスト教時代になっても、男らしさの概念が依然として知識人の生活の中心を占めていたが、そこから生じる懸念は、新たな信仰体系のなかに確たる位置付けを与えられることによって表明された。それ以前は男らしくないと見なされたような振る舞いも、善いことと見なされるようになった。ローマ人の男性性に対する考え方からすれば、性的な力量を誇示することが極めて重要であった。しかしキリスト教徒にとっては、独身でいることは、男らしさに欠けることにはならない。権力が政治から宗教に移行したことに伴って、セックスと結婚の放棄という新しい考え方が、キリスト教思想と合致したのだ。それによってキリスト教は、「キリストのよき兵卒」〔『テモテへの第二の手紙』二章三〕というイメージを中心とする新しい男性像を擁護するのに、よりふさわしい道具を調えたわけである。ヒエロニムスのような熱狂的禁欲主義者は、女性の処女性も称揚した。「衣を汚さぬ」〔『ヨハネの黙示録』三章四〕女性を、彼は誉め称えた。そして五世紀までには、キリスト教徒が尊ぶのは女性の処女性だけではなくなる。教父達が、セックスの放棄を男らしさの至高の証《あかし》だと主張するようになるのだ。そのように伝道する者達は、女性を性的に搾取する振る舞いは攻撃しておきながら、実は男性の権威を引き上げ、公的世界から女性を締め出すことに躍起になっていた。他を制することを意図する男は、自己を制し得ることを示さねばならないと説いた。ローマの運動競技者が、勃起と射精を防止するための締め具を身に着けていたことを引き合いに出し、キリスト教徒の男性は、同じようにして、「神の競技者」とならねばならぬと呼びかけた。[*9]

肉欲に打ち克つことを最大の懸案としたのは、キリスト教徒が初めてではない。しかし、だからと言って以前のそれも、キリスト教の教義と同じものだと思ってはならない。なぜなら、ギリシア・ローマ人の目標は健康にあったのであり、聖性とは何の関係もないからだ。ギリシア人は、誰がどのようにセックスをするかということに、無関心だった。彼らが関心を示したのは、自分自身の欲望を思うままに制御できることを示す能力だった。キリスト教徒は、セクシュアリティこそ、自分達と異教徒との違いを象徴するものだとした。セクシュアリティが、個々の人間の道徳観を測るための、中心的な指標となったのだ。結婚している者も独身者も、富める者も貧しい者も、誰もが共通の新しい道徳規準で測られるようになったのだ。こうして性的衝動の制御の重要性が、極めて大きく高まった。それまでは、せいぜい食べることや飲むことと同じくらいにしか、重要だと思われていなかった行為が、新たに巨大な倫理的重荷を担うことになったのだ。ギリシア・ローマ人が、何も考えない快楽主義者だったというわけではない。しかしセックスにまつわる日常的な行ないを、個々人の精神の格を示す第一の指標だと見なすなどということは、キリスト教徒以前には、まさか考えも及ばない発想だったのである。キリスト教徒はその微妙な違いを基準にして、自他の文化の間に根本的な溝を掘ったのである。[*10] セックスを人間存在の本質と見なす近代的な見方は、キリスト教徒が唱道したこの考え方に、端を発するものだったのである。

去勢者は、男性身体の統制を唱道する運動を象徴するもののなかでも、最も衝撃的である。キリスト教以前の時代に、小アジアからエジプトにかけて、祭儀として去勢を行なう集団が至るところにあった。セックスは男性にとって有害である、何となれば体力の消耗を伴うが故である、というピタゴラスの断言は、古代ギリシア人に共通の信念であった。ストア派も同様に、セックスを自制したいという願望を表明していた。キリスト教徒はユダヤ教徒と同じように、生殖器の切除には異を唱えたが、独身主義は称揚した。イエスは「生まれながらの宦官あり、人にせられたる宦官あり」と述べ、その上で、「また天国のために自らなりたる宦官あり」（『マタイによる福音書』一九章一二）と加えた。東方キリスト教会は、宦官についてはっきりと両義的な態度を採っていた。ビザンティン帝国では、去勢を法的に禁じながら、宦官を輸入していたのである。宦官が生殖器切除によって強いられる禁欲を、キリスト教徒は信仰によって自ら成就しようとした。生まれつき冷めていて、自らの欲情を容易《たやす》く制御できる人を、オリゲネスは羨んだ。[*11] 宦官は、禁欲を意味する比喩に過ぎないとオリゲネスは主張していたが、実は自ら去勢したのではないかと考えられている。初期キリスト教徒のなかには、それを実際に行なった者が何人も存在するのである。性交能力に対する懸念を、これ以上きっぱりと払拭する方法は他にはない。

「生めよ、繁殖よ、地に満てよ」——キリスト教とユダヤ教

セックスに対するこうした嫌悪という点で、キリスト教徒は、ユダヤ教という自身の出自と一線を画している。ユダヤ教ももちろん、性行為の放棄を擁護する者に事欠かない。例えば一二世紀のユダヤ教思想家マイモニデスは、セックスに関してプラトン的な悲観主義の立場を採っていた。また律法学者《ラビ》のなかには、生殖について、肉体を持つ存在としての子供というより、霊的な存在としての子供をもうけることが重要なのだと言う者もいた。しかし全体として見れば、ユダヤ教はセックスと生殖の重要性を大いに認めていたのである。彼らはセックスを、堕罪に対する罰とは見なしていなかった。[*12] ユダヤ教徒は逆に、インポテンツを悪事の報いと考えた。『創世記』に、神が人をインポテンツにする様が描かれている。アブラハムが妻サラを伴ってゲラルの地に赴いたとき、その土地の王アビメレクが、アブラハムの妻を彼の妹だと思い、自身の妻として召し入れる。「神、夜の夢にアビメレクに臨みてこれに言いたまいけるは、汝はその召し入れたる女のために死ぬるなるべし。彼女は夫ある者なればなり。アビメレク未だ彼女に近づかざり

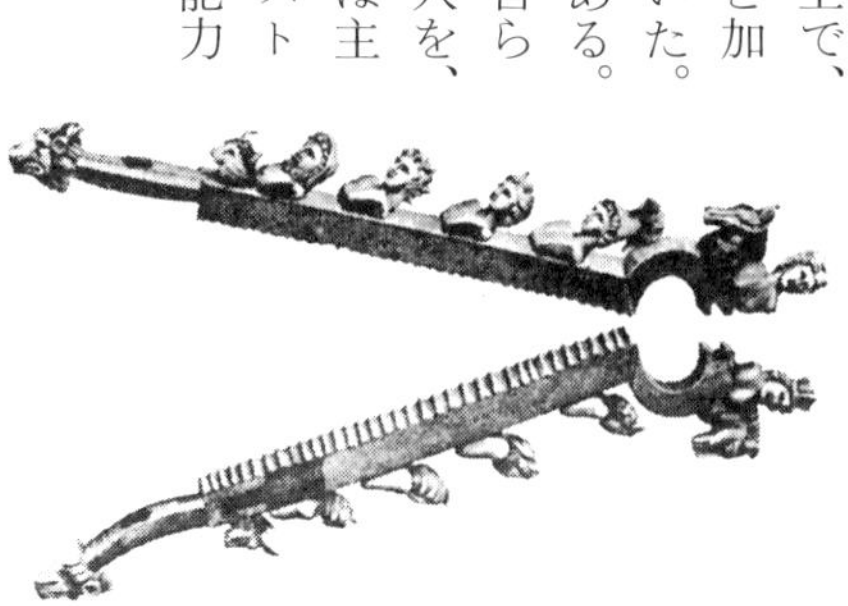

前4-前3世紀の去勢鋏
（Reay Tannahill, *Sex in History*, 1980）

しかば、言う。主よ、汝は正しき民をも殺したまうや。彼は我に、これは我が妹なりと言いしにあらずや。また女も自ら、彼は我が兄なりと言いたり。我、まったき心と潔き手をもって、これをなせり。神また夢にこれに言いたまいけるは、然り、我、汝がまったき心をもってこれをなせるを知りたれば、我も汝をとどめて、罪を犯さしめざりき。彼女に触るるを許さざりしは、これがためなり」（『創世記』第二〇章三〜六）。翌日、アビメレクがアブラハムにその妻サラを返すと、「ここにおいてアブラハム神に祈りければ、神アビメレクとその妻および婢《しもめ》を癒したまいて、彼ら子を生むにいたる。エホバ、先にはアブラハムの妻サラの故《ゆえ》をもって、アビメレクの家の者の胎《たい》を、ことごとく閉じたまえり」（同、一七〜一八）。

ユダヤ教徒は、純潔に対して批判的な考え方を持っていた。彼らにとって性交が、結婚した者にとって当然果たさなければならない義務であるということは、既定の事実だったのだ。ほとんどの律法学者《ラビ》が、不妊の場合には離婚することを勧めている。結婚の目的は子づくりであり、それ故妻の不妊症が明らかになった場合、夫に離縁する権利が認められた。離婚と一夫多妻（中世まで認められていた）が、「生めよ繁殖《ふえ》よ」（『創世記』第一章二二・二八）という神が命じた義務の遂行を促進する手段として用いられた。最低限、二人の息子を生まなければならないとする律法学者《ラビ》もあった。子づくりという主題は、旧約聖書においても、系図を辿りながら長々と単調に語られている。独身主義は不興を買い、マスターベーションは断罪された。律法学者《ラビ》のなかには、自瀆も夢精も、男性が結婚しないでいるせいだと考える者もいた。旧約聖書や口伝律法《ミシュナ》に次いで重要なユダヤ教の聖典タルムードには、律法学者《ラビ》の陰茎を比較しているくだりすら存在するのだ。[*13]

ユダヤ教徒と違ってキリスト教徒は、禁欲も、独身主義も、生涯にわたる純潔も、すべて称揚した。テルトゥリアヌスは、また肉体を誇ったギリシア・ローマ人と違って、キリスト教徒は肉体に困惑を覚えた。

アブラハムに「汝我らに何をなすや」と問いただすアビメレク（『創世記』20章9，ヴァーツラフ・ホラーによる17世紀の版画）

オーガズムの際に魂が部分的に喪失すると断言していた。性欲はそれ自体が罪であった。悪魔は独身者を誘惑しようとする。勃起や夢精は、邪《よこしま》なことを考えている証《あかし》である。アレクサンドレイアのクレメンスは、精液を、癲癇患者が発作のときに吹き出す唾液の泡になぞらえた。但し彼は、子供をつくるという意図がありさえすれば、性交自体が本質的に罪深いというわけではないと考えてはいた。また妊娠を説明するのにヒッポクラテスやアリストテレスの概念を使って説明していた。但し妊娠過程には、天使の助けが介在していると主張した。ラクタンティウスも同様に、自身の自然神学を展開するのにアリストテレスを援用し、セックスを「実りのない、生殖と無関係の快楽」にしてしまう者達を攻撃した。彼によれば、子づくりは、生殖器が存在する唯一の理由であるという。[*14]

「結婚における義務」——聖アウグスティヌス革命

聖アウグスティヌスにとって、「欲情という病」［『テサロニケ人への第一の手紙』四章五、『神の国』一四巻一六章］の原因は堕罪にある。アダムは勃起しただろうか。エデンの園では、肉体はまだ、理性の意志に服従していたはずだと、アウグスティヌスは主張する。セックスは排尿と同じで、理性によって制御されていただろう、と。しかし人が神に背いた後は、その肉体が彼自身に背き、性欲が彼を縛ることになった。アウグスティヌスによれば、生殖器を覆い隠さなければならないのは、それが「恥ずべき部分」であるからだという。なぜなら生殖器は、「自らの主《あるじ》であるはずの精神にさからって、まるで自分が自分の主であるかのように、勝手にいきり勃つからである」[*15]。つまり禁断の木の実を食べたために、初めてペニスは勃起したのである。ペニスはしばしば不服従の態度を示す。だからアダムはこれを恥じるのだ。アウグスティヌスによれば、セックスそれ自体が悪いわけではない。ただ「ペニスが勝手気ままに振る舞うこと」が悪いのだ。性的衝動は制御できないものだ。「あるときは招いてもいないのに、衝動は押しかけてくる。またあるときは、欲望に燃えたぎる者を、あっさりと見捨てる。精神は欲望で燃えあがっているのに、身体が冷え切っているのだ。このように性欲というものは、奇妙なことに、子づくりの意志に服従しないばかりか、淫蕩な欲望にも服従しないことがあるのだ。たいていの場合、性欲は精神の命令に断固として応じないものだが、そうでない場合は、性欲が自身の欲望から引き離され、精神を刺激することができても、肉体を刺激することができないのである」。アウグスティヌスは、性的快楽に「誘惑されたことがある」と告白し、自分は罪を犯した者であると言っている。ギリシア・ローマ文化においては、勃起した男根は力の徴《しるし》だった。アウグスティヌスにとっては、勃起は男性の堕罪の徴であると同時に、原罪を世に繁殖・伝播させる手段だった。[16]

ユダヤ教は、子づくりの本質的重要性を強調したが、初期キリスト教の護教論者は、その調子をやわらげて、子づくりは、人間のありようの罪深さに由来するものだと規定した。アダムとエバは、罪を犯すことなく子供をもうけることができるはずだったが、実際はそうならなかった。聖アウグスティヌスの重要性は、彼が「結婚における義務」の教義を明確化した点にある。結婚におけるセックスは、支払う義務のある負債であり、子孫をもうけ、また貞潔と禁欲を守る限りにおいて正当化される、と彼は唱えた。男女の互いへの愛《アモール》について、彼は言及しなかった。キリスト教徒にとって愛《アモール》は、秩序を転覆し破壊しかねない激情であり、したがって結婚を脅かす危険なものであった。教会はそれよりも、ラテン語でカリタス・コンユガリス（文字どおりの意味は「結婚の愛徳《カリタス》」）と呼ばれるもの――友情、慈愛、忠節などの意味を含む言葉――を、確立することの方に大きな関心を注いだ。アウグスティヌスは、尊敬に値する結婚は、「子づくりのために結ばれる契約であって、情欲的な愛による結合との間には、大きな相違がある」[17]と両者を対比している。アウグスティヌスにとっても、セックスが恩寵からの失墜、無秩序の到来を象徴することに変わりはない。インポテンツ、冷感症、勃起といったことはすべて、制御不能であり、どれも男性が情欲の虜となっていることを示していると、アウグスティヌスは断言する。結婚は良い。しかし独身主義はもっと良いのだ。

だから初期キリスト教聖職者は、インポテンツのことなど少しも頓着しなかった。彼らが恐れたのは、むしろ結婚した男女の性交が行き過ぎになることの方だったのだ。具体的には、生殖のために必要な頻度を超えること、過度に情熱を注ぐこと、自然に反するやり方で行なうことなどである。教会法学者は、子づ

アウグスティヌスがもたらした結婚観の変化

古代における結婚は，家族間の問題であって個人の問題ではなかった．

ところがアウグスティヌス（354-430，**右図**，シモーネ・マルティーニ，1320-5）は，結婚の目的の1つは子づくりにあると規定し，結婚における性交は，子づくりのための必要悪であると考えた．しかしアウグスティヌスが革命的だったのは，性交を単なる必要悪にとどめず，堕罪に由来する支払うべき負債＝果たすべき義務と規定した点にある．それによって夫婦間の性交が神聖化され，きわめて重視されるようになったからである．

中左図のような，ベッドに入った夫婦が聖三位一体から直接子供を授かっている細密画（15世紀）や，**中右図**のような，夫婦の性交を描いた細密画（14世紀）が現われるのは，こうした事情からである．このように子づくり・性交と結びつけられた結婚は，かくして個人間の問題となるのである．**下左図**では，司祭が新郎に新婦を引き渡している（13世紀末，ジャン・アンドレの『教令集』）．

アウグスティヌスによる性交と堕罪の関連づけは，現代西洋社会にまで尾を引いている．**下右図**は，エデンの園を舞台にした現代のカリカチュア

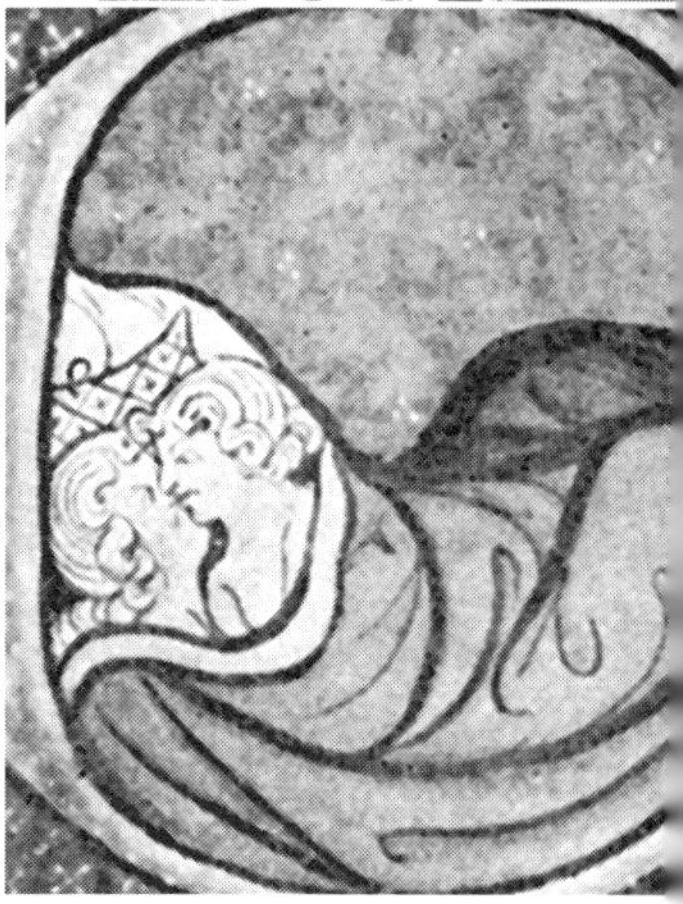

くりのためのセックスは何の罪もなく、結婚した男女であれば、性交する権利があると主張した。しかし性交は常に罪であると断じたり、好ましい行為でないことは確かだと主張したりする者もあった。セックスに対するキリスト教の不信は、結婚という制度に大きな影響を及ぼしてきた。ある者は結婚をある種の隷属だと見なした。それが必ず自由の喪失を招くからだという。聖パウロは、「自ら制すること能わずば婚姻すべし、婚姻するは胸の燃ゆるよりもまされればなり」〔『コリント人への第一の手紙』七章九〕とは言ったが、積極的に結婚を勧めているわけではない、と強調する者もいた。ヒエロニムスを始め、初期キリスト教徒の多くが、はっきりと反家族的な感情を抱いていた。ナザレの聖ヨセフが、時に結婚の守護聖人とされることも、男性のセクシュアリティに対するキリスト教の両義的な見方を雄弁に物語っている。彼は、聖処女マリアとの結婚を性交という形で完成することなく、童貞のまま年老いた男として、いつも描かれてきた。ところがキリスト教の聖職者は、子供のできない夫婦に対して、聖ヨセフに祈るよう説くのである。[*18]

性交こそ結婚の完成

結婚の目的に対する、アウグスティヌスのように陰鬱な考え方から、独身主義や「内なる男らしさ」が新たに重視されることになったわけではあるが、「性器が意志にも欲望にも服従しない」ときに問題となり得るインポテンツという主題を、キリスト教徒は、すっかり忘れてしまうことはできはしなかった。キリスト教に改宗したゲルマン民族は、性行為こそ結婚の完成だと考えた。この考え方が最終的に、結婚における男女間の合意の重視というローマ以来の伝統を覆すことになった。結婚は性行為によって完成するというこの考え方が、一たび受け容れられると、今度は男性がインポテンツだった場合、結婚は無効だし取り消されるべきではないのかということが、当然、主張されるようになる。それで勃起とか、挿入とか、射精といったような細かな点を延々議論して、何によって結婚は完成されたと見なし得るか、明確な基準を定めることに努力を惜しまぬ、自身は独身主義の教会医達が、長い列をなすことになるのである。

古代ギリシア・ローマ文化、またアラブ文化は、結婚を制限する理由となる項目を、細々《こまごま》と優先順位を

老人として表象されるナザレの聖ヨセフ

マリアとヨセフが生後間もないイエスを主に捧げるために，エルサレムの神殿を訪れる神殿奉献の場面を描いた４点（いずれも部分）．すべての作品でマリアの後方，左の方に控えているのがヨセフ（うち２点では生け贄の鳩を持っている）．それぞれで個性はあるものの，確かにどのヨセフも年老いている．このなかでは最も新しいハンス・ホルバイン（父）の作品のヨセフが最も若々しく見える

【上】ジョット（1266/7-1337）による 1304-6 年の作品
【中左】アンブロージョ・ロレンツェッティ（1290 頃 -1348）による 1342 年の作品
【中右】バルトロ・ディ・フレディ（1330 頃 -1410）による 1388 年の作品
【下】ハンス・ホルバイン父（1460-1524）による 1500-1 年の作品

付けながら列挙することはしなかった。しかしヨーロッパのカトリック教会は、この面倒な作業に着手せざるを得なかったのである。キリスト教徒の皇帝の下で、まず最初に行なわれたのは、離婚の制限だった。妻を打擲することは、もはや離婚の正当な理由と見なされなくなった。夫婦間の合意による離婚も、夫が修道院に入りたがっている場合を除き、認められなくなった。夫が離婚を申し立て、それが認められる場合、主な理由は姦淫であった。その他に、堕胎や淫乱、また重婚は未遂でも妻を離縁する理由とされた。ユスティニアヌス一世が五二八年に、二年経っても結婚が完成されない場合は離婚を認めると定めるまで、ローマ人はインポテンツを問題視しなかった。帝はその後、離婚を制限し、五五六年には、相互の合意による離婚を以後認めないと定めた。*19

　中世になると、セクシュアリティは、罪、情欲、好色といった言葉で片付けられるようになり、積極的に議論されなくなる。一二世紀末から一三世紀頃に、隠修士に向けて書かれたと言われている英語の頭韻詩『聖なる純潔』という講話では、「あの獣じみた交尾、あの恥知らずの交接、悪臭を放つ汚物、見るに堪えない行為のあの不潔さ」という言葉が使われている。贖罪規定書◆は、どんなセックスによっても汚《けが》されるということが前提になっていた。教会の聖職者が、ほぼすべての性欲を自然に反すると見なしていたということは、同性愛行為も異性愛行為も、ほとんど同じ程度に悪いと考えられていたということでもある。結婚した者が聖職者から教えられるのは、度を越した快楽の追求は罪であるということ、しかし同時に、性的に完成されない結婚は真の結婚ではないということだった。ではインポテンツは、結婚を無効とする理由にされたのだろうか。アングロ・サクソンの教会の学者達は、そのように規定していた。アイルランドで、六世紀前半にクロナード修道院の聖フィニアンによって書かれたとされる贖罪規定書には、離婚・再婚には長期にわたる贖罪が必要だとあり、また七世紀半ばにキュメアンという名の修道士によって書かれたとされる贖罪規定書も、子供のできない夫婦の離別を禁じている。しかし教皇の大聖グレゴリウス〔在位五九〇～六〇四〕の名で流布されていたが、実際にはドイツのマインツ大司教ラバヌス・マウルス〔在位八四七～八五六〕が書いたある書簡では、セックスができない男女は別れても良いとされていた。七世紀のギリシア人修道士で、イギリスのカンタベリに大司教として派遣されたテオドロス［在位六六八～六九〇］が著わした贖罪規定書には既に、妻が別の男性を夫にしても良いとしてあり、ラバヌス・マウルスは、この考え方を復活させたのである。ゲルマン民族は、離縁する権利を夫の方にしか認めていなかった。後期フランク王国のカロリング朝［七五一～九八七］は、八世紀には、夫のインポテンツが証明される場合は、妻の再婚を認めていた。九世紀後半のランスの大司教ヒンクマルは、フランク王国の二度の分裂によって生じたロレーヌ王国（ロタンギア）の王ロタール二世［在位八五五～八六九］と、妻の女王テウトベルガとの間の結婚を巡る諍い、オーヴェルニュ伯エティエンヌと、妻である、トゥールーズ伯レーモン一世の娘との間の結婚を巡る諍いを裁定する役目を負った。その折にヒンクマルは、生まれつきのインポテンツと後天的なインポテンツを区別した。夫が生まれつきのインポテンツの場合、妻は、健全な男性との再婚を許されてもよかろう、と。しかし後天的なインポテンツの場合（おそらくは魔法に掛けられたのであろう）、回復する可能性があるのだから、妻の再婚は認められない、と。[*20] インポテンツを巡る以上のような議論の際に、その対象となるのは通常、性的に完成されていない結婚である。しかし結婚が性的に完成された後にインポテンツになった場合であれば、問題は明らかに、より複雑である。

ロタール２世（835-69）は妻テウトベルガに子ができなかったので，姦通を理由に結婚を解消，愛人と再婚しようと企てたが果たせなかった

◆**贖罪規定書**　罪を列挙し、それに対する賠償を事細かに規定した文書。もともとローマ教会は、罪に対する償いを公開の場で命じ、実行させていた。しかしアイルランドのケルト教会では、ほぼすべての活動が修道生活を基本としていたため、修道院内で罪を償わせる必要があった。そこでゲルマン諸部族法の「人命賠償金」と呼ばれる規定にならって、贖罪規定書が作成され始める。ケルト人のこの慣わしは、まずアングロ・サクソン教会に受け容れられ、七〇〇年までにシステムが完成された。その後、全ヨーロッパのキリスト教徒人口の拡大に伴って、ローマ教会的な公開の償いは姿を消し、私的告解と贖罪規定に基づく赦免、償いという制度がそれに取って代わった。

離婚裁判で教会はどのように不能を検査したか

中世の教会は、セックスの扱い方を巡って、何らかの論理を確立しようとしていた。ところがその試みに、インポテンツが大きな重圧としてのしかかることになった。堕罪によって性的な関係は、必ず何か問題を含むものとなった。しかし、子供をつくり、色欲を遠ざけてくれるという結婚の利点が、結婚した男女にとってはセックスの口実となる。これはイタリアのロンバルディア出身の一二世紀の神学者で、のちにパリ大司教となったペトルス・ロンバルドゥスが、その著『命題集』のなかで主張していることである。もちろん過度のセックスは、身体的な面から考えても、霊的な面から考えても、いずれにせよ避けるべきである。しかし結婚した男女は、互いに「結婚における義務」を果たさなければならない。但し実際のところは、その義務を果たすことを求められるのは妻の側、求めるのは夫の側、というのがはっきりと聖職者の前提となっていた。例えばドイツのヴォルムスの司教ブルカルドゥス〔九六五〜一〇二五〕は、インポテンツからみの離婚について、夫からの申し立ては受理されるべきだが、妻からの申し立ては確証が必要だと言い切っている。[*21]

インポテンツのことで、特に頭を悩ませていたのは、カノン法〔カトリック教会の教会法〕学者であった。一二世紀半ばに、ボローニャの修道士でのちに中世教会法の祖と呼ばれるようになるヨハンネス・グラティアヌスが、カノン法の教科書として編纂した『グラティアヌス教令集』（一一四〇）で、結婚に対する一貫した考え方を示した。それによれば、結婚には合意と交接が必要であり、一たび、性行為によって完成されたなら、解消することができない秘跡であるという。『グラティアヌス教令集』は、不特定多数間の乱交状態を容認するわけにはいかないので、夫のインポテンツを結婚解消の正当な理由としたが、離婚した男性が再婚することは認めていない。インポテンツの男性の再婚については、ほとんどの聖職者がこれを戒めている。『グラティアヌス教令集』の最初の注釈書を著わしたボローニャのロランドゥスは、一方の配偶者がセックスができないからと言って、もう一方の配偶者が他所《よそ》でセックスをする権利はないと断定している。但しインポテンツの原因として、妖術が確かに用いられたと認められる場合は、再婚が許された。[22]

一三世紀のトマス・アクイナスも、結婚の第一の目的は子供をつくること、第二の目的は姦淫を遠ざけること、という路線を継承した。性交によって結婚を完成することができないなら、その結婚は無効であると彼は主張した。「結婚とは、互いに『結婚が負っている負債』を相手に支払うという義務を課される契約でもある。したがって、他の契約では、支払うこと、遂行することが不可能な義務を自らに課すような契約は不適当であるのとまったく同じように、『結婚が負っている負債』を支払うことが不可能な者が、結婚という契約を交わすのは不適当なのである。この結婚の障害は、一般には性交の不能《インポテンツ》という名前で呼ばれている。これは、内在的で自然な原因によって起こることもあれば、外在的で偶発的な原因で起こることもある。後者の例は魔法であるが、これについてはもっと後で述べるつもりである」[23]。その他の原因としては、男女共に若過ぎるということもあり得るし、女性が狭過ぎるということもあり得る。男性が冷え《フリーギディタース》(すなわち冷感症)、悪事《マレフィキウム》(すなわち妖術を掛けられること)、切断《セクティオー》(すなわち睾丸や陰茎が欠如していること)などを患っているという可能性もある。女性が慎みから、自分の夫はインポテンツであると言えず、単に夫が子供を授けてくれないと言うことがあることも、トマスは認識していた。また彼は、夫婦間に合意があった場合は決定的だと見なした。例えばある女性が、結婚前からその夫のインポテンツを知っていた場合には、後から騙されたと言って結婚の解消を申し立てても、認めることはできないとしたのである。トマスの主張では、不妊は結婚の無効取消に十分な理由にはならない。結婚に必要なのは、欲望を満足させる性交のみであるという。つまり男性は、膣への挿入ができさえすればよく、射精は必ずしも起こらなくても良いとされた。[24] 女性の性交不能については、男性のそれよりも問題は小さいと考えられていた。場合によっては、手術によって処女膜を取り除けばよいと考えられていた。

もしもインポテンツであるなら、結婚すべきではない。「結婚が負っている負債」を支払うという義務が果たせないからだ。そう考えるトマスも、子供のできる年齢を超えた高齢者が結婚することには、反対すべき理由は何もないとした。これは矛盾していないだろうか。トマスは、子供ができる可能性よりも、むしろ挿入という行為自体を不可欠と考えていたのである。かなり驚くべきことだが、一二世紀のカノン法学者ウグッチョの主張によれば、高齢者が「もともと体質的に、あるいは何か技巧を用いて、さらには薬品の助けを借りて」セックスをすることができることを教会は認めている。しかしそうした策を用いることは、若い男女には認められないという。[*25]

ここで注目すべきは、トマス・アクイナスも、ウグッチョも、インポテンツが真の結婚の妨げにならない場合もあると主張していることである。そのためには、結婚する男女が、性行為によって結婚を完成させることはしないと、あらかじめ合意しておけば良いというのだ。そのような「霊的な結婚」という考え方を、教会は長い間擁護していたのだ。一三世紀には、処女の妻が讃えられた。そしてその夫は、褒美として法悦を賜ると言われていたのだ。聖人伝では、女性の聖人が神と夫との間で板挟みになる様が、しばしば描かれる。イギリス女性マージャリー・ケンプは、復活祭前の聖週間は、夫が彼女とセックスをしないよう、キリストに祈った。すると彼は、インポテンツになってしまったのである。「その後、復活祭週間の水曜日に、夫は以前のように彼女を知りたい［性交したいという意味］と考え、彼女のもとにやって来た。そのとき彼女は『イエス様お助けください』と言った。すると彼は以前のようには、彼女に触れることができなくなってしまった。そしてその後は二度と、肉体的に彼女を知る力が失われたのである」。一五世紀のドイツの神学者ヨハン・ニダーも、ある妻が同じように祈りを捧げたところ、極めて効果的であったということを報告している。[*26]

グラティアヌスを始めとする教会の書き手達は、通常の場合であれば、インポテンツを理由とする結婚の解消を認めていた。しかしインポテンツが慢性不治でない場合には、問題はもっと錯綜してくる。世俗の習慣では、結婚は解消可能であった。しかし教会は、解消不可能なものとして、結婚の基準づくりを推進した。ペトルス・ロンバルドゥスは、インポテンツの場合には結婚を解消するのではなく、観察期間を設ける方が

自らの神秘体験を自伝として綴ったことで名高いマージャリー・ケンプ（1373頃-1478）は，キリストに祈って夫をインポテンツにしたという

良いという考えだった。一二世紀イギリスの哲学者でシャルトル司教となったソールズベリのジョンは、そもそも妻側の申し立ては信用できないという考え方で、教会裁判で暴露される様々な事柄が、格好のスキャンダルの材料になっていることを苦々しく感じていた。離婚が認められた場合、その夫婦は再婚できたのだろうか。フランス人のカノン法学者は可能だと言った。ローマ人は健全な者しか結婚してはならないと言った。教皇達は、各人いろいろな意見を持っていて、場合によっては離婚と再婚を認めた。一二〇七年、教皇インノケンティウス三世◆［在位一一九八〜一二一六］は、フィリップ二世と妻インゲボルグとの結婚について、祈りを捧げても喜捨をしても妖術を解くことができなければ離婚しても良いと裁定した。グレゴリウス九世［在位一二二七〜四一］は、教皇教令『デ・フリーギドゥス・エト・マレフィキアーティス』［冷感症および妖術を掛けられた状態について］を出し、「性的関係を持つ能力は、結婚にとって中心をなすと見なされるので、その能力を欠いている場合には、他の点では有効である結婚も、解消し得る」という考え方を、教会全体に普及させた。*27 結婚に関するキリスト教のこうした規定を、聖職者達は世俗の人々にも課そうと努めた。しかし彼らは常に、貴族が、有利な再婚のために安易に結婚の取消を図って、結婚が完成されていないという申し立てを、自分の都合の良いように利用しているのではないか、と疑っていた。

離婚裁判に備えるため、カノン法学者は、インポテンツの原因になり得ることをすべて列挙するという作業に取り掛かった。そこに挙げられたのは、例えば加

フィリップ2世（ルイ＝フェリックス・アミエル，1837）とインゲボルグ（棺のブロンズ横臥像の写し）

◆インノケンティウス三世は……と裁定した　カペー朝第七代のフランス王であったフィリップ二世（在位一一八〇〜一二二三）は、最初の妻の死後、一一九三年、デンマーク王クヌート六世の妹インゲボルグと結婚した。しかし新婚初夜にインポテンツに陥り、これを魔法の仕業として、即座に結婚の解消を宣言、一一九六年には別の女性と結婚した。インゲボルグは一貫して結婚取消に抵抗し、ローマ教皇に援助を仰いだが、王は彼女を幽閉。一二一三年にやっと彼女の願いは受け容れられ、女王の座に返り咲いた。

齢、若さ、道徳上の堕落、病気、風邪、欲望を抑えようとする強い思いなどであった。教会は、はっきりとではなかったものの、セックスを巡る二重基準を頑なに維持した。男性が自分はインポテンツではないと主張する場合であれば、その言葉の方が一般的に、妻の言葉よりも優先された。なぜなら夫は妻の主《あるじ》だからである。妻の側がもしかすると利己主義に突き動かされて、夫の欠陥を申し立てているのではないかという懸念から、当局は、身体検査を受けるべきは妻だけであると主張するに至った。見届け役の産婆達が、妻の身体を検査し、証言した。妻の処女膜こそが、結婚が完成されたか否かを、最もよく物語るはずであるという論理が掲げられた。その上、夫のインポテンツを証明する責任は妻の側にあるとされた。「結婚における義務」を果たすことが求められるのは、いつも妻の方だけだったからである。花嫁が処女であれば、自ら検査を受けると主張し、結婚が完成していないことを証明して、みごと離婚を勝ち取ることもあり得た。一四四三年イギリスの、ある興味深いケースでは、女性が決然と婚約の破棄を求めた。理由は、結婚の直前になって、未来の夫のインポテンツが判明したから、ということだった。「そしてその後の二週間、その女性は彼を試してみた。しかし彼はできなかった。だから彼女は彼を追い払い、トマス・リカードなるもう一人の求婚者と婚約した*[28]」。

一四世紀のフランスの外科医ギー・ド・ショーリアックは、インポテンツは自然発生的な場合もあれば、魔法が原因になっている場合もあると記しているが、さらに、結婚相手から解放されることを望んで、男性がインポテンツを装っている場合も時にはあると報告している。聖職者達は、離婚裁判において、常に計略なのではないかと疑ってかかった。というのも、結婚を終わらせるためにインポテンツを装い、自らの検査すら求めるような恥知らずな男がいることが、次第にわかってきたからである。『グラティアヌス教令集』のある写本には、まさにそのような男性が、インポテンツの審査を受けている様子を描いた装飾挿絵が収録されている。夫の検査がイギリスで始まったのは、一三世紀のことである。男性能力を試すために、娼婦を任命することが認められることすらあった。教会裁判で娼婦が公的な役割を担うという、極めて珍しい出来事が起こったわけだ。実際問題として、夫が童貞であるか否かの審査を行なうかどうかは、裁

男女の「罪」を事細かに規定し，インポテンツの扱いに頭を悩ませた中世の神学者達

【左から右，上から下】クロナード修道院の聖フィニアン（470-549）（写真 Andreas F. Borchert）／タルソスのテオドロス（602-690，カンタベリ大司教）／ヒンクマル（806-82）／ヴォルムスのブルカルドゥス（950/65-1025，写真 Heidas）／ペトルス・ロンバルドゥス（1096 頃 -1160）／ヨハンネス・グラティアヌス（1100 頃 -50 頃，16 世紀写本より）／ソールズベリのジョン（1120 頃 -1180）／グレゴリウス 9 世（1143 頃 -1241，ラファエロ，1510-11）／インノケンティウス 3 世（1161-1216，13 世紀のフレスコ画）／アルベルトゥス・マグヌス（1193 頃 -1280，フレスコ画，1352）／トマス・アクイナス（1225 頃 -74，カルロ・クリヴェッリ，15 世紀前半）／ジョヴァンニ・ダンドレア（1270/5-1348，棺）／ニコロ・デ・トゥデスキ（1386-1445）／シクストゥス 5 世（1521-90）／トマス・サンチェス（1550-1610）

判所の恣意に委ねられていた。しかし夫婦間の諍いは、結婚の取消を認めたからと言って、終わるわけではなかった。さらなる問題が、すぐに持ち上がってきたからだ。男女が別れた後、それぞれのインポテンツや冷感症が治ってしまったらどうするのか、元の相手の許に戻らなければならないのか、という問題である。インノケンティウス三世は、一二〇六年に、最初の相手との間で結婚を完成することができなかった女性が、もしも二人目との間でうまくいったら、最初の相手ともう一度試みてみるべきであると論じた。同様に、イギリスのイーリのジョン・ポイナントという人物は、一三七八～八〇年の裁判で、二人目の妻と子供を棄てて、最初の相手の許に戻らなければならないと言い渡された。[*29]

一五八七年六月二七日、教皇シクストゥス五世［在位一五八五～九〇］が、たとえ勃起してもスパドーはインポテンツと見なすと宣言した。同時代のイエズス会神学者トマス・サンチェスは、そのような男性は真の精液を出すことができないからである、と説明した。しかしサンチェスは、さらに議論を進めて、男性が膣の入口に精液を出し、それによって仮に子供ができたとしても、それだけでは十分ではないと主張するに至る。挿入が必要だというわけである。子づくりの名に値する交接しか認められない。但し年輩者の結婚については、その精液が実を結ばないのは「偶発的なこと」に過ぎないからという理由で、これを認めている。かくしてすべての男性が、教会の言に従うなら、真の精液の産出（精子挿入）ができなければ生殖能力があるとは認められない、ということになったのである。一六世紀以降、カトリック教会は、結婚の完成には挿入と射精が必要であるという方針を維持することになる。男性は、少なくとも建前上は、それまでより大きな圧力の下で、性的な実行力を問われることになった。教会医の立場に立つ限りでは、女性は精液を受けとめる器官がありさえすれば良いのであり、子宮や卵巣は必ずしも必要ではなかった。睾丸を欠いた男性はインポテンツと見なされたが、卵巣を欠いた女性がインポテンツと見なされることはなかった。[*30] 女性に必要なのは膣だけだったのだ。

以上のような、議論の尽きない悩ましい問題がなぜ生じたかと言えば、結婚や子づくりに対するキリスト教会の嫌悪が、多産な家族を良しとするヨーロッパ人の心情に抵触したからであり、教会は、何とかして

【上】裁判当事者の審査．13世紀にフランドルで作られた『グラティアヌス教令集』の写本に収録されている装飾挿絵．カノン法裁判所における夫のインポテンツ裁定の様子が描かれている（Walters Art Gallery, Baltimore, MS W.133, fol.277）

【下】結婚の無効を宣言して男女を引き離す司祭（13世紀）

その折り合いを付けようとしたのであった。結婚の成り行きには、単に二人の個人の幸せ以上のものがかかっていたのだ。財産、権力、家族の誇りなども、そこに含まれる。結婚が取り消されれば、莫大な持参金を返さなければならないかもしれない。カタルーニャのウルヘル伯アルバロ一世が、一二五三年の自身の結婚は未だに完成していないと申し立てたときにも、ちょうどそのような問題が浮上したのである。結婚当時の伯は一四歳であった。伯の弁護士は彼がインポテンツであると主張したのだが、伯が娼婦と交わりを持っていると証言する証人が現われた。離婚が定まらないまま二人目の妻を迎え、結局両方の妻に子供ができた。つまり伯が離婚裁判を提訴したのは、財産紛争の一環であることは明らかだった。[*31]

インポテンツを理由にした場合の結婚の解消に必要な手続きが、ゆっくりと制度化されていった。一三一七年には、ノルマンディのある女性が離婚を許可されている。その理由が、夫はインポテンツであり、「彼女は処女であるが、それでも母親になりたがっている」というものであった。一四世紀までの裁判書類には、医師が特別な証人として出廷していることが記録されている。一四世紀前半のアウグスティヌス隠修士会の修道士ストラスブールのトマがこう書いている。慣習上、裁判で結婚取消を認めるためには、性交ができないまま三年が経過することが必要であるが、「もしも医師の観察によって、冷感症であることが確定したなら」、裁判官は、この経過期間を省略しても良い。一三八五年には、医師が証人の役を演じて結婚取消が認められたケースが二件あったことが、記録からわかる。産婆が、夫婦の性交を見届け、それを医師に報告する、ということもあったようだ。インポテンツを理由にした結婚取消の求めはかなり多かったようで、例えばアウクスブルクでは、一三五〇年だけで一〇件の申し立てがあったと記録されている。[*32]

一四九七年に、教皇アレクサンデル六世［在位一四九二～一五〇三］は、自分の娘のルクレツィア・ボルジアの結婚を解消させるために、娘に次のような申し立てをさ

1人目の妻を嫌って何とか離婚しようとしたウルヘル伯アルバロ1世（上）は，2人目の妻（下）と共に葬られた（棺は現在メトロポリタン美術館蔵）

せた。結婚して三年になるが「未だに性的関係、夫婦の交接、肉の経験は一切ない」、自分は「誓っても良いし、産婆の検査を受ける覚悟もできている」と。[*33] 夫のジョヴァンニ・スフォルツァは、ミラノで教皇特使を始めとする証人の前で、自身の生殖能力を証明してみせることを拒否した。そこで二人の枢機卿の下に組織された委員会は、この結婚は未だに完成されていない、ルクレツィアは処女であると宣言した。イタリア中がこれを笑った。スフォルツァの最初の妻は出産の際に亡くなっていたのに、最終的に彼は、ルクレツィアとの二度目の結婚は完成していないと自供すること、そしてルクレツィアの持参金を返すことを強いられた。

インポテンツを巡るこのような争いは、社会の上層だけでなく、下層にも、同じように起こっていた。一四七〇年代のヴェネツィアで、ある男が妻の申し立てを覆そうと、総大司教裁判所に陳述した赤裸々な言葉が記録されている。この男ニコロの妻は、自分が未だに処女であり、したがって良きキリスト教徒たること、よき母たることという自分の願いは、未だに成就しないと訴え出たのだ。これに対して、サンステファノの司祭がニコロの弁護を買って出て、微に入り細に入り、彼が正常であることを示す話を述べ立てた。その報告は以下のようなものであった。「ニコロはマッダレーナという名の娼婦にキスをしました。そして私に向かってこう言ったのです。『ここを見てください。私が勃たないなんて言う者がいますが、私は男です』。そして彼は、私にその部分を触らせました。それは、他の男性とまったく変わることなく勃起していました」。この司祭はさらに、ニコロがマッダレーナと、それからまた別のマリアという

【左】コインに刻印されたジョヴァンニ・スフォルツァ
【中】ルクレツィア・ボルジアと言われている肖像画（バルトロメオ・ヴェネト，1510 頃）
【右】アレクサンデル6世（クリストファノ・デラティシモ，16 世紀後半）

娼婦とも、セックスをするところを見た、自分はニコロの精液に触わってもみたと証言しているのである。[*34]

「夫が不能の場合、代理の男性によって子供をつくればよい」――マルティン・ルター

一六世紀のプロテスタントも、同じ問題と格闘しなければならなかった。彼らは結婚を社会の基盤として讃えてはいたけれども、秘跡と見なすことはやめた。マルティン・ルターは、インポテンツの夫を持った女性は、他の男性に夫の代理をしてもらって子供をつくればよい、そうすれば結婚を解消することもないから、という極端な考えを述べていた。プロテスタントは結婚が秘跡であるということは否定したが、他の点ではカトリックのインポテンツ観を共有していた。ルターは離婚の理由として認められるのは以下の三つであり、その場合、当事者のうち原因を作った方でない者は再婚しても良いとした。すなわち、第一にインポテンツ、第二に姦淫、第三に同居生活ができない、夫婦の義務を果たせないこと、である。再婚は、情欲の捌《は》け口になるという理由で許可された。セックスに関係のない不仲は、裁判上の別居［結婚の無効取消あるいは離婚とは認められない］の理由としか認められなかった。[*35]

スイスのフルドリッヒ・ツヴィングリや、ストラスブールのマルティン・ブツァーといった宗教改革者達は、結婚した者は性生活を実践する必要があるということを強調した。バーゼルでは、結婚の一方の当事者が性交能力がないと見なされれば、インポテンツを理由とする裁判沙汰となった。但し健康な方の配偶者が、相手の不能を事前に承知の上で結婚した場合と、問題のインポテンツが加齢に由来するものである場合には、離婚は許されなかった。一五三三年のバーゼル『結婚裁判規定』には、インポテンツを法的に認定するための手続きが、細心に規定されている。まずは一年間、症状の改善を待つ必要がある。その後、さらに裁判所が指名する二人の医師の医学的な検査を経て、初めて離婚が許可され得る。カトリックにおける結婚無効取消と、プロテスタントにおける離婚は、どちらも婚姻法に基づく手続きに沿って認否が決定されていた。[*36]

プロテスタントは、インポテンツを巡るカトリックの規定を受け継ぎながら、さらに離婚理由を拡大し

た。一五五〇年から九二年の間に、バーゼルの結婚裁判所は、離婚ないし裁判上の別居申請を審議しているが、このうちインポテンツを理由とするものは七件であった。しかしドイツ南西部コンスタンツの教会裁判所では、一五五一年から一六〇〇年の間に、インポテンツを理由とする裁判が九五件に上った。これらの裁判所は、カトリックの裁判もそうであったように、女性が性的に満足できないということを主張しても、動かされなかった。裁判に勝つためには、女性は母になりたいという自身の切なる願いが成就しないと、訴える必要があった。夫に性的実行力がないことは、次のような条件で証明されたと見なされた。裁判所が命じる三年間の試験期間に妻を妊娠させることができなかった場合、夫が性交を遂行できないことを七人の関係者が宣誓証言した場合、夫の、あるいは場合によっては夫婦両人の、医学検査による場合、である。[*37]

勃起・挿入・射精は男の義務——中世における男らしさ

結婚を巡る規則が教会によって作り直されていくなかで、男らしさに対する考え方は、どうなっただろう。古代の攻撃的な男らしさは、理屈の上では中世で支持を失う。中世史家のキャロライン・バイナムの主張によれば、キリスト教は、ジェンダーの境界線を曖昧化することに貢献したという。確かに教会は、神に身を捧げた女性達の男性的な性質を讃えたし、その反対に、男性の聖人のなかには、女性的な美徳を示したことで賞賛された者もいた。キリスト自身が時として、乳を出す女性として描かれることがあった。その一方では、ペニスを持つ存在として描かれもした。それどころか、画家のなかにはキリストのペニスを勃起させてみせた者もいたのである。フェミニストの学者が言うように、そうした表現は、キリストのセクシュアリティをというよりも、人間性を意味していると解釈すべきなのである。つまりキリスト教徒にとって、肉体的な感覚そのものに問題があるわけではなかったのだ。むしろ問題なのは、その感覚の源泉が悪魔なのか、それとも神なのか、ということであった。但し教会は、生殖器を信仰の妨げと見ていた。これは数多く残されている中世の去勢の物語を見ればわかる。アベラール◆が去勢されたのは、もちろん復讐としてである。リンカーンの司教ヒュー◆は、この世のものとは思えない聖者と出会い、彼によって去勢され、そのおかげで平穏を得た。教会が、こうした男達の物語から引き出した教訓は、肉の誘惑から一たび解放されたそののちには、行動によって、この上もない「内なる男らしさ」を示すことができる、ということだった。*38

神秘の王国から日常の世界に目を移せば、自分自身の生殖器を放棄するなどという考えに傾いた男性がほとんどいなかったことを、残された証拠が示している。中世においても生殖能力は大いに評価されたが、子供をもうけることができて初めて、それが証明された。新たに結婚した男女の親類や友人達は、新婚夫婦をベッドに入れ、身体を温める飲物を運んできて、これから結婚を完成させる二人を祝福した。コミュニティは新郎に、男らしさを証明するよう煽りたてた。最初の子ができるまでは、彼らは言わば存在をはっきりと認められない宙吊りの状態に置かれたようなものだった。男性の義務は勃起することと射精すること、女性の義務は懐妊することだった。妊娠するかしないかについては、女性よりも男性の方が重要な役割を担っていると考えられていた。しかし結婚しても子供ができなければ、一般的に女性の方に責任があると見なされた。男性の旺盛な生殖能力は、時として不道徳と見られることがあったが、男性の激情を称揚する（同時に、冷めていることを、めめしいと危険視する）古代の考え方はまだ生きていた。そ

勃起するキリスト像
【左】磔刑図（ハンス・ショイフェリン，1515）
【中】『悲しみのキリスト』（ルートヴィヒ・クルーク，1510-32，大英博物館）
【右】『悲しみのキリスト』（マールテン・ファン・ヘームスケルク，1550頃，ボブ・ジョーンズ大学）

のため事実上、第三のジェンダーと呼び得る人達も出現していた可能性がある。若い男性は、自分の生殖能力を身をもって証明するよう迫られていたのだ。このことは、著名な宮廷詩人ボードゥアン・ド・コンデの息子で、一四世紀前半に活躍したジャン・ド・コンデが作った艶笑譚にも見て取れる。そこではひげの薄い騎士が、一人の女性から「干し草の状態を見れば、三叉の具合がよくわかる」［蛇足ながら三叉は男性器を暗示している］とからかわれている。*39 年輩者だからと言って、嘲弄を免れたわけではない。イタリア人は、肛門性交《ソドミー》が老人のインポテンツを治すとからかった。男性の野性的な性行動は、非難の対象になり得たが、その一方で男らしさの不可欠の要素とも見なされたのである。一五一五年に、ある男性が、キャサリンという名の女性と一夜を共にした理由をこう証言したことが、史料からわかっている。「それは単に、自分ができるんだということを見せるためだけでした。さもないとキャサリンは、自分のことをインポテンツだと、だから金持ち

◆アベラール　ピエール・～（一〇七九頃～一一四二）。フランスの初期スコラ神学者、哲学者。ノートルダム大聖堂付属学校の講師だったときに、大聖堂付参事会員の姪のエロイーズと出会い、彼女の家庭教師となって、二人は恋に落ちる。やがて彼女は妊娠し、二人で出奔、出産。パリに戻って秘密裏に結婚したのち、アベラールはエロイーズの親類によって、復讐として去勢される。彼はサン・ドニ修道院に逃れ修道士に、彼女はアルジャントゥイユ修道院で修道女になった。その神学上の主張は何度も異端視されたが、のちのスコラ神学の礎となった。

◆ヒュー　一一四〇頃～一二〇〇。フランスの聖職者。一九歳のときに助祭として赴いた小教区で、一人の女性から誘惑される。彼女に腕を触られた彼は、恥と怒りに駆られてその部分の肉を切り落としたという。その後、肉の誘惑を断ち切るために、世間と隔絶したカルトゥジオ会の母修道院であるグルノーブルのグランド・シャルトルーズ修道院に入る。しかしそこで再び、四〇歳の頃、激しい情欲に襲われる。悩み苦しんでいると、亡くなったはずの先の修道院次長あるいは天使が現われて、彼の生殖器を切り取ったと伝えられる。そののち、招かれてイギリスにわたり、リンカーンの司教となった。

【右】アベラールとエロイーズ（コンデ美術館）
【左】リンカーンのヒューに奇跡が訪れた場面を描くヴィンセンツォ・カルドゥッチの油彩（1626-32）

の未亡人との結婚も駄目になるだろうと、教区中の女達に言い触らしたでしょう」。一四世紀以降のヨーロッパで流行するシャリヴァリ◆は、高齢の男性と若い女性の組み合わせのような、いびつな結婚を標的とした。その上新郎がインポテンツともなれば、恥の上塗りになったに違いない＊40。

ペニスは、相変わらず下品なユーモアの尽きることのない源泉だった。中世には、邪眼を撃退するために様々な象徴を身に着けたが、そのなかには、交接中の男女、勃起したペニス（巡礼の服装をしていることもあった）、ペニス型の動物、羽のあるペニス、女陰を運んでいるペニスなどをかたどったものがあった。古英語《アングロ・サクソン》の『謎詩』のなかには、恥部の名前を答えさせて恥ずかしがらせることを狙ったようななぞなぞがあった。例えば◆「硬くて強いものは何？」（答は鍵）、「骨のない不思議なものは何？」（答はパン生地）、「高畝《ベッド》に根を生やし、屹立している私は誰？」（答はタマネギ）などである。シェークスピアも同じようなダブルミーニングを利用している。『ウィンザーの陽気な女房達』では、登場人物のフォードが、寝取られ、呪《まじな》いを掛けられることを恐れている。彼はこんなふうに言う。「他人の地面に立派な家をつくったようなものです。おっ勃てた場所が悪かったので、勃てたものを失っちまったのです」［第二幕第二場］。また別の登場人物のフォルスタッフ――この名前自体が「偽の陰茎《フォールススタッフ》」

羽のあるペニスは古代から数多く見られる表象である.
【上左】アッティカ赤絵の壺蓋（前460- 前425）【上右】羽根を持つペニスの浮彫り．下に書かれている文字は「1つはあなたのため，1つは私のため」という意味（紀元前1世紀，デロス島考古学博物館）
【下左】ブロンズ製ファスキヌム（年代不詳）【下中】ポンペイから出土したブロンズ製ファスキヌム（1世紀，ナポリ考古学博物館，写真 Marie-Lan Nguyen）【下右】ブロンズ製ファスキヌム（帝政時代ローマ）

◆**シャリヴァリ**　中世から一九世紀まで広くヨーロッパ各地に見られた習慣で、共同体の規範を逸脱した者に対する儀式化した制裁。英語ではラフミュージックと呼ばれる。制裁は、主には若者の集団が、標的とする人物の家の窓下に押しかけ、一晩中角笛を吹き鍋釜を打ち鳴らすとか、ロバの背に前後あべこべに乗せ、村中を引き回すなど。制裁の対象は多くの場合、若い娘と年老いた男やもめ、若い男と未亡人というような「いびつな」結婚（適齢期の若者から結婚の機会を奪う行為）であったが、寝取られ亭主や不倫妻、そしてインポテンツ（結婚から三晩経っても結婚を完成できない新郎）も標的とされた。

◆**例えば……などである**　実際は、本文中にあるような数語の言葉だけで答えさせるわけではなく、もっと長い詩の一篇が一問のなぞなぞに相当する。試みに、ここに挙げられているなぞなぞの元の謎詩は以下の通り（古英語の解釈は Craig Williamson, *A Feast of Creatures: Anglo-Saxon Riddle Songs* (Philadelphia: University of Pennsylvania Press, 1982) による）。

「男の腿近くぶら下がる、すてきな奇跡を起こすもの／着物の襞の下いっぱい、硬くて強くて／がっしりと、真鍮色して、前に小穴が空いている／若殿様は挨拶する、膝まで覆った下着をたくし上げ／ぶら下げているこいつの硬い頭で／あの穴に。その穴に入れるために、わざわざそいつを持って来た」。

「こっそり膨らむ音がする／大きくなって、持ち上がり、覆っているもの持ち上げる／誇り高き花嫁は、その骨のない不思議なものを／両手でしっかり捕まえた。王女は／大きくなったそいつの上に、布をかぶせてぐるぐる回す」。

「私はすばらしく、女達のお役に立つ／何かが起こると期待をさせる。私がやっつけるのは／私を引っこ抜こうとするものだけ／高畝（ベッド）に根を生やし、屹立している私の／下の方は毛がいっぱい。時には美しき／農夫の娘が、待ちきれない様子の／その誇り高き女性が、私をむんずと摑み／しっかり握りしめ、私の赤い皮を剝く／私の頭を求めているのだ。縮れ毛頭の／その女性、真っ先に私を手に入れて、感じている／われらが出会い。その目を涙で濡らしながら」。

ウィリアム・ホガース描くラフ・ミュージック（1726）

すなわちフニャフニャの陰茎を仄めかしている――は、こう言う。「おれが女装したことが宮中に聞こえりゃ、おれはきっとしなびた梨のようにへこたれる」*41［第四幕第五場］。

中世教会による不能への対処法

インポテンツの恐怖に取り憑かれていた人々に向かって、教会は、インポテンツには二種類の原因がある、自然な原因と偶発的な原因だと語って聞かせた。中世において、生殖に関する古代の説が再び姿を現わし、インポテンツの自然な原因に関する情報の供給源となった。チョーサーの『カンタベリー物語』に収められている「貿易商人の話」では、「老いたるジャニュアリィ」が、「みずみずしいメイ」と結婚し、催淫剤を服用する様が描かれている。「彼は気力を増さんものと、強壮剤、香料入りブドウ酒、熱い香料の入った白ブドウ酒を飲んだ」。チョーサーは、このような催淫剤の知識を、チュニジア出身で一一世紀にイタリアで活躍した医師コンスタンティヌス・アフリカヌスの著作『交接論』から得たのだが、この医者のことをチョーサーは猥褻だと非難していた。コンスタンティヌス・アフリカヌスは、アラビア語に翻訳されて保存されていたギリシア医学を、ラテン語訳することによって当時のヨーロッパに導入した人物で、彼の『交接論』もそのような著作の一冊だった。彼のラテン語訳は原文からかけ離れたものだったが、それでも性行為は健康の証であり病気を治しもするという、ギリシア・ローマ的な主張を、この著作は確実に当時のヨーロッパに伝えたのである。そのなかで彼は、ヒッポクラテス、ガレノス、ディオスコリデスを援用しながら、古代世界に普及していた催淫剤とインポテンツの治療法を列挙してみせた。例えばコショウや松の実、卵の黄身、ショウガなどのような、ガスのたまる温かく湿った食物は、性欲を促進するとし、それを長く保《も》たせる効果を期待できる油分や軟膏の調合法も解説した。そのなかには、スズメの脳とヘーゼルナッツと雄ヤギから採った脂を混ぜたものなどが含まれてい

オーソン・ウェルズが演じたフォルスタッフ（1965）

た。[*42]

一三世紀前半にパリ司教だったギョーム・ドーヴェルニュは、その著書『結婚について』のなかで、次のように語っている。「太った男性は、冷感症のことがある。〔……〕我々はこの話を女性から聞いたのであって、男性同士の噂や〔一般的な〕見解として言っているのではない。女性達は告解として語ったのだから、その話はまさに経験に基づいているのであり、確かである」。肥満が交接の妨げとなるという、この道徳家の司教の言葉には、医学的な裏付けがある。一一世紀ないし一二世紀に、トロトゥーラという名のサレルノ〔南イタリア〕の女医によって書かれたとされる『女性の治療について』である。そこには、妊娠を促すには古代人の処方を用いると良いとある。例えば「性欲が弱い冷えた」男性には、身体を温める薬草や強壮剤、冷感症の女性には、お香を用いるといった具合である。[*43]

こうしてキリスト教世界は、古代医学の体液説を再発見することになった。その考え方によれば、インポテンツの原因は体液の不均衡ということになる。そこでインポテンツの男性に対し、例えば冷え過ぎているとか乾き過ぎていると言って、古代の体液病理学を丸写しにした治療法を処方した。体液説に基づく妊娠促進のための情報も、『女性の秘密について』などの冊子によって民衆の間に浸透していった。この冊子は、一三世紀ドイツの神学者で、普遍博士と称されたアルベルトゥス・マグヌスが著わしたとされ、その内容はアリストテレスに基づいている。すなわち質料は形相を求めるという考え方である。だから女性は男性を追い求めるということになり、男と女の交わりの目的の一つには、病を癒すことも含まれるということになる。それどころかアルベルトゥス・マグヌスは、余分な精液を処分する手段として、マスターベーションを擁護してさえいる。彼は『動物について』という著作に、インポテンツの風変わりな治療法を記している。「オオカミのペニスをオーブンで焼き、細かく刻んだら、ほんの少しだけよく噛んで食べる。すると直ちに性交への欲望を覚えることだろう」（二二巻一一七）。またスズメは狂ったように交尾に耽る鳥であるから、「その肉は熱を帯び、乾いていて、性欲を燃え立たせる。また便秘を解消させる作用もある」（二三巻一三六）。さらにアルベルトゥス・マグヌスが述べているところによれば、ヒトデは強烈な催淫効果を持っているので、血液まで射精することになりかねないが、身体を冷やす植物、例えばレタスなどによってそれを緩和することができるという[*44]（二四巻五五）。

教皇ヨハネス二一世による『健康の宝』◆（一二七六）には、一一六項目の処方が収録されているが、そのうち三四種が催淫剤、二七種が制淫剤である。また五六種が妊娠を促進するための、三六種が避妊のための処方である。他にも、「陰茎のいぼ」や「陰茎の炎症」、「陰嚢の腫れ」への対処法も載っている。こうした作品では、欲情を掻き立てる作用があるものとして豆類が処方されることがよくあるが、それは見た目が睾丸に似ていて、食べると腹にガスが溜まるという性質があるためである。ブドウ酒や入浴も、身体を熱くするからと言われ、勧められていた。一五世紀にカタルーニャ語で書かれた『性交鑑 *Speculum al foderi*』は、インポテンツには「ヒヨコ豆、カブ、ニンジンを食べると良い」とある。一五二五年に発行された英語のある本草書は、ムカゴニンジンは「男性の情欲を掻き立てる」と約束する。また一五六五年の書物には「ルッコラは欲情を掻き立てる」とあり、一五六七年の別の書物は、コリアンダーが「男性の性欲を刺激する作用が強い」と勧めている。[*45]

中世の医学書によると

シエナのアルドブランディノがフランス語で著わした『養生論 *Régime du corps*』（一二六五）は、ラテン語以外の日常言語で書かれた最初の衛生学の専門書である。そのなかの「いかにして婦人と共に生活するか」という章では、ガレノスやアリストテレスに依拠しつつ、節度あるセックスは健康に良いということが主張されている。若過ぎたり、逆に年を取り過ぎたりしている男性、また太り過ぎ、あるいは飲み過ぎの男性は、セックスがうまくいかないことがある。要は、時宜を得ることと、ふさわしい体位を知ることだと説く。一四世紀の南仏モンペリエの医師ベルナール・ド・ゴルドンによるとされているいくつかの著作では、薬草、水薬、塗り薬、また「大きくするためのマッサージや膏薬」によって、インポテンツは克服できると書かれている。それは魔法によって罹ったインポテンツにも、短小が原因のインポテンツにも、同じように効果があるという。[*46]

以上のように、中世の後期には、不妊症やインポテンツという問題に対する関心が高かったのである。実際ほとんどすべての医学書が、この二つの問題に触れている。一三二六年のフランスのプロヴァンス地方での裁判記録を見ると、この問題の治療に当たる医師達が存在していたことがわかる。医師達が、インポテンツや冷感症の原因として唱えたことにはいろいろあった。例えば身体の熱さ、あるいは逆に冷え、また月が欠けていく期間だから、バランスが悪い体質だから、生まれつきの不具合だ、等々。また不妊症のなかには治療不可能なものもあると、医師達は認めていた。例えば脳から腎臓や性器に精液を運んでいると、当時考えられていた、耳の後ろの血管が切れたことによる不妊症は、治せないと言われた。[*47] しかしインポテンツや不妊症は、医学文書において厳密に定義されていたわけではない。定義などということよりも、そうした問題にいかに対処するかということの方に、多大な関心が向けられていたのだ。

セックスは、女性の健康にも良いと言われていた。イタリアの医師アントニオ・グアイネイロの著書『子宮論』（一四八一）には、不能の夫を持つ女性に対して、グアイネイロの助手の女性が性的に刺激してやる様子が描かれている。それは子宮内の体液を排出させるためであった。男性のペニスがあまりに短小なせいで不妊だという場合に最適な体位も書かれている。さらにグアイネイロは、睾丸に阿片と胡椒の膏薬を貼って温めたり、膣にペッサリーのようなものを挿入することで、妊娠の可能性を高めることができると勧めている。こうした文書では、「過度の好色や労働、旅行」によって熱の喪失が引き起こされ、そのこと自体が老化の原因となるということが、広く合意されていた。[*48]

医学の手引き書では、性欲を刺激するには想像力が演じる役割も重要であるとされていた。フライブル

◆『健康の宝』　これは一六世紀に発行された英訳書のタイトルで、むしろ原書タイトルの『貧者の宝 *Thesaurus Pauperum*』として知られる。その著者名ペトルス・ヒスパヌスが、ヨハネス二一世（在位、一二七六〜七七）と同名のために教皇の作とされてきたが、近年は疑わしいとされている。

クのヨハンは、アルベルトゥス・マグヌスの助言を引用している。すなわち、男性が、結婚の完成に問題を抱えている場合には、その妻がもっと色気のある装いをすべきである、と。また別の、あるスペイン人が書いたものには、シャイな男性にはある種の「条件づけ」が必要だとされている。「性欲にかかわる器官が言うことを聞き始めるまで、交接行為を想像すべし」とその本は説いている。同様に、一四世紀イギリスの医師ギャデズデンのジョンや一五世紀イタリアの医師ミケーレ・サヴォナローラも、男性が性交の準備を整えるに当たって、エロティックな物語がいかに役に立つか述べている。一たび身体が反応しさえすれば、肝臓の血液が気化し、その結果、熱い気体が心臓や下半身にまで広がっていくので、ペニスは硬直するのだという。[*49]

男性の身体の働きに関する以上のような古典的な考え方が、一六世紀には、ずっと公刊され続けることになる。一五七七年に解剖学書を著わしたイギリスの医師トマス・ヴィカリーは、そのなかで人体を頭から足まで辿っていくに当たって、腰部と「秘部」に特に注目している。男性の膀胱は陰茎に繋がっている。睾丸は身体の外側に出ている。「陰嚢」は、睾丸の「保護と快適」のための巾着の役割を果たしている。女性も睾丸を持っているが、それは身体の内部にある。女性の子宮は冷えて乾いている。男性も女性も種子を産出する。男性の精液は熱く、白く、濃い。女性の精液は男性より「薄く、冷たく、弱い」。男性の陰茎には二本の管があり、一本は尿の通り道でもう一本は種子の通り道である。ペニスは気息の働きによって勃起する。イギリスの医師トマス・コウガンの『健康の安息所』（一五八四）は、血液が消化されたものが精液であり、それを「適度に排出すること」が男性の健康をつくるというガレノスの考え方を受け継いでいる。男性の種子が冷えて薄い場合には、女性が妊娠することはない。だから男性の「秘部」を熱する必要があるのだが、そのためにはオイルや軟膏が役に立つとされる。医師達は性交が健康に良いと述べてはいるが、過度の快楽は身体の湿り気を奪い去るので危険だと、警告もしている。したがって、情欲を制御するために身体を冷やす処方を伝える文書が数多くある。「男性の肉欲が昂進し過ぎる場合には、クマツヅラを何度も摂らせれば、肉欲が刺激されることがなくなり、女性を好むこともなくなるであろう」。ラブレー〔一四八三?／九四?～一五五三〕は、「ガルガンチュアとパンタグリュエル」の『第三の書』（一五五二）のなかで、医師ロンディビリスに次のような冗談を言わせている。肉欲を抑制するためには、五つの方法がある。一つ目は、過度の飲酒。第二は、「ある種の薬種草根でして、これは人間を冷感症にし、呪《まじな》いを掛けまして、性的不能にいたすのです」。第三は、刻苦勉励、第四は勉学に精出すこと。そして最後に、第五の方法は、性交そのものによって肉欲を抑制するのだと説き、その教えを聞いたパニュルジュは、「よおっ、待ってました！　あたしは、これでいきますから。これまでの方法なんかは、好きな連中が、勝手にやればいいいんだ」と答える。*50

魔女にペニスを盗られる――魔術と不能

中世においては、医療と魔術の明確な境界線は存在しない。教会の聖職者から見れば、罪と病は互いに関連し合っている。彼らにとって、罪を犯した人間が病に陥るのは当然だし、自然である。それはもしかすると罪に対する罰かもしれないし、神から賜った試練かもしれない。あるいは悪魔がなせる業かもしれない。コンスタンティヌス・アフリカヌスは、古代の医学の考え方をヨーロッパに再び導き入れることに寄与したが、その一方で、彼はインポテンツの原因の一つには妖術があると書いてもいる。それよりもっと前から、アングロ・サクソンの人々はインポテンツの治療に魔術を用いていた。ある医学書は次のように説いている。「男性が薬草によって〔性的な力が〕抑えられている場合には、ホルトソウ〔トウダイグサ科〕を食べさせ、聖水を飲ませれば良い」。オーストラリアの歴史学者リンダル・ロウパー

ギュスターヴ・ドレ（1832-83）による「ガルガンチュア」の挿絵．ロンディビリス（右）とパニュルジュ

◆フライブルクのヨハン　ドイツのフライブルク・イム・ブライスガウのドミニコ会修道院の院長で、一三世紀末に『告解大全 *Summa Confessorum*』を著わした。この著作はヨーロッパ中に多大な影響を与え、数百もの写本が現存する。一三一四没。

によると、中世後期には、「インポテンツは、身体の病気のなかでは、それに罹った男性が魔術に助けを求めることが極めて多い病気である。男性達は、女性が自分をインポテンツにするのではないかと恐れていた。男らしさというものは、女らしさとは違って、達成するのが非常に困難なものであると思われていた。彼らは自分達男性の優位性を、常に脅かされていると感じていたのである。『いかなる愛をもってしても、ピクリともしないようになってしまうことだろう』と言って脅す女性は、男性にとっては恐ろしい生き物だったのである」[*51]。男性がセックスにかかわる魔術の標的になるのはよくあることだと思われていたし、嫉妬深く執念深い女性は、魔法を操って人に災いをもたらすと思われていた。

　聖職者は、愛を勝ち取ろうと躍起になって魔術に走る女性達を非難している。それによれば、自分の尻を使ってこねたパンを男性に食べさせたり、自分の膣に入れた魚を男性に食べさせたりして、まんまとその愛を勝ち取ったのだという。一一世紀初頭のドイツ、ヴォルムスの司教ブルカルドゥスが、魔術を用いる女性に言及して、「嫌っているのを好きにさせたり、あるいはその逆にしたりというように、男性の情念を変えさせる」のだと言っている。また男性をインポテンツにするために、魔術が用いられることもあると非難してもいる。「汝は、姦婦がしばしば為す事を為したるや」と、彼は問い質す。姦婦というものは、自分の愛人が他に正式な妻を迎えようとすると、魔法の業を用いて、その男から欲望を消し去ろうとするものだ。そのために男は、インポテンツになり、正式な妻との結婚を完成することができなくなってしまうのである、と。九世紀後半のランスの大司教ヒンクマルは、例えば魔力を持つ結び目を作るというような、妖術によってインポテンツにされた男性が、それに対抗するために、悪魔祓いや祈禱に訴えたり、あるいは涙を流し、あるいは贖罪のための苦行を自らに課したりすると語っている。男性を不妊症にする魔法は、誰かを陥れる目的で用いられることもあると考えられていた。一二世紀初頭のフランスのノジャンの修道院長ギベールが、その回想録のなかで述べているところによれば、俗人が魔術を用いることはありふれたことであり、結婚が完成できない原因は魔法を掛けられたためだと信じられているという。それどころか、ギベール自身の父親がインポテンツで七年間も苦しんだが、「ある老婆の力を借りたところ」、たちどころに治ってしまったと書いているのだ。[*52]

治療目的の「白魔術」は、教会から非難されることはなかった。それどころか、初期教会が結婚に関与するのは、例えばベッドを清めるといったように、それ自体が悪魔祓いの一種に他ならなかった。子供ができないことを何とかしようと、巡礼に出たり祈禱をしたりすることもありふれていた。教会は、より多くの子宝に恵まれるよう、また生まれてくる子供の性別が望み通りになるよう、魔術を用いることに対しては、見て見ぬ振りをしていた。先ほど引いたギベールも、インポテンツを治すために魔術が用いられたことを、肯定的に述べていた。またある男性は、自分の不幸の原因が黒魔術にあることは明らかだ、なぜなら「愛人と快楽のために寝るときにはできていたのに、正式に結婚した妻を相手にしたらできなくなったのだから」と断言していた。その男性は、「教会から薬をもらって」とうとう力を回復したという。[*53] フランス王フィリップ二世も、同じように訴えたことは前述の通りである。

フランスの中世史家ジョルジュ・デュビーは、中世の昇婚の伝統、すなわち貴族の男性が自分よりも身分が上の女性と結婚するという伝統が、インポテンツへの恐怖の背景にあり、性交は女性の純潔を汚すという概念に結びついていくのではないかと言っている。しかし女性の生殖能力に対する男性の不安や恐怖は、むしろ女性嫌悪《ミソジニー》を燃え上がらせる燃料となっていたのであり、この傾向は中世に顕著に見て取れるのである。通常の性交でさえ男性の健康を損なうと言われ、なかにはすっかり消耗して、修道院に隠遁した男性もいた。ギベールも、ある貴族の男性が、「数歳年下の妻を娶って、身体がすっかりやつれ果ててしまった。年若い相手と結婚した男性にとって致命的なのは、妻が結婚生活に必要な程度を遥かに超えた精力の持主であることだ」と語っている。[*54]

インポテンツの「偶発的な」原因のなかで最も重視されていたのは妖術であり、それはもっぱら男性を標的にするものと考えられていた。神は魔王《サタン》とその配下に、結婚の完成を妨害する許可を与えたという信仰を、教会は宣伝した。中世の聖職者はそうすることによって、アウグスティヌスの恐れを引き継いだのである。すなわち、きちんと自制できない身体は、猥褻な思考や夢精という悪魔の攻撃に曝されるという恐れである。悪魔はその媒介者として魔女を使うという考え方は、中世盛期［一一～一三世紀前後］にはっきりと根付いた。女性と悪魔が一緒になって現実に危機をもたらすと主張されたからこそ、魔女狩りがあれほど猖獗を極めることになったのである。処刑された犠牲者数は、最終的におそらく一〇万人に上ったと考えられる。そしてその大部分が女性だったのだ。[*55] 男がインポテンツに陥ったとしたら、その原因はおそらく、捨てられた女が復讐として魔法を掛けたからに違いないと男達に触れてまわった専門家達も、この魔女狩りという十字軍において、一つの中心的な役割を担ったのである。

　悪魔がインポテンツを引き起こすという発想を、最初に公にしたのはランスの大司教ヒンクマルで、八六〇年に聴罪司祭達に宛てた手紙のなかでのことだった。それを、ヴォルムスの司教ブルカルドゥスが引き継いだのである。彼らが口をそろえて述べているのは、淫らな女は、愛人の男が他の女と正式に結婚すると、「男の欲望の力を殺いで妻との交接ができないようにする」ということであった。この主張は、フランスのシャルトル司教で教会法学者だったイヴォ［在任、一〇九一～一一一六］、前出のヨハンネス・グラティアヌスやペトルス・ロンバルドゥスらによって敷衍され、[*56] 遂にトマス・アクイナスが、悪魔によってインポテンツが引き起こされるのは、原罪のために穢れている性交という行為を、悪魔が邪魔することを神が許可したからだと主張するに至る。そうして一二一七年から一四三四年の間に開かれた教会会議の多くで、インポテンツを引き起こす魔女が非難されることになるのである。教会は、もしも男性のペニスが一度も勃起しないのであれば、それは明らかに自然の原因によるものだと認めてはいた。しかしもしも特定の場合にだけ勃起しないのであれば、それは妖術が原因となっている徴《しるし》かもしれないと説いた。

　ドミニコ会士で異端審問官のハインリヒ・クレーマー［一四三〇頃～一五〇五］による『魔女への鉄槌』（一四八七）は、一四〇〇年代初め頃から始まった魔女狩りに、理論的根拠を与えたものとして最重要の著作である。キリスト教徒にとって、結婚は秘跡であり、子供の誕生が神の祝福の証であった。だから結婚が失敗する原因の説明として、妖術はうってつけだったのだ。クレーマーは魔女が結婚を攻撃する方法を数多く列挙している。例えば男性、女性どちらかを標的にして、性交を不可能にしたり不妊症にする、あるいは流産や死産を引き起こすといったことである。クレーマーの主張は、次のように展開される（第一部第八問）。妖術は実在する。それは想像の世界だけの話ではない。魔女は悪魔から召集される。悪魔は神の許しによって、自然の行為の一つである性行為を邪魔することを認められている。性行為は、もともと罪深い性質を備えた穢れた行ないであるから、本来的に怪しむべき行為だ。神が悪魔に許可したのは、とりわけ好色な者を苦しめることであったが、誰もが悪魔の攻撃に曝される危険を免れない。そしてクレーマーは、一四世紀前半のフランスのドミニコ会の神学者ピエール・ド・ラ・パリュを引用して、悪魔がその目的を遂行するために用いる方法を五つ挙げている。自分自身が幻の恋人として介入すること、男性の欲望を冷やすこと、妻に対する嫌悪感を男性に抱かせること、直接男性の勃起を妨げること、そして最後が、種子の通路を閉じて射精できないようにすることである。女性も冷感症にされることがあり得るが、そうした攻撃の犠牲になるのは男性の方であるのが普通だ。なぜなら、ほとんどの妖術使いは「女性であるから、女性よりも男性に対して欲情するのである」[*57]。以上のようなクレーマーの主張に依拠して、カトリックもプロテスタントも、どちらも男性のインポテンツを女性の妖術のせいにしたのである。

『魔女への鉄槌』は続けて、自分のペニスが消えてなくなってしまったと男に思い込ませる魔女の妖術を論じている（第一部第九問）。魔女は「ある種の眩惑や魔法によって」、男性器が取り去られたという錯覚を与えることができる。そうなると男は、「性器がなくなってツルリとした身体の表面以外に何も見えなくなるし、感じなくなる」という[*58]。

ペーターの性器はなくなってしまった。彼自身それが妖術によるものなのか、あるいは神の許しを得て悪魔がする何か他の業によるものなのか、よくわからないという。しかしそれをはっきりと区別して見定める方法があるだろうか。この問いに対しては次のように答えることができるであろう。第一に、このような事態が身に降りかかる者は、ほとんど共通して淫欲に溺れた姦通者であるということだ。なぜならそのような者が愛人の求めに応じることができなかったり、あるいはその愛人を捨てて

【上】ボースで火炙りにされた魔女
（16 世紀写本）
【右】「魔女」への拷問を描く版画
（19 世紀）

ウルリヒ・モリトール『吸血鬼と魔女について』（1489 頃）より
【右】女性に言い寄る悪魔
【左】雨を降らせる魔女

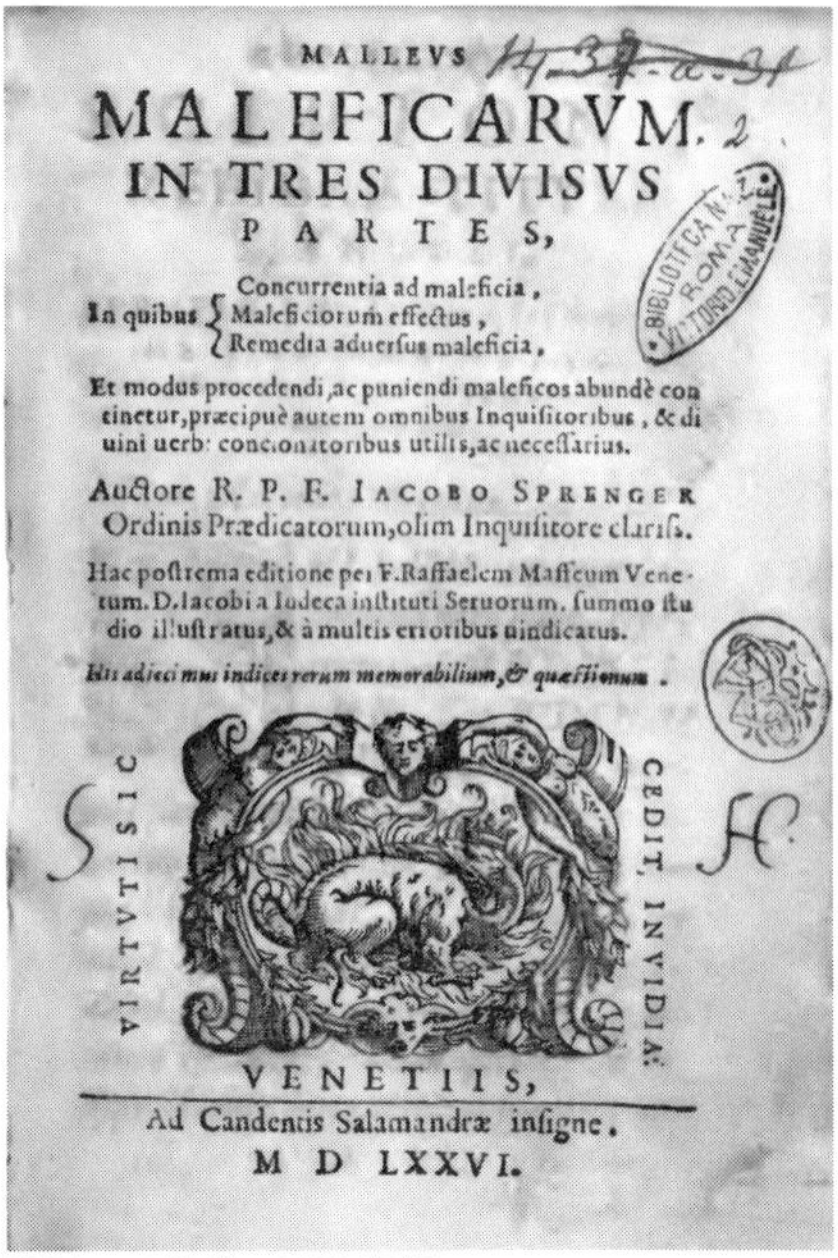

MALLEVS
MALEFICARVM.
IN TRES DIVISVS
PARTES,
In quibus { Concurrentia ad maleficia,
Maleficiorum effectus,
Remedia aduersus maleficia,
Et modus procedendi, ac puniendi maleficos abundè continetur, præcipuè autem omnibus Inquisitoribus, & diuini uerbi concionatoribus utilis, ac necessarius.
Auctore R. P. F. IACOBO SPRENGER
Ordinis Prædicatorum, olim Inquisitore clariss.
Hac postrema editione per F. Raffaelem Masseum Venetum. D. Iacobi a Iudeca instituti Seruorum, summo studio illustratus, & à multis erroribus uindicatus.
His adiecimus indices rerum memorabilium, & quæstionum.
VIRTUTI SIC CEDIT INVIDIA.
VENETIIS,
Ad Candentis Salamandræ insigne.
M D LXXVI.

『魔女への鉄槌』1576 年版
【左】悪魔の挿絵【右】扉

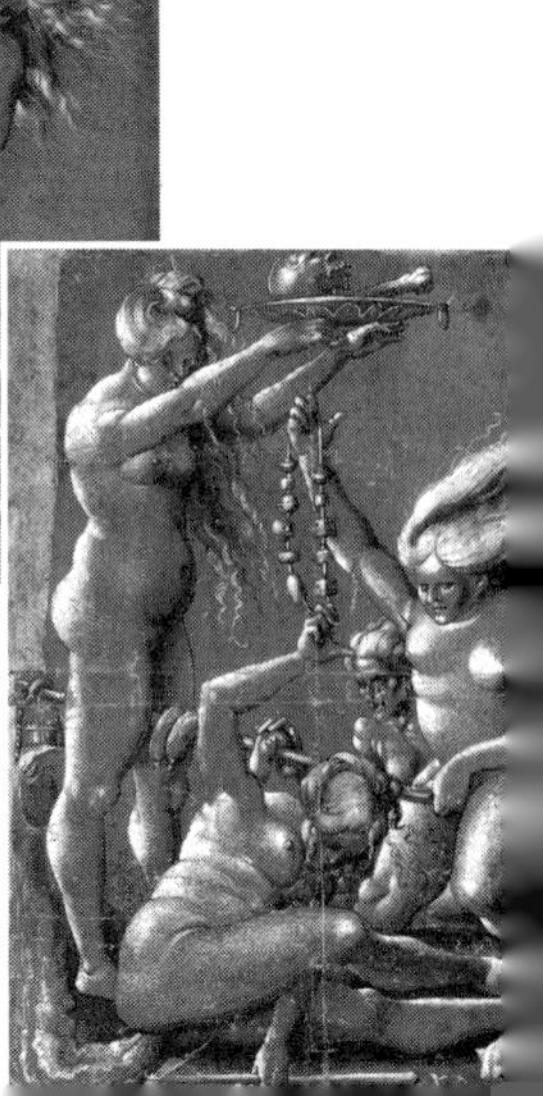

ハンス・バルドゥング描く魔女（左 1510，右 2 点 1514）

他の女性のもとに走ったりするなら、その愛人は復讐心に燃えて、あるいは何か他の力を用いて、彼らの性器を消し去ってしまうような事態を引き起こすからである。第二に、そのような事態を見極めるためには、次の事実に着目すると良い。すなわち、もしもそれが妖術によるものでないのなら、その被害は永遠には続かず、しばらく時が経てば回復するのである。[*59]

『魔女への鉄槌』は、女性というものに対して男性がいかに強い恐怖心を持っていたか、ありありと示している。通常は、男性が、愛人とはできるのに妻とはできなくなってしまうという筋書きだ。それでは彼は、なぜそうなってしまったのか。これに対する誰にでもわかりやすい回答として、嫉妬深い愛人から復讐されたのだと説明される。クレーマーは、一三世紀イタリアの神学者で、フランシスコ修道会総会長、枢機卿を務めた聖ボナヴェントゥラの主張に依拠して、悪魔は実際に男性器官を傷つけるわけではない、特定の女性に対してそれが無力になるようにするだけだと述べている。[*60]

当時は、結び目をつくることが特別な効力を持っていると信じられていて、敵と思う相手の男をそれによってインポテンツにできるとされていた。これは共感呪術の一種である。一四世紀イタリアの教会法学者ジョヴァンニ・ダンドレアと、一五世紀イタリアのベネディクト会士で教会法学者のニコロ・デ・トゥデスキは、捨てられた愛人や娼婦がこの方法で復讐を果たすことができると、そろって恐怖心を表明して

ニーダーライン地方の無名画家による油彩『愛の魔術』（ライプツィヒ造形美術館）

いる。フランス語で「ひも結び」と呼ばれたこの呪《まじな》いについては、イギリスの哲学者で大法官になったフランシス・ベーコン［一五六一～一六二六］や、フランスのモンテーニュ［一五三三～九二］も言及している。フランスの裁判官ジャン・ボダン［一五三〇～九六］は、一五八〇年に出版した著書『魔法使いの悪魔崇拝』のなかで、次のように主張した。黒魔術によって他人をインポテンツにする行為は、「死刑の苦しみ」に値する「忌むべき」犯罪である。「この種の堕落した行ないのなかでも、とりわけしばしば、また至るところで目につき、また他にも増して有害なのが、既婚者の結婚に障害をもたらす行為である。これは『コドピース◆のひもを結ぶ』と呼ばれている行為で、年端のいかない子供ですらそれをする。そんなふうに罪を犯す意識もなく、気軽に行なうので、隠しもしないどころか、嬉しげに自慢さえする」。ボダンはさらに、子づくりを妨げる呪《まじな》いについて書いているが、これは交接を妨げるものではない。また、「ひもを結ぶ」ことのできない相手もなかにはいるし、「結婚前でも結ぶことができる者もいる。結婚後でも『ひも結び』の対象となる者があるが、この場合は他よりも難しい」[*61]。

中世に遡るイタリアの民話に、ある女の恋敵が、妖術を用いて男に魔法を掛け、インポテンツにした物語がある。それによると、呪文を唱えながら南京錠を用いるのだという。

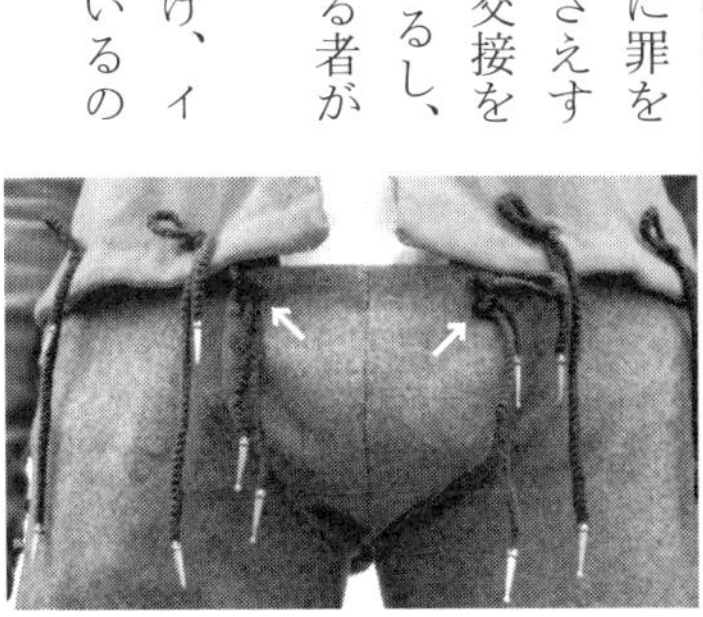

【右】神聖ローマ皇帝ルドルフ２世の若かりし頃の肖像（1567）．股間の大きさは，まだ幼さの残る顔つきに似つかわしくない．コドピース＝ブラゲットの形と大きさを誇張する流行はドイツに始まりフランス・イタリアに至ったという説がある【左】コドピース＝ブラゲットの現代の再現．ズボンに留めている矢印の２ヶ所のひもを固く結べばペニスを外に出せなくなる

◆コドピース　一五～一六世紀のヨーロッパ男性が、ズボンの前あきを隠すために着けた装飾的な袋。ブラゲット。ズボンにひもまたはボタンで装着した。

さあ鍵を閉めてしまうよ
だが私が閉めるのは、鍵ではない
私が閉めるのは、あの無慈悲な男の身体と心
もしも私の愛に応えないなら[*62]

呪《まじな》いの魔力を解く方法については、秘跡を用いることから始まって、果ては魔女を発見して殺すか、あるいは魔法を解くことを強いることまで、教会は様々な方法を挙げている。偽夫詐欺事件で名高い一六世紀フランスのマルタン・ゲールは、一四歳で結婚したが、以後八、九年間、「妖術」のせいで妻と肉体の交わりを持つことができなかった。当時のフランス南部の民間信仰では、魔法によるインポテンツは時間が経てば治るか、さもなくば厄払いのお守りや、特にフランス南西部のガスコーニュ地方では、魔法を掛けた当人に撤回させることによって治るとされていた。マルタンの場合には、司祭からミサ文を四つ唱えてもらい、ファッフと呼ばれる聖餐のパンを食べるよう助言を受け、その通りにしたところ呪《まじな》いは解けた。

一六世紀ドイツの医師ヨハネス・ヴァイアーは、魔女狩り批判者のなかでも最も重要な人物の一人であるが、その報告によると、ドイツのある女性は、自分の夫がインポテンツになったとき、教会の祭壇の上に夫のペニスを蠟燭で模したものをぶら下げたために、大いに教区牧師の怒りを買ったという。[*63]魔法が原因でインポテンツとなった場合も、自然の原因による場合と同様に、三年経っても治らない場合は不治と見なされ、結婚の契約を解消され、二度と結婚できなくなった。他人をインポテンツにしたり不妊症にしたりする行為は、異端審問官の目から見れば、結婚の秘跡に対する冒瀆であると同時に、ある種の殺人でもあった。したがって死刑を科す正当な根拠があると見なされた。

インノケンティウス八世による一四八四年の教皇教書『限りない愛情をもって要望する』に述べられているところによれば、北ドイツの恥知らずな者達が、呪文やまじない、祓い、その他迷信的な恥ずべき行

為や魔術を乱用し、「男性が子種を与え、女性が身ごもることを妨げ、あらゆる結婚の完成を妨害している」という。一六世紀には、このような信念がヨーロッパ中に広まったのである。ジャン・ボダンは、その著『魔法使いの悪魔崇拝』のなかで、悪魔も魔女も他人の感覚を麻痺させる力はないし、人の器官を取り去ることもできないと主張する。「ただ一つの例外は男性の器官である。この恥部を悪魔と魔女は、腹腔のなかに押しやって隠してしまうのだ。これがドイツで実際起きている」。イギリスの国王ジェイムズ一世［在位一六〇三～二五］もこの論争に加わった。国王自ら著わした『悪魔学』（一五九七）は、次のような断言で始まっている。「私はここに様々な論点から次のことを証明しようと思う。すなわち、魔女達はその主《あるじ》たる魔王の力によって、他人を病に陥らせることも、またそれを癒すことも可能だということである。病一般が悪魔の力によることが証明されている今、それとまったく同じ理由によって、次のような特殊な力を悪魔と魔女が持つことも、証明されるのである。例えばそれは、ある男達からは力を奪い、女性を前にしたときに無力になるようにし、また別の男達に対しては、自然界が許す通常の程度を遥かに超えて、精力がみなぎるようにする業などである」[*64]。そしてこれを治すには魔女の死が必要であるという。

魔法原因説を批判したモンテーニュ

インポテンツが妖術によって引き起こされるという主張に対して、反論が何もなかったわけではない。一六世紀イタリアの著名な数学者、百科事典編纂者、占星術師、医師であったジロラモ・カルダーノ◆はその自叙伝のなかで、自身が陥ったインポテンツ状態について述べている。

◆カルダーノはその自叙伝のなかで…… 自叙伝のなかにも自身のインポテンツへの言及はあるが（カルダーノ『わが人生の書――ルネサンス人間の数奇な生涯』青木靖三、榎本恵美子訳、現代教養文庫、社会思想社）、ここで引用されているくだりは自叙伝ではなく『逆境の効用について』第二巻第一〇章。

このように信じがたい不幸が私を襲ったのは二一歳のときである。当時私は、女性と寝ることを初めて習慣化しようとしていた頃で、既に十分たくましく成長し、性交も可能だと自分では思っていた。ところが事態は正反対の結末を迎えたのである。というのも、ちょうどよんどころない理由があって父のもとへ帰らねばならず、その頃から三一歳になるまでというもの、つまりは丸々一〇年間、私は女性と寝ることが一度もできなかったのである。ベッドに伴った女性は大勢《おおぜい》いたのだ。とりわけパドヴァ大学の学生組合長《レクトール》として、何の心配事もなく我が世の春を謳歌していた頃はそうだった。当時は他のことでは何につけ、活力が漲っていた。例えば食べることについて言えば、私は絶食と飽食のどちらにも同じ勤勉さで取り組んだものである。しかし私がベッドに伴った彼女達は、ことごとく乾上がったまま打ち棄てられることになったのである。そのたびに私は飽き飽きし、恥ずかしい思いをし、失望させられた。それがあまりに頻繁なものだから、遂に私は、この行為を一切やめてしまうことを決意したほどである。実際、三日三晩女性と過ごして、一切何もできなかったこともあった。このたった一つの問題が、正直に言って私には、あらゆる不幸のなかで最悪のものだった。父親の支配も、貧しさも、病気も、他の市民からの憎悪や敵対や侮辱も、医学界からの排斥も、不当な中傷も、山ほど積み上がった問題の数々も、私を絶望させることはできなかった。人生を憎ませたり、喜びを軽蔑させたり、悲しみの淵に沈めたりすることはできなかった。それなのにこの問題は、たった一つで、そのすべてを私に対してやってのけたのである。*65

カルダーノの評伝を著わしたナンシー・シライシが、次のように書いているのは妥当であろう。「ルネサンス社会において、呪《まじな》いにはインポテンツを引き起こす力があるという信仰が、ほとんど普《あまね》く広がっていたことを考えれば、当時、自分自身でこの不調を数年間経験したカルダーノが、インポテンツを超自然的な力のせいにしようとしていないことには、特に驚かされる。男は自分が魔法に掛けられたと信じることによって、実際にインポテンツになることがあると彼は記している。そして、そのような場合に、魔法の薬だと言われるものが効くのは、単に患者としての絶望感がそれによって希望に取って代わるというだけの理由からだと言っている」[*66]。カルダーノは身体のこのような不調の原因を、患者の想像力にあると見なしたのだ。実際に、想像力が欲情を冷ますことはあり得るからだ。カルダーノは魔女の存在を信じていたかもしれないが、魔女がインポテンツの原因になるとは信じていなかった。

ヨハネス・ヴァイアーは、その著『悪魔の幻惑』(一五六三)で、気鬱《メランコリア》の男性のなかには、自分の睾丸が魔法によって取り去られたと思い込んでいるだけの者もいると述べている。イタリアでも、ひも結びによってインポテンツが引き起こされると信じていた者は多かった。またヴァイアーの報告によれば、他人の不幸を望む者が新婚夫婦の寝室のドアをノックし、花婿の名を呼ばわりながらナイフの先をドアに突き立てて刃先を折ったとき、もしも花婿が声に応えた場合にはインポテンツになると信じられてもいたという。しかしヴァイアーは次のように結論するのだ。「こういったことはすべてナンセンスである」。人は自然の原因によってしか、インポテンツにならないというのだ。ヴァイアーは、役に立たないお守りでも、感じやすい者ならば治すことができることに気付いていた。「誤った思い込みによって危害を加えられた者は、同じように誤った思い込みによってそれを癒すこともできるという考え方は、説得力があるし、実際にそういうことはよく観察される」。ヴァイアーのこの本は、ヴァチカンの禁書目録に登録され、またボダンからは攻撃されたが、その一方で彼は、イギリスの国会議員で著述家のレジナルド・スコットという雄弁な味方も得た。スコットは、その著『妖術の発見』(一五八四)のなかで、次のような主張をする者を批判している。「子づくりの美徳は、内からも外からも魔女の攻撃に曝されている。内面的な攻撃としては、魔女は男性の気力を殺ぎ、子種の通り道を塞いでしまう。そのために子種が、性器の血管にまで下りてこない。また外面的なものとしては、幻影や薬草を用いた攻撃がある」。しかしこういった主張は、性器が取られたという話や、修道士が天使によって去勢されたという話と同じで、すべて「猥談か嘘」の類だとスコットは断言するのである[*67]。

ミシェル・ド・モンテーニュが『エセー』(一五八〇)のなかで展開した議論は、想像力こそがインポテンツを引き起こしもし、治しもするのだと、早くも一六世紀に主張したもののなかでは、最もよく知られている。彼は奇跡や幻視、その他の目を瞠る出来事の多くが、同じような理由で起きているのではないかと考えた。「さらに私は、魔法によるインポテンツについて次のように考えている。我々の社会は、そのような馬鹿げた攻撃に曝されていると、すっかり信じ込んでしまっているので、もはや他の可能性のことは思いも及ばなくなっているが、インポテンツ自体が、そのような攻撃に対する恐怖や不安から生じたものだと見なすことはまったく難しくない」。モンテーニュはさらに議論を進めて、ある友人のことを述べている。この友人は、魔術によって人に災いがもたらされるという話にひどく動揺してしまい、自分自身も魔法に掛けられたとすっかり信じ込んでしまったという。その種の妄想を取り払うための手段として、モンテーニュが提唱しているのは、現代であればさしずめ偽薬《プラセボ》と呼ぶべき方法である。ある伯爵が、新婚初夜に勃起できなくなってしまったというので、モンテーニュがお守りを授ける。この新郎の伯爵は、何かの記号が刻印された変哲もないそのメダルが、自分をインポテンツから守ってくれると信じ、ベッドで結婚を完成することに成功する。しかし伯爵は、そのメダルが実際は、日射病除けのお守りだったことは知らなかった。モンテーニュは指摘する。この一幕が証明しているのは、「こんな奇妙な方法なのだから、きっと何か秘密の知識に由来するものに違いないという、我々人間がどうしても陥ってしまう思い込み」であると[*68]。

　ペニスの働きのことで男性の頭がいっぱいになってしまうのは、モンテーニュも認めていた。「この部位の気ままと不服従に人が注目するのも、無理からぬことである。というのもこの部位は、あまりにも都合の悪いとき、望まないときに限って出しゃばってくるくせに、最も必要とするときに限って、我々を失望させる。尊大にも権威を巡ってわれらが意志と競い合い、いかにわれらが手と心とで鼓吹しようとも、断固として、また誇り高く、ことごとくそれを拒絶する」[*69]。このモンテーニュの言葉は、まるで聖アウグスティヌスのような響きを持っている。しかしモンテーニュはさらに進んで、なぜこの器官だけが不服従の廉《かど》で告発されねばならないのか、と問うまでに至っている。我々が自分の不安を隠したいと思うときに、顔や心臓や肺や脈や掌や声が、やはり同じように我々を裏切らないだろうか。そうであれば、なぜ不公平にも、隠されたあの部位ばかりを糾弾の対象として選びだすのか、云々。以上のような、おどけたペニス弁護に隠れて、モンテーニュは実は秘かに一五〇〇年にわたるキリスト教の教えを攻撃しているのだ。彼が示唆するように、ペニスが他のどの器官ともまったく同等であるとなったら、性交は本来的に罪深いという教会の断定も、インポテンツは悪魔の妖術に原因があるという主張も、どちらも無効になりかねない。だから一六七六年に、モンテーニュのこの本は、ヴァイアーの場合と同じようにヴァチカンの禁書目録に登録されたのである。

おわりに

我々はこの章の初めに、なぜ教会はあれほど執拗に、交接の決まった手順にこだわったのかと問うた。この章で明らかにしたように、キリスト教徒は、それ以前の異教徒とは違って、「霊的な結婚」という特殊ケースを除けば、すべからく人は子づくりのためにのみ結婚すべきであり、肉欲には耽ってはならないと信じた。そのためもはや、養子縁組は認められないこととなった。性的に完成されない、あるいは完成できない結婚は、もはや結婚ではなくなった。そういう意味での結婚を、脅かすのがインポテンツであった。だからインポテンツは、財産の相続を不可能にし、姻戚関係を損ない、ひいては王国の権力を失墜させかねない、社会的経済的安定を真に脅かす事態だったのだ。古代人は、女性を相手にした場合にも、少年を相手にした場合にも、どちらも不可能だという男性の状況を問題にした。キリスト教の聖職者は、肛門性交《ソドミー》を罪だと見なしたので、この問題には深入りできなかった。古代ギリシア・ローマの作家がインポテンツをしばしば冗談の種にしているのは、それが、姦通という婚外交渉に足を踏み入れた男の当惑を描く常套手段だったからだ。キリスト教徒がインポテンツについて議論したのは、もっぱら結婚の文脈のなかでのことだった。したがってそれが笑いの種になるはずがなかったのである。キリスト教徒はインポテンツの原因を、解剖学的な問題、生理学的な問題、あるいは素行の悪さ、あるいは悪魔の仕業などというように、広い範囲にわたってあげつらった。そうやって彼らの医学と道徳は、互いに支え合って、人々にかくあるべしと命令を下したのである。セクシュアリティという話題は心底胸が悪くなると、史上初めて宣言しながら、キリスト教徒がかえってその紛糾した泥沼に、かつてないほど深く足を突っ込まざるを得なくなったのは皮肉な事態である。その議論の結果、男らしさの基準がかつてないほど明瞭で、また検証可能なものとして確立したのだと、理屈の上では言える。一六〇〇年までは、カトリックのヨーロッパに生きる男性が自身の能力を示そうと思うなら、勃起し、挿入し、射精する力があることを人前で実証してみせるよう求められる可能性があったのだから。しかし実際問題として、インポテンツに関心を持つ異端審問官から、これ以上ないほど脅かされていたのは女性の方だった。セクシュアリティを巡る教会の議論を動機づけていたのは、もっぱら女性の性欲に対する恐れであった。そして教会は、男の性的な欠陥を昔の女の復讐のせいにするという、不安を払拭するための手段を男達に授けたのである。もちろん古代の人々のなかにも、性的な欠陥を呪《まじな》いや魔術のせいにした者はいた。しかしキリスト教のヨーロッパは、女性嫌悪《ミソジニー》に端を発する小さな猜疑の火花を煽り立て、やがて魔女狩りの大流行という大きな炎に燃え上がらせたのである。しかしながら、男性の性的欠陥を巡る議論には、必ずしもそのように人を不安に陥れる偏見ばかりが席捲していたわけではない。ヨーロッパ初期近代の民衆文化において、人々は男も女も、喜劇的な言葉を用いてインポテンツを説明することによって、ジェンダーの境界線を統制していたのである。

第３章

「お馬がレリダで立ち往生」

性的不能が嘲笑の対象となったヨーロッパ初期近代

セヴィニエ夫人の日記から

フランスの貴族社会を活き活きと伝える書簡文学で名高いセヴィニェ夫人［一六二六〜九六］は、一六七一年に娘に宛てた手紙［四月八日付］で、息子が愛人と寝たときにインポテンツになってしまったことを、さも滑稽極まる話であるかのように知らせている。

> 待ちに待った機会がやってきたのです。ところが、……思い切って言ってしまいますが、彼の「お馬がレリダで立ち往生◆」してしまったのです。まったくおかしな話なのです。というのも、そのお嬢さんを相手にして、彼がそんな苦境に陥ったことは、未だかつて一度もなかったというのですから。それでお馬の乗り手は、たいそう慌てて走り去ったというわけ。魔法を掛けられたのだと思い込んだのです。それで彼は、自分が味わった屈辱を私に話したくて話したくて、矢も楯もたまらなくなったというのだから、おかしいでしょう？ 私達は二人して大笑いしました。これまでのあなたの罪に対して、まさにそれを犯したところへ罰を受けたのねと、彼には言ってやったんですよ。[*1]

それから一世紀後のヨーロッパの、上品な階層に属する人達は、一人の母親が自分の娘に、娘にとっては実の弟に当たる息子の恥を、このようにスキャンダラスな書き方で知らせていることを知って、大いに憤慨することになる。しかしながら、初期近代ヨーロッパ文学におけるインポテンツへの言及を、「やり遂げられない夫達」から「玉なしのインポ野郎」まで、つまり上品なものから下品なものまでざっと概観してみると、インポテンツというテーマを多くの人が本質的に滑稽なものと見なしていたことがわかるのである。そのわけを理解するためには、次のことを両方とも理解する必要がある。性器の働きについて民衆はどのように考えていたか、ベッドでのへまを種にした冗談はどのような機能を果たしていたか、の二点である。

民衆は魔術のせいだと信じていた

インポテンツという問題を陽気に扱える者がいたのはなぜか、その理由を探る前に強調しておかなければならないのは、一方で、インポテンツは妖術によって引き起こされると頑固に思い込んでいる者が、一七世紀の間ずっと後を絶たなかったということである。中世においても、性機能障害を偏食や不養生、不節制に原因があると考えていた者は常に存在した。しかしそうした見方が、キリスト教の考え方にすっかり取って代わるのは、一八世紀に入ってからに過ぎない。それまでは、性を巡って何か問題があれば、それは人間の堕罪を表わす徴《しるし》に他ならない、たとえその身は純潔でも、妖術を掛けられることはあり得るのだという教会の見解が、根強く影響力を持ち続けるのである。先にも触れたイギリス国王ジェイムズ一世は、次のように力説していたのである（但し国教会の大主教は異議を唱えた可能性がある）。「もしも悪魔が何らかの力を持っているとするならば、その力を及ぼすのは肉に対してである。いやむしろ最も不道徳で、それ故に最も罪深いあの部分、まさに原罪と結びついているあの部分に力を及ぼすのである」。「ひも結び」すなわち魔力を持つ結び目に対する言及も、一七世紀の間ずっと見て取れる。例えば、初めて仏英辞典を編纂したランドル・コトグレーヴの辞書◆（一六一一）にも「ひも結び」という見出しが収録されている。またトマス・ミドルトンの戯曲『魔女』（一六一五～一六）には、ある人妻の愛人が、不幸な夫に呪《まじな》いを掛ける話が描かれている。そこでは魔女の一人がこう宣言している。

◆**お馬がレリダで立ち往生**　フランスのコンデ公ルイ二世が一六四七年にスペインのリェイダ（フランス名レリダ）を攻囲するのに失敗したことを諷刺する歌の一節。一七世紀に「ひも結び」によるインポテンツを意味する表現として用いられるようになった。

◆**コトグレーヴの辞書**　フランス語で「ひも結び」を意味する Esguillette nouée の定義は次の通り。「男性のコドピースの先端に魔法を掛けること。その男性は自分の妻ないし特定の女性と用をなすことができなくなる（但し他の女性とならできるかもしれない）。ここから、「ひも結びされる」とは、勃起を欠いていることを意味する（この種の不能は、魔法使いがコドピースの先端部分にひもを結びながら、ある種の呪（まじな）いを唱えると、その魔力によって引き起こされると考えられている）」。

ならばこれをどの家に持って行けばよいのか、わかろうというものじゃ。
これを使って、二度と解けない魔法の結び目を結んでしまえば、
男が子を授けることも、女が子を孕むことも二度とできぬのじゃ。
夫婦のいかなる欲望も、満足させることができなくなるのじゃ。
互いに義務を果たせなくなるのじゃ。*2

一七世紀の時代病とも言える気鬱《メランコリー》について論じ、古典となったロバート・バートンの『憂鬱の解剖』（一六二一）には、次のように書かれている。インポテンツや不妊症を引き起こしたり、あるいは逆に治したりするために、「悪魔的な手段」が用いられている。それは例えば、「呪《まじな》いや訳のわからない秘教の言葉、魔法、文字、画像、護符、ひも、糸、呪文といったものである」。また一七世紀ヴェネツィアの異端審問官達も、女性が用いる呪文や儀式について、事細かに書き残した。そこには、呪文を唱えながら一本のロープに三つの結び目を作る、というものもある。またアルヴィゼ・フォスカリなる男を、かつての愛人バルバラのもとに戻すことを目的として、それが成就するまでアルヴィゼから眠りと身体の力を奪うという呪《まじな》いについても書かれている。その最後の文句は、「アルヴィゼ・フォスカリはバルバラと一緒でなければ眠れなくなり、その身体の部分は、バルバラのもとに向かわずにはおれなくなる」。この事例を報告している歴史家は、ヴェネツィアでは、同じような目的のためによく頼りとされる、一人の聖人がいることを発見した。「標的をインポテンツにすることが主目的である場合に、どういうわけか、聖ウルスラ◆の祈禱の力に頼ることが、とりわけ好まれていた。但し残念ながら、当時の祈りの文句は完全な形では遺されていない。〔……〕同じ男の気を引こうと争っているライバルを実際に排除するのではなく、むしろその男が、

聖ウルスラ．最初期の活字本『ニュルンベルク年代記』挿絵（1493）

誰を相手にしてもインポテンツになるようにして、その男の『貞操』を守ろうというのである[*3]」。

一七世紀のセックス関連の妖術の犠牲者のうち、最も有名なのはスペイン王カルロス二世［在位一六六五〜一七〇〇］であろう。二度の結婚で跡継ぎをもうけることができなかったため――おそらくは早漏のせいであろう――、教会は王が妖術を掛けられたと断定し、念入りな調査を遂行してきっと犯人を追い詰めると宣言した。異端審問官の長は、カルロス二世の聴罪司祭と共に、国王は魔法によって子種を駄目にされたのだという結論に達した。聖油、断食、悪魔祓い、医薬品など様々な手段が講じられたが、そのことごとくが失敗に終わり、カルロス二世は一七〇〇年に亡くなった。これによってスペイン・ハプスブルク朝は、その終焉を迎えたのである[*4]。

もちろん理性的な人々が、民衆の誤った考え方を次第に非難するようになっていくのだが、それでも一七世紀を通じて、フランスやイギリスでは、民衆の間でインポテンツを治すとされる様々な共感呪術が、ずっと信じられていることが観察される。イギリスのジョン・ピーチィは、その著『増補版実践産婆術大全』（一六九八）のなかで、魔法を掛けられた夫は、「若い種馬」の口から水を飲むと良いと言っている。一七世紀イギリスの、占星術師で薬草学者だったニコラス・カルペパーや、産婆のジェーン・シャープなどは、魔法のせいで、妻に「当然与えられるべき慈愛」を与えられない男性達に対して、妻の結婚指輪の穴を通して小便をすることを勧めている。フランスでは、そのような男性は結婚指輪の穴か、自分が結婚式を挙げた教会の鍵穴を通して小便をするか、白ワインを注ぐよう指示されている。イタリアの盛期ルネサ

カルロス2世．いかにも病弱そうに描かれている（フアン・カレーニョ・デ・ミランダ，1677-9）

◆聖ウルスラ　伝説上の聖女。四世紀または五世紀のブリタニア王の娘で、求婚者である異教の王子に対し、キリスト教に改宗し、一万一〇〇〇人の処女を伴ったローマ巡礼を認めることを結婚の条件とした。王子はこれを受け容れ、ウルスラはローマに赴くが、帰途ケルンでフン族に襲われ、一万一〇〇〇の処女と共に殉教したという伝説が、中世に大きな影響力を持った。

ンスの画家ロレンツォ・ロット（一四八〇～一五五六）は、『ウェヌスとクピド』と題された大作で、この種の共感呪術に対する信仰の一例を描き出している。[*5]

教会に奉納された男根像

イギリスやフランスでは、開明的な人々がこうした信仰に対して反発するようになる。イギリスの聖職者ジョン・ウェブスターは、一六七七年に刊行した『妖術と考えられているものの正体』のなかで、未だに「ひも結び」を信じている人がいるとは奇妙な話だとはっきり書いている。教会関係者のなかにも、教皇インノケンティウス一〇世［在位一六四四～五五］の典医で教皇控訴院《ロタ・ロマナ》の顧問を務め、「法医学の父」と称されるイタリア人パオロ・ザッキア［一五八四～一六五九］などのように、呪術がインポテンツを引き起こすことなどめったにないだろうと見ていた者がいたのだ。呪いを掛けられてインポテンツになったと言うなら、それ以前インポテンツでなかったことを証明してみせるべきだと、ザッキアは主張した。それよりむしろ、レタス、ミント、ヘンルーダ、タイムなど、身体を冷やす薬草を摂ったことが原因か、あるいは相手の女性の欠点や、不衛生なところが気になってしまうというような、心理的な障害物が妨げになったことが原因であろう。最低限、そうした弱点を克服するよう努めるべきだと、ザッキアは言っている。しかしヨーロッパ大陸では、魔法を用いて他人《ひと》をインポテンツにしたとして、カトリック教会から告発される人が後を絶たなかった。教会はさらに、そのような魔法に対抗するために、例えば司祭が新婚の男女を鞭で打ち、ブドウ酒で元気づけてから寝室に送り出すというような迷信にも、非難の目を向けていた。その代わりに信者が教会から命じられたのは、じっと我慢して教会の教えに従い、秘跡、悪魔祓い、巡礼、断食、勤勉などを頼りにすることであった。しかし聖水を用いたり、十字を切ったり、マリアや聖人に助けを求めること自体が、一種の白魔術であることは明らかである。個々の教会のなかには、独自の風変わりな儀式を伝えているところ

ロレンツォ・ロット
『ウェヌスとクピド』
（1520年代終盤）

もあった。例えばイギリスの外交官サー・ウィリアム・ダグラス・ハミルトンは、ナポリに近いイゼルニアで、一八世紀終わりに信者がまだ、蠟で作った男根を、聖コスマス◆への捧げ物として奉納しているのを見て驚いている。[*6]

インポテンツの原因は妖術だと、現に信じている人の数は少なくなっていく。しかしその一方で、詩人や小説家は依然として、この主題を取り上げることを止めなかった。例えば一七世紀のイギリスの抒情詩人ロバート・ヘリックは、「その恋人に」と題する一六五〇年頃の作品のなかで、次のように歌っている。

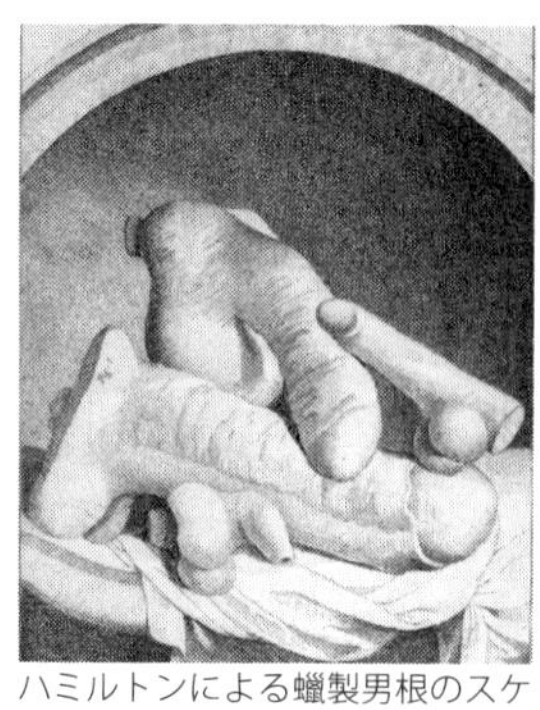

ハミルトンによる蠟製男根のスケッチ（1780）

助けて、助けて、お願いだから
ぼくのかわいい魔女達よ
ぼくはすっかり年老いて、できなくなってしまったよ
いつもしていたあのことが
君達の魔法でも、呪文でも、魔除けでも何でも使って
ぼくの太ももや腕の筋肉を取り戻しておくれ
ぼくの手足にもう一度熱を呼び覚ます方法はないものか
詩人達が歌っている。アエソン◆は
霊薬のおかげで若返ったと
どうかそんな薬を君達も見つけてきておくれ

◆聖コスマス　双子のダミアヌスと共に、三世紀アラビア生まれの伝説的聖人。医師として、奇跡的な治療を数々成し遂げる。ディオクレティアヌス帝に迫害され、そろって斬首される。医師と病人の守護聖人。

この年老いて、干からびた男のために
何とかして、もう一度力をよみがえらせ
君達を喜ばしてやれさえすればと願っているこの男のために[*7]

ダニエル・デフォーは『結婚のふしだらさ、あるいは夫婦関係の猥褻さ』（一七二七）のなかで、確実に妊娠したいと思っている者達が、「呪《まじな》い、媚薬、魔除け、妖術」を用いていると書いた。一七八〇年になっても、スコットランドの国民的詩人ロバート・バーンズが、「悪魔にもの申す」と題する詩のなかで「ひも結び」に触れている。「不思議な結び目のせいで、すっかり駄目になってしまう／心優しく頭も良く、自信満々だったあの若いご主人が」[*8]。

医学はどう説明したか

初期近代の医学が、インポテンツの原因として説明していたことや、その治療法として提唱していたことは、魔術の信奉者達の説と大して違わない。体液の影響を重視する古代医学の伝統を受け継ぐ者達は依然として、男性の精力は身体の熱によって決まるという立場をとっていた。体温が高くて好色な男性は、精力も強く男子を生む。体温が低い男性は、性欲も乏しく女子を生む、という具合である。一六世紀ドイツの医師レヴィヌス・レムニウスは、「女っぽくて上品で、物腰は柔らかいけれど度胸や活力に欠けていて、いつも眠そうにしている怠け者で弱虫の臆病者、子供をつくろうともしないし、つくろうと思ってもできない」男達のことを書いている。ロバート・バートンも、セックスと知的活動は両立しないという類の話を繰り返している。「なかには他人《ひと》よりも、頻繁な性交に耐え得る人もいる。例えば、ヒッポクラテスのもってまわった言い方で言えば、熱く湿っていて粘液質の人は、精力も旺盛で好色である。〔……〕しかしその一方で、冷たく乾いた体質の人達はインポテンツであり、そのような運動をしようものなら、自らの身体に支障を来さずには済まない。このうちの大部分の人達が気鬱《メランコリー》である（あるいはそうなる傾向が非常に強い)」。しかし体温が高く多血質の男性は無事に済むかと言えば、そうとも限らないらしい。過度のセックスが心身の消耗をもたらすことがあるからだ。イギリスの神学者ジョン・ダウナム〔一五七一〜一六五二〕は、キリスト教の教説と体液説とをごっちゃにして、一六一三年に次のように警告している。姦淫の罪を犯す者は自分自身に対しても罪を犯している。なぜなら姦淫は「身体から力を奪い、弱めるからである。姦淫によって健康な身体は不調に陥り、多くの忌わしい不治の病がもたらされる。強壮な精力も衰弱してインポテンツとなる。というのも淫欲の炎が生命に不可欠な湿り気を焼き尽くし、燃えさかる情欲の不自然な火によって、自然の熱が使い尽くされ枯渇してしまうのである。この熱こそが、精力を養う生命の源であるのに*9」。姦淫の罪を犯す者は「男としての勇ましさ」(つまり性交能力)を失うだけではない。男色、近親姦、獣姦といった悪行へと駆りたてられるのであり、やがてはフランス病〔梅毒のこと〕や不妊症に陥ることになるという。

さらに、初期近代のヨーロッパ人は、ガレノスがかつて主張していたように、男女両性共に精子をつくる(但し女性の精子は、男性の精子のように熱く乾いてはいない)こと、男女の両方がセックスで快

◆アエソン　オウィディウス『転身物語』第七巻によれば、年老いて衰弱し死期を迎えようとしていたアエソンは、息子イアソンの妻で、妖術に通じたメデアがこしらえた魔法の霊薬によって若返った。

アエソンを若返らせるメデア
(ニコラ＝アンドレ・モンシオ)

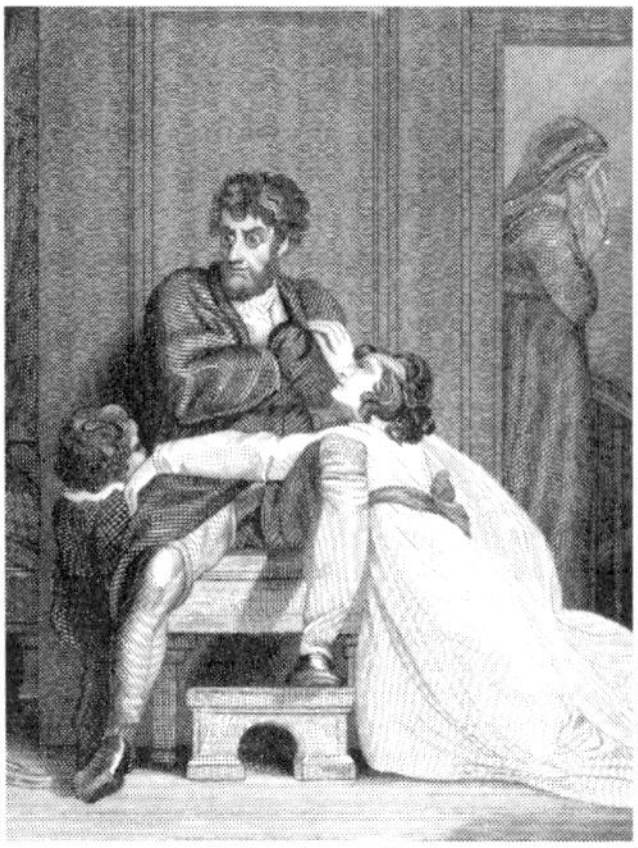

ロバート・バートン『憂鬱の解剖』(1621)の扉(右)と挿絵

感を得なければ子供はできないということを、既定の事実と捉えていた。カトリックの聖職者ですら、妊娠のためには女性のオーガズムが重要であると書いている。イタリアの解剖学者で、女性器や耳の研究で名高いファロピウス［一五二三〜六二］は、上品ぶった人達の反感を買うかもしれないが、ペニスについて述べるのは自分の義務だと断った上で、ペニスのサイズを大きくすることは、子づくりに役立つと書いた。だから両親は、子供のペニスに膏薬を擦り込むようにすると良いという。男性の性器の大きさが十分でなければ女性は快感を得ることができず、そうであれば女性は精子を出さないから妊娠もしない、というわけである。男女両性が精子をつくるという説は、男性の性的機能に対する医学的な理解が徐々に深まっていく時代にあってもなお、延々と生き続けた。フランスの解剖学者アンブロワーズ・パレ［一五一〇／一七頃〜九〇］は、「ひも結び」や魔法や呪《まじな》いによってインポテンツが引き起こされるという可能性を斥け、代わりに一五八五年に説いた勃起の機序は以下の通りである。「情欲の精気が血液めがけて殺到し、それが運んできた性愛の炎が血液を攪拌するので、血液がくだんの男根を膨らませ、勃たせるのである」。すなわち動脈・静脈内の血液こそが、勃起の原因である。その後、前立腺内の精子に刺激・快感・むずがゆさが生じ、最終的には精子を放出しなければならなくなる。「すなわち、陰茎は血液と精気の膨満によって勃ち上がるのである」[*10]。

フランスの医師ルイ・ド・セールは、一六二五年の著作［『妊娠障害ならびに女性の不妊の性質、原因、徴候、そして治療について――結婚初期の数年間に神が子供をお授けにならない若き女性たちのために』］のなかで、インポテンツの原因のほとんどは男性の過度な性交にあるとして、女性に対して並々ならぬ理解を示している。結婚しても子供ができないとなれば、世間は通常、女性の方に責任があるとするものだが、実は男性の方に落ち度があることが多いのだと、セールは記している。男性は、自分のことを振り返って、よく考えてみるべきだと彼は言う。

そうして自身の欠点を認めるなら、自分がなぜインポテンツであるかがわかるであろう。あるいはそれは、自然な原因によるものかもしれない。これは、美しい女性を相手に若さを濫用した者にはとりわけ

ルイ・ド・セールの著書扉

よくあることだ。あるいは人為的な原因、すなわち、収穫を得ようともしないし、また得たくても収穫できないような畑を耕すことに、生命の本質を使い尽くした者が、それによって被ることになった痛みや苦しみのせいであるかもしれない。これは、イギリス王ヘンリー八世〔男児を望んだが、なかなか叶わず、六度結婚している〕やフィレンツェ公アレッサンドロ・デ・メディチ〔嫡子はできなかった〕、その他の似たような人物について書かれている通りである。つまりは、売春婦を相手に質の良い生殖物質をすべて使い尽くしたあげくでなければ、自分の妻のもとに帰ってこないような人達のことだ。*11

そうした放蕩者達が、すっかり消耗してしまう原因には、他にも剣術の試合や狩猟を挙げることができる。子供ができないからと離婚を切に望んだ男性が、その後、元妻が再婚して新しい夫との間に子供ができたことを知って大いに狼狽するのは、よくある話だという。セールは、子供をつくれない男は追放すべきだという犬儒派《キュニコス》のディオゲネスの意見に賛成して、次のように言う。「子供をつくって同胞を生み出すことこそが、男の人生が完成したことの最も完全確実な印であるというアリストテレスの言に従うならば、それができないこと以上に、男の栄光を減じ、また損なうものは他にないはずである。〔……〕子づくりをできない者は蔑まれるべきであり、責任あるいかなる地位からも追放すべきである。そのような者は有力者の支援も失い、最終的にはできそこないの奇形と見なされることになる」。*12

一六世紀の医学関係の文書は、そのほとんどがまだラテン語で書かれていた。日常言語で書かれたものが、大量に公にされるようになるのは、一七世紀、イギリスでは特に清教徒革命〔一六四二～五二〕以後のことである。結婚や子づくりを扱う文書では、女性の解剖学、月経、偽妊娠、出産などにも焦点が当てられた。そ

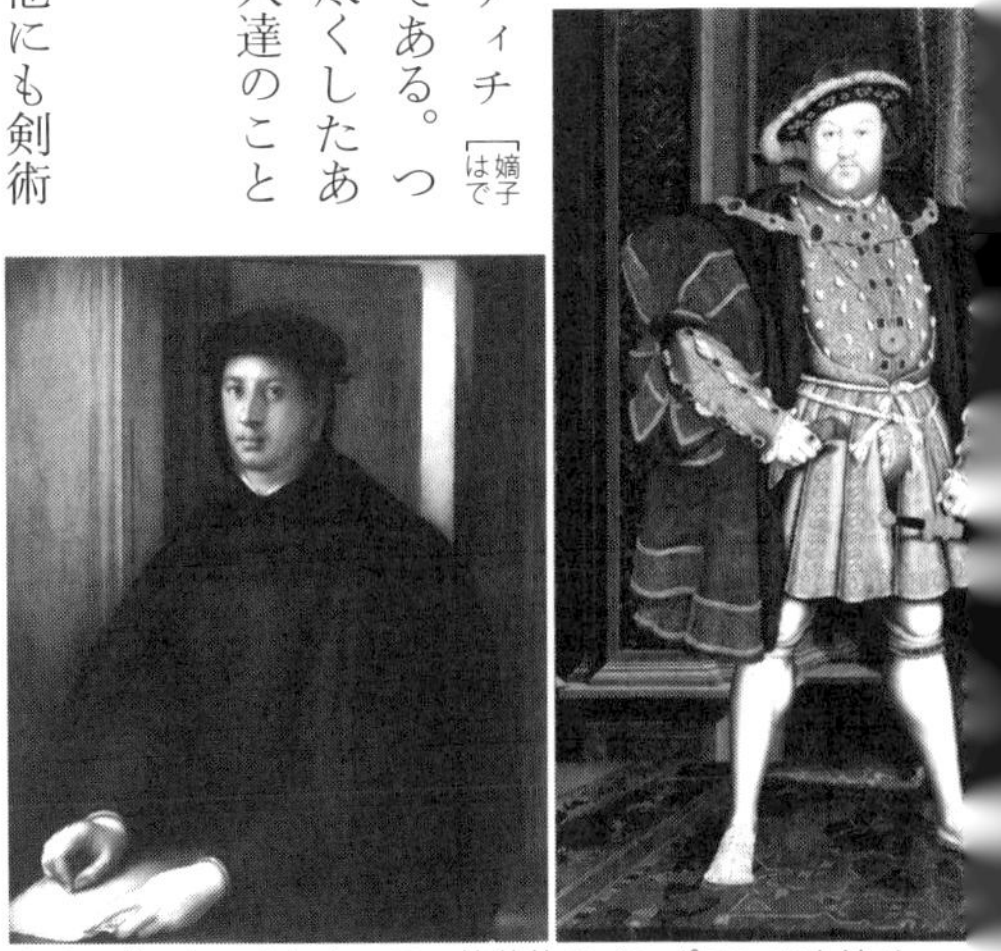

ルイ・ド・セールによって，放蕩故のインポテンツと決めつけられたヘンリー８世（右，ハンス・ホルバイン工房，1537-47）およびアレッサンドロ・デ・メディチ（ヤコポ・ダ・ポントルモ，1534-5）

うした指導書の書き手にとっては、「あらゆるセックスが生殖のためのもの」であった。[*13] 彼らが刊行した大衆的な医学冊子の中身は、ガレノス、アリストテレス、ヒッポクラテスといった再発見された古代の文書からの引用と、比較的最近の医学書から寄せ集めた断片的な情報の混ぜ合わせである。

体液を重視する伝統的な考え方が、未だに維持されていた。イタリアのシニバルドゥスが一六四二年にラテン語で著わした『人間発生論』は、性にまつわる様々な事象を、言い伝えも含めて数多く収録した著作だが、これが『類稀な真実——開かれたウェヌスの小部屋〔膣のこと〕』というタイトルで一六五七年に英訳されると、広く一般に読まれることになった。そのなかには、男根を勃たせるのは「体液または精気の膨満」であると書かれている。精子の放出と共に、気息と精気が出て行ってしまうので、ペニスは萎える。つまりインポテンツの原因は、精子の不足、睾丸の冷え、あるいは何らかの欠陥だということになる。ドイツの医学者ミヒャエル・エットミュラー〔一六四四～八三〕も、同じようにインポテンツの原因を、筋肉の弛緩かまたは「精液が薄いこと」だと主張した。そして精液が薄くなるのは、加齢、病気、内気（例えば自分は魔法を掛けられたのだと思い込む若者）、心気症《ヒポコンデリー》、気鬱《メランコリー》などが原因であるという。こうした医学書の書き手は、カンタリスやルッコラ、各種スパイス、胡椒、麝香といった、一般的に身体を温める作用があるとされているものを摂るように勧めている。一六世紀末～一七世紀初頭のイギリスの医師フィリップ・バロウは、温めた肉を食べたり、陰茎に油や膏薬を塗ってそれを温めるようにすると良いと言っている。[*14]

イギリスのジェイムズ一世の典医だったヘルキア・クルック〔一五七六～一六四八〕は、その著『人間小宇宙論《ミクロコスモグラフィア》』（一六五一）のなかで、古くからある説を蒸し返して、男性の陰茎の大きさは、父親の精子の強さ、または産婆が切り残した臍の緒の長さのどちらかに関係していると書いている。またさらに、ペニスを誉め称えて次のように言う。神によってデザインされたこの非凡なる器官は、硬く、柔らかく、そして中空であるから精気が入り込んでそれを勃たせることもでき、その上「極めて鋭敏な感覚を備えているので、あれ

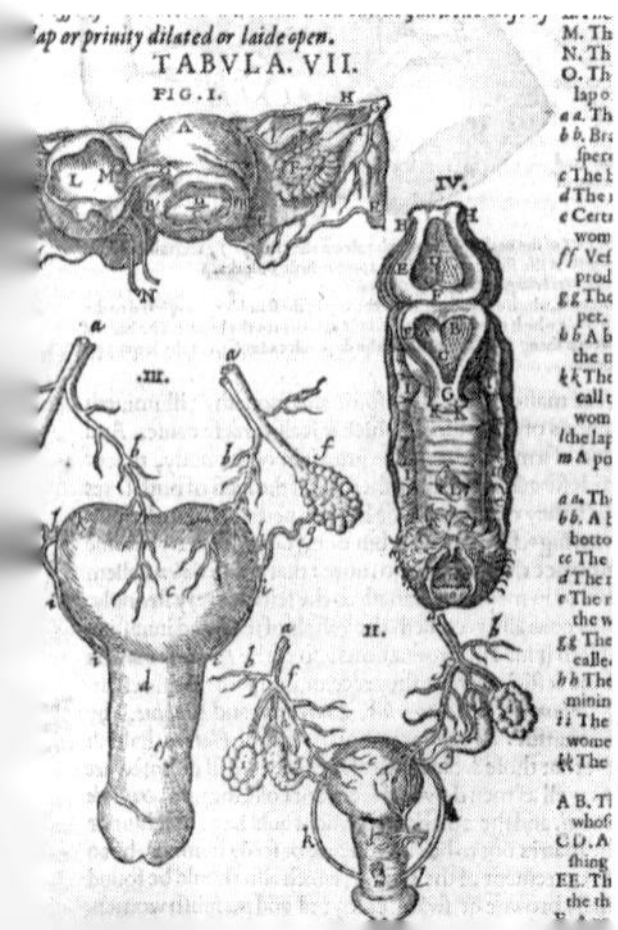

ヘルキア・クルック
『人間小宇宙論』挿絵

ほどの快感を生み出すようにできているのだ。そのせいで男は、あれほど猥褻な行為に、一目散に猛進せずにはいられないのだ」。血液、精気、筋肉は、すべてそれぞれの役割を果たしている。先にも触れたジョン・ピーチィは、臍の緒の重要性に同意しながらも、勃起は精子、気息、尿、腎臓の熱の充満によるとしている。[*15]

産婆術の書き手達、インチキ医者の先駆者達

産婆術の手引き書を書いた最初のイギリス女性の一人であるジェーン・シャープは、陰茎は「鋤だ。それを用いて地面を耕し、実りを結ぶのにふさわしい状態にするのだ」と言っている。しかしシャープは、女性は「土地」あるいは畑であるとする一方で、女性「もまた、種子をもたらす」ことを強調している。民間療法の文書では、女性の精子は男性のそれよりも冷えて「劣って」いるとは言われているけれども、女性もまたセックスに対して積極的だとされている。クリトリスは、「快楽の座」と認識されていた。クリトリスも子宮も、どちらも「精子の動きと吸引力によって」勃起するとされる。それどころか子宮は、「亀頭を捕らえて包みこみ」、磁石が砂鉄を吸い寄せるように男性の精子を吸い込むらしい。そして「女性が性交時に快感を感じないか、あるいは感じても僅かだった場合は」、子供ができない可能性があると結論づける。男女両性が精子を産出するという考え方は、イギリスの医師ジョン・サドラーが著わした『女性の病の秘密を映す鑑』(一六三六)にも見て取れる。サドラーは、ある種の不妊症の原因は、男性の過度の早漏と女性の過度の遅漏だとしている。子供ができるためには、男女の精子が同時に放出されることが必要とされているのだ。[*16]

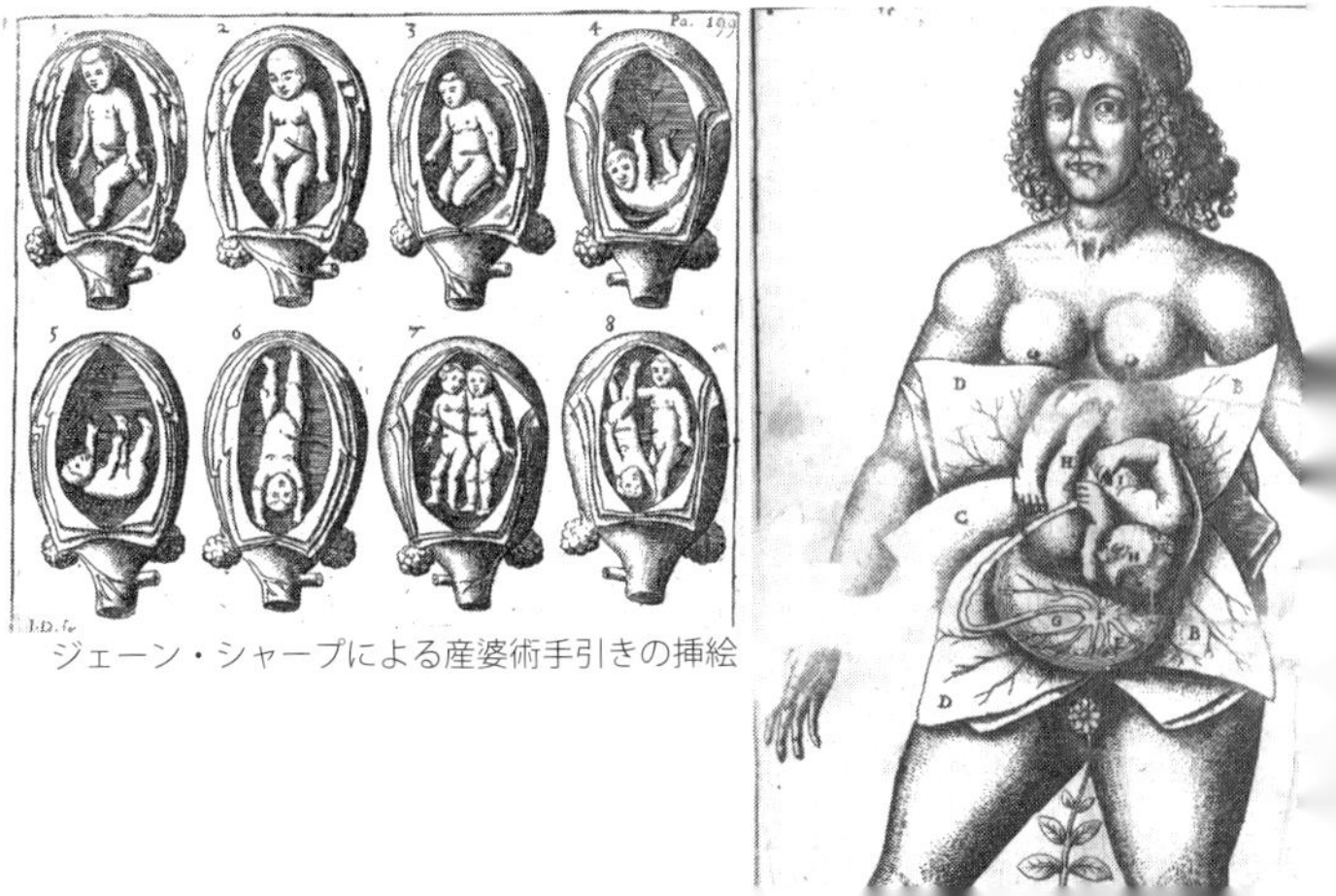

ジェーン・シャープによる産婆術手引きの挿絵

こうした初期の医学書では、男性の問題は隅に追いやられている。ニコラス・カルペパー〔一六一六〜五四〕は、その著『産婆のための訓示集』（一六五一）のなかで、男性の生殖器について手短に論じた後、すぐに女性の生殖器に話を移している。著者不詳の『実践産婆術大全』初版（一六五六）には、ニコラス・カルペパー氏らがわざと語らなかった秘密を明らかにする旨のサブタイトルが付されているが、女性重視の構成はカルペパーと変わりはない。男性についてそこで強調されているのは、睾丸が熱いほど好色であるのだから、精子、気息、尿、熱の刺激によって男性の勃起は生じるということであった。『アリストテレスの最高傑作《マスターピース》』と題された、たいへん有名な性の手引き書がある。この本は、一六八四年の初版刊行以来、一七世紀を通じて、さらには一八、一九世紀に入るまで、幾度となく版を重ねた。カルペパーの本と同じように、『アリストテレスの最高傑作《マスターピース》』も、実際は産婆術の解説書であった。それはまず初めに月経について述べ、次いで女性の生活環《ライフサイクル》について語り、処女の「緑色病」すなわち鉄欠乏性低色素性貧血や、不妊症、冷感症、妊娠の兆候、陣痛、出産、子育てなどを扱っている。一六九四年版では、男性器は一七二頁まで一切出てこない。一七四九年版は、男女両性の解剖学的解説から始まってはいて、不妊の問題が詳細に論じられてもいるが、そこではインポテンツがほとんど注目されていない。『アリストテレスの最高傑作《マスターピース》』はまた、若者はあまりに早くからセックスを経験すると健康を損なうが、成人であれば、過剰な精子を排泄しなければならないから、セックスはかえって健康に良いという、古い説をそのまま反復している。男性は一六歳になれば子づくりできるようになり、四〇～五〇歳の間にそのピークを迎え、その後は熱が減少していく、そして五五歳を過ぎると、ほとんどの男性の「精子は徐々に実を結ばなくなり」、陰茎は縮んで皺がよってくる、と書かれている。過度のセックスは、この衰弱を早める。確実に勃起したければ、水分を多く含んだ肉、木の実、カブを食べると良いとされている。[17]

フランスの医師ニコラ・ヴネットの『結婚生活に見る愛の情景』は、フランス語の初版が一六九六年〔一六八六年の誤りか〕に出版され、その後、一七〇三年に英語版が出ている。この本は、ヴネットが医者として、大衆的な手引き書に見ら

『アリストテレスの最高傑作』の1733年版（『アリストテレスの熟練産婆術全書』）挿絵

れる奇天烈な説を批判するために書いたものだという。しかしそのヴネット自身が、男性は、結婚したらどれほどの頻度で性行為をすべきか、よくよく考えなければならないなどと言う。数が多ければ、憔悴する恐れがある。それに比べれば女性は、ずっと多情好色である。だから男性は、妻に対して結婚における義務を果たさなければならないとはいえ、ときにはそれを拒絶すべきである、と言う。性行為でくたびれるのは、女性よりも男性の方なのだ。「男性がすっかり疲れ果ててしまったときに、女性はやっと火がつき始める」。そのとき男性の性器は既に冷えて萎えてしまっているかもしれない。「ふにゃふにゃ」になっているかもしれない。くたびれた男性に対するアドバイスは、ブドウ酒で鼻孔と手首と掌を洗うこと、簡単だけれどもこれが効くのだとヴネットは言う。また彼によれば、六〇になったら気を付けなければいけない。「早く回復するためには、持てる限りの熱や精気を動員しなければならない。しかしそれがもはや僅かしか残されていないのだから、放蕩など耐えられるわけがないのだ[*18]」。

ヴネットは大衆的な医学書の書き手の代表であり、一八世紀のインチキ医者の先駆けでもある。彼のアドバイスは簡単で、節制といくつかの伝統的な催淫剤を用いることである。一七世紀の書き手は、性欲を刺激するために古代人が用いていたとして、同じような種類の植物や薬を勧めている。民間ではアルコールが依然として頼りにされていた。一八世紀の結婚の宴では、サック酒［一六～一七世紀にスペインなどからイギリスに輸入された辛口の白ワイン］を新郎にプレゼントした。シェークスピアの『マクベス』に、マクダフに対して門番が次のように言う台詞がある（第二幕第三場）。

ニコラ・ヴネット 1696 年版挿絵

あの道となると、酒を飲むと盛《さかり》もつくが、下がりもする。気ばかり逸《はや》って、ちっともできねぇ。だからよ、あの道に酒は二枚舌のいかさま師、つまり、嗾《けしか》けの、ぶち壊し、唆《そそのか》しては、ひきずり倒し、その気にさせて、がっかりさせ、意気込みだけの、意気地なし、とどのつまりはね、ねんねんころりと夢に引きずり込み、嘘つきのいかさま師のと逆ねじの打っちゃりで、どこかへ姿を消してしまうってわけでさあ。[*19]

一六五五年、イギリスの植物学者ジョン・グッディヤー〔一五九二〜一六六四〕が、ディオスコリデスの古典的な本草書を翻訳した。それによってルッコラのような植物は「生のまま大量に食べると催淫効果をもたらす」（『薬物誌』第二巻一七〇）ことが広く民間に知れ渡ることになった。薬草学者として重要なニコラス・カルペパーは、その著『ガレノスの医術』（一六五二）のなかで、熱を含み、乾いた食べ物は、性欲を増進させるという、体液説の衣鉢を継ぐ説を唱えている。また『増補版イギリスの内科医』（一六五四頃）では、ディオスコリデスやガレノスに依拠して、ある種のアスパラガス、ピッグナッツ〔欧州産セリ科植物の塊根〕、シソの葉と種子、アーティチョーク、ミント、カラシの種子などが、「肉欲を激しく掻き立てる」と主張している。[*20]

そのように性的な興奮作用のある食品は、清教徒革命期の小冊子『今こそ、女性のための新たな議会を』（一六五六）でも、ユーモラスに取り入れられている。この読み物は、女達が男に逆襲し、男を太らせようと目論むという話である。「おおよそ男にその能力がある限り、一年のうち四分の一は、鶏肉やウサギ肉、卵酒にミルク酒、その他を与えて元気づけ、それから寝室に閉じ込めて、女に喜びを与えられないうちは出ることとまかりならぬとする」。もっと珍しい催淫剤もしきりに喧伝されていた。一七世紀イギリスの劇作家トマス・オトウェイの『兵士の運命』では、サー・ジョリーが次のように言う。「これこそ奇っ怪なサテュリオンの根、非常に貴重な植物だ。毎年五月になると、私はこれを自ら採集する。奇妙なことにこの植物は、六五歳の爺様を、まるでダンスの先生のように跳ね回らせてしまうのだ」。サテュリオンについては、植物画家として著名なスコットランドのエリザベス・ブラックウェルが、一七三七年に刊行した『珍しい薬草』のなかでも

アブソルート・ウォッカの広告のパロディ．「酒を飲むと気ばかり逸って，ちっともできねえ」というシェークスピアの台詞が引用されている

『今こそ，女性のための新たな議会を』扉

まだ、「性欲を刺激する作用があると言われている」と書いている［挿絵は六二頁④参照］。一七世紀のイギリスの劇作家サー・ジョージ・エサリッジの一六六八年の喜劇『彼女はやる気十分』のなかでは、登場人物のサー・オリヴァー・コックウッドが、貪欲な妻の求めに応じるためにカンタリスを服用する[*21]（第一幕第一場）。

社会的責任となった性交能力

以上のような強壮剤や興奮剤は、性的な面での需要だけでなく、社会的なニーズも満たしていた。というのも、男性と女性は身体的な性差がほとんどないとする単性モデル◆に基づけば、適切に性交を実行できない男性は本当の男性ではないという考え方が成り立つからである。セックスに関する評判の如何が重大な意味を持つのは、西洋文化においては常に男性よりも女性の方であった。しかし男性であっても、セックスに対

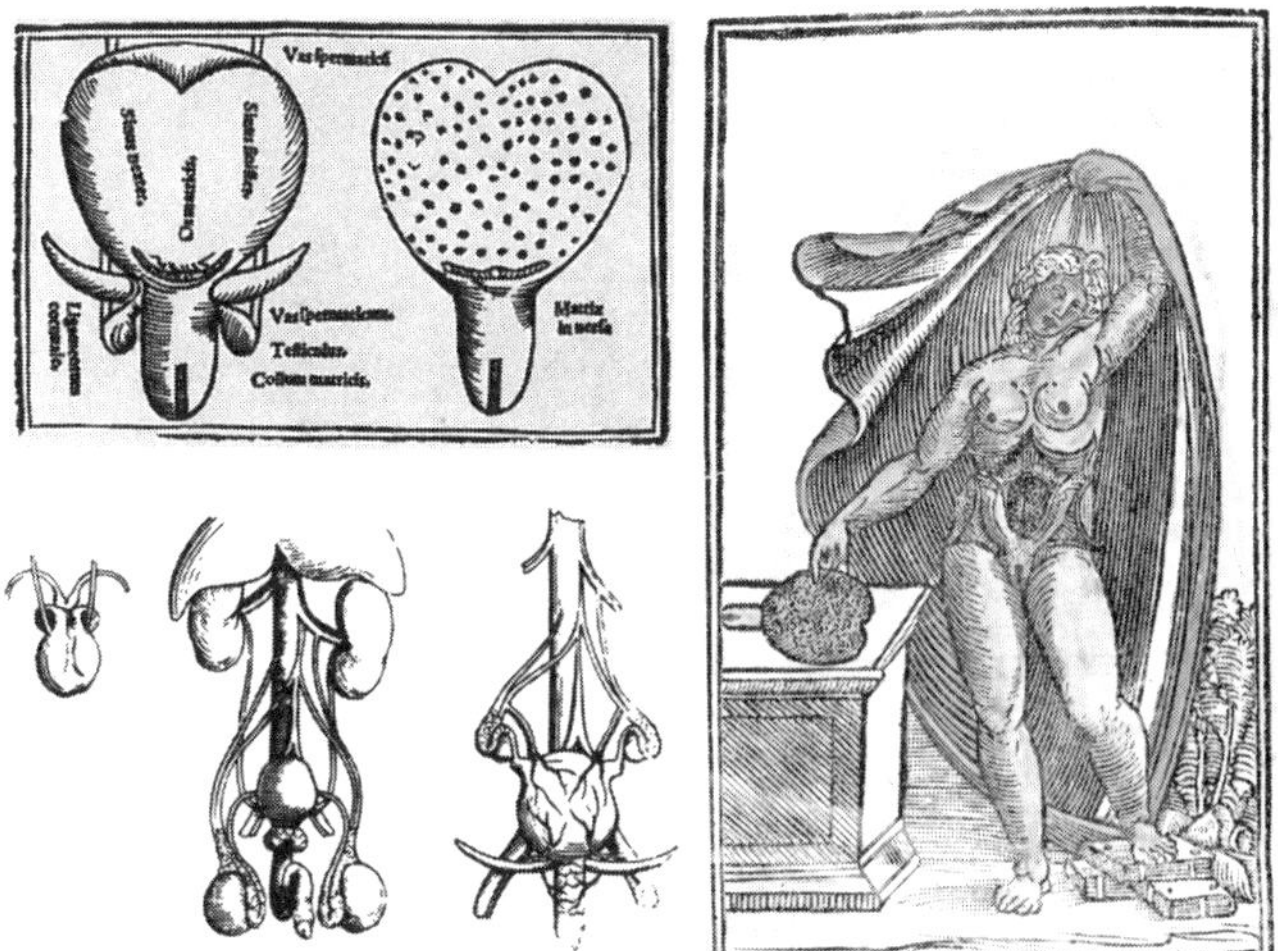

トマス・ラカー『セックスの発明』によれば，ルネサンス期の初期人体解剖図には，女性の身体を男性のそれの不完全な一種と見る単性（ワンセックス）モデルが反映されているという．【右・左上】イタリアの医師ベレンガリオ・ダ・カルピ（1460頃-1530）による解剖図．自分で子宮を取り出す女性と子宮の拡大図．子宮頸部がペニスにそっくりに描かれている【左下】近代人体解剖学の祖ヴェサリウス（1514-64）も，ヴァギナをペニスと同類のものとして示している（左が男性，右が女性）

◆単性モデル　原語はsingle-sex modelだが、ここではトマス・ラカーが『セックスの発明 *Making Sex*』（邦訳、高井宏子、細谷等訳、工作舎）で展開した「ワンセックス・モデル one-sex model」と同じ意味で使われていると思われる。ラカーによれば、女性の身体は男性の身体の不完全な一種であるとするワンセックス・モデルから、男女は絶対的に異なる対立者であるとするツーセックス・モデルへの移行が、一八世紀頃に起きたという。それ以前は例えば、セックスにおいては男女共にオーガズムに達し、射精するものと考えられていたのである。

して活発であると、あるいはもっと重要なのはセックスに対して不活発であると言われてしまえば、その社会的地位に影響があったのだ。男性であれば、配偶者、夫、父親、家長という社会的政治的責任を負うものだと考えられていたから、[*22] インポテンツであることが知られるのは、男ではないとレッテルを貼られるも同然であり、精力も権力も精神力も体力も欠いた人間と見なされることになった。性的なインポテンツは、それ自体はさほど問題ではなかった。むしろヨーロッパ文化において、インポテンツが重大問題とされたのは、それが社会の秩序を揺るがしかねないと信じられていたからである。そして社会秩序の崩壊の最たるものが、女性がセックスに対して非常に積極的になった結果、夫が寝取られ亭主にされるという事態だったのである。そのような事態に陥ってしまうという筋書きに、当時の男性達がいかに心を悩ませていたかは、一七世紀から一八世紀の戯曲や詩、物語歌《バラッド》、そして訴訟文書において、インポテンツへの言及が数多くなされていることを見ればわかる。

　初期近代においては、恥も名声も、社会的な性差に密接に結びついていた。女性に対して尻軽女と呼ぶことは最悪の侮辱であったのに対して、男性について誰とでも寝るという言い方をしても、名誉を傷つけたと見なされることは滅多になかった。それよりも彼はインポテンツだと主張する方が、よほど深刻な非難となった。なぜならそれは、その男性の夫としての地位、父親としての地位に疑問を呈することになるからである。この種の侮辱の実例は豊富にある。一六三七年に、ケンブリッジの妻の実家にやって来たある男性は、「奥さんにちゃんとヤッてやらなきゃ駄目じゃないか」と知らない男から言われて侮辱された。ニューフランス〔北米のフランス領〕では、結婚して一〇年以上になるのに子供のできない隣の男を「去勢鶏」呼ばわりしたおせっかいな者がいたという。清教徒革命期のイギリスでも、同じような悪口雑言が飛び交っていた。騎士道精神が過去のものとなり、妻達は退屈な夫と共に取り残されてしまったのだと、ある反清教徒の嘆願書のパロディ本は主張している。「古き良き時代には、『騎士はいつでも城を守るためにシャンと立って』いたものだというに、今やご婦人方をお守りすべき者が、さえない輩ばかりときた。ぶら下げている長い物は、ご当人に負けず劣らず錆び付いているという有様[*23]」。インポテンツだという非難が、若い者から年長者に向けられた場合には、財産や結婚や相続を思いのままにしている資産家を、自らの敵対者として貶めることが目的の場合もあった。詩人は田舎の夫婦を幸福に描き、金持ちの男を守銭奴に仕立てた。

ベッドで妻を抱くときは、
去勢牛のように違いない。まわりに雌牛がいっぱいいても、ピクリともしないに違いない
今度晴れた日の夜は、一晩かかってモグモグと、考え込むに違いない
あの馬はいくらになるだろう、干し草はいくらで売れるだろう[*24]

ある歴史家は、諷刺文学においては「若者の性交能力と貧困が、年輩者の富とインポテンツに対置されている」と言っている。医学の手引き書でも、こうした筋書きからの影響を免れていなかった。「若者は、クピドの矢が当たり放題だが、老人には一本も当たらない」[*25]。

年輩者は、性欲を掻き立てるために手段を選ばないと酷評される。ドイツの医師ヨハン・ハインリッヒ・マイボーム〔一五九〇～一六五五〕の『医療および性行為における鞭打ちの活用について』（一六四三）には、古代人は、腎臓を温め精子に活力を与えるためには、熱い血液が必要であることがよくわかっていて、だからイラクサや革の鞭の有効性をしっかりと認識していたのだと書かれている。学生のなかにはそれを習慣にしている者がいたし、売春宿には鞭打ってくれと言ってくる客がいたことが明らかにされている。一七世紀のある小冊子でも、情欲を高めるために売春婦の助けを借りようとする年輩者が攻撃されている。

取るに足らぬあの助平爺達のことを、どう思おうと勝手だが、乾燥茴香《ドライ・フェンネル》の枝のように干からびて、ガタが来た足を引きずっていく後をつけてごらん。きっと奴らは昔からの行きつけの、悪の巣窟に飛び込むよ。そこで奴らは、罪を償うために悪行に走るのだ。これまで淫らな行為にいざ及んだときに、さんざん痛い目に遭ってきたことを忘れるために。たくましい売春婦に、尻をしたたか打たせるのさ。

　ケツの赦しを請うために、インポの錐《きり》が、出っ腹の下から首をもたげるまでね。

一八世紀スコットランドの医師であり、詩人でもあったジョン・アームストロングによるセックス指南の詩作品『愛の経済』（一七三七）は、不節制を諌める本だが、同時に鞭打ちによって「血管のなかでうとうとしているウェヌスを目覚めさせようとする」老人を叱責してもいる。[*26]

セックスを巡る悪口は、たくさんのどぎついユーモアの種となった。イギリスの詩人でロチェスター伯のジョン・ウィルモット〔一六四七〜八〇〕が、愛人相手に事をなしがたいチャールズ二世〔在位一六六〇〜八五〕をからかっている。

　もしも時間があったなら、教えてあげたい確かなことを
　かわいそうな働き者、ネリー〔チャールズ二世の愛人のネル・グウィン（一六五〇〜八七）〕がどれほど骨折るか
　手と指と口と太ももを、彼女は全部使うのさ
　お楽しみのあの場所を、勃たせることができるよう[*27]

インポテンツは常に、王位継承にとって重大な障害となった。既に引用したように、ルイ・ド・セールが、イギリス王ヘンリー八世やフィレンツェ公アレッサンドロ・デ・メディチは、セックスのし過ぎでインポテンツになったのだと主張していた。フランス王アンリ三世◆は、世継ぎを得るために自ら手術を受けたが、効果がなかった。[*28]選挙で選ばれた政治家も、もちろん嘲りを免れなかった。一七八三年にウィリアム・ピット〔小ピット（一七五九〜一八〇六）〕がイギリスの首相に任命されると、彼が女性に興味を示さないことが、こんなふうに書き立てられた。

チャールズ2世（ジョン・ライリー，17世紀）とクピド姿に描かれたネル・グウィン（リチャード・トムソン，1672頃，原画はピーター・クロス）

17-18 世紀イギリスの鞭打ち

イギリスでは，性的な刺激のために鞭打ちを求める者は「鞭呆け（Flogging-Cully）」と呼ばれた．

【上】版画『鞭打たれる呆け男』（17 世紀後半）．若い女がスカートをたくし上げ，老人の尻に鞭を振る．「骨の折れる仕事だね！ 年寄りをその気にさせるのは．まるで刑務所の懲罰だ！ さあお嬢さん，ぶっ叩け．ドジな男の尻を打て．そんな魔法を使わなきゃ，悪魔も屹立しないだろう」

【中右】『医療および性行為における鞭打ちの活用について』（マイボーム，1718 年版）の扉絵

【中左 2 点】『イギリスの性生活に関する民族学的文化的研究』（イヴァン・ブロッホ，1934）より．イギリスの鞭打ちマニアの風刺画

【下左】『イギリスのならず者（ローグ）』（1665）挿絵．売春宿で鞭打たれている

【下右】18 世紀の版画作品

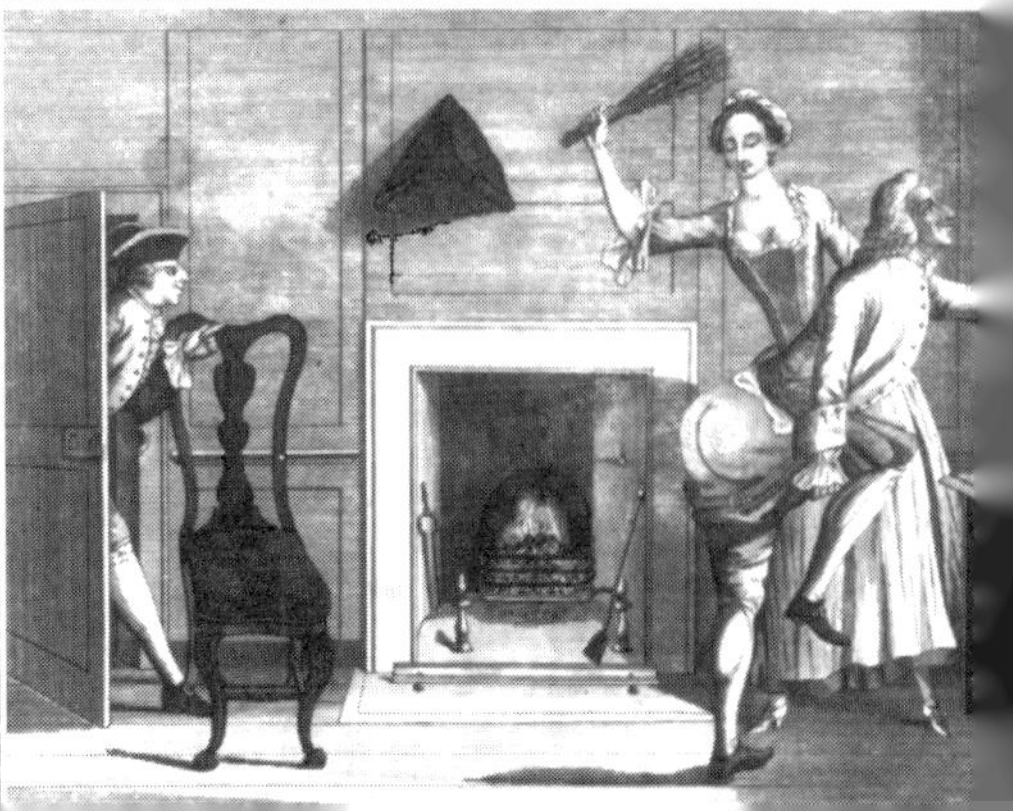

確かにわれらはあの男を、非難することしばしばだ
それはなぜかと尋ねれば、彼が男に夢中なこと
しかしこの悪口屋も責めはすまい
彼が女を前にして、コチコチに堅くなってることを[*29]

古代ローマ人は、だらりとたれ下がった剣、折れ曲がった槍を冗談に使った。初期近代の人々は、壊れた鉄砲やインク切れのペンという言い方をした。女性が書いたとされている、一六七四年のコーヒー反対のある冊子には、次のような声明が載っている。昔は誇らしく思ったものだった。「私達の国の男の、目覚ましい活力を。かつてはキリスト教徒のなかで、最も精力旺盛な男達だと目されていた。ところが口では言い表わせないほど悲しいことに、最近では、その古き良きイギリスの活力は、目に見えて衰えてきてしまっている。かくも雄々しかった我が国の男達は、すっかりフランスかぶれになって、ただの口先だけの雀っ子になってしまったのだ」。その冊子の主張するところによれば、コーヒーが彼らを去勢したのだ。今や敗軍のごとく、「彼らには弾が足りていない。いやひょっとすると弾はあるのかもしれないが、彼らはそれを撃てないのだ。あるいは火薬に一瞬火がつくだけで、目的を達するにはほど遠い」。同じような言い方は『アリストテレスの最後の遺産』という冊子にも使われていて、新婚初夜に「花婿は、打ち負かされた。合戦で大砲を失えば負けるに決まっている」と書かれている。[*30]

ウィリアム・ピット（ジョン・ホップナー，19 世紀初頭）

「インポのカエル野郎」――印刷文化に記された嘲笑

かつては口承文化に属していた笑い話が、一七～一八世紀に印刷文化にも参入してくる。そうなると、例えば『ポリー・ピーチャムの笑い話』（一七二八）という本に、小便をしているところを二人のご婦人に見つかって、笑われた紳士の話などが書かれるようになる。どうして笑うのかと彼が尋ねると、ご婦人の一

人がこう答える。「あらまあ、あなた、私達が笑いましたのは、とっても小さなことですのよ」。『ジョー・ミラーの笑い話』（一七三九）には、夫に「欠陥」があると言って告発した淑女の話が載っている。しかし、どんな問題があるかということは、恥ずかしがって言うことができない。それならということで、判事は彼女にペンとインクを与え、慎みを失わずとも、苦情を紙に書いて訴え出ることができるようした。すると彼女はペンをインクに浸さないで書き始める。書記が口を挿んで、「マダム、ペンにインクがついていませんよ」と言うと、彼女はこう応えた。「ええ確かに。でもこれこそが事実なのです。これ以上何も説明申し上げることはありませんわ」[*31]。

当代随一の作家達も、同様の嘲笑を物している。一八世紀前半に活躍したイギリスの詩人アレグザンダー・ポープと作家のジョナサン・スウィフトは、駄目な作家を気骨も意志も欠いた者ということで、インポテンツになぞらえている。家族に遺伝しているインポテンツと低い鼻を笑う冗談が、ロレンス・スターンの『紳士トリストラム・シャンディの生涯と意見』（一七五九〜六七）の小説世界にも見て取れる。この本では、インポテンツや去勢、早漏といったことへの当てこすりが至るところに顔を出すのだ。トウビー叔父は、ナミュールの包囲攻撃のときに、石の破片が飛んできて、鼠蹊部にもろにぶつかったために、女性とは話すこともできないほど内気な紳士となったのだし、トリストラムの父親は、彼を仕込むときに苦労した（夫がまさに絶頂を迎えんとするそのときに、シャンディ夫人はこう尋ねる。「あなた、時計をまくのをお忘れになったのじゃなくて?」）。トリストラム自身も五歳のときに、女中が窓から小便をさせていたところ、（「この家では何一つ建て付けのちゃんとしたものがない」せいで）窓枠がパシャンと稲妻のように落ちてきて、女中は言った

トゥビー叔父（ジョージ・クルークシャンク）

◆フランス王アンリ三世は……手術を受けた　この部分の典拠として巻末に挙げられている論文の著者によれば、そのような史料はない。ルイ一六世の取り違えと思われる。ルイ一六世のエピソードは次章で紹介されている。

のだった。「何も残っていないわ」。おまけにこの本の最後のエピソードは、使用人のところで飼っている牝牛がなかなか仔牛を産まないので、トリストラムの父親が管理している種牛が疑われるという話だった。*33

初期近代のヨーロッパ人は、性交能力に欠ける男性を言い表わすために、様々な表現を作りだした。例を挙げれば、案山子《モーキン》、まぬけちんぽ《ピロック》、どじ《ファンブラー》、役立たず《フリブル》、ぶきっちょ《バングラー》、尻切れ《ボブテイル》、怠け者《ドゥリトル》の旦那、弱虫男《ウィークドウィングマン》、怠け者さん《グッドマン・ドゥリトル》、ジョン・キャンノットなどだ。どじ《ファンブラー》というのが、不能男性に対する呼称として、たぶん最もありふれていた。一七世紀のイギリスの海軍大臣で、その日記で名高いサミュエル・ピープス［一六三三～一七〇三］が蒐集していたチャップブック［行商人が売り歩いた通俗本］のなかに、『どじ達《ファンブラーズ》の館、怠け者《ドゥリトル》通りの骨折り損《レイバーインヴェイン》の標札のある弱虫《フィーブル》コートにて営業中』というタイトルのものがある。この本には、妻が夫の非を証言する裁判の場面が出てくる。ある女房の断言することには、「うちの亭主の弦は、女のヴァイオリンを鳴らしても、音楽一つ奏でやしない」。ピープスは、自身が子供を一人もつくらなかったので、飲み仲間からどじ《ファンブラー》と呼ばれていた。「年老いたどじ達《ファンブラーズ》」という主題は、イギリスの諷刺作家エドワード・ウォード［一六六七～一七三一］による『結婚問答』（一七一〇）でも、詳しく扱われている。そのなかの詩の一つで、子供が欲しくてたまらない妻が夫にがみがみ文句を言う。

この老いぼれのどじ《ファンブリング》の放蕩者
［……］
あんたのベッドに来たときにゃ、あたしゃ乙女《メイド》だったんだ
でもよくわからないけれど、今でもそうかもしれないよ*33

イギリスの女性作家アフラ・ベーン［一六四〇～八九］の作だとも言われる『結婚十の歓び』（一六八二）は、若い新妻が欲求不満で我慢できない様子が描かれている。結婚して三ヶ月経っても妊娠の兆しが現われないため、彼女は

1709年発行のチャップブックに描かれた行商人（チャップマン）

友人に意見を求める。みんなに「私の亭主は、やるべきことをちゃんとわかっているんだろうか」と聞いてまわったのだ。友人達は、温かい食べ物を摂るべきだ、タバコのように湿り気を奪うものは避けるべきだとアドバイスする。それからさらに、旦那の情欲に火をつける「かわいい淫らなポーズ」も教え込む。しかしそれらがすべて失敗に終わると、新妻は「すねてぐちぐち言うように」なり、「亭主のことをしばしばどじ《ファンブラー》、役立たず《ドライブーツ》、怠け者さん《グッドマン・ドゥリトル》、ジョン・キャンノットなどと呼ぶようになる」。フランスでも、同じような洒落は豊富である。例えば「できないジャン」［ジャンは人名。］［「何でもするジャン」という熟語は、何でも屋を意味する］という呼び方がある。書簡で名高いイギリスの女流作家レイディ・メアリ・ワートリー・モンタギューは、政治家で作家のロード・ハーヴィーと共作した一七三三年の詩のなかで、ハーヴィーに劣らず歯に衣着せない本領を発揮し、ポープのことを「せむしでインポでカエル野郎」と罵り、また一七三四年の『主任司祭の反対意見』では、スウィフトを「インポのどじ《ファンブラー》」とやりこめている。*34

こうした悪口のどこに毒があるかと言えば、当時の男性は性的な力を備えているのが当たり前で、それが支配者の証《あかし》だったのに、そこを否定していることである。そうなれば、女性の側からの逆襲はたやすい。例えば「冷たいじゃじゃ馬女、または忍耐強い男の嘆き」のような物語歌《バラッド》は、女は常に男を尻に敷きたがるものだと注意を喚起する内容である。女性はまた、セックスに貪欲な存在でもある。当時の大衆文学は、「性に関して淫らであくまで貪欲な支配者である女性」の話や、新婦が一たびセックスを経験すると、それに夢中になって飽くことを知らないというような話で溢れている。ポルノ本もまた、女性の欲望は自由奔放であるという考え方を大いに喧伝した。それによって妄想好きの男は喜んだし、精力が女性より弱い男は、役割を果たせないために覚える罪悪感を軽減してくれる屁理屈を手に入れられた。例えば既に引用した『今こそ、女性のための新たな議会を』（一六五

バラッド「冷たいじゃじゃ馬女」挿絵

『結婚十の歓び』の挿絵．背景で薬剤師が妊娠のための薬を調合している

六）という小冊子は、「その能力のある男」には、媚薬や「増精子剤」を支給するような制度をつくろうとする女が登場していた。*35

貪欲な妻、寝取られ亭主になる不安

当時広く信じられていた医学上の定説によれば、女性は性的に満足した結果として従順になるのである。しかしこの説は、そもそも緊張感を孕んでいる。というのも、女性は受け身ではあるが、生まれながらにして好色にできていて、だから性的欲求不満が昂じれば、「緑色病」［鉄欠乏性低色素性貧血］になる恐れがあると言われていたのだ。だがこの定説から生じる不安の種として、もっと恐ろしいのは、飽くことを知らない怪物という女性像と、たとえもっと慎ましい女性であっても、もしも夫が満足させられなければ反抗する権利があるのではないかという厄介な問題である。反乱は、夫に対して単に努力を強いることから始まって、役割の逆転を目論むことも含まれる。だがそれが、不貞にまで進展することも◆あり得たのだ。老人と結婚した若い女性や、既に結婚の床《とこ》の快楽を知っている「活力漲《みなぎ》る未亡人」は、とりわけ貪欲だと考えられていた。インポテンツの男性に出っくわしたときの未亡人の反応は、ダニエル・デフォーによればこうだ。「貞操は愛すべきですが、欠陥は唾棄すべきですわ」。一方ジョン・マーテン［次章参照］によれば、女性は生まれながらセックスに対して非常に貪欲な傾向があり、精子が過剰に溜まれば狂気に至る可能性がある。情欲は「処女にももちろん備わっているが、とりわけ若い未亡人、インポテンツの夫を持った女性、あるいは愛情の対象になり得ない夫を持った女性に著しい。なぜならそうした女性達は、溜まった精子をきちんと排出することができなかったり、恋愛感情を十分に満足させることができないからである」。また一八世紀初頭のある作家は、老人と結婚した若い女性の欲求不満を、去勢者と一緒になった女性のそれになぞらえている。「だから湧き起こる情欲を満足させることのできる家庭を見出すことができない女性が、それをどこかよそに見つけようとするのも、まったく無理からぬ話であろう。なぜなら、女性の欲情の奔流を抑え、鎮めるためには、それがどうしても必要なのだから」。一八世紀初頭に、去勢者への関心の高まりが見られた。それによって、インポテンツの男性は結婚すべきでなく、子づくりは「夫」たる者の義務だというメッセージが、改めて流布されることになった。[36]

貪欲な妻を満足させることができない夫という主題が、人々の心を奪っていたことは明らかである。だからこそ「どじ《ファンブラー》」という概念、すなわち飽くことを知らない妻から求めに応じるよう試されるものの、失敗してしまう夫像が、歌謡や物語歌《バラッド》によって喧伝されたのである。例えば「強いられた結婚、または不運なセリア」では、女性が次のように歌う。

うちのどじ《ファンブラー》はベッドに入ると
頭《こうべ》を垂れてうなだれる
眼《まなこ》を閉じて寝ている姿は
まるで死んじまったかのよう[37]

「つまらないトム、あるいは結婚した女の嘆き」での新婦の嘆きも同様である。

つまらないトム、つまらないトム、あんたはあたしの気を狂わせる。このつまらないトムの奴！

◆**不貞にまで進展すること**　この段落の参考文献として挙げられているマキァヴェッリの戯曲「マンドラーゴラ」（初演、一五一八?）では、結婚して六年経つが子供のできない学者夫人に懸想（けそう）した主人公が、一計を案じ、奥方に自分が調合した薬を飲ませて一晩だけ他の男に抱かせれば子供ができるようになると学者に信じ込ませる。学者は自ら神父や姑まで引きずり込んで、堅物の夫人に強引に納得させる。首尾良く夫人と一夜を共にすることに成功した主人公に向かって、「若い恋人と年取った亭主との接吻の違いを知っ」た夫人は、こう言う。「私は、あなたをお殿様とも、主とも、導き手とも崇めるわ。あなたは私の保護者、後見人、私のあらゆる幸せの泉になってもらいたい。私の夫が一晩だけのことだと言って頼んだけれど、これからいつもこうしたいもの」。

こんなことのためじゃない、あんたと夫婦《めおと》になったのは、あたしのベッドに呼んだのは
あんたに処女をあげるため、処女にはもう飽き飽きなのさ
もしもあんたが一度でも、やるべきことをやるのなら。あんたがペテン師じゃないことを、あたしに
　見せてくれたなら
あたしのハートはうれしくて、きっとズキズキしちゃうだろう、すっかり天に舞い上がり、大はしゃ
　ぎしてしまうだろう
ところがどっこいあんたときたら、この怠け者のごくつぶし！　あたしゃこれじゃあ独り寝をしてい
　るのも同然だ
あたしを癒してくれるものなど、どこにもありはしやしない。だからあたしゃ悲しくて、悲しくて悲
　しくてしかたがない[*38]

こうした歌が指摘しているのは、夫婦間の年齢差があまりに大きいと、きっと泣くことになるということだ。「ある若き女性の嘆き、あるいは年老いた男と結婚するとどういう目に遭うか注意した方が良いと全処女に告げる警告」は、七二歳の男と結婚した一五歳の少女が、姉妹達に同じ不幸な運命に陥らないように戒めるという内容である。

私が寝ているベッドのなかで、あの人はうめき、泣き声をあげる
死にかけ悲しみにくれている、人のように彼は寝ている
愛の喜びなんてどこへやら。身体ボリボリ、文句タラタラ
一晩中、寝返りを打ち、あげくにベッドから落っこちる
ベッドに横になりながら、時が経つのをじっと数える。私の方が死にそうだ
涙を流し、不遇をかこつ。誰かのノックを待ちながら

そして涙を拭うのだ、目から溢れ出るたびに
若い女が年取った男と、いったい何をしろというのか？[39]

年老いた夫という主題は、演劇や歌、諷刺文学の格好の獲物とされた。「ドーヴァーのジャック」（一六〇四）では、老人が妻に洒落た靴下をプレゼントする。「なぜならわしは我が妻の、膝から上を歓ばすことができないときたからにゃ、歓ばさなくちゃなるまいて。せめて膝から下だけは」。既に触れた産婆術の解説書『アリストテレスの最高傑作《マスターピース》』は、結婚を巡る過ちを種々検討するなかで、年齢差が大きいと、結局、年老いて耄碌した夫を寝取られ亭主にすることになると注意している。「寝取られ亭主の隠れ家」という歌は、もしも妻を性的に制圧できなければ、どんな運命が待っているか警告する。「もしも新妻を娶ったならば／頭に角が生える〔寝取られ亭主の印〕ような目に遭わないよう気を付けろ」[40]。

『結婚の十五の本当の慰め』（一六八三）と題された猥褻な冊子は、性的な不幸こそが、夫婦関係を破滅に導く原因であるという通説に同意している。「結婚の本当の辛さのなかでも最大で、最も深く傷つけられるのは、男性がインポテンツであると非難を受けるとき、あるいは女性が欠陥があると責め立てられるときである」。年を取った男性が、精力旺盛な若い女性と結婚するようなことがもしあれば、「満足を与えることは少しもできない」。周りが忠告すべきなのだが、「しかし年老いたマヌケがおもちゃの空気鉄砲並みの力しかなくなったのだとわかっても、誰も口を挟んだりしない。だから熱情で燃えさかり、溢れんばかりの精力を漲らせている若き淑女は、期待がことごとく裏切られて欲求不満を募らせる」。その結果、子供はできず、結婚の床が冒瀆されるのは目に見えていると著者は警告する。なぜならその妻が、どこか別の場所に気休めを求めるのは当然だからだ。「衰えゆく夫の熾《おき》によって

バラッド「寝取られ亭主の隠れ家」挿絵．２階の窓から覗く男に角がある

火がついてしまった妻の熱情は、その好色な血を燃料として激しく燃えさかる。今や鯨は、妻の内で燃えさかる炎を鎮火するのに十分なほど勢いよく潮を吹き出すことができなくなっているのであるから、もはや助けを求めるときではないのか」。作者の結論はこうだ。「たくましい男が年を取って生命力も精力もなくしたのに、なお好色な血が騒ぐなら、まだ衰えていない妻の感覚を以前どおりに満足させてやらねばならぬ。それができなくて、報われるに値する若い淑女の人生を、苦々しく悲惨なものにするのだけはやめていただきたい。彼女は人生に、幸せと喜びを最大限期待してよいはずなのだから」[41]。

　これらの文章が主張したいのは、そのような不幸に陥れられた女性であれば、よそに満足を求めても当然だということである。妻の不貞は要するに、夫が性交をできないことに原因があるわけだ。初期近代のユーモアの多くは、残酷で下品で女性嫌悪を露わにしたものがほとんどである。肉体的な欠陥は、容赦なく標的にされた。したがって、寝取られ亭主がユーモアの種にされたことは、何ら驚くに値しない。特に作者が、自身の不運を自虐的に小咄や物語歌《バラッド》、諷刺文学に仕立てたのだと解釈できるような場合には、ユーモアは辛辣なものとなった。一七〇〇年に刊行されたある小冊子の書き手は、大胆にもこう語っている。寝取られ亭主は「文明化した怪物、理性を備えた獣、実行と自制のあいの子である。夫がインポで妻が我慢強くなければ、すぐに寝取られ亭主が出来上がる」。一七三五年のある小冊子は、作者が「若き聖職者」と目されているが、姦通を擁護する内容である。その主張はこうだ。健康な女性が「馬鹿で意地悪で嫌な奴」と結婚してしまい、その男が妻に与えるべき愛の義務を果たすことができなければ、たとえ気が迷ったとしても、それは擁護すべきである[42]。女性が妻の立場で歌う「口うるさい女房の言い分、または寝取られ亭主の嘆きへの返事」という題の歌も、主張していることは同じで、夫がセックスに消極的だから自分は道を踏み外す権利があるということだ。

　　あの人は寝てる、丸太ん棒のように
　　ベッドのなかで。もう一年も二年も

あたしにいいことを何もしちゃくれない
あの人はしやしない、何一つ
今のあたしゃ女盛りの花盛り
ねえお隣さん、そうだろう
実りの時機を逃しちまう
ああそれなのにあの人は、しようとしない何一つ
あの人は寝てる、泥の塊のように
そんな亭主ってあるもんかね
そうなりゃ女房は道に迷う
もしあの人がしないいなら、何一つ[*43]

彼女は雄鶏スープや卵酒を夫に飲ませるが、少しも効かない。結婚して二年経っても、彼女はまだ処女のままだ。それで今や、「友達」の一人や二人つくったって、全然問題ないと感じている。寝取られても平気な亭主がいると断言している物語歌《バラッド》もある。例えばある歌はこうだ。「自分の牡蠣は自分で剥くという男もいれば、そんな骨折り仕事は嫌だという男もいる。〔……〕五年も六年も一緒に寝ながら、どじって《ファンブリング》ばかりの男もいる。そんな男は、やるべき仕事を全部怠ける」[*44]。また例えば、「老人の嘆き、または似合わぬ夫婦」という歌のなかでは、男性がこう告白する。

俺の女房は若くて美人。ところが俺は年寄りだ
どうすりゃ彼女を歓ばせるのか、がんばってるけどわからない
ひっきりなしに彼女は嘆く。「ねえちょっと、こっちを向いてよ。そしたらあたしはあんたのもの」
彼女の探しているものを、俺は彼女にあげられない。なぜなら足が攣っちゃった

彼女をなだめるための物、俺は何も持っちゃいない。頑固爺のこの俺は
あげられるものは何でもあげた。それでも足らぬ、彼女には。半分にさえならぬと言う
ひっきりなしに[*45]〔……〕

要するに、「間抜け《ウィトル》」でお人好しの夫は、妻が内緒で不貞を働いて、自分が寝取られ亭主になっていても気にしないというのだ。『さまよえる尻軽女』（一六六〇〜六一）には、ある売春婦の回想として、次のような話が出てくる。

血気盛んで精力旺盛、あれが大好きという女を私は二人知っていましたよ。一人は名前をレイダといい、もう一人の方はライコニアム。どっちもベッドのなかで老いさらばえた骸骨みたいになっている男と結婚した。二人はそんな亭主に満足できなかった。それでレイダの方は、病気の振りをすることにしたんです。老いぼれ爺の彼女の夫は、いったいどこが悪いのかとしつこく聞いた。それで彼女は、愛の義務を果たすのが足りないせいで病気になったんだと夫に話したんです。そしたら夫は、自分がインポだから彼女を満足させられないってことがよくわかっていたんですね、彼女の求めに応じて、医者を一人うまく言いくるめて協力させた。そしたら病気はすっかり治っちゃったんですって。

一八世紀のある笑い話集には、一人の牧師の話が載っている。その牧師は、あるご婦人が自分の馬車別当と付き合っていることを知る。それで牧師が夫にそのことを教えると、夫は自分では妻を満足させるのが難しいから、馬丁に年二〇ポンドやって、その代わりをさせているのですと説明した。びっくりした牧師はその夫にこう言った。「もしも一〇ポンドとおっしゃっていたら、馬丁はそれでも嫌とは言わなかったでしょうに[*46]」。

スコットランドのバラッド「大口叩くどじ《ファンブラー》」（一八〇八）を見ると、虚勢を張ってどじ《ファンブラー》の役割を甘んじて

受け容れる男もなかにはいたことがわかる。

全田舎っぺどじ《ファンブラー》クラブに、みんな集まれ
俺らの運命について語り合おうじゃないか
何しろ俺らの女房はみんな美人
でも女房を歓ばせるのは、もう遅過ぎた、無理ときた
一杯やれば、心はうきうき
俺らのどこが悪いのか、女房はちゃんと知っている
俺らはどっぷり浸かりたい。エールとビールの両方に
俺らの長男は俺ら自身
それが俺らの洗礼だ。俺らに子供はないからな
教区の司祭さんも知っている
子供は一文の値うちもない
我が家にゃ子供は必要ない[*47]

これよりもっと洗練された文学作品としては、道楽貴族《リバティーン》の書き手もまた、女性が男性よりセックスに貪欲だという通念を踏襲している。スコットランドの第六代ハディントン伯トマス・ハミルトン［一六八〇?〜一七三五］が書いた「失望」では、おれは一〇回だってできるぜと女中を口説いた男が、五回までで終わってしまった言い訳をする羽目に陥っている。

まだ半分しか済んじゃいない。それは重々わかってる
でも大抵の女なら、もっと少なくて大満足

もし君が許してくれるなら、
残りは今度にしようじゃないか[*48]

男性は結婚するとすぐに性的な能力を失うのだと、ロバート・グールドがその著『結婚諷刺』（一六九八）で主張している。

ご婦人ならよく知っている。老いぼれにも欲望があることを
往年の元気が甦ることもあるのは本当だ
でもそうなってからじゃ遅いのだ。女性に言い寄り、妻にするには
いったい誰が浪費する？　残り少ないその時間
蛭に吸わせる者がいる？　ただでも少ないその血潮
だけどやっぱりおんなじだ。インポに変わりはありゃしない
手にはカードを握っていても、ゲームをプレイできはしない
無理やり自然に逆らって、あがいてみても無駄なこと
最後の熾《おき》を掻き集め、何とか炎を燃やそうと[*49]

「女性諷刺」では、グールドは好色過ぎると言って女性を糾弾している。またさらに進んで「継母への諷刺」では、年上の夫を食い尽くす女性を、ひどく恐ろしげに描くことまでしている。

老いぼれ亭主の痩せ腕に、抱かれて寝ているその女房
インポの彼にも優しく接し、
もはや力が尽きんとしているその期に及んで

亭主の冷えた粘土を捏ねる。欲しいと言うまで温める
それから熾《おき》に息吹きかけて、燃え上がるのをじっと待つ
そうすりゃたちまちだだ漏れさ。亭主の身体も宝石箱も
財布も血管も空っぽさ[*50]

一七世紀の後半には、セックスを巡る男性の災難を描いた古代ギリシア・ローマの滑稽譚が、再び知られるようになる。既に引用したジョン・ウィルモットはオウィディウスを模倣したし、同じくイギリスの詩人ジョン・ドライデン〔一六三一〜一七〇〇〕は、ユウェナリスを翻訳した。それで流行し始めるのが、情欲が過ぎたためにかえって失敗するということを歌った詩であった。ジョージ・エサリッジは、フランスの模倣をして、「不完全な歓び」（一六七二）と題する早漏を描いた詩をつくった。

それにしても何て奇妙なんだ、情欲というやつは。何でうまくいかないんだ、快楽というやつは。
私の熱情は、私の信仰を粉々に破戒する
〔……〕
彼女は顔を赤らめて、不満そう。もう終わったことを知り
スポーツはまだ始まったばかりと思っていたから[*51]

これと同種の詩で最もよく知られているのは、おそらく同じ「不完全な歓び」（一六八〇）という題の、ジョン・ウィルモットの作品であろう。

貪欲な欲望を前にして、私の当初の意図はくじかれる
そして恥をかかされて、ますます成功は覚束ない

最後に怒りを浴びせられ、私の不能は確定する
たとえ彼女がその美しい手で、熱を呼び戻そうとしたとしても
既に氷河期の冷え切った隠遁者が再び燃え上がることはない
火の消えた燃えかすに過ぎない私が再び温まることはない
灰に火をつけてもかつての炎が甦らないように
ぶるぶる震え、当惑し、やけになって、ぐったりし、渇ききって
ひたすら願い、弱々しく、じっと動かない、一つの塊として私は横たわる[*52]

イギリスの詩人ウィリアム・ウィッチャリー［一六四〇～一七一六］もまた、「デートしてすぐ彼にがっかりさせられた恋人へ」や、「できなかったことを謝る恋人」などの作品で、このジャンルに貢献した。「ぼくが悪かったわけじゃない、運が悪かっただけなのさ／ぼくは欲しがり過ぎ、君は素敵過ぎ」[*53]。エサリッジ同様ウィッチャリーも、自分の欠陥を女性のせいにしている。女性の書き手でさえ、ほとんどそれと同じ言い訳を用いる。アフラ・ベーンによる「失望」では、スパルタの名将リュサンドロスが、春と花の女神クローリスを歓ばせ損なうという話が描かれている。

緩んだ彼の神経から、だんだん力が抜けていく
怒り狂った青年が、何をしてもすべて無駄
消え去ってしまった力に向かって、戻ってこいと呼びかけても
どんなに激しく動かしても、ぴくりとだってしやしない
愛があまりに過ぎたこと、それが愛を裏切った
どんなにせっせとしたって無駄、どんなに命令しても無駄
感じなくなったその部分、彼の手のなかぐんにゃりだ

〔……〕
彼は呪った、自分の運、自分の星、自分が生まれてきたことも
でもそれ以上に呪ったのは、あの田舎娘の魅力だった
あの柔らかな魔法の力で
彼はインポ地獄に落ちた[54]

以上のような詩の語り手は、肉体によって裏切られたことを、ウィットによって埋めあわせようとしているのだ。そうなると語り手は、失敗を、抗いがたい女性の魅力のせいにせざるを得ない。この種の主張をしている語り手は非常に多い。あるフランスの小説では、欲求不満の女性にこう宣言させている。「殿方は女性を愛すれば愛するほど、自分の愛をその恋人に示すことができなくなってしまうんだ」なんて、金輪際信じません、と。[55]

女性は生まれながらにして好色であり、夫が満足させてくれなければ、どこか他に慰めを求めるだろうという民衆の間に流布していた通念は、上流階級の書き手も踏襲している。一七世紀後半の猥褻な詩作品の多くで、女性主人公の結婚相手がインポテンツの老人だという事実が、セックスを巡る彼女の冒険を正当化する根拠とされている。トマス・ハミルトンも、「言い訳」や「叱責」のなかで性に貪欲な女性を登場させている。「司祭」では、「肉体を用いることを控えている」年老いた夫を、若い妻が寝取られ亭主にする様を描いている。[56]このような道楽貴族《リバティーン》の詩作品の狙いが、読者に衝撃を与えることにあるのは間違いないが、そこに書かれていることは、自意識と不安の反映でもある。『尻軽女』の著者は、不能の男性と結婚した品行方正な女性に対し、道を誤ることを夢見たりしないのかと尋ねている。

あなたのご亭主はたぶん、一晩中高いびきでしょう
そのときあなたはその隣で、心地よい喜びを求めている

つまり彼はインポテンツ？　彼は年寄り、あなたは若い
彼の力は衰える、あなたは元気で丈夫な身体
食べられないのは彼なのに、どうしてあなたが飢えなきゃならない？
自然が与えた子宮の願い、叶えなければなりますまい[*57]

イギリスの女性作家デラリヴィエ・マンリー［一六六三～一七二四］は、その戯曲で若い女性に年上の夫を罵らせている。

この老いぼれめ、迷惑以外は何にもできないインポ野郎
どうしたらその年で、持てると思えたんだろう？
似合いのお嫁さんを。あんたのお嫁さんも、あんたの悪魔も
きっと言うよ、そりゃ無理だって[*58]

これとは正反対に、男性の登場人物にインポテンツの振りをさせることが、いかに喜劇的な潜在力を持つか認識していた劇作家もなかにはいた。シェークスピアと同時代のイギリスの作家ベン・ジョンソン［一五七二～一六三七］による『エピシーン』（一六〇九）では、モロースが、「明白なる冷感症」に罹ったと主張して、離婚を目論む。しかしご婦人方は、彼が嘘をついていると考える。

トゥルウィット　もしお疑いなら、この人の身体検査をさせてもかまいませんよ。
ドー　医師達の陪審で行なうのがならわしですからね。
モロース　何てこった、そんなことまで忍ばねばならんのか！
オッター夫人　いいえ女性達で検査をしましょうよ。ねえ奥様。私達でやれますわね。[*59]

ウィリアム・ウィッチャリーの『田舎女房』(一六七五)では、放蕩者《レイク》のホーナーが、自分は去勢されたのだというニュースを方々に触れまわってくれと、インチキ医者に頼む場面が出てくる。

(第五幕第四場、五〇〜六行)

インチキ医者　私は以前、気障な若い連中に頼まれて、嘘を言い触らしたことはありましたが、内容はまったく違っていましたな。女性を相手にできない男だと思われたいなんて、あなたが初めてです。

ホーナー　先生、自惚れの強い悪党《ローグ》どもは、本当の自分より強く思われて嬉しがらしときゃいいんです。奴らにゃ楽しみなんてそれっきりないんですから。でもね、私の楽しみは、それとはちょっとばかり違うところにあるんでさ。*60

(第一幕第一場、三四〜九行)

この話の皮肉なところは、「ワイン未亡人」の夫、つまり酒ばかり飲んで妻を相手にしない自己満足の夫達が、去勢者とほとんど変わらないというのに、ホーナーは、インポの振りとか去勢された振りをすることによって、女性に近づくことができてしまう(ということは誘惑することもできる)ことである。一七〜一八世紀の一連の劇作品は、年長者を寝取られ亭主にするという若者の妄想を巧みに利用して、若い気障な登場人物には女たらしの役割を、にわか成金の夫には、インポテンツで馬鹿で不用心なために、妻をコントロールできないどじの役割《ファンブラー》を宛《あ》てがっている。*61

性的不能者裁判の記録を見てみると

以上見てきたように、戯曲や詩、物語歌《バラッド》などは、夫が妻を満足させられないという、人の不安を掻き立てる事態から、引き出せるだけのユーモアを引き出していた。これをさらに補足するのが、インポテンツの夫との結婚を解消しようと妻が提訴した裁判記録である。そうした裁判の根底には、結婚に対するキリスト教の考え方がある。イギリスの聖職者ウィリアム・ガウジは、その著書『家庭の義務――八つの物語』（一六三四）のかなりの頁を使って、「インポテンツの人は、結婚を望むべきではない」ことを論じている。その論旨はこうだ。インポテンツは不妊とは異なる。子供は結婚の唯一の目的ではない。これに対してインポテンツは、結婚における不可欠の義務を果たすことを不可能にする。だからインポテンツの人は結婚すべきではないのだ。この義務を果たすことは、結果として、配偶者に「十分な満足」を与えることにもなる。[*62]

北米植民地のなかには、性交のない結婚を、完成されてもいないし有効でもないと見なすところがあった。イギリス本島とは異なり、マサチューセッツやコネティカットなど、ニューイングランドの世俗裁判所は離婚を認めていた。不妊とインポテンツはしばしば同じことのように見なされたが、結婚した夫婦に子供を持つという義務はなかった。しかし互いに「愛の義務」を果たすべきだとは考えられていた。社会は、セックスを実行し快楽を得ることは、重要なことだと見ていたのだ。女性が自分の夫はインポテンツであると訴えた場合、鑑定が行なわれることがあった。一七二八年にペンシルヴェニアで行なわれた鑑定は、次のように報告されている。「予定されていた鑑定にふさわしいある場所にやってきた上述ジョージ・ミラーは、一度どこかへ引っ込んだが、再び我々の前に現われた。そのとき彼は、ペニスを完全に勃起させ、掌には出したばかりの男性精液（通常の男性のそれに少なくとも似てはいた）があり、またそれは、亀頭の先の尿道からも流れ出ていた」。一八世紀のニューイングランドにおける離婚裁判を調べてみると、男性の性的不能に言及しているのは一四件である。インポテンツと見なされれば再婚ができなくなってしまうので、男性にとっては深刻な汚名である。しかし男性ばかりの裁判所は、性にまつわる女性の訴えを疑惑の目で見ていたので、妻の側が裁判に勝つことがほとんどなかったとしても驚くには値しない。[*63]

一六三五年に、レイディ・デズモンドという女性が、夫のロード・デズモンドは「思慮分別を備えた女性を歓ばせるには力が足らない」と訴え出ている。このようにイギリスでも、妻が結婚の無効解消を訴え出ることは可能だったのだが、実際の例はほとんどなかったようである。一六一八年に、ある女性がノースウィルトシャーの大執事［教区管理の実務責任者］裁判所で、夫の性的不能を理由として結婚の無効を提訴するつもりだと公に宣言したという記録はあるが、実際にそうしたかどうかは不明である。しかし、世間の耳目を聳動《しょうどう》するようなセンセーショナルな事件は、イギリスにもたくさんあった。国王ジェイムズ一世自身も、一六一三年の有名な、エセックス伯夫人フランシス・ハワードの裁判に大いに関心を示したらしい。*64 エセックス伯を告発する宣誓供述のなかで、レイディ・フランシス・ハワードは次のように述べている。

> エセックス伯は一八歳です。伯と私は三年の間、実に様々な機会に、裸でベッドを共にしました。そして上述の機会のうち何度も、くだんの伯は、自ら意図して私との結婚を完成させようと懸命に努力されました。つまり子供をつくるために私と肉の交わりを持とうとされたのです。くだんの伯がそのように努力されているとき、私は私自身の意志は抑えて、同じその目的を達成するために身を任せることにいたしました。それにもかかわらず、誓ってはっきりと申し上げますが、くだんの伯は、私とただの一度も肉の交わりを持ったことはございません。

自分は未だに「汚レナキ処女《ウィルゴ・インコルプタ》」であるという彼女の主張は「女性鑑定者」としての産婆によって確認された。それに対して伯の方は、彼

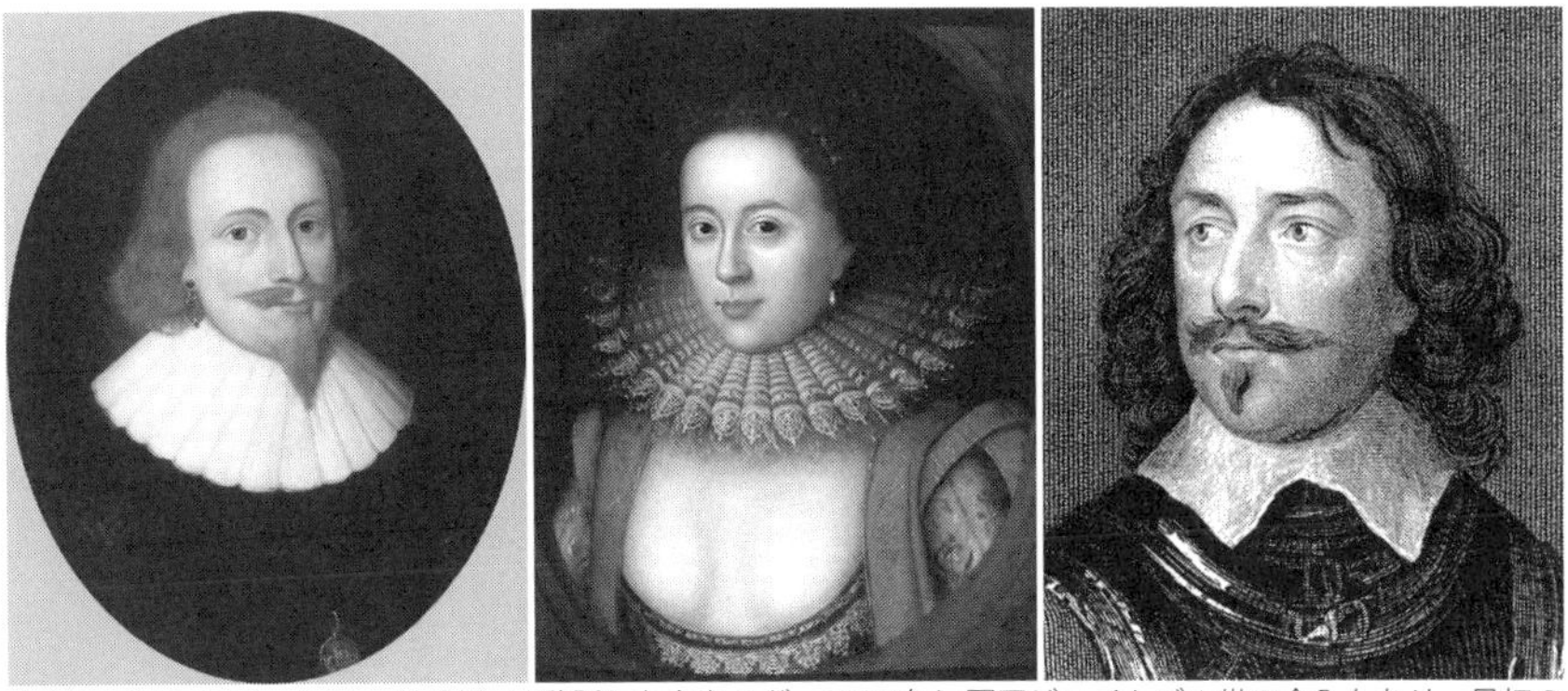

本文にフランシス・ハワード（中）は敗訴したとあるが，1613 年に国王ジェイムズ 1 世の介入もあり，最初の夫エセックス伯ロバート・デヴルー（右）との結婚解消を認められ，晴れてかねてからの愛人サマセット伯ロバート・カー（左）との結婚に成功する

女の身体の方が適していないのだ、何度もそうしようとしたが、彼女には挿入することができなかった、と応酬した。*65

裁判所は伯に有利な判決を下し、レイディ・フランシス・ハワードは敗訴した。同じような依怙贔屓《えこひいき》は、第三代イーストハットリー准男爵ジョージ・ダウニング［一六八五頃〜一七四九］の裁判にも、はっきりと見て取ることができる。彼はメアリー・フォレスターと結婚したが、結婚を完成することができなかったのである。エドワード・ウェルド［一七〇五〜六一。イギリス南部海岸ラルワースの領主］の妻キャサリン［?〜一七三九］が、一七二七年、カンタベリー大教区のアーチ裁判所に、結婚して三年になるが、夫は彼女と一度も性交していないと訴えたときには、彼が自分自身の「力のなさ」を認めたと証言する証人が複数現われた。ウェルドは一、二回は成功したのだと主張したが、キャサリンを鑑定した三人の産婆が、彼女がまだ手付カズノ処女《ウィルゴ・インタクタ》であることを確認した。ところが男性同士の連帯がここでも発揮され、医師達がウェルドを弁護し、裁判所は彼に有利な判決を下したのである。こうした裁判事件を報告したある歴史家は、次のように記している。「このような裁判の記録文書は、夫の性的な力に敢えて疑問を呈した女性に対する暗黙の攻撃を、必ずと言っていいほど常に含んでいる。だから最初の方では男性のプライドは揺るがされるものの、後の方で、『妻が処女だという確かな証拠は何もなかった』ことが証明されるくだりになると、がぜん息を吹き返すのである」*66。

ヨーロッパ大陸のカトリック教会は、夫のインポテンツを理由にした結婚の無効解消を妻に認めることはあったが、イギリスの教会裁判所はそれほど物わかりが良くはなかった。しかしそうは言っても、その種の裁判が人心を動揺させるものであることは間違いない。なぜならまず第一に、そうした裁判は、女性が男性に対して力を振るうという恐るべき事態を予想させる。エセックス伯は鑑定を受けなかったが、産婆達はレイディ・フラ

ジョージ・ダウニング

エドワード・ウェルド（アドリアン・カーペンティエ）．妻の死後再婚し，5人の子供をもうけた

ンシス・ハワードの主張を支持した。だが仮に産婆が逆の結論を出していたとしても、セックスについて女性は十分な知識を持っているという事実は際立つことになり、世間もそれは認めざるを得ないのだ。第二に、そうした裁判記録は貴族の男性を間抜けに見せる効果がある。ある歴史家が言っているように、「インポテンツは、肉体的な意味だけではなく、家父長制を脅かす意味合いを孕んでいた」のである。世間はエリートの男性が、自分の男らしさを声高に主張したり、また場合によってはそれを証明してみせなければならない羽目に陥っているという、当人にとってはまさに屈辱的な事態を、見世物として供されるわけである。セックスにまつわるエリートの不面目が曝される裁判に飛びついたのは、スキャンダルを嗅ぎ回る出版業者の先駆け世代であった。一七一〇年、エドマンド・カールは、強姦とソドミーの罪を問われて裁判にかけられたキャッスルヘーヴン伯マーヴィンの一六三一年の事件を、センセーショナルな物語に仕立てあげ、『自然に反する猥褻事件』と題する本に収録した。カールはその物語を、一七一四年に出版した『英国で争われたインポテンツ事件』にも収録した。この本はベストセラーになり、版を重ねるごとに新たなスキャンダルを増補していった。一八世紀初頭には、離婚裁判の記録が人気ジャンルとなり、カールのような不遜な輩を大いに潤すことになったのである。*67

インポテンツを巡る裁判が人心を惑わした理由の最後は（最後だからと言って重要性が最小であるわけではないが）、そのような裁判の記録は必然的に猥褻なユーモアを惹起し、権力を持つ層の男性を世間の笑い物にするからである。例えばカールは、裁判記録集を編集する機会を利用して、誰々のペニスはなぜ勃とうとしないのか、また誰々はなぜ早漏に悩まされているのかといった問題について、自身の下品な見解を付け加えるのが常だった。

ペニスが非常に簡単に勃つ男性、いやそれどころか、誇らしげに、またこれ見よがしに迫り上がってくる男性は大勢《おおぜい》いる。しかしいざ恋

キャッスルヘーヴン伯マーヴィン．自分の妻である伯爵夫人に対する強姦教唆，自分の使用人との間のソドミー，自分の娘に対する誘惑の指示および幇助の廉で裁判にかけられた

人の扉に近づくと、まるで藁火のように怒張がすぐに鎮まってしまい、ちょうど戸口のところですっかりうなだれて、さらに情けないことには、白い泡の立つ魂を皆吐き出してしまうのだ。〔……〕それはなぜかと言うと、彼は男のように見えるが実はそうだとは言いがたいのだ。なぜなら彼の男性の象徴は、単なるまがい物に過ぎないからだ。大きな期待を抱かせるのだが、結局何一つ事を成し遂げられないのだ。*68

笑い話というものは、槍玉に挙げられる人物の犠牲の上に成り立っている。エセックス伯は、「伯のペンにインクが入っていないってのは本当の話だ」と言われていた。*69 ロード・ロウスはセックスを巡るスキャンダルに巻き込まれたとき、妻から、「ぶきっちょで卑しくて、でくの坊の同衾者」と呼ばれた。ボーフォート公爵は、一七四二年に妻を不貞で訴えたとき、逆に公爵夫人の側から結婚解消を求めて反訴されたが、そのとき夫人はこう主張した。「公の秘部は、私の知る限り一度もふくらんだり、大きくなったりしたことが、つまり勃起したことがございません。肉の交わりを実行するときに通常そうなると思われるような、そのために必要と思われるような（もちろん私個人の見解でございますが）具合になったことがないのでございます」。ところがアーチ裁判所は夫人に理があると見て、ボーフォート公に生殖能力の試験を受けるよう命じた。一八世紀のイギリスでは、挿入や射精の証明までは男性に求めない。ただ勃起すれば良いのである。オーフォード伯で作家のホラス・ウォルポール〔一七一七〜九七〕が、このとき公の勃起を見届けた二人の医師と、三人の外科医、それにアーチ裁判所の判事の記録にあるエピソードを、さも愉快そうに手紙に書いて送っている。「公はしばらく姿を消したのだそうだよ。そして遂にノックをして部屋に入ってくると、善良なる老人達は実に驚くべきものをそこに見た。彼ら自身はもう長い間目にしたことがないようなものだったろうね！　シバー〔コリー・〜。イギリスの劇作家・俳優。一七三〇〜五七〕は、『閣下の○○が世間の噂に

『英国で争われたインポテンツ事件』を発行した悪名高い出版業者エドマンド・カールが，怪物姿に描かれている．*Grub Street Journal*, October 26, 1732, from Ralph Straus, *The Unspeakable Curll* (London: Chapman and Hall, 1927), 145.

なっている』などと言っているよ」[70]。上流階級の一員にしてからが、このような話をやり取りしていたのだから、初期近代の大方の人々が、人の生活は、公的なものも私的なものも含めて、世間の目から逃れることはできないのだと考えていたことがよくわかる。

ヨーロッパ大陸のカトリック教会は、結婚が有効であるためには、性交によってそれを完成することが必要であるという立場を依然として採り続けていた。カトリックの神学者はこのことを非常に重要視していたので、新婦に対して自分は結婚を完成させないと約束していた場合（つまり霊的な結婚のケース）でも、道徳的に見てその約束を守る義務はないとまで断言していた。結婚は子供を生み、肉欲をコントロールするために制度化されたのだという古い考え方が、パオロ・ザッキアのような書き手によって初期近代に伝承された。それと同時に、健康な若者がセックスを実行できなければ、「冷感症」や「妖術」のせいかもしれないという考え方も、あわせてもたらされた。それで結婚の無効解消が認められるためには、三年待たなければならないのである。しかしなかには、インポテンツであればすぐに離婚させるべきだと、はっきり断言する教会医もいた[71]。

妻が自分はまだ処女だと主張し、夫がそれを否定した場合には、事態が紛糾する。そうなれば、鑑定が命じられ、それでもなお決定しがたい場合には、フランス語で「コングレ」と呼ばれる性交実証検査が求められることがあった。一六世紀フランスの、インポテンツを理由にした結婚の無効解消裁判には、いくつか有名なものがある。例えばマリ・ド・コルビー対エティエンヌ・ド・ブレ裁判や、ポンス男爵対カトリーヌ・ド・パルトネー裁判がそれである。こうした裁判が総計でどれほどあったのか知る術はないが、重要なのはその数よりも、それが持っていた象徴的意味合いである。フランスでは――そしておそらくスペインやイタリアでも――、一六世紀半ばから一七世紀終わりにかけて、妻の側が決然たる覚悟を持てば、その夫に性交実証《コングレ》をさせることがあり得たはずである。そうなれば夫の側は、勃起し、挿入し、射精する

第３代ボーフォート公ヘンリー・サマセット（ウィリアム・ホア）

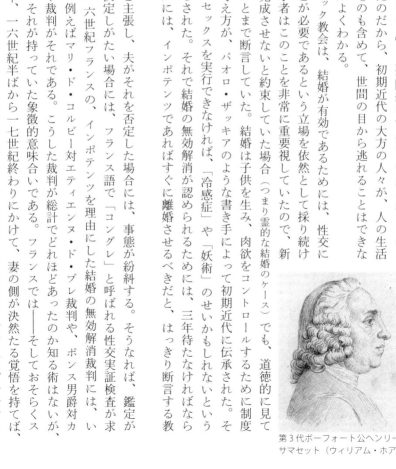

能力があることを示さねばならない。教会裁判所が、夫は首尾良くそれを成し遂げたと認めれば結婚は維持され、もしもそれが認められなければ、結婚は無効解消となるか、あるいは三年間の観察期間を言い渡される。提訴した女性は、自分は単に性的快楽を求めているわけではない、子供が欲しいのだと主張しなければならないということを重々承知していた。序盤は、妻は不利な状況に置かれている。なぜなら例えば、教会裁判所は男性の老齢を「ある種の病気」と見なしていた。神学者のシャルル・フェヴレは、一六五四年に次のように書いた。「老年期の寒い冬は、自然の活力を消し去る。血液は血管のなかで半ば凍ってしまい、もはや熱を掻き立てる力を持たない」[*72]。その一方で、それほど年が上の男性と結婚する若い女性は、財産目当てと見なされたから、裁判で勝てることがほとんどなかった。さらにカトリック教会は、中世において、王族の男性が子供ができないことを理由に結婚を解消しようとしても、断固として認めなかったことを、読者も覚えているだろう。教会は、一七、一八世紀になっても、その種の請願をやはり拒否し続けたのである。

性交実証《コングレ》を司っていたのはもっぱら男性だったので、それはそもそもが女性嫌悪的な性質を備えていたものの、妻の側が利用する余地はあった。性交実証《コングレ》では、夫婦それぞれの生殖器が医師や産婆によって検分される。そこで疑問が生じれば、夫は勃起してみせなければならない。性交実証《コングレ》が正しくなされたか否かは、立会人の証言によって証明されることになる。妻側が勝訴するのは、裁判所がインポテンツの男性を、ある種の詐欺と見なすからである。フランスの弁護士ガイヨ・ド・ピタヴァルの言葉を借りれば、そのような男は「悪質な貨幣で商取引を荒らし回っており、自分の結婚する女ばかりか、彼女を託す両親をも騙している」ということになる。さらに加えて、そのような男は秘跡を冒瀆しているとも見なされる。なかには倒錯的欲望と淫らで自然に反する体位に耽っているとされた者もいる。ある女性は夫が、「自然な部分に勃起する力がないものだから、その代わりに拳や手を使う」と告発している[*73]。

一七三五年に離婚を擁護する文章を物した名前不詳の人物は、次のように主張している。インポテンツの夫の多くは禁欲することに我慢できず、淫らで罪深い「接触行為」に走っている。このような行為は、子づくりの面から見て何ら正当性がなく、その上、妻の救いまで損なう恐れがある、と。また結婚は、他のどんな契約も同じであるが、尊重されねばならぬものである。しかるに妻にとって夫が男性の「影」に過ぎなかったとしたら、結婚という契約が尊重されていないことは明らかである。その妻が裁判所に訴えることは、人が言うほどスキャンダラスなこととは見なせない。何となれば、今や多くの女性が、様々な訴えを聞いてもらうために、医師や外科医のところに通っているのであるから。また鑑定検査についても、大方の信じるところとは違って、さほど覗き見的なものではない。ベッドはカーテンで囲まれているし、検査されるのは愛の営みの痕跡だけである。仮に今のままでは良くないとしても、その手順を二つ、三つ改善すれば十分である。[*74]

別段驚くに値しないが、人前でセックスをしなければならないという圧力《プレッシャー》で萎えてしまう男性は多かった。またイギリスでもそうだったように、告発を受けた男性は、たとえ勝訴した場合であっても、物笑いの種となることを免れるわけにはいかなかった。刊行された記録を見ると、それほど面白がられていたものは他になかったほどであることがよくわかる。例えばランスの裁判記録にはこうある。

> 鑑定者は火の周りに集まって待った。彼は何度も「来てください！　今すぐ来てください！」と叫んだが、すべて偽りで、行ってみると何も起きていなかった。妻の方は鑑定者に笑いながら「そんなにお急ぎにならないでくださいまし。夫のことはよく存じておりますから」と言っていた。あとになって鑑定者達は、あの夜ほど眠りもせず、よく笑ったことはなかったと語った。[*75]

インポテンツの男性がなぶり者にされている以上のような記録を、我々はどのように考えたらよいであろうか。まず最初に、男性性器について議論すること、さらには直接目にすることですら、それほど当惑すべきことではないという世界が、そうした記録に反映されていると結論づけることができるかもしれない。確かに我々は、フランス王ルイ一三世［在位一六一〇～四三］が、七歳になる前から自慰をすることを許されていたし、廷臣には自分の陰茎にキスをさせ、性器を愛撫させていたということを知っている。それどころか彼の父アンリ四世［在位一五八九〜一六一〇］は、息子の前で裸になって、「よくごらん。これがおまえをつくったんだよ」と言ったのである。[76] しかしそうした劇的な場面が持つ意味も、単純ではない。一方の側の自信が、もう一方の側への侮辱となることもあるからだ。

　また「実行力のない夫」に関する下品な記録の多くは、女性の権力の証であると解釈する誘惑にも駆られる。しかし史料から読み取れるのは、そうした記録が果たしていた機能は、逆にもっと保守的なものであったということである。ある文芸評論家が次のように書いている。「道楽貴族《リバティーン》の書いたもののなかで、エロティックな物語が進行しているとしても、そこに現われる笑いはエロティックとは正反対の記号であり、克服しなければならないものに付けられた印である」[77]。男性がセックスを実行することが、あれほど重要な義務だと見なされていたことを考えれば、失敗を笑うことは必然的に危険を伴うはずだ。しかし寝室での失敗談を共有することで、男性同士の絆が強まるということはあり得るし、ある者にとっては恥を軽減してくれるかもしれない。またかえって虚勢を張るための方途となるかもしれない。そうした失敗談が教えてくれるのは、男らしさが試練を受けるとき、どうするのが最善の対応かということである。物語歌《バラッド》や笑い話は、世界をひっくり返すことを狙っているわけではない。夫としての務めをやり損ねた少数の男性を嘲りの対象として晒し者にすることによって、結婚の調和を改めて強化し、確認することこそ、ユーモアの目的である。

おわりに

　ある男性がインポテンツだと悪口を言うことは、その人物を貶めるためのありふれた手段だったが、文脈を考慮に入れることがいつでも必要であった。もしもインポテンツなのが友人であれば、嘲弄されることはない。敵であるから嘲弄されるのである。インポテンツそのものが、社会を悩ます問題であるわけではないのは明らかだ。初期近代のヨーロッパでは、人口の少なくとも一〇％は一度も結婚していない。また子供が一人もいない者の割合も、かなり高かった。インポテンツと不妊はしばしば同じと見なされていたし、子供ができないことは、理屈の上では恥ずかしいことだった。しかし実際に諷刺文学やシャリヴァリが標的としたのは、子供のいない者よりも、むしろ寝取られ亭主や女房の尻に敷かれた亭主であることがもっぱらだった。[*78]

セックスにまつわる噂話や悪口、笑い話を通じて社会が結婚という制度を監視していたことは間違いない。しかし結婚して子供ができない場合に、当時の社会がまずまっさきに責任を負わせるのは、男性より女性の方だった。妊娠を促す処方として、産婆術の手引き書に書かれているのは、妻向けであって夫向けではない。また女性に性欲があるとはっきり言うことで、物語歌《バラッド》や歌謡が確認しているのは、女性は男性からの助けに依存しているということである。例えば『自然ノ木《アルボル・ウィタエ》〔つまりペニスのこと〕の博物誌』（一七三二）と題された猥本に書かれているある樹木は、そのミルクのような樹液が緑色病その他の婦人病を治してくれるという。[*79]

最も重要なのは、インポテンツについて出版された記録のほぼすべてが、男性によって男性のために書かれたものだということである。セックスを巡る侮辱を主題とした笑い話は、一七世紀の男性文化全般において不可欠な役割を果たしていた。一八世紀になって変わったのは、それが一層階層分化したということだけである。笑いは他の男性のセクシュアリティを取り締まるために用いられることがあった。男性は性に貪欲な女性をさほど恐れてはいなかったが、同性から冷たい目で見られたり忍び笑いされたりすることは、大いに問題だった。男性の名誉に対する最大の攻撃は、夫としての能力を嘲ることであった。女性からうるさくせがまれながら満足させられないとすれば、その人物は男性全体の名声を危うくしているという意味になった。だから彼を馬鹿者扱いすることが不可欠だったのである。

また他人の男らしさを貶めることによって、自分の力を誇ることもできた。虚弱者を笑うことによって、欠陥に対する恐れを胸の内に隠している者は、カタルシスにも似た解放感を味わうことができた。トマス・ホッブズは次のように記している。「笑いという感情は、他人の欠点を前にしたときに、自分のなかに突然湧き起こる優越感以外の何物でもない」。それから一世紀後に、ジョゼフ・アディソン［イギリスのエッセイスト・詩人・政治家。一六七二～一七一九］も次のように書いてホッブズに賛成している。「誰もが、知力の面で自分よりも劣っている者を見ると喜んで、自分の才の優越を勝ち誇るのだ。目の前に物笑いの種があれば、必ずそうするのである」[80]［『スペクテーター』紙、第四七号、一七一一年四月二四日］。セックスに関して欠陥のある男性は、他の男性がそれとは違って正常だと判定されるための、負の見本なのである。

教会が言っていたことは別として、一七世紀においては、上流社会の文化も庶民の文化も、インポテンツの話を喜劇的な目的に利用していたことは間違いない。それに対して一八世紀初頭のどこかの時点から、開明的な人々が声を上げて異議を唱え始める。彼らが言うには、たとえ宗教的な高みに立たない世俗の精神から見ても、男性の欠陥を笑うような残酷な話を喜ぶのは下品な者だけである、と。そして新しい考え方は、こうだ。インポテンツについて議論しなければならないとすれば、それは宗教上の教えや民衆の下卑た通念に資するためではなく、むしろ理性による分析の対象とするためであるべきだ。

この章で我々は、インポテンツという主題が、なぜ、かくも長きにわたって、本質的に面白いものと考えられていたのか、ということを見てきた。ではそれがなぜ、笑いの種と見なされなくなったのか。これを次章で解説しよう。

第４章

普及する科学、理想化される愛

啓蒙の時代、繊細さを求められるようになった男たち

一七〜一八世紀、男らしさの規範は大きく変化した

一七〇九年、ジョン・マーテンは、イギリスで初めてポルノグラフィーを理由に王座裁判所〔高等法院の前身〕に起訴されるといういかがわしい栄誉にあずかった。彼が犯した罪は、『新生殖論《ゴノソロギウム・ノウム》——あるいは男性および女性における生来の、あるいは偶発的な、性関連の欠陥および性病の秘密のすべてを明らかにする新大系』を執筆したことである。しかし最終的に起訴は取り下げられた。彼について今日語られている悪評は、どんな些細なものでも、むしろ『オナニア』（一七一二）を執筆したとされていることに由来する。この本は、一八世紀ヨーロッパにマスターベーション・パニックを巻き起こした古典的な書物である。これまで歴史家達は、自瀆に対する恐怖が煽られていく過程でマーテンが果たした役割や、女性のセクシュアリティに関する彼の猥褻な物言いに、もっぱら目を向けてきたのだが、それも無理はない。[*1] ただ彼らが見過ごしてきたことがある。それは、『新生殖論』の最初の方で、マーテンが男性のインポテンツの原因と治療法を、それまで例を見ないほど詳しく、また徹底的に解説していることである。古くからある不安の種が依然として根強く残っていること、またさらに、新たな懸念が出現していることについても簡潔に描ききったという点で、マーテンの『新生殖論』は、男性の性的不能の分析としては画期的なものだった。

但しマーテンは、独創的とはほど遠い書き手で、むしろ盗用の常習犯である。むしろだからこそ、彼の本には一七世紀、一八世紀において、インポテンツを巡る議論が二つの大きな変化を被る過程が忠実に反映されていて、それが興味深いのである。二つの変化の第一は、インポテンツについて解説する者が、次第にそれを、罪や悪魔のせいで起こる不調ではなく、生理学的な問題として記述するようになっていくことである。この新しい物の見方を代表するのが開明的な医学者達である（もちろん彼らだけがこうした見方を創り上げたわけではないが）。彼らは身体の働きを説明するに当たって、新しい唯物論的な見方をすることで神学に対抗したのだった。こうして西欧文化はより世俗的なものへと変化していくのだが、それと同時に文化の商業化も進んでいった。性にまつわる幅広い病を治すと謳う商品を、売り歩く専門業者の市場《しじょう》も出現

した。こうして、かつてインポテンツの原因は道徳の欠如にあるとされていたのが、次第に身体的な欠陥に由来すると見られるようになっていくのだが、それと軌を一にして、この話題そのものが、上品な人間は口にすべきではないと考えられるようになるのである。これが第二の変化である。

一六六〇年代半ばには、インポテンツは本質的に面白い話題だということを、上流階級は共通認識としていた。ところが一八世紀半ばまでには、それは本質的に悲劇的な事態であるという考え方がエリートに取り憑くのである。エリートはこんなふうに言うようになるのだ。インポテンツは私的個人的な悲劇であって、それを世間の晒し者にしたがるのは下品な連中だけだ、と。インポテンツを巡る議論の、以上二つの変化は、一見すると矛盾しているようだが、実際は深いところで互いに絡み合っているのである。その結びつきは、文化における数多くの変化に見て取ることができる。例えば、インポテンツを性病やマスターベーションのせいにしたインチキ医者が成功を収めたこと。また発生学に対する一般の関心が深まり、そのことによって、女性にも性的快楽への欲望があり、男性の性的な力を鑑定する権利があるという前提が揺るがされたこと。さらにブルジョワがプライバシーを強調するようになって、インポテンツの夫との結婚を解消する妻の権利が縮小されるようになったこと、などである。つまり一八世紀の間に、男らしさ、女らしさのそれぞれの規範を刷新するような、ジェンダー関係の大きな変化が生じたのである。そして男性の機能障害に関する議論も、要するに、その大きな変化に深いところで巻き込まれたわけである。

ジョン・マーテンの成功

最初にマーテンの『新生殖論』を見ていくことによって、この本が出版された一七〇九年までに、インポテンツを巡る議論が民衆の間でどれほど進んでいたか、その感覚を摑むことができるであろう。彼によれば、男性の性的機能不全の原因は様々である。その最初に挙げられるのが、数多くの身体的な不調である。「玉」が「袋」に降りてきていないのかもしれない。病気に罹った人が水銀で身体を清めることがあるが、この水銀が精子をつくる睾丸を冷やしてしまったのかもしれない。そうした治療法が原因でインポテンツになり得ると、マーテンが初めて口にしたのは、一七〇八年の『様々な程度、様々な症状の性病について、そのすべてを論じる』という著作でのことだった。頭部に障害を負ったり衝撃を受けたりすること、また血管が切れることもまた、深刻な結果をもたらすことがあり得る。なぜなら睾丸が精子を産出するためには、脳に由来する物質と精気が供給されなければならないからであるという。そこからペニスに話題は移って、「陰茎の勃起が弱かったり、あるいはこれは勃つときに曲がってしまうような場合によくあることなのだが、性交に向かない勃起のし方であったりすると」、満足な挿入は不可能である、とマーテンは警告する。尿道の出口がペニスの先端に位置していないかもしれない。それは尿道下裂などの場合があるから、外科医に処置してもらう必要がある。陰茎が小さ過ぎるのかもしれない。しかしその場合、いくら引っぱってみても無駄であるという。繋帯［舌の下のひだのように、器官の動きを制御する膜のひだ］が断裂していたり、出血しているのかもしれない。陰茎包皮が長過ぎるのであれば、切除する必要があるかもしれない。反対に、包皮が小さ過ぎて嵌頓包茎になっている場合には、包皮を切って「頭」を出してやらなければならないかもしれない。さらに疣贅、裂傷、閉塞、潰瘍、後淋［慢性尿道淋］なども、すべて「性欲を鈍くする」原因となり得る。*2

　身体的に何の問題もないのであれば、男性の責務は極めて単純だ。「陰茎の十分な勃起と硬さが、夫たる者の務めを果たすに当たって、まず第一に重要な性質であるが、さらにそのように勃起した陰茎を通じて、精子が正常に射精されることも、それに劣らず重要である」。この過程のどちらがうまくいかなくても、「その性交は男性にとっても女性にとっても、少しも快感のないものになる」。筋肉の弱さや精気の不活発に由来する勃起不全の対処として、マーテンが勧めるのは、ショウガ、コショウ、カンタリスなど、「鋭い」芳香の物質である。それでも場合によっては、マーテンの言を借りれば「空《から》の勃起」しか起こらないことがある。この勃起はその特徴として、精液が「鈍い」。いやそれどころか、精子がまったく含まれていないことすらあるという。男性が、「我々の間で『乾燥物質』と言い慣わしているもの」しか産

Gonosologium Novum:
OR, A
NEW SYSTEM
Of all the Secret
INFIRMITIES and DISEASES,
Natural, Accidental, and Venereal in
MEN and *WOMEN*,
That Defile and Ruin the Healths of themselves and their Posterity, obstruct Conjugal Delectancy and Pregnancy, with their various Methods of Cure.
To which is added,
Something particular concerning Generation and Conception, and of Miscarriages in Women from *Venereal* Causes. The like never done before.
Useful for Physicians, Surgeons, Apothecaries and Midwives, as well as for those that Have, or Are in Danger of falling under any such Impure or Defective Indispositions.
With a further Warning against QUACKS, and of some late Notorious Abuses committed by them, shewing who they are, and how to avoid them.
By JOHN MARTEN, Chirurgeon.
Written by way of Appendix to the Sixth Edition of his Book of the VENEREAL DISEASE lately Publish'd; and done with the same Letter, on the same Paper, that those who please may bind it up with that.
LONDON:

『新生殖論』のタイトル頁（London: N. Crouch, 1709）．この本は，インポテンツの原因と治療法に関して，18 世紀初頭において最も行き届いた解説を提供した［「外科医ジョン・マーテン」とある］

出できない場合には、子宮は期待を裏切られることになる。肥満が無精子の原因となり得る。なぜなら身体を太らせるために、血液の最良の部分を使われてしまうからである。さらにマーテンは、怠惰、禁欲、柔らかいベッドも無精子の原因となるとしている。喫煙癖は、身体から湿り気を奪うので、性交時の痙攣を誘発するとして、彼の怒りの的である。

タバコというあの異国生まれの草
あれは脳を疲れさせるし、精子を駄目にする
精神を鈍くするし、視力も弱める
おまけに女性からその権利を盗み取る*3

マーテンは、男性の力の決定的な証《あかし》となるのは妊娠であるとしているが、男性に持続力がなくても妊娠が不可能になるという。良き勃起、良き精子だけでは十分ではない。精子が「行為において、あまりにも急いで発射されると子供はできない。女性の器官が上の方に持ち上がって、精子を受けとめるのに適した状態になっていないからである。だから妊娠のためには快感が必要なのである」。ここで（またその前の詩のなかで）想定されているのは、女性が妊娠するためには、快感を感じなければならないということである。現代なら早漏と呼ばれる現象について、マーテンはその原因を、「精子があまりに敏感なために、すぐに興奮して排出が促されること」にあるとする。また他の箇所では、精液に含まれる刺激成分によるのではなく、その器官を精気がくすぐることによって起こるとしている。この不調には、入浴、アヘン、収斂剤《アストリンゼント》［皮膚や粘膜に外用し、組織を収縮させる作用のある薬剤。止血・鎮痛・消炎などの効果を持つ］が効くかもしれない。アヘンには優雅な副作用がある。しかしながら私の調合したものであれば、と彼は謳っている。「頭がぼうっとなったり眠気を催したりしない。それとは正反対に、

喫煙がインポテンツの原因となるという考え方は今も存続している（現代のカリカチュア）

精気が活発化し、欲望は増進する一方、気分は落ち着くので性交が持続し、非常に大きな満足を得られる」[*4]。

この本のなかに列挙されているインポテンツの原因の数々を辿っていくと、マーテンがそこに妖術を加えていないことがわかる。彼は、『憂鬱の解剖』のロバート・バートンと同じように、心が重要な役割を果たしていることを認識していた。だから「心の乱れ、悲しみ、恐れ、逆上、心気症的気鬱《メランコリー》、考え過ぎ、放心その他によって、精気が抑え込まれると」様々な問題が生じる、と言っているのだ。彼が提案している治療法は、内服するものも外用のものもどれもすべて、精子と筋肉の力の回復を目的としている。精子を豊富にするために彼が勧めるのは、伝統的な栄養たっぷりの食餌法で、卵、ブドウ酒、牡蠣、チョコレート、濃厚なスープなどである。但し彼が勧める処方のなかには、あまりに手が込んでいて高価なために、ほとんど誰も手が出ないようなものもある。マーテンはさらに、古い本草書にはしばしば矛盾した助言が含まれていると貶している。同時に彼が怒りを露わにするのは、破廉恥なインチキ医者が今、新しい危険な錠剤や飲み薬を世間に売り広めていることである。そのような薬を濫用すれば、年寄りだろうと若者だろうと、健康をひどく害することになるだろうと、マーテンは警告する。安売りされている薬のなかには、患者が血液を射精することになりかねないものさえある。そうやって読者に対して存分に警鐘を鳴らした揚句に、彼は自分自身について、患者それぞれのニーズにあわせた治療を心がける、懇切丁寧な専門家であると名乗りを上げる。そして気前よく、彼自身の調合した「効果抜群の媚薬」や「子づくりの滴」、「男性用塗り薬」などを売りに出すのだ。その確かな効能を、彼はこう謳っている。

より大きく、より持続的で、より中身の濃い勃起と快感をもたらします。精液袋とそれに隣接する神経筋肉組織のすべてを強化し、それによって精気は大きく漲って、溢れんばかりになり、かつての弱さが嘘のように変わるでしょう。男性にも女性にも、同じ目的で用いることができます。よくある刺激剤が引き起こすような、低劣な興奮や「空《から》の勃起」、「空《から》の性欲」ではなく、本当の欲望と力を生み出します。世上にありふれた刺激剤は、ほんの少しの間、あの部分を無理やり刺激するだけであり、それが終わればあの部分は、以前にも増して鈍く軟弱になってしまいます。しかも、その結果として、回復不可能な慢性の不妊症や性欲不振が引き起こされるのです。

こうした薬による助けが、何としても必要なのだ。マーテンは嘆いてみせる。インポテンツで苦しんでいる男性は、「それが回復しない限り、いつまでたっても子供ができない。その点において、彼は自分が住まっている国家の何の役にも立てない。彼のことを、女性であれば避けようとするだろう。なぜならそうでもしなければ、その顔を見たとたんに、扇で顔を隠しながら、彼を指さして笑ってしまうだろうから。というのも彼がうまくできない交わりを、その女性達はできるどころか、大いに歓び、大いに心地よさを感じるからである」[*5]。

ここでマーテンは、快楽に対する女性の権利、快楽を生み出せない男性を嘲弄する女性の権利を認めている。この点で彼は、古くからある男性の不安につけ込んでいる。一方、彼が打ち出した新機軸は、インポテンツの多くは、マスターベーションという悪習に由来すると主張したことである。当時の彼の言葉で言えば、単純に「摩擦」である。この本以前にも彼は、性病論の本のなかで同じ主張をしている。しかしこの点についても彼に独創性があるわけではなく、彼の一〇年も前に、ドイツの医師ミヒャエル・エットミュラーが、精液があまりにも早く射精されることがあるとし、その原因は、好色、「栄養過多」、禁欲や「性的不節制」、そしてエットミュラーの呼び方で「手瀆」にあると警告しているのだ。但し「マスターベーション」という単語を現代と同じ綴りで用いた上に、この新しい悪習に対する恐怖を食い物にすることによって、収穫を得ようとしたのは、どうやらマーテンが最初であるらしい[*6]。彼の後には、大勢《おおぜい》のインチキ医者が追随した。

不能の原因はマスターベーション――青少年への脅かし

マーテンはおそらく『オナニア』(一七一二)の著者であろう。これは、マスターベーションを巡る一八世紀のパニックのきっかけとなった本である。内容は、様々な考え方の寄せ集めで、その多くは性病に関する書物から取られている。そして自瀆から広範にわたる病苦がもたらされるのは不可避であると主張する。例えば精液が薄くなったり、早漏になったり、全身が虚弱になったりする。それ以前の一八世紀の書き手のなかで、マスターベーションが注目に値すると考えた者はほとんどいない。古代人は、排出する必要があるほど精子が過剰に溜まることなどなかったのかもしれないが、いずれにせよその行為を児戯に等しいと見ていた。カトリックの神学者は、それを罪だとはしたけれども、大きな注意を向けはしなかった。ではなぜかくも無害な習慣が、長期にわたる身体的心理的な影響をもたらす汚らわしい悪習だと、突然、知識人からも見なされるようになったのだろうか。このテーマについては、これまで非常に多くのことが書かれてきたので、ここで細かな歴史的議論に立ち入る必要はなかろう。ロイ・ポーターの解説は、最も簡潔にして的を得ている。彼によれば「マスターベーションは、啓蒙思想が大切にしている理想〔例えば無垢の子供時代〕を危うくしかねないという恐怖があったことが、パニックの少なくとも部分的な原因である」。若者が次第に学校に押し込められるようになっていくにつれ、若者の健康に対する懸念が生じてくる。プライバシーを讃え、自己満足に浸るようなブルジョワ的文化が出現したことで、そうした自由によって後押しされかねない倒錯的な方向性が、突然のように恐怖の対象となったのである。医学は相変わらず不節制な性を戒めていたが、それでもなお、精子を排出しなければ健康を損なう恐れがあるという考え方は維持されていた。ところがこうした見方がだんだんと、精子の損失の方が遥かに危険だと強調する見方に押しのけられていくのである。[*7]

心配顔の医師達と破廉恥なインチキ医者達は、マスターベーションの最も恐ろしい症状がインポテンツであるという点で合意する。マスターベーションは男性を軟弱にして男らしさを奪うからだという。『オナニア』に書かれた「自瀆の恐ろしい結末」は、語り草となる。

ある者は、自瀆によって失神発作を起こし、癲癇になった。衰弱した者もいる。以前は強壮で精力旺盛だった若者も、この悪習に耽ることによって、多くが消耗し、咳や痰と共に活力の源である芳香性の湿り気が奪われることによって、カサカサに乾き、やつれ、最終的には墓穴に送られた。さらにまた別の者は、死には至らなかったものの、昼夜を問わず過度の遺精を起こした。ペニスは弱くなり、勃起しなくなる。まるで去勢されたかのようである。〔……〕極めて強靱な体質の男性では、害がそれほど目立たないかもしれないし、もしかすると結婚もできるかもしれないが、それでも血液と精気が弱くなり、精子は子供をつくれなくなっているので、子孫の繁栄をもはや望めない。精子に関わりのある部位が変質してしまうことで子供ができなくなるのは、ちょうど耕し過ぎた土地が痩せるのと似ている。若い頃この悪習に深くはまり込んだ者のうち、結婚の床《とこ》の多産を誇るだけの実績を挙げた者はほとんどいない。もしも常ならざる自然の助けにあずかり、非常に稀なことだが子供ができることがあるかもしれない。しかしそれは、弱々しい小さな子供であるのが普通で、早死にするか、あるいは絶えず身体の不調に悩まされているような、虚弱体質で病気がちな大人になる。彼ら自身にとっても悲惨だし、人間という種にとっては不名誉で、彼らの両親にとっては醜聞だ。*8

ヨーロッパ大陸では、この主題は例えばフランスの医師ルイ・ド・ラカーズ〔一七〇三〜六五〕のような書き手が取り上げた。彼によれば、「精液」は身体のあらゆる部位がそれを作り上げることに関与しているという意味において、母乳に似ているという。だからオーガズムは身体を消耗させる。若ければすぐに回復するが、虚弱な体質の者だとそれができないのだ。ジュネーヴの牧師ジャン＝フィリップ・デュトワ＝マンブリーニ〔?〜一七九四?〕は、宗教的な戒めが散りばめられた著書のなかで、次のように嘆いている。「学校の悪習」すなわちマスターベーションは、ある種の放蕩であり、これはもはや伝染病の域にまで達している。それが正常なセックスよりも悪いというのは、子供をつくる力を破壊するからだ。結婚するときにはもう半死半生で、夫も妻も結婚の正当な歓びを奪われているから、夫は妻によそへ行ってこいとそそのかす。*9

マスターベーションに対する攻撃で、最も影響力を持ったのは、有名なスイスの医師サミュエル＝オーギュスト・ティソが書いた『オナニスム――肉体および精神に関する論考』（一七六〇。英訳、一七六六）である。ティソは、動物精気と生殖液の損失によって引き起こされる害として、身体的なものだけでなく心理的なものも強調した。彼もまた、この悪習の鍵となる徴候として、インポテンツを挙げている。

オナニー患者が疲労困憊する第四の原因は、射精とはかかわりなく、仮にオナニーの悪影響によって勃起が不完全であっても頻繁に勃起することによって、大いに疲労することである。およそ緊張状態におかれた部位は力を消費するが、彼らはもとより失うべき力など持ちあわせていない。そこで多くの動物精気がペニスに集まり、次いで消散してしまう。このこと自体がまず衰弱を招く。さらに、身体の他の諸機能に必要な動物精気も不足するので、そこから様々な機能不全が生じる。これら二つの原因が相まって、危険極まりない結果がもたらされる。この第四の原因のためにオナニー患者が、そうでない者よりも罹りやすくなるもう一つの症状は、生殖器の一種の麻痺である。その結果、勃起障害によるインポテンツが、そして遺精が生じる。というのも、弛緩した性器が、供給される精液をそのつど漏出し、また前立腺から分泌される体液を常時滲み出させるからだ。そしてしまいには、尿道の内側の粘膜全体が化膿しやすくなるので、女性の下り物に似た膿が流れ出るようになるのである。[*10]

このティソの文章から読み取れるのは、一八世紀終わり頃の医師達が、病気の原因の説明として、体液説から「神経」〔解剖学的な意味ではなく、「神経質」と言うときのそれ〕重視への移行段階にあったことが、ここにも反映されている点である。そう考える医師が、不安、倦怠、虚弱、消耗といった、男性の曖昧な不調を、すべてマスターベーションのせいにするのは容易《たやす》いことである。ティソは、同国人のジャン＝ジャック・ルソー〔一七一二〜七八〕と同じように、神経質は、社会の不自然さによって生み出されたものであると考えていた。強壮な体質を享受したいなら、控えめな、バランスの取れた食事をしなければならないという。単に健康を維持するだけでもエネルギーが必要である。それを不節制な性行為に濫費するなら、脳の繊維も、身体の繊維もすり減って過敏になる。

ある人の身体は、その人の精神の反映である。だからマスターベーションに耽っている人物は、青ざめ、女っぽくなり、消耗しているので、自ずとわかるという。要するに男性は、通常は女性に結びつけられる神経質で虚弱な体質を自ら示すようになるぞと、脅されたわけである。スコットランドの解剖学者で外科医のジョン・ハンター〔一七二八〜九三〕は、一八世紀終盤に、オナニーは深刻な問題を引き起こしたりしない、「自然な」セックスのやり過ぎほど害があるわけではないのは確かだ、とはっきり断言した数少ない医師の一人である。ハンターのこの考え方は、不道徳だとすぐさま酷評されることになった。*11

G・アーチボルド・ダグラスという名の医師が著わした『男性のインポテンツおよび女性の不妊症の性質と原因の解説』（一七五八）は、「学生の習慣は獣姦と紙一重の差しかない」から、犯罪と見なすべきだとまで提案している。そしてダグラスはさらに、結婚の目的は子供にあり、夫にそれが不可能であれば、妻が「そのために売られていると聞く道具を用いて自瀆することだってあり得る」と言う。ヨーロッパの人口が下降傾向にあるという通説が広く信じられていたことが、一八世紀にマスターベーションとインポテンツによって極端な不安が引き起こされた理由の一端であると言える。『家庭の医学』（一七七九〔一七六九の誤りか〕）を著わしたウィリアム・バカン〔一七二九〜一八〇五〕は、有閑階級の人達が自分の犬や馬の世話ばかりして、子孫のことをないがしろにしていると非難している。「ある家族に伝わる体質は、その家族に伝わる財産と同じように、改善することができる。体質を弱める放蕩者は、財産を蕩尽する浪費家よりも、後裔に対して遙かに大きな害となる」。性的不節制を非難するインチキ医者とモラリストのほとんどは、その攻撃を開始するに当たって、自分達が生きているのは退化と人口減少の時代だということを前提に据えてから始める。ある人が子供をつくれないと聞くことほどがっかりすることはないと、バカンは断言する。そのせいで自殺を考える者までいるぐらいだ。しかしながら、「大方は精力の喪失を賭けてまで、束の間の満足を求め」、娼婦の腕に抱かれる。他には「若者にありがちなもう一つの悪習」によって精力を喪失している。クリストフ・

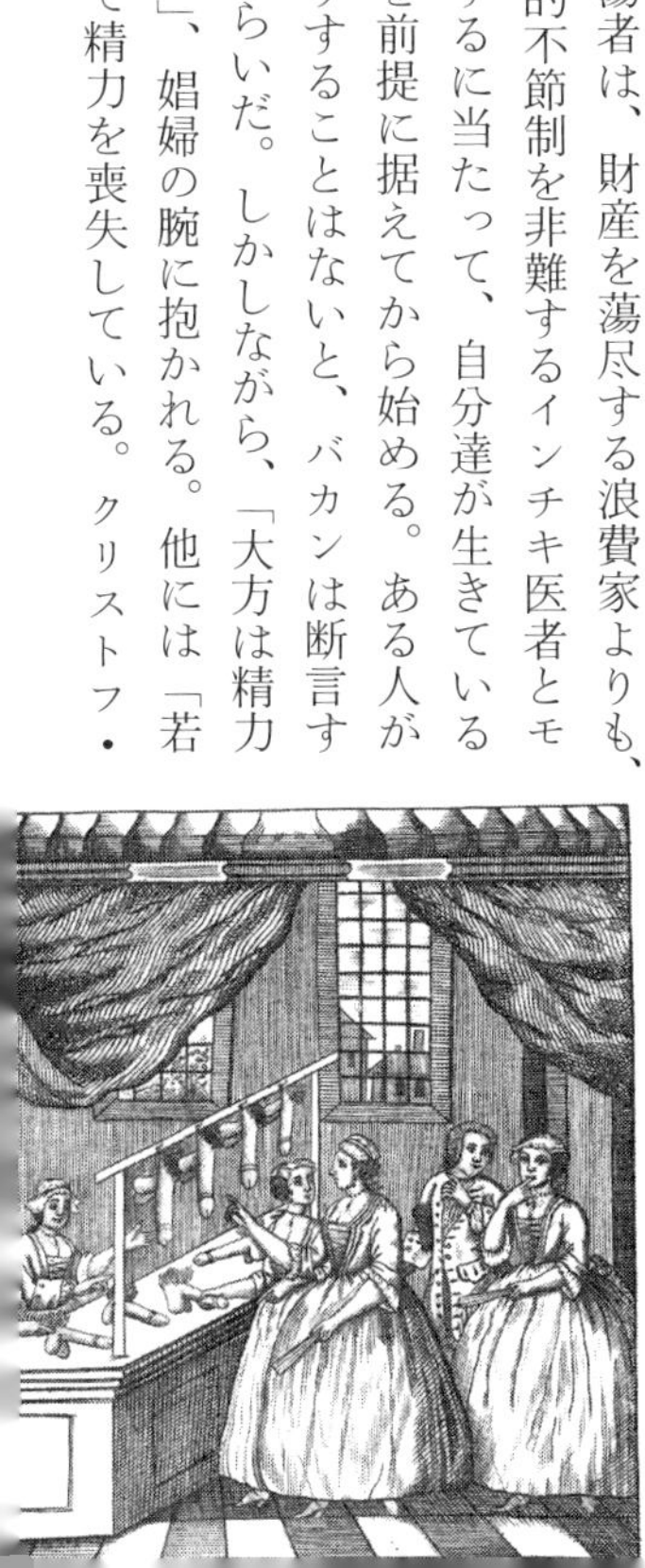

ニコラ・ショリエ『御婦人方のアカデミー』（別名『ルイザ・シゲアの対話』）のラテン語版（1690頃）挿絵．セックス・ショップのようなところで女性がディルドを選んでいるように見える

ヴィルヘルム・フーフェラント◆は、老化に関する古典的な著書『長命術』（一七九七）で、何事につけ節制が最良の薬であると、教え諭している。したがって独身者は、既婚者ほど長生きはできないと彼は決めつける。「ある程度まで豊かな生殖力があると、長寿のためにたいへん有益である」と言う。結婚をすれば性欲は適度に加減調整されるが、「ふしだらな恋愛」は寿命を縮める。とりわけ刺激が過多になることが避けられない婚外セックスと、「体液」だけでなく「新しい生命の誕生に必要な生気」をも浪費するオナニーは、その悪影響が著しい。[*12]

恐怖を呼び起こそうとするこうした戦術に、どれぐらいの数の男性が嵌まったのか、正確に数えあげることはもちろん不可能である。おそらく多くの人が、手の快楽を何も害のないものと考えていたであろう。実際一八世紀スコットランドのある男性クラブ◆の標語は「角と財布が汝を裏切ることなかれ」であり、加入のためには皆の前で「フリッグ〔マスターベーション〕する」という試練が課されていたのである。のちにはただ勃起することを見せて、自分自身の力を示すだけで良くなったのだが。そうした儀式はなるほど奇妙であるかもしれないが、自身の精力を示す手段として娼婦と関係を持つよりも、安全だし安あがりでもある。こうしたクラブの存在はスコットランドにしか確認できないが、そこですら、男性同士の社会的絆を深める場は一七九〇年代には減少し始める。[*13]だが上品な人達が、自瀆を嫌悪すべきものと見るべきだと主張していたことを考えれば、そうしたクラブが一八世紀の最後の数十年間まで生き残ったことは、むしろ注目すべきことであろう。

インチキ医者のインチキ薬が花盛り

インチキ医者は、マスターベーションに由来する、インポテンツその他の憂鬱を催す悪影響の危険性を

◆クリストフ・ヴィルヘルム・フーフェラント　一七六二～一八三六。プロイセン王国の宮廷医。既に緒方洪庵によって本邦に抄訳・紹介された『医戒』や、明治期に翻訳された『長命術（マクロビオティク）』などにより、日本の医学にも大きな影響を与えた。

プロイセン王フリードリヒ・ヴィルヘルム四世（在位、一八四〇〜六一）は、若い頃、フーフェラントによってインポテンツと診断されたという。

◆ある男性クラブ　スコットランド東部ファイフシャーのアンストルーザーに、一六世紀前半のスコットランド王ジェイムズ五世がお忍びでやって来たとき、川に橋が無くて困っていると、乞食の少女が背負って流れを渡してくれた。王が少女に金貨を一枚払うと、彼女は王のために次のような祝禱を唱えた。

　あなたの財布が空っぽになりませんように
　あなたの角笛がいつでも盛んでありますように

　この出来事を喜んだ王は、住人に騎士団を結成させて「乞食の祝禱（ベガーズ・ベニズン）」と名付けたという。それから一世紀後の一七三二年に、この伝説にちなんで設立された男性クラブ「最古かつ最強の騎士団〝乞食の祝禱（ベガーズ・ベニズン）〟」が本文で言及されているクラブ。その記録文書や秘蔵品が、キャヴァナ・コレクションの一部としてセントアンドルーズ大学博物館に収蔵されている。それによると入団の儀式では、直径約二〇センチの「試しの皿」（写真参照）が「礼拝堂」の中央の背の高い台に据えられる。この皿に刻まれた「男ノ女ニアフノ路」という文句は、旧約聖書の『箴言』第三〇章一九より採られたものである。そのあと儀式の準備を整えた新規入団者が導き入れられる。入団者が部屋に入ってくるとき、乞食少女の祝禱にならって小さな銀の角笛が吹き鳴らされる。角笛には『ワガ息ハ厭ハレル』、『レビ記』第一五章一六、一七」という文字が刻まれている。「ワガ息ハ……」というのは『ヨブ記』第一九章一七からの引用で、『レビ記』の方は、浄めの掟のうち、次の節を指している。「人もし精の洩るゝことあらばその全身を水にあらふべしその身は晩まで汚るゝなり。すべて精の粘着（つき）たる衣服皮革などは皆水に洗ふべし是は晩まで汚るゝなり」。これらの文言から、儀式の中心が男根の露出と自慰行為にあったことが推測される。儀式の最後は乾杯で締めくくる。このとき使われる二つのワイングラスは、高さが一八センチあって男根の形をしている。この騎士団は一八三六年に解散した。

〝乞食の祝禱〟団員メダルと試しの皿

フーフェラント（右，アドルフ・クニケ，1819）と彼にインポテンツと診断された若き日のフリードリヒ・ヴィルヘルム４世（1795）

強調することで、明らかに利益を得ていた。一八世紀になって、新たに広告宣伝の機会が利用可能になったことによって、そのような警鐘を広く知らしめる事業が可能になったのだ。一七世紀の本草書では、推奨されている調合薬の材料は、通常の場合、読者が自分で育てたり集めたりすることが想定されていた。一八世紀初頭に起きた重要な変化は、ちらしや小冊子、書籍、新聞、雑誌など、大きく広がりつつあった印刷文化を利用する者が出現したことである。彼らはあらゆる媒体に、インチキ医者処方の偽薬の広告を掲載し、梅毒、マスターベーション、インポテンツといった性に関わる幅広い疾患に対する恐怖を煽ったのだ。実業家達は、そうした恐怖への対処として自身が調合した錠剤や飲み薬を販売したのである。医学史家が

18 世紀のインチキ医者を描いたウィリアム・ホガース（連作「当世風の結婚」第 3 景，1743 頃）．右から 2 人目の主人公が，処方された梅毒治療薬が効かなかったと，娼婦（1 番右）を伴ってインチキ医者（1 番左）のもとに駆け込んできた図

かつて、そのような医師達を正規の医師から区別するために、インチキ医者《クワック》（quack）と呼んだのである。一七二二年に、単に冷水浴するだけで「男性の女性っぽさ」が治ると主張したイギリスの医師ジョン・フロイヤーは、インチキ医者も、正規の医者も、どちらも大げさな主張をし過ぎると言って非難した。[*14] ジョン・マーテンこそまさにその好例であった。彼は本当に外科医であったかもしれないし、古代から当代までの性病に関する多くの文献によく通じていたかもしれないが、一八世紀初頭の誰よりも、男性の不安を煽ることで自分の利益を追求することに固執した。

この種の医師の先駆けが、チャールズ二世の宮廷医だったジョン・アーチャーだった。彼はその著『誰もが自身の医者である』で、好色が過ぎると自然の熱が浪費され、身体も衰弱すると警告し、それに対処する方法として、自分が調合した強壮剤を売り込んだのである。一七三九年に刊行された『ご婦人の身体の手引き』は、そのタイトルに反してある種の男性向けでもあった。「他の点ではまずまずの健康状態であるにもかかわらず、精子の欠乏、軟弱な生殖器、精液袋の虚弱と機能不全などにより、子孫繁栄を望めないと自分で思い込んでいる」男性である。絶対的なインポテンツなど稀であると、著者は断言する。「能力が不活性であるか、あるいは減退しているに過ぎない」場合が普通である。これは、「動物精気そのものが欠乏しているか、あるいは動物精気が特定の筋肉やその他の生殖を司る部位に豊富に流れ込むことが妨げられている」のが原因である。こうした不調は、緊張や不節制、自瀆、後淋に由来しているのかもしれない。また「情交のことを少し考えるだけで、ほとんど即座に」精子を洩らしてしまう男性もいる。さらにはまた、放蕩や飲酒癖のために精子が弱くなっているか、あるいは「精虫の不足」のせいで不妊となる男性もいる。これらの男性は皆、著者が開発した「実りの秘薬《エリクシール》」や「精力糖」、「刺激香」などがきっと役に立つはずだ。その効能は、こう謳われている。「神経を強化し、動物精気を増加させ、若き日の力が回復します。様々な習慣のせいで乾いて脆《もろ》くなった繊維に、熱と湿り気をたっぷりと補うことが立証されています」。しかも性交時の男性の持続時間が増すので、ご夫人には「以前のかわいらしさが戻り、しかるべきいちゃいちゃした関係が回復しますから、ますますご夫人との行為にやる気が増します[*15]」。

一八世紀末にドクター・ブローダムなる人物が、虚弱体質を改善して、男性が結婚するための準備を整えると謳って、独自の「神経強壮剤」と「植物シロップ」を売り出した。エベニーザー・シブリーという人物は、ブローダムやその他のインチキ医者と同じように、元気を回復すると謳う彼の「太陽チンキ」を使って「とっても幸せになった」と称する購入者からの感謝の手紙を集めて出版した。サミュエル・ソロモンなる人物も同じである。彼はティソの衣鉢を継いで、様々な形態の「自瀆に由来する不調」を列挙し、「インポテンツと虚弱精子」に効果があるとして、自身が開発した「ギレアデ強壮香」を売り出した。彼の助言によれば、患者はこの強壮剤を摂ると同時に、睾丸が「キャベツになる〔大きくなる〕まで」、それを冷水ないし酢とアルコールの混合液に浸すと良い。この強壮剤は、精子の生産を促し、筋肉から弱さを取り除くと謳われている[*16]。

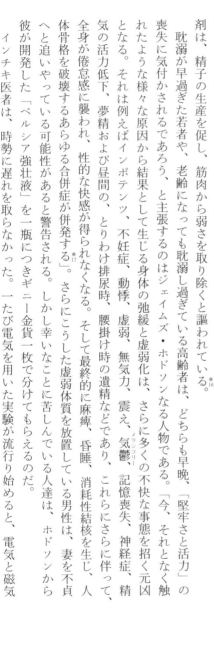

耽溺が早過ぎた若者や、老齢になっても耽溺し過ぎている高齢者は、どちらも早晩、「堅牢さと活力」の喪失に気付かされるであろう、と主張するのはジェイムズ・ホドソンなる人物である。「今、それとなく触れたような様々な原因から結果として生じる身体の弛緩と虚弱化は、さらに多くの不快な事態を招く元凶となる。それは例えばインポテンツ、不妊症、動悸、虚弱、無気力、震え、気鬱《メランコリー》、記憶喪失、神経症、精気の活力低下、夢精および昼間の、とりわけ排尿時、腰掛け時の遺精などであり、これらにさらに伴って、全身が倦怠感に襲われ、性的な快感が得られなくなる。そして最終的に麻痺、昏睡、消耗性結核を生じ、人体骨格を破壊するあらゆる合併症が併発する」[*17]。さらにこうした虚弱体質を放置している男性は、妻を不貞へと追いやっている可能性があると警告される。しかし幸いなことに苦しんでいる人達は、ホドソンから彼が開発した「ペルシア強壮液」を一瓶につきギニー金貨一枚で分けてもらえるのだ。

サミュエル・ソロモンは自著で自分の肖像と自邸の絵を挿絵にしている

インチキ医者は、時勢に遅れを取らなかった。一たび電気を用いた実験が流行り始めると、電気と磁気が虚弱に効くと謳われるようになる。電気で痙攣させる治療法は、一七七〇年代には、正規の医者にもインチキ医者にも用いられるようになった。スコットランド出身の有名な〝ドクター〟ジェイムズ・グレアム〔一七四五〜九四〕は、マスターベーションによっても性的な不節制によっても引き起こされるインポテンツの危険を大いに喧伝し、そのどちらもが冷水浴、節制、そして驚嘆すべき彼の電気ベッドによって治療可能だというのだ。[*18] 動物磁気催眠は、最初フランスで、その後イギリスでも、同じような効能を謳われるようになった。自分の製品を買わせるために、あの手この手を使って男性を恐怖に陥れようとするインチキ医者の努力によって、セクシュアリティに関する過去の素朴な考え方はすっかり影をひそめることになった。

生殖をめぐる科学の発展と女性の快楽の否定

マスターベーションはインポテンツを引き起こすおそれがあるという、インチキ医者達の警告が、多くの男性の注意を喚起したのは間違いないだろう。しかしその男性達も、改めて自信を取り戻させてくれるメッセージを、科学的な医学研究に見出すことができた。一七、一八世紀の二世紀間を通じて、解剖学者や発生学者が、生殖における男女それぞれの役割に対する伝統的な考え方に、ゆっくりとではあるが変化をもたらした。彼らは生殖について、より機械論的な見方を進めたのである。それに伴って女性の寄与は――そして女性の快楽への権利も――軽んじられるようになり、逆に男性の寄与が強調された。一六世紀以来ずっと、医学者達は自身の観察と、ガレノスやヒッポクラテス、アリストテレスによる生殖の説明との間で折り合いを付けようとしてきた。胎児の発達についてそれまで主流だった考え方は、男女それぞれの精子から新生児のすべての部位が発達するというものであった。これに対抗する説は、当初プラトンやアイスキュロスによって提案されたものであり、胎児のミニチュアの生命体が、卵のような形で片親のなかにあらかじめ存在するという主張である。問題は、人間の卵がまだ発見されていなかったことだった。『動物の発生に関する研究』（一六五一）によって現代発生学の創始者と讃えられているウィリアム・ハーヴィー〔一五七八〜一六五七〕ですら、自身が解剖した妊婦に卵も精子も見つけることができなかった。それで彼は、男性の精子は一つの力として、あるいは影響として働くのだという古い考え方を維持することになった。卵を妊娠の原因ではなく、妊娠の結果として生じる最初の産物であると、ハーヴィーは結論づけたのである。[*19]

ヨーロッパ大陸では、一七世紀イタリアの医師で解剖学者のマルチェロ・マルピーギは、雛鳥の発達の研究から、「卵は脆弱で力を持っていないから、雄の精子がエネルギーを与えて成長を促す必要がある」と考えるようになった。真に画期的だったのは、一六六〇年代に、のちにグラーフ濾胞《ろほう》という名で知られるようになる、哺乳動物の卵を収めている部分〔胞卵〕を、顕微鏡を用いずに観察したライネル・デ・グラーフ［レイニール・デ・フラーフ、一六四一〜七三］だった。グラーフは当初、婦人特有の器官に関心を持った。滞留睾丸については屠場の作業員ほど精通している者はないというグラーフの言にも幾分現われているように、男性の解剖学的構造に対する一七世紀の医師の理解は、極めて初歩的なものだった。グラーフはまた、息子の陰嚢に注意して、それが皺々になっているときは健康の徴《しるし》、それが伸びきっているときは病気の徴と理解している母親を讃えている。自身にそうした無理解はあったけれども、グラーフは、アリストテレスやヒッポクラテスが多くの思い違いをしていると批判している。例えば右の睾丸は左の睾丸よりも熱いとか、睾丸は釣り合いをとるための錘《おもり》に過ぎないとか、精子の動脈は中が空である、などだ。彼はまた、ペニスの大きさは臍の緒の長さや鼻の大きさに比例するという民間信仰も否定している。精子は睾丸のなかで、血液と「動物精気」が調合されてできるとグラーフは述べている。精子のムズムズさせるような性質自体が男性を興奮させ、交接を促すのだ。そしてセックスによってその人の最良の血液と最良の動物精気の一定量が失われるので、行為のあと人は悲しくなるのである。勃起は筋肉がペニスを持ち上げることによって起こるのではなく、血液がペニスから流出することを妨げようとして起こるのであるとグラーフは考えた。彼の主張に新しいものは何もない。グラーフの真の重要性は、彼が人間の卵を実際に見たと思い込み、そこから彼が、卵子論に基づく生殖の説明を民間に広めたことにある。この説明は、ニワトリと同じように、人間女性の体内に、生まれてくる子供の完全なミニチュアが存在するという考え方である。[*20]

男性の精子の重要性を擁護する者は、これに対してすぐさま反応を示した。一六七七年には、オランダの顕微鏡学者アントニー・ファン・レーウェンフック［一六三二〜一七二三］が、精液の滴全部に、精虫が含まれていることを遂に発見する。彼は、読者に向かって、観察対象の精子は「自らを汚すような罪を犯して」手に入れたものではなく、「結婚している相手との交接によって自然に」手に入れたものだと確言している。そこには彼が、自身の研究の下品な性質を懸念したことが、はっきり見て取れる。レーウェンフックはその後、発生に関する論争で精神論の立場に立ち、人間男性の精液のなかの「虫」は人間の子供ではないけれども、その「虫」から人間の子供が発生すると主張した。彼の説を補強したのが、スイスの解剖学者アルブレヒト・フォン・ハラー〔一七〇八〜七七〕だった。ハラーは『生理学初歩』〔一七四七〕のなかで、人間男性の解剖学的特徴を唯物論的に詳述した。ハラーはこう記している。一世紀前にレーウェンフックは、精液のなかに、頭だけが大きいウナギによく似た「生きた精虫」がいっぱいいることを顕微鏡によって発見した。精液については、「食後に突然性交に乗り気になる」ときなどに見られるように、血液から産出されるという。また勃起のためには、血液が興奮してペニスをつくっている数多くの多孔性の物体を満たす必要がある。血液をそのように興奮させるのは、愛や快感、刺激、精子、カンタリスなどであり、さらには「鞭打ち」すらそこに含まれるという。そして勃起が持続するためには、血管への圧力が維持される必要がある。精子は交接を促す刺激作用を持っているから、そのために消費されなければならない。「つまり自然自体が、人類という種の保存のためであると同時に、すべての健全な男性の健康のためにも、性交を命じているのである」。これがハラーの結論である。*21

一八世紀終盤までに、解剖学者達の研究成果をうけて、ハラーやイタリアの博物学者ラザロ・スパランツァーニ〔一七二九〜九九〕などの書き手が、妊娠を、霊的な過程としてではなく、それに代わって機械論的な過程として記述するようになった。このような唯物論的な方法がもたらした一つの側面として、医師達が、多くの薬草に半ば魔術的な催淫作用があるという民間信仰を捨て去る動きが見られた。ある事典編纂者は、マ

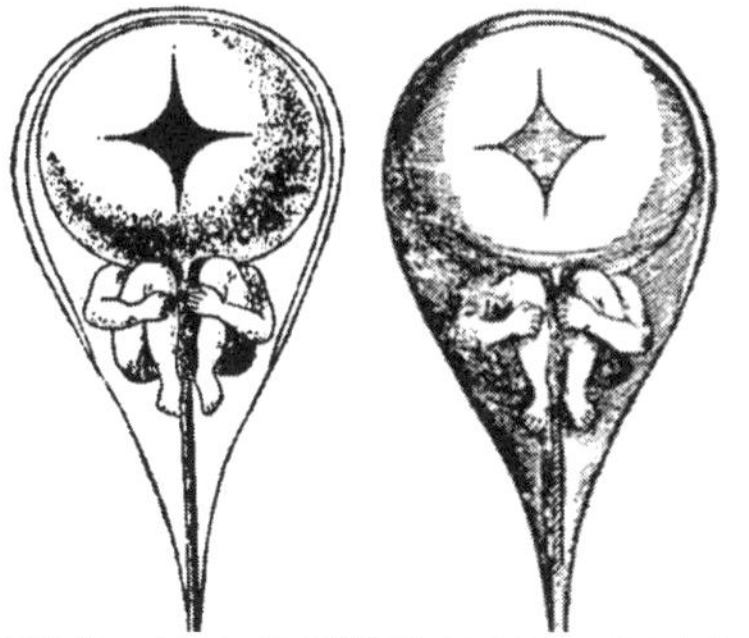

1695 年，オランダの科学者ニコラス・ハルトスッケルは，精虫の頭部にもともと極小人間ホムンクルスが入っていて，それが卵胞のなかで成長すると唱えた

ンドレーク［マンドラーゴラ］という植物に効能があるとされていることに対する疑惑をはっきり表明して、次のように言っている。「古代人達がこの植物の根について語っている戯れ事で、頭を悩ますのは金輪際やめだ」と。発生学に関して言えば、卵子に重きを置くか、精子に重きを置くか、そのいずれにせよ、男女両性は基本的に似通っているのだというガレノス的な二精子論が、新しい理論によって徐々に押しやられていくことになる。そうなると精子論は、女性は単なる巣に過ぎないというアリストテレス的な考え方に戻って、単なる受け身の相手に過ぎないというふうに女性を見なすようになった。「卵子論」派は、生殖への女性の寄与についてもっと敏感だったかもしれないが、実際にその説に立つ者が卵子をどのように見ていたかと言えば、ほとんど不活性で、精子によって「揺さぶられる」ことによって生まれ出る必要があるとか、精子が介入することによって、初めて卵管に「逃げ出す」ことが可能になるという有様だった。ガレノス的な二精子論の擁護者は、妊娠のためには女性が性的に興奮し、快感を得なければならないと主張してきた。つまり彼らが女性の性的快楽への権利を擁護したのは、女性の生殖器官が男性のそれと類似であるという前提に立っていたからこそなのである。男性が射精をするためには性的に興奮する必要があるのと同じように、女性も精子を産出するために、快感を感じなければならないというわけだ。しかし一八世紀末までには、男性と女性は同じものの連続体ではなく、二つの「対立する」性であるという新しい合意が形成された。医師のなかには、女性の快楽は子づくりに不必要なだけでなく、女性が快楽を得ることなど不可能だとまで言う者もあった。スコットランドのある医師は、一七八九年に、女性で快楽を感じる者はほとんどいないと断言した。フランスでは医師で植物学者のフランソワ＝エマニュエル・フォデレ［一七六四〜一八三五］が、女性患者に対して、「子供をつくるために性交時に女性に必要なのは、自分ではなく相手を歓ばせること、落ち着いていること、音を立てないこと、静かにしていること」であって、自身の情欲を燃え立たせることではないと諭した。この

マンドレーク（マンドラーゴラ）.【右】ウィリアム・ターナー『薬用植物誌』(1552)【左】エリザベス・ブラックウェル『珍しい薬草』第2巻 (1739)

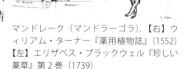

ことが確かに真実であることを、ジョン・ハンターは一七七六年に証明した。彼は、尿道下裂の患者男性に、温めた精液注入器の使い方を教えて、その夫人を妊娠させたのである。[*22]

ポルノ小説に描かれたインポテンツ

生殖に関する以上のような新しい科学的な理解が、知的エリートに限定されたものであったことは疑いようもないが、しかし彼らが言葉にして示したのは、既に起きていた社会の動きの方向に過ぎず、社会はとっくにその態度を変化させていたのである。[*23] 男性は生まれつき性に能動的で、女性は受動的であるということが、だんだん前提にされるようになっていったのだ。文学において、上品な女性には性欲などないという申し合わせが出現するのは、早くも一六九〇年代のことであり、この考え方は、サミュエル・リチャードソンの『パミラ、または美徳の報い』（一七四〇）や、ジャン＝ジャック・ルソーの『ジュリー、または新エロイーズ』（一七六一）といったお涙頂戴小説によって大衆化したのである。芸術家と科学者とでは、呼びかけた対象がまったく異なるけれども、ジェンダーに関しては、驚くほどよく似た言説を吐き出しているのである。身体の働きに対する理解が変化したのは、科学的な実証が進んだからだけではない。そうした新しい説明自体が、文化の産物でもあるのだ。つまり女性の性欲を軽んじた小説と同じように、解釈によって生まれた「フィクション」なのである。

　インポテンツへの言及が、上品な文学から追いやられて消え去ったのちに再び登場するのは、インチキ医者のちらしのなかだけではない。ポルノ小説という舞台にも上るのだ。ポルノ小説では、最も好ましくない登場人物に性的機能不全という性質を付与するのが典型的なやり方だ。早漏（インポテンツの一種と見な

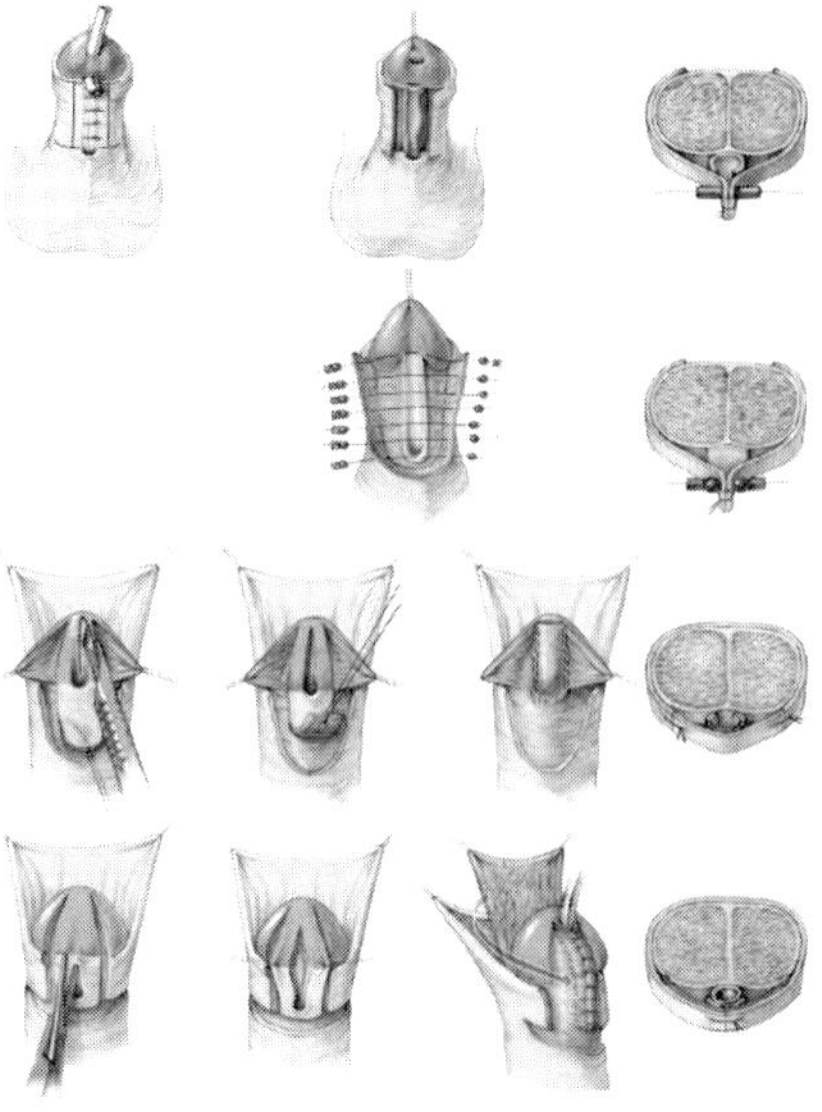

尿道下裂とは，尿道が亀頭先端ではなくそこから会陰部までの間のどこかで開口している奇形．図は現代の処置法図解．

されていた）が、主要作品のいくつかで描かれている。ジョン・クレランドの『ファニー・ヒル、またはある娼婦の回想』（一七五〇、六三）の女性主人公は、初めて処女を奪われそうになったときに、相手の男が自制できなかったおかげで、難を逃れる。「後になってわかったことでしたが、この動物は私と組み合っている最中にその気持ちの終わりまで来てしまったので、もっと待つだけの力がなかったものですから、その結果は私の腿と下着が受けたのでした」［吉田健一訳 河出文庫］。マルキ・ド・サドの『ジュスティーヌ、または美徳の不運』のジュスティーヌも、同じように売春宿の客から逃れる経験をしている。「彼の度を越した所業のおかげで私は救われました。彼の乱行がこれほどでなければ、私は貞節を失っていたはずです。デュブールさんの情火は、欲望が泡となって飛び出したので消え去りました。神様は、人でなしが私への侮辱をこれから夢中で楽しもうとしたときに、私の仇《あだ》を討ってくださったのでした。あわや人身御供となる前に彼の力がつき果てて、私はいけにえにならずに済んだのです」[*24]。

早漏の描写がポルノ的な快楽の本領発揮であるとすれば、鞭打ちの魅力の描写もそれと同じである。作家達は、一八世紀の売春宿の経営者を、インポテンツで早漏の老人として描くことが多かった。ファニー・ヒルも、その最初の客を次のように描写している。「彼は好みよりも不能に近いことから、変化を求めて、その刺激で欲望を満たそうとし、それでも失敗するときには猛り立って、自分にそういうことをする勇気がある限り、相手に辛く当たるのでした」［前掲書］。またサドに登場する怪物達は、ほとんどが「見事に均整の取れた体つきをしている」けれども、拷問の責めの一つとして、刺絡《しらく》を好む残酷なある伯爵について、主人公は次のように語る。「驚くほど意外なことに、見るだに恐ろしい怪物のようなその巨人が、ほとんど男でないことに気づきました。この上なく細い微々たるいぼ、いえ、もっと的確にたとえれば、せいぜい三歳の幼児に見られるようなものが、それ以外の部分はどこも並外れて大きく肥満しているその男に見える

『ファニー・ヒル』の問題の場面を描いた挿絵（エドゥアール＝アンリ・アヴリル，1906）

ものだったのです。〔……〕彼の飽食と不能は非常なものだったので、どんな努力も彼を麻痺状態から覚ますことはできなかったのです」[25]。上品な文学では女性が男性の性交能力を値踏みする様を描くことができないということになれば、返す刀で破壊的なフィクションにその姿が描かれることは不可避である。

フランスでは、夫のインポテンツを理由に結婚の無効解消を求める妻の権利が、攻撃されるようになる。これは、女性の性の働きの顕在化を、上品な人達が嫌悪感をもって見るようになってきたことの、もう一つの証だった。一六世紀には、例えばアントワーヌ・オットマンという弁護士が、離婚の原因がインポテンツだということに限られるのであれば、夫の側は否応なく、自身がそうでないことを公衆の面前で獣のように証明してみせなければならないと主張していた。ところが一七世紀までに、そのような訴訟は不適切だと抗議する論者が数多く現われるのである。ルイ・ド・セールは、男性が恥を棄てて性交実証《コングレ》というショッキングな経験に耐えなければならないことを嘆いている。批判者は、そのような検査はそもそもが男性に不利であると主張した。女性は提訴することだけでも言語道断だとされた。なぜなら男性が力不足だということを仄めかすだけでも、たいへんな侮辱だったからである。外科医アンブロワーズ・パレによれば、性交実証《コングレ》は男性にとって公平ではあり得ないという。彼は外科医として、男性が見届け人の目の前で、愛していない女性を相手に事を為すことが不可能なことはよく知っていると言い切っている[26]。

性交実証《コングレ》に対する徹底的な批判の一つは、一六一二年に法学者ヴァンサン・タジュローによって書かれた。医師三人、外科医三人、産婆三人からなる情け容赦のない鑑定者の一団の目の前で、男性が気力をくじかれるのは、彼に言わせれば何ら驚くに値しない。一々いがみ合わずにはいられない夫婦の互いへの憎しみを見れば、このような手続きがどんな結末を迎えるかも、自ずと明らかである。タジュローの主張によれば、女性の方がまったく有利である。女性のうちある者は嘘をつき、他の者は収斂剤《アストリンゼント》や湿布剤を用いて、未だに処女膜があることを装う。処女であるかどうか判定するのは困難であるが、処女を装うことは、勃起を装うことよりも遙かに簡単であるのは明らかだ。女性の鑑定が、そもそも不謹慎だしいかがわしいのに、タジュローにとってさらに嘆かわしいことには、なかには最もひどい言葉、例えば夫が指を使って処女膜を破ったなどと、自らの私生活についてはっきりと楽しそうに語る女性がいるのだという。性交実証《コングレ》はおおよそ考えつく限りで最も恥知らずな訴訟手続きである。タジュローによれば、鑑定者達は「性交実証《コングレ》を促進したり妨害したりする」ものを持っていないかどうかを調べるために、当事者達の肛門に至るまで調べあげた。鑑定者達が、蠟燭も眼鏡もなしに、挿入の証を求めて性器を詳細に調べあげるときには、破廉恥な口論が起こることもある。このような検査は男性の名声を地に落とすだけにとどまらない。もしも女性が勝訴すれば、持参金は彼女に返却しなければならない。その上損害賠償や利息の支払いまで求められることもあったから、夫が破産することもあり得た。性交実証《コングレ》に対する批判者は、一六五九年に起きたランジェ侯爵の事件を、この制度の不公平の証としてしばしば引き合いに出した。ランジェ侯爵〔ルネ・ド・コルドゥアン一六二八〜七七〕は裁判でインポテンツと認定されたにもかかわらず、第二の結婚で、七人の子供の父親になることができたと言われていたのである。[*27] この事件が問題にされた結果、パリの高等法院は、一六七七年に性交実証《コングレ》を以後一切禁ずるという命令を下した。但し性交によって完成されない結婚は、依然として無効解消されるとはした。こうして性交実証《コングレ》は終焉を迎えたが、その記憶は、一八世紀に啓蒙思想家が、結婚に対するカトリック教会の干渉をそれを種に攻撃し、また夫を裏切る妻を非難したことによって、生き続けた。

『百科全書』派は不能をどのように考えたか

啓蒙思想を代表する著述家達は、快楽の追求を良いことと捉えていた。しかし同時に性的不節制からは距離を置いた。それは上流の貴族趣味と、下流庶民の俗悪な嗜好の両方に結びついていると考えたからである。彼らは合理主義者らしく、身体を精神によって支配することを望み、節度と自制を称賛した。カトリック教会は、交接のごとき恥ずべき行為に男性が及ぶのは、単に性欲が爆発するからに他ならず、女性はその結果として生じる産みの苦しみを耐えねばならない、という悲観的な考え方を大切に維持していた。一八世紀の楽観主義者は、地獄と原罪というキリスト教の説明を拒否し、性的本能は自然であり、だから善であると見なすことを好んだ。それどころか性的な関係こそが、社会的な絆を固めているのだ、と。それなくして人類の進歩はあり得ない。だからこそ、エラズマス・ダーウィン〔一七三一～一八〇二。イギリスの医師で詩人、進化思想家。チャールズの祖父〕は、ペニスを「すばらしき機械」と呼んだのである。しかしディドロ〔一七一三～八四〕とダランベール〔一七一七～八三〕の『百科全書』（一七五〇～六〇）に収められている「慎みのない《アンデサン》」「雅《ギャラントリ》」「放縦《リベルティナージュ》」といった項目を見ればわかるように、合理主義者が官能や快楽主義を擁護するとき、念頭に置いているのは男性の性的特権だけであった。*28

性的快楽を擁護すると同時に、飽くことを知らない女性を非難するという、この二股膏薬的作戦を、ディドロやヴォルテール〔一六九四～一七七八〕に影響を与えたピエール・ベール〔一六四七～一七〇六〕の『歴史批評辞典』（一七〇二）にも、既に見て取ることができる。性交によって完成されていない結婚を終わらせようとする試みを攻撃するときに、ベールは次のように主張している。意地の悪い姑の入れ知恵ならいざしらず、そのような下品な裁判を、内気な花嫁なら起こすはずがない、と。そんな裁判に関われば、女性は穢れずにはいない。夫の名誉を損なうようなことを求める妻は、結局自分自身を辱めているだけである。「このような性質の訴訟は、それに関わった者にほとんど何の名誉ももたらさない、これはどんな時代、どんな場所でも、変わらぬ確かな事実である。それによって女性が仮に新しい夫を獲得できたとしても、あるいはできなかったとしても、彼女達が生涯、嘲笑と軽蔑の的となることも、たとえ本当はそんな謂《いわ》れはないとしても、また確かな事実である。彼女達が進めようとしている歩みは、節度とは正反対の方向を向いている。節度こそが、女性という性を飾る王冠でありアクセサリーでもあり、それなくしては人間としての栄光にあずかることも不可能な美徳なのに。そんな方向に進もうとしている女性を、少しでも敬うことができる者など、一人もいないのである」。つまりそんな裁判を起こす女性は、たとえ自分では母親になりたいだけだと主張していたとしても、実は自分が淫乱であることを曝け出しているも同然なのだ。もしも処女であるなら、自分の夫に欠陥があることが、いったいどうしてわかったのだと尋ねられた女性のことを、ベールはさも嬉しげに引き合いに出している。「あなたがその主張通りに処女膜を失わずにいるのであれば、夫がインポテンツであることを知ることはできないはずです。それをあなたが知っているということは、夫以外の誰か他の男にはできることを、試してみたという証ではないのですか？[*29]」。

男性の性交能力を値踏みすることを女性に許すことなど、明らかに悪いに決まっている。その身体は信頼できず、その舌は嘘をつく。実際、夫は性的に不適切だと訴える女性は、自分がいろいろと知り過ぎていることを認めているようなものだ。もしも彼女が夫を他の男性と比較していないなら、どうしてそのような主張ができるだろうか。彼女の訴えは、実は夫以上に彼女自身について多くのことを語っているのである。とりわけセックスに対する女性の欲望や要求を、一八世紀の合理主義者は下品だとしか見なさなかった。男の求めには応じるけれども貪欲ではなく、ふしだらでもない女性。これが理想だったのだ。

『百科全書』（一七五〇～六〇）の著者達は、インポテンツを巡る議論に加わるに当たって、その攻撃の矛先を、教会が説く不健全な道徳へと転じた。「性的不能」の項目を執筆した弁護士のアントワーヌ・ガスパール・ブシェ・ダルジス［一七〇八～八〇］は、男性において、性的な実践が不足していることは、不節制と同じくらい悪いことであると主張した。その例として、ある若い聖職者の場合を挙げている。彼は長い間禁欲したために、精子袋が乾上がり、突起は短くなってしまったという。ブシェ・ダルジスはのちに、性交実証《コングレ》について考察した『性的不能を理由とする結婚の無効解消の基礎知識』（一七五六）も刊行している。ヴォルテールは『哲学辞典』（一七六四）のなかで、結婚した夫婦の生活にまで干渉するカトリック教会への批判をさらに徹底している。インポテンツが結婚の無効解消の理由となるという教会の考え方について書きながら、ヴォルテールは、教会の独身者達、とりわけ「良俗の信奉者達が、性的快楽の神秘を探り当てるその慧眼が称賛の的となっている」と言って笑い飛ばしている。「しかし彼らが探っているところに、珍しいことなど一つもないのである。彼らは男性がどんな場合に不能になり、どんな場合に可能になるか、その

女性から性的能力を値踏みされることは，今でも男性の恐怖の的である（共に現代のカリカチュア）

あらゆる状況をすべて論じ尽くそうとしてきたのだ」。そして聖職者について語り尽くすと、ヴォルテールはその矛先を、今度は妻達に転じる。彼は女性の二枚舌の典型として、ポルトガル王アフォンソ六世［在位一六五六～八三］の妻マリア・フランシスカ・イサベルを挙げている。彼女は夫がインポテンツだと言い放ち、そうすることによって、夫の弟ペドロ二世との結婚を果たすのである。ヴォルテールは、性交能力の検査など、すべてやめてしまうべきだと主張する。「このような裁判は、妻にとっては恥だし、夫にとっては馬鹿げているし、裁判官にとっては取るに足らない。だから誰も苦しめないようにするのが一番である。但しそうなれば、子孫を残せない結婚がそのままになる。それはたいへん不幸なことだ。ただでさえヨーロッパには、修道士が三〇万人、修道女が八万人もいて、生まれるはずの子供の息の根を止めているというのに」[*30]。別の書き手が一七七五年に、ヴォルテールに同意して、結婚を終わらせるためにかつて要求されていたその試練は恥辱的なものだったと書いている。性交実証《コングレ》は廃止すべきではなかったと主張する『不能を理由とする結婚の解消について』（一七七五）という本が出版されたときには、節度を欠いた女性を鼓舞しているという理由で批判する者が、いっせいに攻撃を加えた[*31]。

「別の女性ではそうならないのに」——心理的問題

一八世紀に書かれたものには、寝室での不首尾を女性が無神経なせいだと非難しているものがある。衝撃的なのは、その多くが、並行す

【右】アフォンソ６世（ドメニコ・ドゥプラ）
【中】マリア・フランシスカ（1666 頃）
【左】ペドロ２世（クリストフェル・エリアス・ハイス，1683-1703）

る問題として男性の過敏に論を進めていることである。体液を原因とするインポテンツに、医師達が「瀉血、浣腸、丸薬、煎じ薬、医療用ブドウ酒、鎮痛剤《バルサム》、軟膏、注射など」を処方していたことがわかっている。しかし個々の男性が、自身の性機能不全をどのように考えていたか知ることは、極めて困難である。しかしここに、ジャン＝バティスト＝ジャック・エリ・ド・ボーモン〔一七三二〜八六〕なる人物が、ローザンヌのティソや、パリのアントワーヌ・プティといった名だたる医師達と、医療について交わした膨大な数の書簡がある。これを見ると、彼の抱える問題について、かなりのことを知ることができるのだ。エリ・ド・ボーモンは著名な法学者で、ヴォルテールの友人でもあった。彼は自分の生殖器が見えないほど腹が出ていたのだが、そのせいでインポテンツになったのである。ティソは、その種の男性を医者は治すことができると確信している。その例として、リシュリュー公爵〔明記されていないが、放蕩で名を馳せた第三代のルイ・フランソワ・アルマン・ド・ヴィニュロー・デュ・プレシ（一六九六〜一七八八）のことか〕のインポテンツを治したオランダの医師ヘルマン・ブールハーフェ〔一六六八〜一七三八〕の言葉を引いている。「彼は精子を夫婦の営み以外に浪費していたので、私がそれをしかるべく用いるようにさせたのです」。エリ・ド・ボーモンは、茶や白ブドウ酒の用い方について、医者が互いに矛盾するアドバイスをする、と苦情を言っている。彼の助言者達は、古くからある補償作用説におおむね忠実であるようだ。この説に基づけば、肥満した身体は生殖器からエネルギーを抜き取ると考えられるので、食餌療法、運動、マッサージなどを勧めている。彼の巨大な胴回りについて、一人の医師は、細君をベッドに寝かせておいて、あなたは立ったままでいてはどうかと言っている。そうして腕で細君の腿を支え、足はあなたの肩に乗せるのだ、と。[*32] 一七七二年、遂に彼に子供が一人できる。彼はそれをティソのおかげだとしている。しかし一七七五年に再び助言を求めて言うには、もはやこれ以上「あの苦しくて嫌なこと」を敬愛する妻に強いるのは忍びないという。自分のことを「彼」

ヘルマン・ブールハーフェ（左，J・チャップマン，1798）は，第3代リシュリュー公（右，ジャン＝マルク・ナティエ，1732）のインポテンツを治したという

という三人称に置き換えて、エリ・ド・ボーモンは自身が試みた様々な策を書き記している。

この機能を取り戻すためには、時に女性達をもてなして大騒ぎすることも認められてしかるべきかと思われるのです。もちろん正当な目的がなければ、いや少なくとも口実となる目的がなければ、キリスト教の教えからして既婚男性に許されることでないのですが。しかし一般論として、彼がそうやって、どちらかと言えば良からぬことをしようと頑張っているときとか、今まさに務めを冒瀆しようとしているのだと考えたときに限って、そうした考えが、この種の女性に対してもともと抱いている自然な軽蔑の気持ちに混じり合って、瞬時に彼に取り憑き、いくら実行しようとしてもできなくなってしまうのです。*33

こうした文章を読むと、想像力が人を萎えさせる力を持つということについて、開明的な人々がどのように考えていたのか、関心が引かれる。一八世紀の合理主義者達にとって、性は社会をつくっている機構の一部分である。だから機能不全は妖術のせいではなく、むしろ自然な原因か、あるいは想像力によるものか、そのどちらかでなければならなかった。『百科全書』は、妖術を掛けられたと思い込んでいる人が性行為を実行できなくなることを認めた上で、「インポテンツの原因を魔術の影響や悪魔の力のせいにするのは馬鹿げている」と、主張している。多くの場合、想像力が血液や精気に及ぼしている影響が、目に見えるような形で顕われたに過ぎない。性交実証《コングレ》に対する批判者も、衆人環視のもとで性行為を実行することが、ほとんどの男性にとって非常に困難であるということを繰り返し主張していた。すなわち恥じらいが、力の発揮を妨げることもあり得るという考えである。たとえ道楽貴族《リバティーン》であっても、人前でやってみろと言われれば、誰でも力が抑制されるだろう、と。しかしここで主張されているのは、たとえ人の目のない自分の寝室のなかであっても、「醜くて胸をむかつかせるような、手に負えない女性で、夫の心に愛ではなくて嫌悪感や軽蔑や恐怖しか呼び起こさないような妻」を相手にしたら、夫はうまくいかないであろう、ということである。*34

女性がセックスを楽しまなければ妊娠はうまくいかないということが、かつて常に言われていた。一方、男性は生まれつき好色であるというのが一般的な大前提であったので、初期近代の書き手は、セックスの仕組みだけに焦点を当てれば良かった。男性の性欲は既成事実であって、その心理的動機など、ほとんど顧みられることもなかったのだ。ロバート・バートンやニコラス・カルペパーなど、かつての書き手のなかにも、怒りや悲しみ、恐れなどといった感情が、身体に強い影響を及ぼすことがあるということに気付いていた者もあった。それでも彼らは、男性の性的な実行力が、そこに関係しているということまでは語っていなかった。男性の感受性が認知され、性機能不全の原因として心理的要素がまじめに扱われるようになるのは、一八世紀になってからのことなのである。ある女性に対してインポテンツの男性が、別の女性に対してそうはならないことが、身体に対する精神の支配を示す古典的指標として、しばしば指摘されることになる。*35

スコットランド出身の弁護士で伝記作家のジェイムズ・ボズウェル［一七四〇～九五］は、初めて愛人の寝室に入ることをゆるされたとき、その機に乗じて力を振るうことができなかった。「私はひどく悲しかった。自分は弱ってしまって、二度と女性にもてることはなかろうと思えたのだ。これと正反対の経験を何度もしたけれども、そんな私の力をルイザは知りはしない。彼女はもしかすると私のことをインポテンツと思っているかもしれない。冷汗をかきながら何とかしようと奮闘したが、あれがかえって良くなかったのだ」。最初のこの失敗は、それから一〇日後、一晩に五度も達したことで、「神がかった力」を見せつけることができた、というボズウェルの自慢話を際立たせる役割を果たしている。心因性インポテンツについて、これよりも不幸な物語を語っているのがジャ

問題の場面を描くルソー『告白』（1926年版）の挿絵

ン＝ジャック・ルソーの『告白』（一七八二）である。前の日から情欲の炎を燃やしてきた相手である娼婦ズリエッタに迎え入れられたときに、彼はインポテンツになってしまいたいへんにがっかりする。彼女はたいへんな美人であったが、しかし公娼である以上は、何かとんでもない欠陥をどこかに隠しているに違いないという考えが、独りでに湧きあがってきて心を乱されたせいだと、彼は報告している。「突然、身を焼く情火は消え、ぞっとする冷気が血管を駆け巡るのを感じた。足がぶるぶるふるえ、気が遠くなりそうになって、私は座り込み、子供のように泣き出した」[*36]。胸騒ぎを催させる考えを振り払い、我が身を奮い立たせて再び試みたが、彼は、彼女の乳首の片方がやや奇形であることに気付く。再び彼は萎えてしまう。当惑もしたし落胆もしたこの若い女性は、うんざりして、「女なんかほっといて、数学でも勉強するがいいわ」とそっけない忠告を残し、次に会う約束は反故にしたのだった。

医師達も似たような筋書きを記述している。イギリスの外科医ジョン・ハンターは、マスターベーションがインポテンツを引き起こす原因として、主要な役割を果たしているという考えを笑い飛ばした上で、想像力によってセックスの遂行が妨げられることはあり得る。特にプライドが危うくなりそうな場合にそうなる。例えば、処女と寝ると思うとひるんでしまって不能になる男性がいる。ウィリアム・バカンはインポテンツについて論じるなかで、もしも性的不節制が原因でなっているのだとすれば、強壮剤や冷水浴で治せるはずだ、と記している。しかし自分自身のプライドを守るのに、最も良い薬は、愛する人と結婚することだ、と言う。「そうでなければ、飽き飽きしたり嫌ったりする気持ちの方が勝ってくる。そのかわいそうな夫がインポテンツに陥っている原因も、まさにそこにあるのだが、生きる活力については何も問題がないので、彼は間違って、夫婦生活の歓びに対する情熱が不足していることが原因だと考えるかもしれない」[*37]。

「愛」というプレッシャー――ロマンティック・ラブと不能

愛の欠如が男性の性機能を妨げ得るという主張は新しい。そこに含意されているのは、男らしさと女らしさの新しい模範、すなわち感じやすい男性と貞淑な女性である。これこそが、西洋文化において、それまで伝統的に称揚されてきた実利主義的な結婚関係に取って代わって、一八世紀を通じて演じられることになる男女関係の、主要登場人物なのである。結婚においても、ロマンティックな愛が求められるようになるに伴って、生活領域の区別が要請されるようになる。このことは、女性にとっての家庭の重要性の強調にも象徴されている。一八世紀のブルジョワジーは、優雅さに憧れていた。すべき仕事のない妻というのも、優雅さの一つの徴だったのだ。その結果として、家庭内の仕事と家の外の仕事との間に、かつてないほどはっきりとした線が引かれたのである。モラリストは、女性が公共領域に出てくることは脅威だと言い放った。また資本主義の勃興と軌を一にして、女性が社会で果たすべき役割は、次第に小さくなっていった。一方、私的領域においては、愛情に基づく結婚が理想とされるようになったために、男性は、愛を遂行しなければならないという圧力を感じるようになったのだと言われてきた。[38] だからこそ、結婚の無効解消を巡る議論のなかで、エリートは一八世紀半ばまで、女性が夫を値踏みするなどということは、思い上がりも甚だしく、醜聞だと見なしたのである。

性交実証《コングレ》はフランスでは廃止されたが、夫のインポテンツを理由に離婚を求めて訴訟を起こした女性には、「訪問検査」や鑑定を申請することが依然として可能だった。その場合、イギリスと同じように、夫妻の両方が検査を受けたが、男性は勃起してみせなければならなかった。こうした訴訟は評判が悪く、その多くが却けられたとは言え、インポテンツが目に見えて絶対的なものである場合しか、結婚の無効解消は認められなかったのである。革命の結果フランスでは、一七九二年から一八一五年の間、世俗裁判で離婚が認められるようになった。しかしもはや、夫のインポテンツを理由にすることはできなかった。インポテンツを公に議論することは道徳的に見て下品であるというベールやヴォルテールの主張が、最終的に法によって追認されたのである。家族の安定を図ることが、国家の目的だと言われるようにもなった。実際に、ナポレオン法典の三一二条は、妻に子供が生まれた場合、その誕生を遡ること三〇〇日目から一二八日目までの間家に不在であったか、あるいは身体的に不可能な状態であることが証明されない限り、その子供の父親は妻の夫であると定めた。この条文は、品のない言葉に言及することを避けながらも、父親であることとインポテンツの関係をこのように十分に言い尽くしているのである。*39

新しく出現した男らしさ、女らしさの無難な模範は、性に貪欲な女性は自然に反していると断定することで、男性の実行力への懸念を間接的に証明している。好色な女性を巡る物語や、寝取られ亭主に関する笑い話は、上品な人達の間では衰退していく。性に貪欲な烈婦の代わりに登場したのが、貞淑な妻だった。女性的な美徳の模範像は、それまでも長い間描かれてきたけれども、女性らしさの礼賛者が一八世紀に企てたのは、両性の間の境界線をはっきり引くことだった。一方で、一八世紀の文化は、一七世紀に見られたような激しい女性嫌悪を発揮しなくなり、それに伴って、じゃじゃ馬や怒りん坊の女に対する激しい攻撃は止み、代わりにもっとやんわりとした軽視が採用された。また他方で、きちんと躾けられていない女性のセクシュアリティが、次第に危険視されるようになっていった。医師達は女性に対して、女性は生まれつき男性よりも受動的なものだと説き、その結果、性に対する女性の権利は縮小された。ジェンダーに関するこうした見方を支持する生物学の新しい見解が文化によって生み出され、女性は柔らかく男性は硬いのが自然だと理解されるようになった。医学者は、男女の性の違いを程度の差とする立場から、質的な差があるという立場に移行した。例えばフランスのピエール・ジャン・ジョルジュ・カバニス［一七五七～一八〇八］やピエール・ルーセル［一七四二～一八〇二］らは、男女が同じ基準では測れないことを強調した。こうした研究者は、生殖に関する限りでは、女性のオーガズムをかつて考えられていたほどには重視しなかった。この結論に、恐怖感を鎮めることのできた男性もいたに違いない。*40

ヒトの精子は既に観察されたけれども、当時、卵子はまだ発見されていない。この事実は、能動的な男性と受動的な女性という考え方を正当化することにも、確かにいくらかの役割を果たしただろう。この考え方について一部の歴史家は、それが定着したからこそ、男性は以前にも増して、セックスへの積極性を求められるようになったのだ、さらにはまた、挿入を伴うセックスが、一八世紀に、相互マスターベーションに代わってありふれたものになったのだ、しかもそのことは、非嫡出子割合の増加が証明している、と主張しているが、それは正しいのだろうか。[41]正反対の主張も簡単なのではないだろうか。すなわち、セックスに積極的になるよりも、むしろ消極的になることを、選べるものなら選ぶのだ、しかもそうしたからと言って、男らしくないということには少しもならないのだ、という正当化を、文化が男性に与えたのではないのか。女性はもっと慎み深くしなければいけないという要請の基礎には、男性は、いつでもセックスを遂行できるただの動物にされてしまうという懸念が横たわっているように思われる。医師達から、身体は神経と繊維でできていると教わったことで、男性は、情愛に耽るよりもむしろ抑制した方が健康の役に立つと、確信できるようになったのだ。合理性と自制というブルジョワ的理想は、常に男性的なものだとされたのである。

「男らしさ《マスキュリニティ》」という言葉が英語に導入されたのが一七四八年のことである。この語は、男であることが何を意味するかを、男性自ら意識するという、新しい自意識のあり方を含意している。私生活においては、性交能力を発揮することこそが、自身の男らしさを示す最良の方法であると、多くの男性が考えていただろう。北米ヴァージニアのタバコ農園主ウィリアム・バード［一六七四～一七四四］は、自分が手を付けた女中の話や一緒に寝た娼婦の話まで綿密に日記に書いている。例えばある女性について、彼はこう書いている。「彼女は私に、何一つやることなく記録するほど几帳面だった。彼は自らの体験を、成功も失敗も隠さず、あますところなく記録するほど几帳面だった。例えばある女性について、彼はこう書いている。「彼女は私に、何一つやる気を起こさせることができなかった。というのも彼女ができることをすべてやっても、私は勃たなかったからだ。一〇時近くになって私は家に帰り、祈りを捧げた」。しかし公の場では、一八世紀の上品な人達は、情緒豊かで徳の高い人格の持ち主であることを世間に示そうとした。ブルジョワは、こうした道徳主義や、プライバシーと思慮深さが遥かに重要だとする考え方によって、とりわけ退廃的な貴族との違いを自認していたのである。[42]

〝寝室の秘密〟となった不能――プライバシーの発展

この頃にはもはや時代遅れとなっていた、かつての放蕩者《レイク》は、男性をセックスの相手とすることが、自身の男らしさを傷つけるとは考えていなかった。ジョン・ウィルモットが万人斬りを自慢していたことは有名な話だが、彼はペニスの衰えを嘆いてもいた。かつてそれは、「決意を固めるや、何の躊躇もなく侵入した／女であろうが男であろうが、何もそいつの怒りを鎮められなかった」。しかし、同性に惹かれる男性は、「軟弱《モリー》」すなわち女のようだという意味のレッテルを貼られることが多くなっていく。詩人アンドルー・マーヴェル〔一六二一～七八〕は、独身を通したのだが、ある敵対者からはインポテンツ、ソドム人と、また別の敵対者からは「宦官」と罵られた。それでも一八世紀の男性で、他の男を追いかける者は、一般的には欲望の過剰と見なされたのであって、欲望の欠如とは思われなかったし、インポテンツだと非難されることも稀だった。レチェスター伯ジョージ・フェラーズ（のちの第三代タウンゼンド侯爵）〔一七七八～一八五五〕が、一八〇八年に妻に逃げられたのは、現在では彼のインポテンツが原因であるとされているが、当時、『モーニング・ヘラルド』紙は、複数の若い男性との情事について彼を非難する記事を掲載した。*43

レチェスター伯ジョージ・フェラーズ（トマス・ローレンス）

諷刺作家は、軟弱《モリー》を攻撃するよりも、気障《きざ》男を糾弾することの方に、より多くの時間を割いた。男性がもっと洗練され、繊細になることが求められた時代とは、同時に男性が男らしさを失いかねないことを心配する時代でもあった。例えばティソは、勉強をし過ぎると、男性の性交能力は損なわれることがあると主張した。この種の文献には、すべてを人種と結びつけて考える考え方の萌芽が見て取れる。そこでは、西洋男性の都市生活は、神経質になり虚弱化してしまうという脅威を孕んでいるという考え方と、あまり文明化されていない人種は性交能力が高いという着想とが、相まっている。ジョン・マーテンも、同じ恐怖感を利用して、次のように言っている。インド人とトルコ人の女性は、生まれつき好色で、特に男性がアヘンを使用することを高く評価する。なぜなら彼の地の女性達は、「長持ちしない男性、頻繁に一緒にならない男性を評価しない」からだという。マーテンがここでミヒャエル・エットミュラーに依拠していることは明らかである。後者は、「精子の早過ぎる射精」について論じるときに、ケシのジュースを推奨しているのだ。「だからこそインド人やトルコ人の間では、それがよく用いられているのである。彼の地の女性は、ゆったりと長時間抱きあうことを、ことのほか歓ぶのである」[*44]。

一七世紀のヨーロッパ人は、男性が自分の身体をコントロールできないことを笑いの種とした。一八世紀の上品な人達は、それを嘆き悲しんだ。家庭内の人間関係は私的領域に属するという認識が深まるにつれ、インポテンツは——そして姦通も——、笑いの種ではなくなったのだ[*45]。その理由の一端はこうだ。プライバシーがとりわけ高く評価される時代にあって、家庭内の人間関係はますます重要性を増していった。しかしながらその一方で、三文新聞のゴシップ屋がよその家庭の内情を追い回していた。そうした事態の反映として、インポテンツや姦通などの話題を切り出す際に必要とされる慎み深さも、どんどん増していったのである。さらにまた別の理由として、結婚が大っぴらに調えられていた時代には、年寄りの花婿が精力旺盛の花嫁を失望させるという、古くからよくある話が喜劇的な要素を孕んでいることは自明の理だったのだが、結婚がロマンティックな恋愛を

18世紀になっても年老いた男性と若い女性との結婚が揶揄の目で見られることに変わりはなかった．この作品は18世紀の画家コルネリス・トローストによる『不釣り合いな結婚』

基礎とするものであり、男女のどちらも、それをするかしないか自由であると考えられているような時代には、夫がセックスの実行能力を欠いているなどという事態は、悲劇以外の何物でもないと見なされるのである。

民衆の武器となった風刺の格好の題材

世間がインポテンツに言及することが消えてなくなったわけではもちろんない。この主題に関する議論は、一八世紀に、むしろ階級を隔てる線に沿って分化していったのである。インチキ医者とポルノ作家がこの話題に飛びついたことは既に見た通りである。また中流階級は、公的領域と私的領域の明確な峻別を追求したことも、既に見た。ところが下層階級は、性にまつわる悪口が持っている転覆的効果を、依然として評価し続けていたのである。その最も好い例が、ブルボン王朝の君主の性的不能を槍玉に挙げた、パリ市民の誹謗中傷である。ルイ一四世［在位一六四三〜一七一五］は、最晩年に、軍事的にも個人的にもインポだと責められた。ルイ一五世［在位一七一五〜七四］の不能については、その「古びた機械」を使っても、愛妾のデュ・バリ侯爵夫人を歓ばせられないという歌が歌われた。最後に、若きルイ一六世［一七七四〜九二］が、結婚を完成させるのに八年を費やしたという事実のせいで、下品なユーモアの標的として遠慮会釈のない攻撃に曝された。*46 王の抱えた問題は、おそらくその陰茎包皮が窮屈過ぎること、マリ・アントワネット［一七五五〜九三］の処女膜が強過ぎることに由来するのであろう。しかし王は臆病過ぎ、王妃は傲慢な上に冷感症、という噂が駆け巡ったのだった。

【右】ルイ 14 世のカリカチュア．但しこの図では立派にそそり勃ち王冠を戴いている（フェリシアン・ロップス）
【左】ルイ 15 世とデュ・バリ夫人（ジュラ・ベンツール）

ルイ一六世は、最終的には性行為を実行できるようになったのだが、それは医師から手術を受けたことによると言う者もいるし、義兄の神聖ローマ皇帝ヨーゼフ二世［在位一七六五〜九〇］の助言によると言う者もいる。いずれにせよ、国王夫妻が世論の向かっている進路を変えるには遅過ぎた。皮肉だったのは、この夫妻が、先立つどの国王夫妻よりも家庭的で、信心深く、互いを愛していたことだ。しかし群衆から見ると、ルイ一六世が自身のプライバシーを必死になって守ろうとしたこと自体が、かえって彼を、ますます滑稽な人物に仕立てあげることになるのである。彼は寝取られ亭主《コキュ》と呼ばれたり、太陽王《ロワ・ソレイユ》［ルイ一四世］をもじって居眠り王《ロワ・ソメイユ》と呼ばれたりした。既にそれより一世紀前につくられた可能性のある、ある流行り歌には、次のように尋ねる歌詞が含まれている。「みんな秘かに思ってる／王はできるのできないの？」。この種の誹謗は、王太子が生まれたあとも続き、一七八九年に頂点を迎える。革命の勃発である。人心が最初に王家から離れ始めたきっかけの一部が、こうした誹謗によってつくられたことは明らかである。諷刺画は、ルイ一六世には性欲が少な過ぎ、マリ・アントワネットには多過ぎるということを繰り返し描いた。そのうちの一つは、次のようなキャプションが付けられている。「嘆け、ルイよ。おまえの性根は役立たずのくせに／おまえの女房が好色過ぎると罵ってるぞ」。退廃し消耗し尽くした貴族が、精力的な人民の代表に道を譲ったときに、大きな変化が起こった。今度は革命に反対する王党派の軍隊が、諷刺画で槍玉に挙げられたのだ。彼らは女性が目の前で尻を出してみせているのに、銃を取り落としている――つまり勃起し損ねたという意味である。[*47]最

ルイ16世とマリ・アントワネットのカリカチュア．左が「嘆け，ルイよ……」

も重要なのは、ルイ一六世に人気がなかったのは、彼がインポテンツだったからではなく、彼に人気がなかったから、その性にまつわる悪口を投げつけられたのだ、ということである。

ジョージ・ワシントン〔在職一七八九〜九七〕は、インポテンツでなかったとしても、不妊症ではあったと思われるのだが、彼がその種の攻撃を免れたのはなぜだろうか。一七五九年、ワシントンは二七歳の寡婦と結婚する。しかし彼は父親にはなれなかった。夫人は前夫との間に四人の子供をもうけているという事実があるにもかかわらず、ワシントンは自身の運命を夫人のせいにしようとした。極めて頑健な人で、「ポトマックの種馬」と讃えられたワシントンは、子供ができないのは自分のせいであるということに耐えられなかったのであろう。晩年になっても、「どこかの女の子」と結婚して世継ぎをもうけることに思いを巡らせていた。しかしそれでも、ワシントンの性的欠陥は、ブルボン王家が被ったような誹謗中傷を招かなかった。それどころか彼は、最初の大統領就任演説の草稿のなかで、自分に世継ぎがいないことを、何と大統領職を委ねられるにふさわしい理由の一つとして数えているのである（この草稿が使われることは結局なかった）。「直系の子孫という愛すべき、そして時に道を誤らせる後継者に、私の血を伝え、私の名を永遠のものとすることは不適切である、というのが神の御心だったのだと、いつの日か人は回想するでしょう。私には、将来の備えとして頼るべき子供はおりません。自らの国の残骸の上に、壮大に建設す

フランス革命期のカリカチュア【左】国民衛兵（ガルド・ナシオナル）の兵士．「無駄な努力」【中】聖職者．「役立たずの見本」【右】自ら鞭打ち奮い立たせようとする聖職者．「ネコちゃん，おまえのためじゃないよ」

べき一族もありません」[*48]。ワシントンは、子供がいないことを、弱さではなく強さとして描き出すことに成功したのだ。ルイ一六世の場合には、自身の性的不全から、寝取られ亭主という不名誉なレッテルを敵から貼られるという結果を招いた。それに対してワシントンの性的不全は、味方から「建国の父」と崇められる、もう一つの理由にまでなったのである。ルイ一六世の大敗は、性的な隠喩によって他人を傷つけるという古い伝統がフランスの庶民階級に根強く定着していたことを物語っている。一方、ワシントンの仲間達が彼の性的不全を扱う際に見せる分別は、彼らが上品さという新たな配慮を信奉していたことを物語っている。

おわりに

一八世紀のプリズムを通すと、男性の性機能不全は互いにはっきり異なる様々な姿を現わした。インチキ医者はそれを、若者にありがちな悪習への耽溺の徴候であると主張して、世の男性達に警告した。それについて法廷で議論することを、上品な人達には、セックスにまつわる民衆の迷信や、夫婦の寝室を取り締まる教会の干渉への先祖返りだと言って、非難した。その非難の言外に含まれていた女性嫌悪的《ミソジニック》な含意は、飽くことを知らない妻に、その夫の私生活における欠陥を公にする権利などない、ということであった。生殖に関して医師達が展開した詳細な説明の数々は、すべて、男と女は互いに隔てられたそれぞれの性の領域に生きているのだ、そして汚れを知らない女性だけが、男性の先導に随うことができるのだ、という考え方を追認するように見えた。医師のこうした努力はすべて、男性の性機能不全を治療し、それに対抗し、それを説明し尽くそうとする試みであったと解釈することができる。一八世紀の文化が、この問題にいかに気を配ったかを見ると、理性の時代にありながら、それが少なくとも妖術の時代と同じぐらい根深く取り憑いていたことがわかるのである。一八世紀終盤に、中流階級がインポテンツの議論に対して示した嫌悪感は、その後のヴィクトリア朝時代に、肥大化の一途を辿ることになる。

第５章

新婚初夜を恐れた男たち

19世紀、女性への恐怖と脅かされる男らしさ

妻の裸体を見て神経衰弱に

イギリスの美術批評家ジョン・ラスキン〔一八一九〜一九〇〇〕が一八四八年にエフィー・グレイと結婚したとき、神経質なラスキンは、宗教上の理由から、かつよんどころない事情で、五年間はセックスをしないでおこうと言い出した。彼は二九歳、彼女は二〇歳だった。彼のこの狼狽ぶりから、のちにある噂が生じることになる。すなわち、大理石の妖精《ニンフ》の美しさについて熱狂的に書き立てたこの美術史家は、現実の女性の下腹部に、陰毛を初めて見てショックを受けたのではないかと。花嫁はこのことを巡って、女性について彼が想像していたのと、実際の私とは「違うんだ」ということがわかった、としか語っていない。この結婚が完成されることはなかった。エフィーは自分が処女であることを医師に確認させ、一八五四年、結婚は無効解消された。判決には、「前記ジョン・ラスキンは、不治のインポテンツのためにこの結婚を完成させることができないにもかかわらず」、この結婚はなされたものであると記されている。[*1] ラスキンはその後、エフィーの主張に反論しなかったことによって、自分がそれを認めたかのように見えることが悔しいと語っている。そして彼女と結婚したのが馬鹿だったということ以外は、認めようとしなかった。

ジョン・ラスキンがエフィー・グレイとの結婚を完成させることができなかったというこの出来事は、一九世紀のインポテンツを理由にする訴訟のなかで、おそらく最も有名な事件ではあるが、ラスキンに限らず極めて多くのヴィクトリア朝時代の男性が、女性の扱いに困難を覚えたのだった。例えばラスキンの弟子であるウィリアム・モリス〔一八三四〜一八九六〕も、同じように

【右】ジョン・ラスキン（ウィリアム・ダウニー，1863）
【左】ジョン・エヴァレット・ミレーによるエフィー・グレイ（1853）

ウィアム・モリス自画像（1856）

ある種の修道院的兄弟愛を理想とし、その著作のなかで女性を、セックスという悪をもたらす脅威として描いている。そしてまた、新婚初夜で神経衰弱に陥ったのも、ラスキンだけではなかった。イギリスの牧師で小説家チャールズ・キングズリー〔一八一九〜七五〕は、初めて妻の裸体を見るとき、自分はあまりの緊張に押しつぶされてしまうのではないかと恐れていた。一八四四年、結婚を数ヶ月後に控えた彼は、婚約者のファニーに宛てて次のような手紙をしたためた。「あなたが私の裸を見て感じる恐怖について思いを巡らせていました。そして私もまた、あなたの裸の輝かんばかりの美しさに慣れるまでは、同じような恐怖をちょっとは感じるだろうと思うのです。ご存知ないかもしれませんが、男性というものは、初めて迎える新婚の夜に心も身体も無力感に襲われてしまうことがよくあるのです」。彼らの場合は、結婚が完成されるまで一ヶ月かかった。ラファエル前派のイギリスの画家で、エフィー・グレイの二人目の夫となったジョン・エヴァレット・ミレー〔一八二九〜九六、水に浮かぶオフィーリアの絵で有名〕も同様の不安に見舞われたと、ある本に書かれている。「ミレーがハネムーンを恐怖したのは、大いに肯けることである。というのも、ラスキン同様、彼が童貞であったことはほぼ間違いがなく、ラスキンの失敗について考えることで、彼自身についての心配も千倍に膨らんだに違いないからだ」。ヴィクトリア朝時代のイギリスの偉大な歴史家トマス・カーライル〔一七九五〜一八八一〕ですら、そうした不安を免れなかったことが、その死後に弟子のジェイムズ・アンソニー・フルードが書いた伝記『カーライルと私の関係』〔一九〇三〕によって〝暴露《アウト》〟されている。この伝記はもともとは一八八七年に書かれた作品で、当時、一大スキャンダルとなったのだ。何しろ肉欲に耽る軟弱な輩を攻撃し、タフでマッチョなヒーロー・タイプの男らしさ

チャールズ・キングズリー

ジョン・エヴァレット・ミレー（ウィリアム・ホルマン・ハント，1853）

トマス・カーライル（1854）

を賞讃していたカーライルが、自身はインポテンツであったとその作品は暗示していたのであるから。[*2]

男らしさの新しい理想

二〇世紀の解説者は、ヴィクトリア朝時代の人々がセックスに関して疎くて抑圧されていたとしばしば主張していたが、とてもではないがそうは言えないと、これまで多くの歴史家が指摘してきた。[*3] 一九世紀の男性の性的感情の「典型」を特定することなど、言うまでもなく不可能である。しかしインポテンツを巡る議論から、当時、男というものがどう振る舞うべきとされていたか、ということは確かに知ることができるのだ。そうである限りにおいて、インポテンツの議論は、ある一定の「文化的作用」を果たしていたと言えるのだ。それは、境界線を維持するという作用である。インポテンツについて議論する者は、男らしさについて議論しているのはもちろんなのだが、同時に女らしさについても語っているのである。要するに、ジェンダーについて語っているのだ。西洋文化は絶えず男女の違いを強調してきたが、一九世紀に入ってジェンダーは特別に重視されるようになり、しばしば身分や地位、職業、人種、宗教を凌駕して、個々の人格を決定づける鍵となった。この一〇〇年あまりの間に進行した過程によって、西洋人の多くが、時代を超えて男女それぞれの自然な特徴だと見なすようになるものが構築されたのである。なかでもとりわけ、男女それぞれの性は同じ尺度では測りようがないということが、極端なまでに主張されたのだった。

一九世紀の模範的男性は、理性によって動き、女性は感情によって動くとされた。一八五〇年代までに、放蕩は流行の第一線から退き、代わって節制こそが中流階級の男性の模範であると理解されるようになった。[*4] 健康についてあれこれ述べ立てる者は、医者に限らず誰でも、性的不節制の危険をことさら強調する昔ながらの抑圧的な言辞を弄していた。はっきりありのままにか、暗黙のうちにかは人それぞれだが、いずれにせよその種の書き手が必ず前提にしてるのが、男性の健康のためには、節制、禁欲、自制をもって消耗の危険に対抗すべし、という精液の節約《エコノミー》という説だった。男らしさの新しい理想は、慎重で倹約家のビジネスマンのそれと同じものになった。それに伴い、中流階級向けの手引き書の書き手達によって、セックスに過度に耽れば男性的な力は浪費され、最終的にはインポテンツに至る、それは肉体的または心理的「破産」に他ならないという考え方が流布されていく。男性は、意志の力をもって己を制御し、満足を先送りし、禁欲を断行しなければならない。さらに加えて、男性は女性を監視する必要もある。なぜなら女性は、男性のように意志が固くないので、情欲の誘惑に遙かに容易に屈するからだ、という。

さらに事態を厄介なものにしていたことに、このヴィクトリア朝という時代には、愛情に基づく結婚という新たな結婚モデルも開花したのである。このモデルに従えば、男女は共に、究極の幸せを手に入れることができることになっていた。中流階級の結婚は、以前にも増して私的なものとなり、同時にロマンティックなものとなった。そしてそのことがかえって期待をより大きくし、また同時に失望をより酷なものとしたのである。富裕層の新婚旅行は、それまでは、友人や家族を伴うこともあり、式に参列できなかった縁者を訪ねるという形のものであったが、それが一八七〇年代までに、新婚夫婦二人だけのハネムーンに取って代わられた。そしてこのこともまた、特有の緊張と圧力の源となったのである。[*5] セックスを遂行する能力がますます重要となり、それだけ一層、不能は悲劇となった。結婚は、身体にまつわる諸経験が公の領域から私の領域へと移ったという、社会学者ノルベルト・エリアス［一八九七〜一九九〇］が示す筋書どおりの変化を遂げたのである。そうした行為が私的なものになればなるほど、それを白日のもとに曝されることで人々が覚える屈辱感も増していったのである。

だから、プライバシーを何より重視する文化にとって、寝室での失敗を巡る議論など嫌悪感を催させる以外の何物でもなかった。しかしその一方で、能動的男性、受動的女性という考え方に固執する中流階級は、当然インポテンツの問題を無視するわけにはいかなかった。当時の解説者によって、男性の性機能不全の原因とされたのは、人々が新たに直面することになった前代未聞の諸問題から来るストレスと不安だった。それはセックスや結婚、子づくりにまつわる問題であり、あるいはまた、現代性《モダニティ》そのものに由

ジュール・ジラルデ（1856-1938）による油彩『ハネムーンへの旅立ち』

来するとされた問題であった。その上で彼らは、男性のインポテンツの直接的原因は女性にありと、百万言を費やして言い張ったのである。歴史学者のジョーン・スコットは、セクシュアリティを巡る一九世紀男性の言説について、次のような見解を述べている。「それはより錯綜した『階級構築』過程の一部をなしているように思われる。そこでは中流階級の定義に、セックスの自制という考え方が含まれているわけだ。そして中流階級は、自らを定義するために、『社会的他者』を負の実例として否定することを必要としたのである」。ここで言う「他者」とは、非白人や労働者階級の男女のことである。実際にはそれどころか、男性のインポテンツが考察の対象にされるのは、異性すなわち女性そのものを否定的文脈で語る場合であることが極めて多かった。男性の解説者が、若い少女に妙な空想を抱いたり、処女性を称揚する一方で、冷感症の花嫁や、性に貪欲なヒステリー女、好色な色情症女《ニンフォマニア》、陰気な更年期の中年女などについて、あれこれと悩んでみせるとき、多くの場合彼は、性的な力に関する男性自身の不安を、そこに置き換えて語っているに過ぎない。[*6] 以下我々は、当時の書き手達が、一方で男性達はだんだんと弱くなってきているように見えるという事実を周知しながら、しかし男らしさそのものが脅かされているわけではないと請け合うことで、改めて読者に安心感を与えようと努めていたことを、様々な実例を挙げながら辿っていこうと思う。

「安心してください、奥様は求めていないから」

結婚は、一九世紀に入って感情の問題という新しい意味を帯びるようになる。そのためそれが、未経験の男性を困らせる初めての性的な試練となった。当時の結婚の手引き書には、情欲を野放しに剝き出しにするようなことはいけない、などと新郎に対する注意書きがあるのが普通なのだが、それどころか試験に合格できるか

色情症女性．下は8ヶ月後に回復した姿（アレクサンダー・モリソン『精神病の人相学』1838）

どうか危ぶんでいる男性もいたのである。アメリカの心理学者でプラグマティズム哲学の唱道者ウィリアム・ジェイムズ［一八四二〜一九一〇］などは、むしろ「結婚には自身の性的な力を巡る男性の不安を和らげる働きがある」からこそ、結婚には合理性があると主張した。[7] 宗教的なやましさから抑えられてしまうのだと主張する者もあれば、求愛期間があまりにも長かったせいで消耗してしまったのだと言う者もあった。性を巡る二重基準の存在が、かえって男性の乱交を妨げるということもあり得た。つまり娼婦と交わる男性は、罪を重ねることで「罪に汚れていない」女性との性行為が不可能になるか、あるいは娼婦でない女性に娼婦と同じような敏感な反応を期待して失望するか、二つのうちのどちらかだとされたのである。

　医師達は、新郎に自信を取り戻させるのは自分達の義務だと思い込んだ。それで彼らに、新婦の育ちが良ければ、何か余計なことを期待したりはしないものだし、自分がどのように扱われようとも、それを甘んじて受け容れるはずだと説いた。慎み深い女性は性的な欲求を持たない、という主旨のことを主張した者のなかで最も有名なのは、たぶんイギリスの医師ウィリアム・アクトン［一八一三〜七五］であろう。一八五七年のアクトンの報告によれば、彼は毎日若い患者から結婚への不安を相談されているという。時には馬鹿げた考えを抱いて、逃げ出してしまう新郎もいたようだ。そんな男性達は、「きちんと躾けられたイギリス人の処女であれば、あのことについては何も知りませんよ、たとえ知っていたとしても本当に僅かのことですよ」と医者から言われると安心するのだという。さらにアクトンは、夫達に向かって、たとえ一時的にインポテンツになって、時折にしか奥様とセックスできなくても、心配することはないと請け合っている。ほとんどの女性は、セックスなどまったくしない方がむしろ有難いと考えているのだから。確かに女性が性感を完全に欠いていたとしたら、それは問題だが、多くの女性はほんの僅かしか性的に興奮しないようになっている、とアクトンは強調する。男性が間違った考えを抱いているのは、ひょっとすると情欲を自制できない労働者階級の娼婦のような女と付き合ったからではないか。「一般的法則として、上品な女性は自分自身の性的満足への欲求が極めて少ない。夫の求めに応じるとすれば、それはただひたすら夫を歓ばせたいがためである。母親になりたいという気持ちさえなければ、愛情から来る夫の行為を免れられた方が、彼女にとっては遥かに楽であろう。したがって、神経質であったり虚弱であったりする若者も、自分に求められている義務について大げさに考え過ぎるあまり、結婚を躊躇《ためら》ったりするには及ばないのである。結婚した女性は、愛人と同じように扱ってほしいなどと望んだりしないものなのだ」。*8

結婚した女性は、その夫ほど好色ではないということについては、ほぼすべての医師が合意していた。一九世紀末の時点では、医師達は相変わらずアクトンの言葉を反復していたが、新婦を失望させてしまうことを恐れる男達が後を絶たないため、医師の口調はさらに苛立ちを含んだものになっていた。『『普通の』結婚とか結婚の『義務』といったことについて、そのような考えを持っている人達を説得するのは難しいが、彼らが妻としている女性達は、その方面の物事について彼らほど教えられてはいないし、不節制をしないで済むなら、むしろそれだけで十分に喜ぶであろうし、また自分と同じような期待を妻も抱いていると見なすことは、要するに自分の妻を、売春婦よりちょっとはまし、というレベルに貶めていることになるということがわからないのであろうか」。イギリスの医師ハリー・キャンベルが一八九一年に発行した『男女における神経組織の違い』によれば、女性は「未熟な男性」と見なすのが一番良い。だからこそ女性は、男性に比べてヒステリーになりやすいし、性欲も、より少ないのだという。妊娠後のセックスは、女性にとっては余計なことでしかないが、受け身である限り害を及ぼすことはない。それどころか、とキャンベルは続けて述べている。夫が完全にインポテンツであっても、たいへん幸せにしている夫婦は珍しくないのだ、と。アメリカの医師ロバート・ウィルソン・シューフェルトは、回想録のなかで、ある若い男性の可愛らしい奥さんに、次のような指示を与えたと言っている。「夜、床《とこ》についたら、すぐに彼に言ってやりなさい。私にとっては、あなたがこの先、結婚の義務を果たせるかどうかなんてことは、別に気にしない。私は正反対のことを気にしているのであって、もしも生涯処女のままでいられるなら、その方がどれだけ良いだろうと思っている、というふうに」。*9 この話を聞いておだやかな気持ちになれた夫は、寝る前にビールを二本半飲むだけで、すっかり道具立てを調えることができたという。

女性があまり敏感に反応しないからと言って失望するには及ばないと、男性達は説かれていた。しかし女性が完全に冷感症であるなら、それはもちろん攻撃の対象となった。アクトンは、交接に対する嫌悪感を露わに示す女性を「利己的だ」と糾弾している。ドイツの泌尿器科医ロベルト・ウルツマン［一八四二〜八九］の報告によれば、「相対的インポテンツ」は、親などに決められた結婚では珍しくない。「本の虫」や知的な男性は特に敏感で、「女性が進んで身を委ねない限り、事をなすことができないのである」という。[*10] ウルツマンのこの言葉には、女性のなかには嫌々身を任せている者もいるということが仄めかされている。ユージーン・フラーというニューヨークの泌尿器科の医師は、インポテンツの原因を心理的なものに求める見解に反対し、そうではなくてほとんどの場合、「性的器官に問題がある」と主張した。しかしながらそのフラーも、花婿が来たるべき試練を目前にして気を滅入らせたり、結婚して久しい男性がうまくいかなくなる場合もあり得ることを、認めるのにやぶさかではなかった。

これは通常、妻に欠陥があって、何らかの不和合性が生じていることに由来する。ここで著者は、そのような状況の実例となる、ある極端なケースのことを念頭に置いているのだが、このケースでは、三六歳のたいへん神経質な男性が、前述したような性的な虚弱性のことで相談に来たのだった。彼は、結婚してしばらくの間は、性行為を遂行するのに何の困難もなかった。いやそれどころか、彼は妻を妊娠させてもいる。しかし彼の妻は、どうやら女性らしい本能を、いささかも持ちあわせてはいないようであった。彼女は性行為で快感を覚えたことが一切なかった。それどころか性行為をみだらで下品な振る舞いだと考え、ただ結婚という契約によって課せられた義務の一つとして、それに従っていただけだった。夫が性行為に励んでいる真っ最中に、彼女は読書をしたり、あるいは時々夫に向かって、もう済んだかと尋ねたりして気を紛らすのだった。その結果、まず最初に起きたこととして、セックスに対する夫の意気阻喪が顕著であった。そしてその後、彼はほとんどインポテンツも同然となってしまったのだ。[*11]

このように無知で浅はかで受動的で冷たく無神経な妻達を、医師は批判し、夫の誘いに歓んで応じる、いや少なくともそうしている振りをする術を身に付けるべきだと主張した。R・J・カルヴァウェル〔一八〇二〜五二〕というロンドンの医師は、早くも一八四一年に次のように言っている。男性患者の多くは配偶者を尊敬し過ぎている。だからもっと興奮してほしいと、妻に言うことができないのだ。多くの女性は上品な世界で生きてきたので、夫の抱擁を迎えて応えたり、事の最中に何か口出しすることは、下品だし不作法だと考えている。だから自然の命ずるところに真っ向から歯向かおうとして、生命の本来の目的の一つに対して、反対の立場を採ってしまうのだ」。一九世紀がゆっくりと進行していくにつれて、妻がもっと熱意を示すべきではないかという忠告は増えていった。ウィリアム・ハモンドというアメリカの医師は、遊び慣れたある男性から、次のような相談を受けた。結婚したら、できなくなってしまった。なぜなら「自分のような男が、あれほど美しくて純粋な女性を、性交のような動物じみた関係に引きずり込むのは冒瀆ではないか、という考えがどうしても頭によぎる」からだという。彼は年増の愛人相手なら大丈夫なのだが、自分の妻が相手だと駄目になるのだ。「自分のように動物じみた人間にとって、妻は善良過ぎだし繊細過ぎなのです。妻の美しい身体の神聖を汚すような、さもしい行ないは何もできなくなりました」と、彼はハモンドに言った。それに対してハモンドは、彼の妻に対して妖婦を演ずるよう諭したという。シューフェルトが報告している別のアメリカの事例でも、ある男性患者が同じようにインポテンツになっている。「それまでの彼の無茶苦茶な放蕩ぶりを考えてみれば、あの女性はあまりにすばらしいので、彼は意気を完全に殺がれてしまうのである」。シューフェルトは、その奥さんが、今にも誰かと寝そうな性悪のあばずれを、ちょっとばかり演じられたら良いのだがと言っている。[*12] そのような作戦で、ほぼ例外なく夫の悩みは払拭されてしまうのだと、シューフェルトは報告している。女性が何を感じ、何を感じないかは別として、女性の義務は男性のリードについていくことだという点では、解説者の間で一致が見られる。

しかし上品な女性がセックスにどのように反応すれば良いかという問題では、医師の間で意見は割れていた。フランス人のピエール・ガルニエは、女性の「いかにも上品で他人行儀なところを無関心や冷感症」

だと間違って解釈している男性がいると記している。そうした女性の冷たさによって駄目になっている男性がいるなら、こう言ってやれば良い。女性は「溢れんばかりの快感を、心と魂で感じているのだと。性交における女性の正常な役割は、肉体的であるより遙かに精神的なものである。そうでなければ女性にとって性交は、性能の劣る器官をもって、明らかに不利な戦いを戦うよう強いられることに過ぎなくなってしまう」。ヴィクトリア朝時代の医学書は、女性は情欲を欠く存在とはしていない。むしろ性的には休眠している状態で、男性からの刺激を必要としていると捉えられている。つまり女性は、ダブルバインドの立場に立たされることになった。上品な女性は、自身が実際にどう感じているかは別として、女性というものは男性ほど情欲を覚えたりしないと信じ込むよう育てられる。新郎の側が、自分は積極性がなさ過ぎるのではないかと心配していたとすれば、新婦の側は、恥知らずの性欲を見透かされて侮辱されることをひどく恐れていたのだ。中流階級の女性には、一定の性的な節制が要請されていたから、自身の名声を守ろうと思うなら、夫がインポテンツでセックスができないからと言って、それを非難するわけにはいかなかった。さらにまた別の観点として、子づくりを制限したいと考える女性は、わざと感じないようにしていた可能性がある。というのは、妊娠には男女双方のオーガズムが必要であるという古い説を、当時まだ信じていた者がいたからである。この説は例えばジェイムズ・マリオン・シムズ［一八一三〜八三］や、ジョージ・ヘンリー・ナフィーズ［一八四二〜七六］、アリス・バンカー・ストカム［一八三三〜一九一二］といったアメリカの産科・婦人科医の書いたものに紹介されている。[*13]

産児制限と避妊——男らしさと子づくりの分離

女性の冷感症と男性のインポテンツは子づくりを制限する代償だと考える者もいた。一八世紀の男らしさは、未だに子づくり能力と密接に結びついていた。それが一九世紀に入ると変化し始め、最初はフランスやアメリカで、次いでイギリスで出生率が劇的に低下することになる。産児制限の人工的手段に反対の立場を採る者であっても、度を越えた子だくさんは良くないと認めていた。多くの解説者がマルサス［一七六六

［～一八三四］に追随して、結婚を遅らせることを推奨していた。そして結婚後は、多くの夫婦にとって何らかの形の禁欲が、おそらく産児制限の手段となっていたであろう。例えばアクトンは、結婚している夫婦に対して、性交を妻の妊娠期間および授乳期間に限るよう勧めている。女性が望まない妊娠から免れることを目指していた最初期のフェミニストも、性的な節制への呼びかけで重要な役割を果たした。この世紀の子供の減少は一口に言って、コンドームやペッサリーの類の避妊具によるのではなく、膣外射精《コイトゥス・インテルプトゥス》か禁欲のどちらか、あるいはその両方によるものであった。これは両方とも、男性のかなりの自制を必要とする方法である。ゴム製品は高価だったし、下品だと思われていたし、また公の場での上品な会話には出てこなかったから、さほど普及しなかったのである。

子供の数で男性の精力を測るような古い男らしさのモデルは、今や、自制心や意志力を重んじ、子供は適度な数に抑えておくことが良しとされるような、新たな男らしさの基準から異議を申し立てられることとなった。イギリスでは早くも一八二〇年代に、例えばジャーナリストのリチャード・カーライル［一七九〇～一八四三］や社会活動家のフランシス・プレース［一七七一～一八五四］などのような、公然と避妊を擁護する人々が少数ながら登場した。彼らは本当の男性は自分を制御できる人間だと主張した。セクシュアリティと子づくりが別の問題となったのだ。しかしもちろん、子づくりが男らしさの証《あかし》だという考え方が消え去ったわけではない。一九世紀の初めには、インポテンツはまだ子づくりができないことと結びつけて考えられていた。先にも引いたように、ウィリアム・バカンによれば、「人類という種を繁殖させることができないことほど、人間の心をがっかりさせるものはない」。それどころか、小家族の出現を、世の夫達が力を失いつつある徴《しるし》だと捉える者もいた。多くの医師達が、子供の数が減っているのは男性が女性の欲望に屈している証拠だと指摘した。フランス人のルイ・スレーヌは、結婚の目的はこれまでずっと子づくりにあったのだが、頽廃と堕落の時代にあって、女性がもはや母親になりたがらないと記している。これほど多くの人

『カサノヴァ回想録』で，コンドームを膨らませて穴の有無を調べている．ゴム製コンドームの登場は19世紀半ばで，カサノヴァ時代はリネンや動物の膀胱・腸でできていた．ただしこの挿絵は1872年版のもの

達が子づくりを避けようとするなかで、もしも未だに自然の法則に従おうとする者がいたら、誉め称えるべきであるという。フランスではほとんど劇的なまでに出生率が落ち込んだので、その原因を探る書籍が次々と出版された。子供の減少は意図的なものだろうか。悲観主義者はこの衰退――一八七〇年［普仏戦争勃発、翌年フランスは降伏］以降、この問題が人々の頭から離れなくなる――を、精力の減退のせいにした。これは循環論法だった。なぜなら同じ人達が、避妊の試みによってインポテンツが引き起こされると主張してもいたからである。アメリカでは、ハモンドがこう書いている。女性のなかには「性行為の最中に夫の尿道を、ちょうど精丘◆のところで圧迫して、精液が降りてくるのを妨げ、それによって精液が膀胱に逆流するようにして」避妊を実行している者がいる。そのようなことをしていると、しまいにはそれが習慣化して、男性はインポテンツ兼不妊症になるだろう。もっと悪いことには、男性のなかに、同じように射精を妨げる目的で「ゴム製の輪をペニスにはめる」者がいる。[*14] ハモンドは、結果的に子供ができなくなってしまった三つの事例を知っていると書いている。このように禍々しい予言を広める者達が、子づくりを制限しようとするいかなる試みも、精力を失う結果を招き得るのだと説いて、世の男性を震え上がらせていたのだ。

　産児制限の手段として、最も広く用いられていたのは、膣外射精《コイトゥス・インテルプトゥス》または性交中断だった。一般には夫婦間オナニズム《コンジュガル・オナニズム》という名で呼ばれていたこの方法を非難する者は、マスターベーションと同じように男性を衰弱させる影響があると主張した。実際、アメリカの医師チャールズ・ノウルトン［一八〇〇〜五〇］は、産児制限に関する情報と一緒に、インポテンツにならないようにするための方法を説いている。座ってばかりで運動しない生活習慣も、性的不節制も、どちらも消耗を招くから、「カンタリス・チンキ、キニーネ、鉄分配合薬、冷水浴、運動、そして可能であれば気晴らしになる仕事など」が良いとノウルトンは勧めてい

◆精丘　副睾丸から精子を運ぶ精管は、膀胱の後方で膨らんで精管膨大部を形成し、精嚢から来る精嚢腺と合流した上で細い射精管となって前立腺内に入り、前立腺を貫いている尿管に開口する。その射精管と尿管の合流部、尿管粘膜が肥大している部分が精丘である。

る。産児制限の批判者は、その危険は何よりも性的な不節制を招くことだと主張した。アメリカで健康のための食餌改革を提唱したシルヴェスター・グレアム［一七九四〜一八五一］が書いている。「妊娠を中絶する方法を教えると謳っている書物は、不義密通を奨励しているも同然だ」。インチキ医者達が性的不節制のもたらす危険のリストに、性交中断《コイトゥス・インテルプトゥス》のもたらす危険を含めているという事実は、いかにこの方法が普及していたかを物語っている。イギリスの外科医R・ペリーおよびL・ペリーらが書いた『物言わぬ友』（一八四七）の仏語訳版も、夫婦間オナニズムの影響として、不節制を挙げている。アメリカの神経科医ジョージ・ミラー・ビアード［一八三九〜一八三三］にとっては、自然に反する性交のなかでも最悪なのが膣外射精だという。アメリカの性病の専門家フレデリック・ラッセル・スタージスは、『男性の性衰弱』という本のなかで、コンドームは問題がないが、性交中断《コイトゥス・インテルプトゥス》によって可能となる不節制はインポテンツの原因となり得ると述べている。イギリスのリチャード・エバードは、神経衰弱の第一の原因はマスターベーションだとした上で、性交中断《コイトゥス・インテルプトゥス》による不節制から来る極度の消耗が、インポテンツや過敏症、早漏を引き起こすことがあると述べている。つまり一つ怠ることが、将来的に、いくつもの寝室での失敗として跳ね返ってくる恐れがあるということだ。[*15] 家族の規模を制限しようという考えが、いかに男性に、新たな恐るべき問題をもたらし得るかということが、手を替え品を替えて喧伝されていたのである。男性の自制心は賞讃の的だったが、まさにそれを最も必要とする性交中断《コイトゥス・インテルプトゥス》という避妊方法は、インポテンツの原因になると警告された。

女の貪欲さが男を不能にする

男性のインポテンツは、女性が男性の欲望に対して示す嫌悪感のせいだと言われた一方で、興味深いことに女性の性欲は、男性の精力を殺ぐ原因として非難されたのである。女性の不感症を嘆いていた医師当人が、その先で、女性が貪欲だったら男性にとってはその方がより恐ろしい脅威であると語るのである。大衆文化は、飽くことを知らない女性と、消耗し尽くした男性という、古くからある物語の宝庫だ。一九世紀になって、中流階級には新たに上品ぶった文化が芽生えたが、性的な発散の必要に対する民間信仰は依然として根強いものがあったことが史料から読み取れる。助平爺に関する笑い話は、止むことなく語られていた。例えば一九世紀初頭の「艶語」辞典には、「朝勃ち」という言葉が「間違った勃起」と定義され、若い女性と結婚した老人のことをそう言うとある。セクシュアリティに対する態度の階級間の違いは維持されていた。イギリスのエッセイストのウィリアム・ハズリット［一七七八～一八三〇］は、下宿の女将が自分の娘とペニスの大きさについて話しているのを聞いて、びっくりしている。労働者階級では、インポテンツだという非難が、性にまつわる侮辱として用いられていた。例えば、隣人に対して次のような言葉を大声で言って笑う男性がいたことが記録からわかる。「おまえのかみさんとやってやったぜ……そうさ、ざまあみろ、何度もやったんだぞ。おまえのかみさんから誘ってきたんだからな。おまえのちんぽがぜんぜん勃たないからってな[*16]」。男性に対してインポテンツだと罵ることは、他人を貶める手段として、イギリスではありふれていた。一八五五年の教会裁判法で教会裁判が縮小制限されるまで、その種の侮辱的言動が公式の裁判記録として残されている。

性に貪欲な女性という、男の関心をそそる人物像が猥歌にも歌われている。一八三七年に発行されたある歌集には、猥褻な歌がたくさん収録されているが、そのなかの一つに「アイルランドの釣鐘草」という歌がある。この歌に登場する一人の女性は、赤カブを欲しがっている、その大きさは「たったの九インチ［二二センチあまり］」という内容。他にもたくさんの歌が、女性のペニスへの欲望を歌っている。例えば「新しいのし棒」や、「彼はもう粉を挽く《グラインド》ことができない」などだ。後者では、年を取って駄目になった男の悲しい運命が描かれている。同じ版元が一八六五年に出版した別の歌集に収められている歌のなかには、肉屋の雄鶏《コック》やローリーの梶棒などといった、きわどい文句が出てくる。また例えば「タバコを吸う女、または刻みタバコ《シャッグ》［セックスの意も］が欲しくて来たのだろう」という歌のように、女性はいつでも貪欲な姿で描かれる。それどころかスコットランドの国民的詩人ロバート・バーンズの詩と同じタイトルだがその猥褻版「ジョン・アンダーソン、私の好きな人《マイ・ジョー》」では、夫が衰えてきたことを嘆く女性が出てきて、ちゃんとしなきゃ角が生えるよ［寝取られ男の徴］と警告する。一九世紀終盤のイギリスでは、インポテンツのような身体の不調が、ミュージック・

ホールで上演されるコミカルな演し物にもってこいの題材と思われていた。一七世紀の物語歌《バラッド》と同様、ミュージック・ホールで歌われる歌のなかでも女性はセックスに積極的な姿で登場し、男性の方は、そんな女性の欲望を満足させることができないとされることがしばしばだ。そして（下宿人や親類によって）寝取られる可能性を仄めかして、権威をへこませ、その実態を暴くという内容になっている。海の向こうのフランスでも、当時、男性社会を猥褻なユーモアで歌った粋な歌があった。そうした歌に決まって登場するのは、例えばマスターベーションをする神父、好色な修道女、性的興奮を掻き立てるものならどんなものでも試そうとする不能の男などであった。インポテンツに対するはっきりとした懸念が、そのような歌では男性の優位《マチスモ》がことさら強調されていることに表われている。「一羽の雄鶏は一〇羽の雌鶏を満足させる。しかし一〇人の男が一人の女を満足させることもできない」というような諺を見ると、フランスの田舎では、女性の欲望が依然として認知されていたことがわかる。[*17]

　一方、一九世紀初頭の医学文献は、女性の性的欲求を認知していないが、この問題はインポテンツを巡る議論のなかで秘かに話題にされることになる。一八五七年にアクトンは、新婚初夜にどんな楽しいことが起こるか、新婦はその母親から吹き込まれている場合があると、心配すらしている。それから数十年の時が流れるにつれて、男性のインポテンツの原因が、だんだんと女性の貪欲さのせいにされていく。医師達は、性欲過剰の女性は男性を消耗し尽くす恐れがあると警告した。男性は、一度の失敗だけで心理的に深手を負うことがあり得る。フランス人のオーギュスト・ドゥベが抗議しているように、欲求不満に陥った女性は夫を侮蔑するようになる。これが男性にとっては、致命傷となるという。男性の健康そのものが、実際に危険に曝されるのだ。ニューヨークの医学博士ジョン・カウアンは警告する。女性のなかには情欲が極めて強い者、病に冒されて好色になっている者がいる。そんな女性は男性を野獣の位置に陥れ、しまいには滅ぼしてしまう、と。だから未亡人と結婚するときは、前夫が怪しげな死に方をしていない

カウアンの著書の挿絵．母親らしき女性と赤ん坊が描かれ，「人生を明るく照らすもの（サンシャイン）」というキャプションが付されている

かどうか、気を付けなければいけない、と。つまり暗に、「肉欲に耽る女性は殺人者である」と仄めかしているのだ。フランスの歴史家・美術批評家レオン・ロジェ＝ミレ〔一八五九～一九二九〕は、独り暮しの経験豊富な女性と、処女の女性とを比較している。前者は肉体的にも精神的にも、男性と変わらない。性交にも驚きはしない。ところが後者は、「その偉大なる神秘」を目前にしたら、目が眩んでしまう。「処女は仰天し、経験豊かな女性は比較する。処女は愛し、経験豊かな女性は値踏みする」。ニューヨークの外科医ロバート・テイラーは、アメリカの女性は特に貪欲だと指摘する。「アメリカでは、性交時間が長ければ長いほど女性の満足は大きくなるとされているから、自然に反するほど長い時間をかけて性交する者がいる。これが難治性の弛緩性インポテンツ、さらには神経衰弱の原因となっていることが極めて多い[*18]」。

性に貪欲過ぎる女性は夫に害があるだけではない。本人が不妊症になる恐れがある。あまりに頻繁なセックスは、子供のできない原因となる。だから多くの医者が、結婚したばかりの新婚夫婦に子供ができないのは当たり前だと言っている。ドゥベはこう言い切る。不妊症の女性はクリトリスが長く、瞳が大きいことがよく知られている。その瞳で男性を貪るように見つめ、「エロティックな戦い」へと誘うのであろう、と。ストーカー、キプリング、ハガード◆を始めとして、一九世紀終盤には女性を吸血鬼として描くホラー小説が数多くある。そうした物語がうまく利用しているのが、女性に精気を吸い取られるのではないかという、当時の男性達の恐怖心であることは明らかだ。すなわち吸血鬼女の口は、性器の代わりなのである[*19]。

◆ストーカー、キプリング、ハガード　アイルランドの小説家で、『吸血鬼ドラキュラ』（一八九七）の作者ブラム・ストーカー（一八四七～一九一二）、インド生まれのイギリスの小説家・詩人で、『ジャングル・ブック』（一八九五）の作者ラドヤード・キプリング（一八六五～一九三六）、イギリスの小説家で『洞窟の女王』（一八八六）の著者サー・ヘンリー・ライダー・ハガード（一八五六～一九二五）。

女性への恐怖心と女性嫌悪

夫婦のうち、夫は理性を司る者として、どのぐらいの頻度で夫婦の交わりを持つべきか決定しなければならないとされていた。そのためには、自身の望みと健康との兼ね合いを考えて資源配分する必要がある。しかし女性の望みはどこへ行ってしまったのだろうか。慎み深い医師達は、それを認めることを注意深く避けていた。それとは反対にインチキ医者達は、不安を煽ることで利益を得ようとするから、妻が夫で満足できなければ、他所《よそ》に愛人をつくるかもしれないという、古くからあるお決まりの予言を嬉しげに吹聴した。ルイス・J・カーン博士［第6章で詳述］は、一八七〇年に発行した著作のなかで、「インポテンツの夫が無駄に戯れかかってくるために、かえってジリジリと身を焦がすことになっている人妻ほど、道を踏み外しやすい者はない」と警告する。カーンの筋書きでは、実際にどちらに非があるかと言えば、たとえ健康を害していることが原因であっても、夫の側であることが多いという。ボストンの医師ウィリアム・H・パーカーも、一八八一年発行の著書のなかで、インポテンツの男性を女性が軽んじるのは、やむを得ないという意見を述べている。同じくボストンの医師であるアルバート・ヘイズは一八六八年の著書で次のように述べている。インポテンツ男性の結婚の床は、「屈辱と、嫌悪と、失望と、何とか押し殺した怒りとが混じり合う修羅場と化す。そうなれば夫選びに失敗したこの花嫁は、痛感することになる。夫が色気づくのが早過ぎたせいで、自分が哀れな犠牲になったことを。夫の精力に対する微かな最後の希望すら、今や奪われてしまったことを。心から子供が欲しいと望みながら、毎日その願いが打ち砕かれなければならないことを。しかも自身が神の祭壇の前で、愛し、敬うと誓ったその男の腕のなかで」。彼女が誰かに誘惑され、たとえ罪に堕ちたとしても、「その罪は、彼女だけに完全に非があるとは言えない」と、ヘイズは警鐘を鳴らしている。[*20]

妻を誘惑するのが女性だということもあり得ると、ウィーンの精神科医リヒャルト・フォン・クラフト＝エービング［一八四〇〜一九〇二］は、女性の倒錯に関する議論のなかに記している。例えば「女性を性的に興奮させることはできても、満足させることはできないインポテンツの夫を持った妻は、性欲が満たされることがないために、場合によってはマスターベーションに走ったり、あるいは別の女性との汚れた関係に陥ったり、神経衰弱になったり、夫との性交を忌避したり、あげくの果てには男性全般を嫌悪するようになるかもしれぬ」。またインポテンツの客のわがままにうんざりしている娼婦も、性欲が同性へと向かう傾向があることが調査によってわかったとする者もいた。こうした主張から明らかに読み取れるのは、女性が同性との関係に誘われるのは、自ら進んでそうしたいと望むわけではなく、むしろ男性の不能のせいなのだということである。[*21]

ある種の中流階級の男性にとっては、女性が性欲過多であることばかりが不能の原因ではない。さらには成人女性の身体的特徴も、元凶となり得ることが医学的に報告されていたのである。前述のジョン・ラスキン、『不思議の国のアリス』（一八六五）のルイス・キャロル〔一八三二〜九八〕、スコットランド出身の劇作家で『ピーター・パン』（一九〇四）の作者ジェイムズ・マシュー・バリー〔一八六〇〜一九三七〕などを、ヴィクトリア朝時代のある種の人々の典型として想起する向きもあろう。すなわち、思春期前の少女に対する偏愛と、成熟した女性に対する恐怖という特徴を持つ人々のことである。アメリカの医師で性教育者のフレデリック・ホリックは、一八五一年の著作で次のように述べている。神経質な男性は、理想が高過ぎてインポテンツになるのである。「彼らは自分が妻にしようとしている存在が、現実に、どのような身体的精神的性質を備えているかということをまったく知らない。だから想像力によって、現実とは似ても似つかないイメージをつくりあげてしまうのである。そして真実を思い知らされたときには、徹底的な嫌悪感に打ちのめされる、というわけだ。その方面に対する彼らの無知は、女性の身体の仕組みのなかでも、最も普通の機能・現象にまで及んでいることがあるので、筆者の知る限りにおいては、彼らはそれを、ただ初めて経験するだけで、たいへん都合の悪い、しかも後々まで消えない影響を被ることがあるのだ」[*22]。しかもヴィクトリア朝時代の人々は、プライバシーを非常に重く見ただけに、一九世紀の中流階級が一八世紀に比べて、男性も女性もセックスに関して著しく無知であったということは大いにあり得る話である。

衛生状態が悪く、衣服は薄汚れ、トイレや洗面施設も初歩的なものしかなかった当時からすれば、そのせいで情欲にブレーキがかかってしまうこともあったのではないかと、思われる方もいるであろう。それまでも、相手の女性の外見のせいで気力を殺がれたのだという男性の言葉が時々は見られた。しかし一九世紀になると、臭くて醜くて汚い女性の身体に吐き気を催したという男性の主張が、びっくりするほど数を増しているのである。これは当時、清潔の基準が遥かに厳しくなったことと軌を一にする現象である。こうした主張に反映されているのは、一つには、ミシェル・フーコーが身体に対する規律《ディシプリン》・訓練と呼んだものの一形態としての、衛生的な性という新しい考え方が、当時内面化されつつあったということである。医師達は、神経質な男性に対して、正常な女性なら男性の性的欲求を嫌悪することなどはないと請け合った。しかしその一方で、不潔な女性を前にして男性が不能に陥ってしまうことは多いとも認めていた。つまり女性はまたしても、男性のインポテンツの元凶とされたのである。前述のフレデリック・ホリックは、新婚男性が、新妻が付け毛や義歯を用いていることを初めて知ったら、嫌悪感に襲われるかもしれないと記している。ロンドンの医師で医学雑誌の編者でもあったマイケル・ライアン［一八〇〇〜四〇］は、相手の女性が「不潔なこと、臭いこと、我を忘れている様子など」によって、性行為を妨げられることがあり得ると断言する。イタリアの医師で生理学者のパオロ・マンテガッツァ［一八三一〜一九一〇］は、心気症患者は臭いのせいで駄目になることがあるとした。スコットランドの医師で心理学者のトマス・レイコックの一八六〇年の著書によれば、「性的結合」への嫌悪感は、セックスのし過ぎに由来し、女性よりも男性に多く見られる。またこの嫌悪感が原因で、年輩の夫婦関係に亀裂が走ることはよくあるという。[*23]

　医師達は、どんどん話を広げていった。テイラーは、女性の分泌液や「垂れ下がった外陰部、あまりに緩い膣」のせいで、男性の意気が殺がれることがあるとした。フランスのある医師は、加齢に伴う女性性器の肥大や悪臭は、男性の嫌悪するところであるから、「女性は常に身体の清潔を心がけ、快楽の殿堂の入口が、いつもバラのようなみずみずしさで飾られるよう、手入れを怠ってはならない」と諭した。また別のフランス人医師も、「女性にトコジラミがたかっていたら」結婚生活は台無しになるだろうと主張して、女性は清潔を保たなければいけないという説を補強している。[*24]

これ以上ないというほど露骨な女性嫌悪《ミソジニー》にどっぷり浸ったシューフェルトの次の文章は、ある種の女性達について、労働者階級の男性だったら許容範囲のうちかもしれないが、中流階級の男性はインポテンツにされる恐れがあると主張している。

サルのように毛深い女性もいるかもしれない。自己性愛行為への欲望の赴くに任せている女性もいるかもしれない。膣分泌液が濃硝酸と濃塩酸を混ぜて作る王水のように強酸性の女性、性的に興奮すると、とうの昔に絶滅したウマの仲間のような臭いを発する女性もいるかもしれない。そうかと思えば砂袋のように情愛の欠如した女性もいれば、はたまたパリ一番の破廉恥な売春婦のように、放蕩で汚らわしい女性もいるかもしれない。この階級の女性は誰をとっても似たり寄ったりだろう。しかしわれらが階級に属するもっと繊細で、洗練された女性であれば、そうであってはならない。なぜなら、右に挙げたような異常な性質は、我が階級においては、たとえもっと微かにしか感じ取れなかったとしても、許しがたいものとされるからだ。もしもそのような性質が、結婚の床《とこ》の上で、生涯を共にするために選んだ相手に一つでも見て取れたら、愛しい思いは瞬時に消え失せ、男性の精力は、直ちに放棄されるであろう。[*25]

一九世紀の医師で、シューフェルトほどの女性嫌悪《ミソジニー》を示した者は、他にはあまり例がない。シューフェルトの言によれば、女性の分泌物はしばしば酸性を呈する（通常それは、長期間にわたってマスターベーションに耽ってきたことが原因である）が、これが男性のインポテンツを引き起こすという。そのとき男性が既に中年に達していれば、インポテンツが治らない場合もある。「そのように不似合いな結婚は、離婚に終わることが多い。そうなっても、裁判所は事態をまったくわかっていないので、『事件を裁く』ことなどできやしない。ただ偽証を鵜呑みにして、男性に非があるとし、家庭を崩壊に導くのだ」。シューフェルトはこう嘆いている。法律家は一般に、不妊症とインポテンツの区別など、何もわかっちゃいない。「自己性愛行為が、未婚婦人の間にどれほど蔓延しているか、ということも知っちゃいない。ましてその結果、彼女達が結婚したときにどのようなことが起こるか、何一つ知りはしないのだ」[*26]。

同性愛とインポテンツ

現在の目で見ると、男性が女性との間で性行為を実行できないという事態は、同性愛者の徴と解釈されることもあったのではないかと思われる。しかし、この二つがはっきりと結びつけられるのは、一九世紀も終盤になってからのことである。但し性に関して男性を様々な類型に分類しようとする際に、インポテンツに関する議論が重要な役割を演じていたことは確かだ。そして医師達が考える同性愛者の性質と、インポテンツ男性の性質が、似かよったものになってくるのである。例えば彼らは、男性のなかには女性化し過ぎて不治のインポテンツに陥っている者がいると主張した。ジェイムズ・リチャード・スマイスなる人物が一八四一年に医学雑誌に発表した次の文章も、この種の言説の典型である。

その身体は一般的に華奢で、丸みを帯び、どちらかと言えばその形状は女性のそれに近い。筋肉や細胞の組織は柔弱で締まりがなく、その結果、歩くときには強壮な身体の持ち主の着実で弾むような足取りは見られない。体毛は柔らかくて細く、顔や陰部の毛が薄い。声は弱く、甲高い。目はどんよりと曇って涙目で、瞳の色は薄く、輝きや生彩を欠いている。移り気で子供じみた振る舞いに及ぶことがある。血行は悪く、身体のだるさを訴える。分泌物は量的に乏しく、また質的に欠陥がある。睾丸は小さくて柔らかく、腹腔内に引っ込んでいることもある。これは、初期胎児期の睾丸の位置に戻ろうとする傾向があるということだ。陰嚢は下垂気味である。[*27]

アメリカの骨相学者オーソン・スクワイア・ファウラー［一八〇九〜一八七］は、「体格が華奢で、皮膚がすべすべしていて、体毛が細く、痩せ形で、頬がこけ、瞳の色の薄い人」は、セックス過多になるリスクが最も大きいと主張する。その結果、精気を失い、「男性は男らしさを、女性は女らしさを損なわれる」。フランスのドゥベもこうした考えを支持し、明るいブロンドの髪、薄い体毛、柔弱な筋肉、活力の欠如がインポテンツ男性の徴《しるし》であると述べている。[*28]

女性と性交できないのは、身体的な問題ではなく心理的な問題だとする医師もいた。すなわち異性に対する性欲が欠如していることが問題であるとされたのであり、その種の報告は、当時、珍しくなかった。アメリカの心理学者ジェイムズ・G・カーナンは、正常な恋愛において失望するような経験をした場合に、それが原因でいかにして、まず最初にインポテンツが、そしてその後、性対象の逆転現象が引き起こされるか述べている。「もし万一その失望によって、神経衰弱になるほどショックを受けたとしたら(そうなることは実は多い)、『自我《エゴ》』の安定性は崩れ去り、寄生『自我《エゴ》』が誕生する基礎が築かれることになろう」。また同時に、その手の失望を味わわされた状況次第では、ただ相手の女性を価値がないと思うことになるだけでなく、女性全般を無価値と見なすようになることもあり得る。そうなれば、「すべての女性に対する嫌悪感が生まれ、寄生自我《エゴ》の発達がますます促進されることになる」。しかしそうした後天的な性対象倒錯ではなく、もっと根深いタイプの性対象倒錯が報告されるようになってくる。ハモンドは、結婚を望んだが女性との性交ができないという一人の患者について、次のように述べている。「しかしながら、嫌悪感、失神、吐き気、嘔吐などに妨げられることがなくならない限り、彼が性行為を完遂する方法は、私には見つからなかった」。またハモンドの別の患者は、ポルノ小説を読んだり、猥褻な絵画を購入したり、娼婦のもとへ足繁く通ったりして、自分を性的に興奮させてくれる女性をせっせと探してまわったという。しかし何も役には立たなかった。それどころかその患者は、治療の真っ最中

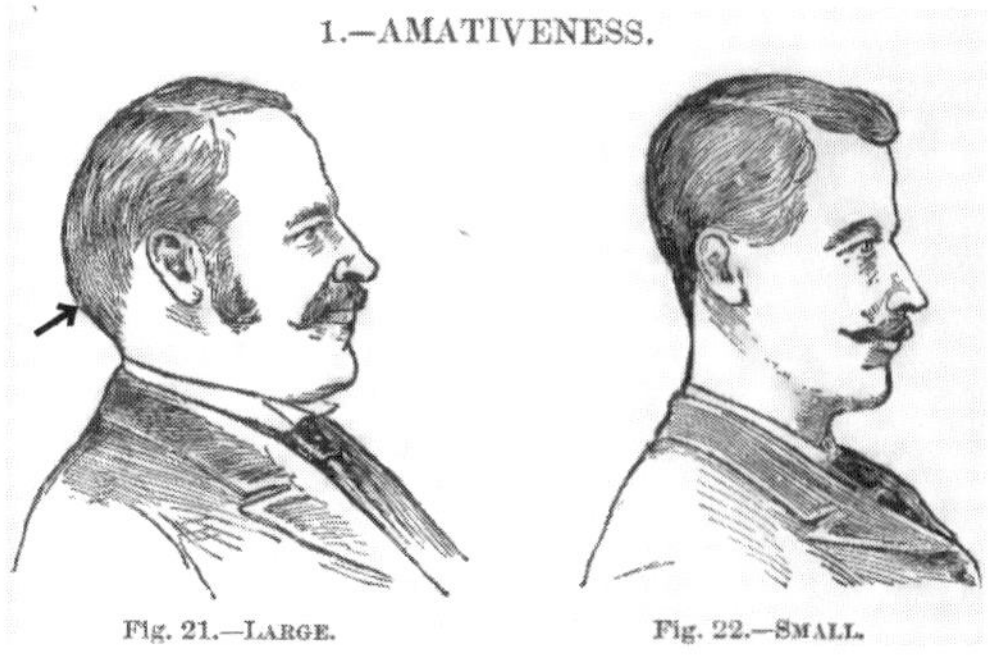

ファウラー『骨相学および生理学自習教本』(1890)の挿絵．矢印(訳者が加えた)の部分に好色度が現われるという．この部分が小さい右のような人は，異性を好まず信用せず仲良くしようとしない．性的な愛情も結婚したいという欲望もほとんど持たないとのこと

に、ホテルのベルボーイと「朝が来るまで一一回も肛交した」と告白したという。そして自身の行為を恥じるあまり、自殺を図ったが未遂に終わったそうである。世紀末デカダン派のフランス作家ジャン・ロランの一九〇一年の小説『フォカス氏』では、主人公が女性に対してはインポテンツだが、ルーヴルのアンティノウス像◆を見ると激しく興奮する人物として描かれている。ハモンドも、これとまったく同じ筋書きを書き残している。男性裸体像には性的に興奮するが、女性には嫌悪を示す患者がいたというのだ。この患者に対してハモンドは、「発作が起きたときには、知性の力で男性を女性に置き換えるようにしなさいと助言した」。冷水シャワーや鎮静剤のおかげで、その患者の欲望は鎮まったが、これは「正真正銘、性的倒錯の症例であり、それが原因で女性が相手の場合に限ってインポテンツが引き起こされているのである」と結論づけざるを得ないという。F・R・スタージスは、女性に対して嫌悪を感じ、男性に対する嗜好を持つ男性を、インポテンツの範疇に含めている。彼らの大半は、古代世界であれば受け容れられたであろうが、現代社会では、もはやそれはかなわない。彼らの男性への嗜好を治療するのは困難である。なぜなら彼らにとって男性は、切っても切れない偶像なのだから、とスタージスは言っている。[*29]

インポテンツと同性への欲望が、一見したところ互いに関係し合っているように見えるために、一九世紀終盤の精神医学者はこの二つに注目するようになった。フランスの心理学者アルフレッド・ビネ［一八五七～一九一一］は、加齢に伴って精力が減退してきた人のなかに、特別な刺激によって興奮しない限り、性行為を完遂できない者がいることを発見した。そしてそのような人達が、性的興奮を求めて執着する、例えば特定の衣服であるとか、特定の形の靴といったものを言い表わすために、「フェティッシュ」という言葉を作り出した。ビネによれば、フェティッシュへの強迫観念は、ある種の「精神的インポテンツ」の顕われであるという。ハモンドは、性交能力を完

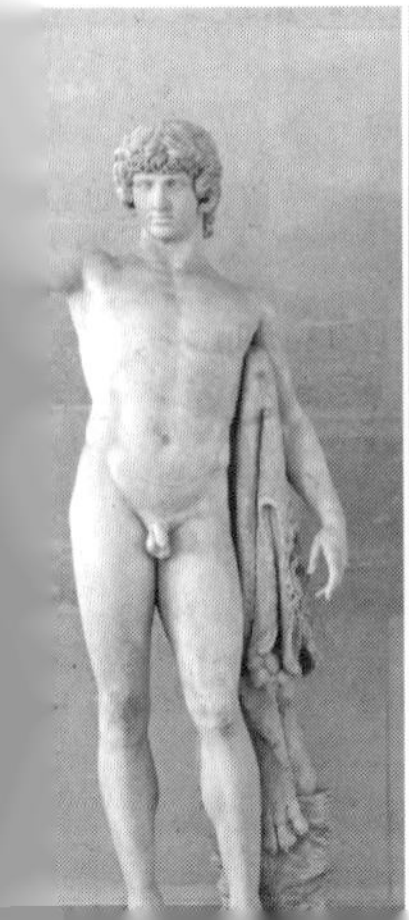

【右】『フォカス氏』挿絵（アンリ・シャプロン，1922）【左】ルーヴルのアンティノウス像は複数あり，問題の像がどれか定かではない．この１体は，アンティノウスの頭部とヘラクレスの身体を組み合わせてできている

全に発揮するために、特定のタイプの女性やフェティッシュが必要な患者の例を、多数報告している。そのような患者は、ほんの些細なことで、逆にあっという間にインポテンツになってしまうこともあるという。ビネは、性対象倒錯をフェティシズムの一種であると考え、その原因を、初期の性的経験における刷り込みだとした。彼にとって、フェティシストや同性愛者は、本当の意味でインポテンツなわけではなかった。なぜなら彼らは、異常ではあるが、特定の行為によってであれば、オーガズムに達し得るからだという。パオロ・マンテガッツァもビネと同意見であるが、彼の場合は独特のユーモアで、男性の同性愛を文法上の間違いになぞらえている。「なぜなら本来、女性〔形〕にしかしないものを、男性〔形〕にしているところが、同じだからだ[*30]」。

フランスの神経学者ジャン＝マルタン・シャルコー〔一八二五〜九三〕、同じくフランスの精神科医ヴァランタン・マニャン〔一八三五〜一九一六〕、先述のクラフト＝エービングらを始め、人間の逸脱行動をすべて数えあげようとした初期の研究者達は、男性の性欲の減退を示す最も明白な証拠として、同性愛を標的にする傾向があった。クラフト＝エービングは、もはや古典となった主著『性的精神病質』（一八八六）のなかで、「男らしさや自信」は、インポテンツのオナニストに最もふさわしくない性質であると断言する。そしてさらに、「性交能力を突然失うと、それが原因で男性は気鬱《メランコリー》になることが多い。また愛のない人生など単なる空虚に過ぎないと考えた場合には、自殺に及ぶこともある。そこまで行かない場合には、陰気、癇性、自己中心主義、嫉妬、狭量、臆病などが昂じ、また逆に活力や自尊心、誇りが失われていく」とまで言っている[*31]。

インポテンツと同性愛は、どちらも意志の衰弱の徴候であり、催眠療法によって治療することができると主張した医師が数多くいた。カーナンは、性的倒錯や過剰性欲の症例のなかには、神経衰弱に適用される自己暗示その他の治療法で抑えられるものがあると述べている。彼はまた、過度に文明化され、セック

◆アンティノウス　ローマ皇帝ハドリアヌス（在位一一七〜一三八）に寵愛された若者。若くしてナイル川で溺死し、その後神格化された。

スにまつわるいかがわしい書物や演劇の氾濫する世界に生きていることが原因で、意志の力を失ってしまった男性患者には、しばしば出会うことがあるという。そうした患者の倒錯的な考え方に対して、カーナンは、それが病的なものであることを口を酸っぱくして説き聞かせ、性的な刺激の強い書物を読むことを禁じ、心霊療法や制淫剤を施さなければならなかったと書いている。フランスの神経学者イポリット・ベルネーム［一八四〇〜一九一九。催眠療法の分野の功績で名高い］は、「生殖にまつわる対象倒錯」に対して、尋常でないほどの同情を寄せ、インポテンツと共に、それも自己暗示と関連しているとした。そして、その種の患者の「自然に反する考え方」は、条件反射に類するものであると考えた。非常に道徳的で、高潔な人々であっても、子供のときから同じような強迫観念に苛まれてきたという人物の実例を、たくさん知っていると彼は述べている。またこうした人達を治すことはできないが、彼らが強迫観念に抵抗するのを、暗示という方法で手助けすることはできるという。さらに加えて、「自然に反する」条件反射は、必ずしも当人の倒錯的性質を表わしているわけではない。むしろそのような反射は、当人の意志とは無関係に生じるのであり、完璧な道徳観とも両立し得るのであると、ベルネームは書いている。*32 同性愛に対して最も敵対的な医師達は、同性愛は、精力が減退した者やインポテンツの男性が、最後の手段として選ぶものだと考え、ベルネームのような研究者は、それとは正反対の見方をして、同性愛者だから女性と性交ができないのだと考えた。

現代生活のストレスによる不能

一九世紀の論者は、女性からの性的な求めに応じることができない男性が以前よりも増えているのだとしたら、それは既に多くの男性が、現代生活のストレスで消耗しているからだと論じた。ずっと以前から医師達は、神経過敏のために妄念に囚われて行動障害を来している女性をヒステリーに分類してきた。一九世紀になると、心身虚脱に陥っている男性が神経衰弱と言われるようになる。前にも触れたアメリカの神経科医ジョージ・ミラー・ビアードが、初めて都会での生活を原因とする神経過敏について論じ始めたのが、一八六〇年代終わりのことだった。ビアードによって一般に知られるようになった「神経衰弱」という言葉は、一つの病を指すにしては、幅広い症状を含む漠然とした概念だったが、最も重要だったのは、"神経力"が失われた結果として、身体にその影響が顕われるという考え方であった。一八世紀における神経過敏は、肉体にその原因があるとされていた。一方、一九世紀の神経衰弱は、心理的な圧迫が原因だと言われるようになる。この診断が社会的にも受け容れられたのは、神経衰弱が特定の性別、特定の階級にのみ見られる病だとされたからである。医師達は、女性と、労働者階級の男性はヒステリーに当てはめ、中流階級の男性は神経衰弱とした。そしてこの診断をさらに聞き心地の良いものにするために、ハーバート・スペンサーやジャン＝ジャック・ルソーなど、多くの天才が過敏性神経衰弱だったと主張したのである。[*33]

神経衰弱は過度の文明化の徴候であると医師は断じていた。白人の中流階級男性は、都会生活と、ブルジョワ階級特有の頭を使う職業の双方から来る様々な要請に、絶えず応えることを課されているからだ。さらにビアードのような書き手達は、失われた職人的世界をロマンティックに追想し、非人間的な官僚社会を告発してみせた。神経衰弱の主な患者を言い表わすのに、「筋肉労働者」との区別を強調して「頭脳労働者」という言葉が使われた。「頭脳労働者」は精神の緊張と働き過ぎで磨り減ってしまっているから、助けが必要なのだという。学校に行けば、勤勉への圧力は増すばかりだったし、職業に就けば、求められる専門性も高まる一方であるのだから、神経過敏や脳の病、精神の異常が増えるのは当たり前だと、当時の医師達は主張した。道徳家は、都会生活はストレスに満ち、倒錯的・退化的現象に溢れているから、人を去勢に追いやってしまうと嘆いた。そうは言いながら、例えばドイツの哲学者ゲオルク・ジンメル［一八五八～一九一八］が『貨幣の哲学』（一九〇〇）に書いているように、多くの人が、そんな禁断の木の実に抗いがたい魅力を感じてしまうという。現代の都市では、人は常に何かを切実に求め、休むこともできず、急かされ、緊張を強いられている。そこでは欲望が満足することは決してない。なぜならそこは、個々人の主観性を極端にそぎ落とし、絶えず新しい欲望を刺激することで成り立っている貨幣経済に支えられた、人工的な社会だからであると、ジンメルは論じた。要するに、現代世界は人間の神経を過剰なまでに興奮させるのだが、同時にそれによって、現代世界は成り立っているというのである。神経衰弱という病の概念を広めた者達は、その心理的要因を強調した。過度の文明化は確かにこの病の下地となる要因なのだが、その発症を早め得るのが、何かの偶然、例えば悪い知らせを聞いたとか、あるいはセックスにおける失敗など、人を落ち込ませる衝撃的経験だという。あるアメリカの医師は、興奮刺激に対する感受性の減退の原因を列挙するに当たって、マスターベーションや過剰な性行為、脊椎損傷、薬物に加え、「絶えず鉄道に揺られることもここに含まれる（現に私は、鉄道従業員や旅回りをして生きている人の間に、その実例が何人かいることをこの目で見ている）」という。[*34]

フロイトはのちに、神経衰弱の原因は性生活の抑圧にあると最初に言ったのは自分だと主張するのだが、神経過敏とインポテンツを始めとする男性の性的不調とを結びつけて考えるということであれば、遙か以前から行なわれていた。ビアードは、『アメリカにおける神経過敏』（一八八一）のなかで、神経過敏の男性について、「人類という種の再生産に必要な、あるいはその再生産過程を最後まで完遂するのに必要な力がない」と書いている。かつては白人らしく、また男らしい自制心だと見なされていたことが、今や消耗とか女性化の徴候と捉えられるようになった。ビアードは死後出版の『性的神経衰弱』（一八八四）で、性欲減退を、消耗の最も中心となる症状だとした。ビアードによれば、極めて多様な男性性器の虚弱——例えばインポテンツ、精液漏、前立腺の不調など——が、悪習、飲酒、喫煙、心配事などが複雑に絡み合った結果として引き起こされるという。あるアメリカの医師は、一八九四年に、恐怖心がインポテンツの原因となり得ると述べた。「それを裏付ける事実としては、複数の陸軍将校の経験がある。彼らによれば、性的な本能が脆弱な男性は兵士としても弱いのが常だというのだ」。興味深いことに、第一次世界大戦期に書かれた詐病に関する文献に、「自分が性交能力を失ったのは」、仕事が原因だと「嘘の申し立てをする（あるいは少なくとも本人はそうだと思い込んだのであろう）者がいる」けれども、実際ほとんどの場合、彼らのインポテンツの主因は神経衰弱か心の弱さだと書かれている。[*35]

ビアードは、医師が男性患者の性的な経歴など調べないのが普通で、性に関して心配事を抱えている男性は心気症で片付けられることがしばしばだと述べている。女性もかつてはヒステリーということで片付けられてきたものだが、当時既に、身体的不調が実際に生じていることを婦人科医は認識していた。女性と同じように、男性の性に関わる症状も、真剣に調べてみる必要があると、ビアードは主張したのである。当時、神経衰弱という概念が重視されたのは、現代世界のストレスこそインポテンツの原因だとされたことによって、中流階級男性が、性に関する自身の問題を何のやましさもなく認めることができるようになったからである。イギリスの医師C・H・F・ルース〔一八二二〜一九〇九〕によれば、「精力の減退」は、老化現象のなかでも「好ましからざるもの」の一つであるという。イギリスの法医学者S・A・K・ストラーンは、年を取ってから結婚したり、五〇を過ぎて父親になろうとするのは良くないと諫めている。現代人の人工的で熱に浮かされたような生活は、病や退化現象を加速させるからだ。スイスの精神科医オットー・ビンスワンガー〔一八五二〜一九二九。高名なルートヴィヒ・ビンスワンガーの叔父〕は、男性患者のなかに、「自分の性的な感情や行動を細部にわたって観察し、あれこれと思い悩み、あげくの果てに医者に向かって自分の性的機能は正常の範疇か、などと尋ねてくる」者がいると報告している。そのように自分のことを気にし過ぎる傾向は、医者からすれば好ましいとは言えないが、とにかくまず必要なことは、治療を求める患者を落ち着かせ、安心させることだと、ビンスワンガーは医学生に説いている。神経衰弱について、医師達が決まってするアドバイスは、もっとバランスの取れた生活を送ること、であった。あるアメリカの外科医はこう不満を洩らしている。「現在、性に対する無関心が深刻化していて、その結果として、インポテンツも広範囲に蔓延している。男性のなかには、心も魂もすっかり仕事に注いでいる人がいる。仕事はおもしろく、精神のエネルギーをすべて奪い去る。だから彼らには、動物的な情欲すら残っていないのだ」。彼らが医者のところにやってくるのは、仕事がうまくいかなくなったときだけだ。しかしそれでは遅過ぎる、という。あるフランスの医師は、過剰興奮の状態が過ぎると、次の段階でインポテンツになることがしばしばだが、インポテンツにならない限り、医者に相談などしやしないと書いている。[*36]

人種的要因

インポテンツは西洋人に特有の脅威だと、当時の論者のほとんどが考えていた。シカゴの医師G・フランク・リズトン〔一八五八～一九二三〕は次のように書いた。「性的機構の過敏は、男性が支払うべき文明の対価の一部である。〔……〕人間が統治組織を洗練すればするほど、精神作用の影響に由来するインポテンツを患う確率も高くなる。野蛮人や下等動物は、器質的な原因がある場合を除いて、インポテンツになどならない。いかなる状況下でも性行為を完遂できる人間男性がいたら、それは先祖返りの実例に他ならない。つまりこの場合は例外的に、神経心理学的領域が退化現象に冒されていないことになる。私見では、強姦の罪を犯すのは先祖返りの確かな証拠である」。性と人種に関する懸念が絡み合って蔓延するのは、現代では、帝国主義の時代の特徴だと考えられている。アメリカでは、南北戦争以後、人種を巡る懸念が、次第に性に関する議論の形を取るようになってくる。例えば白人は、性的不能に対する恐れから、黒人は皆性欲過剰だと見なすようになる。オーストリアの医師フィクトル・フェッキ〔一八五七～一九三八〕は、次のように主張した。「性器の色が濃い者ほど、一般的に、より豊かな性交能力を備えている。黒人は大きな性器を備えているのが普通だが、色の濃さが違えば性交能力も異なる。また頭髪が茶色い者は、明るい色の者よりも性交能力が強いという法則がよく知られているが、これは同じ人種の男性どうしを比較する場合に限って正しい*37」。

ヨーロッパでは、神経衰弱やインポテンツは、文明から来るストレスが原因だと言われていたが、植民地ではむしろ、白人が文明から隔離されたことが原因だと言われていた。男らしい精力に溢れた西洋の帝国主義的野望を正当化するために、逆に東洋は性的に消耗しきっているのだと、ヨーロッパ人から描かれることがしばしばあった。医師達は、アメリカ人やヨーロッパ人に向かって、東洋のような運命を免れるか否かは、ひとえにあなた方の意志力にかかっているのだから心せよと説いた。古典的ポルノグラフィーは、例えば『淫らなトルコ』〔一八二九〕のように、地中海東岸《レヴァント》地方の男性は欲情を覚えるたびにそれを表に出しても良いとされているなどと断言していた。しかしこれとは逆に、モンテスキュー〔一六八九～一七五五〕の『ペルシア人の手紙』（一七二一）を端緒とするある種の文学は、中東はヨーロッパに比べて暑く、また何でも言いなりになる女性がハレムでより取り見取りであることから、彼の地の男性は最終的に、皆インポテンツになってしまうという説を唱えた。ある医学辞典は、過剰な性行為に由来する性的な消耗状態は、「東洋の独裁国家」に特有の病だとしている。先述のアルバート・ヘイズは、精液が失われるたびに気力も失われていくと力説しているのだが、その証拠として挙げている実例が、オスマン帝国の衰退である。同じく既出のロバート・テイラーもこの説に同意する。彼は南アジアに目を転じて、「東インド〔現在のインドからインドシナ半島、マレー諸島にかけての地域〕においては、二五歳を超えても精力を保っている男性は稀である。彼の地の男性に見られる性的な衰弱の原因は、性交をいつでも長時間にわたって行なうことにある」と書く。フランスの医師シャルル・フェレ〔一八五二〜一九〇七〕は、各人の「性的な力が強くなればなるほど、セックスに関して悩み事が増えていくものだ。〔……〕不妊症が原因で滅びる民族は、好色という特徴が顕著である」と断定している。東洋で性的消耗が悪化の一途を辿ったのは、アヘンのせいだと考えられていた。「欲望や意識、官能的快楽といった精神的な面であれ、生理学的機構や感覚機構など身体的な面であれ、生殖機能が徐々に弱まっていけば、最終的にインポテンツに陥ることは避けられない。〔……〕生殖器の身体的な衰弱〔勃起不全や射精不能といった〕よりも、まず性欲の消失という精神的衰弱が先行するのが普通である」[38]。この文章の書き手は、フランス人の植民者が気候と麻薬の両方によって衰弱し、だんだん女性に対して欲情しないようになっていって、最終的にインポテンツの男色者《ソドマイト》になってしまうこともあり得るのではないかと、心配している。

　白人中流階級男性の心因性インポテンツは、心が身体の働きを妨げている状態だと、医師達は説明していた。患者の訴える感情は、苛立ち、自信喪失、恐れ、悲しみ、失望、消耗などが記録されている。単にそのときに性欲がなかったことが原因の者もいれば、経験不足が災いした者もいた。丁寧なアドバイスを与え、励ましてやるだけで十分な者もいれば、意志をもっと強く持つために努力を要する者もいた。医師が処方する治療法の中心は休息を取ることだったが、なかには強壮薬を出したり、電気療法や水治療を施す医師もいた。[39] 神経衰弱という概念が重要であるのは、それによって性的に虚弱な男性が、新たな言語を手に入れたからである。何しろこの新しい言語を用いれば、彼は自分の病気について語ることもできるし、また病気になった責任が自分にはないことを示すこともできるようになったのである。神経衰弱という概念のおかげで、彼は蔑まれるべき存在ではなく、むしろ癒されるべき、また同情されるべき存在となったのだ。

文学はどのように不能を描いたか

しかしもちろん、医学的な文書を読んでいたのは、全人口のほんの一部分に過ぎないことは明らかである。では、フィクションの読者はどうだったのであろうか。そこでも同じような議論がなされていたのであろうか。インポテンツという話題は、上品なヴィクトリア朝時代の人々にとって、建前上は口にしてはならないタブーであった。だがまさにだからこそ、少なくともフランスでは、自意識が強く大胆なフィクション作家がこの問題に言及した。自身がブルジョワではないことを証明する手段として、利用したのである。先に挙げたアメリカの神経科医ビアードが、過度の文明化が原因で、都市では男性が神経衰弱に罹り始めたと嘆いていたちょうどそのとき、フランスではボードレールからユイスマンスまで、多くのデカダン派の作家が、インポテンツを感受性の豊かさと文化による消耗の両方を示す隠喩と見なすという倒錯的なやり方で、それを歓迎していたのである。神経衰弱自体が、完全に否定的に見られていたわけではないのだ。ある者にとっては、それは創造力と洗練の代償と映っていたのである。インポテンツに対する見方も、同様にアンビバレントなものになっていった。一九世紀の最後の数十年間に、デカダン派の巨匠達はインポテンツという主題を、現実のものも隠喩としても、神経質であることや感受性の鋭さと複雑に絡め合わせて用いることになる。

イギリスやアメリカでは、数人の作家が、悪役を、男らしくない――したがって、共感できない――キャラクターとして描くため、という遠回しなやり方でインポテンツの問題を扱っている。ナサニエル・ホーソーン［一八〇四〜六四］は『緋文字』（一八五〇）に、ロジャー・チリングワースという絶妙な名前［物語上では偽名。ぞっとするほど冷たい人物という含意］

で、インポテンツの年老いた寝取られ夫を登場させている。ジョージ・エリオット〔一八一九〜八〇〕は『ミドルマーチ』（一八七二）で、カソーボンとドロシアの夫婦に子供ができなかったのは、年代記の執筆に夢中になっている学究肌の牧師カソーボンが、インポテンツですっかり乾上がっていたからだということを仄めかしている。チャールズ・ディケンズ〔一八一二〜七〇〕も『荒涼館』（一八五三）のなかで、レスタ・デッドロック卿という人物を描くに当たって、二〇歳年下の妻は子供がなく、夫に飽き飽きしていると書く。憂鬱なペシミストのボードレールを、倒錯的セクシュアリティに目を向けさせた文学史上の功労者として賞讃するフランスでは、作家達はもっと大胆である。それどころか彼の地では、ボードレール〔一八二一〜六七〕よりもっと前のロマン主義作家達が、既に一八世紀的放蕩から目を転じて、一九世紀的な感傷に、さらにその後は気鬱《メランコリー》へと、早くも関心の対象を移していたのである。女性読者は、敏感で気難しげな男性登場人物の方が、そのライバルの明るく陽気な人物より魅力的だと感じるようになっていく。挑発的な作家達は、インポテンツが、俗世に居場所のない敏感な若者の症状として描き得ることを発見するのである。*40

一九世紀の小説で、夫がインポテンツの夫婦の問題に初めて取り組んだのが、クレール・ド・デュラス夫人◆の『オリヴィエまたは秘密』（一八二二）である。この短編小説は、一八一八年に、クレール・ド・デュラス夫人の末娘とキュスティーヌ侯爵◆との結婚話が、侯爵のインポテンツが発覚したために破綻するという事実に基づいて書かれている。作中では、夫オリヴィエは、妻ルイーズを熱愛しながらも、肉体の関係を成就することができない。誇り高い彼は、その秘密を打ち明けることがどうしてもできない。しかし彼

◆クレール・ド・デュラス夫人　一七七七〜一八二八。フランス王政復古期の作家。シャトーブリアンやスタール夫人と交際があった。男女間、人種間の平等をテーマにした小説を物した。代表作『ウーリカ――ある黒人娘の恋』（湯原かの子訳、水声社）。なお、デュラス夫人は『オリヴィエ』の原稿をサロンで朗読しただけで、公刊は断念しているから、著者が掲げている一八二二年という注記は執筆の時期を示す。但し一八二五年末または一八二六年初めに、同じ主題を扱った小説がデュラス夫人の作を装って、同じ『オリヴィエ』という題で公刊された。これはアンリ・ド・ラトゥーシュという作家の手によるものであった。スタンダールはラトゥーシュと親しかったから、この事情を知りながら、敢えてデュラス夫人作として同書の書評を発表している。

は妻がそれをいつか知ってくれることを望んでいる。物語は、オリヴィエが熱病で死ぬという、取って付けたような結末で終わってしまう。[*41] しかしデュラス夫人のこの小説の意義は、スタンダール〔一七八三～一八四二〕にインスピレーションを与え、インポテンツをテーマとした文学作品としては一九世紀で最も名高い作品を彼に書かせたことにある。『アルマンス』（一八二七）のことである。この小説では、貴族のオクターヴという青年が、はっきりそう書かれているわけではないが、インポテンツという秘密を抱えている。そのため、心から愛し、また愛されているアルマンスとの恋愛を自らに禁じる。紆余曲折を経て、彼はアルマンスと敢えて結婚した上で死を選び、彼女に財産と名を遺すことを決意する。結婚後、新婚旅行で訪れたマルセイユでは、アルマンスは非常に幸福そうな様子をしていたが、オクターヴはそれを芝居だと考える。彼は独りギリシアに旅立ち、彼の地で自殺を図る。

スタンダールはこの物語を非常に慎重に語っているので、多くの者はインポテンツが問題になっていることがわからなかった。しかし一八二六年一二月二三日付のプロスペル・メリメ〔一八〇三～七〇〕宛の手紙のなかで、夫がそんな男であるのに、結婚以来アルマンスが非常に幸せであり得た訳を、スタンダールはあけすけに説明している。「オリヴィエ〔スタンダールは主人公の名を当初オクターヴではなく、オリヴィエとしていた〕は、バビラン〔不能者の意。一七世紀のイタリア人で、その離婚が一大スキャンダルとなったバビラノ・パラヴィッチーニに由来する〕の常として、あの大統領〔あるリベルタンのあだ名〕が得意とする代用手段に非常に長けていたというわけです。器用な手と面倒見の良い舌が、アルマンスにこの上ない快感をもたらしたのでしょう。若い女性の多くは、結婚の肉体的側面がいかなるものか、精確に知っていやしません。それについては私は確信があります。それからもう一つ、確信をもって言えることは、こちらの方がもっとよくあることだと思いますが、若い女性にとって結婚したての三、四年の間は、結

スタンダール『アルマンス』の主人公オクターヴ
（オットマール・シュタータ，1920）

婚の完成が厭わしく感じられるということです。特に背が高く、色白で、すらりと痩せていて、腰回りも今流行の体型に恵まれているような女性に、このことは顕著です」。スタンダールは主人公を殺してしまう以外、選択肢はないように思うとまで言い切っている。「本物のバビランである主人公は、真相を告白するという困難を避けるために、自殺せざるを得ないのです。私なら(と言ってももはや四三歳と一一ヶ月ですが)、いくらでも告白してしまいますよ。そうしたら『それがどうしたの?』って言われるでしょうね。それから妻をローマに連れて行くでしょうね。彼の地では金貨一枚でも払ってやれば、美男の農民が、一晩に三度は妻を歓ばせてくれるでしょうから」。スタンダールは、そのような筋書きを大っぴらに語ることができる日を待ち望んでいるようだ。「西暦二八二六年、もしもまだ文明というものが存続していて、私がデュフォー通りに戻ってくることがあるなら、オリヴィエの話をもう一度語って聞かせたいものです。オリヴィエはきっと、弾力のあるゴムでできたポルトガル製のすてきなディルドを買い求め、それを自分のベルトにうまいこと装着し、それでもってアルマンスを一度完璧な絶頂に導いたのち、さらにもう一度、今度は完璧とは言えないかもしれませんが、ほぼ完璧な絶頂に導くでしょう。そうやって、マルセイユのパラディ通

◆キュスティーヌ侯爵　アストルフ・ド・～。一七九〇～一八五七。フランスの古い貴族の家系に生まれた外交官、旅行記作家。この婚約破綻の原因は「侯爵のインポテンツ」が発覚したためだと著者は記しているが、彼はのちに別の女性と結婚し、息子を一人もうけている。ドイツの著名な博物学者アレクサンダー・フォン・フンボルトが、侯爵の筆跡は同性愛者特有の性質を備えていると鑑定したことが婚約破棄の原因だとする文献もある。著者の言う「侯爵のインポテンツ」がその同性愛指向と混同されたものなのか、現にそれが発覚した事件があったのかは定かではない。ちなみに侯爵は一八二四年、自身の同性愛が暴露される事件に巻き込まれ、社交界から締め出されることになる。このスキャンダルでむしろ自身の性的指向を隠さないようになり、ユゴー、バルザック、スタンダール等、寛容な文人との交流のみ続けながら、恋人の青年を伴って各国を訪問、旅行記を執筆した。

キュスティーヌ侯爵

りで、勇ましくその結婚を完成させたことでしょう」[*42]。

スタンダールは必ずしも冗談を言ったとは限らない。というのも彼は、娼婦のもとに通うようになってから、何度もインポテンツの発作に見舞われているからである。セックスによって消耗してしまうのではないか、という考えが強迫観念のように取り憑いたせいだという。自分は背も低く病気がちであるから、正当な方法で歓ばせることができなかった相手の女には、別の方法で「埋めあわせ」をするのだと彼は言う。一八一九年から二〇年頃、彼は『恋愛論』に収録するために、「失敗《フィアスコ》について」という章を執筆した［結局初版には収録されず、原稿はスタンダールの死後発見された］。そこでの彼の主張の骨子は、男性の愛が過剰になればなるほど、最初の機会に彼が失敗する可能性は高くなる、ということであった[*43]。

一九世紀の作家の多くは、依然として性交能力を創造力と同一視していた。ジョルジュ・サンド［一八〇四〜七六］を相手にしたときに失敗《フィアスコ》に陥ったプロスペル・メリメは、自分の弱さが公になることが心配だったので、愛人を見せびらかし、これ見よがしに売春宿に繰り出した。バルザック［一七九九〜一八五〇］は創作力を、男性の精力の多寡をそのまま反映する男性的な能力として描いた。実際に短編『マシミラ・ドニ』（一八三七）のなかでも、主人公の男性はインポテンツ——作中では「年若い青年か、あるいは老人しか罹らない高貴な病」と呼ばれている——のせいで、その芸術的な才能を喪失する羽目に陥る。その五〇年後にエミール・ゾラ［一八四〇〜一九〇二］は、『獣人』（一八九〇）のなかでは年老いた放蕩者の強姦魔グランモランを、若い少女に性的に奉仕させる落ちぶれた姿に描く一方、『ジェルミナール』（一八八五）では労働者の多産性を中流階級に賛嘆させている。ジャン・ロラン［一八五五〜一九〇六］はデカダン派であったが、ライバルのポール・ブールジェ［一八五二〜一九三五］を貶すときには「インポテンツ」と呼んでいる[*44]。

しかし一九世紀終盤のフランス作家の一群は、不条理、デカダンス、機

【右】ジョルジュ・サンド（オーギュスト・シャルパンティエ，1838）【左】プロスペル・メリメ（1829）

能不全といったテーマに心惹かれていくことになる。彼らの言葉で当代の大衆民主主義社会の品のなさと称するものへの反動であった。そんな彼らの小説には、病そのものや、病をもたらす心理的要因、また子供ができないことに対する言及が、そこかしこに散りばめられている。そして彼らの多くが、そうした主題について先立って探究した作家として、エドガー・アラン・ポー〔一八〇九〜四九〕から強い影響を受けている。フランスの精神分析家マリー・ボナパルト〔一八八二〜一九六二〕によれば、ポーはその陰鬱な物語のなかに、主人公が何をやろうとしても決して成就しないという「インポテンツ的悪夢」を散りばめているが、それは彼自身がインポテンツだったからだという。ポーが性交能力を失ったのは、阿片吸引の習慣があったせいだとする者もいるが、ボナパルトはポーの「屍体愛好心理」が原因だとしている。*45

　フランスでは一九世紀末に、孤独で、子供がいない人物個人に焦点を当てた「独身者の小説」と呼ばれる作品群が出現する。このジャンルの作品で鍵となっているのは、主要登場人物が生産性を欠いていることである。その種のデカダン派の小説の主人公は、たいてい思想家か、知識人である。ということは定義上、行動の人ではない。フローベールやゴンクール、プルースト、バレス〔モーリス・〜。一八六二〜一九二三〕といった作家達は皆、そうした登場人物が文字通りにも、また隠喩としても、インポテンツであるということに異常なほどこだわっている。

　実験的な人々が、インポテンツをあたかも名誉の徴《しるし》のように容認するという興味深い現象は、ギュスターヴ・フローベール〔一八二一〜八〇〕の作品にも見て取れる。フローベールは、若いフランス人の多くが体験するように、自分もまた売春宿でのセックスの導入として、窃視症的または露出症的儀式の段階を踏まなければならなかったと書いている。娼婦を相手にその種の嫌な経験をさんざん味わい、また娼婦は男を不能にする病気を持っている

バルザック『マシミラ・ドニ』挿絵（W・ブシェ）．主人公エミリオとマシミラ・ドニ

インポテンツという説もあるエドガー・アラン・ポー

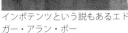

などという考えをつのらせたあげく、ある世代の芸術家達は、女性のセクシュアリティを病的なものとして扱うに至った。フローベールはさらに、冷めた情念の物語でインポテンツ小説というべき『感情教育』（一八六九）を生み出す。詩人シャルル・ボードレールは、『悪の華』（一八六一）のなかで、吸血鬼や大麻《ハシッシュ》といった奇妙なもの、物珍しいものを称揚し、低俗な実存を逃れて飛翔する芸術家としての自身のあり方を、ほとんど大衆化するまでに至った。批評家達は、ボードレールが不毛な快楽を誉め称えていることをとらえて、彼をインポテンツだと攻撃した。ボードレールが辿ったのは、それ以前に詩人テオフィル・ゴーティエ［一八一一〜七二］が提唱した道筋でもあった。ゴーティエは、もしもロメオがハシッシュに手を出していたら、ジュリエットのことは忘れていたはずだという説を唱えた。たとえヴェローナ一美人の乙女が相手でも、麻薬中毒者は、指一本すらピクリとも動かさないはずだからだというのだ。デカダン派はセクシュアリティに関心を示したが、正常《ノーマル》な形のものであれば拒絶した。彼らの反自然主義は、反フェミニズムへと繋がっていく。とりわけボードレールにとって女性とは、獣性、肉体、貪欲を体現する存在だった。男性は女性を利用するだけにすべきだし、さもなくば芸術に逃げ場を求めるしかないと彼は言っている。「男は芸術にのめり込めば込むほど、勃起することが稀になる」とボードレールは書いた。肉体の欲求に対抗できるのは精神生活であるという古くからある考え方が、息を吹き返したのだ。だからこそユージェーヌ・ドラクロワ［一七九八〜一八六三］はボードレール宛の書簡に、自分の愛人は絵を描くことだけだと書いたのである。[*46]

抗いがたく女性に惹かれる一方で、女性を軽蔑すべき存在と見なすというジレンマに陥ったデカダン派が、インポテンツを一つの解決策と見なしたのは理に適っている。詩人ポール・ヴェルレーヌ［一八四四〜九六］は、ヨーロッパ人はもはや血気盛んな時代を過ぎたのであるから、デカダンスとインポテンツが切っても切れない関係にあるのも尤もであると考えた。デカダンの典型と目されているジャン・ロランの『フォカス氏』の主人公は、阿片常用者で同性愛者でサディストのインポテンツであり、残忍で奇怪なものにしか心を動かされない人物として描かれている。歴《れっき》とした医師ですら、デカダンスとインポテンツの結びつきに貢献した。フランスの医師で劇作家・詩人でもあるジャック・ド・ニッティ［一八七二〜一九〇七］は、『ウェヌスは敵』という作品の主人公を、神経症で愛することのできない人物として描き、どんなに欲望を抱いてもそれを実現できない様を嘲笑の的に仕立てている。二〇世紀に入るまでは、フランスの出版者はインポテンツの物語を書いた原稿を求めていた。だから小説家で、のちに自身も出版社を立ち上げるアルフレッド・ヴァレット〔一八五八〜一九三五〕が、バビラス氏という退屈で平凡な男の物語を刊行しようとしたときに、版元は、タイトルを『童貞男』とするようヴァレットに強いたのである。*47

萎えたペニスに対するデカダン派の関心は、時として、喜劇的な方向に転じることもあり得た。画家で作家でもあるフレデリック・オーギュスト・カザルス〔一八六五〜一九四一〕は、消耗した詩人がインチキ医者薬を呑んで回春を図る姿を諷刺詩に描いて成功した。『さかしま』（一八八四）の作者ジョリス・カルル・ユイスマンス〔一八四八〜一九〇七〕は、役に立たなくなった自分の性器のために宴を開く人物を主人公にしている。ドイツの劇作家フランク・ヴェーデキント〔一八六四〜一九一八〕は、一八八九年七月のパリでの日記に、インポテンツの発作に襲われることが時々あると記し、自身の可愛い相棒に対してユイスマンスと同様の気遣いを見せている。「ピッコロはまるで存在しないかのようにおとなしい。〔……〕何が起こったのかわからない。もはや成長の最終段階に達してしまったのか、あるいはいつかまた勃ち上がり、かつての栄光を取り戻す日が思いがけずやってくるのか、さっぱりわからない」。パリ大学医学部のジョゼフ・ジェラール〔一八三四〜九八〕によれば、若い頃、男性の生殖器は数字の6の字に似ているが、中年になると9の字になる。これは悩ましい数学的問題である、と。*48

一九世紀の詩や小説に見られるインポテンツへの言及を、当時の読者が見逃すことがなかったとすれば、批評家の指摘もあったからであろう。例えばポール・ブールジェは、『現代心理論集』で、かつて「世紀病」と呼ばれたものがどのように進展してきたか、たいへん注意深く観察している。そのなかで彼は、神経過敏、インポテンツ、そして文明化された世界のなかでますます衰弱していく意志力について初めて詳述した作家として、フローベールを挙げているのだ。作家オクターヴ・ミルボー〔一八五〇〜一九一七〕は『天空にて』（一八九〇）で、ゴッホとピサロをモデルとする登場人物に、絵画における気味の悪いフォルムは、現代の男らしさが危機に瀕している徴であると言わせている。「私が私自身をも殺しかねない狂ったようなフォルムを求めて止まないのは、私自身のインポテンツを覆い隠すためなのだよ。本当なんだ。あのフォルムは本当に私を殺すに違いないいんだ！」。デカダン派に敵対する批評家達は、彼らがあれほど熱心にインポテンツについて語るのは、彼らの言う理想とやらと、それから奇妙奇天烈《ビザール》なものを話題にすることで煙幕を張って、自分達の創造力のなさを覆い隠そうとしているのだと応酬した。デカダン派を骨なしの「不能」と言って酷評する者もいた。ハンガリーのシオニスト、マックス・ノルダウ〔一八四九～一九二三〕は、退化した作家達を攻撃するために、イギリスの精神科医ヘンリー・モーズリー〔一八三五～一九一八〕を引用し、彼らを「辺境住民」になぞらえて、利己主義と直情に任せて生きているために「道徳的狂気」を患った連中であると評した。感情に押し流され、行動を起こすことができないという彼らの傾向も、まさにその病の徴候である、と。実際、デカダン派の多くが示す女性嫌悪《ミソジニー》が単なるポーズではないことは、多くの実例によって明らかである。というのも女性とのセックスに対する彼らの軽蔑は、彼ら自身が梅毒やインポテンツを煩っていたという事実に照らしてみなければ、完全には理解できないのである。その古典的代表が、ユイスマンスである。*49

　芸術家がブルジョワ的な結婚をこっぴどく非難するのであれば、その後は必然的に、性の類型の新領域の探究が続くことになる。すなわち、レズビアンや両性具有、性逆転といった類型である。フランスと同じようにイギリスでも、同性愛者作家の一群が、自身の作品の主人公を、文字通りにインポテンツではないとしても、欲望の成就に与れないことで苦しむ人物に仕立てている。このことは既に指摘されてきた。「当時の同性愛男性の多くは、欲求不満が習い性となってしまっている――自身が行動を控えているせいもあるし、また相手が応じないせいもある――ので、行動よりも黙想（例えば愛する相手のことを）に重きを置くのが常である。そして行動の方は、しばしば女性とのセックスに密接に関係するものと捉えられていた」。失望を詳細に書き留めたヘンリー・ジェイムズ〔一八四三～一九一六〕、結婚して目が覚めたと書いた批評家のジョン・アディントン・シモンズ〔一八四〇～九三〕、「何もしないことが重要なのだ」と洒落を飛ばしたオスカー・ワイルド〔一八五四～一九〇〇〕などのことを思い出された読者もあろう。同性愛関係を称揚する文学作品を生み出すことは、まだ不可能な時代であったが、弱い男性と強い女性という対を描くことは受け容れられていた。だからデカダン派のなかには、女性に対する無関心の誇示から始まって、女性を恐るべき下等生物と描くに至る一群の作家がいる。エドモン・ド・ゴンクール［一八二二〜九六］は、一八八三年の日記に、夢で見た踊り子のことを書き記している。「彼女がステップを踏むたびに、その陰部が露わになった。あろうことか、そこには恐ろしい歯が上下にびっしりと生え、口のように開いたり閉じたりしていたのだ[*50]」。

マーガレット・ウォーラーは、一九世紀初頭のフランス文学に関する研究のなかで、次のような重要な問題を提起している。「男性が女性的になる権利を求めたり、インポテンツを嘆いてみせたりすることが、男性の権力を維持するための策略と化したのは、いったいいつのことなのか」。彼女はフランスのロマン主義文学しか扱っていないが、世紀末の英仏のデカダン派についても、この問いを投げかけることが可能である。デカダン派の芸術家達は、耽美主義的な態度を前面に押し出し、物質主義的なブルジョワと生殖第一の女性のどちらに対しても嫌悪感を剝き出しにしていたので、自身のインポテンツを率直に公言することは、彼らにとって自らのナルシシズムと増長欲を満足させる役割を果たしていた。彼らが誇示していたのは、弱さに見せかけた権力なのである。したがって、「この時代のインポテンツのフィクションには、明らかに肯定的で積極的な面が備わっている」のだ[*51]。

芸術家が男性の不能を描くことには、男らしさを弱める効果があったのではないかと思われていた読者もいたかもしれないが、フィクションの作品においても、医学文献においても、女性を貶め（身体を代表するとして）、男性を称揚する（精神を代表するとして）という古くからの目的のために、それがしばしば利用されていたことが今や明らかになった。創造性に富んだ芸術家達の夢想を追いかけていると、現実の人々の生の経験から引き離されてしまうと感じる向きもあろうが、個人的な経験も文化によって書かれた脚本に従っているものなのだ。医学的な文書に書かれているようなセックスを巡る屈辱的経験も、いかにも教科

シーラ・ナ・ギグ（アイルランドなどの厄除け女性像，女陰を広げている）とヴァギナ・デンタータ（歯のある女陰）を組み合わせた現代の作品（トム・オハーン）

書的で、作られたものであることがありありと感じられる。詩や戯曲、小説などにおける、男らしさの描かれ方は、それを読んでいた当時の読者が、自身の性的不全をどのように受けとめ、どのように描写するかということに、何らかの影響を与えていたことは極めて明白なのである。

おわりに

インポテンツを巡る一九世紀の議論を検討してきた本章の結論を述べる前に、重要なことなので今一度確認しておきたいのだが、この章で取り上げた文学によって安心感を得るような者は、全男性人口のうちのほんの小さな割合に過ぎないと思われる。一般的な想定としては、健康な男性の自意識の基盤は、依然として当然性交能力を備えていることの方にあったのだ。ジョージ・バーナード・ショー［一八五六〜一九五〇］は、セックスがうまくできたかどうかを、「0」「1」「2」と数値化して日記に付けていた。「0」がインポテンツの意味である。つまり多くの人にとって男性の名誉は、まず何よりも性交能力をもって築かれるものだという認識は、何も変わっていないのである。だから妻から騙されるような夫が、嘲笑という罰を受けることも変わらない。アレクサンドル・デュマ［息子の方。一八二四〜九五］の劇作品『クロードの妻』（一八七三）は、寝取られ夫が男らしさを回復するためには、妻を殺すか寝取った男と決闘する以外にないという物語としては、最もよく知られた作品である。臆病は、要するにインポテンツと同等と見なされた。性交能力を示すことが非常に高く評価されていたため、例えば強姦を深刻な犯罪とは考えないような判事もなかにはいたほどである。あるイギリスの判事が一八九〇年代に次のような言葉で不満を洩らしている。「男性が自身の威厳や、あるいは主《あるじ》という立場、統治者という立場、あるいはまた自身の重要性を自覚するためには、生殖能力は欠かすことができないもののように思われる。

フランチェスコ・モッソによる『クロードの妻』（19世紀後半）．おそらくは夫クロードから撃たれた直後の妻セザリーヌを描いたものと思われる

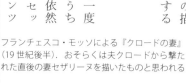

〔……〕それは男性が誇りに思うべき権力であり、特権なのだ」[*52]。

しかもこの章の最初で述べたように、インポテンツの男性と結婚した女性は、結婚の無効解消を求めて訴訟を起こすことができた。アングロ・サクソン法の世界では、不能を理由にした結婚の無効解消や離婚の提訴に、未だに屈辱的な身体検査が必要とされることがあったが、ヴィクトリア朝時代の人々が上品さを追求するようになるにつれて、その手の訴訟はだんだんと非公開になっていった。上品さへの配慮がもたらしたもう一つの結果として、不能の配偶者から自由になることを求める女性は、性的快楽のためではなく、子供が欲しいことを理由としなければならなかった。結婚の無効解消を獲得するために、女性側の弁護人は、夫の身体的あるいは心理的欠陥が結婚以前から存在していたこと、それが結婚前には妻に明かされていなかったこと、そしてそれが不治のものであることを、証明しなければならない場合もあった。ドイツにおいても法制度は似たようなものであったが、さらに加えて、夫婦のうち一方の欠点が、他方に対して、結婚の義務の遂行を不可能にするほどの嫌悪感を抱かせる場合には、結婚の無効解消が認められた。フランスは少し異なっていた。というのは、革命後、インポテンツが結婚の無効解消の理由として認められなくなったのである。しかもまだ結婚していない段階での婚約解消すら認めなかった。さらにその一方で、フランス人の夫は、自分の妻が生んだ子供であれば、いかなる子供であっても認知しないことは認められなかった。故意にせよ過失にせよ、結婚が完成しないことを理由として、その無効解消がフランスで認められるようになるのは、一八八四年に離婚が再び法制度として確立してからのことなのである[*53]。

ヴィクトリア朝時代の人々が、女性の欲望を抑圧するために、いかなる方法をとってきたかということについては、これまでもさんざん言われてきたので当たり前のことになっている。キャロル・グローンマンという研究者は、『色情症《ニンフォマニア》の歴史』（二〇〇〇）という研究書で、性に貪欲な女性像が一九世紀になぜあれほどまで嫌悪されたか、またなぜジェンダー規範を脅かすものと見なされたか、ということを示している。しかしグローンマンは、過度に好色な男性が、女性における色情症の文化的等価物であると間違って想定してしまい、その状態を治療しようとする男性がほとんどいなかったのはなぜかという問いを立てている。

しかし実際は、色情症の女性がヴィクトリア朝時代人にとって女性らしくないものすべてを代表するのだとすれば、男性らしくないものすべてを代表するのは、過度に好色な男性ではなく、むしろインポテンツ男性である。インポテンツ男性のことを考慮に入れない限り、健全なものから不健全なものまで、男らしさのあらゆる範囲をすべて概念化することは不可能であろう。インポテンツに関する議論は、一九世紀のジェンダーの境界線維持にとって、最重要であったのだ。当時の性の手引きの書き手や、小説家、劇作家、詩人達は、男性の性交能力を当然視する代わりに、それを常に証明しなければならないもの、常に問題の種になるものと認識して、多大な注意を払う必要性があることに気付いたのである。

第6章

「一粒で驚きの精力増大……」

ヴィクトリア朝時代、医学とインチキ医学の闘い

「婦人科」の誕生。しかし「男性科」は……

一八九〇年代のある日、ある六三歳のアメリカ人の商人が二二歳の元気な女性と結婚した。恐ろしいことには、彼は結婚してから自分がセックスをやり遂げることができなくなっていることに気が付いた。「かかりつけの医師に相談するのは恥ずかしいので、彼は『失われた男らしさを回復します』式の様々な広告に飛びついた。そのなかでも一番派手で、信用できそうなものをいくつか試してみたのだが、次々に騙されるばかりだった。それで今度は遠く離れたサナトリウムに赴いて、しばらく治療を受けたのだが、そこでもはかばかしい成果は得られなかった。その次に彼は、医療会社らしきものに騙された。その会社は、『力が衰えつつあり、その結果としてインポテンツに陥っている男性の、フニャフニャと弱々しい勃起状態を修復します』と謳う吸引器を、彼に売りつけたのである」[*1]。最後の手段として、彼は腕の立つ外科医を訪れ、少しばかり手術をしただけなのに、そのおかげで彼の性交能力は完全に回復した。なぜこの患者のことがここまで詳しくわかっているかというと、一八九七年に、くだんの外科医であるJ・A・マリーが、この症例を誇らしげにアメリカ医師会に報告しているからである。その報告記事は、一人の男性のインポテンツ治療歴を簡潔に述べながら、最終的に商売敵をやっつけるという、医学を専門とする者が願ってやまない結末になっている。しかし実際に男性のほとんどが、効果的な処方は医師から得られると信じるようになるには、あと一〇〇年は待たねばならなかったのである。

男性の性的機能不全に取り組む外科医らが、それを一つの専門分野として確立しようとして果たせないでいるちょうどその数十年の間に、女性の生殖に関する病気を扱う同僚らは、世間の認知を得ることに成功していた。英国婦人科学会が創立されたのが、一八八五年のことである。一方の専門分野が誕生し、もう一方がそうはならなかったのはなぜだろうか。婦人科医が世間の認知を勝ち取った理由は明らかであるように思われる。彼らは出産中の女性の健康を守るためには、手術を施さなければならない場合があるということを吹聴したのだ。さらに一般論として、女性は男性と違って生殖を司る器官の影響を受けやすいという、世間に広く受け容れられていた前提を、彼らは利用することができた。「セックスや生殖が、女性にとっては根本的なことであるが、男性にとってはそれほどでもないとする信念が、我々の文化に深く根を下ろしている」と、イギリスの医学史家オーネラ・モスクッチは言っている。婦人科医の多くが、女性は、子宮という臓器を持っているという事実によって、その身体全体が男性とは異なっているということを前提としていたのだ。その反対に、たとえ男性特有の病気があったとしても、それが男性の定義となるほど典型的ではないと、西洋文化は見なしてきたのである。だからこそ、一九世紀終盤に婦人科という専門領域が誕生したのに対して、「それに対応する『男性の科学』すなわち『男性科』という専門領域が、並行して進展するということにはならなかった」のである。[*2]

尿路感染症や膀胱結石などの男性の健康問題に取り組む外科医は、蔑みを込めて「性病医」などと呼ばれた。泌尿器学が外科一般から区別されて一つの専門分野となったのは、一八九〇年に、パリ大学で泌尿器学が独立した教科となり、フェリックス・ギュイヨンがその初代専任教授に任命されて以来のことである。婦人科学が、母性を大切にする西洋社会の考え方に支えられて重要視されたのに対して、泌尿器学の方は、性病やインポテンツを連想させるために、色眼鏡で見られた。そうした問題を議論する医師は、自分達が下品に見られていることを痛感していた。しかもその分野は、以前からインチキ医者の縄張りだったのである。

前章では、ヴィクトリア朝時代のインポテンツ観を検証したが、本章では、医療を生業とした者達が、この病をどのように扱おうとしたか、という点に焦点を当てて見ていく。野心的な医師達は、インポテンツを扱うことによって新しい一つの専門分野を立ち上げることができるのではないかと考えた。問題は、医師達がインチキ医者と競い合いながら、この商売敵と自分達のどこが違うのか、自分でもわからないというところにあった。一九世紀のほとんど全期間において、医師はインポテンツの原因を過度の性行為にあると見なしていたので、その助言は、医学的なものというよりも道徳的な性質のものだった。また医師はインチキ医者のことを、「男の活力」に代表されるような自称催淫剤の運び屋に過ぎないと攻撃しておきながら、自分でも求められれば似たような強壮剤や気付け薬を処方していた。機能不全の原因を心理学的なものに求めた医師は、まだ一定の独創性を示し得たが、それでも医師達が最終的に、自分達にしか施せないと主張できる治療法を我が物としたのは、一九世紀の最後の数十年の間に消毒法が確立して、手術が比較的安全にできるようになってからのことだったのである。しかもそうなってもなお、メスやゾンデを使用する理由が、医学的というよりむしろ道徳的配慮から説明されるような場合がしばしばあった。つまり彼らは、医学的には必要性のない苛酷な治療法を時に選択していたのであり、それを考えると当時の医師達には、患者を効果的に治療することだけでなく、専門家に対する世間の敬意を勝ち取るという意図があったことが窺えるのである。

インチキ医療の宣伝広告

まず最初にインチキ医者に目を向けてみよう。従来のフェミニストの歴史家の主張によれば、一九世紀の医師達は、女性患者に対してしてしたようなある種のお節介を、男性患者に対してはしなかったという。確かにそうした主張には十分な証拠があるものの、それを聞いた人は、ヴィクトリア朝時代の男性達が、インチキ医者からひっきりなしに助言を浴びせられることもなかったかのように思ってしまうかもしれない。しかし一九世紀のほとんどどの新聞でも、その最終頁を一目見れば、セックスにまつわる男性の不安に付け込むようなインチキ医者の広告が大量に目に入ってくるのである。大衆社会の出現と共に、新しい低俗な出版物を利用して、企業家精神旺盛なインチキ医者達は、「男らしさの喪失」への不安を創り出すことと、それを治すいかがわしい薬を売ることの、両方が同時に可能になった。「悪癖・不節制の犠牲者達よ、男らしさを立て直せ！」と、ニューヨーク州バッファローのエリー・メディカル・カンパニーが広告している。「悪行・過労・不健康の虜達よ、活力を取り戻せ！」と。この会社の商売敵は数え切れないほどだが、例を挙げるなら、「セラピオン」や「マクローン博士の電気ベルト」「性的虚弱にウッド社のフォスフォジン」などだ。こうした広告は、どちらかと言えば低俗な日刊新聞や、もっぱら男性向けに売られた一群の新興刊行物に掲載された。アメリカでは例えば、一八四五年に創刊された主に犯罪とスポーツを扱うタブロイド紙『ナショナル・ポリス・ガゼット』が、毎号その最終頁に、ありとあらゆる強壮剤の広告を満載していた。世紀の変わり目の時期には、『フィジカル・カルチャー』◆など、自己鍛錬の刊行物が、様々な種類にわたる治療法や運動法を吹聴していた。例えばライオネル・ストロングフォート［一八七八〜一九七〇］は、「インポテンツからの回復をお手伝い致します」と約束している。「私なら、あなたに新たな勇気、盛り上がる活力、さらなる元気を授けることができます」と。イギリスでは、例えば一八六四年に創刊された『イラストレイティド・ポリス・ニュース』が、「男らしさを回復する」とか「神経の衰弱に」などの広告を掲載した。そうした広告では個別相談に応ずると謳っている場合や、あるいは患者が自分で治療するための手引きを提供するという場合もあった。対象とされたのは、精液漏や神経組織の衰弱、意気阻喪、若過ぎる老衰などであった。フランスでは、諷刺新聞の『ル・スーリール』［一八九九年創刊。紙名は「微笑」の意］が、芸術家とそのモデルとか、妻とそのお人好しの夫とかを題材にしたポルノグラフィックな物語を取っ替え引っ替え掲載し、そのかたわらに夢精やインポテンツに効くという注射や丸薬の広告を載せていた。「人に言えない病気」をたちどころに治すと謳う、そうした広告を打つために、莫大な広告料を喜んで支払っていたのだから、この種の商売は儲かっていたのだろう。*3

インチキ医者はインポテンツの原因を、マスターベーションや精液漏、過度の性行為、性病などにあるとしていた。一八三〇年にイギリスで出版された女性向けの健康読本は、不妊症もインポテンツもその原

◆『フィジカル・カルチャー』　英米で、それぞれ別個にこの題名を持つ雑誌が創刊された。一つは、近代的ボディビルディングの父と呼ばれるドイツ出身のユージン・サンドウ（一八六七〜一九二五）が、一八九八年にロンドンで創刊した雑誌（一八九九年に『サンドウズ・マガジン・オヴ・フィジカル・カルチャー』と改題）。もう一つは、ベルナール・マクファデン（一八六八〜一九五五）が一八九九年にアメリカで創刊した雑誌。マクファデンは肉体鍛錬を含む独自の健康法を提唱し、自ら立ち上げた出版事業でそれを喧伝して一時代を築いた。

⑥ ⑦

⑧

⑥ライオネル・ストロングフォート（媒体・日付不詳）.「愛する女性に対して罪を犯してはならない」とし,「もしも貴方が夫として，また父親としての義務と責任を担うに相応しい『適者』でないのなら，貴方を信じ切っている清らかな若き奥方に対して，どれほど多くの愛をもってしても償えない罪を犯すことになります」と脅している．また下の方には「私の科学的な手法は『フィジカル・カルチャー』を超えた」とも.

⑦『イラストレイティド・ポリス・ニュース』(1895 年 4 月 20 日付）1 面．オスカー・ワイルド裁判を報じている.

⑧『ル・スーリール』1910 年 4 月 2 日付 11 面と 1 面（右上白枠内）．11 面左上と右下に，インポテンツ（フランス語で impuissance）治療薬の広告がある

⑨サンドウの『フィジカル・カルチャー』(1906 年 1 月 25 日号）表紙のユージン・サンドウ

⑩マクファデンの『フィジカル・カルチャー』(1902 年 9 月号）表紙のベルナール・マクファデン

①

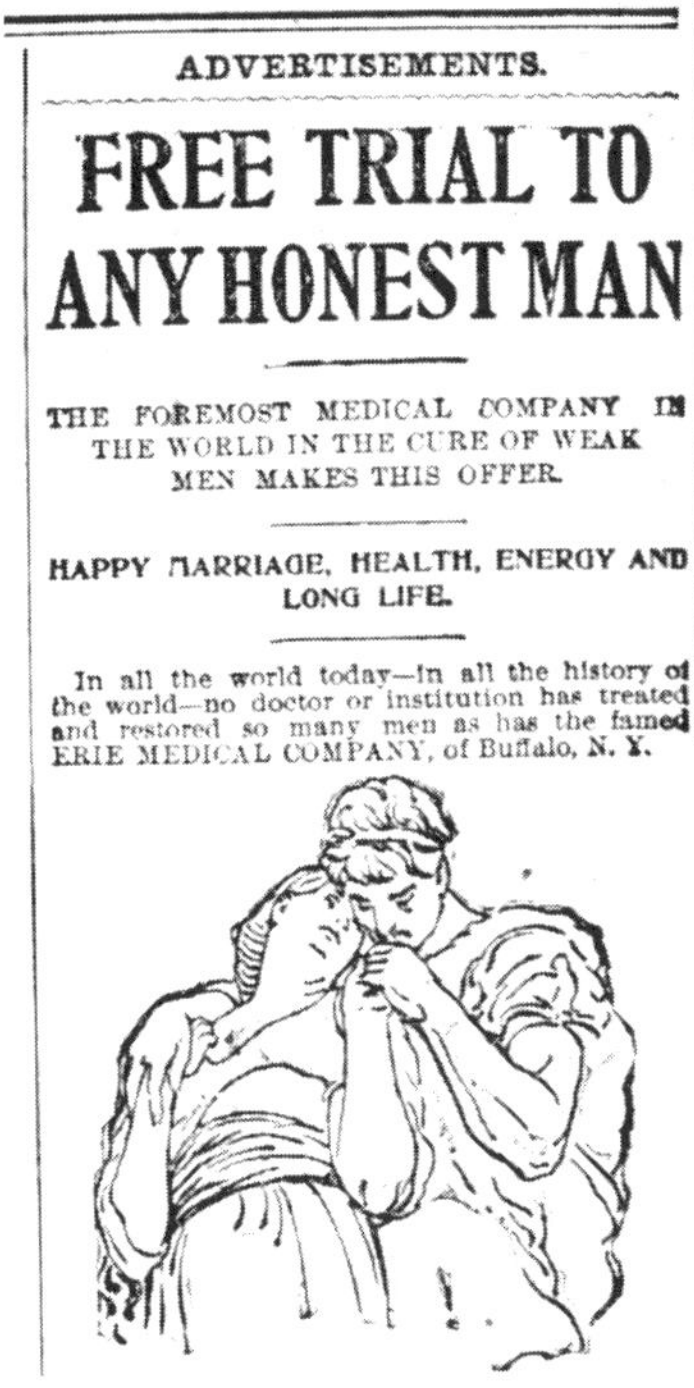

③

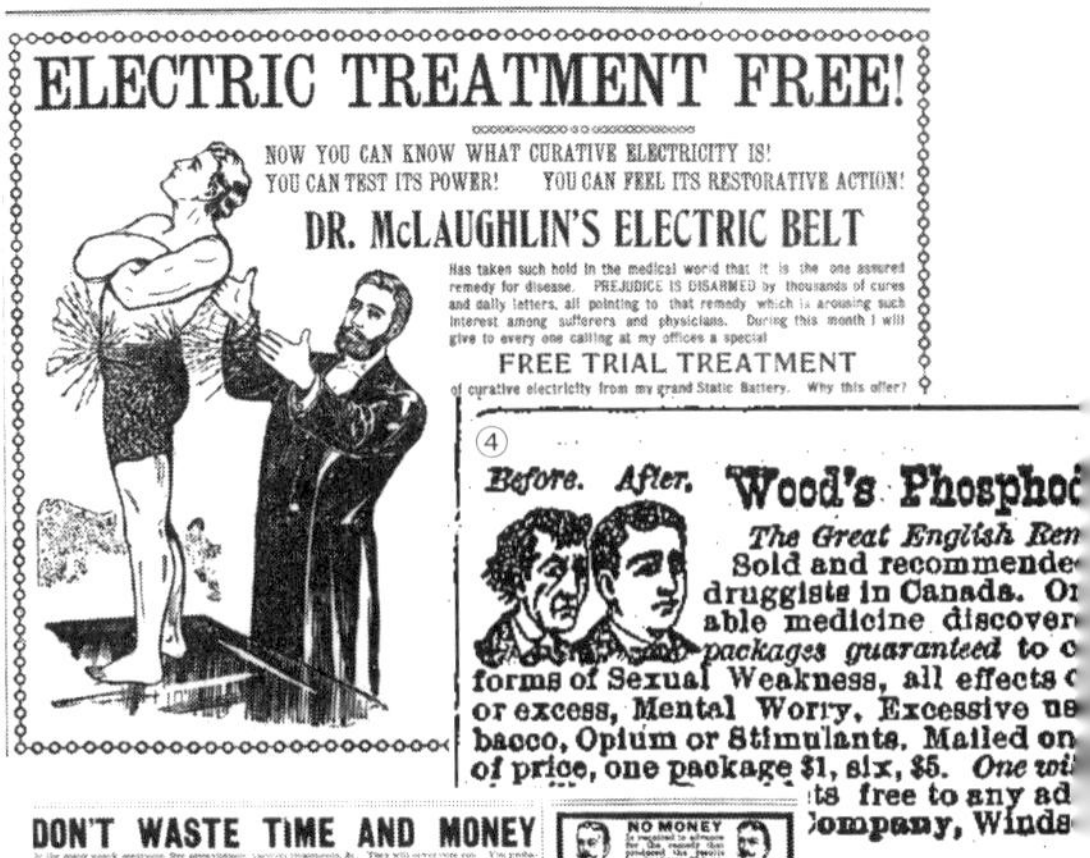

②

⑤

インチキ療法の広告と，それを掲載した大衆メディア

①エリー・メディカル・カンパニー（『サンフランシスコ・コール』1898 年 4 月 24 日付）．「確かな男性は誰でも無料でお試し可能――虚弱男性治療で世界最先端を行く医薬品会社が申し出」と題して，あたかも記事の延長であるかのように 3 人称を用い「彼らは信頼のおける男性には，魔法のようによく効く薬を試供品として送付してくれる．効果が顕われ患者本人が納得するまでは，1 ドルたりとも不要だという」と呼びかけている

②セラピオン（『コロマ・クーリエ』1913 年 9 月 12 日付）．「フランスの新薬」とある

③マクローン博士の電気ベルト（『サンフランシスコ・コール』1900 年 1 月 11 日付）

④ウッド社のフォスフォジン（『マイニング・レヴュー』1901 年 12 月 21 日付）．「6 種の性的虚弱，悪癖や不節制の影響，心配事，タバコ，阿片，興奮剤の過剰摂取などを治します」とあり，治療前／治療後の絵を添えている

⑤『ナショナル・ポリス・ガゼット』1895 年 1 月 5 日付 15 面と 1897 年 2 月 6 日付 1 面（右）．15 面には「虚弱男性（weak men）」の文字が躍る．「精索静脈瘤（varicocele）」という言葉も

因は自瀆であるとし、次のように断言している。「極めて有害なこの習慣は、男性においても女性においても、種の繁殖に密接に結びついているあの歓びを求める気持ちを殺いでしまう。そして時に、種の繁殖のために必要な交わりを、実際に遂行する力そのものも破壊してしまうのである」と。同じような主張は、例えばアメリカの健康改革運動の推進者で、一八二九年にグラハム・クラッカー［日本ではこの名で呼ばれているが、「グラム」が正しい発音のようである］を発明したシルヴェスター・グラム［一七九四〜一八五一］も唱えていた。オナニーは、性器の潰瘍や焼けつくような痛み、また精液が漏れたり血が混じったりという結果を引き起こす。「他には、オナニーによって全身の萎縮、インポテンツ、性器の老化が始まる。もしもこの悪癖を止めなければ、こうした症状は継続し、最終的には男らしさを表わすしるしも力も、ことごとくが失われることになる」。あの「活力をもたらす体液」を喪失することで――それは四〇倍の量の血液を失うに等しい――、「痛ましい影響」がもたらされるという。そこにはインポテンツも含まれている。過度の性行為によって男性の性器はサイズが小さくなってしまうし、勃起が不可能になる。インチキ医者によれば、夢精はインポテンツの前触れである。ロンドンの医師サミュエル・ラマートは数多くの本を出版しているが、そのなかに、生命の活力をもたらす体液がすっかり枯渇してしまった男性の症状として、潰瘍

アメリカの料理雑誌に掲載されたナショナル・ビスケット・カンパニー（のちのナビスコ）の広告（1915）にグラハム・クラッカーが含まれているが，グラムの発明の正式な権利継承があったのか，あるいは当時すでにこの名称が普通名詞化していたのかは，定かではない

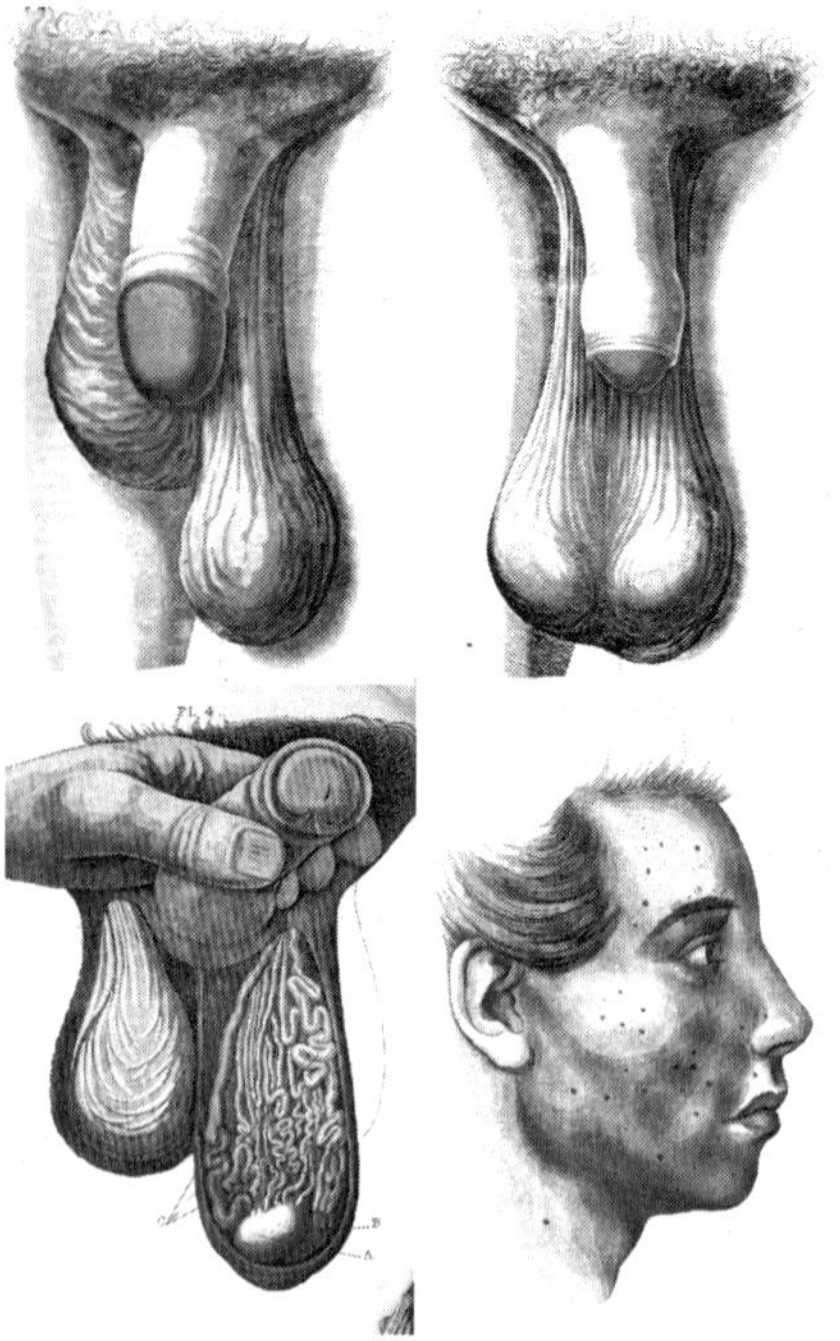

サミュエル・ラマートの著書の挿絵．ラマートによれば，陰嚢が伸びて睾丸が垂れ下がるのも（右上），梅毒第2期の丘疹性発疹のように見える顔の吹き出物も（右下），精索静脈瘤（左上下）も，すべてオナニーかセックスのし過ぎで衰弱した男性の徴候なのだという

のできた顔や発疹に覆われたペニス、梅毒に冒された睾丸などを色鮮やかに描いた挿絵を収録している。衰弱の症状は、口ごもる、どもる、動悸、足下が覚束ない、顔色が悪い、鈍感になるなど、たいへん曖昧な定義だったので、読者の誰にでも当てはまり得た。そしてその後には、さらに悪化する場合があるとされる。性器が萎縮し、思考がとりとめもなくなる。性的な能力が衰退していけばいくほど、欲望の方は残酷なまでに増していく。そしてこの筋書きの行きつく先は、誰もが予想する通りである。「ぼくはインポテンツです。生きるにふさわしくありません」という恐ろしいメモを遺して患者が自殺するという古典的な結末が、いくつもの冊子に書かれているのだ。*4

そうした宣伝活動を盛んにした者のなかでも、進取の気性に最も富んでいたのは、おそらく有名なドクター・ルイス・J・カーンであろう。彼は一八五七年に、精液漏を治してやると約束して金品をゆすり取ろうとしたと訴えられ、ロンドンの法廷に出廷している。ドクター・カーンは、新聞での広告だけでは飽き足らず、ロンドンのティチボーン通りに医学博物館を開設した。ドクター・カーンはそこを、アルコール漬けの処女の乳房や臀部、そして性器（処女膜と子宮）であるとか、マスターベーションのし過ぎで肥大化したクリトリスの模型といった、スキャンダラスな陳列物で埋め尽くして、訪れる男性客の心をくすぐった。また別の展示では、勃起のメカニズムがリアルに描かれ、その後には性病に罹ったペニスや梅毒による発疹、性器にできた潰瘍などの陳列が続いていた。その上でドクター・カーンは、神経質な顧客に自分の書いた『結婚の哲学について』という本を直接あるいは郵送で提供し、そのなかで、自身が開発した飴と飲料を摂る方が、医者の勧める焼灼法［詳細後述］で痛い思いをするよりも、精力回復に遥かによく効くと請け合った。ドクター・カーンは一八七〇年代に、ロン

カーンの著書『神経の消耗』に付された自身の医学博物館の挿絵（右）と，この博物館での発表報告冊子の挿絵２点.【左】ヘテラデルフュス（不完全体癒着体),【中】中央アフリカで発見された尻尾のあるニャムニャム人

ドンと同じような施設をニューヨーク市にも開き、そこでは訪れる男性の精子を顕微鏡で観察して、結婚に適しているかどうか検査するサービスも提供した。*5 どんなにお人好しとは言え、そんないかがわしいサービスを利用する者がいたのは、そういうことを医者はしてくれないからという理由も、一部にはあったであろう。

インチキ医療に闘いを挑んだ医師達

それでは医師達は何をしていたのだろうか。一九世紀の人々のほとんどは、性に関する事柄を公に議論することに慎重だったし、若い医師がそのような問題に深入りするなら、経歴に傷が付くと考えられていた。一八四〇年代には、イギリス第一の医学雑誌『ランセット』の寄稿者が、通常、患者も医師も、そんなことを口にしたら何と思われるかということを気にし過ぎて、話題にできないのだという記事を書いている。しかしそれでも医師のなかには、インチキ医者が独占しているインポテンツの治療をもぎ取り、インポテンツを医学の対象にしようと真面目に取り組む人達がいた。彼らは、あのように重要な医療分野を無責任な連中に任せてはおけないと、医師仲間に訴えかけた。アイルランド出身の作家ジョン・コリーは、インチキ医者達が簡単に治ると約束するから、不道徳な行ないが蔓延するのだと主張した。「放蕩な若者は、生命に関わるような、ふしだらで過激な習慣を、やめなくても良いのだと思い込んでしまう。強壮剤としてすばらしい効き目のある秘薬が存在すると、間違って信じてしまうからだ」。さらにまた、インチキ医者は患者を助けることができないどころか、患者に実害を及ぼしていると主張する医師もいた。イギリスの泌尿器学の権威で電気療法の開発にも功績を残したゴールディング・バード〔一八一四〜五四〕は、「人に言えない病」に効き目があると謳う広告が、患者の身体を傷つける実例として、結婚直前にインチキ医者の広告を読んで自身がインポテンツであると思い込み、自分でペニスに焼灼を施して大けがをした男性の症例を挙げている。イギリスの外科医レジナルド・ハリソン〔一八三七〜一九〇八〕は、頭に白髪が増えるのは精液漏のせいだと思い込んだ三五歳の男性の例を挙げて、「精神的にまいってしまっている」と書いている。イギリスでは、インポテンツそのものよりも、不安を煽るインチキ医者の文書のせいで、感じやすい若者が自殺していると報告する記事が、医学雑誌に掲載されている。一八六〇年には、スタッフォードシャーのある役人が、自分は脱腸のせいで結婚を完成することができないと信じ込んで自殺したという。[*6]

　自分の身体に現われた症状を、実際より遥かに深刻に捉えてしまって精神的にまいっている患者に、医師なら誰でも会ったことがあるものだと、ハリソンは記している。「そうした症例を目の当たりにして、現在、広告や無料配布物の形で出回っているある種の文書が、感じやすい人々の精神に、いかに有害な影響を与えているかということに衝撃を受けない者はいない。彼らはそうした文書に触れて、おそらくはたいへん若い頃に、性に関わる何らかの不道徳な行為に走ってしまったことを、痛い過ちとして自覚させられるのだ」。アメリカの医師ヘンリー・ボストウィックは、マスターベーションや性病、インポテンツといった性に関わる問題について、議論することを妨げている過った心遣いを克服しようと、医師仲間に呼びかけた。「利益追求しか頭にないような、無知で邪《よこしま》な連中が、この上なく興味深く、また重要でもあるあの分野の問題について、ほとんど独占的に扱うことが許されている現状は、まったく奇妙である」。ウィリアム・アクトンは、何も知らない人々が、自らすすんで貪欲なハゲタカの餌食になっていることを嘆き、さらに業者のなかには、顧客から受け取った手紙を世間に公表すれば、名声を失うことになるぞと脅し、恐喝する者までいると報告している。あるケンブリッジの学生は、代金として既に四〇ポンドを支払った後に、さらに三〇〇ポンドを要求されたというし、また別の犠牲者は、一つの業者から一〇〇〇ポンドも奪われたという噂があった。[*7]

　医師達は、インチキ医者に取って代わるために、男性科という専門分野を創設することを呼びかけた。イギリスの医師マイケル・ライアン［一八〇〇〜四〇］は、女性の生殖器は男性のものほど複雑ではないのに、女性の病について書く者が遥かに多いことに異議を唱えている。性交は、男性にとっては勃起、挿入、射精という、身体と精神とが複雑に絡み合った過程を伴うが、女性にとって事はもっと単純である。なぜなら「女性器は、性交にほとんど関与せず、補助的な役割しか演じていないからである」。ライアンによれば、男性の「有機体としての営み」は、その性的な感情に左右される。ライアンは、インポテンツについて信頼のおける研究書が当時存在しなかったので、一八三一年に自身でそれを出版した。ロンドンの医師R・J・カルヴァウェル〔一八〇二〜五二〕も、一般向けの解説が必要であると考えた。彼が出した本は実際に、七年の間に一〇回も増刷するほどの人気を誇った。カルヴァウェルは、性に関わる病気について語ることを、人は恥ずかしがり過ぎると指摘するところから始め、次いで性病やマスターベーション、あまりに若い頃からの淫蕩などが、どれほど危険であるか、世の紳士諸君にも理解できるように解説していく。ウィリアム・アクトンは、うまく勃起しなかったことに驚くよりも、まんまと勃起したときにこそ驚くべきだと言う。なぜなら勃起というものは「簡単に刺激される一方で、邪魔が入ったり、阻止されることも多く、また濫用され、繰り返され、消耗しがちだからである」。アメリカの医師で性教育者のフレデリック・ホリック〔一八一八〜一九〇〇〕は、一八五一年に、不妊症やインポテンツに痛めつけられている人の多くが、沈黙のうちに苦しんでいる、この沈黙を打ち破るつもりだ、と宣言している。男性が性交能力を欠いていることは、単に私的な問題にとどまらない、公的な問題にもなり得るのだと言う者もいた。オーストラリアの医師ジェイムズ・ビーニー〔一八二二〜九一〕は、インポテンツによって結婚に終止符が打たれる可能性があるからこそ、この問題について真剣に議論しなければならないのだと指摘した。「夫婦両家の関係、両家の個々人の平穏、当事者としての夫婦二人の生涯にわたる幸せ、二人の社会的地位、財産問題、家を継ぐ跡取りへの期待などのすべてが、インポテンツという大問題に関わっているのだ。だからこそ、男女の性的関係に影響のあるような、関連するテーマについて何か書くときには、男性のインポテンツをできる限り重視することが、医師たる者に課された義務なのである」[*8]。

カルヴァウェルの著書に付された器質性インポテンツの挿絵．ペニス（図中b）が生まれつき陰嚢（c）に癒着している症例．尿はペニスの根元の開口部（a）より出る

身体的原因の不能の分類

医師達は、インポテンツについて議論する必要性を自覚していた。しかし議論するのは良いとして、どうやってインチキ医者との違いをはっきりと示せるだろうか。あり得る方法の一つとして明白だったのは、身体的な原因で起きているインポテンツの分類に注意を払うという途であった。まず第一に重視すべきは、単純に老化という問題ということになるだろう。ニューヨークの医師オーガスタス・ガードナーは、男性機能の欠陥はペニスのサイズや状態が原因となり得る、しかし精液の射出量は、病気や薬物、あるいは単に加齢が原因で少なくなり得ると書いた。アクトンもガードナー同様、若くない男性（五〇歳以上）はエネルギーを温存するよう注意しなければいけないと言っている。節度を守れないのは、しばしば虚栄心のせいである。特に年上の夫で、「ヨセフ〔聖処女マリアの夫。第2章参照〕」と同じだと思われたくないという男性はそうなりがちである、と。フランス人のフェリックス・ルボーは、過度の淫蕩に耽ったり、ダビデ王のように◆若い女性の腕のなかで回春を図ろうとするのは危険だと警告している。男性は、加齢に伴う自然現象としての力の衰えを、受け容れるべきだ、と。確かに一九世紀前半の医師達は、インポテンツを加齢が原因で生じる避けがたい状態であると考え、インチキ医者の提供する破廉恥な手段を用いて興奮を得ようとする者を非難した。ルイ・スレーヌは、「各季節にそれぞれの花が咲く

◆ダビデ王のように　古代イスラエルの王のこと。旧約聖書『列王記』上に、年老いて身体が温まらなくなった王は、若い処女を一人そばに侍らせて世話をさせ、懐に抱いて寝れば温まるという家臣の勧めに従い、シュネム生まれのアビシャグをそばにおいたとある。「この乙女、はなはだ美しくして王の供となり、王に仕えたり。されど王、これと交わざりき」（一章一〜三）。

ダビデ王とアビシャグ（ペドロ・アメリコ，1879）

ように、各年齢にはそれぞれの良さがある」ことを、読者に喚起している。[*9]

医師は、器質性のインポテンツに様々な種類があることも、インチキ医者に比べて遙かによくわかっていた。器質性インポテンツは身体構造上の欠陥に由来するとされ、原因となる欠陥には、奇形や尿道下裂、癌、象皮病、梅毒結節、そしてペニスの骨折までもが数えあげられていた。またインポテンツは、当然ながら性病の最も恐るべき副作用と考えられてもいた。例えばフェリックス・ルボーは、ドクター・ローランという筆名で書いた『夫婦の書』(一八五二)のなかで、インポテンツの原因としてあり得るものとして、遺伝、病気、想像力、オナニー、過度の性交、性病などを挙げている。また医師達は相変わらず、肥満は身体を衰弱させるし、阿片やアルコール、タバコ、コーヒー、アブサン、ハシッシュは気分を滅入らせると指摘している。また成人男性にとってイライラがインポテンツや不妊症の原因になるという報告もある。また一八七〇年代までに、糖尿病がとりわけ年輩者においてインポテンツの原因となることも、知られるようになっていた。医師達が関心を向けていたのは、基本的には中流階級の健康問題であったが、アメリカの軍医R・W・シューフェルト[一八五〇〜一九三四]は、工場労働者が特定の物質や薬品に被曝することでインポテンツになり得ると書き記している。例として彼が挙げているのは、ゴム工場における、有毒な硫化炭素の吸引の影響などである。[*10]

相変わらずマスターベーションが原因とされた

医師達はインポテンツの器質的原因を一通り検証したのだが、それでもなお、男性の性的機能不全のほとんどは、性的不節制に関連しているという紋切り型の考え方に回帰せずにはいられなかった。この考え方は決して新しくはなかったが、節約を賛美するブルジョワ文化にあって、かつてないほど受けが良かったのは確かである。医師達は時代の幻想を、医学的な言葉に翻訳したに過ぎないのだ。一八三〇年代以降、医学論文には過度の淫蕩に対する激しい攻撃が見られるようになる。たとえ結婚していても非難は免れず、神経衰弱を招くと警告された。アクトンによれば、男性の身体というものは、ペニスだけでなく全身が堅固に引き締まり、屹立しているのが当たり前とされている。だが性器は、事実上個人の性格を映す鏡であるので、キリスト教徒の紳士たる者、自らの淫蕩を自ら抑制してみせなければならないのだという。ハモンドは、週に一度以上、欲望に身を任せるなら不節制だと断言する。フランスのドゥベは、不節制は文明生活には付き物ではあるが、それこそが男性の衰えの主な原因であると主張した。イギリスの医師は、なかでも「コイトゥス・アブ・オーレ」(オーラル・セックスのこと)のように、強い興奮を引き起こす性行為はとりわけ危険であると考えていた。独自の健康法を唱導する人々も、同じように道徳的な論調だった。例えばアメリカ水治療協会の会長トマス・ロー・ニコルズは、性的不節制が最終的に招くのは、去勢と同じで「衰弱、冷え、利己主義、臆病であり、要するに男らしさという言葉に含まれるものすべてが、完全に失われるのである」と言い切っている。アメリカの大衆的な医学書が警告しているところによれば、性的不節制によって、男性はエネルギーを奪われ、「適応力がなくなるから、ビジネスマンとしても学生としても聖職者としてもやっていけなくなる。さらにはそれだけでなく、進取の気性や熱意、優しさまで失われ、怒りっぽくなったり、鈍重になったり、愚痴っぽくなったりし」、最終的には「生命力」の枯渇に至るという。[*11]

結婚をしている夫婦間の性交であっても、過剰になれば危険だというのだから、婚外性交はもっと危険があると言われていた。またジェイムズ・H・ダンは、性的な不節制のなかでも、一晩に何度も繰り返すことがとりわけインポテンツの原因になり得ると述べている。「そのように短時間に性交が何度も繰り返される傾向があるからこそ、不義関係の性交は、正当な夫婦間の性交に比べて、遙かに生殖器官への害が大きいのである」。古典的ポルノグラフィー『わが秘密の生涯』◆の匿名の著者ウォルターですら、「際限な

◆『わが秘密の生涯』 ヴィクトリア朝時代を代表するポルノグラフィー。当時の社会風俗資料としても価値がある。英語で書かれた長編自叙伝で、一八九〇年頃ベルギーで出版された。邦訳は、佐藤晴夫訳『我が秘密の生涯』(全五巻、ルー出版、一九九七〜八)など。

く淫蕩に耽っているとインポテンツや、もっと悪い結果を招く」と警告され、行ないを控えようと考える。フランスのフェリックス・ルボー◆は、この問題を追究するために、淫らな女性を相手に自ら実験してみたところ、相手の女性がいくらキスをしても、また手で触っても、彼の萎えたペニスは一向に興奮しないという状態に陥ったため、彼は衝撃を受けたと告白している。しかし彼は読者に対して、自分にはいかなる隠された動機もない、ただ科学は芸術と同じで、常に「貞節で奥床しい」ものなのであると自己弁護している。*12

性的不節制は、いずれはインポテンツという結果を招くということが前提とされていたので、医師達はそこから当然の帰結として、いわゆる若気の過ち、とりわけマスターベーションの演じる役割に新たな憂慮を示すようになった。かつてはよくある一つの「悪徳」であったものが、こうして嫌悪すべき病に形を変えたのである。ライアンは、ジョナサン・スウィフトも、ジャン＝ジャック・ルソーも悪癖の犠牲者であるが、その悪癖は学校で覚えたものだと書いている。多くの書き手が、学校を疑わしい目で見ていた。ベルギー王レオポルド一世［在位一八三一〜六五］は一八五三年に、ヴィクトリア女王宛の書簡のなかで、自身の息子をできるだけ早く結婚させたいと書いている。「と申しますのも若い男性は、しばしば健康や、心や、精神に有害な……つまり一言で言ってすべてに害をなすような習慣に陥りやすいものですから」。マスターベーション恐怖症に罹っていたのは、とりわけ中流階級、上流階級だった。それは荒淫と同じように、若さや秘密主義、個人主義と関係の深いものと捉えられていた。*13

医師がマスターベーションとインポテンツとを関連づける論理は、マスターベーションはインポテンツの原因となる、インポテンツの男性は、マスターベーション以外の選択肢がない、という具合に循環論法になっていた。性的な問題を抱える患者が、他の点では若く健康であれば、その問題の原因はたいていの場合自瀆であるというのが、一般的な考え方であった。患者の言葉に耳が貸されることはなかった。アメリカの外科医サミュエル・W・グロス［一八三七〜八九］は、医師仲間に対して、消耗患者については当人の話を信用してはならない、それよりも尿道を調べることを勧めている。先にも触れたジェイムズ・リチャード・

スマイスは、活力を失って悩み苦しむ自身の患者達を振り返って、インポテンツ患者の一〇人に九人は、性病かマスターベーションが原因であったと主張している。例えばある患者から無理やり聞き出した告白によると、その患者は二一歳のとき、身体を洗っていて偶然にも「ユダの次男の過ち◆を知ってしまい、二五歳になるまで半ば狂ったようにそれに耽ったのです」。フレデリック・ホリックのような進歩的な医師ですら、男性の健康に関する研究書のなかで、マスターベーションの害悪について長々と一節を割いて論じている。いわく、マスターベーションは、禿、癲癇、インポテンツの原因となる、と。ハモンドは、大方の医師の意見を要約して、次のように言っている。「生物のある機能が、その機能を司る器官の十分な成熟を待たずに酷使されれば、確実にその機能は乱調を来すし、場合によっては機能喪失に至ることすらある。これは全生物共通の法則である」。この悪癖は、一たび身に付いてしまうと恐るべき結果をもたらすばかりである。グロスによれば、それは例えば尿道狭窄症、前立腺炎、尿道過敏症の他、陰茎の包皮が肥大したり、汚らしい体液が漏出したりする、などである。一八九〇年代になっても、医師達のなかには、インポテンツを「マスターベーターや放蕩者」の多くに見られる麻痺の一形態と呼んでいる者がいた。一八九二年に、アメリカ南部のある医師が、次代の市民を再生産する能力の欠如について、次のように書いている。「したがって世界中の医師の義務として、マスターベーションによって加えられている危害の極悪さをしかと認識し、早速にも若い男性に対して、早くから性的機能を濫用することは、殺人や窃盗と同じぐらい悪いこ

◆**フェリックス・ルボーは……自己弁護している**　引用されているルボーの文章は、ハシッシュが性器に与える効果を調べるために、自らそれを摂取して性交に臨むという実験として述べられているのだが、著者はなぜかそのことを省略している。

◆**ユダの次男の過ち**　ユダの次男オナンは、兄が神に殺されたため、当時の慣例に従って父ユダから、兄嫁と寝て兄の子供をつくるよう命じられたが、「オナン、そのたねの己のものとならざるを知りたれば、兄の妻のところに入りしとき、兄に子を得せしめざらんために、地に洩らしたり」（『創世記』三八章九）。すなわち膣外射精または性交中断（コイトゥス・インテルプトゥス）を行なったわけで、オナンの名に由来するオナニズムは本来この意味であったが、それが後に転じて現代の「オナニー」すなわち自慰の意味になった。

とであるから、気を付けるよう教育しなければならない」[*14]。

一八三六年、フランスの医師クロード＝フランソワ・ラルマン〔一七九〇〜一八五三〕が、インポテンツのもう一つの原因を発見したと公表した。精液漏のことである。その主張によれば、男性の尿に精液が混じっている場合、それはある種の不節制が原因で性的な不調を来している証拠であるという。精液流は再び体内に吸収されるものであって、意図せず漏出したりはしないものだと、考えられていた。もしも「遺精」、すなわち目覚めているか眠っているかにかかわらず、意図しない射精が起きたら、すぐさま対処しなければならない。精液のそのような喪失は、放っておけば危険な事態を併発するような、かなり深刻な病気の徴候なのである。ラルマンのこのメッセージは、英語圏にもすぐさま周知された。制御不能の遺精は、何よりもまずマスターベーションによって引き起こされるのだが、それに限らずあらゆる性的不節制と性病が、そして栄養過多の食事、身体の温め過ぎ、柔らかいベッド、香辛料、飲酒、脳を酷使する仕事などもまた、この病気の発症に関わっている可能性があると、医師達は主張した。世の男性達は、精液というものがもともと爆発的な奔流となって射出されるようにできているのであって、タラタラと洩れるものでないということを教えられた。精液漏の患者が示す徴候は様々で、どもり、難聴、癲癇、便秘、そして最終的にインポテンツを呈するとされた。だからこの新しい病は、結婚にとっては、その存続を危うくする最大の敵と見なされることになる。ヴィクトリア朝時代中期の医師ジョージ・ドライズデール◆のような、性に関して急進主義的な論者ですら、ラルマンの説を踏襲して、精液漏は時を選ばず起こり得るのであるから、通常の射精よりも危険であると触れまわった[*15]。インチキ医者達は、マスターベーションへの不安を利用することを止めはしなかったが、一八五〇年以降は新たにこの精液漏も、脅しの種の一つに加え、悪夢のように取り憑く恐怖心を与えたのである。

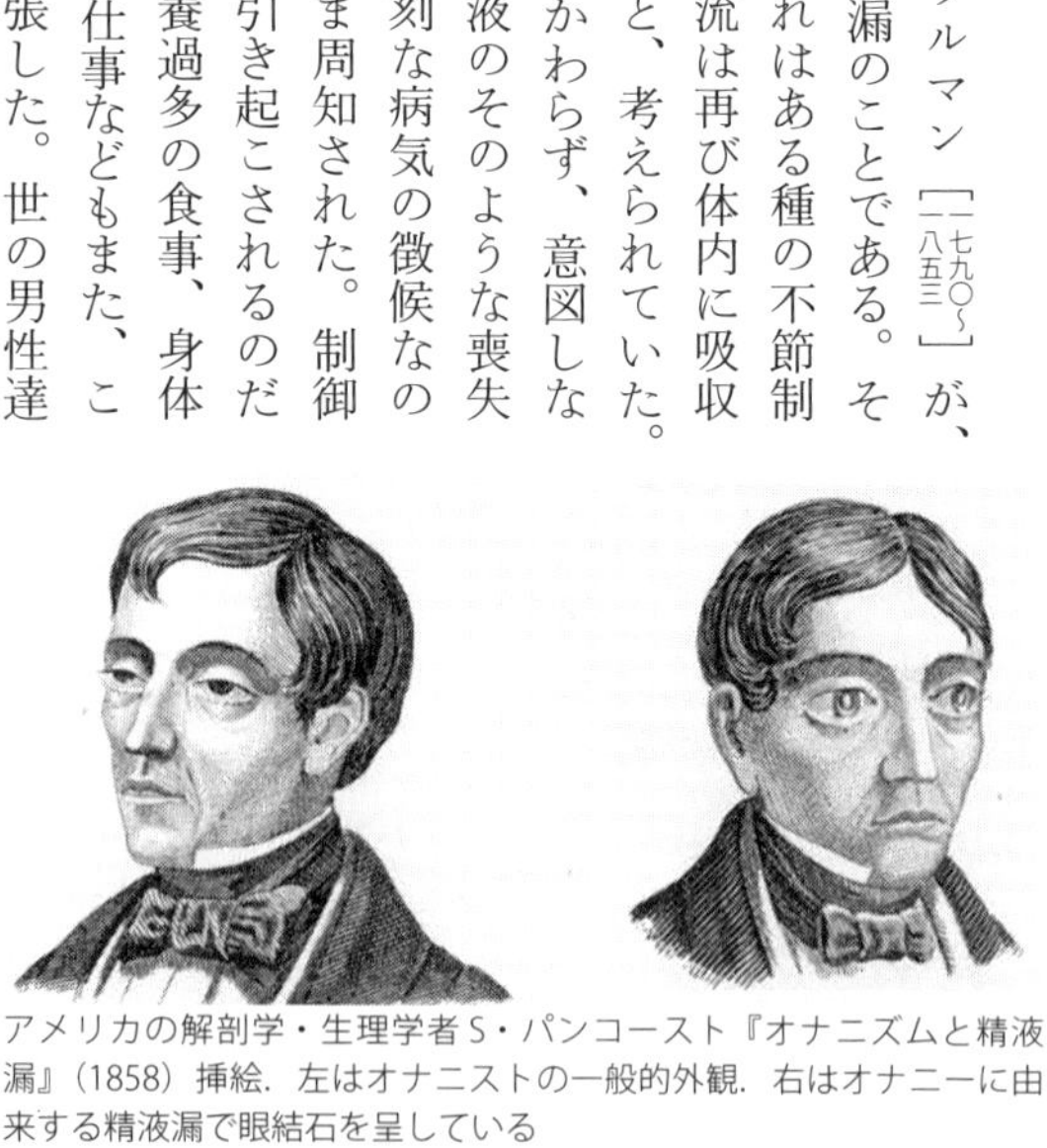

アメリカの解剖学・生理学者S・パンコースト『オナニズムと精液漏』(1858) 挿絵．左はオナニストの一般的外観．右はオナニーに由来する精液漏で眼結石を呈している

治療法①——結婚、インチキ薬、そしてインチキ器具

一九世紀初めにスコットランドの医師ウィリアム・バカン［一七二九〜一八〇五］は、「自然に反する遺精を治すために私がいつも患者に勧めるのは結婚である」と書いた。他の治療法として、局部を冷やすために座面が籐張りの椅子に座ること、過食を控えることを勧める者もあった。これが一九世紀半ばになると、もっと過激な治療法が用いられるようになる。ロンドンの外科医ジョン・L・ミルトンは、インポテンツと精液漏の関係について述べている文章のなかで、ペニスを焼灼して火膨れをこしらえるという、いかにも痛そうな治療法を推奨したことでラルマンを褒めている。*16 過度の刺激や性的不節制による尿道狭窄

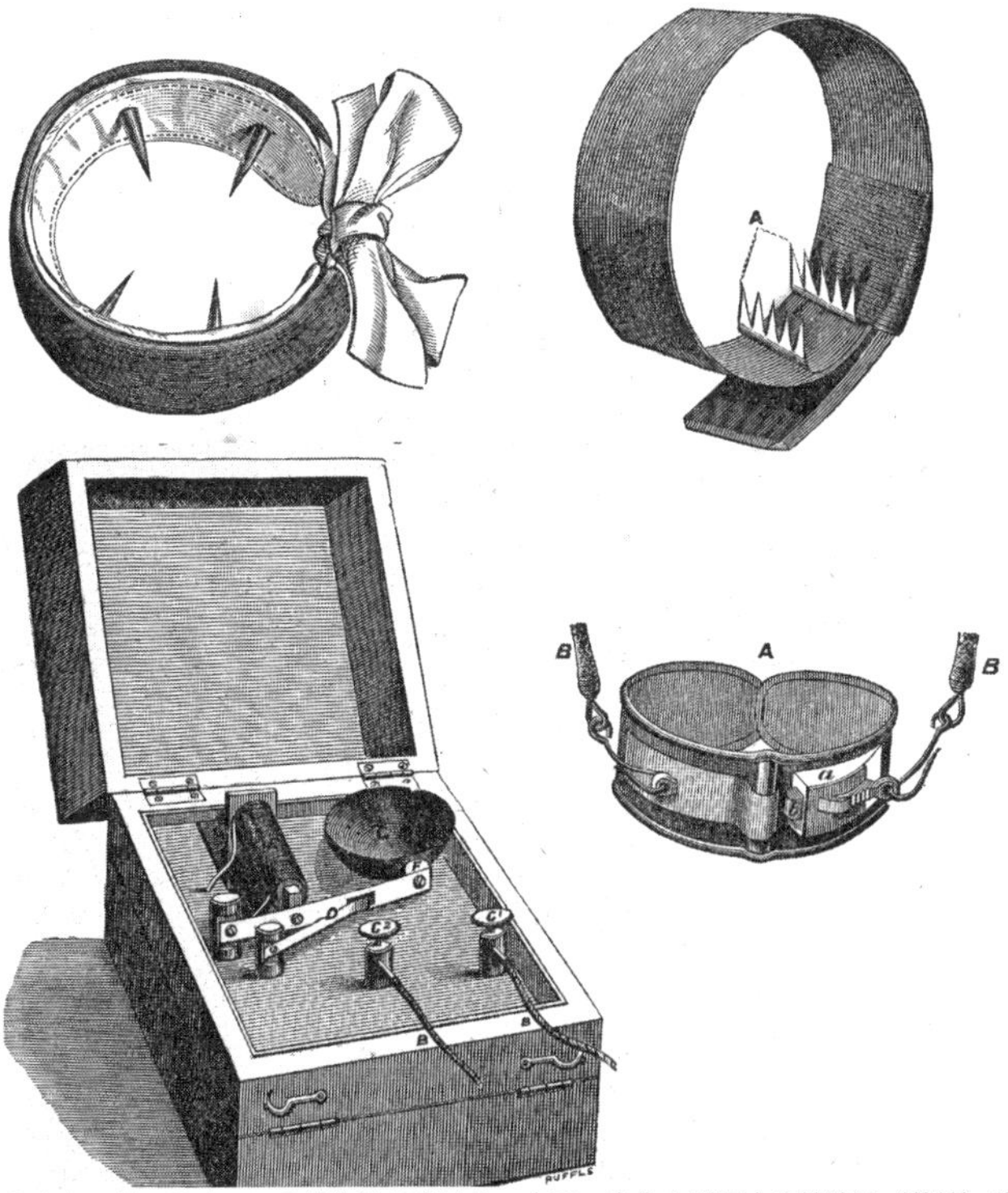

ミルトンは、ラルマンの焼灼法を褒める一方で、自身も睡眠中の精液漏（夢精）防止リングを開発していた（『精液漏の病理と治療』1887 より）.【上 2 点】勃起すると痛みを与えるペニスリング【下】ペニスにはめた輪（右）が勃起によって広がると，電気が通り，睡眠者の枕元に置かれた目覚ましベルが鳴る仕組み

◆ジョージ・ドライズデール　一八二五〜一九〇四。マルサス主義の産児制限支持者。一八五四年に『社会科学の諸原理』を公刊、性的満足の欠如と経済的貧困は、いずれも避妊によって解消されると主張した。

は、生殖器に樟脳軟膏《カンフル》を塗る、消息子《ブジー》（外科器具の一つで、細く柔らかな材質でできていて、身体の管状の部位に挿入する）［図版後掲］で検査する、カテーテルを通す、などの処置を施された。また一九世紀後半には、砒素と電気療法も用いられている。

　インチキ医者の治療法は、それに比べればずっと慈悲深いものだった。第4章で触れたように、サミュエル・ソロモンなる人物は、「インポテンツと虚弱精子」の対処法として、彼自身が開発した「ギレアデ強壮香」の購入を勧めている。これはカルダモン、ブランデー、カンタリスを原料としていて、精子生産を助け、筋肉の弛緩を取り除くと謳われていた。同じく第4章で触れたドクター・ブローダムの「神経強壮剤」は、のちにリンドウ、カランブール［沈香の一種］、カルダモンを成分としていることが判明した。こうしたインチキ薬が、謳われていたような強壮効果を持っていたとはとても思えないが、さりとて深刻な害をもたらすことも、おそらくなかったであろう。ドクター・セネトの「鉄分ドロップ」や「メッカ香油」、R・ペリーとL・ペリーの「シリア強壮香」、ブレーク社の「神経エキス」、デルーズの「濃縮・生命の滴」といったものも、おそらくそうであったろう。[*17] しかしシルヴェスター・グラムは、インチキ医者の偽薬に走る男性は、やがて恐るべき運命に見まわれるであろうと警告している。

　不心得者が、甘《かん》汞《こう》［塩化水銀］やカンタリス、ギレアデ強壮香といったもののおかげで、期待どおりの回復を見せる事例は、決して珍しくはない。そうして強壮な身体を手に入れたと思い込んで、そういう輩は結

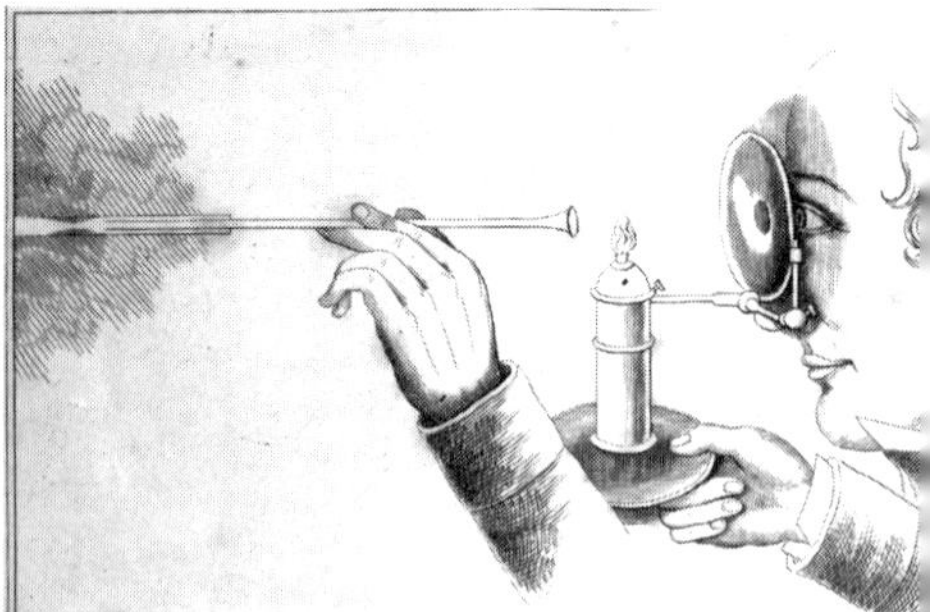

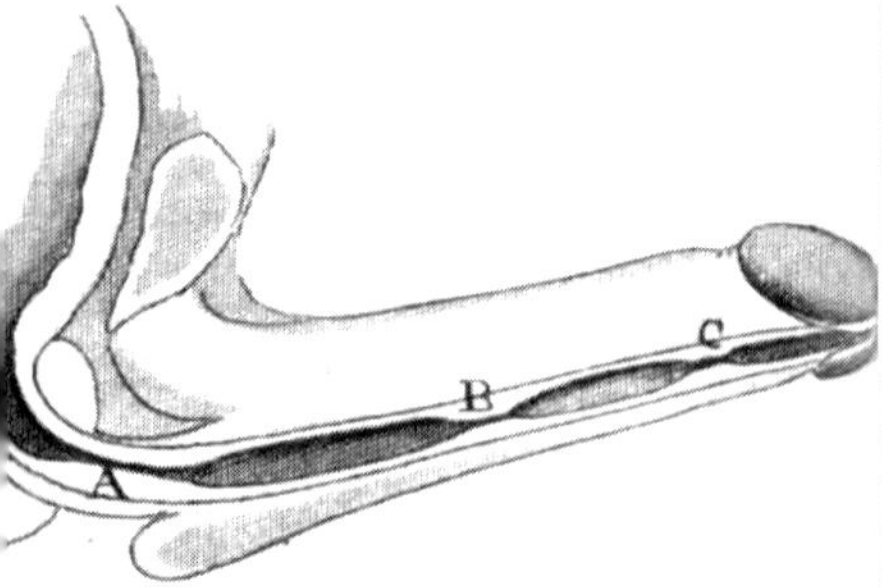

【右】尿道狭窄の治療．尿道にカテーテルを挿入して内部を観察している．リチャード・ドーソン（後出）著書挿絵【左】尿道狭窄を示しているデルーズの著書の挿絵．ほとんどの狭窄は膀胱に近いA付近で生じるという

婚生活に突入するのだ。そして香辛料を大量に利かせた食べ物と、ワインと、ブランデーと、それから時にはたぶん鉄分やキニーネやカンタリスその他のおかげで、数ヶ月の間、いや事によると数年の間は、男性能力をきちんと機能させておくことができるかもしれない。そして子供ができるのだが、そのような子は大きく育たないで死産してしまうか、あるいはたとえ生まれてくることができたとしても、虚弱過敏で病気の因子を山ほど抱えている〔……〕。だが不心得者が受ける罰はそれだけでは済まない。なぜなら今度は、この不心得者自身が不幸のどん底に沈むときが、間もなくやって来るからだ！自分自身を奮い立たせ、その状態を保つために、彼が用いた手段が暴力的で、反自然的であればあるほど、治る見込みのない深い深い病の淵に彼は沈むことになるであろう。*18

グラムの主張するところによれば、性的な健康を回復するのに有効なのは、節制と、野菜中心で良質で薄味の食事、運動、冷水浴だけであるという。

一九世紀末の数十年の間に、進取の気性に富んだ者達が、広範囲にわたる男性の不能への対処法として電気療法を提唱するようになった。例えば、ドクター・ハモンドなる人物が売り出した「療治ベルト」は、電源に接続することによって、男性に活力を注入するとされていた。ドクターの主張によれば、そのベルトの工夫は睾丸を支えてそれを温めるところにあり、これによって精子生産が促され、「活力」と「再生」が保証されるという。だが患者はこのベルトと同時に、「強壮粉」と「補精薬」も購入する必要があるとされていた。「原因が何であれ、夫婦生活を満足に営めない人は電力供給を切らしてはいけません。電気は勃起力と脳内物質をつくりだしてくれるだけではありません。過度の夫婦生活で失われた精液流を補ってくれるのです」。カナダのモントリオールでは、M・H・アトリーなる人物が、同じように電気療法の効能を褒め讃えている。*19

Phosphorus is the Active Element of Life, Electricity is Life, and the Blood is the Life thereof.

DR. HAMMOND, F.A.S., F.S.A., F.R.A.S. (Ex-governor Lock Hospital), is reluctantly compelled to announce publicly (through spurious imitations being introduced), that he is the Sole Inventor and Patentee of that Scientific Invention, the Electric, Curative, and Phosphoric Vitalizer, which cures Nervous and Muscular Debility, Seminal Weakness, Functional Derangements, and other ailments arising from whatever cause without medicine in the vast majority of cases. Full details for "Self-Cure" and personal use, free on receipt of two stamps, by Dr. Hammond, Charlotte-street, Bedford Square, London. Free consultations daily from 9 till 2, and 3 till 8.

ELECTRICITY.

This Life Invigorator acts not only on the diseased or relaxed Vessels, but also on the Blood, supplying the system with vital Electricity, thus arousing and equalising the vital Forces, and moreover is sanctioned and approved by the highest Medical authorities, i.e. Sir R. Martin; Sir C. Locock; Dr. Golding Bird; Dr. Reece; Dr. Thompson, Professors Ahreus, Humboldt, Davy, Farady, and hundreds of other notabilites.

(Vide) Guy's Hospital Reports, also, "Philosophical Transactions," "Lancet" "Medical Times," &c., &c.

These records are a guarantee to Invalids as to the Safety and Efficacy of Electricity which may be tested Gratis.

(Letters receive prompt attention). (Copyright). Entered at Stationers Hall, to prevent Piracy.

ドクター・ハモンドの「療治ベルト」の広告（『ノースウェールズ・クロニクル』1868年4月18日付）

正規の医師達は、インチキ医者の薬や電気ベルトには一切効果がないことを、繰り返し暴き立てた。だが医師自身は、この商売敵と自分は違うんだということを示すために、何か顧客に提供することができたのであろうか。医師のなかには、インポテンツへの対処法として結婚を勧める者もいたが、どちらかと言えば、結婚に反対する者の方が、かまびすしくその意見を活字にした。例えばマイケル・ライアンは、不能になった男性は結婚すべきではないと感じていた。ウィリアム・アクトンは、そういう間違った結婚は、花婿を自殺に導き、花嫁を侮辱するだけであると主張した。「そうやって勝手に花嫁を自分専属の医者か看護師扱いし、軽々しくその将来をまるで我が物であるかのように見なし、彼女の安息も、残りの人生の幸福をも奪い取る権利が、いったい誰にあるだろうか」。他の医師も、そのような結婚の行く末は、夫が倒錯的行為に夢中になり、妻は癒されない渇きを抱えたまま放っておかれ身を焦がすことになるのが関の山だという点で一致していた。こうした議論は、優生学や人種差別主義の臭いがする。イギリスの医師リチャード・ドーソンは、インポテンツになった者は結婚すべきでないと主張し、医者仲間の言葉として次のような話を引用している。「もしもすべての事実をあらかじめ知らされていたなら、今離婚訴訟で調べられているあのジェントルマンに対して、結婚すべきだなどと言いはしなかった。そんなことをするぐらいなら、腕を骨折したまま女王陛下の軍隊に入隊する方がまだましである」。虚弱な男性でも子供をつくることは可能であるが、賢いこととは言えない。なぜなら「その子供は、父親の不能に由来する身体的特徴を刻印されて生まれてくるだろうから」。先にも触れたトマス・ロー・ニコルズも、ふさわしからぬ男性が父親になることを拒否するのは、「人種のために」女性に課された義務であると述べている。二〇世紀の医師が同性愛者に対して、自らの倒錯を治すために結婚するなどけしからんと言っていたように、ヘンリー・モーズリー[一八三五〜一九一八]を始めとする一九世紀の精神科医は、インポテンツのマスターベーターに対して、結婚などすべきではない、結婚しても何も得られないと警告した。「自然な交接のために必要な力を、彼はほとんど備えていない。さもなくば、彼にはその欲望がまるでない。そしてもしも交接をしても快感は一切感じない。邪悪な欲求に耽った結果、自然な欲求が破壊されたのだ。またもしも仮にその人物が完全なインポテンツではないとしても、そのように退化した親から生まれてきた子供に、いったいどんな将来があるというのか！すでにかくも堕落している存在に、さらに子供をもうけて、悲惨な家系の末裔という呪いまでその子に掛ける権利があるというのか？　あのような悪徳、そしてその結果として生じた事態は、彼一人の死と共にすべて葬り去られる方が、遙かに良いであろう」[*20]。当時の医師達が、膣への挿入の形をとる交接以外に夫婦が夢中になるなどもってのほかという考え方に深くこだわっていたことは明らかだが、インポテンツ男性の結婚に反対することで、彼らは結果的に、女性や子供のことを何よりも最優先して考える者を演ずることになった。

治療法②――休息、節制、食餌療法、そして麻薬も

インポテンツの患者が既婚男性だった場合、医師が真っ先に勧めたのは休息だった。アクトンは次のように主張している。「あまり活発でない気質の人が、その気質から来る自然の限界以上に神経組織を興奮させてしまったことが原因になっている場合は、治ることもあり得る。その場合、目標の一つは、神経力を元に戻してやること、いや、神経が自ずと回復するようにしてやることである。決してさらなる刺激、さらなる消耗を加えることではない」。最大一年まで性的関係を断った方が良いと言う者もいた。再開するのが早過ぎた場合には、一度の失敗によって、最も恐れている事態が確定的となってしまうからだという。休息の次に医師が勧めたのは、生活習慣の改善だった。W・フランク・グレンは、健康的な生活を推奨すると共に、不道徳な

19 世紀のインチキ医者は，性に関わる不調をたちどころに治すと謳っていた．このカリカチュアでは，「あと 3 分で汽車が出てしまうんです」と言う旅行者に対して「3 分だろうと何分だろうと治るのに違いはないんだから！」と答えている（アベル・フェーヴル，『ラシエット・オ・ブール』誌，1902 年 3 月 22 日号）

女性と付き合わないようにするよう説いた。R・J・カルヴァウェルは、「初期のインポテンツ」症例に関する報告のなかで、生活の改善、食餌療法、運動でそれが治ったと書いている。ルイ・スレーヌも、休息と健康的な食事が不可欠であることに同意している。なかでも彼が誇らしげに唱えたのは、乳の効能であった。乳はウシのそれでも、ヤギでも、ロバでも、また人間女性のそれでも良いという。但しこの最後に挙げた乳源については、賢明にも、性的興奮を促される危険があると警告している。同じくフランスの医師ジャン＝アレクシ・ベリオルは、九七五頁という浩瀚な著書で、独自の「植物療法」を盛んに喧伝している。これは、鎮静作用、「抗神経過敏」作用のある強壮剤を用いる方法であった。またさらに同じフランスの医師でも、オーギュスト・ドゥベは正反対の方法を採った。彼は四〇歳以上の消耗患者に対して、朝食にホット・チョコレート、昼食にステーキ、夕食には血の滴るローストビーフにルッコラ、アーティチョーク、さらにブルゴーニュ・ワインを添える食事で精をつけることを推奨したのである。[*21]

アメリカで独自の健康法を唱導していた人々が勧めたのは節制だった。例えばコーヒー、紅茶、ブランデー、タバコを避け、「ライ麦、トウモロコシ、全粒粉のパン、オートミール、挽き割り小麦、たっぷりの果物」など、健康に良い食事を摂ることが奨励された。トマス・ロー・ニコルズは、肉を食べないように説き、水治療を推奨した。第5章で触れたニューヨークのジョン・カウアンは質素で飾らない生活を勧め、羽毛のベッドを避けるよう説いた。世紀の変わり目の時期に独自の健康法を唱導したベルナール・マクファデンは、性交能力は全身の健康状態を表わしていると主張して、次のように語っている。「性的に不能《インポテンツ》であるということは、あらゆる面で不能《インポテンツ》だということを意味する。精神的にも不能《インポテンツ》だし、肉体的にも不能《インポテンツ》だし、社会的にも不能《インポテンツ》、他のすべての点についても不能《インポテンツ》ということだ」[*22]。彼は男性読者に向かって、麻薬類や強壮剤、電気療法、真空ポンプの使用は危険だから止めるよう説いた。治るためには適切な食事、冷気のなかでの運動、清浄な水以外の方法はないという。以上のような忠告にはっきり見て取れるのは、「自然な」田舎暮らしは健康に良いという、都市生活者の懐古趣味的な思い込みである。

インチキ医者も、様々な丸薬や飲み薬を売りさばいていたことはよく知られているが、医者はそれと違うところがあったのだろうか。前に触れたアメリカのフレデリック・ホリックは凡庸な開業医だったけれども、インチキ医者に対する医者の反応の典型を示してくれている。彼が攻撃の的としたのは、生殖器の不調に対する特効薬があるというインチキ医者達の主張だった。ホリックは、麻薬類のほとんどが複雑な作用を示すことを指摘する。タバコも阿片も、初めは刺激剤となるが、あとから興奮を抑制する働きをする。カンタリスには効果が一切ない。樟脳《カンフル》は、実際は鎮静剤として作用する。麦角〔麦類に寄生する菌から製造する劇薬。アルカロイドを含む〕は刺激剤にはなるが危険である。コーヒーは「持続勃起症《プリアピスム》、淫夢、遺精」を引き起こす。ところがホリックは、インポテンツの特効薬を求めることを非難しておきながら、結論として、一つだけ有効な物質があると断言するのである。それは身体を温め、元気を与えてくれ、後から興奮を抑制する作用もなく、そして実際、性交能力と性欲を回復してくれる。それは、大麻草であるというのだ。ホリックだけではない。ほとんどの医師が、単に商売敵に対抗するためだけであっても、強壮剤や刺激剤を現に処方していたのである。一八三〇年のフランスの医学書はチョウセンニンジンを勧めている。アクトンが処方したのはオレンジの皮のシロップまたは生姜のシロップに、ストリキニーネ〔マチンという植物の種子に含まれるアルカロイドで猛毒〕とリン酸を混合したものだった。マチン、ヨヒンベノキ〔熱帯アフリカ産の高木で、樹皮から採取したヨヒンビンは催淫剤として用いられた〕、ダミアナ〔中南米産のトルネラ属の低木の一種の葉を乾燥させたもので、催淫剤や利尿剤に用いられた〕は、効果があるとして当時特によく知られていた。W・フランク・グレンは、ダミアナが最も効能の強い薬品だと主張している。彼は、勃起能力を完全に失った患者に対して、リン化亜鉛、ダミアナ、亜ヒ酸、コカインの混合物を処方した。[*23]

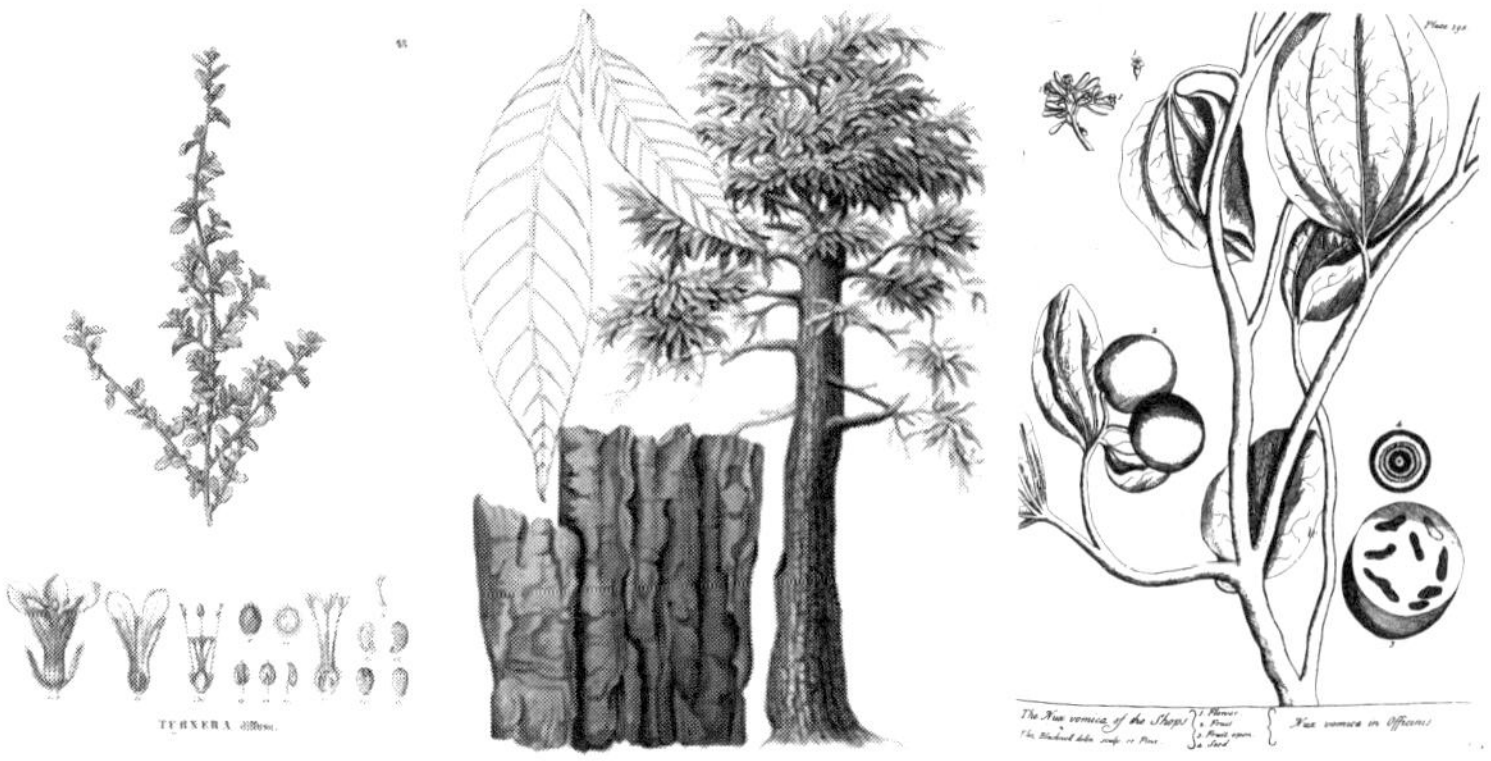

【右】マチン（エリザベス・ブラックウェル『珍しい薬草』第2巻，1739）
【中】ヨヒンベノキ（イェスコ・ドンスト）
【左】ダミアナ原料の *Turnera diffusa*（マルティウス他『ブラジル植物誌』第13巻，1883）

治療法③——理学療法(軽打按摩法、摩擦、マッサージ、そして電気療法)

一八八〇年代までは、全面的に信頼のおける催淫剤があると主張する医師はほとんどいなかった。それで医師達は、摩擦、鞭打ち、直流電気療法など、生殖器を外側から刺激する方法を検討し始めたのである。前にも触れたフランスのフェリックス・ルボーや、アメリカの医師ウィリアム・ベルフィールドらを始めとして、インポテンツの治療法として、陰嚢およびその周辺部位のマッサージの効能を議論している医者は大勢《おおぜい》いる。もちろん鞭打ちは、既に長い間、性的興奮を得る手段としては倒錯的だと見なされてきていた。ウィリアム・トマス・ステッド◆は、一八八五年に行なった有名な子供売春暴露キャンペーンのなかで、好色な老人は「放埒と不節制によって失いかけた生命力」を、娼婦から受ける打擲によって取り戻そうとしていると書いた。しかしフランスでは、敢えて軽打按摩法やアーティケーション(棘を持つイラクサで打って刺激する方法)、鞭打ちを勧める医師が数多くいたのである。ルボーが挙げている、性的興奮を促すための「物理的手段」のリストには、マッサージ、ゴム製の棒を用いる軽打按摩法、鞭打ち、摩擦などが含まれている。しかしこうしたやり方は、肉欲に耽るための手段として非難されるべきものではなかったのだろうか。それに対してルボーはこう答える。「科学は火のようなものだ。触れる物すべてを浄化する」。彼によれば、四肢から胴への血流を促すことで全身の循環を良くするような手段であれば、どれも有効である。但し、アーティケーションと瀉血は危険だと警告している。彼自身が用いたのは金属製のブラシで、これは鞭打ちをもっと穏やかにするという意図があった。*24

ルボーは、かつて「ドクター・ローラン」とい

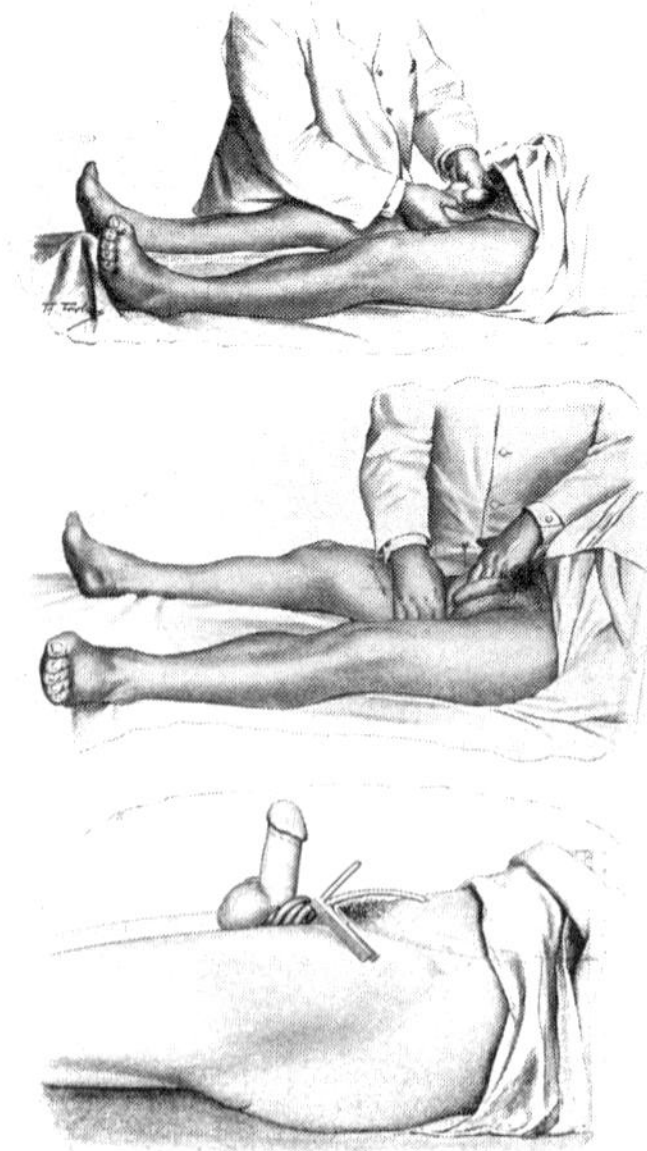

ロシア生まれでベルリン大学の指圧療法研究所所長になったイジドル・ツァブルードフスキ(1851-1906)によるマッサージ法の教本(1904年仏訳版)より．上から，性的神経衰弱，インポテンツ，持続勃起症(プリアピズム)の治療法

う筆名を用いていた頃には、鞭打ちやマッサージは恥ずべき手段であるとして、電気療法を勧めていたのである。彼のこの意見には、英語圏の医師のなかにも一定数の支持者がいた。例えばホリックは、敏感過ぎて性交がうまくできないという患者に対して、それ以上ペニスが軟弱にならないようにするためにペニス洗浄剤や収斂剤《アストリンゼント》を用いることに加え、時々直流電気療法を受けることを勧めた。電気療法を施す医師のほとんどは、性的興奮を呼び覚ますために用いていたのであって、要するにそれは近代化された鞭打ちだったわけである。ジョン・J・コールドウェルなる人物が、勃起組織の構造と機能を詳細にわたって解説し、いかにして〝神経力〟が勃起を引き起こすか示し、その上でもしもこの神経力が損なわれているのであれば、それをつくり出すよう刺激する手段として、「通常の電流ないし静電気、あるいは断続通電」を用いることを求めている。またさらに、電気療法と合わせてダミアナを用いれば、「性交能力が一部失われている患者において著しい成果が見られる」とも主張する。第5章で言及したドイツの泌尿器科医ロベルト・ウルツマンは、誘導電流［電磁誘導による起電力によって流れる電流］を用いて球海綿体筋を収縮させる方法を推奨している。ウィリアム・ハモンドは、電極を脊椎、会陰部、睾丸、ペニスなどに宛《あて》がって、直流電気療法を施す手順を解説している。但しこの方法は、「かなり不快な」感覚を患者に与えるとも言っている。インチキ医者とは違うんだということを示すために、医師達は電気ベルトなどの器具はすべて攻撃対象とした。しかしながらフランスの医師ヴァンサン・マリ・モンダは、様々あるインポテンツ治療の外用器具のなかでも、最も奇抜なものを発明したことで知られている。自身ではそれを「充血装置《コンジェスター》」と呼んでいたが、要するにペニス

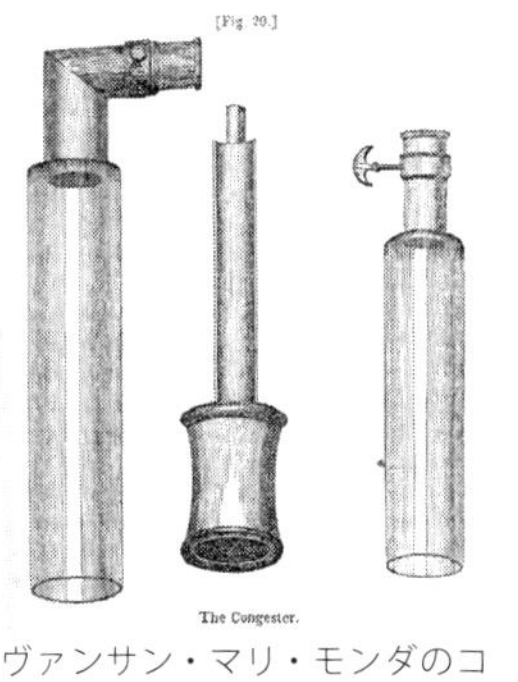

ヴァンサン・マリ・モンダのコンジェスチャー（充血装置）

◆ウィリアム・トマス・ステッド　一八四九～一九一二。イギリスのジャーナリスト。ロンドンの高級夕刊紙『ペル・メル・ガゼット』の編集長だったときに、売春の実態を暴くキャンペーンを張った。のちにスピリチュアリズムや平和運動にも傾倒、沈没したタイタニック号に乗船していて亡くなる。

内への血液の流入を促すことによって勃起させる、真空ポンプである。[*25]

「不節制も悪い」が「禁欲も悪い」、いや「マスターベーションは悪くない」

以上の議論からわかるのは、一九世紀の医師達が、これまで時折言われてきたほど上品ぶってはいなかったということである。ロンドンの外科医T・B・カーリングは、禁欲がインポテンツの原因となるという説は「有害だし不道徳だ」と主張した。しかしイギリスの医師のなかには、度を越した性的節制は、不節制とほぼ同じぐらい男性の健康を損なうと考える者が多かった。マイケル・ライアンは、禁欲も放蕩も、どちらも衰弱の原因になると考えた。カルヴァーウェルは、若いうちに衰弱する原因はオナニーにあるとしながらも、完全な禁欲も、やはり危険を孕んでいると書いた。前にも挙げたジョージ・ドライズデールを始めとする性の急進論者は、他の身体器官と同じように生殖器にも運動が必要だと主張した。禁欲はかえって様々な悪癖や夢精を招くという。ドライズデールの報告によると、正常な運動をしなければ、ペニスは「縮み上がってたるんでくるし、睾丸は軟弱になり〔……〕、ほとんど勃起が見られなくなってしまう」。要するに、現代人はあまり考え過ぎないようにして、もっと楽しむべきだというのが当時の教えだったのだ。イタリアのパオロ・マンテガッツァは、禁欲を体調不良と見なしたし、性交は健康体操の一種だと言った。ニューヨークの医師ジョゼフ・W・ハウは、禁欲に関する議論の結論として、次のように書いた。「生殖器と言えど、一般法則を免れるわけではない。すなわちある器官が、その機能を発揮しないまま放置されれば、やがてそのための能力が失われ、自然な状態では機能を発揮することができなくなってしまう可能性がある、ということだ」。アメリカのサミュエル・W・グロスが例として挙げている若い男性患者は、セックスを経験していないことが原因で性的消耗に陥ったと説明されている。「結婚に先立つ七ヶ月の婚約期間中、彼はその愛の対象たる女性を抱きしめ、愛撫していた。それによって彼の生殖器は、絶えざる興奮状態に置かれたが、彼は自身の欲情を発散すべく不法な交接に及ぶことが、一度もなかったのである[*26]」。

医師達の議論からはっきりわかることがまだある。道徳主義者も、恐怖を煽り立てる者達も、いろいろ

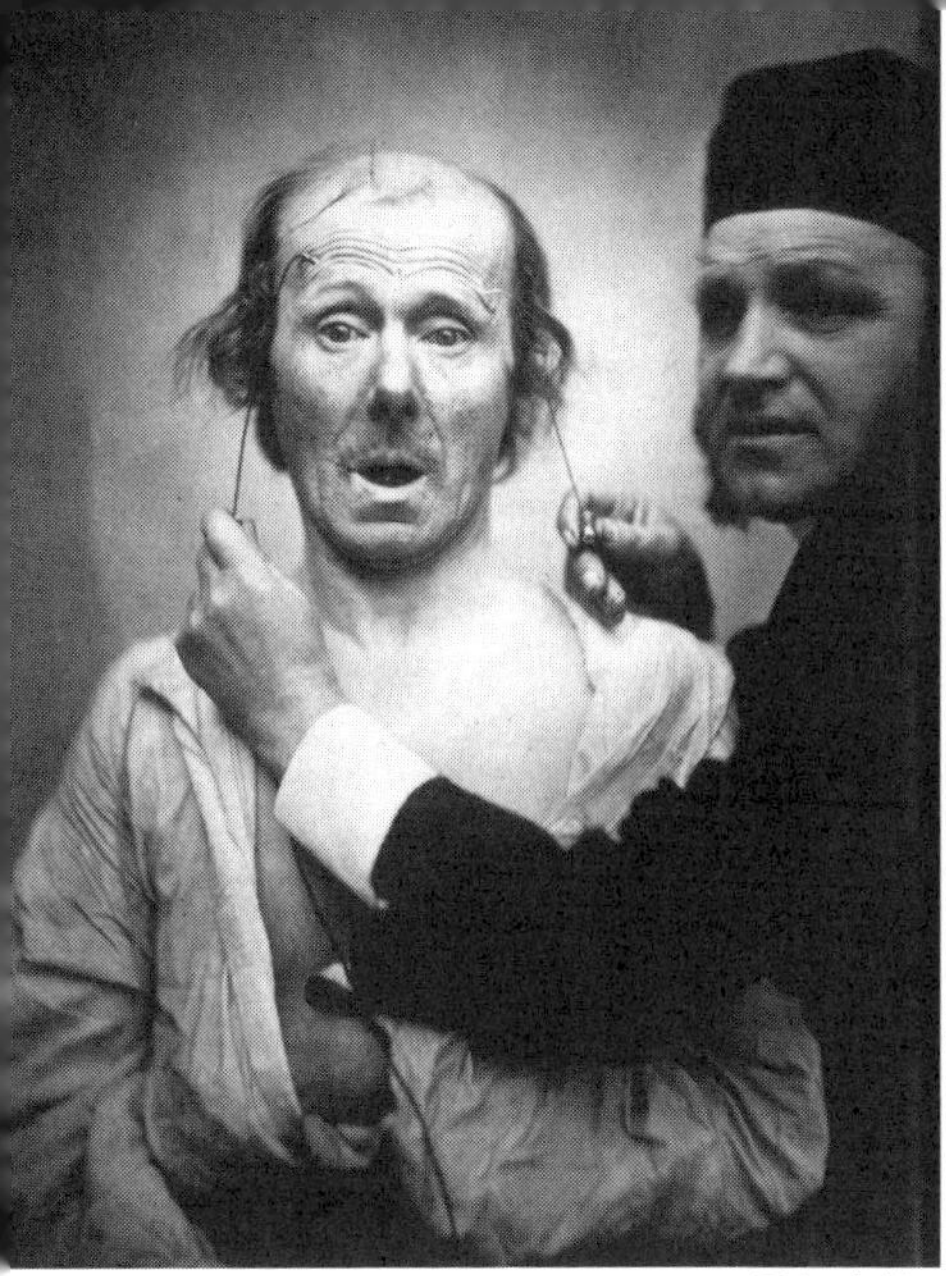

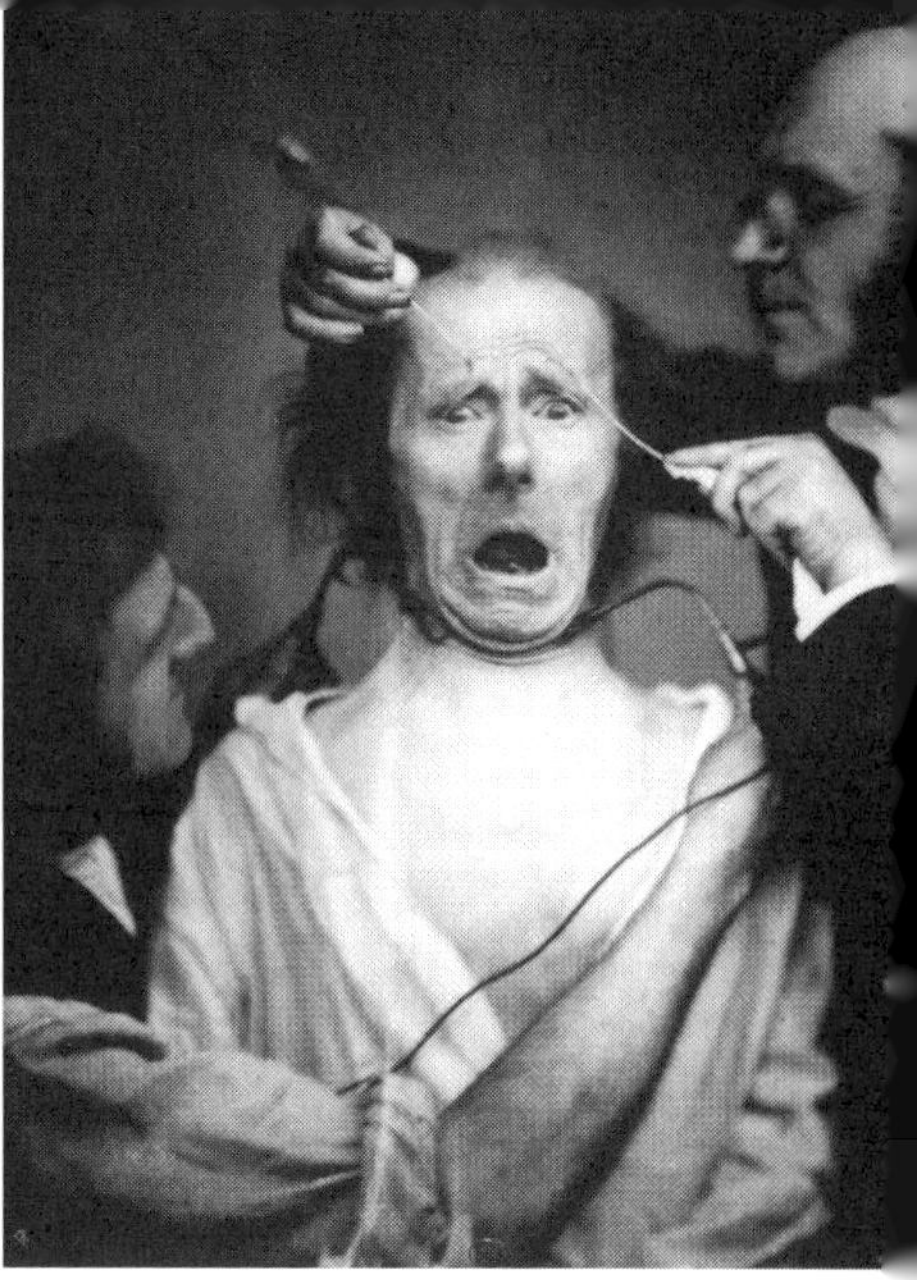

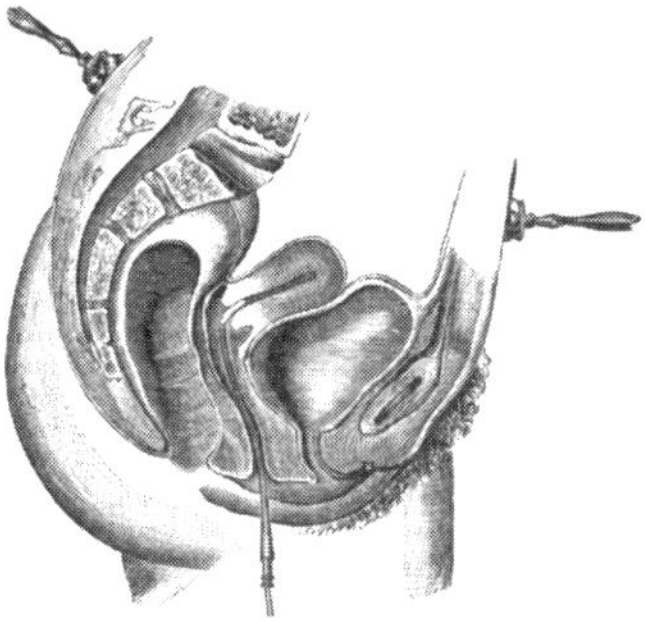

電気療法

病気の治療を目的とした電気の利用は18世紀半ばにすでに始まっていたが，本文で後出するフランスのデュシェンヌ・ド・ブーローニュ（1806-75）が，1855年に，交流電流を用いた筋収縮が神経麻痺治療に有効であると提唱すると，広範な領域で電気療法が試みられるようになる．電流の種類は様々に工夫されたが，要するに身体に2つの電極を宛てがい，その間に電気を流すことが基本である．

【上2点】患者の表情筋に電気を流してみせるデュシェンヌ

【左中】子宮内に挿入した電極．腹や背に宛てがったもう1つの電極との間に電気を流す（ジョージ・ミラー・ビアード他『電気の医学的外科学的利用の実際』1881）

【左下】ウルツマンの著書に紹介されている直腸電極（左）と，尿道内に挿入する電極（右2点，ビアード，同前）

【下3点】様々な電流発生装置（ビアード，同前）

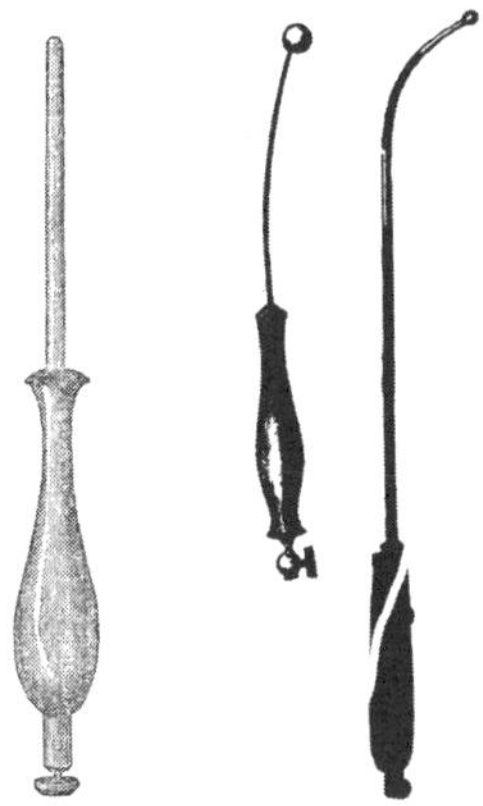

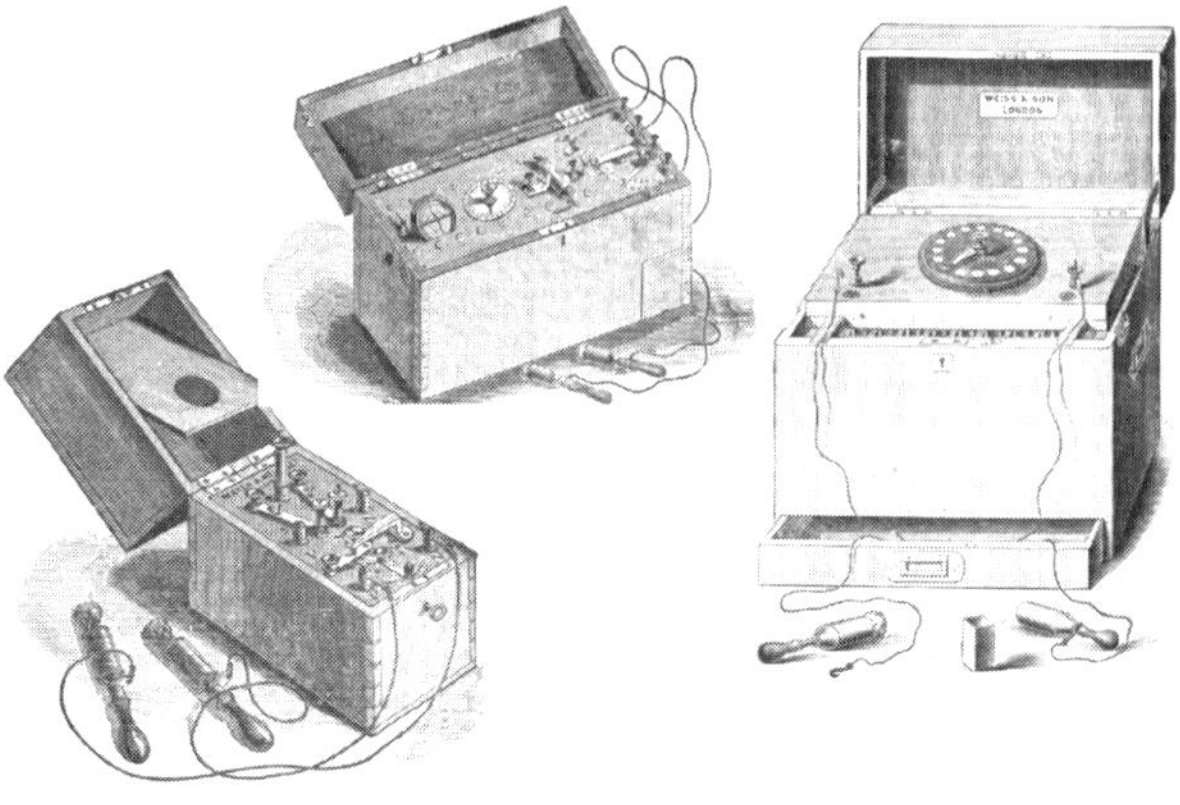

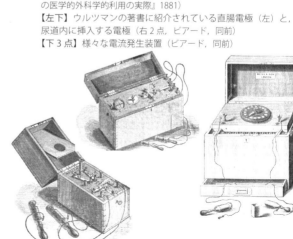

言ってはいたものの、当時の患者達のすべてが、マスターベーションの恐怖に囚われて、縮み上がっていたわけではないということだ。イギリスのリチャード・ドーソンは、マスターベーションを「男らしい習慣」だと考える者も、現に何人かはいると報告している。ハモンドの報告によれば、「非常に幼い段階で、泣き止ませようとなだめる子守に生殖器を刺激され、心地よい感覚を感じるようになり、やがてそれを欲するようになる場合が時折見られる」という。また別のアメリカの医師は、一八九九年に次のように書いている。「遺憾なことながら、自分の息子の小さなペニスを、完全に勃起するまでいじくる父親がなかにはいる。それが少年の健康の証《あかし》だと考えているのだ」。一九世紀後半になると、医師達自らが、マスターベーションについて議論する際に、それが道徳的にどんな影響を及ぼすかということよりも、その心理的影響を問題にするように変化する。またそれに伴ってマスターベーションは、狂気よりも神経過敏と関係づけて語られることが多くなっていく。ハモンドは、一九世紀も終盤になるまで、自瀆の心理的影響について書き記した。それによると、自瀆の危険はまず何よりも、通常のセックスよりも独りで描く夢想の方が魅力的になってしまうところにあるという。「それどころか彼は、女性に対してインポテンツになり、性交を欲望することもなくなってしまう。それでいながら、致命的な悪癖に没頭するのである。それはなぜかと言えば、自分の欲望を自分で刺激するための想像力というものは、いくらでも湧き出してほぼ限りがないことがわかっているからである。そうなれば、女性との交わりを避けるようになり、正真正銘の女性嫌い《ミソジニスト》になってしまうこともしばしばで、結局、性的な感覚は完全に消失してしまうのである[*27]」。

　性に関するそうした危機感を一笑に付す医師もなかにはいた。イギリスでは、外科医で病理学者のジェイムズ・パジェット〔一八一四〜九九〕が、一八七〇年に、「性的心気症」すなわち男性患者がささいな性的不調を大げさに考え過ぎる問題について行なった臨床講義のなかで、無害な夢精をインポテンツの徴候だと考える男性があまりにも多過ぎると指摘した。インチキ医者はマスターベーションへの恐怖心を盛んに煽っていたが、パジェットはその講義で、マスターベーションは性交より良くも悪くもないと請け合った。それは道徳的には淫らで汚らわしいと言えるかもしれないし、あまり若いうちからやり過ぎれば、消耗や神経過敏、「女性化」の原因となる可能性はあるが、時々耽るというぐらいであれば、危険はまったくないという。グロスもパジェットに賛成して、マスターベーションは性交以上に有害であるわけではないとしたが、しかし、性交に比べて、もっと若年からその習慣が始まる可能性があるとは指摘した。[*28] ウルツマンは、インポテンツの原因になるという点では、マスターベーションに対する恐怖心も、マスターベーションそのものと同じぐらい有害であるという言い方で、パジェットに追随した。

パジェットはまた、精液漏に対するあらぬ恐怖を煽った責任は、ラルマンにあるとも言っている。イギリスの外科医ジョージ・ガスコインもこれに同調して、精液漏は性病や未婚の母などと同じぐらい厭うべき話題だという。ガスコインは実際の被害はそれほど多くはないのではないかとしながらも、インチキ医者が精液漏に対する恐怖心に付け込んでいることは明らかだとし、尿のなかに精子が見られても、それは病気の徴候ではなく健康の徴《しるし》であることは事実なのだが、インチキ医者は知らない振りをしているのだと語っている。しかしそうは言いながらガスコインが精液漏の対処法として推奨するのは、性的な行為を差し控えること、寝るときの姿勢を変えること、また鎮静剤や、必要な場合は包皮切除手術まですべきだという。同じくイギリスの医師ウィリアム・A・ロバーツは、さらに議論を進めて、精液漏について心配している患者は、単に人騒がせな人達が書いた本を読んだというだけで、大部分は大事に至らないと主張する。ロバーツは例として六〇歳の男性のケースを挙げている。この男性は、自身の性交能力が衰えてきているのではないかという心配に深く苛まれ、尿を一〇〇回でも取るから検査してほしいと言い張ったという。このような心配は、身体の不調というよりむしろ精神の不調を示すものである。性病やポルノグラフィーやマスターベーションが、性的興奮を過度に煽っていることは認めるが、ラルマンとその追随者が、あまりにもペニス焼灼に走り過ぎることには異議があると、ロバーツは言っている。[*29]

アメリカ人は、もっと突っ込んだ物言いをした。『北西部ランセット』に掲載された論文のなかで、前にも取り上げたジェイムズ・H・ダンは次のように述べている。マスターベーションによる生殖器の損傷は、「通常想定されるような自然なセックスに、同じ回数だけ耽ったときの損傷に比べれば、それには到底及ばない程度である」。また彼は、「節度ある」マスターベーションであれば、その結果として生殖器が永遠に治らないような損傷を受けたという症例を、今まで一度も見たことがないとも言っている。但し、マスターベーターが「自然の結合」に慣れるには少し時間はかかる。それでも「自然に反する手段によって満足を得ることをきっぱりと止め、自然な手段を選ぶことを決意しただけの分別を持ちあわせているのだから、私の経験では、徐々にではあるが必ず自然の道への嗜好が身に付いていき、その一方で獣的な欲望は消えていく。そして最終的にオナニーを嫌うようになり、オナニーでは快楽を感じなくなれば、そのとき彼は完治したと言えるのである」。一八九二年、ケンタッキー州ルイヴィル大学の生理学・病変組織学の教授E・R・パーマーが、大胆にも次のように断言した。正常な男性は、まず初めにマスターベーターとしてその性生活を開始する。したがって、医療関係者がこれまで、精子の数には限りがあり、若いうちに独りで快楽に耽るならその大部分が使い果たされてしまうと教えてきたのは、とんでもない間違いだったということになる。他の分泌腺も、またそもそも身体器官一般がそうであるように、睾丸を定期的に使用することは、その発育強化を促すと言えるのではないのか。もしも若者がインポテンツになったなら、それは能力を欠いているせいではなくて、経験のなさが原因なのではないのか。「初めて飲むたった一杯のカクテルや、初めて吸う葉巻のせいで、一晩中胃がむかつき頭がガンガン痛むのと同じように、あまりに若いうちに性交をするなら、実際不安になるようなことばかりの状況であるのだから、うまくいくはずもない。それで翌日は一日中、ぐったりした下半身を引きずり、心は千々に乱れたまま過ごすのである」。パーマーはそんな若者にこう言いたいという。「マイ・ディア・ボーイ、君は男らしさをなくしてしまったんじゃない。見つけることができなかっただけだ」。他の身体能力もそうだが、性的な能力も練習して強化しなければならない。若者はその正しい使い方を学び、どうやってそれを育めば良いか、知る必要がある。性器の使い過ぎは、禁欲ほど多くの悪影響を及ぼさない。「輪精器官が担っている極めて高度な役割、およびその役割故《ゆえ》に輪精器官が備えている神経組織の複雑さを考えてみれば、私はやはり禁欲は退化を意味すると言いたいのだ。使わなければ衰える。いやそれだけではない。男であれ女であれ、継続的な禁欲は、その個人の健全な成長を妨げ、身体的にも知的にも非常に多くの点でその個人を破壊する結果を招くのである」。[*30]

やはり神経の損耗も

性的行為のやり過ぎが、インポテンツの原因として重要視されないようになってくると、それに対して二つのまるで異なる反応があり得た。インポテンツは心理的原因によるものだと考えている医師は、何らかのカウンセリングによって改善すると見なしただろうし、インポテンツは器質的な病気であると考えていた医師は、何らかの外科手術を施すことを提案しただろう。インポテンツの心理的原因を巡る一九世紀の議論を見ると、古くからある迷信が、当時まだ数多く生き残っていたことがはっきりする。一八四一年、ジェイムズ・リチャード・スミスなる人物が、医学誌『ランセット』で次のように述べている。「ここ数ヶ月の間、我々はあるインポテンツ患者に処置を施してきたが、結果は上々である。彼は自分の欠陥を、呪《まじな》いか魔法を掛けられたせいだと固く信じて疑っていなかった」。ハモンドの報告によれば、アメリカの医師は、女性が自分に「魔法を掛けた」と思い込んでいる男性のケースにしばしば出くわすという。フランスでは、一八八〇年代に出版された結婚の手引き書に、田舎では未だに「ひも結び」をする人を恐れる村がある、またそのような迷信は町でも悪影響を与えていると書かれている。

過度の興奮が原因で性的機能不全が起きていると見なせる場合は、医師はもっと気が楽だった。なぜなら、第4章で触れたスイスの解剖学者アルブレヒト・フォン・ハラーや、スコットランドの医師ウィリアム・カレン［一七一〇〜九〇］の〝神経力〟の概念に依拠すれば良いからである。それによれば、神経力が強過ぎれば痙攣が引き起こされるし、弱過ぎれば弛緩症《アトニー》になるという。アクトンは、インポテンツの原因は「生殖器官の濫用にある」と主張した。「但し次のような要因で事態がさらにひどくなっている場合がほとんどである。不安、罪悪感、うまくいかないことへの恐怖心、不節制な習慣、タバコの吸い過ぎ、臆病。あるいはまた、興奮しながら満足が得られないことがあまりに頻繁である、など」。アクトンは、こうした要因がいかにしてインポテンツを悪化させるのか、確かなところは不明であるとしながらも、ほぼ間違いないと思われるのは、「神経系の損傷、なかでも特に交感神経系または運動促進神経系に損傷が生じるせいだ」という。過度の興奮が原因となっている例として、古くから必ず挙げられるのは、恋人を相手にしたときだけインポテンツになる場合である。フランスの医師は、過度の興奮に加えて、恐怖、嫌悪、恥、考え過ぎ、長期間の禁欲などが、潜在的な影響を与えるとした。フェリックス・ルボーは、精神的インポテンツの症例として、宝くじに当たった男性と、列車の衝突事故に遭いながら生命をとりとめた男性の二例を挙げている。イギリスの医師は、恐怖心や空想が原因となっている例を、仮想的インポテンツと呼んだ。[*31]

ルボーは、他にも気候や季節、一日のうちのどの時間か、ということなどが、男性の性交能力に影響を及ぼすと主張している。彼は、自由業者は性的な健康を維持する者が多いという。なぜなら職業柄、「感性の繊細さ」が醸成されるからだそうだ。しかし他の大部分の医師は、とりわけ中流階級に遺伝、習慣、職業が極めて有害な影響をもたらすことがあると指摘する。「考え過ぎる男性は健康を損ない、精液も分泌されなくなってしまう」からだ。アクトンは、そういう男性に何よりも必要なのは、休息を取ることだと言った。医師達は、神経系と生殖系は逆比例するというハーバート・スペンサー［一八二〇～一九〇三］の主張を支持した。グレンが例として挙げている数学者は、行為の間精神を集中し続けることができない。「彼は勃起も欲望も完璧に正常である。しかしながら性行為の真っ最中、ちょうどオーガズムに達しようとするその瞬間に気が逸れてしまい、精神は、昼間取り組んでいた数学の問題へと向かってしまう。するとたちまちすべての性欲が消え失せ、もはや性行為が完遂されることはない」。フレデリック・ホリックは、頭部への傷害、精神的打撃、商売での損失なども、すべて有害な影響をもたらすと主張している。[*32]

特に驚くべきことではないが、一九世紀終盤の医師達は、神経の損傷がいかにしてインポテンツを引き起こし得るか説明するに当たって、鉄道や電信のネットワークになぞらえた。アメリカの外科医ブランズフォード・ルイスによれば、「神経系が生殖器系に作用する中心的な位置は、前立腺内の尿道である」という。「性交の重大局面において、この部位は極度に膨張し、またこの部位の神経は最高の緊張状態に達する［……］。この部位は、言ってみれば乗換え駅あるいは交差点のようなもので、泌尿器・生殖器系の様々な部位を互いに連結する神経という電線が、すべてここを通っているのである。その結果、各部位から伝達される有害な神経作用が、すべてここに集中することにもなるのである」。したがってあらゆる性的不節制はこの部位を傷つけることになるのだが、それによってさらに「脊椎上の生殖器を司る部分の働きが狂わされ、勃起を制御できなくなる。その結果、インポテンツになるのである[*33]」。

催眠術、偽薬——心理的原因への心理的治療

医療関係者のなかには、自信の欠如からインポテンツになっていることが明らかな男性のことは相手にしない、という者もいた。ハモンドは、「心気症的インポテンツ」患者のことを、軽蔑を込めて語っている。「彼は自分の性器のことばかり気にして、一日に何度も念入りに調べて計測したり、四六時中ローションを塗りたくったりする。そしてあっちの医者からこっちの医者へと駆けずり回って、やれ性器の力が十分でないだの、やれペニスが縮んできただの、やれ睾丸が次第に小さくなって消えてしまうだの、何だかんだと訴えるのだ」。そうした患者は自分はインポテンツであると、簡単に信じ込んでしまう。フランスの神経学者ギルベール・バレ［一八五三～一九一六］は次のように記している。「どちらかと言えばインポテンツ気味である、という程度の患者でも、自分の性交能力は二度と回復しないかもしれないと思い込んでしまう」。バレは、憂鬱な瞑想に夢中になっている人達に、ほとんど同情していない。しかし他の医師達の大部分は、患者を安心させることが必要だと考え、失敗するのではないかという不安さえ何とかすれば良いのだと助言していた。商売敵のインチキ医者は、自信が足らないならそれをすっかり喪失させようとするのが常なのだから、医師の方は、患者の懸念を軽んじないところを見せなければならなかったのである。シカゴの医師ヘンリー・マンソン・ライマン［一八三五～一九〇四］は、次のように書いた。「この分野に豊富な経験を有している医師であれば誰でも、単なる自信の欠如から行為が実行できない患者が、どれほど大勢《おおぜい》いるかよく知っているし、またそうした患者に対して、得体の知れない薬を処方したり、その患者が見たことも聞いたこともないような器具を身体のどこかに宛がったりすることによって、インポテンツが完全に治ってしまうようなこと

が、どれほど多いかもよく知っている。そうした薬や道具は、実際にはその患者にまったく効果がないにもかかわらず、である」[*34]。

心気症を克服するためには、勃起が可能であることを、患者自身に見せてやれば良いのではないかとウルツマンは言っている。「というのも、フランスのデュシェンヌ・ド・ブーローニュの方法（電極の片方を直腸内に挿入し、もう片方を尿道球の上に宛がう）を用いれば、実際に勃起を誘発することが可能なのである」。心配なら結婚前に娼婦で実験してみれば安心感を得られるというようなことを、若者に助言すべきではないと、医師達は建前では合意していた。しかしライアンによれば、それはあまりにも広く一般に行なわれていることであって、だから「医師がその権限で、時折そうした提案をすることを、誰も咎めることはできない」という。これとやや似た話として、もしも最愛の妻との間でセックスがうまくいかなかったら、そのときには昔の愛人のことを想像しながらすればよいと助言する医師もいた[*35]。

身体的な不能が心理的な原因から起きているのなら、それは心理的な手段によって治すことができるだろうと想定された。スイスの精神科医オーギュスト・フォレル〔一八四八〜一九三一〕は、催眠術を用いた。しかし第5章でも言及したナンシー大学医学部教授のイポリット・ベルネームは、その著『催眠術、暗示、心理療法』のなかで、成功したのはほんの数例しかなく、欠陥、すなわち身体的な不調が存続した場合の方が遥かに多かったと打ち明けている。しかしそれでもベルネームは、患者の自己暗示に原因があるインポテンツは、医師が有効な暗示を与えることによって軽減することができると考えていた[*36]。

催眠術によって暗示を掛ける方法が議論されるより前から、偽薬《プラセボ》の効果を多くの医師達が指摘してきた。例えばライアンは、失敗するのではないかという恐怖こそ、性交能力にとって最大の脅威であるとして、こう自問している。「この種のインポテンツ患者で、ジョン・ハンター〔第4章に登場した一八世紀後半のスコットランドの外科医〕のパン屑薬によって治ってしまった者がどれほど多かったか。また現在でも、偽薬《プラセボ》で治ってしまう患者が、毎年どれほど多いことか」。フランスの医師達も、モンテーニュがエッセーに書いたことを念頭に、お守りが一定の効果を持つかもしれないと考えていた。この文脈から考えるなら、インチキ医者の治療法も、少なくとも心理的な意味では、実際に「効いた」ものがあったかもしれない。そしてインチキ医者は薬を売ってくれるのに、医師が何の薬も強壮剤も処方してくれないとなれば、患者は何か欺されたような気がしたかもしれない。そこで医師達は、対策として少しは薬を出すことにした。但しそれは、直接的な生理学的効果よりむしろ、患者の自信を立て直すことを狙った薬だった。ライアンは、イギリスの外科医アストリー・クーパー［一七六八～一八四一］の、「朝、性的な力が現われるなら」その人は結婚に相応しいという言葉を引用しながら、医師仲間に対して、神経質な新婚男性には砂糖でできた薬を処方し、これですべてがうまくいくと言って安心させてやると良いと助言している。*37

セックスにまつわる不調を「治す」ために何の作用もない薬を医師が用いたことが、やがて一九世紀最初の、偽薬《プラセボ》に関する徹底した議論に火をつけることになる。アメリカの医師で生理学者のオースティン・フリント［一八一二～一八八六］は、医師や医学生向けの著作のなかで、マスターベーションがどんな影響をもたらすかというインチキ医者の話だけで、多くの男性が震え上がってしまう、だから医師の仕事の中心は、自分が提案している治療を続ければきっと効果があると、患者に確信させることだと書いている。「治ることを約束して処方する治療法は、精神的な効果によって、確かに効き目を現わすことがあるのだ」。グロスも同様に、「きっと効きますよと約束して」偽薬《プラセボ》を渡すのが良いと言っている。もしも患者がもっと他に何かないかと言ったら、「きつかったりあまっていたりする包皮」の除去、直流電気療法、誘導電流療法などはいつでも可能だし、強壮剤や入浴、運動に至るまで、処方できる治療法は幅広いという。患者はたぶん、リンやダミアナのことを聞いたことがあるだろうから、それらを処方しても良い。但し「そうすることによって、単に口で約束するだけとは違い、また実在しない病気だと軽んじてもいないことを示し、患者が心を開いて説得に応じるようにさせるためである」。あるアメリカの医師が、五二歳の男やもめで、再婚に怖じ気づいている患者の症例を報告している。その医師は彼にこう言ったという。「そのようなケースはたくさん見てきましたよ。でも結婚前の三日間、八時間おきにダミアナ抽出液を一匙ずつ呑むことで、いずれもうまくいきました」。「この作戦は功を奏し、彼はのちに、薬が魔法のように効いたという手紙を送ってきうことであり、だからこそ、患者の心配を過小評価しないことが肝要なのである。[*38]

身の毛もよだつ苛酷な治療法

神経過敏が原因となっている患者に対しては、治癒を約束して安心感を与えたのとは正反対に、放蕩が原因と見なされる患者に対しては、医師はしばしば危険で侵襲的な治療法を課した。道徳教化を旨とする医師は、マスターベーションや性病の結果としてインポテンツになっていると見なした場合には、患者にとって苛酷な治療法を用いることを辞さなかったのだ。そうした激しい痛みを伴う治療は、一部には懲罰としての意味も含んでいた。患者は、治療過程をこれでもかというほど詳細に説明されるだけで、自制の必要性を思い知ったのである。前にも触れたイギリスのゴールディング・バードは、悪癖には発疱薬［強い毒性成分によって水疱の形成を促す外用薬］や包皮切除をもって対処すべしと、遠慮なく主張している。不節制によって起きたペニスの収縮や狭窄は、焼いて取り除かなければならないという論理だった。医師は手始めに、ペニスの煮沸や焼灼、そして尿道の流れを良くするためにカテーテル挿入を試みた。グロスは、「エクスプローラー」と名付けた、先端をドングリの実のように膨らませた消息子《ブジー》を尿道に挿入して、遮断されている部位を探る方法を説明している。焼灼とは、注入器《シリンジ》を用いて尿道内に焼灼性の溶液を無理やり流し込む方法である。アクトンによれば、この処置を施した患者はしばしば三、四日の間歩くことができなくなる。またもう一度同じ処置を求めてくる者は滅多にいないとのことである。ウルツマンは、前立腺を刺激する手段として、尿道内にゾンデ［体内の管腔の狭窄部を拡張するための棒状の器具］やタンニン座剤を挿入したり、灌注器やカテーテルを用いて収斂剤《アストリンゼント》を注入したりした。その著書によると、「カテーテル法に

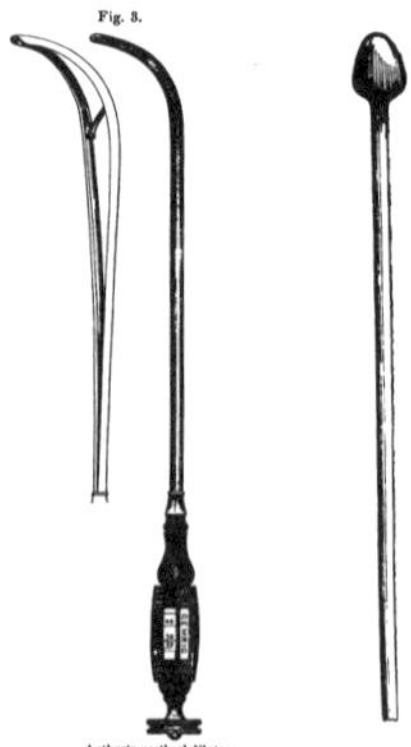

グロスの尿道用消息子「エクスプローラー」（右）と尿道狭窄治療用の拡張機

対して恐慌を来す」患者は多い。「服を脱がせてペニスをテーブルの上に出させると、それは次第に縮んでいき、小さくなって、芋虫のような動き方をする」。ゾンデで検査をすると、それが前立腺を通過する際に、患者はたいてい叫び声を上げ、なかには気を失う者もいるという。ブランズフォード・ルイスは、尿道全体に硝酸銀溶液を注入し、その濃度を徐々に濃くしていくことを勧めている。また前立腺内尿道の感覚過敏に苦しむ患者には、臭化物溶液の注入を処方しても良い「かもしれない」という。[*39]

外科手術の登場

あるフランスの医師は、別の角度から対処することを考えた。木製の卵形の物体を直腸に挿入し、それで前立腺を圧迫して精液漏を防ぐことを提案したのである。前立腺肥大は、多くの男性の健康にとって、深刻な脅威だった。インポテンツもその症状の一つだ。ここでも医師達は、多くの症例を性的不節制のせいであると主張した。医師のなかには前立腺が男性のセクシュアリティを制御しているのだと考える者もいて、それが肥大するということは、筋肉がそうであるように、その部位を酷使し過ぎていること、すなわち不節制を意味していると見なしたのである。現在の我々は、前立腺肥大の原因が、通常、加齢もしくは炎症であることを知っている。しかし一八九〇年代に取り得た処置は、尿道への薬剤注入や焼灼から、前立腺の外科切除に及んでいた。最初期の精管切除手術が実施されたのは、世紀の変わり目の時期のアメリ

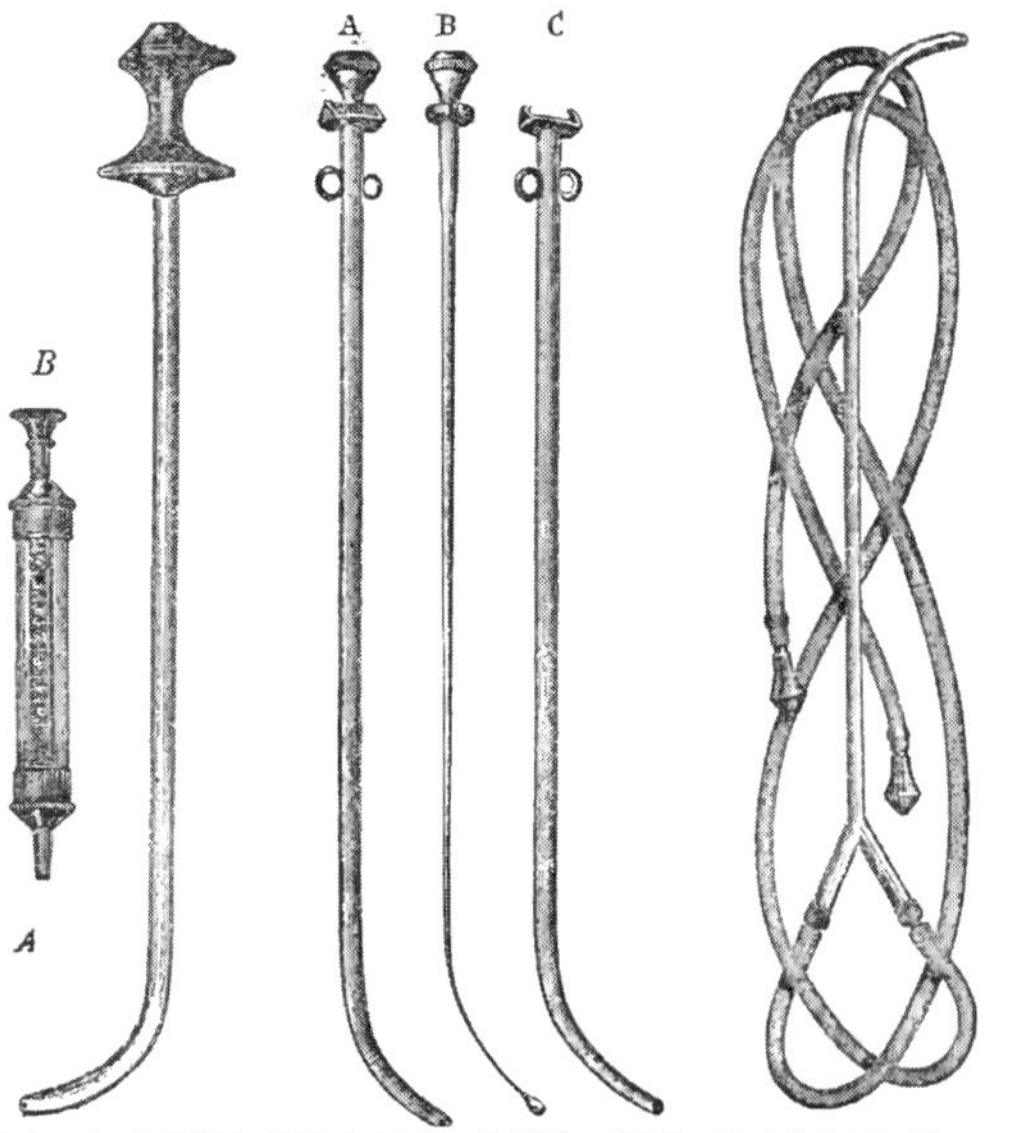

ウルツマンの著書に紹介されている器具.【右】ゾンデ【中】ディッテル式装置. この装置（A）は，カテーテル（C）とその中に挿入するBとから成る. 直腸内に挿入した左手の人差指の感触を確かめつつ，尿道内にAを挿入したら，Bを引き抜き，座剤などをC内に投入，再びBで尿道内に押し入れる【左】ウルツマン自身の開発による焼灼用注入器. カテーテルAを尿道内に挿入，目的の位置に達したら，シリンジBによりアストリンゼントなどの薬液をカテーテル内に注入する

カでのことだったが、その狙いは、前立腺の萎縮を促すことだった。[40]

第5章で触れたアメリカのF・R・スタージスは、一八九四年、ニューヨーク州医師会での講演で、これまでインポテンツを扱ってきた外科医は長い間過ちを犯してきたと述べた。彼らは「精神的な面を重く見過ぎ、身体的な面をおろそかにし過ぎた。これは患者・外科医双方にとって損失であった。このために患者は、インチキ医者の手に身を委ねることになってしまった。外科医が手を施していれば、患者はもっと良くなっていたはずだし、根治した者も多かったはずだ」。スタージスの主張によれば、性的衰弱の症例の大半は、ゾンデを用いることで根治することが可能だという。消毒法の進歩に伴って、一九世紀末の数十年の間に、男性の性的機能不全の分野への外科医の参入が促進された。彼らは切ることこそ治すことだと主張した。それまでは、消息子《ブジー》で尿道内を遡行したり、ペニスに水疱を形成させたりしていたのが、外科革命によって、もっと根本的な介入が選択されるようになる。外科医はそれ以前から既に、「両性的」性器という問題を解決すべく力を注いでいた。それと同じようにすれば、正常な性器を備えた男性の場合も、その男らしさを回復することができると彼らは主張したのである。第5章で引用したユージーン・フラーの意見では、大部分のインポテンツの原因は「精嚢腺炎」である、精嚢腺を切除すれば、インポテンツは回復するという。これに対して、陰茎背静脈の結紮《けっさつ》によってペニスから出て行く血流を制限するのが最も有効であるというのが、他の外科医達の見解だった。外科学史を繙くと、ほとんどが、この手術を開発した功績をテキサスの外科医J・S・ウッテンのものとしている。しかし実際は一八九七年に、J・A・マリーによってその手順が初めて公開されたのである。このマリーという医師については、本章の冒頭で既に触れた。彼はアメリカ医師会の第四八回年次集会で、自身が手術した五人のインポテンツ患者の症例を報告したのである。それによれば、五人中四人が完治したという。マリーは、男性の不調はすべて自瀆と関連があると主張した。「不完全な勃起の原因は、勃起組織の血管から血流が急激に失われることである」。その場合、「結紮によって完治する見込みは大きい。しかしながらこの手術は、神経衰弱が原因となっている症例には効果がほとんどない」[41]。そう言いながらマリーは、患者が完治したと確信できるほどの成果を外科手術によって挙げることができた症例においても、大きな役割を果たしたのは、その手術がもたらした生理的な成果より、精神的な効果の方だったに違いないと認めていた。そうした手術が、偽薬的効果《プラセボ》以外に何か効き目があったのかどうか、今となっては想像しがたい。

一九世紀の最後の数十年の間、医師達は、やがて男性の性器に対する手術のなかで最もよく行なわれることになる術式を、一般に広める活動に着手する。陰茎包皮切除手術のことだ。北アメリカやイングランドでは、チョンと切るだけでマスターベーションもインポテンツも予防できると主張されていた。その理屈はこうだ。包皮を前後に引っぱらなければならないと、その動きがマスターベーションを誘発する。マスターベーションは、今度はインポテンツを誘発する。「我が大陸の若い男性の間にはびこっている自瀆の災厄に対する最も効果的な予防策は、誕生時に包皮切除を施すことである」とグレンは主張した。「あまった包皮」を切除することによって、成人男性の性的機能不全の治療にも役立つはずであると、グロスは言い張った。前章で触れたニューヨークの外科医ロバート・テイラーは、さほど熱のこもらない調子で、もしも包皮がきつ過ぎて勃起が妨げられているなら、取り除くべきであるとのみ勧めている。他のアメリカの医師達は、それより遙かに積極的だった。なかでも最も強力にこの手術を擁護したのが、カリフォルニアの医師P・C・レモンディノによる『包皮切除の歴史』(一九〇〇)だった。そのなかの「ならず者の包皮、その亀頭への影響」という挑発的なタイトルが付けられた章で、レモンディノは、未進化の包皮

[Fig. 21.]

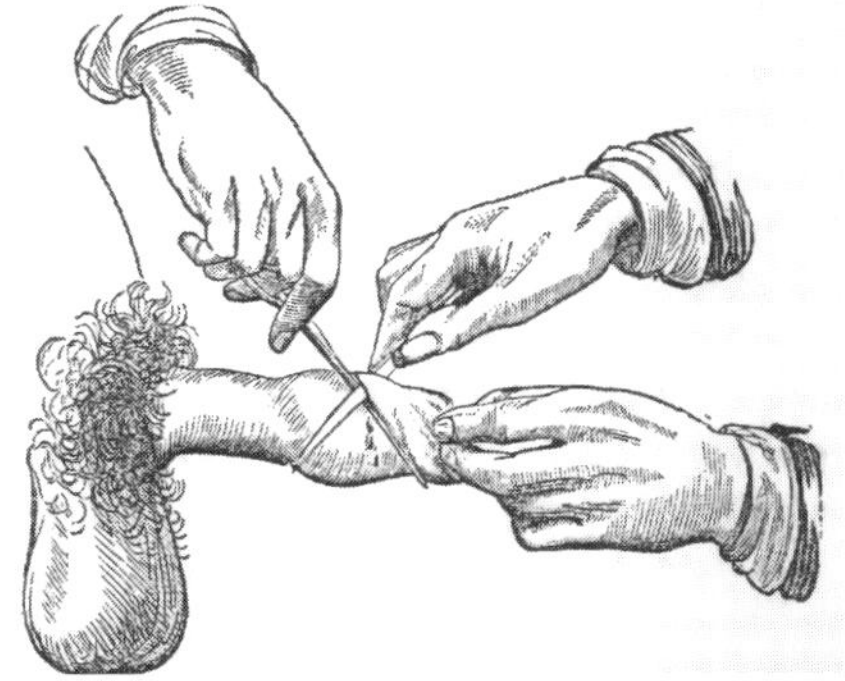

ヴァンサン・マリ・モンダによる陰茎包皮切除術

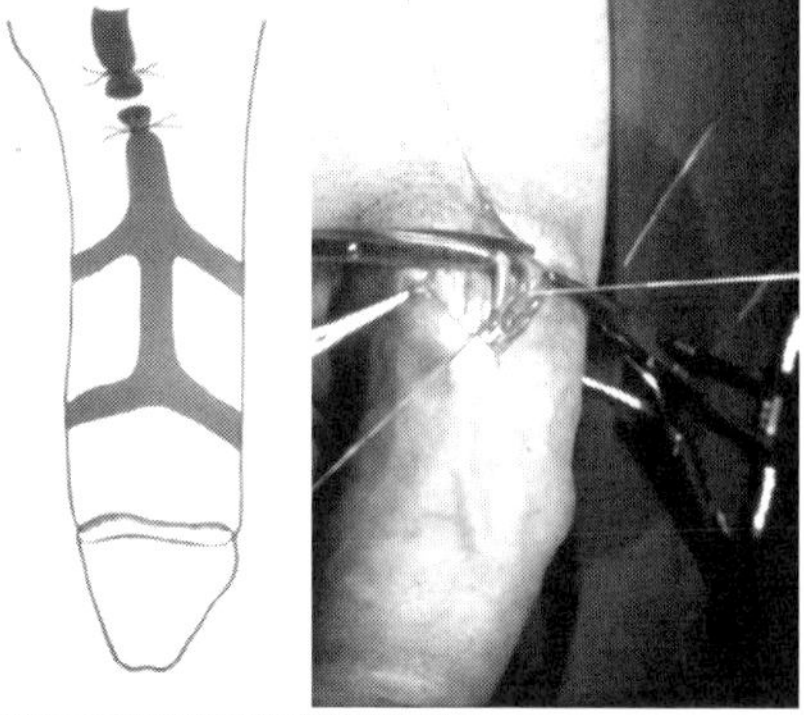

現代における陰茎背静脈結紮術

こそ、オナニー、梅毒、夢精、癌などといった数々の害悪の元凶であるとしている。包皮によってほんの僅かでも締め付けられると、痒みや痛みが引き起こされる。包茎（包皮がきつ過ぎる場合）はインポテンツの原因になるとレモンディノは主張する。但しこのインポテンツという言葉は、精子を注入することができないという、当時既に使われなくなっていた意味で用いられている。レモンディノは、このあまって垂れ下がった皮は、進化と共に消失するはずだと考えた。だがそうなるまでは、外科手術によってこれを除去することが可能である。彼は聖書のアブラハム◆を例に挙げ、包皮切除によって高齢者の性交能力を回復させることも可能なのではないかとすら言っている。またこの手術は、医学的に必要だから行なわれるというだけでなく、美的な求めにも応じることができるとした。彼は、包皮切除を施していない亀頭を、しょぼくれた野ネズミの頭のように見えると蔑み、包皮切除をしたペニスの外観は、「もっと自然だ」という。[*42]

　インポテンツを治療したり、ペニスの外観を「もっと自然」にしたりする手段として、外科手術に訴えるべしと語るその声は、医学による大胆な介入が始まる新しい時代の夜明けを告げていた。しかしながら、それは偽の夜明けであった。男性の大半は、医学が提示する治療法に魅力を感じなかった。医師達は未だに、ジレンマに囚われたままだった。性的不節制の結果として病気になっている男性患者に対して、どうすればそのような病気を治してやりながらも、不節制を是認しているわけではないという体面を保つことができるだろうか、というジレンマである。一つの方法は、悪徳は必ず自然によって罰せられると断言し、病気自体がその証だとする道である。不道徳が病気の原因なのだ、と。例えばG・フランク・リズトンのような、二〇世紀初頭の道徳主義的な医師は、インチキ医者も若者を恐れさせる役には立っているのだと断言する。逆に医師は、性的な冒険の危険性を軽視し過ぎだ、と。[*43]リズトンは、アメリカ泌尿器学会に捧げるとしたインポテンツに関する自身の著書のなかで、医師の義務は、社会の道徳を健全なものに向上させることにあると力説している。しかし道徳に重きを置くというこの姿勢のせいで、インチキ医者と医師を分かつと称する線がいったいどこに引かれているのか、依然として曖昧なままなのである。実際、一九世紀のインチキ医者稼業が栄えたのは、例えば精液漏のように、最初は医師が煽り始めた恐怖心に付け込んで、多くを搾り取ることができたからなのである。

おわりに

男性の性的な不調に取り組む医師が、一九世紀を通じて達成した成果は、比較的小さなものだった。進展があったとすれば、男らしさが問題にされたことである。例えばグロスは、子供が生まれない夫婦のうち、男性に原因があるのは一〇組中一組程度に過ぎないと一般に信じられていたのに対して、自身のサンプル一九二組について見ると、六組に一組で男性側に責任があることがわかったと報告した。一八九〇年にウルツマンは、治療がたいへん難しい新たな男性疾患が、顕微鏡によって発見されたと書き記した。無精子症や精子異常のことである。しかし治療法については、進歩がほとんど見られなかった。イタリアのパオロ・マンテガッツァは、一八八七年に、「性力計」の開発を誇らしげに予告している。その計測器には目盛が0から10まで振られていて、0が示されれば「性欲なし、勃起なし」を表わし、10であれば「自由自在の

◆アブラハム　旧約聖書『創世記』で神は九九歳のアブラハムに「我、我が契約を我と汝の間に立て、大いに汝の子孫を増さん」（一七章二）と告げる。その契約とは、「汝らのうちの男子は皆割礼を受くべし」（同一〇）という内容であり、アブラハムはその言葉に従って「その陽の皮を切りたり」（同二三）。それまでアブラハムは、妻サラとの間に子を得られずにいたが、翌年、「サラ遂に孕み、神のアブラハムに告げ給いし期日に及びて、年老いたるアブラハムに男子を生めり」（二一章二）。「アブラハムは、その子イサクの生まれたるとき百歳なりき」（同五）とある。

アブラハムは神との契約に従って家の男全員の「陽の皮を切りたり」（『創世記』17.23，ヘラルド・フット『聖書の人物』1728，挿絵）

勃起、一晩に複数回の行為」を表わすという。しかしその一方でマンテガッツァが言うことは、朝勃ちこそ健康の徴であるとか、行き過ぎた禁欲は不調を招くなど、要するに、一世紀も前にハンターが述べていたことの域からほぼ一歩も出ることがない。[*44] 以上のように、極めて限られた前進しか見られなかったことを考えるなら、婦人科学が誕生した同じ時期に、それと相補的な関係にあるはずの、男性に特化した医学分野が現われなかったことも、驚くには値しない。道徳重視の医師の言葉に敢えて異を唱える患者はほとんどいなかったとしても、インチキ医者が売る治療法に比べて、しばしばより大きな痛みを伴い、それでいながらより効果的であることは稀、というような医師の治療法を患者が拒否するのは、しごく尤もなことだった。二〇世紀に入っても、男性の性に関する病気の分野で、医学は未だに権威を打ち立てられずにいると、医師達は漏らし続けることになる。実際、一九〇〇年代初頭に登場した精神分析家とセックス・マニュアルの書き手達が唱えた新たな説は、一九世紀の泌尿器科医によるインポテンツの原因の器質的な説明を、もっと不出来にしたような、ぎょっとする類のものだったのである。

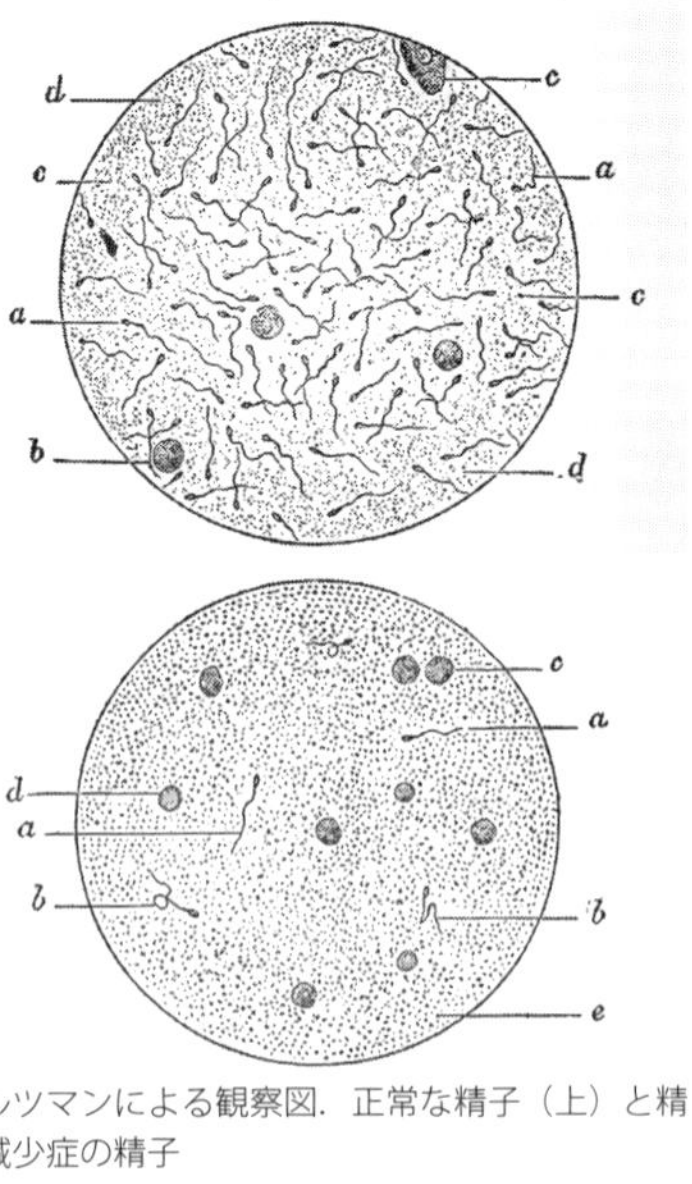

ウルツマンによる観察図．正常な精子（上）と精子減少症の精子

第７章

「セックスこそ幸せな結婚の条件」

フロイトとマリー・ストープス、精神分析による新たな定義

第一次世界大戦で損なわれた男らしさ

アーネスト・ヘミングウェイによって小説『日はまた昇る』（一九二六）に配置された登場人物達は、男女の様々な典型を示していて忘れがたい。二〇世紀初頭の人々が感じ取っていた男らしさの危機の様々な側面を、それぞれが体現しているのだ。語り手のジェイクは、両性具有的で乱婚的な恋人のブレットに代表されるようなフラッパー達が、タバコを吸い、酒を呑み、踊り狂う姿を見て困惑を覚える。また彼は、ニヤついてばかりいる「ファゴット」［男性同性愛者の蔑称］に対しても、軟弱で自分に甘く、人生を切り売りして生きているような男達に対しても、蔑みを覚えている。こうしたジェイクの内面を追体験した読者が、初めて真の男性と言えるべき者に出会うのは、ジェイクやその友人と共に町を離れ、原始的なパンプローマに赴いたときである。彼の地の勇敢な闘牛士や実直な農夫達こそ、男なのだ。ヘミングウェイの男性優位主義《マッチョ》的な常套句は、インポテンツでありながら依然として最も男らしい男である人物の口から発せられることによって、悲劇的な重みを持つことになり、そこにこそこの作家の腕の冴えが見て取れる。小説の冒頭で、ジェイクはある娼婦と出会う。


こちらの股間に伸ばしてきた手を、ぼくは押しのけた。

「いいんだよ、それは」

「あら、どうして？　具合が悪いの？」

「ああ」

映画化作品『陽はまた昇る』（ヘンリー・キング監督，1957）では，夕食を共にした行きずりの女性（ジュリエット・グレコ）が，その後どうするか任せると言っているにもかかわらず，ダンスクラブへ行こうとするジェイク（タイロン・パワー）に対して女性が問い詰める．「どうして？　私が嫌い？」「好きさ」「じゃ，なぜよ」「戦争で負傷した」

何があったのかと尋ねる彼女に、彼は「戦争で負傷したのさ」と答える。その後、ブレットとは一緒になれないと悟って取り乱したジェイクは、どうして自分の悲劇的な状態が「滑稽に思えてくる」のだろうかと自問している。ヘミングウェイは主人公に、自身のインポテンツについてありのままに言及させることは一度もないが、はっきり名指しされない彼の不治の病が、この小説のあらゆる場面に影を投げかけているのである。[*1]

先の大戦によって男らしさというものが、すっかり損なわれてしまったのではないか、という当時の不安を上手に利用したのは、ひとりヘミングウェイだけではない。フランスでは、ガブリエル・シュヴァリエ〔一八九五～一九六九〕が、その小説のなかで、軍の病院で睾丸を除去された患者を赤ん坊扱いする看護婦に噛みついている。ドイツではエルンスト・トラー〔一八九三～一九三九〕が、戯曲『独逸男ヒンケマン』（一九二三）で極めて鮮明にその立場を表明している。残酷なことにこの作品には、戦争の英雄ではあるが戦争のために不能になった夫を裏切って、夫の親友（名前はパウル・グロースハーンで、「大きな雄鶏《コック》」という意味）と寝る一人の女性が登場するのである。この種の筋書きは、第一次世界大戦で敗れた中欧諸国では、独特の反響を呼んだ。こうした国ではナショナリスト達が、戦った兵士だけでなく自分達の国家もまた、戦争によって不具になったと考えたのである。一九二〇年代には、ヴァイマル共和国の映画作家達も、力強い女性が弱々しい男性を侮辱する作品を次々に制作し、自らの安泰を脅かされる男性の不安を煽り始める。その種の作品のなかで最もありのままにそれを描いたのが、チェコ映画の『春の調べ』◆（一九三三）であった。そこでは主人公の女性の夫の性的不能が露呈し、そのことを恥じた夫は、自殺するより他に救いはないと考える。[*2]

第一次世界大戦によって戦争神経症に陥り、身体的能力を奪われた、同じ一つの世代に属する一群の男性達について、この先どうなってしまうのだろうと憂う者は多かった。この戦争によって、性的不能に対してかつてないほどの注目が集まったことは明らかである。しかし西洋人男性の精力減退への懸念は、この戦争によって初めて生まれたものではなく、既に存在していた懸念が一段と深くなったと言う方が正しい。神経衰弱を巡る議論にあったように、現代世界のストレスに曝されることで、男らしさが損なわれつつあるという懸念は、第一次世界大戦に先立つ数十年も前から存在していた。身に迫る脅威に対する一つの反応として、一九世紀から二〇世紀へと世紀が転換するのに伴い、ヴィクトリア朝時代にはもっぱら禁欲的だった男らしさの規範が、日に焼け、筋骨隆々で、若々しく、精力旺盛という、新しい攻撃的な男性の理想像へと置き換わる。男らしさは満足の先送りによって示されるとする古い教えに対抗するように、消費者中心の新しい文化は欲望の刺激とその満足を讃えた。〝新女性〟の出現――サフラジェット◆であれフラッパーであれ――を考えに入れるなら、それと拮抗するような新たなタイプの男性の到来が求められたのも当然であろう。この時代の小説家は、女の尻に敷かれてばかりの男達に対し、今こそ立ち上がり、自信過剰のフェミニストに対峙しろと焚きつけた。そうやってヴィクトリア朝時代の禁欲重視の男性性の模範が、もっと緩い理想像に取って代わられていくにつれ、二〇世紀には、インポテンツの原因の説明も、道徳的なものから心理的なものへと移行していく。一九世紀の書き手が男性の性的な不調について書き記す場合、その原因を性的不節制に帰する傾向があったのとは対照的に、二〇世紀の書き手は、欲望の欠如や喪失に由来すると説明することが多くなっていくのである。ジェイムズ・ジョイス［一八八二～一九四一］の『ユリシーズ』（一九二二年完成）では、主人公レオポルド・ブルームが、妻モリーに対して最近の一〇年間インポテンツであり、彼女のお尻にキスをするときだけ「勃起に近い状態」になる。D・H・ロレンス［一八八五～一九三〇］が『チャタレイ夫人の恋人』のなかで、現代男性は熱情を欠いていると主張していることは非常によく知られている。[*3] インポテンツについて語る者のほとんどが、第一世界大戦後の過剰に文明化された世界――労働や、試験や、自動車の運転、そして性に貪欲な女性達――から来るストレスが、男性の失敗の原因となり得ると警告するが、そうした説にあまり

『チャタレイ夫人の恋人』を漫画化した現代の作品（リサ・ブラウン）.【上】私の夫は車椅子が必要な身体. それで私は彼の猟場管理人と寝るようになった【下】他にどうしようもなかったのだ

独創性はない。しかしジークムント・フロイト［一八五六〜一九三九］とマリー・ストープス［一八八〇〜一九五八］という二人のカリスマだけは、自身の生活経験に基づいて、男性の性的機能不全が持つ意味を再構成してみせた。二人は結論部分では根本的に異なっているが、出発点は共通していて、どちらもインポテンツは男らしさが危機に曝されている徴候だという前提に立っていた。

黎明期の精神分析

一九〇六年、イギリスの医学誌『ランセット』に、法医学の調査報告を思わせる一本の論文が掲載された。執筆者は、ロンドンのチャリングクロス病院の精神病医チャールズ・A・マーシア［一八五一〜一九一九］。その記事は二頁の長さで、読んだ印象は医学論文というより、むしろシャーロック・ホームズの物語のようだ。マーシアは、イングランド中部地方のある都市で、一人の紳士を診察するよう頼まれた。その紳士は「穏やかで安定しているとは言え、慢性的なアルコール中毒症」ということであった。会ってみると「最近、バスにはねられた」とかで、片足を骨折していた。その妻は、マーシアにほとんど何も話さなかった。彼女

◆『春の調べ』　監督はチェコのグスタフ・マハティ（一九〇一〜六三）。主人公を演じた女優はヘディ・キースラー、のちにアメリカに渡って名前を変え、ハリウッドで活躍したヘディ・ラマール（一九一四〜二〇〇〇）である。チェコ語原題やドイツ語・英語タイトルでは「エクスタシー」を意味する単語が用いられている。女性が全裸で登場することで話題を博した。

◆サフラジェット　一九世紀後半にイギリスで盛んになった女性参政権運動は、投票権を意味するサフリッジ（suffrage）という言葉からサフラジズムと呼ばれた。一九世紀末から二〇世紀初頭にかけて、運動は二つに分裂し、より穏健な方がサフラジスト、より過激な方がサフラジェットと呼ばれるようになる。後者は、投石や放火を始めとする様々な破壊活動の果てに、競馬場で国王の持ち馬めがけ身を投げて自殺を図るという戦術にまで至った。

『春の調べ』のヘディ・キースラー（のちのヘディ・ラマール）

は「疲れ果てて、諦めきった様子だった。まるで自分の力にあまる重荷に、ずっと長い間耐えてきたかのようだった」。紳士の方は、「不労所得で生活できるので職業には就かず、ケンブリッジの名高いカレッジに籍を置く多大な知性と教養の持ち主である」ことがわかった。彼には関心を持っているものが何もないとのことではあったが、二年近くの間、バーミンガムのスラム街で貧困層の支援活動を「熱心に、また精力的に」行なったり、アフリカ西海岸の危険地域や満州にまで旅行をしたことがある、という話だった。身体の重要器官は健康で、消化機能も問題なし、尿も正常であった。またふさいでいる様子もなかった。これまで何人もの医師に検査をしてもらったが、これといった診断は、まだ一つも下されていなかった。マーシアは、その紳士も、また彼の妻も、どちらもが包み隠して話そうとしない重要な情報が何かあるに違いないと感じた。あり得る診断をすべて検証した結果、マーシアは一つの結論に達した。この人物はインポテンツに違いない、少なくとも本人がそう思い込んでいるに違いない、と。「そういう〔自分はインポテンツだという〕思い込みは、人づきあいを避けたり、部屋に引きこもって病気について思い悩みながら何日も独りで過ごしたり、酒を呑んですべてを忘れてしまうことを求めたり、自殺を試みたり、といったことの原因となる。さらにはまた、スラム街での活動に没頭するがごとき奇矯な行動も、これが原因なのであり、それ以外では説明がつかない。性生活の喪失や放棄は、他の面においても自己犠牲や自己放棄を示すようなことと、密接に繋がりを持っているのが常である。[*4]「謎解き」は成功したと確信したマーシアは、患者にこれを突きつけた。突然涙を溢れさせたこの紳士は、確かに自分がインポテンツであること、自殺を図るつもりで海外旅行に行ったことを認めた。

　マーシアによる自画自賛のこの記事は、世紀の変わり目の時期におけるイギリス社会について、非常に多くのことを教えてくれる。なかでも例えば慈善事業に参加する紳士には、性的な欠陥があるに違いないと信じる者がいた、ということなどだ。しかしこの報告について最も興味深いのは、マーシアが、インポテンツ男性の行動を説明するに当たって、よろめきながらとは言え、ある種の精神分析的方法に近づいているという点である。それこそまさに、当時ウィーンでジークムント・フロイトが改良途上にあった方法に他ならない。フロイトの分析方法は、第一次世界大戦後のこの時期には、広く一般に知られていたわけではないから、性的機能不全を心的な問題として理解すべきだという要請こそが先立って存在していたことを、マーシアの記事は示唆しているのである。

フロイトはまさに、この要請に応じようとしているところだった。彼は一九一二年にこう記す。「精神分析の開業医が、どのような苦しみのために自分は最も頻繁に助けを求められるのかを自問するなら、その答えは——多様な形態の不安を別にするなら——、心的インポテンツのため、となるに違いない」[*5]。たいへん興味深いことに、フロイトのこの言葉がこれまで十分に検証されたことは一度もない。ヒステリーや、その他の女性特有の病気に対するフロイトの対処法については、これまで多くの研究がなされてきたが、フロイトが男性の性的不能をどのように考えていたか、ということについて書かれたものは、際立って少ない。フロイトやその追随者が、男根を非常に重視していることを考えると、この遺漏は驚くべきことである。インポテンツはフロイトが、心と身体の関係を探究し始めるきっかけとして役に立ったはずであり、また続く世代の精神分析家は、インポテンツを治療することができると謳うことで、世渡りすることができたはずである。心配事がセックスの遂行を妨げるという考え方は、確かに既に長い歴史を備えたものだった。しかしフロイト派の独創性は、インポテンツのような病の原因が、何らかの具体的な心的問題に遡って特定し得るとする考え方を、広く大衆化したところにある。しかしフロイトは、何を基盤にして、そのように独自の発見を成し遂げることができたのだろうか。またフロイト流の考え方で武装した精神分析家達は、不安におののく男性達に、効果的な治療法を実際に提供することができたのだろうか。あるいはオーストリアの作家カール・クラウス［一八七四〜一九三六］のような皮肉屋が言ったように、セラピストが立ち向かうと称している、その闘いの相手たる病は、実はその多くがセラピストが自らの手で生み出したものだったのだろうか。

フロイトがすべてを性的なものに帰したことは，現代でもカリカチュアの素材となっている

精神分析の歴史について書いたもののなかでフロイトは、自身の経歴の初期段階では、神経症の原因を性的なものに求めていることを理由に、ずいぶん排斥もされたと述べている。しかしそれは、自分が指導を受けた師が、既に示唆していたことだったのだという。ヨーゼフ・ブロイアー◆はかつてフロイトに、自分の患者達の神経病みの原因は、いつだって「閨房の秘め事《アルコーヴ》」だと語った。パリではジャン＝マルタン・シャルコーが、ある女性の病の原因を夫のインポテンツにあると語るのを、フロイトは聞いている。その後ウィーンで私講師になったフロイトは、当地の婦人科医ルドルフ・フローバク〔一八四三～一九一〇〕から、不安発作に悩まされている、ある女性患者についての話を聞いた。それによると原因は、結婚が未だに完成していないという事実にある、とのことだった。「彼は最後にこう付け加えた〔とフロイトは回想している〕。『こうした病気に対する唯一の処方箋はよくわかっているのだが、我々はその処方を指示することができない。その処方とは、〝正常ナ男根ヲ繰リ返シ服用ノコト〟〔フロイトの原文はラテン語〕というものだった』」[*6]。

フロイトによれば、恩師達は単にセックスを冗談の種にしただけだという。それに対して、セクシュアリティを科学的探究の対象とすることに、初めて着手したのは自分だ、と。フロイトが生きていたのは、そのような仕事が正当だと見なされる時代だった。もっと前の世代の人々は、たとえ誰かの性生活が、必ずしもその人が望むような姿に完全に一致していなくても、それは単に男性にとってあまたある些細な失望がまた一つ増えたに過ぎない、という扱いで片付けてしまっていた。ところが世紀の変わり目頃から、正常な人間であれば官能の悦びを味わいたいと思って当然だと主張する論者が数を増してくるにつれ、性的満足の追求がかつてないほどの重要性を帯びることになったのである。

フロイトはこう断言している。「疑う余地のないところであるが、性的恋慕というものは、人生の主要内容の一つであり、愛の悦びにおける心の満足と肉体の満足の統合は、まさしく人生の絶頂の一つに他ならない。このことは、少数のひねくれた狂信者は別にすれば、どんな人間でも知っており、誰もがこれに合わせて自らの人生の舵をとっているのであり、そのことを認めるのをはばかっているのは、ただ気取った学問においてだけのことである」[*7]。性をもっと重視すべきだという声が高まる一方であったことは、近代化に伴って公的な生活はますます官僚的になるばかり、労働の細分化で仕事はますますやり甲斐を失うばかり、という当時の情勢を考慮に入れればよく理解できる。中流階級であれば、仕事と家族を切り離して考えること、公的な世界と私的な世界をまったく別物と見なすことが可能だった。そのため中流階級では、本当の自己を十全に曝すことができるのは、私的な領域だけであるというロマンティックな考えを抱くことによって、職業人としての単調な日常生活を埋めあわせる者が増えていくのである。そうなると、性生活と家族生活こそ個々のアイデンティティの基礎であり柱だということになるから、その成否が、地位と幸福を測る新たな評価基準となるのである。これが当時の性の専門家達の主張だった。

　あらゆる神経症は性的な問題に原因があると説くことによって、フロイトは、秩序なき世界を秩序づけ、人間の不幸に近代的で自然で科学的な説明を与えようとしたのである。フロイトと同世代の研究者達も性的な不調を話題にしたが、フロイトの独創性は、性に中心的役割を与えることによって、文明をすべて説明し尽くそうとしたところにある。[*8] フロイトは当初、成人の神経症は、子供時代に実際に性的な危害を加えられたという恥ずべき記憶が原因であると確信していたが、やがて、それは子供時代の性的な幻想の名残であるという考え方に移行した。そこで彼は、神経症を引き起こす思考があちこちに埋もれている場として「無意識」を詳細に記述する作業に着手したのである。フロイト以後、何世代にもわたるセラピスト達が流布させてきたところによれば、フロイトのメッセージは、子供にもセクシュアリティが存在する、神経症は性的抑圧によって引き起こされる、性的な動因が人類の全歴史にわたって影響を及ぼしてきた、という考え方を中心に展開されているという。エス［フロイトの用語で欲動エネルギーの源泉。訳語としてラテン語起源の「イド」が用いられることもある］は満足を求める、自我は無意識の発現を慎重に調整する、超自我は社会的制約を内面化する、というフロイトの描いたシナリオを、

◆ヨーゼフ・ブロイアー　一八四二〜一九二五。ウィーンの医師。一八八〇〜八二年の、ヒステリー患者アンナ・Oの治療体験から、催眠下において自己について物語らせる「カタルシス法」を考案。フロイトは、ブロイアーとの共著『ヒステリー研究』（一八九五）を通して、このカタルシス法を、独自の自由連想法へと発展させた。

ほとんどの読者はあやふやにしか理解できなかった。世間がフロイトの主張として受け取ったのは、性的動因が満足を得られないと病が引き起こされる、ということだった。

「文明人男性の性愛生活の特徴」――新たな定義

神経症の根底には性的な欲求不満が横たわっているという理論を構築するに当たって、フロイトは、男性インポテンツの精査を余儀なくされた。マクシミリアン・シュタイナー博士著『男性能力の心的障害』への序言（一九一三）ではっきりと述べているように、彼は、器質的な要素と神経症的要素は互いに促進し合っていると考えた。成長期の男の子供は、数多くの禁止事項を鵜呑みにするが、そのなかに病の原因となり得るものがある。

性機能は、極めて多彩な障害に見舞われるが、その大半は単なる制止という性格を示している。これらは心的なインポテンツと総称される。〔……〕制止が起こる主たる諸段階は、男性の側にある。性活動を準備するためのリビドーが他へと逸らされてしまうこと（心的無意欲）や、生理的準備がなされていないこと（勃起不全）、〔制止ではなく〕陽性症状として記述することも可能な性行為の短縮（早漏）、同じく性行為が自然に終結する以前の停止（射精不全）、（オーガズムの快感という）心的効果がもたらされないことなどを挙げることができる。他の障害は、性機能が倒錯的、ないしフェティシズム的な性格を持つ特別の条件と結びつくことで生じる。[*9]

文明人男性は、なぜかくも広範囲にわたる性交能力の不調に悩まされるのか。この問いに対して、フロイトは当初、性的不節制がインポテンツを招くという古くからある主張を踏襲していたことが、彼の最初期の研究から読み取れる。若者の神経衰弱の原因はマスターベーションだとフロイトは主張していた。のみならず、それがやがて大人になったときの、性交能力の脆弱化の原因でもある、と。そしてさらに、夫婦生活において膣外射精《コイトゥス・インテルプトゥス》を行なえば、この性交能力の脆弱化に拍車がかかるという。フロイトは友人のベルリンの耳鼻科医ヴィルヘルム・フリース〔一八五八～一九二八〕に宛てて、コンドームの使用によっても性交能力の脆弱化が引き起こされた、という症例について書き送っている。[*10]

その後フロイトは、検討を重ねた結果、インポテンツの原因をもっと根の深いものと考えるようになった。すなわち、エディプス・コンプレックスに基づく衝動が克服されていないことにある、とする。欲望や能力があるのに、また特定の人物を相手にするときだけ、身体器官が事の遂行を拒絶するのはなぜなのか。この問いに対してフロイトはこう主張した。そうした不調は偶然起きるわけではない。患者が自身の母親に対して抱いているインセスト的固着や幼児期の性的行動に結びついた記憶に原因がある。心的インポテンツは、深い情愛を抱いている家族の姿を思い起こさせるような者との性交を妨げるために起こるのだという。「高い心的評価」につながる女性は、官能の対象とはなり得ないのだ。「彼らが愛するときには、欲情せず、欲情するときには、愛することができない」[*11]。つつがなく幸せに生きるためには、男性は自分の抑圧された欲望をよく理解し、その扱い方を心得ねばならない。男性の性的な成長史の「正常と呼ぶべき最終形態」は、抑圧された欲望を諦め、新たな欲望の対象、すなわち情愛と官能の両方の対象となるような、正当なセックス・パートナーを甘受することだという。

しかしインセスト的固着を維持したまま空想を抱き続ける男性には、身体的不調が現われることになる。「その後の結末は絶対的インポテンツであり、それは、性行為の実行器官が同時期に実際に弱体化したりなどすると、確定的なものとなる」。そうでなければ、「貶められ軽視された対象」としかセックスができなくなる男性もいる。中流階級の男性で、尊敬すべき立派な女性を相手にしたときには自由に振る舞えない者は珍しくない。「十分な性的享楽が得られるのは、何らの憂いなく満足に向かって専心するときだけなのであって、この専心を彼は例えば自分の礼節正しい妻相手にやってみようなどとはしないのである」。フロイトの弟子の一人は、リビドー的欲望のこのような分裂は、「選択的インポテンツの症例、例えば自分の妻とはいつも性交ができないのに、娼婦を相手にすると失敗することがないような患者の症例に最も顕著に見て取れる」と記している。[*12]

このように女性を聖母／娼婦と二分するのはフロイトに始まったことではなく、西洋文化においては既に数世紀にわたって、性に関する二重基準を成り立たせてきた原理である。だから賤しからぬ男性であれば、誰でも同じこのジレンマを抱えているのであり、そうであるならばその論理的帰結として、皆がインポテンツにならなければおかしいということを、フロイト自身も認めざるを得なかった。「心的インポテンツはあまねく見られる文明の受苦であって、特定個人に限定される病ではないと期待されても当然であろう」。こう語るフロイトは、一見、自らを窮地に追い込んでいるように見えるが、さにあらず、程度の差こそあれ、いくらかインポテンツであることこそ、まさに「文明人男性の性愛生活の特徴である」と昂然と断言して、あり得べき批判に立ち向かうのである。かくしてフロイトは、快楽を感じることができないという状態をも包摂するような、広い定義をインポテンツに与えることになる。冷感症の女性がいるように、なかには「心的不感症者と呼ばれる男性も皆それに仲間入りすることになる。性交が不首尾とはならないが、しかしさしたる快の獲得もなしに性交を行なう男性である。これは、予想されるよりも頻繁に見られる事例である」。要するにフロイトは、男性は皆インポテンツだ、程度は様々だが、と言っているのである。母親の代わりを完璧に務められる者はいない。そうであれば文明というものは、一定の諦念と苦悩に基づいて成り立っていることになる。「私の思うに、性欲動それ自身のうちには、何か十分な満足の生起に不都合なところがどうやらあるようだ[*13]」。バランスの取れた男性であれば、こうした課題に対して創造的に対処する術を身に付けていくだろうが、弱い男性は神経症に打ちのめされてしまうだろう。

男性の神経症の中核は、去勢への不安である。フロイトはこう考えた。男の子は自らの罪深い欲望を恥じ、罰としてペニスを失うことを恐れる。成長したあとも、男性の自意識はそこから形成されるから、ペニスを使うことへの不安が生じる。そうやって最終的にはインポテンツが引き起こされる、と。のちにフェミニスト達が異議を唱えたように、フロイトは男性患者の観察だけに基づいて、男女両性を理解しようとし、女性が「ペニス羨望」を持っていると決めつけた。フロイトにとって、注目すべき生殖器はペニスだけだったのである。ペニスが重要なのは、それが快楽を与えることができるからではない、「種の存続のためにその器官に賦与されている意義」故にであるとフロイトは言う。ペニスは、個人の要求よりも人類としての要求の方が勝っていることを象徴しているのである。男性は女性の生殖器を醜いと感じるものだと、フロイトは断言する。「女性性器を見たときの去勢恐怖は、おそらく男性なら誰でも経験していることなのだろう」。フロイトのこの嫌悪感は驚くに当たらない。なぜなら男性は女性のことを、ペニスを失った存在と考えるのであり、その結果、「男性にはしばしば女性蔑視がなくならないのである」というのがフロイトの確信だったからである。心的インポテンツは、去勢コンプレックスの徴候の一つである。母親にペニスがないことがわかると、母親の性器への憧れは、しばしば「反転して嫌悪感に席を譲る。この嫌悪感は、思春期には心的インポテンツや女性嫌悪《ミソジニー》、あるいは慢性的な同性愛などの原因になったりする」*14。

フロイトの情報源は女性患者と自分自身

フロイトは、インポテンツに関する情報をどこから得ていたのであろうか。驚くべきことに、男性のセクシュアリティに関する彼の議論の大半は、女性患者から又聞きで聞いた話に基づいていたのである。例えばフロイトは、自分のハネムーンがいかに悲惨だったかを語る、ある女性の話に触れている。「結婚初夜に夫が、よくありがちな不運に見舞われた。インポテンツになってしまったのである。彼は自分の部屋から妻の部屋に走り込んできて、今度こそうまくいくのではないかと、夜中じゅう何度も試みた。彼は翌朝、ホテルのメイドがベッドを直しにやって来たら、自分は恥をかくことになる、と言って、赤インクの小壜をつかんで、シーツにインクを注ぎかけたが、まずいことに、赤い染みは、意図にぜんぜんそぐわぬところに出来てしまったということである」。その女性患者は現在では、テーブルクロスを取り換えたり、用もないのにメイドを呼びつけたりすることに執着する強迫行為を示している。彼女には、染みの付いた布をメイドに見せたいという無意識の欲望があるのであり、不幸な記憶へのこの固着が、症状として現われているのだというのがフロイトの下した結論である。また他の症例では、きちんと立たない蠟燭の夢を見る若い女性を取り上げている。その象徴作用は「極めて明白である」とフロイトは確言する。さらに別の、ある攻撃的な女性患者を取り上げるに当たっても、フロイトは同じようにきっぱり断言している。この患者は夫に対して、「首吊っちまえ」と言いたくなったという。「そして次のことがわかってきた。その数時間前に、縊死の際には激しい勃起が起こるということを何かで読んで知ったのである。このぞっとするような驚愕という偽装のもとに、抑圧のなかから再浮上してきたのは、勃起への欲望であった」とフロイトは報告するのである。こうした症例を取り上げる際、フロイトが暗黙のうちに前提にしているのは、文明人男性は多くの場合、性欲が弱いということである。さらにフロイトは、そこから転じて、男性の性交能力が乏しくなればなるほど、その妻のヒステリーの度が増すという考え方に至る。フロイトは自分が捜しているのが、弱き男性であることを、はっきり自覚していた。自覚していたからこそ、見つけてくることも容易かった。彼のモットーは「事件の影に男あり」だったのかもしれない。夫がセックスを過剰に求め過ぎるせいで妻が悩まされるという発想は、フロイトにはまったくなかった。[*15]

フロイトによる女性患者の症例報告は、少しばかり疑いの目で見る必要がある。なぜならそれは基本的に、ふとした何気ない患者の言葉に、込み入った解釈を加えることで成り立っているからである。例えば有名なドーラの分析は、その点において典型的である。「ドーラはまたしても、『Kさんの奥さんが父のことを好きな理由は、単に、父が金持ち《フェアメーゲント》だからです』と強調した。私はそのとき、彼女の表現が持つある種の雰囲気から――この論文では分析の仕事に関する純粋に技法的な事柄にはほとんど触れていないが、この点についても触れないでおく――この言葉の背後には正反対のことが隠されているのに気付いた。すなわち、『父は不如意《ウンフェアメーゲント》です』。これはもう性的なこと以外意味しようがなかった。『父は男として不如意』つまり不能ということである」。[*16]

私の聞き知る、たいへん若い娘と結婚したある年配の男性の話だが、彼は、結婚式当日は旅行に出かけず、都会のホテルで過ごそうと考えた。ホテルに着くや否や、新婚旅行のためにと心積もりしていた費用の全額が入った財布がないのに気がつき愕然とした。どうやらどこかに置き忘れたか、なくしたらしい。何とか召使いの者に、電話で連絡が取れた。召使いは、なくした財布が、主人が結婚式で着ていてその後に脱いだ上着に入っているのを見つけ、不如意《オーナ・フェアメーゲン》のまま結婚に足を踏み入れ、ホテルで焦って待っている主人のもとへ持参した。こうして男性は、翌朝、若妻と共に旅行に出発することができた。しかし新婚初夜のその晩には、前から案じていた通り「不如意《ウンフェアメーゲント》」に終わったのだった。[*17]

「不如意」とはつまり、インポテンツのことだ。フロイトは確かに、語り部として常に達人であったことに疑いの余地はない。だがこのように念入りに組み立てられた話を、人はどのように思っただろうか、という疑問がつきまとって離れないのである。このように詳細にわたる話の出所をきちんと明らかにしていないせいで、フロイトは、ただの古いジョークを、さも重大な精神分析学上の発見であるかのように装ったのではないか、と疑わずにいられないのである。

フロイトは、インポテンツに悩んでいると自ら認める男性患者に、実際それほど多く会っていたのだろうか。有名な著作を見てみると、性行為を遂行することに問題を抱えているとはっきり申告する男性を取り上げることはあっても、事のついでに言及しておくという以上のものではない。例えば萎んだ気球の夢を見たという若い男性の例では、フロイトは、それがペニスを象徴していることを本人自身に認めさせている。これよりもっと突っ込んだ報告をしている例で取り上げている老人は、何回やっても、妻が助け船を出してくれても、明かりをつけることができないので大笑いしてしまったという夢を見たという。明かりとは生命の灯であり、また性的な意味もある。明かりをつけられないとは、性的な行為を遂行する能力を欠いているという意味である。このような夢は冗談の種ではない、インポテンツと死を巡る悲しい観想である。この男性は、自分を守るために夢に情動反転を施して、涙を笑いに転換させただけなのだ、とフロイトは断定している。[*18] ここでも分析されている者自身は、インポテンツに一言も言及していない。この患者は、セックスで失敗することに不安を抱いていると、勝手に決めつけているのはフロイトである。

フロイトは、人が想像するほどには、自分の男性患者からインポテンツに関する素材を提供されていない。だから彼は、自己洞察によってそれを補足している。例えばヴィルヘルム・フリースに書き送った自己分析の報告で、フロイトはかつての乳母の夢を見たことに触れている。「彼女は性的な事柄について私に教える先生になっていました。私がもたついて何もできないでいると、叱るのです（神経症的なインポテンツに陥るときは、いつでもこんな具合です。つまり、学校でうまくやれないことへの不安の土台には、性的なものがあるのです）」。フロイトの伝記を書いたアーネスト・ジョーンズ［一八七九～一九五八］は、次のように控えめに書いている。「結婚生活の情熱的な側面は、フロイトの場合、男性の多くがそうなるよりももっと早い段階で冷めてしまった」。フロイト自身はもっと明け透けで、例えば一八九七年に、ヴィルヘルム・フリースに次のように書き送っている。「性的な刺激というものは、私のような人間にはまったく役に立たないのです」。それどころかフロイトは、自分の性生活が終わったことを、カール・ユング［一八七五～一九六一］の妻エンマにも話していたらしい。というのは、一九一一年にエンマがフロイトに送った書簡を見ると、二人がそのような会話をしたことを、エンマはフロイトに思い出させようとしているのである。「あなたはご家族について話されました。その際あなたは、結婚は既にかなり以前に熱がさめた、今や死しかないとおっしゃいました[*19]」。フロイトは、『文化的』性道徳と現代の神経質症」のなかでも、結婚生活を同じような悲観的言辞で描いている。

　男女共に低い性愛能力しか持たないで始められた結婚生活は当然、そうでない場合と比べて、急速に崩壊のプロセスを辿るしかない。妻は、夫が性交能力に乏しいので満足できず、そのため――教育によってもたらされた冷感症的素質が、強烈な性的体験によって克服可能であった場合でも――ずっと感じないままであり続ける。この類の夫婦にとっては、健康な夫婦と比べて、避妊もまた困難になる。なぜなら、夫の弱い性交能力では、避妊具の使用に耐えられないからである。こうした八方ふさがりのなかで、性交はやがて、あらゆる厄介を産み出す元凶として放棄され、それと共に、結婚生活の土台が見捨てられることになるのである。[*20]

以上のようにフロイトは、自己分析を根拠にしながら、無意識のなかに潜んでいるけれども、決して消え去ることのない子供時代の欲望の痕跡が、ある種のインポテンツの原因であると主張した。その上で彼は、自身のこの仮説を支持するような証拠集めに取り掛かる。患者のなかにはこの仮説に基づく分析を、たいへん役に立つと評価した者もいたかもしれない。しかしそうは思わない患者は、「抵抗している」と激しく非難された。科学的な仮説とは違って、フロイトの主張は、反証のしようがなかった。

フロイトと弟子達のステレオタイプな男女像

フロイトの弟子達、あるいはその後の世代の頑固なフロイト主義者達も、師ほどの陰鬱さはないとはいえ、本質的には師の教えを守っている。彼らは互いに多くの点で異なってはいるが、心的インポテンツの大半は子供時代の空想に由来するという規範については、創始者の師にこぞって賛成する。しかし母親に対するインセスト的欲望に取り憑かれた患者の、解消されないその罪悪感がどのような形をとって現われるかという点では様々である。例えば自己に対する懲罰、篤い信仰、性的な対象に対する過大評価、去勢への不安、同性愛的欲望などだ。また性的不能の心的原因を求める範囲も拡張され、長じてから耽るようになった禁じられた行為も広範囲にわたって含まれるようになった。例えば青年同士の相互マスターベーション、使用人に対するペッティング、結婚後に若い女性に憧れるなどであり、それらはすべて一過性インポテンツの原因になるとされた。また性的虚弱者や半インポテンツは珍しくないと、広言されるようになった。オーストリア生まれでのちにアメリカに亡命した精神分析学者ヴィルヘルム・ライヒ［一八九七〜一九五七］は、自分個人の患者三〇人のうち二八人が、また所属先のウィーン精神分析診療所の一九二三、二四年の患者一七五人のうち一六四人が、インポテンツを患っていると報告している[*21]。なかには自己暗示によって、自分で自分を不能の状態に陥れているとされる患者もいた。しかしその場合も、セラピストは単に患者を安心させるだけでは不十分だった。なぜなら対処すべきは、患者が抱いている失敗への不安だけではなく、彼の無意識の欲望だったからである。

精神分析に才能を見せた最初の世代は、フロイト同様、インポテンツは社会の文明化のために支払うべき対価であると考えた。原始人とは違って、近代人には禁制《タブー》がいくつもあるからだ。「情愛が機能しない男性が驚くほど増加している。インポテンツが、現代文明と密接な関わりのある疾患となったのである。〔……〕相対的にインポテンツであるという男性の割合は、これ以上は考えられないというほど大きくなっている。私の経験では、文明人男性のうち、正常な性交能力を享受しているのは半分にも満たない」。フロイトの弟子でウィーンの精神分析家ヴィルヘルム・シュテーケル〔一八六八〜一九四〇〕は、このように驚くべき言葉で『男性におけるインポテンツ』を書き始めている。これは、インポテンツについて精神分析的に論じたもののなかでは、両大戦間期で最も浩瀚な著作である。フロイト主義者にとって近代は、それ以前に比べてより大きな圧力を男性に与える世界であり、インポテンツは進歩の副作用である。農民や労働者は、もっと進んだ、もっと教養豊かな者を捕らえる神経過敏や禁制の重荷を免れている。*22 またその種の心的な代償は、女性より男性の方に降りかかることが多い。なぜなら男性には、自分自身を規制する義務があるからだ。

フロイトの通俗化に貢献してきた者達は、過激だと言われてきたわりには、性的な関係について明らかに伝統的なモデルに基づいて考えている。男は支配し、女は従属しなければならない、というモデルのことだ。彼らがインポテンツについて論じるとき、必ず言外に含まれているのが、男女間の闘争は、かつてないほど激しくなってきていること、それに伴ってインポテンツの割合も上昇してきていること、インポテンツは男性が、すっかり追い詰められたと感じている徴候である、ということだ。セックスに失敗した者のなかには、それを冗談の種と考える者もいたかもしれないが、専門家はその失敗が原因で自殺する者は決して珍しくはないと警告した。病気がばれてしまった欠陥男性とは違って、冷感症の女性で自殺を思い立つ者はいない。

ウィーンの精神科医でフロイトの最初期の弟子アルフレート・アードラー〔一八七〇〜一九三七〕は、あらゆる問題が子供時代の事柄に由来するとする考え方を離れ、心的インポテンツの原因は「性交に関連して被った傷手《いたで》の記憶を思い出さないように抑制すること」にあると唱えた。彼の主張は、神経症の原因は身体器官の劣等性にあるというものだった。身体が完全でない男性は、自らの男らしさを証明するために、破滅を招くほどマスターベーションや空想に耽ることによって埋めあわせようとするのだという。アードラーが例として示しているある男性は、非常に女性を恐れていた。そのため、結婚を免れるために「大量に遺精するようになり、早漏になり、そしてインポテンツになった」という。それをアードラーは、「男らしい抵抗」の一環であると解釈している。イギリスの精神科医でアードラーの信奉者でもあったヘンリー・ディックス〔一九〇〇〜七七〕は、インポテンツ患者は無意識のうちに、自分に劣等感を感じさせた相手の女性を罰しようとしているのだと示唆している。またナルシスト気質の男性の場合、一度の失敗で虚栄心を傷つけられ、それを心配するあまり、また失敗を繰り返すのだともいう。「そのような人物は『制御力を発揮』しなければならない。なぜなら男らしさと権力にとって、かくも本質的な義務を果たすことに一度でも失敗するなど、到底我慢できることではないからだ。〔……〕この種のインポテンツが、職業軍人に非常によく見られることは、それほど驚くには当たらないのである」[*23]。

ウィーン出身の精神分析家オットー・フェニケル〔一八九七〜一九四六〕によれば、オーガズム時に射精を制御できなかったことから不安が生じる男性もいるという。「本能的行動であっても、それを危険と見なした場合に、自我はその遂行を妨げて防衛しようとする。インポテンツとは、この防衛作用から生じる身体的な変質である。自我のなかでも防衛作用を司る部分が無意識に属することは確かである。自我のこの部分は、去勢への不安の影響下にあり、また意志では制御できない独自裁量の経路を備えている」。またフェニケルは、深刻な早漏の主な要因は三つあると書いている。一つには女性的な指向。もう一つはサディスティックな指向。これは「女性を傷つけ、貶めることを目的としている」。最後は「排尿エロティシズムである。これが昂じると、人は、子供時代の尿に対する見方と同じような見方で精液を見るようになる」[*24]。

フロイトの伝記を書いたアーネスト・ジョーンズは、インポテンツになって自尊心を失わない男はいないと主張する。インポテンツの疑いが少しでもあったら、もう一大事である。びくびくして、疑い深くなって、病的な恐怖感の虜になった男性は、神経症的不安と「性的な飢え」の双方に苛まれ、すぐさま自分が「頭をもたげることも、全世界に面と向かうことも、一切できなくなっている」ことに気付くという。ところが冷感症の女性は劣等感に苛まれたりはしない。それどころか、男嫌いのナルシストになる可能性の方が大きい、と。ウィーン出身の心理学者でフロイトの初期の弟子テオドール・ライク〔一八八八～一九六九〕もこれに賛同している。なぜインポテンツ男性は自らを恥じ、罪悪感を覚えるのか。彼は何も悪いことをしていない。彼の罪悪感は、実際は彼のインセスト的欲望の実現を妨げた者に対する怒りの別の顔である、とライクは主張する。さらにインポテンツ男性を慰める振りをする女性の、母親のような上からの目線で男性に赦しを与える姿は、実は彼女らの「無意識の嫌悪感」の表われである、と。夫を転ばせる夢を見る女性は、だから実際は夫をインポテンツにしたいと思っているのだとライクは主張する。彼によればそのような欲望は「〔その女性の〕性的な反応の欠如としてだけではなく、性行為の最中の不適切な振る舞いとしても現われる。私の知っているある症例では、夫が絶頂に達しようとしているとき、妻が笑いながらこう言ったらしい。『あんた、今すっごく変な顔してる！』。こんなことを言われたら情熱がどれほど冷めてしまうか、想像に難くない。このように残酷で、夫を意気消沈させる振る舞いをしておきながら、そのことに罪悪感を覚える女性がほとんどいないということには、驚くばかりである」[*25]。

　女性の冷感症は珍しくない、なぜなら女性はナルシストだからである、その上前戯をことさら重要視する、とフロイト主義者は主張する。女性は自分自身の冷感症について罪悪感を覚えることはない、なぜなら女性はおおむね受け身だからだ、しかしここ数年は「現代女性のなかに、セックスにおいて自分達も協力する必要があると感じる者もいる」とライクは指摘している。しかしながら、女性のほとんどは、未だに何の責任も感じていない、と。アードラーによれば、全女性のうち三分の一から二分の一は冷感症である。あるアメリカ人の専門家はこう結論づけた。セラピストにとって、「女性に見られる真の冷感症は、同性愛者であることが原因となっているに違いないので、ほとんど手の施しようがない」[*26]。

　フロイトもその弟子達も、古い道徳律をある面では批判したが、性別役割《ジェンダー・ロール》や性的関係に関しては、頑迷な考え方を固持して決して改めようとしなかった。フロイトは、「能動的」なのは男らしく「受動的」なのは女らしいとか、若い女性の性欲には必然的に「歯止め」が掛けられているが、一方、若い男性のリビドーは解放してやらなければならないとか、男性が喜んで違反するような性的活動を巡る禁忌も、女性は禁欲的に遵守する、といったような旧弊な言い回しで語ることが多かった。[*27] 精神分析の文献を読む者は、「正常」で「男らしい」健全な男性の条件が、繰り返し語られることに気付く。精神分析のそうした議論では、同性愛や男性の女っぽさといったものが、明らかにうさん臭いものとして語られている。

同性愛も一種のインポテンツ

当時の男性にとって、自分の失敗は無反応な女性のせいかもしれないと考えて安心感を得ることは、極めて重要なことだった。というのも、インポテンツが同性愛の徴候だと見なされることが、しばしばあったからである。一九一五年に『プラクティショナー』誌に掲載されたある記事には、一部のインポテンツの原因は、「遺伝性の神経障害的緊張を思わせる異常心理」であると書かれている。治療は困難だという。しかし精神分析を用いることはできるかもしれない。なぜならそれによって、「性的倒錯やそれに由来するインポテンツが、過去の具体的な心的外傷を原因としていることが明らかになる可能性もある。それにそもそも、精神分析の過程で議論を交わすだけでも、心的外傷の影響を解消し、正常な性習慣を取り戻すのに十分かもしれない」。同性愛者は、エディプス的欲望を克服することに失敗したためにそうなったのだと、フロイト主義者は考えた。そして同性愛者は、同性愛者であるという事実そのものによって、どんなに能動的な者であっても「インポテンツ」と呼び得るのだという。コロンビア大学の臨床神経科教授イズリエル・S・ウェクスラーは、こう断言している。「自分の母親に愛情が深過ぎる男性は、弱い夫になることがよく知られている。実際、インポテンツになってしまう者も少なくない」。アーネスト・ジョーンズは、性交能力を膣性交を満足に遂行できる能力と定義した。「この定義によれば、同性愛者はインポテンツと見なされるということに気付かれるであろう(その人が両性愛者でない限り)。実際、同性愛者が同じ性の者を相手に性交能力をどんなに発揮することができたとしても、私はその人はやはりインポテンツだと考えている。とにかく同性愛者の場合、インポテンツの原因も結果も、異性愛者のそれとは多くの点で異なるということは認めざるを得ないだろう」。アメリカの医師ジョン・F・W・マーは、同性愛男性が結婚すれば、いずれインポテンツや早漏を患うことになると警告している。イギリスのある精神科医も同じように、そのような症状は、その男性の潜在的な両性愛ないし同性愛傾向に由来するとしている。[*28] 同性愛者は女性を相手にすると性交能力を発揮できない、という言い方は、ずっと以前から使われていた月並みな文句である。しかしフロイト主義者はこれをあべこべにして、次のように断言したのだ。同性愛は実は、インポテンツであることが露呈してしまうのが怖い男性が、それを隠すために採用する手段なのである、と。

ヴィルヘルム・シュテーケルは、戦争のせいで数十万人の男性がインポテンツになったと主張した。そのうちの多くが「戦争インポテンツの同性愛者」で、「女性からの逃走」の一歩を踏み出した男性であるとした。シュテーケルは同性愛の患者を何人も診ていたが、同性愛についての彼の見解は、矛盾を孕んでいた。それによれば、異性愛者はすべて、同性愛の衝動を時折覚える。しかしだからこそ、そうした欲望は「治す」ことができる。その「治療」の成否は、女性に対するサディスティックな憎しみを持っていることを、精神分析家が患者に認めさせられるか否かにかかっている。しかしシュテーケルは、そのような患者が首尾良く改善する可能性を深く疑っていた。そして分析は途中で取り止めになることが多かった。シュテーケル自身は、分析の中断は患者のためであって、患者を守る戦略なのだと称していた。[*29] 彼は、ほとんどの精神分析家がそうであったように、同性愛関係を刑罰化しても役に立たないと見なしていた。しかしそれでもなお、同性愛者を神経症患者だと考えるのは止めなかった。

患者がどのような種類の治療を受けるかは、どんなタイプのセラピストに診てもらうか次第のところが大きかった。通俗的精神分析家は、フロイトよりも遥かに楽観的な傾向が強かった。例えばアードラーは、男同士で率直におしゃべりすれば、良識ある解決に至るはずだと信じて疑わなかった。フロイト自身はインポテンツのことを、文化と本能の間の折り合いを付けられないために現われる古典的な症状だと見なしていたのだが、弟子達の多くは、文化と本能は調和させることができ、インポテンツは治せるのだということを強調した。ハンガリーの精神分析家でフロイトの初期の弟子シャーンドル・フェレンツィ［一八七三〜一九三三］は、母、姉妹、乳母、使用人などに対するインセスト的固着がインポテンツの原因となっていることは珍しくないが、そのような欲望が意識に到達することを妨げる検閲のせいで、患者がそれを想起することは困難であると考えた。ブダペストでの一九〇八年の講演でフェレンツィが紹介した症例では、患者の男性のインポテンツの原因は、彼が子供時代に一緒に遊んだ太った姉に対する欲望にあるという。青年期になって、その患者はマスターベーションをするときに姉を空想したが、その結果、彼にとってセックスは嫌悪すべきものとなってしまった。しかしフェレンツィが主張するところによれば、その患者はフェレンツィの解釈を受け容れたとたんに、奇跡的にも治ってしまった。その証拠に彼は、一日に三人の女性と性交することもできたのである、という。*30

シュテーケルは、書き手としては多産であり、セラピストとしては革新的であった。彼はフロイトのおかげで自身のインポテンツが治ったと言っている。自分のインポテンツの原因のほとんどは、冷淡な妻にあるという。「ある日、私は男ではなくなった。私は自分の弱さを克服するためにあらゆることを試したが、駄目だった。そんな時期が二年も続いた」。シュテーケルは、性的機能不全のすべてがインセスト的コンプレックスに由来するとは考えなかった。しかし彼は、インポテンツを、男性が反社会的性向から自らを守るために選ぶ手段だとは見なしていた。フロイトは患者が質問することを許さず、治療が何年かかろうとも、あくまで自由連想に依拠するよう「きつく戒めた」が、シュテーケル自身はこの掟を破っている。彼は短時間で終わる直感的な、患者にズカズカ入り込んでいく「積極的方法」を好み、一時間もあれば、患者の基本的な問題は明らかにできると自負していた。彼自身の主張によれば、他のセラピストがどんなに取り組んでも効果が得られなかったような症例でも、彼は「ほとんどいつでも」治すことができたという。しかしシュテーケルは、フロイトと同じように、神経性の不調の原因を根本的な抑圧まで辿って突き止め、それを取り除いて治癒をもたらすこと、言わば「精神的整形外科」こそが、自らの務めだと考えていた。その報告によれば、心的インポテンツのほとんどが失敗への不安から来ているから、数ヶ月禁欲することを勧めるだけで、たちまち患者が治ったと言ってくることもしばしばだという。逆に暗示がうまくいかないと、治療効果がない場合もあると彼は認めていた。しかし自分のところにやってきたインポテンツ患者の「ほとんどすべて」を治し、その「生命」を取り戻してやったと自慢している。年輩者であっても、性的な能力を回復させることは可能だと広言する、シュテーケルの次のような物言いは、まるで行商人の口上のようである。「男は自分が老いたと思わない限り、老いることはない！　自分の力を諦めない限り、インポテンツになることもない！」（シュテーケル自身がわざわざイタリック体にして強調している）。たとえ五十代以降であっても、シュテーケルは性交能力の衰退は心的原因に由来するとしていた。*31

どうしても心的原因があるはずだ

精神分析家は、一九世紀の医師達がインポテンツの原因として槍玉に挙げたもの――マスターベーション、性的不節制、薬物・アルコール・ニコチン中毒、そして加齢に伴う欲望の減退――は、実はほとんどすべてが、根深い心的外傷の徴候であるかもしれないとして、男性の性的不能の研究に革命をもたらした。シュテーケルを始めとする幾人かの精神分析家は、朝勃ちしないことは器質性の問題を示す徴ではないとさえ主張した。それどころか精神分析家のほとんどは、不治のインポテンツと後天的なインポテンツを明確に分ける線を引くことは不可能だと断言していた。シュテーケルは、例えばオランダの婦人科医T・H・ファン・デ・フェルデ〔一八七三～一九三七。邦訳書表記はヴァン・デ・ヴェルデ〕のような、結婚の手引き書を書いた医師について、夫婦間のセックスに関する議論への貢献は認めた。しかしその一方で、彼らは夫婦同士の嫌悪感の底に心的原因があることを理解しようとしないし、「我々〔精神分析家〕が獲得した深い知見」にも欠けていると、しきりに言いつのった。器質的原因が軽んじられるようになったことは、医学の素養のない精神分析家の職業的利益にも合致していた。当時彼らはだんだんと、医学的な訓練を受けた者に取って代わろうとしていたのである。また彼らが自瀆と性的不節制の意味を重んじなかったのが、新たな前進の一歩だったことはおそらく確かであろう。シュテーケルは誰よりも遠慮なく、マスターベーションはそれ自体としてはまったく無害であると広言した。マスターベーションはインポテンツの原因ではなく、女性に対する男性の恐怖の徴候であると、彼は考えたのである。[*32]

精神分析家が端緒を開いた自瀆の見直しは、一般の読者を対象とした文章のなかにも浸透していった。一九二七年にイギリスのバースの医師R・G・ゴードンは、インポテンツを引き起こすのはマスターベーションではない、マスターベーションが引き起こすと言われている悲惨な状況を恐れる不安感である、と述べている。疲労、痛み、セックスの失敗体験、外科手術、性病への不安など、すべてが何らかの影響を与えるという。「しかし遙かによくあるインポテンツの原因は、インチキ医者の文書や自称道徳家の訓話ですら描かれているような、マスターベーションがもたらすという結末に対する恐怖心である。罰は罪に相応しくなければならないというのであれば、また犠牲者達が被った精神的苦痛を鑑みれば、そのようなものを公刊した書き手達を落とすには、どんな地獄の底も恐ろしさが足らないぐらいである」。それでも一九三七年に刊行された一般医向けの神経症研究書には、マスターベーションに対する恐怖は未だに珍しくないと書かれている。その種の恐ろしい物語を聞いただけで、インポテンツが引き起こされることもあり得るという。この本の著者は、読者である開業医に向けて、患者と論理的に話し合うことを勧めている。そしてインチキ療法に手を出さないよう、娼婦で実験してみようと思わないよう、患者に忠告すべきだと言っている。[*33]

精神分析家がインポテンツの議論を新たな方向へ転換したことは明らかである。彼らはインポテンツの

ファン・デ・フェルデは『体操の性的効果』（1933）で，性生活改善や楽な出産のために女性に体操を奨めた．同書の巻末にはいわゆるパラパラ漫画の体裁で体操の連続写真が掲載されている（上は抜粋で，実際は各 80 齣）

原因を巡る議論の焦点を、器質的なものから心的なものへ移動させたのである。そうすることによって、誰が得をしたのであろうか。フロイトは確かに、性に関わる数多くの問題を巡る申し合わせたような沈黙を打ち破ることに貢献した。また彼の著作のおかげで、抑圧は次第に有害な抑制の原因と認識されるようにもなった。広範囲にわたる性的な実践に対して、以前より寛容に、また道徳一辺倒でなく見る見方が一般に知られるようになったおかげで、ある種の不安は解消されただろうし、ある種の形態のインポテンツは癒されたに違いない。こうした功績を、精神分析家は誇らしげに記録している。彼らによってインチキ医者から救われた患者もいただろう。シュテーケルは、患者の一人は彼のところに来る以前は、「ビール教授の真空機械によるペニス吸引」や電気ショック、ムリアセチン薬〔不詳〕といった治療法に唯々として従っていたと書いている。[*34] しかしながら、精神分析家は医学療法やホルモン療法にもおおむね反対だった。それは患者にとって実際に害があるからではなく、そうした治療法によって不調の心的原因が覆い隠されてしまう可能性があるからだった。精神分析家が言いそびれていたこと――と言うよりも、精神分析家として訓練を受けることによって見えなくなってしまったこと――がある。それは、性的な問題でも、心的な原因に由来しないような類の問題を抱える患者がいるということ、彼らは、自身のインセスト的欲望やその他の心的外傷の記憶とされるものに、いくら向きあえと命じられても、害があるとは言わないまでも役には立たないと感じる、ということである。

近代人の生活においては、愛がそれ以前に比べて遥かに大きな役割を担っている。そして精神分析家に言わせれば、抑制もまたそうだという。彼らは、生殖器は個人を代表するとして、かつて見られなかったほどこれに注目し、生殖器の不調は大問題であると、その重要性を強調した上で、自分達ならそれを解決できると断言するのだった。シュテーケルは大胆にもこのように言っている。「ペニスは、男性の全体を映す鏡である」。そのペニスに欠陥があるなら、意気消沈した者は誰のもとへ向かえば良いのか。皮肉なことに、セクシュアリティの問題化に手を付けた張本人の専門家――のちに「心配捏造人」と呼ばれる――に、助けを求める男性が数多くいたのである。専門家は断言する。心的インポテンツは、勃起しないこと、早漏、オーガズムを感じないこと、などの形をとって現われるが、異性愛性交を妨げるあらゆる現象――フェティシズム、病的嫌悪、同性愛的欲望から、最も罪のない健忘や羞恥の発作に至るまで――をも、そこに含めなければならない。そうなれば、男性の大半は何らかのインポテンツを患っていると解釈することができると、セラピストは断言する。ところが同時に、彼らはそうした現象を「正常」と見なすことは拒絶するのである。インポテンツは、もっと根深い問題の一つの徴候に過ぎない。患者は恥ずべき秘密を隠していることを非難されたくないから、自己防衛のために嘘をついたり、誤魔化したりするかもしれない。しかしほとんどの場合、いずれは真相が明らかになる。自分の不調は心的な原因に由来するということを認めたがらない者は、治してもらうこともできない。なぜなら彼ら自身が、病気のままでいることを選んでいるのだから。このジレンマにあって、最も思い悩むのは、自分の性的な不調の原因が心的なものであると考える理由がどうしても見当たらない者である。彼らにこそ、徹底した治療が必要だろう。この事実は、カール・クラウスの次の言葉に、一片の真実以上のものがあったことを示している。「フロイト以前には、医師達は治療が病気より悪い結果をもたらさないよう注意した。今や医師達は、病気そのものであるような治療――はっきり言えば精神分析――が存在することに注意しなければならなくなっている」[*35]。

マリー・ストープスの不幸な結婚

フロイトは、性的な面での幸福が完璧に実現する可能性がもしあったとしても、ほんの僅かしかなかろうと考えていた。その点において彼の著作は、両大戦間期の結婚手引き書に反映されているような、当時の楽天的な文化の潮流に懸命に抗っているように見える。そうした手引き書の書き手は、知的洗練という点ではフロイトに比べるべくもなかったかもしれないが、フロイトより遥かに多くの読者層に訴えて、近代的なインポテンツの概念を普及させたのである。「近代的インポテンツ」という言葉で言い表わしたいのは、中流階級の論者が、正常で健全な男性の新基準の確立に着手したという事実である。愛情に基づく結婚を唱道する者達は、それを支える土台は夫婦双方の性的満足にあるとはっきり主張するようになり、人目を気にしているのか、ヴィクトリア朝時代の人々は抑圧されていたからそう言えなかったのであって、自分達はそれとは違うと強調した。夫婦双方の性的満足が問題になるとき、女性は性的に受け身であると仮定するなら、ほとんど男性の能力次第だということになってしまう。そこから、夫婦の間では、女性は尊敬すべき存在であるだけでなく、情熱的でもあってほしいと期待されるような、そんな新しい結婚のモデルが出現してくるのである。一九世紀末の数十年の間に見られた無反応な妻に対する批判は、そうした新しい結婚モデルの予兆だったのだ。かくして結婚と性愛とが結びつけられた。当時まだエリート階級の間では見合い結婚が行なわれていたヨーロッパでも、それは見られた。しかし結婚とセクシュアリティの結びつきが徹底的に推し進められたのは、アメリカだった。そのことは、『セックスの幸福』（一九二二）、『現代風の結婚』（一九二九）、『結婚しても恋人――結婚における性行為の役割』（一九三三）といった書物が次々に発行されたことからも、見て取ることができる。このように二〇世紀初頭に、女性の欲望が認知、または再発見されることになったわけだが、その結果として、女性の性的な要求は満たされなければならないと主張する論者の出現が促された。「女性には女性なりの性欲があるということを認めるのであれば、それはつまり、セクシュアリティの領域にも成果主義が持ち込まれるということを意味している」[*36]。その結果、想定外のことが起きた。女性を歓ばせることに失敗してしまった男性は、男らしくないと思われる可能性が出てきたのである。そこで、次のような問いが立てられることになる。そんな悲劇的失敗の元凶は、誰に、または何にあるのか。この問いに最初に答えた人々のなかに、マリー・ストープス［一八八〇〜一九五八］がいた。彼女の最初の結婚は、不幸に終わった。しかしその経験から、男性の性的実行力に関しては、私的な領域で交わされる議論についても、公の議論についても、独自の見方を持てるようになった。彼女は最終的には、産児制限の提唱者としての経歴で非常に有名になるが、インポテンツの議論の立て直しに果たしたその役割はあまりよく知られていない。

上層中流階級《アッパーミドル》の啓蒙的な家庭に育ったマリー・ストープスは、第一級の科学者であった（イギリス人女性として初めて、ミュンヘン大学で古植物学の博士号を取得した）。性を巡る問題について研究し始めたのは、ずっと後のことだと本人は言っている。しかし最近、性に関して奥手だったという彼女自身の主張を覆すような証拠が発見されてきている。晩年彼女は、女子学生が教師にのぼせ上がったりすることや、同性愛について有害だと攻撃していたのだが、二十代の彼女は、何人もの女性に激しく入れあげたり、絶対に結婚すると決めて、ある科学者の日本人男性を追いかけ、わざわざ日本までやって来たりしていたというのだ。そうした望みが全部駄目になったちょうどその時期に、彼女はカナダ出身の植物学者レジナルド・ラグルズ・ゲイツ［一八八二〜一九六二］と出会う。知りあって僅か一週間で、ゲイツはプロポーズした。その三ヶ月後の一九一一年三月、二人はモントリオールで結婚する。彼女は三一歳、彼は二九歳だった。慌ただしい結婚は、やがて失敗だったことが明らかになる。彼女は自分より年下の配偶者を下に見、彼は怒りっぽくなった。かたやストープスは、ゲイツがバターナイフで自分を刺そうとしたと言うかと思えば、かたやゲイツは、彼女が自分のコーヒーに毒を入れたと言うところまで、二人の関係は悪化していた。

　ストープスは、自分の純潔について長広舌を繰り返している。大英博物館の図書閲覧室でセックスについて読んでみて、初めて自分の結婚が完成していないことを知ったのだという。しかしジューン・ローズは、ストープスは本人が装っている以上に性的な経験を積んでいると主張する。ストープスは結婚直後から性的関係の研究を開始し、ゲイツとの絆を断つ方法を捜し回っていた一九一三年には、妻の側が不義を犯していても離婚はできるかと、弁護士に尋ねているという。最終的に彼女は、結婚は完成されていないから自分はまだ処女であると主張する決意を固めた。そして弁護士に、ゲイツは何時間も前戯に励んだが、少し硬くなっただけだった、そういうことが三度あったと語った。「入れようとがんばってもフニャフニャなので、指を使って押し込もうとしたんです」などと生々しい証言もした。一九一四年一〇月、

【右】博士号を取得した1905年のマリー・ストープス（ルース・ホールによる伝記，1977より）【左】1921年のレジナルド・ラグルズ・ゲイツ（バッサーノ・スタジオ）

不思議なことに無垢の処女である旨を証明するという書類を主治医から手に入れただけで、彼女は結婚無効の申し立てに踏みきった。[*37] ゲイツは異議を唱えなかったので、結婚は解消された。

物語はここで終わっても良かった。イギリスでは、結婚が完成されないという理由で無効解消される事件が、毎年数件は起きていた。[*38] そのような不幸な事態に陥った夫婦は、名前を伏せようとするのが普通だった。しかしマリー・ストープスはそうしなかった。露出症的な気質を備えていたことは明らかである。彼女は、自分の無知は性教育を受けなかったせいだとした。他の女性が同じような不幸な目に遭わないようにするためには、元夫の欠陥を宣伝する必要があると彼女は考えた。それで結婚に関する本を何冊も執筆し、また望まない妊娠が女性にどれほど悲惨な脅威をもたらすか悟った後は、産児制限についても書いた。

ストープスの研究の最初の成果は、『結婚愛――性問題解決のための新しい寄与』という書籍となった。この本は一夜にしてセンセーションを巻き起こし、最終的には七刷を数え、発行部数は一〇〇万を超えた。彼女は次のような書き出しで始めている。「私は、最初の結婚で、性的に無知であったため怖ろしいほど高価な犠牲を払った。そして私が、このような犠牲を払って手に入れた知識は、人類に尽くすために皆に分かつべきだと感じている。〔……〕私は〔この本が〕、長年にわたる心痛と暗中模索の時代を過ごしている多くの人々を救ってくれたら、と希望するのである」。ストープスは、失敗に終わったその結婚について、一九二三年に発表した戯曲『ヴェクティア』で、さらに入念に一部始終を公にしている。その女性主人公（明らかにストープス自身）は不幸な結婚に耐えているが、三年目にしてやっと、隣人が生命の真実を彼女に教えることでインポテンツの夫から逃れることができ、最終的に、結婚無効の判決を勝ち取る。この戯曲の上演を宮内大臣が禁じたので、ストープスは一九二六年に『禁じられた戯曲』という本を著わした。そこには『ヴェクティア』の脚本と、演劇検閲制度の改革への呼びかけが収録されていた。書簡のなかで率直に認めているところによれば、この劇は自身の体験に基づいて書かれ、その目的は、男性の沈黙を擁護するためにあるとしか思えない法制度に終止符を打たせることだったという。[*39]

夫ゲイツの言い分は

ゲイツがこの結婚について語っていることは、ストープスとはかなり異なっている。しかしゲイツは人好きのする人物ではないし、信用もできない。ストープスが出会ったときの彼は、尊大ではあったかもしれないが、シカゴで教育を受けた聡明な若い科学者だった。イギリスへ渡ったあと、ゲイツは細胞学と遺伝学の専門家として瞬く間に名声を確立する。一九一一年には誉れ高いメンデル・メダルを受賞、次いで一九一四年にはハクスリー金賞を受賞し、翌一五年に最初の著書を世に出している。一九三一年には王立協会の会員となり、突然変異や染色体異常の問題を研究していたが、最終的には人種遺伝学という、何かと物議を醸していた領域にはまり込んでいった。二〇世紀の科学者のなかではほとんどただ一人、「人類の多系統起源説」を支持したのが彼だった。人種混交は悪影響を及ぼすと信じていたのである。彼が優生学信奉者であったことは間違いないだろう。ファシストと見なした者もいる。生物学者のジュリアン・ハクスリー［一八八七～一九七五］と人類学者のアルフレッド・コート・ハッドン［一八五五～一九四〇］が一九三六年に出版した『われらヨーロッパ人』で、ナチスの人種プロパガンダに対抗しようとしたとき、ゲイツはそれに対して激しい非難を浴びせた。するとゲイツの友人の一人は、あのような「正真正銘のユダヤ・プロパガンダ」によくぞ異を唱えたと快哉を叫んだものである。[*40]

ゲイツは、ストープスとの結婚が失敗《フィアスコ》に終わった後、さらに二度、結婚している。二度目の結婚も、同じように短期間で終焉を迎えた。どの結婚でも、彼が子の父になることはなかった。その失敗を指して、ゲイツには生理的欠陥があると語るストープスの言葉の正しさの証明だと考える者もいた。それにまた、優生学の信奉者として、自分は「優等人種」の一員であると広言したり、人種間結婚は「雑種」を生み出すと非難したり、誰は生殖活動をしてもよく、誰はすべきではないなどと、尊大な物言いをしていた人物その人が、実は子供をつくる能力を欠いていたというのであれば、それは因果応報だと言わざるを得ないだろう。[*41]しかしゲイツは、ストープスの主張したように、インポテンツだったのだろうか。

一九六二年にゲイツが亡くなった後、屈辱的だった最初の結婚について彼自身が書き残したものは、その遺志に従って大英博物館に委託された。この書類が極めて興味深く読めるのである。例えば彼はこんなふうにぼやいている。ストープスの支持者は三〇年もの間、彼女を聖人のように讃えてきた。それにひきかえ自分は、名前も知らない「恐喝のプロやその他の輩」に嘘を言い触らされるばかりだ、と。そして彼は、沈黙してきたのは間違いだったと、ようやく悟ることになる。二人が出会ったのはミネアポリスで、プロポーズしたのはセントルイスだったことを思い出す。つむじ風のように慌ただしい求婚期間のことを回想しながら、彼女が結婚を急いだのは、それ以上自分のことをゲイツに知られたくなかったからだと、今になって確信する。「もしも彼女がサフラジェットだと知っていたら、ぜったいにプロポーズなどしなかっただろう」と、憤懣やるかたない。だがもっと重要なことに、ストープスは、自分は性についてまったく無知だったと主張しているが、ゲイツはモントリオールで結婚する以前に、彼女からしつこく言われて、医者のところへ行って避妊方法を習ってきたと断言しているのだ。医者はゲイツが学問の世界でしかるべき地位を得たら、避妊をやめると約束しない限り、教えてくれようとはしなかったという。ストープス自身もペッサリーを使っていたと彼は主張している。ゲイツの意見では、避妊具を使うことが「そうした経験の悦びを小さくし、そして間違いなく私自身の性的な活力を殺ぐ要因として働いた」という。

自分の方はいろいろ犠牲を払ったのに、ストープスは何とも厚かましいことに、結婚が完成していないという理由で結婚解消を企てたのだ、とゲイツは吼えている。「彼女は一九一五年か一六年だかに、結婚の無効解消を勝ち取った。私がインポテンツだと宣誓することによって！　だ。私は弁護士の勧めに従って、外科医のサー・アルフレッド・フリップ〔一八六五〜一九二〇〕に診てもらった。そして、完璧に正常であるという証明書をもらった。これのおかげでしばらくの間は悪口も止んだのだが、この証明書が一九四〇年のロンドン大空襲で焼けてしまったのだ」[*42]。その後ゲイツは、一九四七年にファリス研究所で検査を受け、非常に活発な精子であるという報告を受けている。しかし精子が活発だからと言って、インポテンツでないことにはならないのはもちろんである。

ゲイツは自分はインポテンツではないと言っているが、結婚したときに童貞だったと認めていることは興味深い。「私達の最初の性交の際、彼女は私にセックスの経験がないことをからかった。だがそれは事実だった。それまで何度も誘惑に駆られたことはあったが、幼い頃からの厳格な宗教教育と、科学研究に懸命に打ち込んできたおかげで、私は何とか禁欲主義を貫くことができていたのだ。最初は経験不足のせいでぎこちなかっただろう。しかしその後すぐに私達は、正常な女性なら十分に満足するぐらいの頻度で性交をするようになったのである」[*43]。ここでのゲイツの「正常な」という言葉は、効果絶大である。さらに彼は、キース・ブライアントを始めとするストープスの伝記作家は、彼女が「ほとんど病的なほどに性欲過剰だった」ことを書き落としていると不平を漏らしている。

それならなぜゲイツは、結婚が完成していないという申し立てに抗弁しなかったのか。彼自身の主張では、それが悲惨な結婚を終わらせる最も簡単な方法だったからだという。だがそれは自己弁護のように聞こえるし、どちらかと言えば説得力がないようにも感じられる。ただ、仮に彼が結婚の無効解消裁判に勝っていたら、どんな得があったかと考えると、もはや好きでもない女性と結婚を続けるしかあるまい。そうなってから離婚したいと思えば、自分かストープスのどちらかが姦通した証拠をそろえるという、面倒な手続きが必要になってくる。ゲイツはきっと、ストープスの結婚無効解消の申し立てを受け容れたとき、ほとんど誰にも知られないで済むだろうと考えたのだ。まさか自分に男らしさが欠けていることが、ストープスがイギリスの先駆的な性の専門家としての経歴を歩み始めるきっかけだったなどという話になって、その先数十年にわたってストープスや彼女の弟子達の語り草になろうとは、当時は知る由もなかったのだ。

「セックスこそ幸せな結婚の条件」――男性の性的能力の再定義

ストープスとゲイツの結婚に何が起きたのか、確実なところは今後もわからないだろう。しかしながら、二人の話がかくも劇的に食い違っているという事実や、「性について無知」「正常」「性欲過剰」などといった闘志満々な二人の言葉遣いを、嘆かわしいと見なすのは筋違いである。かつてであれば、性生活がうまくいっているとはどういうことかという点について、中流階級の夫婦がそれぞれ違う意見を持っていたとしても、そういった情報は私的な領域にとどまって公にはされなかった。ところが二〇世紀になると、そのような対立こそが、結婚の幸福を巡る議論の中心になってくるのである。さらにまた、二〇世紀より以前であれば、インポテンツと非インポテンツの間は、医師によってはっきりと区別する線が引かれていた。もしも完全なインポテンツでないなら、男性の性交能力を値踏みするのは男性自身であった。そのとき問題になるのは、男性が満足を得たかどうか、ということであり、おおよそ賤しからぬ女性であれば、それを値踏みする権利を自分も持っていると主張することなど、あり得なかった。ところが二〇世紀になると、それまで明らかだとされていたインポテンツと非インポテンツの間の線引きを、曖昧にする論者が出現し始めるのである。インポテンツはかつてのように、他と切り離してはっきりと区別することのできる現象ではなくなってしまったので、より一層人を悩ませることになるのである。

　男性の性交能力を再定義するというこの流れにおいて、鍵となる役割を果たしたのがマリー・ストープスだった。彼女は、結婚にとって幸せの基盤は性生活がうまくいくことにあると主張する同時代の書き手達の代表格であった。ストープスは、一九世紀の性の手引き書は節制のことばかり書いてあって、夫婦にとって満足の得られるセックスを定期的にすることの必要性については、ほんの僅かしか書かれていない、と指摘している。一九世紀終盤になると、夫だけでなく妻も結婚の床《とこ》で幸せを味わうべきだと考える男女が中流階級には大勢《おおぜい》いたことが、多くの歴史家によって明らかにされてきた。さらにまた、第5章で言及した骨相学者のオーソン・S・ファウラー［一八〇九〜八七］のように型破りの人物は、妊娠のためには夫婦の両方が絶頂に達することが必要だという、古めかしい考え方を未だに信奉していた。しかしながら主流派の医師のほとんどは、女性の情欲は休眠しているのが正常であり、男性ほど性に貪欲になることはあり得ないと想定していたのである。一八九五年のある文章によれば、女性のおおよそ一〇%しかセックスを楽しんでいないとする意見が大勢であると書かれている。その理由は、「性交に対する欲望をいささかでも感じるなら、それは女らしい美徳に欠けていることを意味するし、そのような衝動を感じたことが一度もないとすれば、それはどこか誇らしいことである」という感覚があったからだという。[*44]

二〇世紀初めに、正常で健全な夫婦関係の基準を確立しようという数々の試みがなされた背景には、消費と快楽を追求してはばからない新しい種類の家族が台頭してきたという事態がある。結婚カウンセラーと産児制限の唱道者は、男性に向かっても女性に向かっても、結婚の第一の目的は性的な幸福であり、子供は二の次であると知らせた。そのため、結婚におけるセックスの重要性は、かつてないほど高まったのである。ストープスの中心的な主張はこうだ。女性も男性と同じように性的快楽を味わうことができるし、味わうべきだ、だから幸せな結婚とは、夫が妻にずっと求愛し続けるような結婚である、と。無知で若い二人が混乱したまま結婚生活に突入するような事態は非難の対象だった。結婚前に娼婦との間で経験を重ねると、男性は獣的に貪欲になる場合と、性欲が弱くなってしまう場合の両方があるという。彼女は『永遠なる情熱』という著書で、「結婚しても恋人同士である」よう説いた。夫婦は互いに深く敬愛しあわなければならないと力説したのである。それ以上にためにもなり、可能性も豊かな男女関係は他にはない、と。性的な能力が二人にとってかけがえのない絆をつくり出す。そうであるならば当然、シングルベッドは結婚の敵ということになる、とストープスは宣言する。さらに彼女は、二人してダブルベッドに心地よく籠って女性を歓ばせることが男性の義務であるのはどうしてか、それによって女性は、いかにして男性と一緒にオーガズムに達することができるのか、ということを微に入り細にわたって解説するところまで突き進む。彼女は主張する。娼婦だけが知っていればいいことを、すべての女性に知らせてしまったと言って私のことを攻撃する人がいるが、私の目的はただ、男性に喜ばしいパートナーを持たせてあげたいだけだ、と。女性に性的な欲求があることは、「セックスとその問題に対する近来の率直な態度の結果、今や最終的に、はっきり再認識されるに至った」と彼女は喜んでいる。[*45]

当時ストープスは、職業を持つ女性および上流階級の女性の三〇%は夫に恵まれていない、あるいは彼女自身の言葉遣いで言うなら、配慮の足らない夫のせいで「餓えている」か「神経症」に罹っている、と主張していた。男性は、パートナーをいつ、どのように性的に刺激すれば良いか訓練を受ける必要がある。

まず第一に男性が理解すべきなのは、女性の心のありよう、その根本的な衝動である。なぜならそれに基づいて女性は、あるときには禁欲を求めたり、そうでないときには定期的に結合を、それもおそらく一日に複数回、求めたりするからだという。ストープスにとっては、深い挿入が不可欠であった。「結婚生活の多くが、クリトリスを外側から刺激するだけのオーガズムに依存している。もしも男性が射精を我慢することを覚え、パートナーが子宮頸部でオーガズムを得られるようになるなら、この事態は著しく改善されるであろう」。だから彼女は勤勉なペニスを讃える。挿入のことをストープスは「人類という種に対する義務」だと言う。それは「特別なときだけすべきことで、どちらかと言えば、あまり頻繁にすべきことではない。しかしそうは言っても人類に対するこの義務は極めて重要であるから、ペニスはその義務を専門的に遂行するために、誕生直後から既に特殊な形につくられているのである」。[*46]

深い挿入がストープスにとって不可欠と考えられたのは、それによって女性は、精子以外にも、「男性の腺によってつくられる真の生理的栄養である化学物質を与えられる」からだという。したがって彼女は必然的に、マスターベーションを有害だと非難することになる。「性をもてあそび、未熟で部分的なその悦びに耽るのは、まるでリンゴの実が熟して甘くなるのを待てずに、青く小さなうちにそれを食べてしまうようなものだ」。ストープスは、女性同性愛についても、「オーガズムを奪われている婦人が見出す他の解決方法」だと手厳しい。それは一種の遊びであって、本当の満足を得ることはできないと言う。彼女は断言する。「性的結合によってもたらされる栄養分への渇望は、真の生理的飢餓なのであり、それは女性の身体に備わっていない物質分子が供給されることによってしか満たされることはない」、と。そしてこの必要があればこそ、女性がいくらか乱婚的になっても大目に見るべきであるとまでストープスは主張する。「性器官が化学分子を求めて叫び声を上げている」者にとって、自制することなど不可能なのだ、と。[*47]

「女性を性的に目覚めさせるのは男性の責務」

その考え方の一部が奇天烈だったように、同じぐらい奇天烈なのはストープスが自分で言っているほど独創的ではないということだ。彼女が強調している「化学分子」の交換の必要性という主張も確かに一風変わってはいるが、社会改良運動家のエドワード・カーペンター〔一八四四〜一九二九〕の方が彼女よりも先に、精子が女性の組織内に吸収され、逆に女性由来の細胞が男性に吸収されるということを示唆している。もっと重要なことには、世紀の変わり目以降、英語で書かれた結婚手引き書の多くに、不器用な夫の犠牲となっている女性の登場が増えているのである。そして男性は、パートナーを性的に目覚めさせなければいけないと説かれている。つまりそうした本の書き手達は、女性が快楽を得る権利を擁護すると同時に、リードすべきは男性の方であると断定することは相変わらず止めないのである。*48

　夫婦間のセクシュアリティに関するこの新しい考え方を、さらに率先して推し進めたのはアメリカ人の書き手だった。「男女同時のオーガズム」への関心を最初に口にしたのは、ジョージ・W・セイヴァリーなる人物の『結婚――その科学と倫理』（一九〇〇）という書物だった。それによって結婚は幸福なものになり、また生まれる子供もより優秀になると、そこには書かれていた。マサチューセッツの医師W・F・ロビー〔一八六六〜?〕は、夫婦は可能な限り一緒に絶頂に達したいと考えるものだし、男性は妻が幸せにならなければ残念に思うものだと言う。ミネソタの肛門科医チャールズ・ウィリアム・マルカウ〔一八六四〜?〕はアメリカ人らしく、その著『性生活』（一九〇七）のなかで性交を、上手に指導された野球の試合になぞらえている。その助言はこうだ。「性交をする者が得点しようと思うなら、ちょうど良いタイミングでチーム一丸となって動かなければならない」。別の論者はセックスをトラック競技に喩えている。「夫にも妻にも是が非でも悟らせるべきなのは、性交が訓練を要する科学的手続きであって、行き当たりばったりで無駄骨ばかりの偶然的行為ではないということである」。ゴールはお互いのオーガズムであり、そのためには周到な用意と、ひょっとすると数年間の練習が必要になるという。C・B・S・エヴァンズなる論者は、『結婚における男と女』（一九三二）という著書のなかで、もっとおもしろい喩えを用いている。彼はそこで、男性には妻を性的に満足させる義務があると断言しているのだが、もしもその点で失望させるようなことがあれば、それはサーカスに連れて行ってやると子供に約束しておいて、「いざテントの前まで来たら、回れ右をして家に帰る」ようなものだという。*49

こうした著作で前提にされているのは、女性の基本的な解剖学的特徴に関する情報が、男性読者には圧倒的に不足しているということだった。例えばC・B・S・エヴァンズは、もしも女性器を船を上から見たところだと想像するなら「クリトリスは船首の旗竿の位置にある」と、役に立つ助言をしている。そして世の夫達に対して、その部分の世話をすること、またそうしている間は仕事や映画のことでも考えて、自分の絶頂は先送りすることを、強く推奨している。ニューヨークの精神分析研究家アンドレ・トリドン〔一八七七～一九二三〕は、「ベッドの木目模様や壁紙の連続模様」に注意を集中することを勧めている。*50

どうすれば夫は恋人のままでいられるか、手取り足取り教える本も数多くあった。バーナード・バーナードなる人物の『結婚における性行為』（一九二六）は、「求愛するのが夫の務め」という見出しで一章を設けている。産婦人科医ルー・モン・クラーク〔一八九七～?〕の『結婚における感情の和合』（一九三七）は、男性に向かって、野獣になってはいけない、パートナーを満足させなさいと命じている。神経科医のジョゼフ・コリンズ〔一八六六～一九五〇〕の『医師から見た愛と人生』（一九二六）は、夫は利己的になってはいけない、妻の性的興奮は自分より時間がかかることを知らなければならないと説く。イギリスの産児制限の唱道者ヘレナ・ローザ・ライト〔一八八七～一九八二〕の『結婚における性の要因』（一九三〇）も、夫が妻を「目覚めさせる」必要があると断定している。「自ずと激しく燃える」女性もなかにはいるが、それはごく少数であり、ほとんどは夫の「魔法の手」によって初めて反応するのだ、という。*51

あまり快感を感じない女性についても、例えばアメリカの産婦人科医ロバート・L・ディキンソン〔一八六一～一九五〇〕と作家ルラ・ビーム〔一八八七～一九七八〕の共著『千の結婚――性の和合に関する医学研究』（一九三二）などの本で言及されるようになってくる。「夫がインポテンツであったいくつかの例では、妻が苦々しい言葉をあれこれ言うことはなかった。また次のような例でも、妻は夫のことを性交能力はあるけれども『工夫がぜんぜんない』とか『ただそこにまっすぐ突き進むだけ』という言い方しかしない。この女性は、序盤、中盤、終盤で緩急に差を付けるような、もっと技巧をこらしたやり方を求めているのだ。夫が妻は無反応だと言う場合は、ほとんど必ずと言っていいほど、妻の側は夫が『早過ぎる』と言う」。アメリカの産児制限運動の活動家マーガレット・サンガー〔一八七九〜一九六六〕は、ある新婦から新婚初夜の性交でとても失望したという話を聞く。それはまるで「簡易食堂のカウンターで急いで済ますランチみたい」だったという。結婚の専門家は女性の欲望やリズム、前戯への欲求、マンネリへの嫌悪感などを示し、男性がもしも性的な調和を図りたければ、それらに正面から向きあわなければならないと説いた。*52

性交の頻度・タイミングと持続時間については、スコットランドの医師イザベル・E・ハットン〔一八八七〜一九六〇〕が、その著『結婚衛生学』（一九二三）に書いている。彼女の考えでは、週に一度がちょうど良いという。アメリカの内科医マックス・ジョゼフ・エクスナー〔一八七一〜一九四三〕は『結婚の性的側面』（一九三二）で、男性が絶頂に達するのにかかる時間は一分から二分、それに対して女性の場合は一〇分から一五分であると報告している。C・B・S・エヴァンズの報告によれば、彼が調査した男性は平均五分から一五分まで持ちこたえることができたと答えた。それに対して女性は――少なくともオーガズムを装わない女性は――最長三〇分かかると証言した。多くの男性が早漏を最大の問題と捉えていることが、頻繁に報告されている。例えばエクスナーは、早漏が特に教育程度が比較的高い人々の間で非常に多いだけでなく、直ちに治療を要するほど程度も悪いと断言している。当時の男性読者はさぞかし衝撃を受けたであろう。何しろ専門家のなかには、女性が絶頂に達する前に射精をしてしまった場合は、技術的にはすべて早漏と分類し得ると主張する者もいたのだから。しかも早漏はインポテンツの一形態とされていたので、インポテンツでもあるということになってしまうからだ。クリトリスへの刺激が重要であることは、両大戦間期の書き手のほとんどが認めていたのだが、ストープスのように、膣への挿入の方がより重要だと考えられていた。ヘレナ・ライトは、膣がまだクリトリスほど敏感になっていない女性は、性的に成熟しているとは言えないと主張した。ファン・デ・フェルデはこう述べている。女性が「与えられてしかるべき十全な快感と満足」

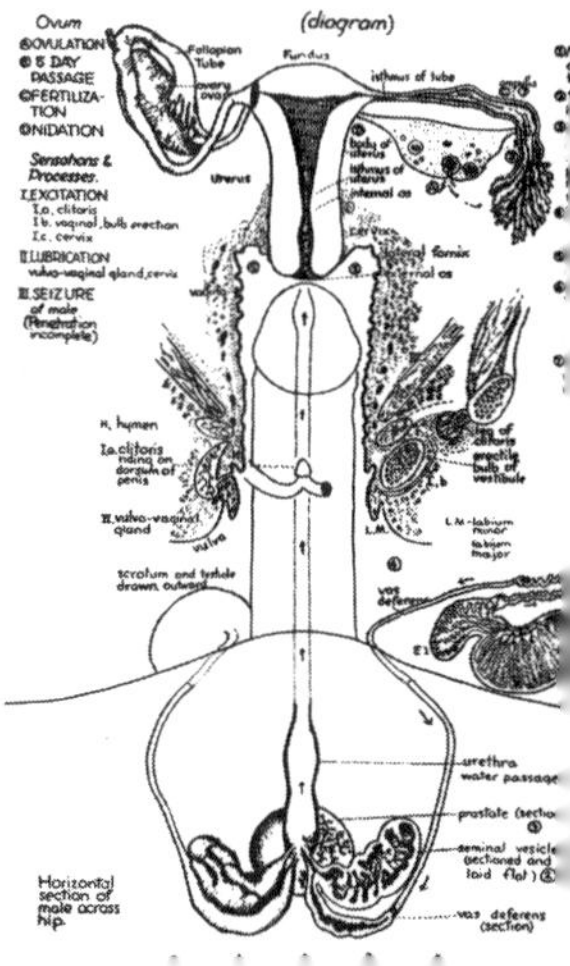

ディキンソンによる性交の解剖図（『人体の性の解剖学』1933）

を得られるようにするためには、「完全勃起して深く挿入する」必要がある。[*53]

性欲過小男性への敵意

結婚の手引き書は恋愛話や前戯のこと、誰かの連れ合いのロマンティックな口説き文句なども話題にはするものの、やはり力説するところはセックスのテクニックであり、スケジュールであり、避妊具の使用であったので、人によってはどうしてもセックスを仕事のように感じる感覚を植えつけられることになった。ヴィルヘルム・シュテーケルはこう書いている。かつて女性は、感じることを否定していた。「今やはや冷感症も女性の模範的美徳ではなくなった。冷感症の女性は、自分のことを何て惨めな病人なんだろうと感じている。〔……〕昨今は、情欲の方に、遙かに多くの偽善が見られる。冷感症の女性は情欲に燃えている振りをし、インポテンツの男性は経験豊富な振りをする」。マーガレット・サンガーは次のように命じた。「愛は欠かせない。情欲は欠かせない。男の精力は欠かせない。身体という表現道具に精通することは欠かせない」。性的に興奮できない女性は冷感症だと非難され、新しい基準に合格できない男性はインポテンツのレッテルを貼られることになったのである。なかでもマリー・ストープスは、基準を満たすことができない男性を攻撃するに当たって、容赦がなかった。彼女は性欲が強過ぎる男性についても一言、二言述べている――冷水浴と鎮静剤を勧めている――が、関心の対象は圧倒的に、彼女の言葉で言う「性欲過少」男性であった。[*54]

ストープスは、性欲過少男性に対する注目の度が甚だしい点で、結婚手引き書のほとんどの書き手と一線を画している。彼女が依拠しているのは自分自身の経験であり、その言を信じるならば、彼女以前にインポテンツについて議論した者は誰もいないという。医師もほとんど何の助けにもならなかったと、彼女は書簡のなかで語っている。「私の家には一家でかかりつけになっている医者がいました。結婚して三年経ったとき、私はこの医者のところへ行き、『身体のこの場所を診てください。私はどうしても自分の結婚がちゃんとしているとは思えないんです。先生、私じゃなけりゃ夫を診てください。そのことが私の心配の種なんです。だからどうしても知りたいんです』と。彼は事実を一目覗いてみることすら拒否しました。それで私は丸々一年棒に振ってしまったんです」。インポテンツを公然と話題にする目的は、若者達を「自己処罰」から救ってやることだという。「私が言わなければ男性は、自分以外の男性の抱えている問題など、知りもしなければ知ることもできないのです（開業医も知ってはいないのです）。物事が『微妙な言い方で』言われると、男性の想像力はきちんと働かなくなるのです」[*55]。

完全にインポテンツの夫は稀かもしれないが、存在はするとストープスは断言している。決して完成されない結婚があるのだ、と。勘違いしている女性は、冷たくてよそよそしい夫の様子から浮気を疑う。もっと無知な女性ならば、自分の悲惨な人生を正常だと考えるから、不幸せというわけではない。医者は何の役にも立たない。ストープスは、結婚して五年が経つ一人の女性の話を取り上げている。その女性は医者に診てもらうよう夫に勧めたところ、主治医はよく診察したのち、夫に対してあなたの性器はまったく異常はない、情熱が足らないことなど気にすることはない、今に「よくなる」だろう、たとえよくならなくても、あなたの妻を苦しめることにもなるまいと言ったという。それでその女性は、夫から空しい愛撫を受けてはイライラして眠れぬ夜を過ごすばかりである、と。医学界の男性のほとんどは、インポテンツについて論じるに当たって、患者男性への同情を捨てようとはしない。アメリカの性改革運動家ウィリアム・J・ロビンソン〔一八六七～一九三六〕は、その著『性道徳』（一九一九）のなかでこう広言している。「インポテンツの男性は、性病に感染した男性よりもかわいそうだ」[*56]。文化がこのように男性への配慮を重んじてきたとすれば、ストープスによって天秤は女性側に傾いた、ということになろう。

インポテンツの現代的な原因としては、何が挙げられていただろうか。戦争神経症、自動車の運転に由来するストレス、自瀆、これらはすべてインポテンツの原因になり得るとストープスは記した。また道徳的な側面として、若い時期の不節制、マスターベーション、それからたぶんパブリックスクールにおける同性愛も、影響を与えている可能性があると主張した。アメリカの医師C・S・ホワイトヘッドとC・A・ホーフの二人もこれに同調し、性的不能のほとんどは、不節制、性の乱れ、秘密の習慣が原因であるとした。ストープスによれば、インポテンツなのに結婚するような、思慮を欠いた男性は、二重の意味で罪深い。一つは、インポテンツであるということ自体によって。もう一つは、子供が欲しいという健全な女性の希望を挫くことによって、と。マーガレット・サンガーも同意見だが、彼女は精子の節約《エコノミー》という古めかしい考え方を持ち出してこう警告する。若いうちに「過ち」を犯した男性は、三十代、四十代で「性交能力の銀行口座」が空になるが、それに対して若い頃に節制した男性は、いずれ「配当金」を享受することができるだろう、と。[*57] こうした見方は、フロイト理論に含まれる革新的な側面と衝突することになった。

　ストープスが打ち出した見解の新しさは、「性欲過少」男性は「通常よりも強く、また過度に頻繁な欲望」の持ち主の女性とはそぐわないという問題を提起したことにある（それはおそらく自分自身の経験から得た考えだったのだろう）。その場合男女どちらもが苦しむことになる、と。ストープスは「半インポテンツ」という新語を造り、例外的に性欲過剰な妻の期待を前にして、その求めに応じるだけの気力を持ちあわせない夫の症状を指すのに用いた。そんな性欲過少男性の仲間が増えた理由は、かつては受け身だった女性が、夫には満たすことができないような要求をし始めたこと以外にあり得ない。プロテスタントの聖職者のなかには、この見解に同調して、インポテンツこそ「家庭内の不幸の多く、不義の多く」の原因であると述べる者もいた。[*58]

　ストープスは、性欲過少男性への敵意のわりには驚くほど楽天的なことに、自分に任せてくれればそれも治ると言っている。心的インポテンツなど、患者の罪悪感を払拭するだけで一時間以内に克服し得ると主張するのだ。彼女は早漏に苦しむ人――彼女の見解では、中上流階級に蔓延している――に対しては、禁欲を避けることと、リステリン［口腔洗浄液］に明礬《みょうばん》を溶かしたローションでペニスを鈍感にしておくことを勧めている。催淫剤の使用、およびオイゲン・シュタイナッハやセルジュ・ヴォロノフらの回春手術には反対しているが、性腺抽出物には活力を甦らせる作用があるということを深く信じている［シュタイナッハやヴォロノフらの回春手術と性腺抽出物については次章を参照］。またストープスは、男性も女性と同じように中年になれば「変化」を経験する、それが性交能力の衰弱を引き起こすと考えていたが、この「変化」は通過地点に過ぎないと、読者を安心させている。[*59]

インポテンツの原因と治療法については、ストープスはそれまでに蓄積されてきた古めかしい考え方に依拠している。例えば、性欲過少男性を描くに当たって彼女が利用しているのは、誰でも知っている虚弱者のステレオタイプである。『ヴェクティア』のなかで夫は「青白く、灰色がかった髪と顔をした」と書かれているのだ。このような言葉遣いは、ストープス以前にフランス語で書かれた文献を真似ているのかもしれない。そこには「男性の冷感症」はブロンド、灰色の瞳、髭がないなどの特徴と関係があると書かれている。このようにストープスには、不思議なことに旧態依然で道徳主義的なところがたくさんあるのだが、彼女があげつらった「半インポテンツ」は、彼女によって開発された新しい心配事だったことは確かである。イギリスの性科学者ハヴロック・エリス［一八五九～一九三九］も、ストープスの考え方に賛同して次のように言っている。現代男性の多くが「性交能力の相対的な欠陥」、すなわち「曲がりなりにも勃起し、その後射精もするのだが、それが早過ぎる」という症状に悩まされている、と。*60

ストープスが夫のインポテンツを理由に結婚を解消しようとしていたちょうどその頃、アメリカの医師W・F・ロビーは、そのような悲劇を避ける方法を提唱していた。彼は夫婦のどちらかが性的に「不能」になるのは珍しいことではないと書いている。その解決法とは離婚や不倫ではなく、肉体的慰めを得られる道を捜すことだという。男性がインポテンツになった例を彼は挙げている。「この夫は信心深く繊細な男だった。彼はかつて、妻の欲望を目覚めさせるために時折クリトリスをくすぐってやったことを思い出し、妻の性欲が強くなった今、この策略に訴えて彼女がオーガズムに達するまで手技を続けている。彼は機能的インポテンツに陥っている間、求められるがままにこの方法を繰り返しているが、彼自身はそうやって彼女の欲求を解消してやれることに幸せを感じているし、妻の方はとても満足しているので、二人は一緒にいていつもたいへん幸福である」。また別の例では、性交をすることを嫌がる女性が、それでも夫のマスターベーションをしてやるのだという。ロビーの報告によれば、「この夫婦は互いに一切不義を働いていないし、たいへん幸福である」。イザベル・E・ハットンも『結婚衛生学』のなかで、一時的なインポテンツは結婚初期には珍しくない、特に強い衝動や興奮に駆られているわけではないようなときにはしばしば起ることだと言って、読者をなだめようとしている。そして新郎は、一週間ほど自制した後、思いやり深い妻の助けを借りて、改めて自信をもって事に臨めばそれで良いと忠告している。この二人の著者は、夫婦間の問題についてこのように落ち着いた言葉遣いで語っているが、それが普通だったわけではない。*61 夫婦間の不和について述べている他の論者は、往々にして大げさに騒ぎ立てる調子になりがちだった。

「男性の虚栄心に最も深刻な打撃を加える異常」

ストープス以後、インポテンツが結婚にとっての最大の危険だとして、結婚手引き書で言及されることが増えていった。アメリカの通俗心理学者で詩人・作家でもあったジェイムズ・オッペンハイム〔一八八二〜一九三二〕は、その著『セックスの常識』（一九二六）で、「女性最大の心配が妊娠することへの恐怖だとすれば、男性の場合しばしばインポテンツへの不安がそれに当たる」と主張している。ジョゼフ・テネンバウムなる書き手は『セックスの謎』（一九三〇）という著書のなかで、実は女性は犠牲者だとして、「性的な緊張」から解放されるためには一度のオーガズムでは足らない女性もいるのだと記している。女性もまた、自身の不幸についてより率直に語るようになった。アメリカの社会改革運動家キャサリン・ビーメント・デイヴィス〔一八六〇〜一九三五〕は『女性二二〇〇人の性生活における諸要素』で、「妻の欲望が大きければ大きいほど、不幸な夫婦の割合が大きくなる」と報告している。ディキンソンとビームの二人は、共著書『千の結婚——性の和合に関する医学研究』で、例を一つ挙げてこのように言う。「症例四六三。この夫婦は結婚から一五年経って以後はずっと不幸だった。夫がインポテンツなのである。妻は言う。『彼は一方の手でしっかり握って、もう一方の手で鬼のように動かします。もしも期待どおりになったなら、私は両手を拡げて迎え入れ、大いに励まし慰めるつもりで、効果が現われるのを待つのです。でも私の期待はいつだって裏切られるのです』と」。アメリカの精神科医ギルバート・V・ハミルトン〔一八七七〜一九四三〕は、『結婚研究』（一九二九）で、自分が調査した男性の一五％が性的な面での障害を抱えている、これは性交の初体験が比較的高齢だったことに関連すると見られるという。その種のアメリカの統計数値に依拠して、イギリスの医師ケネス・ウォーカー〔一八八二〜一九六六〕が『性の生理学』（一九四〇）で下した結論は以下のようなものだった。夫の四一％が性交能力の不調を抱え、妻の二四％が夫に欠陥があると見なしているという事実は、文明がもたらした神経症に端を発している、と。[*62]

男性の性的実行力に不調を来すほとんどの場合が、心理的な性質のものであると、専門家達は主張した。男性の性的な障害は、育った環境が抑圧的だったことに原因があるとする書き手も幾人かいた。ストープスは、男性のなかには「心的罪悪感」に苦しんでいる人がいると指摘した。ウォーカーは、自分が診察した男性のインポテンツの九〇％が心理的な性質のもので、上品に取り澄ました清教徒的な躾《しつけ》を受けた結果だと主張している。両大戦間期の結婚手引き書の書き手のなかで最もよく売れたファン・デ・フェルデは、インポテンツの原因として淋病、糖尿病、腎炎、結核、肥満、薬物・アルコール・ニコチンの過剰摂取など、身体的なものを挙げてはいる。しかし彼は、機能不全のほとんどは心的な原因に由来するものであり、具体的には、罪を犯すことや病気になること、露顕することへの恐れや、また自身の精力について抱いている心配などが原因であるとした。一時的に勃起しないことは、よくあるのだという。患者の男性だけでなく、相手の女性とも話をする必要があるとして、彼は「主要な治療法」として心理療法を用いた。ファン・デ・フェルデは真性な神経症でインポテンツになっている者のなかに、劣等感を抱いているためにそうなっている人、母や姉妹など、妻とは別の女性に固着しているためにそうなっている人、同性を性愛対象とする要素があるために妻に対して嫌悪感を覚えてそうなっている人、も含めている。[*63]

ファン・デ・フェルデはさらに、男性がセックスを完遂できなくなる原因は、プライバシーがないなど実際的な事情であることが多いと言っている。「戦争以来、経済的な理由から、また住宅の供給不足から、貸間に住まざるを得ない夫婦、また実の両親あるいは義理の両親に又貸しして同居せざるを得ない夫婦の場合、夫が勃起不能の症状を来すことがたいへん多い。容易に理解できることだが、こうした環境は、性的機能が正常に作動するための衝動的な浮かれ気分や自発性をすべて殺いでしまうし、また常につきまとっている気後れや不安、あるいは覗かれるのではないか、邪魔されるのではないかという気持ちは、男性の性交能力にとって最も有害であるに違いない」。彼はまた、ストープスの夫ゲイツが言っていたのと同じように、避妊具の準備をしているうちに火が消えてしまう男性がいると言っている。「男女の触れ合いが始まろうとする直前に、例えば洗浄器とタオルを手の届くところに置いておくなどといった、ある種の避妊手段を準備しておくことは、しばしば必要ではあるが完全に実用的な意味しか持たない心配りであって、昂揚した気分や恋の雰囲気をすっかり吹き払ってしまうかもしれず、セックスに対する気質がさほど活発でも積極的でもない男性の場合には、完全に『冷めて』しまう恐れがある」。性に関する書物を数多く著わしたイギリスのジョージ・ライリー・スコット〔一八八六～?〕も、同じ現象を報告している。「コンドームを使ったためにまったく勃起しなかった、あるいは半ばしか勃起しなかったという男性は何百人もいる。あるいは男性用にせよ女性用にせよ避妊具に使われているゴムの臭いがとにかく嫌いで、その臭いを嗅ぐと性欲が一切なくなるという人もいる。コンドームが破れてしまわないか、あるいは膣外射精《コイトゥス・インテルプトゥス》をする場合は抜くのが間に合うかどうかといった心配は、性交しようという意欲を簡単に殺いでしまう可能性がある」。以上のような議論から浮かび上がってくる男性のセクシュアリティは、それまで慣習的に信じられていたのに比べて、遙かに弱々しい。アメリカの医師バーナード・S・タルミー〔一八六二～一九二六〕は、インポテンツは「男性の虚栄心に最も深刻な打撃を加える異常」であると断言している。[*64] 女性は自分が卵巣切開手術を受ければ友人にそう話すが、男性は性的な不調をいつでも内緒にしておくものだった。

冷感症にせよ多情にせよ、「とにかく悪いのは妻」

スコットランドの精神科医ユースタス・チェサー〔一九〇二～七三〕は、『不安のない愛』（一九四一）のなかで、両大戦間期に発行された大量の結婚手引き書に報告されている数々の陰鬱な新発見事実を要約している。それによれば、正しいセックス技術を知っているのは夫一二人中たったの一人だけであり、妻のほとんどは「至高の悦び」を知らず、結婚の八〇％は「言葉の真の意味で失敗」であるという。最後の「失敗」という言葉でチェサーが意味しているのは、言うまでもなく性的不能のことである。インポテンツの実態を報じる文書が増えたことによって女性が力を得るということは、十分予想されていた事態だったかもしれない。ストープスが、結婚の不幸の第一義的責任は男性にあるという姿勢を崩そうとはしなかったことに疑いはない。しかし寝室での災難の責任は男性にあるという主張は、反論を受けずにはいなかった。相変わらず昔ながらの言い方で、女性には、配偶者たる男性の値踏みをする権利も能力もないと言う者もいた。それどころか試験されること自体が男性の恐怖の的なのであり、それが新婚初夜の失敗《フィアスコ》を招くのだと主張する者が大勢《おおぜい》いた。ある論者は次のように書いている。「結婚式の前日に『失踪』した男性達のことが知られている。その理由は、女性に試験されることへの不安が、とてつもなく大きく膨らんだせいなのだ」と。また、もしも男性に足りないところがあるなどと考えるなら、それは女性の方が間違っていると言い張る者もいた。「だいたい四、五〇歳になり、更年期を過ぎたか今まさに迎えようとしている妻は、概してセックスに無関心になるものだが、それこそが伴侶たる夫のインポテンツの原因である。そのような男性は、女性が積極的に、あるいは少なくとも喜んで、自ら身を任せるのでなければ、行為を完遂させることができないのである。冷感症の妻の不機嫌で無関心な態度は、夫の愛を永遠に繋ぎ留めておくには十分ではないのだ」。タルミーは、次のようなことまで主張する。「不機嫌で浅はかでセックスに無関心で口やかましい女は、妻を詐称していることになる。そんな女の結婚は、詐欺以外の何物でもない」。また一九一二年には、女性の性的不感症は男性のインポテンツほど重大な問題ではないが、増加傾向にあり、女性の二〇%が冷感症であると述べている。[*65]

アメリカの結婚カウンセリングの先駆者ポール・ポピノウ〔一八八八〜一九七九〕は、その著『人間の生殖における諸問題』（一九二六）で、男性の性的不調の大半は精神的要因に由来するとした。「インポテンツのほとんどは、恐怖心、不快感、嫌悪感、神経過敏、その他の異常な〔原文ママ〕心的状態が原因である」。さらに言えば、夫を生かすも殺すも女性次第であるという。「女性が交接に無関心であったり、まして交接を嫌ったり不快に感じたりするなら、そのせいで夫がインポテンツになることは大いにあり得る」と。そしてポピノウは結論として、次のようなことまで言っている。「以上のようなことから、女性が離婚を申し立てるときに自分の夫がインポテンツだからと証言するのは、到底受け容れがたい」と[*66]。

冷感症女性に対する批判は、男性が絶頂を先送りしたり我慢したりすべきだという主張への対抗手段でもあった。G・コートニー・ビールなる書き手は、そのように男性に求めることが「意味するのは、男性の神経と情緒の双方に、深刻で、おそらく有害でもあるような緊張を課す」ということである、と警告している。スペインの医師で科学者グレゴリオ・マラニョン［一八八七〜一九六〇］は、既婚女性の多くがオーガズムを未経験であることを認識してはいたが、生物学的に見て、男性は短時間の性愛行動に適するようにできているのだと主張した。人間は進化の結果として、「生殖行動を素早く済まし時間を掛けないようになった。そのおかげで正常な男性は、人類進歩のために仕事をする自由な時間を手に入れた。例えばカエルなどでは、他にすべきことが何もないので、交尾が数週間も継続する場合がある」。マーガレット・サンガーは、次のように忠告している。夫は「熟練した自動車運転手のように、どんなときでも知性で自分を制御しなければならない」と。この言葉に対して、『ランセット』誌への寄稿者がのちに反論している。「男性にとって射精を我慢するということは、自動車を全速力で走らせながら同時にブレーキも踏んでいることに等しい。そのような状態を持ちこたえることができないのは、男性も自動車も同じである[*67]」。

一方で冷め過ぎていると非難される女性がいるとすれば、それ以外の女性は好色過ぎると非難された。イギリスの反動思想家アンソニー・ルードヴィシは、男性はあまりに感傷的になってきて、女性に従属する地位に堕ちてしまったと断言する。彼によれば、インポテンツ男性の割合が増えているのは、フェミニズムの蔓延のせいだという。一般にも、あまりに大胆に迫ってくる女性の態度や、あるいは女性の非難・嘲弄・皮肉の言葉が、性交のロマンティックな側面を破壊してしまう場合がある、という考え方が広く共有されていた。ジョゼフ・テネンバウムは、「下品な冷やかしの的」にしばしばなっている犠牲者に同情して

女性の冷感症は現代でもしばしばカリカチュアの題材にされる

いる。「もしも夫に負けず劣らず不運な妻達が、自分が発する意趣返しの皮肉や、うっかり洩らした非難、それとなく仄めかした脅しが、どれほど夫を傷つけているか知ったなら、妻達は夫に対しておそらくもっと慈悲深くなることだろう」。幾人かの男性論者は無礼なことに、女性の衛生状態が悪いせいで、たちまち不快感を催す男性もいるという立場を採った。ファン・デ・フェルデは、次のようなこともインポテンツの原因に含めている。新婚初夜に女性が抵抗し過ぎること。女性が好色な場合も、逆に性に無関心な場合も、男性が恨みや憎しみを覚える可能性があること、など。まして男性に対する女性の侮蔑や嘲笑は致命的である。比較的穏やかな夫婦の場合でも、結婚生活から自然に生じる単調さや嫌悪感、反感などから、情熱が殺がれてしまう。ファン・デ・フェルデは調子に乗って、ナポレオンの皮肉を結論として引いている。すなわち、インポテンツになりたければ、一番良い方法は妻に不実を働かないことだ、と。[*68]

ジョゼフ・デュルバーグなる書き手によれば、男性のインポテンツのなかには、「相手の女性が不器用」でどんな体位をとれば良いかわかっていないことが原因の場合もあるという。あるいはまた、妻があまりに性に貪欲なせいで、夫が「神経の病気」に罹っていることもある、と。ヨーロッパ大陸で上流階級の女性がしばらく温泉保養地に行かされる理由の一つは、夫が「失われた精力を回復する機会」とするためだとデュルバーグは書いている。また別の大げさな論者が警鐘を鳴らしているところによれば、消耗した夫に次のような症状が現われたら、それは実際にインポテンツが発症する予兆だろうという。すなわち、「腰のあたりに圧迫感を覚える、神経過敏になって怒りっぽくなる、頭を押さえつけられているような感じがする、魯鈍のようになる、眠っても疲れが取れない、耳鳴りがする、視界に小さな点が浮いているように見える、光を避けるようになる、震えているように感じる、実際に身体がふらつく、汗をかきやすくなる」など。ファン・デ・フェルデは世の夫達に対して、次のように警告する。男性の場合、精力と全身の丈夫さとはまったく別物である。また女性は、行為によって男性ほど消耗することはない、と。「妻には耐えられるが、夫には耐えられないような過度の性行為に妻を軽率に慣れさせてはならない、と私は世の夫達に向かって警告したい」[*69]。また南欧女性はとりわけ欲望に歯止めが利かないので、男性はなお一層、女性の教師や指導者のように毅然として、自分の意向を表明しなければならない、と。

ドイツの皮膚科医のアーブラハム・ブーシュケ［一八六八〜一九四三］と泌尿器科医フリードリヒ・ヤーコプゾーン［一八九四〜?］の共著で、一九三六年にその英訳が刊行された『性の習慣』は、インポテンツはヨーロッパ大陸では深刻な不安となっているので、「ある権威は、『母性保護』運動を補完するものとして『父性』保護運動を起こし、それによって妻の過剰な性的要求に由来する早過ぎるインポテンツから夫達を守る必要があるとまで言っている」と述べる。この二人の著者は、女性に快感を味わわせる必要があると説く者は、そのために支払わなければならない犠牲に気付いていないのだと警告する。そのような「偽預言者が、至るところに出現し、結婚生活を幸福なものにするための方法と称して間違った教義を吹聴している。その結果、神経衰弱患者の大部隊には数えきれないほどの入隊者が新たに補充され、純粋に心的なインポテンツの患者数は飛躍的に上昇しているのである」[*70]。こうしたドイツの書き手達が、男性に突きつけられた新たな要請にとりわけ敏感であるように見えるのは、おそらく中欧における第一次世界大戦の影響と、その後のフェミニズムに対する反感が、そこに反映しているからなのだろう。しかしドイツ語で書かれたそうした書物が数多く英語に訳されているという事実は、英語圏でも彼らの懸念が共有されていたことを物語っている。

「女性に参政権とオーガズムを！」

ドイツの医師で性改革運動を推進したマックス・ホダン［一八九四〜一九四六］は、男性の性的機能不全の割合が増加しているのは、近代世界のストレスが原因であるとする仮説に疑問を呈した稀な論者の一人である。「一つの事実を見落としているために、この悲観的な結論が導き出されたのだと私は思いたくなる。というのも、医者と患者の間ですら性に関する議論が以前はできなかったが、そのタブーが今や消え去りつつあり、多くの男性が自分の不調を打ち明けて、解決策を求めるようになったのが事実だからだ。ほんの一世代前であっても、男性は自分の性的欠陥を、犯罪の秘密のように注意深く秘匿していたことだろう。そうして何食わぬ顔をして、セックスに関する大言壮語を弄して威張っていたことだろう。あるいは単に、人生で遭遇する大きな失敗《フィアスコ》の一つと諦めて、文句も言わず抗いもせず、運命を甘んじて受け容れていたことだろう」[*71]。両大戦間期にインポテンツに関する議論はどれほどの進展を見たであろうか。ホダンも指摘しているように、ある種の革命が起きたと言える面もある。それ以前の数年間は、男性が女性の冷感症について論じていたわけだが、それが今や男女双方が、男性の性的不能の問題を公然と分析するようになった。マリー・ストープスも、マーガレット・サンガーも、性に無関心な妻や、逆に自制しない妻を咎めることがあったかもしれない。しかし二人の批判の矛先は、誰よりも不器用な夫達、セックスに餓えた妻に悦びを与えることができない夫達に向けられていた。夫婦間のセックスについて助言する文書のなかに、性愛を求める女性としての妻が登場したことによって、女性の失望と、男性の性的実行力に対する懸念の実態が報告されるようになった。それらのデータが今度は、その後盛んになったセックス調査や結婚の手引き書のなかで一覧表にまとめられた。その表に基づいて、健全なセックスは生まれつき可能なものではない、その技術を教える必要がある、と主張するカウンセラーが増えることになった。マリー・ストープスは、男性のインポテンツの犠牲者を自称することで権威を得て、夫婦のセクシュアリティの新たな模範の推進に中心的な役割を果たした。女性の快楽への権利は、男性の性的不能という幽霊と対峙させたときこそ、その擁護運動が最も劇的に映るだろうということを、ストープスは直感的に悟っていた。もしもゲイツがインポテンツを思っていなかったなら、ストープスはそれを捏造しなければならなかったところだ。そしてもしかすると、彼女は実際に捏造したのかもしれない。

両大戦間期のインポテンツを巡る議論を、また別の側面から見るならば、結婚の手引き書や精神分析の文書のなかで、男性のインポテンツという問題が、伝統的な考え方に組み込まれたことは明らかである。ことセックスに関しては、男性は能動的であるのが正常で、女性はそれを受けて反応するのが正常だ、とする考え方のことである。自分のインポテンツの原因となっている問題に対処することは、家族内での自分の地位を強化することにも、男女間の緊張関係を和らげることにも繋がると、専門家は主張した。そこではまた、マスターベーションや、男性が女性化すること、また同性愛などが依然として非難の対象となっていた。但し非難の方法は以前より洗練された。そうした著作が言わんとするところは明らかで、男性の性交能力がより強くなれば、また男性がもっと自制を解けば、女性がイライラすることが少なくなるだろう、ということだった。性改革運動の王者サミュエル・シュマルホーゼン［一八九〇〜?］は、この見方を次のように要約している。かつてイギリスのサフラジェットは「女性に参政権を！　男性に貞節を！」と叫んで運動を展開したが、「より新しい世代のフェミニスト達にとって、今、まばゆいばかりの情欲を讃える幸せなスローガンはこうだ。『女性にオーガズムを！[*72]』」。

おわりに

結婚手引き書の書き手やフロイトを通俗化して広めた人々は、性別役割分担の逆転を図ることなど思いもよらず、セックスをリードするという男性の務めを果たすことができないと、性欲過少男性を貶めたのだった。そこから目を転じて、敢えて男性を擁護する言葉を見てみると、インポテンツに関する報告が増えているのはわかっていながら、そのような症状が現われる責任の大部分を女性に被せていることに衝撃を受ける。男性には力と自負が備わっているという前提は、インポテンツを巡る議論を通じて切り崩されることなど望むべくもなく、むしろ強化されたのである。このことからつくづく思い知らされるのは、性別分業に関する古くからある観念がいかにしぶとく根付いていたかということだ。しかしそのように、男性の身体に関する安定した概念を再確立しようとした者達は、むしろその概念の本来の不安定性に対する新たな懸念が生じたことを、無意識的にだったにせよ、最もありのままに自ら露呈することとなった。性の手引き書の書き手と精神分析家は、もちろん互いに大いに異なっていたのだが、同じくらい似通っているのは、ほとんどのインポテンツは、意識のレベルか無意識のレベルかは別として、心的な性質のものであるという信念を共有していた点である。間もなく両者は共に、医学者の新しい一派から異議申し立てを受けることになる。性行動を支配しているのは精神よりもむしろ性腺である、と主張する一派のことである。

第8章

睾丸移植、ホルモン療法

戦間期の外科的治療と回春療法、そして優生学

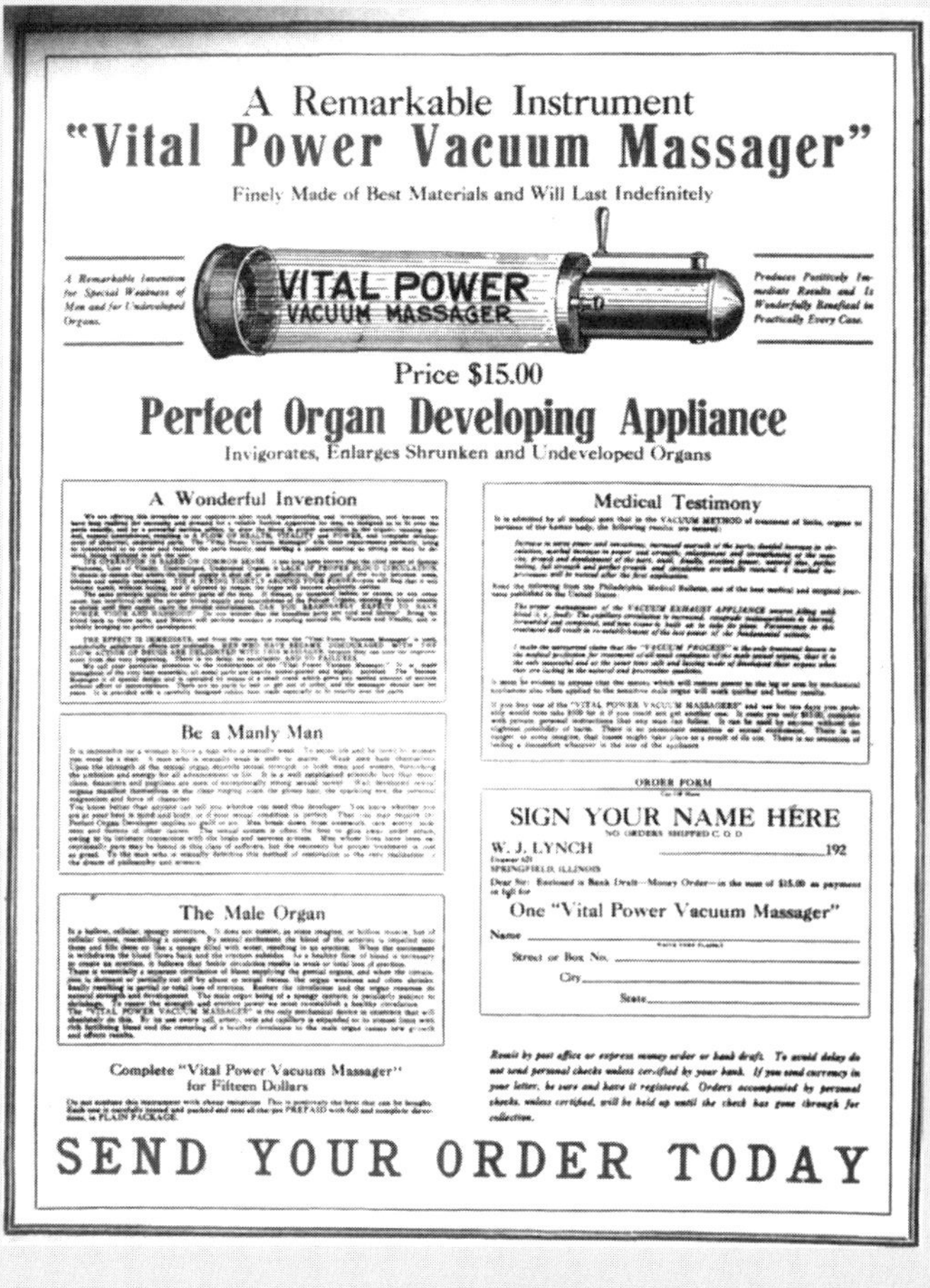

過激な外科的治療

ペーター・シュミットというドイツの外科医が、『老いの克服』（一九三一）のなかで、シュタイナッハ手術と呼ばれる精管切除術を受けた男性の多くが、その結果、いかに驚異的な回春すなわち性的若返りを示したかということを、若干の例を挙げながら解説している。七一歳の男性は、すぐさま勃起と淫夢を体験した。六〇歳のジャーナリストは、それまで一八ヶ月間インポテンツだったが、健康を完全に取り戻した。五七歳の既に引退している医師は、インポテンツのせいで「妻との関係に（身体的な）不和がいくらか生じていた、妻は自分より何歳も若いのだ」と打ち明け、しかし今や力強い勃起を回復したと誇らしげに報告したという。この患者は、一九二七年に症状が再発したのだが、そのときシュミットは精力回復のために睾丸抽出物を注射、また一九二九年には四〇歳男性の睾丸を一つ移植したのだそうだ。シュミットはさらに、こうした手術によって四五歳のエンジニアの早漏が治った、二七歳の男性の癲癇も治った、五〇歳の商人は生まれて初めて性交を体験することができた、と主張している。「幸いなことに、行為をきちんと最後まで遂行するのに十分なほど、強力な勃起が持続することをはっきり確信できましたから、それまでのあらゆる心配から解放されました。それまでは、身体のメカニズムがきちんと働かないいんじゃないかと、不安で不安で仕方がなかったんです」と、この患者は報告している。[*1]

二〇世紀初頭に、男性の精力回復の方法として、このような過激な方法を採った医師が数多く存在した。シュミットは、その一例に過ぎない。彼らは当初、動物や人間の性腺を移植する「臓器療法」を行なっていた医師達で、その後、放射線を当てたり片方の精管を切除することによって患者自身の性腺を刺激する方法に移ってきたのである。彼らは最終的にはホルモン注射に移行した。こうした試みは、インポテンツの克服の追究という古くから続く事業の一環であることはもちろんだが、それは同時に、たどたどしくではありながら最初の数歩を歩み始めた内分泌学という新しい科学の端緒でもあった。世論はホルモンの噂を聞いて魅了された。ほんの少量で人生に変化をもたらすほどの効果がある魔法の物質だと思い込んだのだ。ホルモンの発見は、性行動を引き起こす原動力や、セックスにまつわる個性の起源に関する古めかしい理解を覆した。それによってまた、性的機能不全に対処する方法も大きく革新された。またそれまでは、まじめな医療関係者からすれば、ある種の性的問題を議論することは居心地の良いことではなかった。というのも、インチキ医者の領分と考えられていたからである。それがホルモンの発見によって、男性の生殖系を科学研究の対象とすることが正当化されたと考えられるようになってきたのである。[*2] 偽薬《プラセボ》効果を除けば、こうした治療が実際に功を奏したことはなかっただろう。しかしそのことは大して重要ではない。それより遥かに興味深いことは、加齢に対する文化全体の先入観が、性腺を巡る議論の枠組みをいかに作り上げていたかという点である。内分泌物の調査によって、インポテンツの原因を巡る理解は再構成されたかに見える。しかし医師達はその知見を、伝統的な男らしさ／女らしさの概念を強化する方向に利用した。また男性の性的機能不全の治療法の追究は、同時代の優生学が掲げた「人類の進歩」に対する懸念にも、巻き込まれることになった。「回春」を約束した医科学者は、「適格者」の生殖＝再生産を奨励する一方、「不適格者」のそれは制限するべきだという考え方を当然の前提条件としていた。

　性的機能不全に対するホルモン療法は、当然のことながら、精神分析も外科手術も効果がほとんどないと感じていた医師達の関心を集めた。一般開業医のほとんどは、たとえフロイトに対しては否定的であっても、インポテンツが何よりも心的な性質のものであるということは前提として認めていたため、補助的なカウンセリング以外にほとんど何も手の施しようがないはずであった。それでも彼らは、水治療、電気療法、鍼療法、消息子《ブジー》やゾンデの挿入、マッサージ、体操、催眠暗示法などを施した。「電気療法やバイブレーターその他の手段を用いて、医者が何らかの処置をしてくれているということ、医者には患者を治す力があるのだということを、患者に印象付けるべきである」[*3]。休息、麻薬、食餌療法、入浴、心理療法なども引き続き推奨された。それらは害がほとんどないし、何らかの効果があるかもしれないと信じられていたのだ。

　外科医のなかには少数だが、もっと大胆な手段を支持した者もいた。一九世紀終盤の泌尿器科医は、静脈の閉塞こそが勃起の主たる要因であると考えたので、陰茎背静脈を結紮《けっさつ》すれば、確実に勃起を引き起こすことができると断言するに至った。しかしその主張は、すぐに論駁された。第5章でも引用したオーストリアの医師フィクトル・フェッキは、一九一二年にシカゴのリズトンの著作を参照しつつ次のように書いている。「陰茎背静脈切除術が数年前に提唱された。これについてリズトンは、自分より熱心な他の支持者が唱えるほど満足な結果を、この手術がもたらすとは保証しがたいと報告している。それでも彼は、手術が適切に行なわれた症例では、二五%に完全に満足な結果がもたらされたと主張している。残りの約半分についてはいくらかの改善が見られ、さらにその残りの症例では効果が見られなかったという。しかし私自身は、この手術によっていかなる効果も得ることはできなかった。リズトンは、突然完治した症例の多くは、おそらく単に心的インポテンツが治っただけであろうと言っているが、私もそれに全面的に賛同する」。他の医師はもっとはっきりと、その種の手術は効果がないばかりか、痛みを伴う勃起が、何ヶ月とは言わないまでも、何日も持続することになると言っている。別のやり方を模索する外科医は、ペニスの筋肉を切除して短くする手術を試みた。ロウズリー手術◆と呼ばれる方法も、結局何の効果もないことが判明した。アメリカで指折りの泌尿器科医だったフランク・ヒンマン〔一八八〇〜一九六一〕は、インポテンツの器質的原因を探し求めた外科医の努力は、間接的に役に立ったに過ぎないとしている。「器質的な原因が発見された、それによってインポテンツに対処することが可能になった、という主張は、患者を勇気づけることはあったかもしれない。そうした勇気は、確かに病気からの回復には必要である」。要するに、外科手術が偽薬《プラセボ》として作用したかもしれない、ということだ。外科医のなかには、特別うるさい患者を黙らせるために、その種の手術を行なった振りをしたことがあると認めている者もいる。[*4]

インチキ薬・インチキ器具の告発

医師は「虚弱体質・神経過敏男性の精力増強」を謳った売薬を告発した。英国医師会◆が発禁にさせようとした「失われた精力回復や神経性虚弱の治療」を謳う薬の例を、ほんの一部だけ挙げるなら、フォスフェリン、ダマロイズ、アーソジェン、ニューロヴリル、ノコギリヤシ、ドクター・ルコイのヴィガロイズ、ゴードンズ・ヴァイタル・セクシュアライン強壮剤、マーストン治療薬などである。主だった医学誌も、確かな勃起を保証すると謳われ次々と増殖していく珍奇な発明品を、詐欺であると告発した。例えばある進歩的な医師は次のように不満を鳴らす。「性的インポテンツの患者ほど、すぐに真に受けたり欺されたりして被害に遭いやすい者はいない。確実に治ることを保証しますなどと謳っている装置が市場に溢れているが、言うまでもなく、そのほとんどは詐欺であり、何の役にも立ちはしない」。彼が最悪の例として挙げているのは、〝ビアー製勃起帯〟である。また別の医師は、副木やリング、ポンプといった類の物理的な考案品はどれをとっても役立たずであり、検証するだけ時間の無駄であることが実証されたと言い放った上で、さらに「電気椅子」について述べている。これは座面の真ん中に穴が開いている椅子で、そこから性器を下に垂らすと、盥の水に浸かるようになっている。「この処置を続けるうちに、性器はかつての力を取り戻すでしょうと、能書きに書かれている」。アメリカの郵政長官は、その種の装置の販売者を詐欺容疑で数多く告発した。そのなかには、ペニスの根元を絞って射精を遅らせるゴムのリングを〝ポテンター〟という商品名で売っていたC・ジュリアス・ソアや、ガラス製のバキューム・ポンプを〝回春機〟と称して売っていたヴィム製造所などが含まれていた。[*5]

しかし医師のなかには、セックスの補助具をむしろ勧めさえする者がいた。フェッキは、次のように書いている。「ドクター・サディアス・W・ウィリアムズが考案したペニス副木は本当に実用的で、いかなる状況下においても、無勃起ペニスをヴァギナに挿入することを可能にしてくれる。安全弁としての暗示作用があるので、神経衰弱に由来するインポテンツ、あるいはいわゆる心的インポテンツの治療手段として、この副木は理に適っていると考えられる」。ドクター・ジョゼフ・ロウエンスタインなる人物が、この種の

◆ロウズリー手術　アメリカの泌尿器科医オズワルド・スウィニー・ロウズリー（一八八四〜一九五五）が提唱した方法で、尿道上裂や膀胱外反症の治療として施される手術のようだが詳細は不明。

「物理的治療法」について最も詳しく論じた書物を刊行している。その記述によれば、ツァブルードフスキ［第6章で紹介したベルリン大学のマッサージ療法の権威］が考案したような吸引ポンプが引き起こす勃起は、幻に過ぎないという。ポンプからペニスを引き抜いたとたんに、勃起は止んでしまうのだから。その他の〝勃起台《エレクター・スレイ》〟、ガッセン製渦巻ばね、ガーソン製圧迫帯、〝男力〟なども同罪だという。この〝男力〟という商品は、シリンダーが二重構造であるため、接続されている蛇腹状のポンプを押すと強力な真空状態が生じる。「ペニスの体積は激増し、グロテスクな様相を帯びるほどである」と、ロウエンスタインは報告している。ロウエンスタイン自身が褒めそやしているのは、軽金属製のペニス装具である。その種のものとしては、市場には既に〝増硬機《スクレレイター》〟とか〝奮勇機《ヴァーテューター》〟といった名前の商品が売られていたが、彼が自慢げに推奨するのは自身が開発した〝性交鍛錬装置〟である。これは金属ワイヤ製の二つの環からできていて、それぞれをペニスの根元と先に装着する。環は完全には閉じずに二本のまっすぐ伸びた〝脚〟となり、環同士を繋いでいる。この二本の〝脚〟がペニスを底部から支える。ペニスの先端の環と二本の〝脚〟部分の金属は、ゴムで覆われているが、挿入する

◆英国医師会が……を謳う薬　著者が典拠としている文献から、ここに挙げられている薬に関する記述を拾ってみると、次の通り。

フォスフェリンは液状で、神経衰弱や消耗、早老、リュウマチ、ヒステリー、さらにはインフルエンザにまで効くと宣伝されている。英国医学会の成分調査ではキニーネ（南米原産のキナの樹皮に含まれるアルカロイドで、マラリアの特効薬として用いられていた）、硫酸、リン酸、アルコールなどが検出された。

ダマロイズは錠剤で、男性専用の特別処方であり、失われた精力とスタミナの回復、肉体的老化現象、精索静脈瘤等々によく効くと宣伝されている。検出された成分は、次亜リン酸鉄、キニーネ、（おそらくダミアナ）抽出物、タルクなど。

オーソジェンは液状で、ブラウン＝セカールが発見した睾丸抽出液（セカール液）に、各種の人体組織再生成分を混合したものと謳われているが、検出された成分は、グリセロリン酸キニーネ、グリセロリン酸鉄、グリセロリン酸マグネシウム、グリセロリン酸ナトリウム、クロロフォルム、グリセリンで、睾丸抽出物がもしも入っていたとしても、極めて少量である。

ニューロヴリルは液状。「遂に不老不死の霊薬が発見されたのか？」という惹句で始まる宣伝では、一度服用するだけで、男性らしさ、女性らしさを十全に発揮する力が何年もの間ずっと減退してきている方にも悦びがもたらされますと謳われている。ラベルの成分表には七五％がリン酸塩、二〇％がアルブミンとあるが、成分分析によればそれらはほんの少量しか含まれていな

い。実際は水とシロップとアルコールからできている。

ノコギリヤシについては、著者が掲げる出典文献に記述が見当たらない。これはヤシ科シュロ属の植物で、テストステロンの産出を抑制することによって前立腺肥大に効くとされる一方、性欲減退、勃起不全の副作用があり得るとされている。

ドクター・ルコイのヴィガロイズは、青色の糖衣錠剤で、検出された成分はリン酸第一鉄、キニーネ、ストリキニーネなど。主成分は砂糖。

ゴードンズ・ヴァイタル・セクシュアライン強壮剤は、赤茶色の液状で、オナニー癖、夢精、遺精、精力減退、抑鬱、全身虚弱、神経衰弱、精液漏、精索静脈瘤などに効くと謳われている。「ゴードン」については発売元が配布しているパンフレット『力はなぜ失われ、どうすれば回復できるか』に、チャールズ・ゴードンPMBと記載されている。しかしこの「PMB」という略号は医学会では使われていない。それでも無知な人は、それが医学上の何かの地位を示しているように思うのだろう。検出された成分は、次亜リン酸鉄、次亜リン酸カルシウム、次亜リン酸ナトリウム、硫酸化キニーネなど。

マーストン治療薬は座剤で、全身の肉体的虚弱に悩む男性に無料で送ると宣伝して配布しているパンフレットを通じて販売されていた。希望者は、以下の五つからコースを選択し、自身の症状を問診票に記入して送ると、最適な薬が処方されて送られてくるという仕組み。(1)症状程度別コース：遺精、精液漏の治療。(2)インポテンツ・コース：インポテンツ、精力・勃起減退の治療。(3)泌尿器・前立腺コース：前立腺、膀胱、腎臓のあらゆる不調の治療。(4)発達コース：諸器官の退化、喪失、萎縮の治療。(5)神経衰弱または神経強壮コース：全身虚弱、記憶喪失、不眠、抑鬱、神経痛その他、神経障害に由来するあらゆる虚弱症状の治療。英国医師会が試みに、神経強壮コースを選んで偽の夢精症状を問診票に書いて送ると、三ヶ月分の座剤が送られてきた。その成分は、次亜リン酸カルシウム、リンドウの根およびキナ皮の粉末、カカオ油であった。

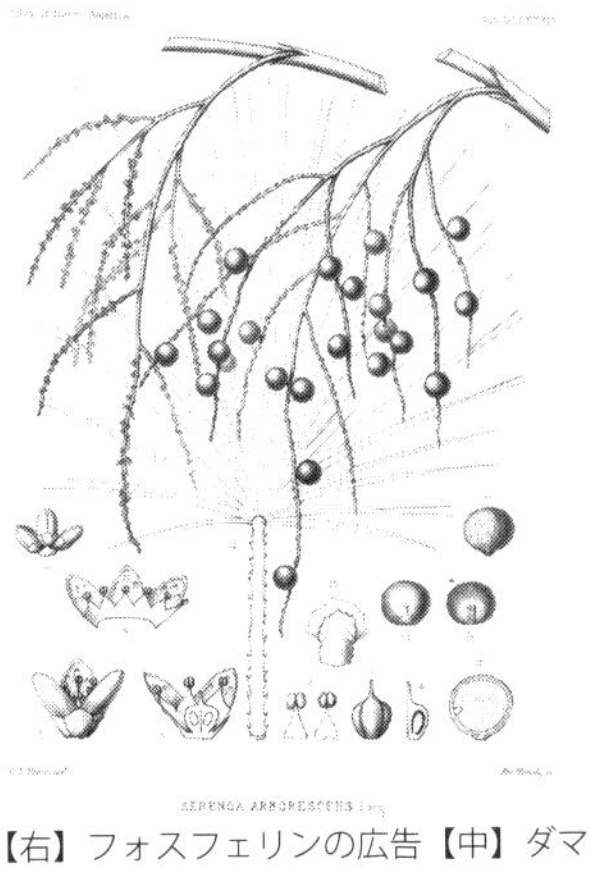

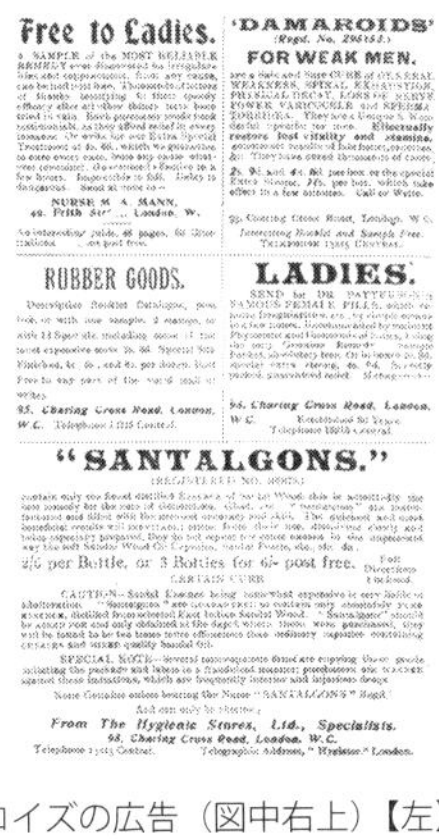

【右】フォスフェリンの広告【中】ダマロイズの広告（図中右上）【左】ノコギリヤシ

ときには、事前にコンドームで装具全体を覆う。ロウエンスタインは、挿入の際にはペニスと装具の向きが同じになるよう気を付けねばならないなどと言っておきながら、うまくやれば奥方は装具を使っていることに気付かないだろうなどと安請け合いしている。彼がこの装置に「鍛錬」の名を付けたのは、フニャフニャのペニスは多くの場合、挿入すれば勃起するし、いったん勃起癖がつけば、あとは正常に勃起するようになると信じていたからだ。女性というものは、こういった道具そのものも、それを注意深く取り外す作業も、すてきだとは思わないものだと言いながら、ロウエンスタインは、「たいていの場合、奥方の協力なしで済ますのは得策とは言えなかろう」などと夫の肩を持っている。[*6]

ホルモン療法とブラウン＝セカールの臓器療法

侵襲的な手術や何年もかかる精神分析、買ってはみたものの役に立たないペニス補助具などに取って代わるものとして、ホルモン療法はインポテンツの治療法として確かに魅力的だった。数十年にわたる生殖過程の探究の果てに、新たな治療法が続々と誕生したのである。精子が最初に観察されたのは一七世紀のことであった。しかし子供をつくる男性の能力を司り、そこから派生してその人の性的な特質をも左右しているのが睾丸であることは、遙か古代ギリシアまで遡る知識である。だが性腺が、単に生殖子を産出する以上のことを何かしているのではないかという問いが、医師の間で立てられるようになったのは、一九世紀になってからのことであった。睾丸が生殖器としての機能と同時に内分泌腺としての機能も持っていることをありありと示してみせたのは、ドイツの生理学者アルノルト・アドルフ・ベルトルト［一八〇三〜六一］であった。彼が去勢した雄鶏に睾丸を移植したところ、失われていた雄特有の性行動が甦ったのである。そのような効果を持つ化学的な伝達物質で、管状構造を有しない様々な腺から産出される物質に対して「ホルモン」という名を与えたのは、イギリスの生理学者アーネスト・ヘンリー・スターリング［一八六六〜一九二七］であり、一九〇五年のことだった。[*7]

初期の内分泌学者は、男性の体内で産出される〝男性〟ホルモンと、女性の体内で産出される〝女性〟

①

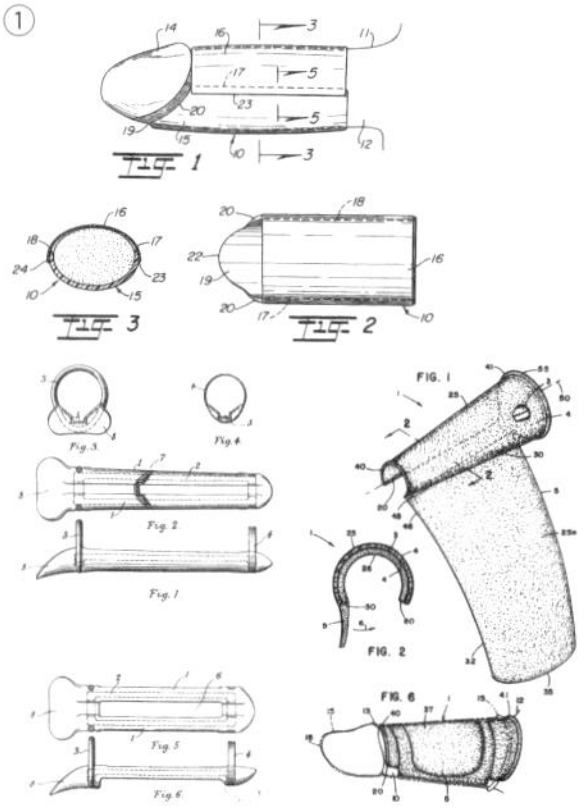

ペニス装具・ペニスポンプ

①アメリカに特許申請されるペニス装具は現代まで後を絶たない（上 1976，下左 1926，下右 1997）
②ロウエンスタイン開発の「性交鍛錬装置」
③「ヘラクレス・コンジェスター」と名付けられたペニスポンプ（19 世紀末 -20 世紀初頭）
④様々なペニス装具（年代不詳）
⑤ヴァイタル・パワー・ヴァキューム・マッサージャーとその広告（1920 年代）．筒状の装置の先端に装着されたクランクによって真空状態を発生させ，ペニス内への血流を促す（National Library of Medicine）

②

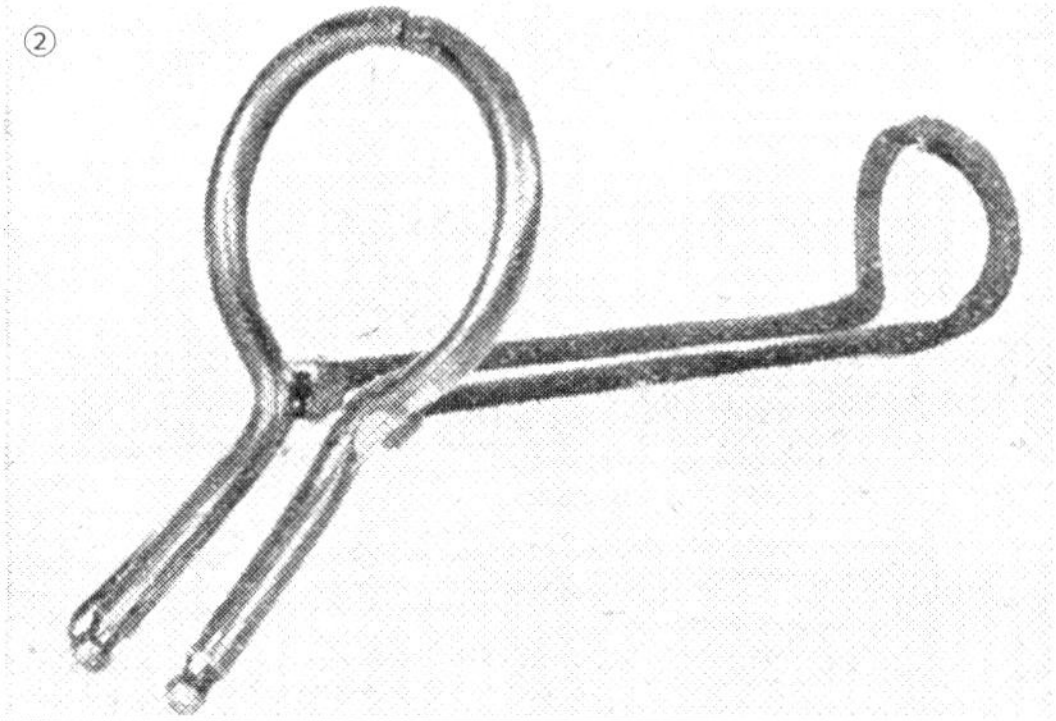

③

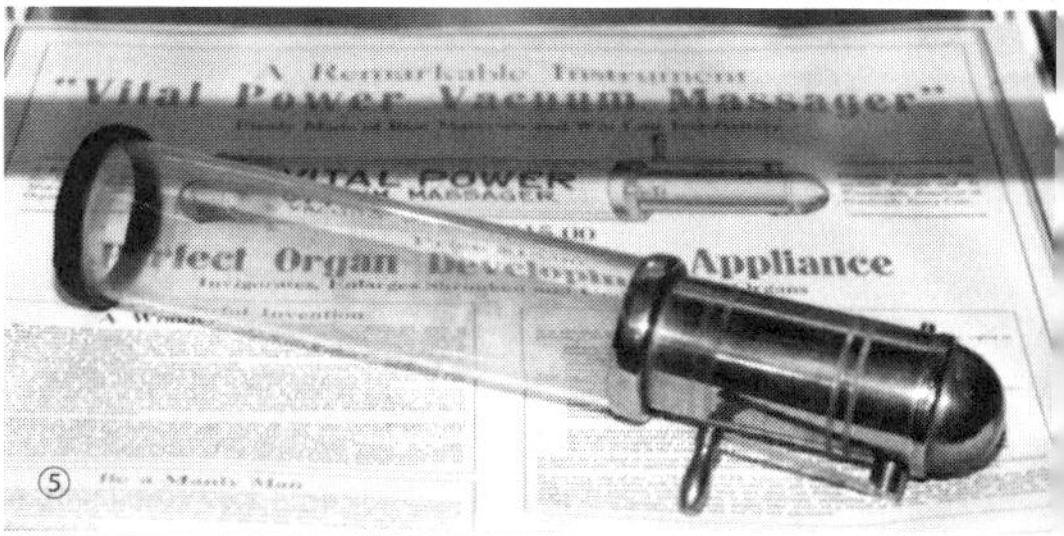

⑤

④

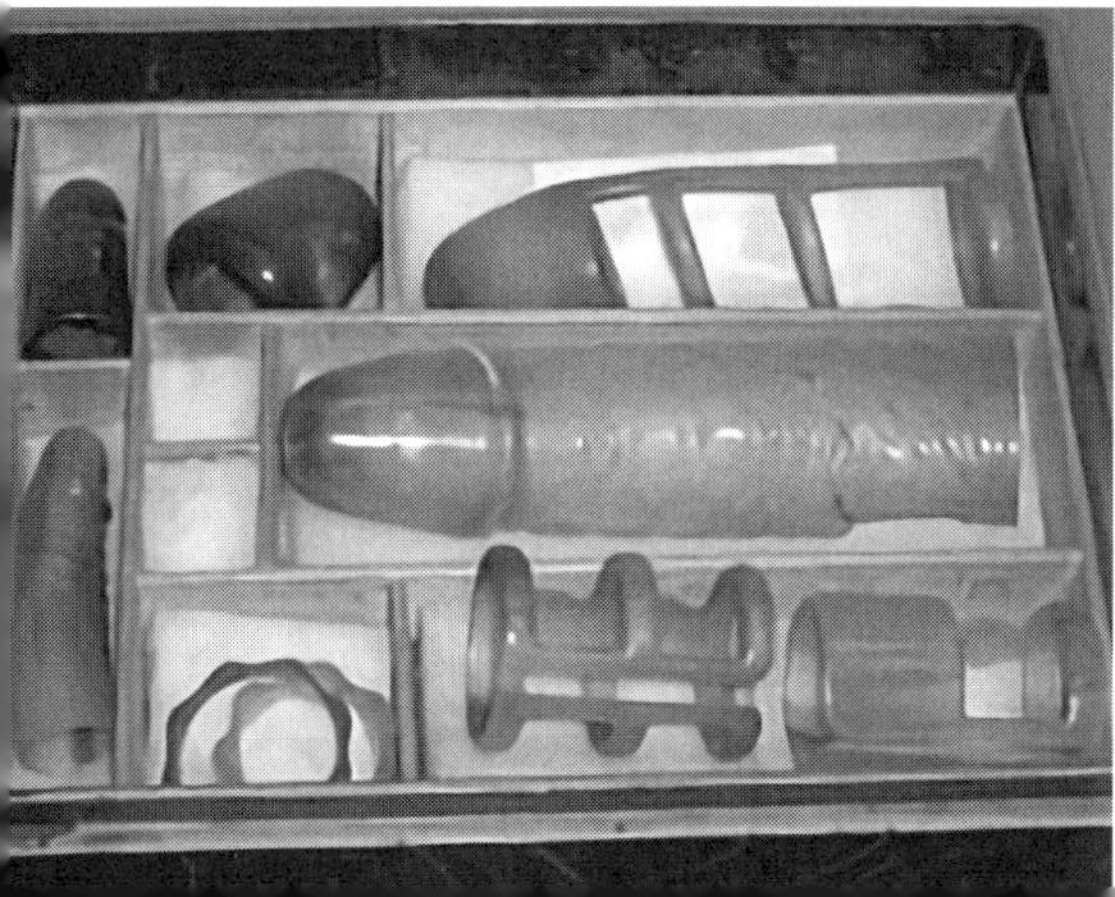

ホルモンは、互いに拮抗関係にあると想定していた。神経学の先駆けであり、若いうちに取り組んだ副腎の研究でも名高いシャルル・エドゥアール・ブラウン＝セカール［一八一七〜九四］も、この考え方に依拠している。ブラウン＝セカールは一八八九年七月に、自身を含む複数の被験者に対して、睾丸に関する人体実験を行なったと発表して一大センセーションを巻き起こした。当時七三歳だった彼は、パリの生物学会に提出した報告のなかで、去勢やマスターベーション、あるいはその他様々な形での精液の喪失が、肉体的にも精神的にも衰弱を引き起こすことに、注意を喚起している。だから精液は、強壮作用のある何か特殊な物質、いわば〝動力発生源〟を含み持っていることは明らかだ、というのである。この仮説を立証するためにブラウン＝セカールは、犬やモルモットの睾丸を粉砕して得た血液、精液、その他の体液を水で薄めた溶液を、自身の睾丸に皮下注射した。その結果、身体は以前の頑健さを奇跡的なまでに取り戻したという。またそう主張する一方で、それが自己暗示の賜物であることは猛然と否認するのだった。彼はまた、小便が二五％も遠くに飛ぶようになったと言っているが、これは自身の精力が回復したことを控えめに表明しているのである。ブラウン＝セカールの説は学界からは疑いの目で見られたが、追随して一儲けしようと企む医療関係者は、ヨーロッパにも北米にも、それなりの数が存在した。彼らが「虚弱な男性」のために製造した腺抽出物質はとりどりであったが、「スペルミン」◆もその一つであった。睾丸由来のそうした物質の治療効果が数多く報告されはしたが、男性ホルモンは睾丸内で産出されるものの、貯蔵されるわけではなく、また水にも溶けないという事実を考慮するなら、何の役にも立たなかっただろうと思われる。しかしそんなことは関係なかった。ブラウン＝セカールによって、臓器療法の大流行が幕を開けたのである。*8

睾丸移植手術

性腺が人体からも摘出されるようになるのに、さして時間はかからなかった。一九一三年、イリノイ州のノースウェスタン大学教授で泌尿生殖器外科医ヴィクター・レスピナス［一八七八〜一九四六］が、睾丸を失った患者の筋肉に、人間の睾丸の切片を移植したと発表した。手術の四日後、この患者は堅固な勃起を示し、欲望を満足させるために退院すると言い張って聞かなかった、とレスピナスは主張している。一個の睾丸を丸ごと移植する実験を初めて敢行したのは、既に引用したG・フランク・リズトン〔一八五八〜一九二三〕だった。彼は一九一四年一月一六日、自らの身体にそれを行なったのである。かつては次元の低い先入観が横行していて、死者の性腺を摘出して再利用することができなかったのは嘆かわしいことだったなどと言いながら、自殺した遺体の睾丸をいかにして自身の陰嚢内に移植したか、リズトンは極めて冷静に報告している。一つ、小さなミスを犯したことを彼は認めている。「この手術を執り行なうに当たっては、非常に苦しい姿勢をとらざるを得ず、しかも術者たる私の目から手術野があまりに離れているために、うっかり精巣鞘膜を切ってしまった」。しかし他の点については、リズトンは手術の成り行きに大満足であった。そして精力刷新のためには睾丸組織の一部分だけでも十分かもしれないと結論づけたのである。のちに彼が、五八歳のインポテンツ男性の症例を挙げて述べているところによれば、その患者は手術後直ちに朝勃ちを経験するようになり、「自然な」性反応が甦ったという。リズトンは、そうした症例において心的な要素が影響している可能性を斥けるわけにはいかないと認めながらも、その患者が術後二年を経過しても依然として幸せに暮らしていると付け加えることは忘れなかった。[*9]

カリフォルニア州サンクエンティン刑務所の医師だったレオ・レオニダス・スタンリー〔一八八六〜一九七六〕は、一九二二年に初めて、処刑された囚人から睾丸を摘出して、他の囚人患者に移植したと発表した。その後彼は、さらにヤギ、ヒツジ、ブタ、シカの睾丸溶液を、歯科用注射器を用いて注射するというところまで突き進んだ。彼が六五六人の男性を対象にその種の注射をした回数は、延べ一〇〇〇回にも及んだ。この分野が現在、インチキ医者に席捲されているという状況を打開するために、さらなる研究が必要であると主

◆スペルミン　精液に多く含まれるポリアミンの一種。発見されたのは一七世紀だが、一九世紀終わりにサンクトペテルブルクの薬剤師アレクサンドル・ペル（一八五〇〜一九〇八）が、ウシやウマの睾丸から抽出して、「体内解毒能力の低下に由来する自家中毒」に効くと謳って売り出した。

張するスタンリーの言葉とは裏腹に、彼自身の実験にはセンセーショナルな面があった。彼は自分の注射が体力全般の増進に役立つことを強調し、したがって全身的な衰弱の影響を食い止める効果があって、例えばニキビや喘息、老化を食い止める働きがあるとした。しかしそれと同時に勃起の改善効果も、すべてではないが一部には見られたと発表しているのだ。刑務所所属の医師にとって、囚人の性的倦怠感やインポテンツを治療することがいったい何の役に立つのか、という点については、スタンリーは何も説明していない。しかしこの種の報告が世間の注目を集めたことは確かだった。遅くとも一九二三年には、ある性改革運動家が次のように主張するまでになっていたのである。「睾丸移植は有効な処置であると言い得るだけの根拠がある。老化やインポテンツについては、おおむね良好な結果をもたらしているからだ。それは、睾丸移植によって健康全般およびリビドーが増進したことによるのである」[*10]。

スタンリーは、ロシア生まれの著名な医学者で、コレージュ・ド・フランスの外科実験室主任を務めたセルジュ・ヴォロノフ［一八六六〜一九五一］の研究に影響を受けたのだった。ヴォロノフの経歴は、皮膚と骨の移植実験から始まっている。その後彼は、年老いた動物に若い動物の睾丸を移植すると、その老化を逆転させることができるのではないか、という考えに導かれ、一九一九年、チンパンジーの睾丸を人間に移植したのである。その結果、多くの人を憤慨させることになった。それに対してヴォロノフは、次のように断言した。実験の結果、典型的に見られたのは「心的および性的な著しい興奮」であった。それ以外には、記憶や活力、あるいは「生殖機能」が再生する場合もあった、と。そしてこの主張を裏付けるために、彼は自身の著作に手術前後のヒツジや人間男性の写真を散りばめた。異種間性腺移植療法の品位を保つためにヴォロノフは、この治療の恩恵の重要性は、単に性的な回春にあるだけではなく、むしろ肉体的にも心的にも活力が漲ることにあるのだと主張した。しかし同時に、ゲーテのような恋多き男性は長生きをするとし、もしも性腺が衰弱したなら、その男性の男としての「精神的肉体的活力」もまた衰えるのだと断定した。異種間移植という、このセンセーショナルな話題は、もちろん報道機関を通じて世界中に報じられた。例えば『ニューヨーク・タイムズ』の一九二一年の記事よれば、ヴォロノフの弟子達は、アメリカ西部を題材にした絵で有名な画家アーヴィング・R・ベーコン〔一八七五〜一九六二〕にサルの性腺を移植するに当たって、マジェスティック・ホテルに関心を持っている医師を招いて手術の一部始終を見学させたという。極めて高額なその手術を受けた大金持ちは数千人にのぼり、なかには例えば、ノーベル文学賞を受賞したベルギーの詩人モーリス・メーテルリンク〔一八六二〜一九四七〕なども含まれていた。[*11] ヴォロノフとその患者達は、手術が功を奏したと確信していたが、一九三〇年代までには、そのように移植された性腺は拒否反応を引き起こすはずだというのが学界のコンセンサスとなっていた。そしてこの治療法を相変わらず唱道するのは、もはやインチキ医者のみ、ということになってしまったのである。

　この手の詐欺師のなかでもアメリカで最も成功したのは、ジョン・ブリンクリー〔一八八五〜一九四二〕であった。彼に学位を出したカンザスシティの折衷医学大学《エクレクティック・メディカル・ユニヴァーシティ》では、マスターベーションや好色、冷感症、前立腺肥大など、性に関係のある様々な不調に対して、陰茎包皮切除やクリトリス切除術を含む外科処置を施していた。ブリンクリーは、食肉加工工場を見学した経験から言って、ヤギの元気の良さが極めて印象深いとして、一九一八年から自分の男性患者にヤギの睾丸組織を移植し始める。この手術によって、マスターベーションを止めることも、今で言う統合失調症を緩和することも、そして何より重要なのは、性的機能不全を治すことも可能であると、ブリンクリーは主張した。「奥さん方が私のところにやって来て、先生、夫の具合が良くないんですの、と言うのです」と、彼は語る。小さな町の外科医でありながら自らを英雄に仕立てあげたブリンクリーは、大学教授を始めとするアメリカ東部の人達からの追及をたくみにかわして一財産を築き上げた。アメリカでは、ブリンクリーと同じような手術をする医師が一九二四年までに七五〇人を数え、彼らはその代金として数百ドルを受け取っていた。[*12] アメリカ医師会が、虚偽の広告を禁じる法律を利用して、ブリンクリーやその同類達を遂に黙らせることができたのは、一九四〇年代になって

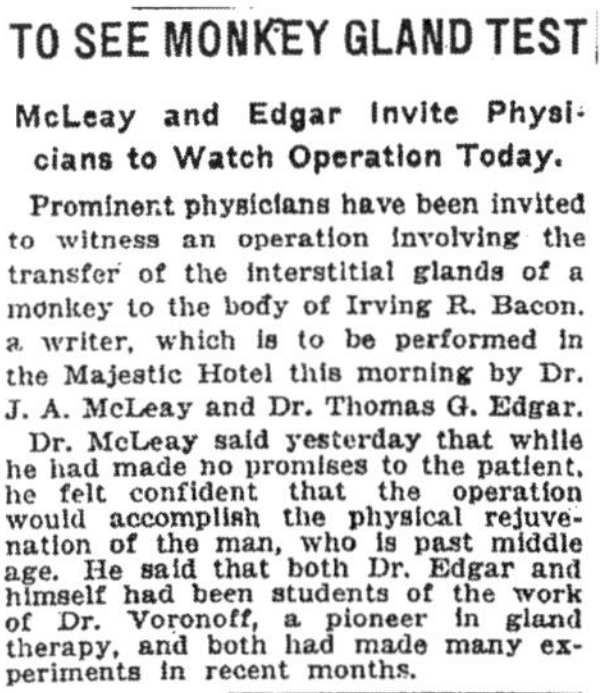
TO SEE MONKEY GLAND TEST

McLeay and Edgar Invite Physicians to Watch Operation Today.

Prominent physicians have been invited to witness an operation involving the transfer of the interstitial glands of a monkey to the body of Irving R. Bacon, a writer, which is to be performed in the Majestic Hotel this morning by Dr. J. A. McLeay and Dr. Thomas G. Edgar.

Dr. McLeay said yesterday that while he had made no promises to the patient, he felt confident that the operation would accomplish the physical rejuvenation of the man, who is past middle age. He said that both Dr. Edgar and himself had been students of the work of Dr. Voronoff, a pioneer in gland therapy, and both had made many experiments in recent months.

『ニューヨーク・タイムズ』1921年10月23日付

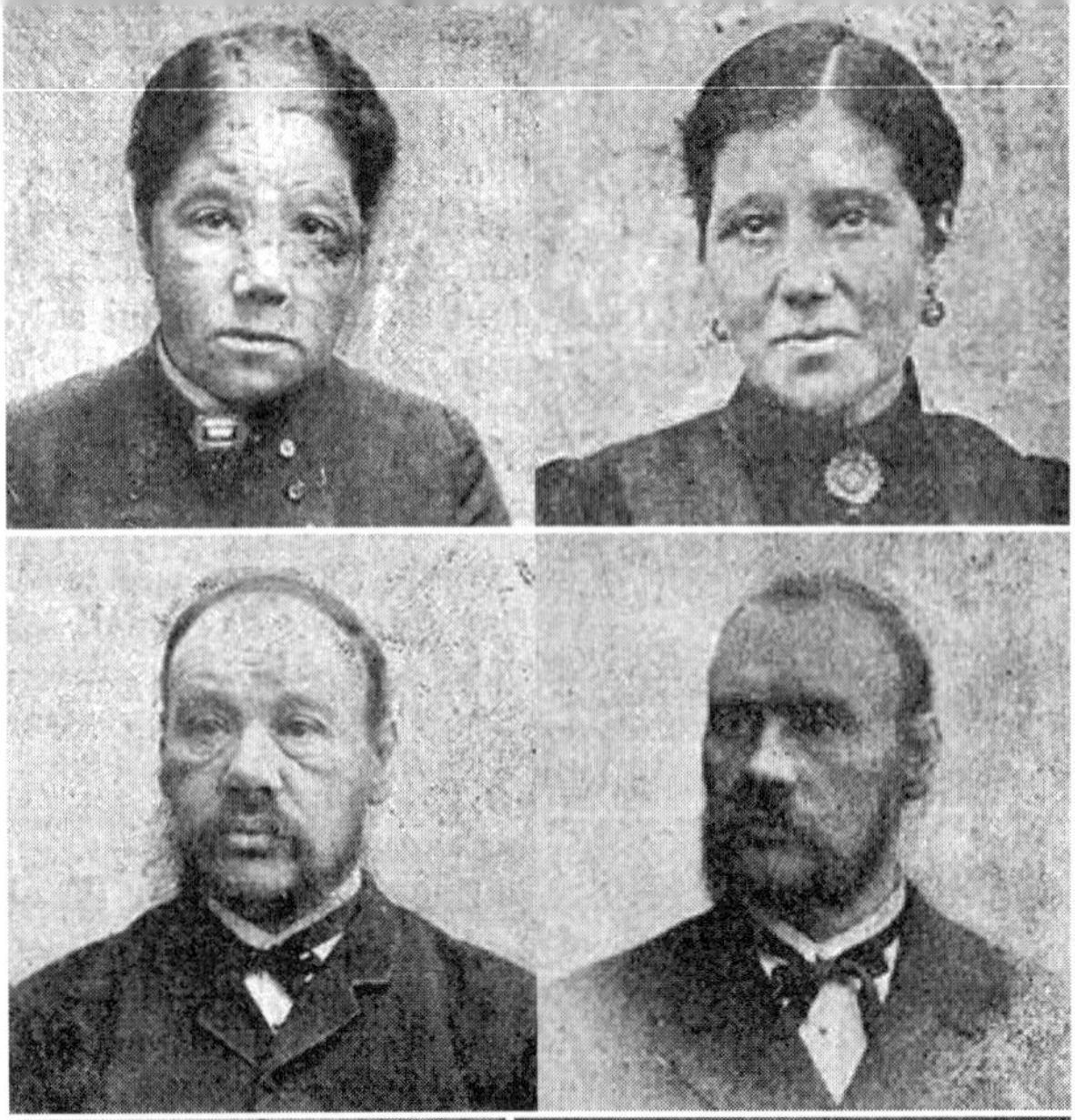

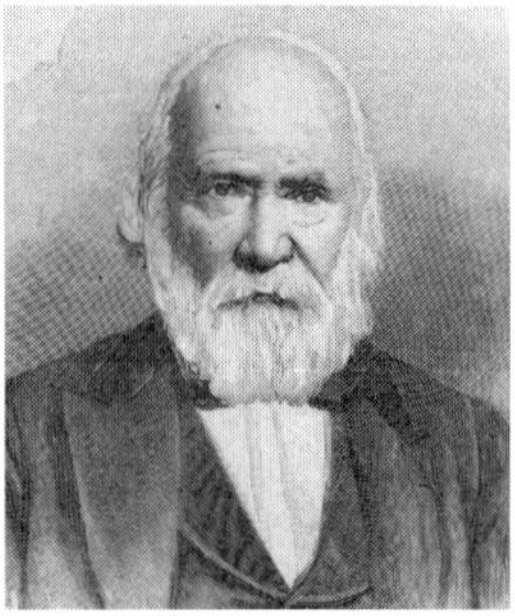

ブラウン=セカール

ブラウン=セカールは，著書に治療前／治療後の写真を多数掲載して，自身の方法の有効性を視覚的に訴えた

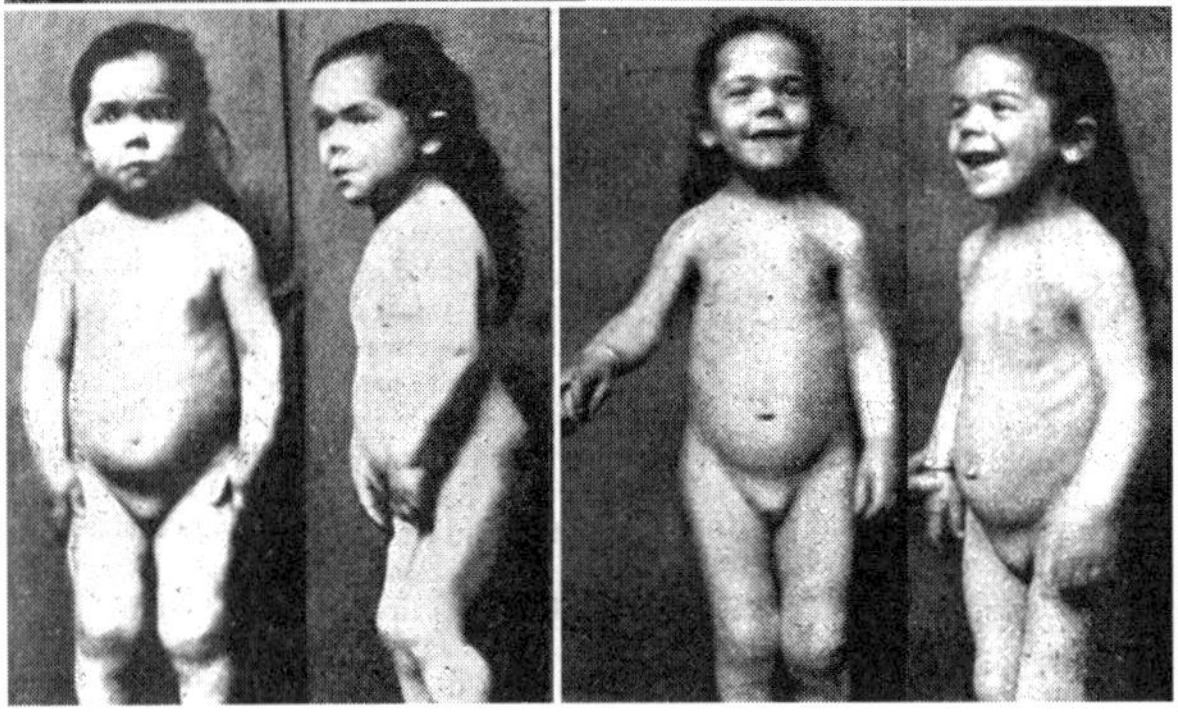

リズトン

著書に睾丸移植術の図を多数掲載した

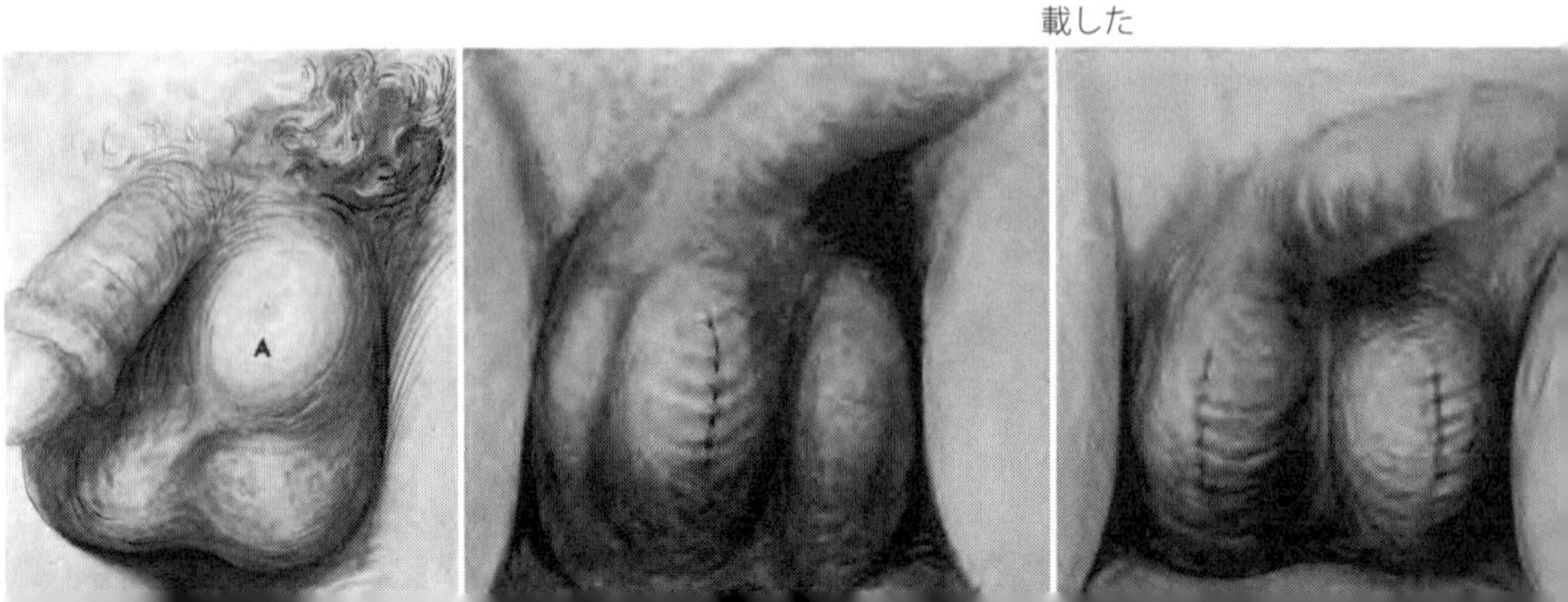

両大戦間期に一世を風靡した回春推進者達

ヴォロノフ

ヴォロノフもまた，自著に治療前／治療後の写真を多用した

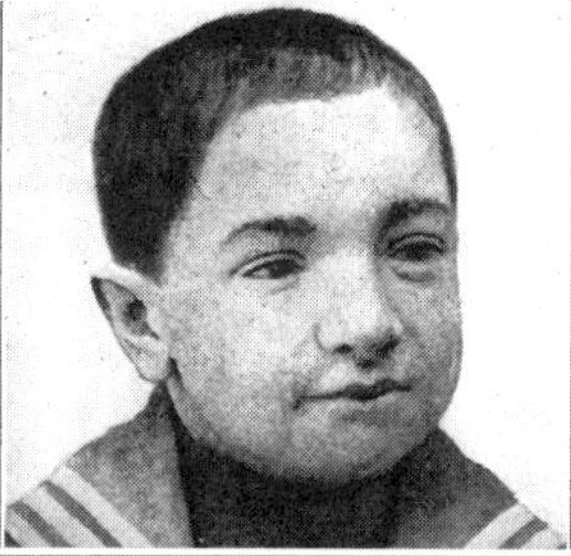

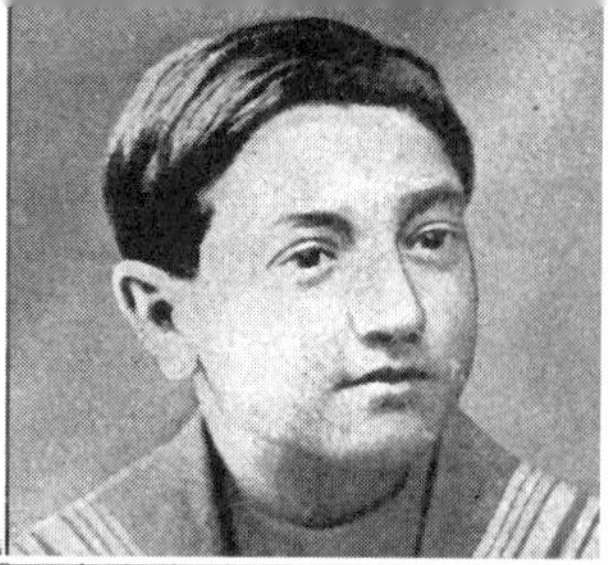

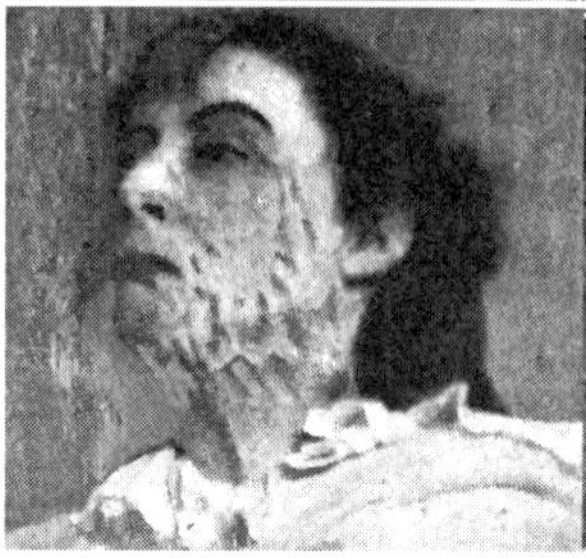

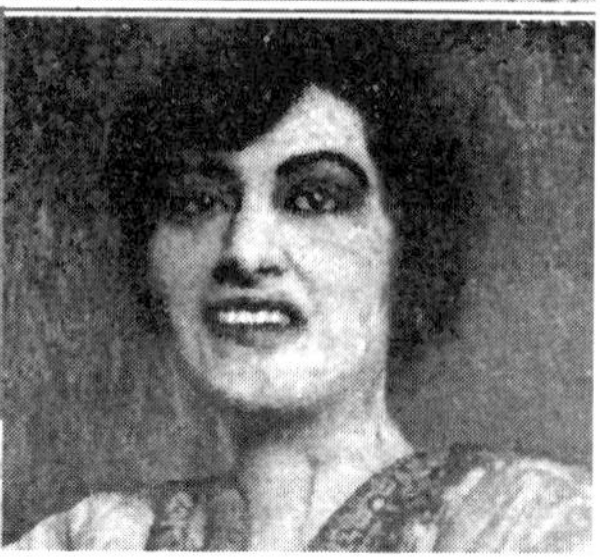

【下左】ヴォロノフのカリカチュア．サルたちが「気をつけろ！ヴォロノフが来たぞ！」と叫んでいる

【下右 2 点】ヴォロノフの治療を受けた詩人メーテルリンク（左）と画家ベーコン

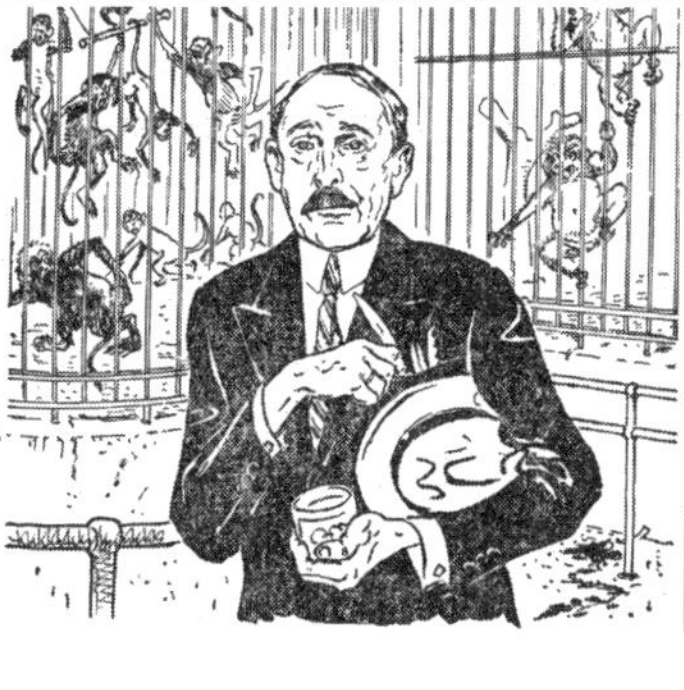

ブリンクリー

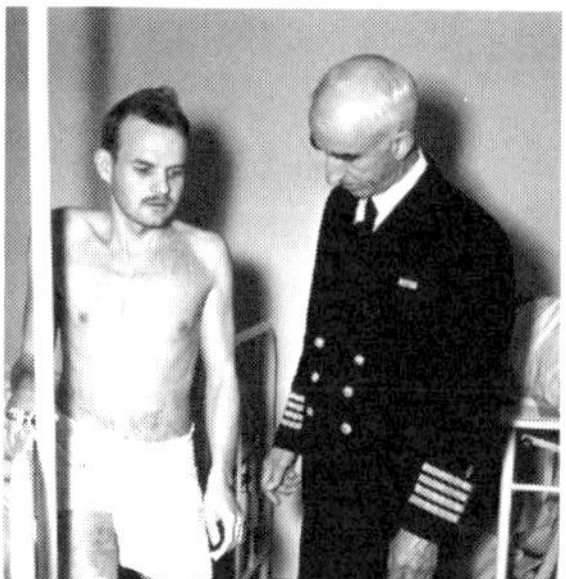

スタンリーとその患者

レスピナス

からのことであった。

回春治療とジョーク

ヴォロノフやブリンクリーの手術は、よく冗談の種にされた。例えばある落とし噺には、こうある。ブリンクリーの患者が処方された薬を井戸に落としてしまった。その井戸の水を飲んだかと聞かれたその患者はこう答える。「いいえ、それどころか井戸のポンプのハンドルが、なぜか上がりっぱなしになっちゃって、下げたくても下げられなかったんですよ」。イギリス映画『永遠の緑』（監督ヴィクター・サヴィル、一九三四）では、主人公の若い女性歌手が、往年の有名スターだったその母親に生き写し。それを見た登場人物の一人が、昔のあの大スターが「サル腺」を移植してもらって若返ったと言っても観客は信じるだろうという冗談を飛ばす。女性ジャズ・シンガーのエセル・ウォーターズ〔一八九六～一九七七〕は、一九二〇年代に意味深長な歌、「あんたはできないんだね、昔の男がしてくれたようには」を歌って聴衆を大いに笑わせ、拍手喝采を浴びた。

つまりあんたは、私の愛し方がぜんぜん足らないってこと
そんなじゃ私は、昔の男を忘れられやしない。あの人は七〇歳だったんだよ
それでもあの人は、私を愛することができた。恋人ならすべきように、私を愛してくれたんだよ
いつでもできた、その気になれば。あの人は良かったよ。
つまりあんたは、お払い箱ってことさ。どこへなりとお行きよ。ムショに戻るがいい。私がそこから
　あんたを出してやったんだ。
〔スロウ・キッド・トーマスによる合いの手〕でも俺には立派な両手両足がちゃんとついてるぜ
おやそうかい。でもそんなじゃ足んないんだよ。お見通しさ。あんたにゃサル腺が必要なんだよ
つまりあんたは、できないんだよ、昔のあの男がしてくれたようには

シンガー・ソングライターのジミー・デイヴィス〔一八九九〜二〇〇〇〕が、一九四四年にルイジアナ州知事に立候補したときに歌った歌詞にも同じような仄めかしが使われている。「サル腺を手に入れるさ、そうすれば昔みたいになれる」。この種の冗談は世界的な広がりを見せた。フランスではある諷刺雑誌に、神父さんは性腺が要らないだろうから、ヴォロノフが使えばいいとある。イタリアの小説家イタロ・ズヴェーヴォ〔一八六一〜一九二八〕は、次のように書いた。「サル腺に効果があるかどうかなんて、神のみぞ知る、だ。サル腺で回春した男は、美人を見ると近くの木によじ登りたくなるかもしれないな」[*13]。

しかし面白がって冗談を言う者ばかりではなかった。身体をいじくりまわすという考え方そのものに、懸念を抱く者がもちろんいたのだ。移植手術によって性の怪物《セックス・モンスター》が生じると信じる者もいた。フィクション作家はそのような危機感には特に敏感だった。小説では、男性登場人物が手足を失っているとされるときは、インポテンツを暗に示している場合が多かった。腺を交換するという話は、かつてのフランケンシュタイン博士の物語〔メアリー・シェリーが一八一八年に匿名で出版〕を思い出させもした。アーサー・コナン・ドイル〔一八五九〜一九三〇〕の「這う男」（一九二三）では、六一歳（当時のドイルの年齢に近い）で寡夫の大学教授が年若い女性と結婚をする前に、回春のための睾丸製剤を服用するのだが、彼はサルに変身してしまう。これに対してシャーロック・ホームズは、次のように道徳を説くのである。「自然を凌駕しようとして、人は自然以下のものになるわけです。最高の知性の持ち主さえ、人間運命の正道を踏み外せば、動物に転落するということですね。〔……〕危険ですな――いや実に人類に対する大脅威です。考えてもみたまえよ、ワトソン。物欲的、肉欲的、世俗的な者どもばかりが、その無価値な寿命をうんとこさ延ばすのだ。精神的な人達というのは、より高いところへのお召しにさっさと応じてしまう。これじゃもう、不適者生存じゃないか、まるで。われらが哀れな世界は、この先どんな糞壺になってしまうことだろうか」。

ホームズ作品「這う男」の，サル化していく老教授を描いた挿絵（H・K・エルコック，『ストランド・マガジン』1923年3月号）

イギリスの物理学者で小説家でもあったC・P・スノー［一九〇五～八〇］の小説『年寄りの新たな生』（一九三三）では、回春ホルモンは結局失敗に終わる。なぜならそれを買えるのは金持ちだけだからだ。かつては若者の特権であった性的な冒険が、回春ホルモンのおかげで富裕層の年寄りにも可能になったために、階級間憎悪がさらに深刻化するのである。旧ソ連の反スターリン主義小説家ミハイル・ブルガーコフ［一八九一～一九四〇］は、『犬の心臓』（一九二五）で正反対の筋書きを描いている。たまたま人間の精嚢を移植された一匹の犬が、人間に変身してしまうのだが、どんな人物になるかというと、頭の悪い三文文士の共産党員になるという話だ[*14]。

一世風靡したシュタイナッハの精管結紮術

ウィーンの生理学者オイゲン・シュタイナッハ［一八六一～一九四四］は、ヴォロノフとは違って、治療法を見つけることにはさほど興味を持っていなかった。彼の関心はそれよりも、性的な発達過程を理解することに向けられていたのである。シュタイナッハは一八九〇年代に動物実験に着手している。特に、性腺を移植することによって、性的な性質がどのように変化するか観察した。動物の雌に睾丸を移植したり、雄に卵巣を移植することによって、雌が雄化し、雄が雌化することを発見した。これは性転換という意味ではない。性に関わる性質や行動が変化するという意味である。この発見から彼は、雄の精嚢には二種類の細胞が存在する、一つは生殖細胞で精子を産出するが、もう一つはライディッヒ細胞と呼ばれる間質細胞で、血流によって運ばれて作用する物質を産出するのだろうと推測し、こう結論づけた。「あらゆる生物の性生活は、それが雄だろうと、雌だろうと、はたまた両性具有だろうと、あるいはもっと別の融合的な形態、つまり間性《インターセクシュアル》［両性の中間的性質を示す］であろうと、ホルモンを産出する性腺と、その性腺が備えているホルモンの量と性質によって決定さ

オイゲン・シュタイナッハ（作者・年代不詳，ロンドン Wellcome Library）

れるのである」と。[*15] ここまではすばらしかった。しかしシュタイナッハは、老化というものが、ホルモン産出の役割を担っているライディッヒ細胞の減少から来る、言わば去勢のようなものではないかという仮説にまで突き進んでしまう。そしてライディッヒ細胞を若返らせることができれば、老化の進行を逆転させることもできるはずだと思い込んだ。精管切除術をラットに施してみたところ、まさにその通りの結果となったとシュタイナッハは報告している。その仕組みはこうだ。精管を切除することによって、睾丸の精子細胞は減少するが、逆にライディッヒ細胞は増加する。それによって、かえって性的活動は活発になるのだ、と。

一八九〇年代から既に、医師達は精管切除術を実施していた。但しその目的は、避妊のためか、肥大化した前立腺を小さくする（と期待されていた）ためのどちらかだった。そこへシュタイナッハが、回春術としてこれを提唱したのである。一九一八年、彼は外科医のロベルト・リヒテンシュテルンに、人間の身体に対して初めてこの手術を試してみることを依頼したのだった。シュタイナッハ手術のすばらしいところは、二本の精管のうち片方だけしか結紮しないことであった。そのため患者は避妊には成功しなかったが、ホルモン作用の増幅効果が確かに見られたのである。この効果をもっと確実なものにするために、リズトンやスタンリーは事故で死んだり処刑されたりした人体から睾丸を摘出するという穏やかならざる手段を選び、ヴォロノフは霊長類の睾丸を用いたのだった。シュタイナッハは自身の手術が驚くほどの成功を収めたと喧伝した。インポテンツや早漏から始まって、結核や癌に至るまで、ありとあらゆる様々な病の緩和に効果が

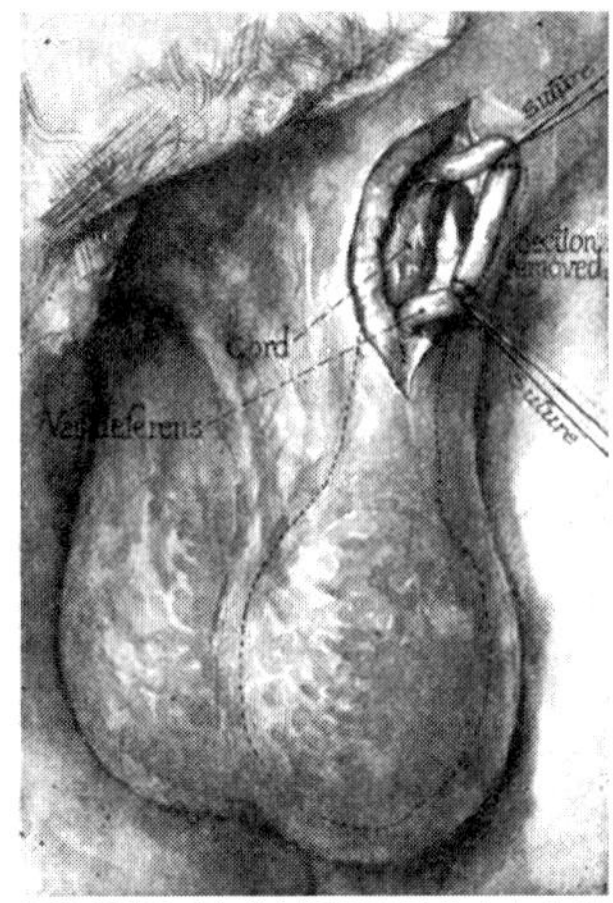

優生思想に基づく断種を目的とした精管切除術の挿絵（H・H・ラフリン『アメリカにおける優生学的断種』1922）

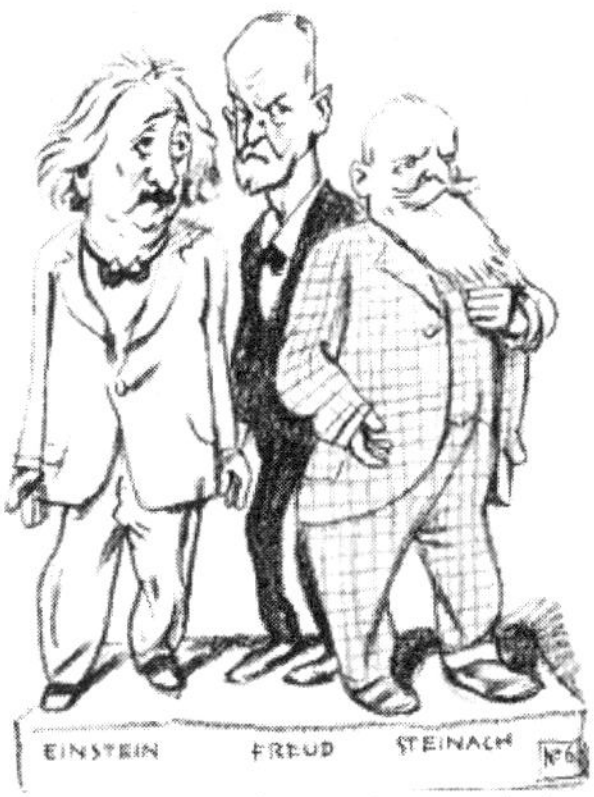

シュタイナッハを，アインシュタインやフロイトと並列して風刺している当時のカリカチュア

あると信じた者のなかには、シュタイナッハの回春術を、ダーウィンの進化論に匹敵するほど重大な発見であると考える熱心な支持者もあった。

シュタイナッハ手術は世界中の注目を集めた。ドイツの超一流の映画製作会社ウーファも、シュタイナッハ手術に関する映画の制作に手を貸した［一九二三年一月二三日公開］。ヨーロッパと北米では、数千という規模でこの手術が実施された。七〇〇ポンド支払ってこの手術を受け、結果に大満足したアルフレッド・ウィルソンという名の患者は、一九二一年五月一二日に、ロンドンの大公会堂アルバートホールを借り切って、「私が二〇歳若返った方法」という題で講演まで行なおうとした。但したいへん不幸なことには、ウィルソン氏はその直前に死亡してしまう。そんなことはあったものの、シュタイナッハはイーデン・ポールやノーマン・ヘア◆といった性改革推進者に歓呼して迎えられたのである。前章でも言及したスペインの第一線の医学者グレゴリオ・マラニョンも、シュタイナッハの発見の価値を認め、自ら睾丸移植術や精管結紮術を実践した。シュタイナッハ手術が世界で一番もてはやされたのはおそらくアメリカで、それは常軌を逸するほどだった。ジョージ・コーナーズ◆は、生殖機能をきちんと調べれば、キャベツでも「シュタイナッハすること」ができると豪語した。前章で引用したアメリカの性改革運動家ウィリアム・J・ロビンソンは、シュタイナッハ手術が安価なので「普通の労働者男性」にも十分手

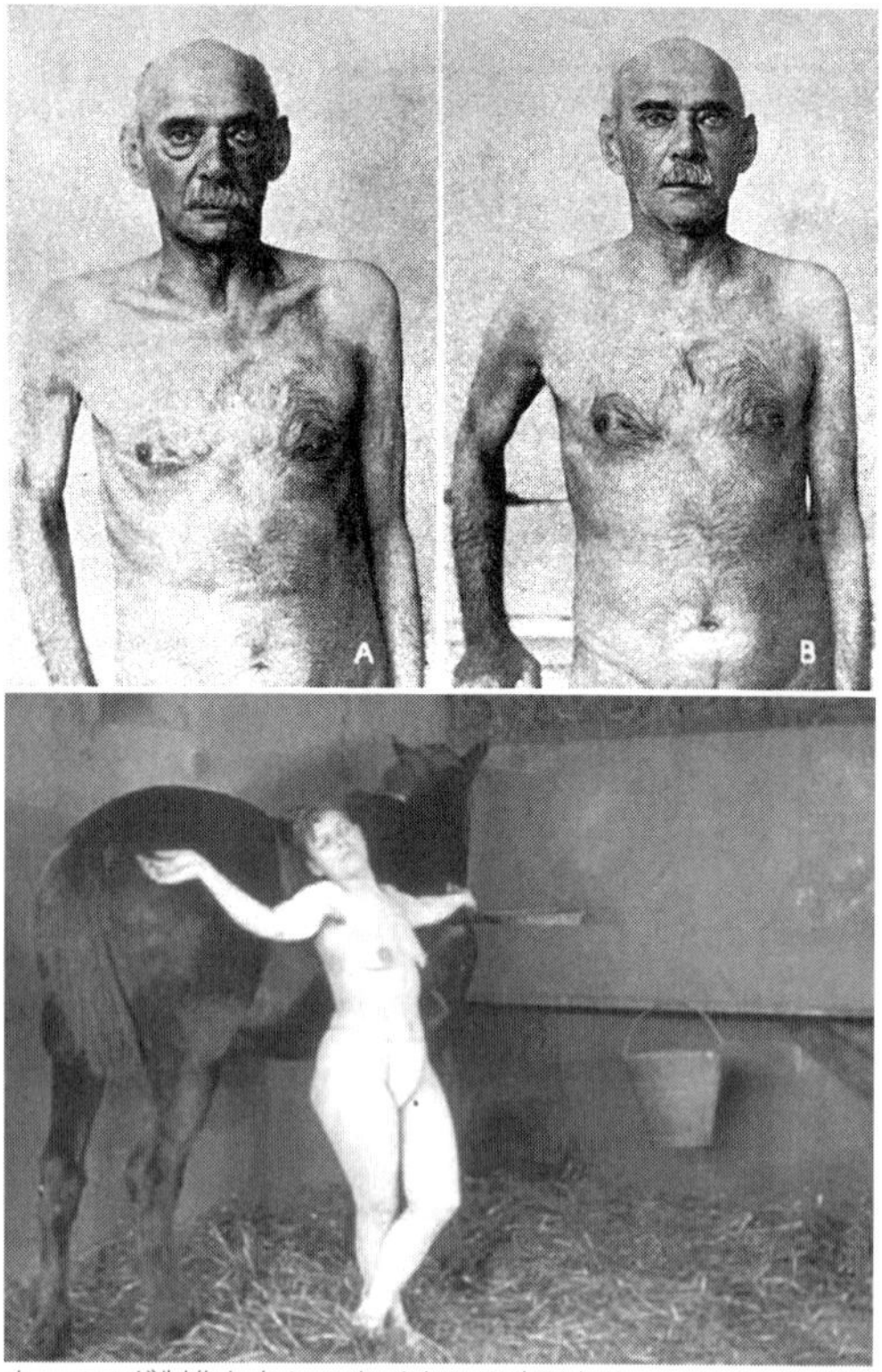

ウーファが制作したシュタイナッハ映画より．ここでも治療前／治療後のイメージが提供されている．下は，裸体の女性と馬によって，男性の精力回復を暗示する場面

が届く点を強調し、次のように結論づけた。「患者を傷つける恐れがなく、またさほど痛みもなく危険もない上、局所麻酔だけで実施することができ、また患者をベッドに寝かせておくのも極めて短期で済むという事実に鑑みて、シュタイナッハ手術は特定の症例においては試みる価値がある」[*16]。

アメリカで、シュタイナッハ手術を最も声高に吹聴したのは、内分泌学および性科学の専門家ハリー・ベンジャミン〔一八八五～一九八六〕だった。彼は一九二一年に、医学アカデミーで精管結紮術の効果について講演している。この方法によってもたらされるのは、「回春」と言うよりも肉体的精神的活力の「再活性化」と言った方が正確であるという点は認めたものの、ベンジャミンは、一九三〇年代に入ってもなおシュタイナッハ手術は効果があるという主張を取り下げなかった。また彼は、女性の場合、X線やラジウムの放射線、あるいはジアテルミーと呼ばれる高周波電流を卵巣に当てて熱を加えることによって、活力の再活性化が可能であるとも言った。そして自分が処置した男性患者三〇〇人、女性患者五〇〇人で成功した、という。そうした処置には偽薬《プラセボ》効果しかないという意見に対して、彼は、上海で中国人の囚人にシュタイナッハ手術を施したペーター・シュミットの知見を引用して反論している。それによれば、中国人の囚人達は手術の内容を何もわかっていなかったのに、七五%で聴覚、視覚、血圧、そして勃起力、性交能力の改善が見られたという。シュタイナッハ手術を受けた者のなかで最も有名な人物と言えば、ジー

詩人W・B・イェイツ．この写真の2年後にシュタイナッハ手術を受けた（1932, Bettmann Archive/Corbis）

◆イーデン・ポールやノーマン・ヘア　イーデン・ポール（一八六五～一九四四）はイギリスの医師で著述家。社会主義思想関連の翻訳書も多数ある。『タイムズ』の記者として日清戦争に従軍し、日本で医師として開業したり、大学で教員をした経験もある。ノーマン・ヘア（一八九二～一九五二）はオーストラリア出身の医師。イギリスに渡り性教育および産児制限運動に携わる。一九二九年にロンドンで開かれた性改革世界同盟国際会議議長。

◆ジョージ・コーナーズ　ドイツに生まれ、アメリカに移住した詩人・歴史家・政治評論家のジョージ・シルヴェスター・ヴィレック（一八八四～一九六二）の筆名。

クムント・フロイトとW・B・イェイツであろう。フロイトは一九二三年一一月一七日に、左右両方の精管に対して手術を受けた。顎の癌が軽減されることを期待したのだったが、何の効果もなかったとフロイトは思ったようだ。イェイツは、一九三四年に外科医のノーマン・ヘアの手術を受けた。おかげで彼は、性的な能力も、創作力も甦ったと信じることができた。それである新聞は、彼に「腺長老《グランド・オールド・マン》」というあだ名を付けた。*17

結果的に見れば、ヴォロノフやシュタイナッハが提唱した説は大きな収益を生んだと言えるが、彼ら自身はいたって真面目な科学者であり、したがって回春の性的側面を訴え過ぎればインチキ医者と思われるのではないか、ということを大いに気にしていた。医療従事者も一般大衆も、節度を知らない老人達の求めに安易に応じる医師に対しては、敵意を抱いていた。例えば前章で触れた生物学者のジュリアン・ハクスリーは、甲状腺を用いることによってサンショウウオなどの成長を加速することができるという自身の研究が、性欲昂進剤を求める人々から注目されて散々な目に遭ったと吐き捨てている。性腺移植療法を推進している医師の一人が言っているように、「回春が目の敵にされるのは、それがセックスと結びついているからだ。〔……〕回春を求めるのは、社会のなかでも不道徳な者、放蕩者、性欲を抑えられない好色な者達であり、あのような治療法に惹き付けられるのは、これまでもふしだらな生活を送ってきて、今後も肉欲と不節制に任せた人生を続けたいと願っているような輩である、というようなことさえ海外では議論されている」。ハリー・ベンジャミンは、道徳的なアメリカにおいてシュタイナッハ手術を話題にすること自体、きわどい行ないであると認めている。「こうした治療法に対する敵意のみならず、歴《れっき》とした医学の一部であるはずのこの分野が、しばしば沈黙をもって迎えられるということについても、アメリカに深く根づいたピューリタン的固定観念によって説明がつく」。そのため研究者達も、回春の性的側面については宣伝したくもありしたくもなし、というような態度を示している。シュタイナッハも常に、自分は患者の性交能力にはそれほど関心を持っているわけではない、それよりも患者の健康全般、活力全般に関心を抱いているのだ、と主張していた。回春は全身に作用するのであって、一つの器官に限定されるものではない、というわけだ。そして「回春」についてさんざん語ってきたことは棚に上げて、自分が追求してきたのは実は、男性を実際に若返らせるようなことではなく、むしろ男性がもっと活動的に、もっと生産的になるように、ということだけだったのだ、などと譲歩するのである。ノーマン・ヘアの言い分はこうだ。シュタイナッハ手術は性交能力に関していくらか効能があるのは確かであるが、もっと重要なことは、この手術によって患者の健康全般が改善し、活力が増進することである、と。オーストリアの生物学者パウル・カンメラー［一八八〇〜一九二六］は、シュタイナッハについて書いた一九二四年の著書のなかで、明らかに修正を施した治療前《ビフォー》／治療後《アフター》の写真を用いて、患者の代謝作用、強靱さ、皮膚、頭髪、前立腺の機能などすべてが新たな活力を得るに至ったと主張している。一方、インポテンツ治療に対するこの手術の効果については控えめで、「男性機能の回復という現象については、目覚ましいほどのものではなさそうだ。いくつかのケースでは、ほとんど識別することもできないほどである」と言っている。*18 カンメラーが特に強調しようとするのは、患者男性の、仕事への情熱が戻ったということだった。

しかし研究者がいくらそのような主張をしても、一般大衆は精管結紮術の主たる目的が性交能力の回復にあることを疑わなかったし、研究者の方でも、通常男性に見られる性交能力の維持ないし再活性化こそ、回春の効果を測る際に鍵となる要素であると信じていたことは間違いない。シュタイナッハ自身が、最初の実験のとき、雄マウスの勃起と交尾が回春の効果をはっきり示す指標であるとしているのだ。ジョージ・コーナーズのような熱心な支持者であれば、シュタイナッハ手術によって患者の性生活は「すばらしく強化される」という言い方になる。カンメラーも、「精管結紮術によって性交能力は維持されるだけでなく、しばしば強化される」と言っている。なかにはセックスのやり過ぎになるからという理由で、この手術に異を唱えた者もいたほどである。それに対してドイツのペーター・シュミットは、「男らしさの回復に成功した自分の患者のなかには、今日までのところ、良識を踏み外すような結果になった者は一人もいない」と請け合う。シュタイナッハ手術には、性的衝動・性交能力の改善に「著しく、かつ持続的な」効果があり、自身の患者の大半において性交能力の回復が見られたが、それは「人生を平穏無事に送ることを妨げるほどの」レベルではなかった、とシュミットは言っている。ケネス・ウォーカーの報告は、シュミットに比べればもっと実際の経験に即しているように聞こえる。それによれば、子供嫌いのせいでインポテンツになっていたある海軍将校が、「精管結紮術によって性交能力を完全に回復することができた」という。*[19]

　シュタイナッハに批判的な者も、もちろんいた。ノーマン・ヘアは、シュタイナッハへの反論のほとんどが、睾丸ホルモンの源がどこに位置するかという組織学的論争に依拠していると言っているが、実際はそれだけにとどまらなかった。コロンビア大学教授ベンジャミン・ハローは、シュタイナッハは答を知っていたのだろうとは思うが、念のため次のように問うべきだと言っている。腺分泌物というものは、どんな種類のものであっても相互に作用しているはずなのに、どうして一つの器官に変化を加えるだけで全身の回春効果がもたらされるのか、と。イギリスのケネス・ウォーカーは、精管結紮術を自ら何例か施した結果、その効果はまちまちであると結論づけ、原因として、第二次性徴の発達を促すのは睾丸だけではないことを挙げている。またウォーカーは、暗示が回春にどれほどの影響を与えているか正確に特定することは困難であるとも言っている。この点については、『アメリカ医師会報』の編集委員モリス・フィッシュバイン〔一八八九〜一九七六〕が追及している。自著『医学界の馬鹿騒ぎ』（一九二五）の一章を割いて、回春に効果があると主張する者達に攻撃を加えているのである。その主張はこうだ。シュタイナッハやヴォロノフの手術が成功したのは、単なる偽薬《プラセボ》効果に過ぎない。シュタイナッハ以前にも、精管切除は老人の前立腺の治療として用いられていた。それなのに回春したと感じた患者など存在しない。彼らはまさかそんな効果があろうとは、思いもしなかったからだ、と。*[20]

　シュタイナッハの説は、一九二〇年代前半には極めて盛んにもてはやされていた。ところが一九三〇年代には、それが嘲笑の的となる。ケネス・ウォーカーによれば、シュタイナッハ手術が医療従事者から馬鹿にされるようになったのは、それを食い物にする者がいたからだという。「性交能力の低下に対する治療として精管結紮術を用いることと自体は、きちんとした実験に裏打ちされているのだが、医療従事者のほとんどがこの手術を『売名行為』と見なすようになってしまったおかげで、正しい用い方をしていれば治療学にしかるべき位置を占めていたかもしれない一つの治療方法が、すっかり評判を失う羽目に陥ったのである」と、ウォーカーは信じていた。性腺移植も精管結紮術のどちらについても、効果がないことは明らかである、あるいは効果があることは証明されていない、と報告する学者は次第に増えていく。一九三九年になると、次のように論じる小冊子が現われる。「回春」という言葉は、「ある種の似非科学的な装置や『治療法』を宣伝するためのキャッチコピーに使われたために、すっかり評判を落としてしまった」と。*21

しかしながら似たり寄ったりの治療法は、新たな装いを身にまとって、その後も次から次へと登場し続けた。一九四〇年代から五〇年代にかけては、スイスの医師パウル・ニーハンス［一八八二〜一九七一］が、自身の診療所で「生体細胞療法」と名づけた治療を施していた。シュタイナッハと同じように、ニーハンスも性腺分泌物が失われると若年性老化が引き起こされると唱え、動物の胎児の細胞を患者に注射したのだが、それはヒツジや仔ウシ、ブタ、そして人間にまで及んだ。性的衝動の低下、退化的現象、そして性器の短小や吹き出物から始まって、劣等感やインポテンツに至るまで、広範囲にわたる性に関わる諸問題が、これによってすべて治ると彼は主張した。ヨーロッパの社会的エリートのなかにも、ニーハンスの施す治療を受けた者は数多く、そのなかにはサマセット・モーム、チャーリー・チャップリン、ウィンストン・チャーチル、ノエル・カワード、そして教皇ピウス一二世までもが含まれていた。*22

遂に発見された男性ホルモン

のちの内分泌学者達は、かつて臓器療法を実践していた者達と一線を画そうとしたけれども、一九二〇年代にシュタイナッハが学界で極めて高く評価されていたことは確かであり、事実、彼は何度もノーベル賞候補になっている。数十年の間は、彼とヴォロノフの名前が新聞の一面を賑わす一方で、内分泌学者らが男性ホルモンを特定し分離すべく、人知れず自身の道を邁進するという状況が続いた。カナダの医学者フレデリック・バンティング［一八九一〜一九四一］とその助手チャールズ・ベスト［一八九九〜一九七八］の二人が、一九二一年にインスリンを発見したことは、糖尿病以外にも、ホルモン治療によって克服できる病気があるかもしれないという期待を抱かせた。しかし専門家は、たとえ内分泌療法のなかに功を奏するものがあったとしても、その機序が完全に理解されているわけではまだないことを認めていた。泌尿器科医は、自分が扱う不調のなかでは最もありふれているインポテンツを扱いかねているところだったので、内分泌学というこの新しい科学に特別な期待を寄せた。一九三一年に医学誌『ランセット』に掲載されたある記事には、インポテンツという問題は、外科学と心理学のどちらともつかない、その中間地帯で論じられていると書かれている。[*23] 内分泌学が、その空白を埋めてくれることを期待されていたわけである。

男性の身体に含まれている性ホルモンをすべて集めても、ほんの僅かな量しかないので、それを分析に付することには多大な困難が付きまとった。ドイツの科学者がやっとのことで男性ホルモンを、しかもベルリン警察の宿舎から集めた二万五〇〇〇リットルの尿から、たったの五〇ミリリットルだけ分離精製することに成功したのは、一九三一年のことだった。その後一九三五年には、テストステロンと名づけられたこのホルモンの分子構造を、エルンスト・ラケールが解明した。彼はアムステルダムの製薬会社オルガノンから援助を受けていた。同じ一九三五年には、製薬会社シェーリング＝カールバウムから支援を受けていたドイツのアドルフ・ブーテナント［一九〇三〜九五］と、クロアチア出身のスイス人で、製薬会社チバから支援を受けていたレオポルド・ルジチカ［一八八七〜一九七六］のそれぞれが、コレステロールからテストステロンを合成する方法を開発したと、まったく同時に発表した。[*24] その功績によって、二人はどちらも一九三九年のノーベル化学賞を受賞したのである。

テストステロンは手に入った。では、それを何に利用するか。これが新たな問題となった。一九三〇年代の科学者の多くは、テストステロンを人体に用いても良いと言い切るには時期尚早だと考

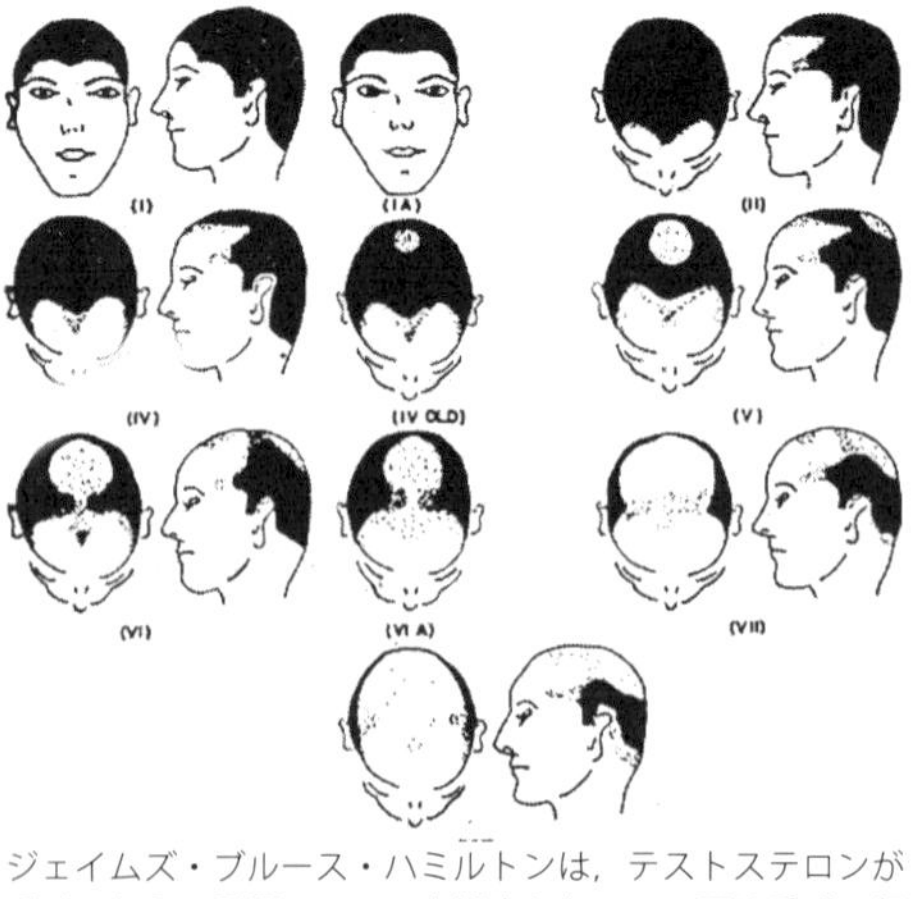

ジェイムズ・ブルース・ハミルトンは，テストステロンが禿げに与える影響についても観察した．この図は禿げの程度を示すハミルトンのスケッチ

えていた。それでも一九三七年には、アメリカの解剖学者ジェイムズ・ブルース・ハミルトン［一九一〇／一〜九一］が、発育不全の二七歳の男性に対してテストステロンを用いることによって、性的成熟を促すことができたと発表している。アメリカではすぐさま、テストステロンが循環器系の障害や神経質、インポテンツや性欲減退を含む性機能障害全般を治すという主張が聞かれるようになっていった。なかでも最も突拍子もない主張だったのは、細菌学者で物書きとしてもよく知られていたポール・デ・クライフ［一八九〇〜一九七一］のそれだった。彼は、セックスの面で精力旺盛であるのは脳の能力が高い証拠なのだが、ほとんどの学者達は、未だにセックスについて議論することに気後れを感じていると言った。そしてさらに、テストステロンを処方された患者は中年期の気鬱《メランコリー》を克服し、「以前よりも思考が前向きになったし、めめしくなくなりもした」と主張したのである。[*25]

テストステロンを丸薬や注射で投与することができるようになったので、性腺移植や精管結紮術のような評判の悪い手段に頼る必要はもはやなくなった。シュタイナッハ自身も、自分の名の付いた手術法を放棄し、合成ホルモンを採用することに決めた。彼はインポテンツの原因が心的な場合もあれば、身体的な場合もあることを心得ていたので、インポテンツの検査に尿を用いた。それによって、心的なインポテンツなのか、あるいはホルモンが不足しているために男性ホルモンの投与が必要なのかを判定したのである。ケネス・ウォーカーやハリー・ベンジャミンを始めとするその他の面々も、精管結紮術を止めてホルモン注射を開始した。彼らにとって理解しがたかったのは、いわゆる性ホルモンが、性とは無関係のはずの生理学的機能を果たす器官にも必要であることと、男性だけでなく女性も「男性ホルモン」を持っていることだった。しかもテストステロンは、男の更年期障害のうちの一部に対しては効果的であるように見えるのに、インポテンツには何の効果もないことが判明したのである。それどころか、テストステロンは無精子症（精子生産能力の衰弱）を発症させるし、前立腺癌を悪化させる場合もあった。しかしテストステロンという合成ホルモンが手に入った以上、ある歴史家が言う「薬が病を求める」状況が訪れたのである。[*26] 製薬会社は売るべき製剤を手にしている。今すべきことは、医師と患者に、それが必要だと思い込ませることだ、というわけである。

ホルモン療法は一九二〇年代から行なわれていた

テストステロンの正体が明らかにされるよりずっと前から、商業界は学界に先んじて性機能障害はホルモン療法によって治ると主張していた。「そのために最も広く用いられているのは内分泌腺とその分泌物で、一種類を単独で使う場合も、数種を組み合わせる場合もある。その効能は、現在、大いに吹聴されている。私自身も、日々の治療で用いているが、たいへん効果的だと思う。特に、筋肉注射または皮下注射で用いるのが良い」。一九二三年にこう記しているのは、先にも引いたアメリカの医師ウィリアム・J・ロビンソンである。そしてさらに、広告のおかげで世に最も広く知られているような化合物は「完全に無価値である」と言い切っている。当時は催淫剤がホルモンの名で売られていたのだ。ロシアでは「スペルモクリン」という製品の広告が新聞に掲載され、ドイツでは、同性愛者の権利擁護活動で名高い医師のマグヌス・ヒルシュフェルト［一八六八〜一九三五］が設立した性科学研究所の活動の大部分が、「テスティフォルタン」という名の薬品の医療従事者への売上によって支えられていた。テスティフォルタンはその後一九二九年に、「テトスの真珠」という名で一般にも発売された。前章でも言及した、一九二三年刊行のエルンスト・トラーの戯曲『独逸男ヒンケマン』では、街頭の呼び売りが売っているのはカンタリスやダミアナ成分を謳う薬だが、一九三一年のアルフレート・デーブリーン［一八七八〜一九五七］による『ベルリン・アレクサンダー広場』では、主人公が出くわすのはテスティフォルタンの宣伝文句である。*27

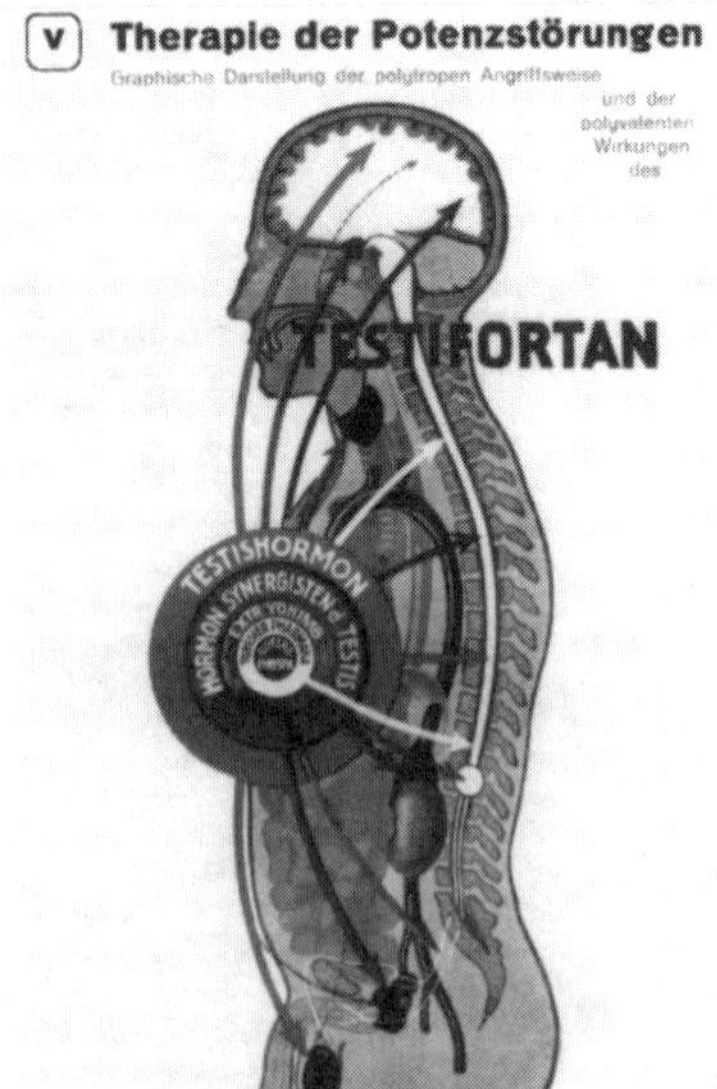

テスティフォルタンの広告の図（マグヌス・ヒルシュフェルト協会）．ヒルシュフェルトのベルリン性科学研究所は「テスティフォルタン」と名づけたホルモン製剤を，1927 年から医師に向けて発売，1929 年には「テトスの真珠」と名を変えて，ドイツ国内のみならず国外でも一般向け販売を開始した

イギリスでは一九二〇年代に、G・W・カーニック社が月経障害・更年期障害のための「ホルモトーン」、「機能的原因による精力減退や性的神経衰弱」のための「ヴィリリジェン」、性的神経衰弱および前立腺肥大のための睾丸・前立腺混合製剤などの広告を出している。またハロワー・ラボラトリー社は、「無性欲《アセクシュアリズム》」と生殖腺機能低下症のための「性腺配合薬《ゴウナード・コンパウンド》」を開発した。その成分は、副腎、甲状腺、下垂体からの抽出物に加え、ライディッヒ細胞由来の「スペルミン」であった。この会社は、この種の薬を悪用しようとする放蕩者がいることは嘆かわしいと言っている。「濫用が原因で精力を使い尽くしてしまったという類の、精力回復に手を貸してやるには値しないような老人や放蕩者といった輩であっても、臓器療法はやはり同じようによく効いてしまうから、悪用する者が大勢《おおぜい》いる。これはおそらく不幸なことと言うべきであろう」。もっとはっきりした表現を用いているのは、イギリス南東部ミドルセックスの腺研究ラボラトリー社である。それによれば、勃起力低下と神経衰弱に効く標準容量および高容量丸薬を購入した男性と、冷感症、「性休眠」、あるいは「オーガズムに達することができない」という理由で同社の製品を購入した女性は、あわせて六万四〇〇〇人に上るという。薬剤師向けの同社の広告パンフレットには、「ミドルセックス・セックス・ホルモン」シリーズの製品が掲載されている。例えば、「中高年の精力喪失」に効く「エメルジェマル・タブレット」、早漏に効く「プレジャクリン」、子供のできない人向けの「不妊症腺タブレット」などである。また同社の陳列棚用カードは、「生命の火に燃料を補給します」と謳い、「若さを甦らせたいと思いませんか?」と問いかける。一九三〇年代後半にテストステロンの合成が成功すると、宦官症、生殖腺機能低下症、インポテンツ、前立腺肥大などの症状にそれを用いるべきであると、業者は主張するようになる。[*28]

病院と産院のネットワークは既に確立していて、女性の生殖器の検査も定期的に行なわれていたことから、医者にとっては男性にホルモンを処方するよりも女性に処方する方がずっと容易だった。ある歴史家が記しているように、一九二〇年代までには「ホルモン療法の対象となりそうな多岐にわたる病気を抱えた患者を安定的に供給する制度的後ろ盾として、婦人科診療所が機能するようになっていた」。一九三〇年代には、エストロゲンの出現によって、内分泌学と婦人科学は「合併したも同然だった」。思春期開始の遅れや月経不順、そして閉経を原因とする「不快感」にもホルモンが処方されるようになった。一方、男性のセクシュアリティに対してエンドクリンがどのように作用するか研究することは、女性より遙かに難しいと医師達は不満を持っていた。医師が診なければならないような睾丸の異常というのは、それほど頻繁にあるわけではないから、臨床観察の機会は稀だった。人間男性を実験台にすることも通常は不可能だったので、研究者は手当たり次第の症例から結論を導くことがしばしばだった。良心的な研究者は、とにかくすべての腺が相互作用している以上、一つを取り上げてその効果を特定することなど極めて困難であると認めていた。その上性的な問題となれば、心が果たしている役割をどう考えるかが、さらに事態を複雑化させた。男性の性機能障害治療にホルモンがどれほど功を奏しているか評価しようとする医師にとって、最後に頼りになるのは付随的特徴か、例えば異性に関心があるかどうかといった社会的指標、あるいは「よくなったような気がする」というような患者本人の主観的な発言しかなかった。[*29] そのような評価を発表しても、多くの人の心には残らなかった。テストステロンについては、ほとんど何も解明されていなかった。副作用は心配だったし、気軽には使えないほど高価だった。しかしホルモンを処方される男性がほとんどいなかった第一の理由は単純で、女性に比べると男性は医者に診てもらう頻度が遙かに低かったということなのだ。

医学関連の学者や業者は、性的な回春をもたらすと謳う様々な注射や丸薬、外科的処置を褒めそやした。それを見た男性のなかには、不安を感じた者もいただろうし、また煽られて、自らの男らしさを証明してみせようとする者もいただろう。だが消費者は、学者や業者から心ならずもただ考えを押し付けられていた、というわけではない。そうした製品に対する需要が加速したのは、文化の潮流の変化によるところもあったのだ。前章で見たように、二〇世紀初頭の結婚とセックスの手引きの書き手達は、恋人や配偶者としての男性の役割を重く見て、父親としてのそれを軽視していた。回春推進者達も同じように、セックスの、生殖という側面よりも娯楽の側面をはっきりと重視している。シュタイナッハの関心も、患者に子供ができるかどうかということよりも、患者がセックスをできるかどうか、という点にあった。[*30] 実際、精管結紮術を受ける際に、左右両方の精管を対象にすることがあった。これはつまり、生殖を犠牲にしてでも、より大きな性交能力を手に入れようとしたのである。このような交換条件が当然視されていたことからはっきりとわかることは、二〇世紀の西洋文化において、男性の優先事項の変化がどれほど広く受け容れられるようになってきたか、ということである。したがってホルモンは、男らしさとインポテンツの両方の位置づけが再構成された原因でもあり結果でもあると言うことができる。人が男性と見なされるための条件は、かつてはペニスを所有していること、精液を産出すること、子供をつくることだった。それが今や、正常なホルモンを有していること、となったのだ。

老いとの闘いが火ぶたを切る

回春の熱狂的流行の理由を説明するもののほとんどが、二〇世紀になって起こった老化への攻撃に由来するとしている。ある医師が記した印象深い言い方を借りるなら、男達は誰の腹も同じではないということには喜んで賛成するくせに、性交能力は誰もが同じだと信じていた。「ある男性の性交に対する自然な限度が月に一度だけだったとしたら、それを一晩に三回にしようといくら頑張っても無理というものである」と、この医師は言っている。現代世界では、性交能力が男性の幸福を測る主要な指標の一つとなったのである。「正常」でありたい（実は理想に近づきたい）というこの欲望は、人体にどんどん介入していくことを正当化した。一九二〇年代の男性達に向かって、メディアは頻《しき》りに、日に焼けた運動選手のような若者に代表される新しい男らしさを提唱した。今や男性は、女性と同じようにセッ

1930 年代に数々のターザン映画に主演したジョニー・ワイズミュラー（1904-84）は，水泳選手出身の逞しい身体で一世を風靡した

クス・アピールが必要とされるようになったのだ。[*31] だが同時に、女性にとって性生活が重要であるのと同じように、男性にとっては仕事が重要であるという考え方がなくなったわけではなかった。第一次世界大戦後の社会的政治的破綻状況を考慮に入れるなら、新たな回春手段を求める男性が出て来たことは驚くに値しない。そういう人達は、現代的な女性に後れを取ってはならない、また仕事上のライバルである年下男性からの挑戦を受けて立たなければならない、という圧力《プレッシャー》に苛まれていたのである。

もちろん性的な力をアピールすることが必要だと、誰もが認めたわけではない。むしろほとんどの男性が、依然として老いを潔く受け容れたことであろう。そういう人達は、年を取ったのだから性交能力が低下することもあり得ると考え、逆に性交能力の低下が老化を引き起こすという新手の考え方は受けつけなかった。医師達も伝統的に、長生きをするための最善の方法は何事につけ控えめにすることであるという金言を繰り返してきた。第4章で引用したフーフェラントは、『長命術』（一七九七）のなかで「ある程度まで豊かな生殖力があると、長寿のためにたいへん有益である」と記していた。しかし過剰なセックスやマスターベーションは、肉体を涸渇させるのでいけない、と。フーフェラントの言うような、老人は限られたエネルギーをセックスよりも生きることに使うべきだという主張が、一部の人にとってはまだ有効だった。ノーマン・ヘアが次のように報告している。「多くの老人男性が、人生において時に悩みの種となっていたことから解放されて喜んでいる。また、もはや肉欲に惑わされずに済む年齢に達したことも喜んでいる。しかし彼らも、身体と精神の能力を失うことについては肯《がえ》んじない」と。[*32]

勃起しなくなっても、なお性的に発散することを求めてやまない男性患者について、悪しざまに言う医師もなかにはいた。「老人によくあることなのだが、性行為を遂行する能力が失われているのに、医者のところにやって来て治療してくれと言って聞かない患者がいる。彼らがなぜそのように固執するのかと言うと、前立腺マッサージを受けているときに性的な快感を感じたからなのだ。とりわけ長時間にわたるマッサージによって、前立腺から分泌液が出てくる経験をした患者にそういう人が多い。そうした老人患者の多くは、前立腺マッサージという処置によってしか、性的快楽を得ることができないのである」。このことに同情的な医師は、五日に一度、やさしくマッサージして前立腺の鬱血を取り除く処置を受けると良いと言う。しかしそうでない医師は、老人の性欲を唾棄すべきものと見なす。「感覚過敏の患者にとって精嚢マッサージは、ほとんど性行為そのものであるので、身体に良い面だけでなく、同じぐらい身体に悪い面もあるのではないかと危惧される」[*33]。

老化は「自然」現象だろうか。ノーベル生理医学賞を受賞したロシア出身のイリヤ・メチニコフ〔一八四五〜一九一六〕は、一九〇三年に「老年学《ジェロントロジー》」なる言葉を作りだして、老化は医学的に策を講じるべき問題であるという考え方を発表した。多くの男性が必要以上に早く老いると主張していたシュタイナッハやヴォロノフも、同じこの考え方を体現していることは間違いない。一九二〇年代には、女性の閉経になぞらえて男性にも「更年期」があると語る医師が増えていく。男性の更年期は、女性に比べると症状がより広汎にわたり、時期はより遅いとされた。多くの医師が、男性の場合は五十代であるとした。しかし男性更年期はいつでも始まり得ると書いている者もいる。それによれば、思春期が早く始まった者は更年期も早く訪れる。性的不節制も、老化を早める、という。また彼は、五〇を過ぎた男性に過った期待を持たせるべきではない、ほとんどが回春できない、と警告している。ところが彼は、もしもその種の男性のインポテンツに対する治療法が発見されれば、家庭生活は改善され、夫婦の絆も堅固になるだろうというところに議論を進めていく。「また、完全な精神病や自殺にさえ至るケースが多々ある性的神経衰弱の症例数も、現在は増える一方だが、インポテンツの治療法が発見されれば減るだろう。〔……〕そのような患者に『気にしないことです』などといった忠告を与えるだけで追い返したりしてはならない。ましていわゆる媚薬などは何の効果もない。またひょっとすると尿道内にゾンデを挿入したり、冷水による直腸洗浄をすることもあるかもしれないが、それも役に立たない」。勃起力が低下するのは、仕事の上では頂点に達している頃であることが多い。そんな時期にまだ性欲が強くて、若い女性に関心を示す男性がいたら、それは性対象倒錯の徴《しるし》かもしれない、とマラニョンは警告している。なぜなら若者は中性的だから、若い女性に求めているのが実は男性的な面かもしれないからだそうだ。また老人男性で、感情の起伏が激しくなり、こらえ性がなくなり、がんこになった者は、老人女性のような好ましからざる特徴が出て来たのかもしれない、という。*34

加齢のプロセスを研究する者達は、性的な活力を維持することによって老化を遅らせることができるのではないか、という考え方に当然関心を持った。アメリカ心理学の草分けG・スタンリー・ホール［一八四四〜一九二四］は、青年期に関する研究を著わしたあと、今度は加齢現象に関する研究を著わした。そのなかで彼は、回春理論を手短に概観している。「性腺は恋心を刺激するだけではない。生命に不可欠なある種の液体を血流に注ぎ込むことによって、脳と筋肉に関わる様々なエネルギーのすべてを刺激するのである。そして生命力、幸福感、充実感をもたらすのである。それらは、その源泉が年齢と共に涸れ始めるとやがて消え失せるのである」*35。前章で引用した産婦人科医のル・モン・クラークは、シュタイナッハやフロイトのような時代の先頭を走る思想家達は、男性の人生においてセックスが中心的な位置を占めるということで皆一致していると書いた上で、死を遅らせる唯一の希望は腺にしかないと結論づけている。

文学に見る加齢への不安

マン、フィッツジェラルド、ヘミングウェイらの作品に見られるような「中年期の衰え小説」が、一九二〇年代、三〇年代に登場したのは、文化全体が男性の加齢という問題に心を奪われていたことを表わす一つの徴候であった。性腺移植や回春を正面から扱った作家もなかにはいた。その多くは、若い女の尻を追いかけ回すために回春治療を

旧約聖書の『ダニエル書』の「補遺」に含まれるスザンナの物語は，古来，老年の情欲を表わす題材として，数多くの芸術作品に表現されてきた．人妻スザンナが庭で水浴しているところを覗き見た2人の長老が，自分達と関係を持たなければ，あらぬ罪で逮捕するぞと迫る．それでも拒むスザンナは，実際に逮捕され処刑の危機に瀕するが，1人の青年が長老2人の不正を暴くことによって，危ういところを救われる，という筋書き．この図はナスレディン・ディネ（1861-1929）による1911年頃の作品

求める老人を描いてみせるというような、「新しいワインを古い革袋に入れる式」の安易なものとは一線を画していた。例えばアメリカの作家ジャック・ロンドン〔一八七六～一九一六〕は、ブラウン＝セカール事件に着想を得て、『ラスボーン少佐の回春』（一八九九）という短篇を書いた。そこでは一人の老人が、若返り薬《ユース・セラム》を飲んで好色漢に変身する。その振る舞いがあまりにも不穏当なので、ある学者が解毒剤として「去勢薬」が必要だと言い出す。ドイツやフランスでも、回春をテーマにした小説はいくつかあった。またドイツでは、多くの地方で催される薔薇の月曜日《ローゼンモンターク》◆のカーニヴァル・パレードで、「年寄り妻の粉挽き小屋」の物語を演じるのが伝統だった。この物語の場合は、石臼に挽かれて若返るのは妻の方であるが、二〇世紀の小説では、回春の必要があるのは夫の方だった。[*36]

最も愉快な回春譚を物したのは、おそらく先にも引用したイタリアの小説家イタロ・ズヴェーヴォ（ユダヤ人で、本名はエットーレ・シュミッツ）ということになろう。その『老人の告白』では、語り手が自身のことを「女のことはすっかり諦めた老いぼれ」と言っている。また『再生』（一九二七～八）では、手術を受け

「年寄り妻の粉挽き小屋」の物語を描いた絵（ヨハン・ペテル・マルクァルド，1803）

◆**薔薇の月曜日**　一般的にカトリックでは、復活祭の四六日前の灰の水曜日（二月四日から三月一〇日の間で変動する）から約四〇日間を四旬節と定め、この間、肉食を控え節制を励行する。この四旬節に先立つ三～七日間に催されるのが謝肉祭（「肉よさらば」の意味のラテン語を語源とするカーニヴァル）である。ここで挙げられているのは、カーニヴァルのクライマックスが最終日の前日すなわち月曜日である例だが、多くは最終日の火曜日である。この火曜日が、フランス語の「太った火曜日（マルディ・グラ）」、ドイツ語の「肉断ちの夜（ファストナハト）」である。

て自分は若返ったと信じている男が、それでも甥に、自分が欲望を覚える女性は「私が若かった頃に若かった」女性だけなんだと打ち明ける。女中が彼に、手術の成果を試そうとして私を誘惑しようとしたことがあったでしょうと言うと、それを思い出した彼はこう言う。「気高く、かつ健康をもたらすあの営みに協力してくれるのなら、おまえはきっと報われると私は誓うよ。その報いを、おまえはまず私から受け取るさ。その後天国で、また受け取るよ。どんな宗教だって言っているはずだよ。老人を敬い、助け、守ってやりなさいって。私だって老人だよ。若者になったとは言ってもね」。ズヴェーヴォは、回春が――もしもそれが可能なら、であるが――中高年を解放するのか、それともかえって重荷を増やすだけなのか、という厄介な疑問を提起しているのだ。同じことは、イギリスのオルダス・ハクスリー〔一八九四〜一九六三〕の『すばらしい新世界』の登場人物も言っている。「さて、これが進歩というものだ。今の高齢者はばりばり働き、セックスをし、暇を持てあまさず、快楽を求めて休むことなく、ぼんやり考えごとをしたりしない」。しかしアメリカの小説家ガートルード・アサトン〔一八五七〜一九四八〕は、自身が「精神的不妊症」のためのX線治療をハリー・ベンジャミンから受けた経験があって、回春処置は効き目があると信じていた。ベストセラーとなってすぐに映画化もされた小説『黒い牡牛』(一九二三)で彼女は、見た目は三〇歳(実際は五八歳)で眩いばかりに美しい女性を登場させている。この女性は若い男達を誘惑し、オーストリアの政治に革命をもたらす。イギリスのメアリー・シャーリーブ〔一八四五〜一九三〇〕のように保守的な医師は、この女性の「性生活をいつまでも続

自身「精神的不妊症」の治療経験があったガートルード・アサトン（右）と，映画化された『黒い牡牛』

けたい、子供を生みたいという、半ば狂気のような欲望」を攻撃して、次のように言っている。「五〇歳を過ぎてもなお、まるで新妻のように性的な悦びに夢中になっている女性を見ると、本当に憐れだと思う」[*37]。

回春推進者達が、当時の文化が抱える加齢への不安を反映していたことは確かだが、それ以上に彼らは、二〇世紀初頭の西洋全体が取り憑かれていた人種改善という主題の刻印をはっきりと帯びていた。彼らは性交能力の復活について語ったが、それはすべての男性に向けてではなかった。性交能力以外の点では「適者」である男性に向かって語ったのである。そのとき彼らが谺《こだま》のように反響させているのは、生殖活動というものは単に自然のままに任せておけば良いほど軽い問題ではないという、当時広く信じられていた優生学的な考え方である。そうした考え方が、最終的にナチスによって極端な論理的帰結へと導かれることになったのである。インポテンツを治療する試みは、社会的劣等者を絶滅させようとするキャンペーンと何の関係もないと世間では見られていたかもしれないが、この二つの事業には、共通する強迫観念が取り憑いていた。

性ホルモンの発見もジェンダー関係を変革することはなかった

ハリー・ベンジャミンは、「反動達」がホルモン研究の進歩を妨げていると主張した。パウル・カンメラーは読者に向かって、「過去の奴隷になりたいか、それとも未来の指導者になりたいか」と問うた。性研究者は自らを過激だと見なす傾向があった。彼らは回春をセックスから切り離して考える必要があると、時々言ってはいたのだが、他の者が恥ずかしくてできないと思うような生殖過程の調査も自分達には可能だ、そのような羞恥心からは自分達は解放されている、という強い自意識を持っていたのである。しかし実際は、彼らのセックスおよびジェンダーに関する見解が革命的であったことは一度もなかった。多くは精液の節約《エコノミー》という一九世紀の考え方を守り続けていた。ブラウン＝セカールは、マスターベーションと性的不節制がインポテンツを招くと断言していたし、ヴォロノフも、性的不能の原因として、性的不節制、長期にわたる禁欲、暖かな気候に長年住み続けることを挙げていた。精管切除術や精管結紮術によってエネルギーを保持することができるという考え方には、生命に不可欠な液体を失えば男性は涸渇してしまうという古くからある恐怖心が、再び顔をのぞかせているのである。禁欲そのものが、シュタイナッハ手術と同等の効果があると見なされることすらあった。その理由は、性腺が使われなくなると、その内部にある生殖組織が萎縮すると言われていたからである。*38

ホルモン研究によって、男女両性の境界がいかに流動的であるかが明らかになったことから、男性／女性ははっきりと異なるのだという考え方が揺らいだ面もあった。しかし回春推進者達は、伝統的なジェンダー関係を崩すどころか、これを護持するという明確な意志を持っていた。女達が攻撃的になってきたために、相手の男達が去勢されるのだと警告される場合もあった。リズトンの報告は最もセンセーショナルである。それによれば、これまでペニスを切断された男性患者を何人も診てきたという。「嫉妬深い女性によってペニスを切り取られる例は、一般に思われているよりもずっと多い」。しかも彼は、その証拠として写真まで掲げている。傲慢な妻は、夫のホルモンに欠陥があれば、すぐに君臨しようとするものだというような言い方は、どんな医師にもよく見られた。グレゴリオ・マラニョンは、セックスに臆病で、しばしば不妊症を患っていて、妻の尻に敷かれているような夫が、傲慢な妻に圧倒されている、というのが典型的な筋書きだと述べている。そうしたサフラジスト・タイプの女性というのは、自然の法則にも逆らおうとするものだという。それどころかマラニョンは、もしもそういう女性が激しいオーガズムを示すようなら、それは肥大化したクリトリスを持っているからに違いなく、つまりその女性はむしろ男に近いのだ、とまで主張する。ケネス・ウォーカーも、「解放された」女性は、しばしばその夫のインポテンツの原因になっていると考えていた。ウォーカーの主張

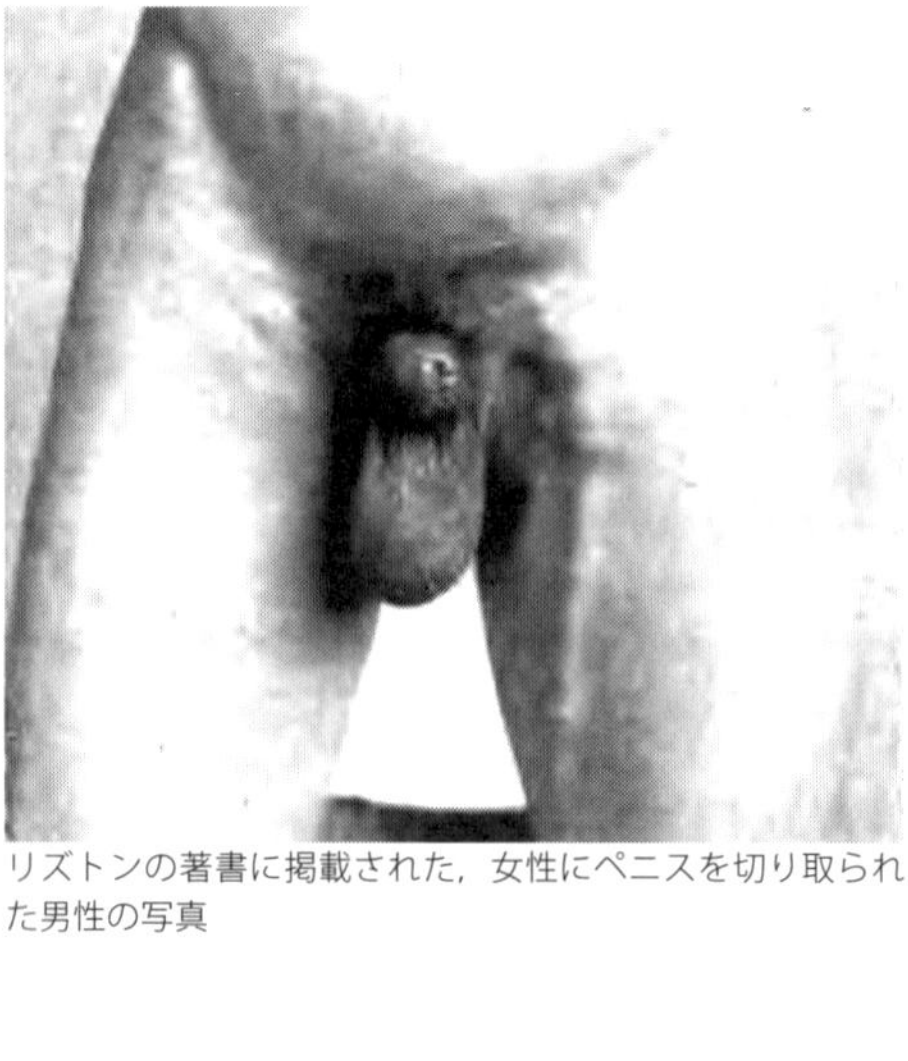

リズトンの著書に掲載された，女性にペニスを切り取られた男性の写真

によれば、「男性はやはりこれからも、支配する側にいなければいけない。もしも家庭内で第二位の地位に陥るなら、愛の分野でも成功することは覚束ない」。そしてウォーカーは、かつて診たことのある一人の女丈夫のことを持ち出す。その女性は、「続けざまに二人の男性をインポテンツに追いやったのだ。二人とは結婚したのだが、どちらも終いには結婚無効訴訟を起こして彼女の手から逃れていったのである」[*39]。

医師が自ら期待するジェンダー関係を診療室に持ち込んだとすれば、研究者も同じように実験室にそれを持ち込んだ。例えばシュタイナッハが雄らしさの徴としてラットに探し求めたのは情熱と攻撃性だったし、雌らしさの徴は媚態だった。彼にとって性別は、行動や性質に反映されるのが当然であった。雄は強く、雌はおとなしいのが当たり前だった。研究者が人間をその対象とした場合にも、彼らは同じように、男性の第二次性徴すなわち声や髭、筋肉、自己主張などに性交能力の指標を見出した。シュタイナッハは男性ホルモンと女性ホルモンが完全に拮抗するものと決めてかかっていた。それで彼も、彼の弟子達も、ジェンダーが曖昧であることはどんな場合も病気の徴候であると考えたのである。治療は、両性間の境界を改めて確立するために施されるものだった。したがってホルモンは、両性の性別役割を巡る論争《ジェンダー・ポリティクス》に属する問題となった。シュタイナッハ手術の目的は、男女それぞれに、文化的に相応しい美徳を取り戻させることにあるとされた。女性には美しい外見を、男性には性交能力と強さを、というわけである。ヴォロノフも同様だが、その移植術の目標はもっと壮大で、「『正常な』家族の絆、社会的関係、性別役割《ジェンダー・ロール》を強化すること」だという。だからこそ研究者達は、老人男性の性交活力を復活させられることを大いに誇る一方で、老人女性の回春にはほとんど何の熱意も見せなかったのである[*40]。つまり二〇世紀の医学者は、女性は男性ほど性的な活力がないのが普通で、一たび出産を経験したなら、セックスに積極的である必要性は男性に比べて遙かに小さいという、一九世紀の考え方に改めて息を吹き込んだのである。

積極的優生思想としての回春治療

ホルモンは、個々の男性の性交能力を修復するだけでなく、間接的に国家の力も再建するのだと主張する者もいた。私的なものと公的なものを関係づけて、インポテンツの危険な点は、「人類の繁殖を妨げること」にあると指摘する医師もいた。回春研究への関心が初めて最高潮に達したのが一九二〇年代であったことは偶然ではない。第一次世界大戦とその後のスペイン風邪の大流行によって、厖大な数の人口減少があったことを考えてみれば、人口を再生させると約束する企てであれば、何であれ耳を傾けてもらえたことだろう。イタリアのファシストとドイツのナチス、ソ連の共産主義者は、同じ一〇年の間にそれぞれが皆、新しい人間、新しい社会を創造する意志を示したのだが、まさにその時期に、回春も大流行を見たのである。科学によって人間はもっと能力を高め、もっと精力を強め、もっと生産力を上げることができるという考えが、その時代に蔓延した。リズトンは「生理学上の有能さ」が「社会の有能さ」を生むと主張した。彼はそうやって、実はありふれた優生学的主張を表明していたのである。いわく、西洋世界の繁栄のためには、「不適者」の繁殖を抑制し、「適者」の繁殖を奨励しなければならない、と。[*41]

ドイツにおいて、敗北した民族と消耗した男性市民とが相似しているとされたのは不思議ではない。ペーター・シュミットは、その両者を立て直すために、回春治療をワクチン接種のように義務化すべきだとまで提唱した。但し優生学思想とホルモン研究の結びつきは、他にも至るところで見て取れた。アメリカでは動物学者フランク・R・リリー〔一八七〇～一九四七〕が、シカゴに人種生物学研究所を設立するという構想の概略を示した。イギリスでは生理学者のフランシス・マーシャル〔一八七八～一九四九〕が、「召使いがいるような階級」の生殖力が顕著に低下していることを嘆いてみせた。人口増加は自然に抑制されるというマルサスの信条は、間違いであったことが判明したのだという。「現代の経済学者が直面している問題は、人口全体を抑制することではなく、人口のなかでも産業において生産活動に従事できる部分の数が、将来世代にとって十分確保できるかどうか、だが同時に、無差別な繁殖は抑制できるかどうか、ということにある」。[*42] このような考え方に導かれて、オルダス・ハクスリーは、生物学的に異なる階級を生み出すために試験管を使って赤ん坊を製造するという未来の光景を、『すばらしい新世界』に描いてみせたのである。

回春推進者達によるインポテンツ治療の試みは、「積極的」優生学であると見なすと得るところが大きい。

彼らは自分達の努力が、適者すなわち白人のビジネスマンや専門職業に就く者に、精力と性交能力を回復してもらうことを目指していると主張して恥じなかった。例えばハリー・ベンジャミンは、世界中の「知識人、政治家、産業界の指導者で、現在老化の途上にある人達が、皆『シュタイナッハされること』」を望んでいた。ドイツのパウル・カンメラーは、シュタイナッハ手術が最終的には「超人への道」を開くと言いたげである。回春推進者達は、「消極的」優生政策すなわち「不適者」の繁殖を制限することにも支持を表明していた。彼らがその種の偏見に染まっていたことは、十分に明らかにされている。既に見たようにL・L・スタンリーは、サンクエンティン刑務所の囚人を実験台にしていたし、ペーター・シュミットは上海で中国人の囚人に手術を施していた。G・フランク・リズトンは、『南部黒人の性犯罪』（一八九三頃）や『ユダヤ人、あの恐るべき鬼』（一九二一）などの著作がある人種差別主義者で、処刑されたアフリカ系アメリカ人からスタンリーが睾丸を抜き出したことに、特別な関心を示していた。その理由は、「異人種間」移植の可能性を実証してくれるからなのだそうだ。*43

ホルモンによって、それまで矯正不可能だった者も改めさせることができるという考えに飛びついた優生学者達は、内分泌学の隆盛を歓迎した。「内分泌作用は、人間の性質を支配している。ということは、内分泌作用を制御することができれば、人間の性質を支配することができる、ということである」。アメリカの生物学者チャールズ・ダヴェンポート〔一八六六～一九四四〕は、第二回国際優生学会の席上で、犯罪者は腺の欠陥を遺伝的に受け継いでいる、したがって彼らは憎むべき存在ではなく、治療すべき存在なのである、と主張した。一九二〇年代の『ニューヨーク・タイムズ』は、この種の宣伝で溢れている。一九二一年、ペンシルヴェニア州医師会が受けた報告によれば、ずる休み、嘘つき、犯罪者のような傾向は、すべて食事と甲状腺の病気に由来するという。シカゴの「低能児」学級の生徒は、ヒツジの腺を給食で与えられていると新聞は報道している。教育委員会所属の医師は、それによって「『低能児』の頭に新しい脳ができること」を期待しているとのことだ。その翌年には、同じ実験が刑務所の囚人を対象に実施された。イギリスのミステリー作家ドロシー・L・セイヤーズ〔一八九三～一九五七〕は、ある作品で腺療法を題材に取り上げてこれを茶化している。その登場人物の一人は、若い犯罪者への対処法として、それまでの非科学的なやり方はことごとく失敗だったという意見を述べるときに、新しい腺療法を引き合いに出して次のように言う。「やれ鞭打ちだ、やれパンと水だけの食事だ、やれ聖体拝領だってやってきたのに、それが実は、いい子にするには、ウサギの腺だかが少し必要なだけだったなんて」。「腺のおかげで誰もが良くなる」時代が来たことになっているのだ。*44

回春研究者の目標と、優生学の理論家の目標が似ていたとするなら、それぞれの方法論もまた似ていた。シュタイナッハの精管結紮術は、適者の性交能力を増進することを目的としていたわけだが、皮肉なことに同じ外科手術が、それ以前は不適者の生殖力を制限するために使われていた。違いはシュタイナッハが施術の対象としたのは、通常片方の精管に限ったことであり、それによって「適者」の生殖力は温存されていたのである。シカゴの外科医アルバート・ジョン・オックスナー〔一八五八〜一九二五〕は一八九九年に、精管結紮術は患者の萎えた性的活力を甦らせると述べているが、その話の主眼は、犯罪常習者や倒錯者、生活保護受給者が子供をつくることを妨げるために断種すべきであるという点にあった。この優生学的提案を実行に移したのがドクター・シャープなる人物で、彼はインディアナ州の矯正施設で四二人前後の受刑者に対して精管結紮術を施した。シャープは精管切除術は子供ができなくするだけでなく、健康増進にも役立つと断言してもいる。この方法による断種を提唱した者達は、去勢とは違って患者の性交能力を奪うわけではないので、これは懲罰ではないということを強調した。両大戦間期のアメリカで最も声高に断種支持の論陣を張った結婚カウンセラーのポー

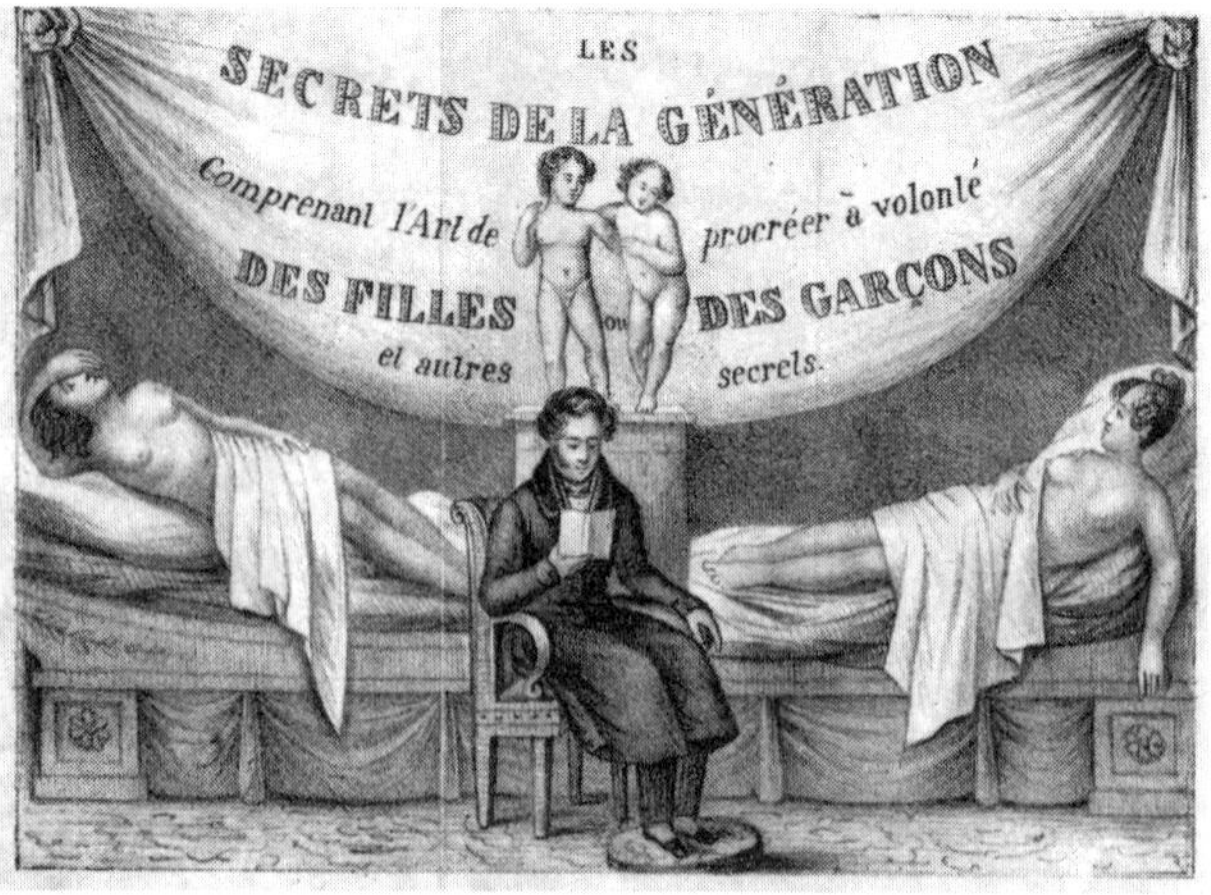

フランスの医師モレル・ド・リュバンプレの著書『生殖の秘密――女の子，男の子を好みのままに生み分ける術』（1840）の扉絵．体位や性交時の夫婦の快楽の強度が生まれてくる子供の性を決定すると説く．これは20世紀優生思想のある種の先駆けと見て取ることもできる

ル・ポピノー［一八八八〜一九七九］によれば、産児制限の目的で精管切除術を受けた「正常な」男性六五人に聞き取り調査をしたところ、そのうちの九人が、手術前よりも性交能力が高まったように感じていると言ったという。*45

優生学者が断種を支持するのは、各種施設収容者の健康や性生活を改善することを意図していたわけではもちろんなかったことは明白である。そのような者達が子供をつくること、それによって国家の重荷が増えることを妨げるのが優生学者の目的だった。イギリスでこの計画を最も過激に支持したのは、リヴァプールの医師ロバート・リード・レントゥール［?〜一九二五］だった。彼は一九〇三年に、イギリスの施設収容者一〇万人、浮浪者《トランプ》五万人、売春婦六万人に断種を施すことを提案した。後の二つのグループについてレントゥールは、自らそのような職業を選んでいること自体に、彼らの「精神薄弱」が見て取れると主張した。アメリカで、結核患者、精神異常者、癲癇患者、犯罪者、痴愚者、倒錯者に断種が必要だとまで訴えたのは、あまたいる医師のなかでもリズトンただ一人だった。*46 社会からの逸脱者は実は生物学的な問題を抱えているのであり、それに対処するには医師をもってするのが最善であるという主張は、世間の最も進歩的な層にも喜んで迎えられた。ナチス・ドイツがキャンペーンを展開し始めるよりずっと前、一九三〇年代半ばまでに、アメリカの三〇の州、カナダの二州、スカンジナヴィア諸国で強制的断種政策が策定されている。

優生学の推進者達は、去勢ないし断種の潜在的対象者のなかに、うまうまと「倒錯者」をすべり込ませることがよくあった。回春の技法に関心を抱く医学者の多くが、性腺移植やホルモン注射は、「倒錯」患者を罰するのではなく治療する方法になると考えていた。次の五行戯歌は、そんなことを背景につくられたのであろう。

ああウィーンよ、フロイトの砦よ！
彼の地の外科医は大忙しだ

柔らかな手の少年らには
腺を与え
握り拳の少女らは、玉無しに[*47]

回春で同性愛も治る

同性愛者がその数を急激に増やしてきているという信念に突き動かされたリズトンは、同性愛の治療法として睾丸移植を推奨した。「精神あるいは肉体における性の発達および分化が低レベルであるか、または異常であること――すなわち性対象倒錯や倒錯的性行動――は、性腺移植の立派な適応症である」。コーナーズは一九二三年に、「先天性性対象倒錯者」の治療としては、移植を施した上で精神分析によって心理的コンプレックスを取り除くのが良いと提案している。ヴォロノフは、性対象倒錯を治療するために腺移植を施した七つの症例のうち、四例において成功を見たと主張している。シュタイナッハは、同性愛はホルモンに欠陥があることが原因だと主張した。泌尿器科医のロベルト・リヒテンシュテルンが、事故に遭った患者に睾丸を移植することに成功すると、シュタイナッハは彼に、同性愛者にも「健常男性」の睾丸を移植してやってくれと依頼する。同性愛者が健常でないことは、自明の理とされていたのだ。それどころかシュタイナッハは、自身の同性愛者の患者五人の睾丸に、卵巣で見つかる細胞によく似た細胞が発見されたと言い張っている。マラニョンはシュタイナッハのこの観察は間違っていると考えたが、それでも大筋においてシュタイナッハは正しいとも思っていた。マラニョンは二人の同性愛者にヴォロノフの治療を受けるよう勧めている。そのうちの一例で効果があったようだったが、結論としては、暗示が何らかの役割を果たしたものとした。[*48]

自身が同性愛者である医師の多くが、性的指向を「治療」してもらいたいと考える者にホルモン療法を施すことを、熱心に支持していたという事実は衝撃的である。例えばノーマン・ヘアは、正常な睾丸の移植によって同性愛者を治療することを一九一六年に試みたロベルト・リヒテンシュテルンを賞讃していた。

ヘアが述べるところによれば、この患者は手術後ほどなくして、男性の友人に財産のすべてを遺すと書いた遺言を破棄したそうである。さらにその後は第二次性徴も発達し、自身の看護婦に手を出して、しまいには結婚したという。*49

同性愛者の権利擁護の活動家として、ヨーロッパでは指導的地位にあったマグヌス・ヒルシュフェルトもまた、そうした実験を支持した。この立場は、本当の男性、本当の女性というものは観念としてしか存在しない、大多数の人が実際には、男性と女性の間を切れ目なく繋いでいる線上のどこかに位置するのだという、それ以前のヒルシュフェルトの主張といささか矛盾を来すように見える。なぜそのような立場を採ったかと言うと、同性愛者に敵対する者達によくある主張が、奴らは自ら進んで倒錯の道を選んでいるだけだ、という言い分だったからである。これに対するヒルシュフェルトの反論は、同性愛の原因は生理学的なものであり、それは悪徳でもなければ病気でもなく、「発達障害」であることが科学的に確立されているというものであった。彼は同性愛者の間質細胞が異性愛者のそれとは明瞭に異なると主張し、同性愛者の睾丸分泌物こそが、その「女性的な」タイプの脳を発達させる原因となっているのだ、という理論を作り上げた。彼がシュタイナッハの研究に関心を寄せたのも無理はない話である。だからヒルシュフェルトは、異性愛者のインポテンツ男性の性欲を高めるためには催眠療法を用いる一方で、両性愛や同性愛を克服したいとやって来た患者を大勢《おおぜい》リヒャルト・ミューザームを始めとする外科医のもとに送り込んだのである。失敗に終わった症例の一つについて彼は、患者の身体は「正常な」睾丸を受け容れたのだが、それが陰嚢内で、もともとの同性愛的睾丸と同居しなければならなかったことが原因であるとした。同性愛者は自らの性的指向を複数の選択肢のなかから選んで決めたわけではないと主張することは、同性愛を犯罪と規定している刑法の廃止を求めている者にとっては、戦略的に意味のあることであった。しかしヒルシュフェルトは、さらに進んで、同性愛者は正常男性とは肉体的に異なるのだと主張するに至ったのである。そこには、同性愛者はどこかしら病気なのであり、病気ということはつまり、治療することが可能だ、ということが含意されていた。ケネス・ウォーカーは一九三〇年に、もっと慎重な表現で次のように述べる。同性愛は「性腺ないし他の何らかの内分泌器官が、その分泌機能に混乱を来していることが原因である」と考える医師がいる、と。しかし「同性愛に対する外科治療が実際的な方法かどうかは、同性愛の原因だけでなく、組織移植全般についても、もっと多くのことが解明されない限り断定できない」という立場は崩していない。しかしスイスのパウル・ニーハンスは、それから数十年経った後もなお、「男女それぞれの同性愛傾向」を抑えるために「生体細胞療法」を施すことを止めていなかった。[*50]

実際には、両大戦間期に同性愛者に性腺が移植された例は僅かであったが、それだけでも、最も野蛮な方法で同性愛の根絶に乗り出したナチスにとっては先例となったのだった。この系譜を代表するのが、例えばデンマークの法医学教授クヌー・サン［一八八七〜一九六八］だった。彼もシュタイナッハと同じように、ホルモンが性的発達に影響することを示すために動物で実験することから始め、のちに睾丸移植によって同性愛を治療するという考え方を支持するに至る。一九二九年にデンマークにおいて、性犯罪者に対する去勢と「精神薄弱」者に対する断種を将来的に認める法律が通るに当たって、この人物は重要な役割を果たしている。第二次世界大戦中には、彼と同じデンマークの医師カール・ヴェルヌ［一八九三〜一九六五］が、SSに呼ばれ、ブーヘンヴァルト収容所で同性愛者に対する実験を行なっている。[*51]

おわりに

回春推進者をナチスの先駆者と見なすのは正当だろうか。パウル・カンメラーは一九二四年に、消極的優生学の一形態である「劣等者の断種」と釣り合いが取れるよう、今や「生産的優生学」である「人種衛生学的な」内分泌腺の利用を推進すべきであると、嬉しそうに宣言している。ヴォロノフが動物の器官を移植するという着想を得たのは、アメリカで血管と臓器移植について研究して一九一二年にノーベル生理・医学賞を受賞したフランス人アレクシス・カレル［一八七三〜一九四四］からだった。この人物は、『人間この未知なるもの』（一九三五）という著書のなかで、「生物学的貴族制度」が必要であると訴えた。「強者を絶やさないためには優生学が不可欠である。偉大な人種はその最良の性質を伝えていかなければならない[*52]」。アメリカのヤギ腺医ジョン・ブリンクリーは、自宅のプールを鉤十字で飾って反ユダヤ主義を誇示した。テストステロン研究で一九三九年にノーベル賞を受賞したアドルフ・ブーテナントは、戦争中もドイツにとどまり、真の科学は政治に毒されることなど決してないとうそぶいていたが、一九九〇年代になって、彼がアウシュヴィッツ収容者の血液試料を検査していたことが明らかにされた。しかしながら、回春推進者達のなかでも第一線級の面々は、むしろまさにナチスが罵倒の対象とするような種類の人間であった。彼らはまず性改革運動に携わっていた。ハリー・ベンジャミン、オイゲン・シュタイナッハ、ノーマン・ヘアは皆、ドイツの精神科医で現代性科学の創始者の一人アルベルト・モル［一八六二〜一九三九］が、一九二六年にベルリンで開催した国際性研究会議に出席している。またベンジャミンとヘアは、マグヌス・ヒルシュフェルトが組織した世界性改革連盟の大会にも出席している。ヘアとヒルシュフェルトは同性愛者であった。さらに、ヘア、ヒルシュフェルト、ベンジャミン、シュタイナッハは皆ユダヤ人である。シュタイナッハはオーストリアからスイスに逃れた。ヒルシュフェルトは、その性科学研究所をナチスによって破壊され、亡命先で一九三五年に亡くなった。優生学も回春理論も、どちらも極めて広範囲にわたる魅力に溢れていたので、あらゆる政治的立場を横断して支持者が集まってきた。ヒルシュフェルトのような性に関する過激思想の持ち主で、政治的には最左翼と言ってもよい人物が、同性愛者にホルモン治療を施すことで何らかの良い結果が得られるかもしれないと考えたのは、そうした考え方に、セックスにまつわるいかなる難問も医科学によって解決し得るはずだという、二〇世紀初頭に極めて多くの人から奉じられていた確固たる信念に訴えかける面があったからである。

他の点では健康な人のインポテンツを治療することと、「劣等者」の生殖を制限することとの間には共通点

ニューヨークのアレクシス・カレルを描いたカリカチュア．お盆の上の動物達は，互いに身体の一部を移植され，机上の本には『魔術』という題名が見える

などないように思われるかもしれないが、数十年にわたる両大戦間期に、この二つを同じ一つのコインの裏表と考える者があったのだ。回春、優生学、内分泌学のそれぞれがそれぞれなりに、肉体改善への二〇世紀的な欲望を表わす徴候であった。[*53] それぞれの支持者の皆が皆、人間の行動のすべてを画一的な基準で測ることができると考えていたわけではなかろうが、こと性行動に関してだけは、科学的に確立された正常の基準に照らして評価することができると、彼らは確信していた。戦後アルフレッド・キンゼーが着手したのが、まさにこうした確信を破壊することであった。キンゼーはそれを通じて、インポテンツの文化的な意味を改めて検討し直すことになるのである。

第９章

性の解放と「インポテンツ急増中」

キンゼーとマスターズ＆ジョンソン、
性革命、ピル、ウーマンリブ

性の実態調査とセックスセラピー

一九七二年一〇月号の『エスクァイア』誌の表紙は、全裸かと思わせる俳優バート・レイノルズの上半身を掲載し、その上に「インポテンツ急増中（あなたも、もう罹りましたか?）」という見出しを掲げている。自身の下半身を見るバート・レイノルズの眼差しは心配そうだ。ジャーナリストのフィリップ・ノビーレが執筆している本文中の記事では、インポテンツが著しく急増していると主張するニューヨークの精神科医ジョージ・L・ギンズバーグ［?～一九九二］らの大げさな言葉と、それに対して、数が増えているのは単に、その種の機能不全をはっきり申告するようになっただけだという、心理学者のアルバート・エリス［一九一三～二〇〇七］らの、人を安心させようとするタイプの説とが対置されている。記事全体の言わんとするところは要するに、最近になってインポテンツという問題が、作家や雑誌記者や映画制作者によって盛んに取りあげられるようになったのは、男性を不安に陥れるような変化が起きていることから説明がつく、ということである。今や男性は守勢に回っているのだ。ノビーレはその記事に、「新たなるインポテンツとはいかなるものか、そして誰がそれに罹っているのか」、という題を付けている。「古きインポテンツ」は、中年を過ぎてパートナーに飽き飽きしている疲れ果てた老人の罹るものだった。それに対して「新たなるインポテンツ」は、もっと若い人達が罹っている。性的に解放された女性達から突きつけられる要求を前に、怖じ気づく若者が増えているのだ、と。ノビーレはさらに、あるハーヴァードの学生の言葉を引用している。それによればデートで問題なのは、「彼女はその気があるだろうか、ないだろうか」ではもはやなく、「彼はできるかな、できないかな」なのだという。[*1]

『エスクァイア』1972年10月号表紙

ジャーナリストというものは誰でもそうだが、ノビーレもここで、もっぱら煽情的な書き方に徹している。しかし彼のこの記事は、実は第二次世界大戦後一九八〇年代までの数十年間に起きたジェンダー関係の変動と、その結果として生じたインポテンツの役割の変化を考えるに当たって、鍵となる論点に数多く触れているのである。不能男性について、この時期のメディアは戦争の犠牲者であるという言い方ももちろんしていたが、社会的な圧力の犠牲者である、特に消費社会の、また体制順応主義的な空気に満ちた一九五〇年代の社会の、さらに一九六〇年代から七〇年代にかけての性革命とフェミニズムが吹き荒れた社会の犠牲者であると見なした。この時期はまた、セックスを巡る実態調査の分野で卓越した業績を残したアルフレッド・キンゼーや、マスターズとジョンソンといった名が、誰でも知っていて誰もが口にする名前となった時期でもあった。彼らは性的な面から見た人体の新たなモデルを世に広く周知し、また男性の機能不全の治療法は、これまでの心理療法《サイコセラピー》から性療法《セックスセラピー》に移行すべきことを、それぞれ独自に提唱したのである。彼らを始めとする性の専門家達が、古いタブーや制約に押しつぶされている迷える者達を解放すると言って登場した。ありふれた性行動でありながら以前は精力の無駄づかいだとされていたものを、彼らは擁護したり正当化したりした。彼らの唱える説は、迷える者達に自信を取り戻させるはずだった。ところが彼らが後押しする「性革命」は、そもそもが緊張と矛盾を孕んだものだった。専門家達は、男性の性行動を細かなところまで検討することを自ら正当化する根拠として、その男性の「性交不安」があまりにも深刻であることを理由に挙げた。しかしながら、セックスセラピーという職業が出現し、考え得る限りで最もお節介なその療法に身を委ねようとする「患者」の数がどんどん増えていったという事実自体が意味しているのは、解放の時代と呼ばれるこの時代にあって、性の規範に合わせなければならないという圧力は、減るどころかますます増えていたということである。

　一九五〇年代のアメリカで、男性のセクシュアリティを巡る議論にも色濃く反映されていたのが、人間も国家も外からの攻撃に対して弱いという考え方だった。数々の映画と小説が、安全に対するその種の危機感を利用した。そこでは共産主義であろうが、同性愛であろうが、倒錯であれば何だって撃退する手段として、男らしさが持ち上げられたのである。政治家は政治家で、性的な仄めかしが見え透いたレトリックを用いて、例えば敵は「軟弱」だと言って非難し、自分は破壊分子に断固として立ち向かう「硬派」を気取った。また外の世界に潜んでいる共産主義その他様々な悪の勢力が、今にも我らが民主主義社会に「侵入して」きて壊滅的打撃を加えるかもしれないと、市民に対して警告を発した。国内に目を向ければ、繁栄の結果として田園は次々に郊外化して消え去り、仕事は事務労働が主体となり、文化は未熟な若者文化が主流になってしまったと、性の状況を悲観する論者が嘆いてみせる。出生率が低下し、離婚率が上昇しているのは、そうやって家族の価値が崩壊してしまった徴候であると指摘する。こうした問題について今度は新しい世代の性の専門家が、男も女も若者も、誰もがそれぞれのジェンダー、それぞれの年齢に相応しい役割を果たしてこなかったことにその原因があると追及する。戦時経済によって、膨大な数の女性達が「男の仕事」を担うことを求められたことも原因の一つである、と。すると一九五〇年代に登場した大勢《おおぜい》のセックスカウンセラーが、戦争によって蝕まれてしまった男らしさ、女らしさの概念、「伝統的な」ジェンダーの区分を誇張することで回復しようと躍起になる。[*2] ニューディールの福祉政策や軍隊の厳しい規律、気力を殺ぐような事務労働など、それらはすべて男性的な力強さを骨抜きにすると信じた彼らは、自分達の主張の正しさの証拠として、性に関する実態調査に期待することになる。

キンゼー・レポートが明らかにした男の性

アルフレッド・キンゼー［一八九四〜一九五六］は、一九四八年のベストセラーとなった『人間男性の性行動』で、アメリカ人男性の私的な行為を細大漏らさず公にした。通常のアメリカ人が実際に行なっている様々な種類の性行為を報告したのだが、彼の自慢は、数万件に上る聞き取り調査に依拠していることだった。キンゼーが男性達に性の「捌け口」について質問したところ、「正真正銘の異性間性交」は、生涯を通じてどの時期においても、マスターベーション、夢精、異性間ペッティングに次ぐ第四番目の地位に甘んじていることがわかった。マスターベーションはいつでもどこでも誰もがやっていて、精神科医は未だに認めようとしないけれども、害はないのだとキンゼーは指摘した。同性間の性行為も同様に害がない。聞き

アルフレッド・キンゼー（1955）

取り対象の男性の六〇%が、少年時代に経験したことがあると答えている。男というものは一たび性が目覚めたら、立ち止まることを知らない。キンゼーは、性的なエネルギーの貯えには限りがあるのだから無駄づかいしてはならない、「子種の節約」が必要だ、とする古くからある考え方に対抗して、性的に活発であることは健康の証だと宣言した。[*3]

キンゼーはインポテンツについてそれほど多くを語っていないけれども、彼の主張の中心には、節制はかえって実行力を弱める、つまり「使わなければ退化する」という考え方があって、その後キンゼーの成果を一般に広めていった人々が、この考え方を繰り返し取り上げることになる。やり過ぎを恐れることはない、というわけだ。「インポテンツの原因は性的不節制にあるという便利な説を採用しているものが、医学文献にすらいくつか見受けられるが、現在手に入り得る限りのデータに照らすなら、この説は間違っている」。[*4]それどころかキンゼーは、まったく正反対の主張をしてみせる。性的な面での寿命がいつまで続くか知りたければ、性的活動を開始した年齢を見るのが一番である、早く始めた者ほど、遅くまで持続するのだ、と。キンゼーは抑制を不健康なことと見なした。そして性的に無感覚である者のほとんどは、教養が足らないか、信心深過ぎるかのどちらかだろう、と考えた。

さらにキンゼーは、回春推進者の主張とは真っ向から対立するのだが、男性に突然更年期が訪れる証拠は何もないという結論を得る。男性における性的な活発さの度合いは、十代後半でピークを迎え、あとは死ぬまで少しずつ減退していく一方である。また男性における性交頻度も、二十代が頂点で、やはりその後は減る一方である。しかし五十代になって突然精力が衰えるというような経験をしている男性はほとんどいない。六十代で五%が性的に不活発になるだけである。それが七十代では三〇%になる。結論としてキンゼーは、実際には完全なインポテンツは極めて稀だとした。そうであればインポテンツを専門にする医師が、事の重大さを大げさに触れまわっただけ、ということになる。キンゼーの調査によれば、三五歳以下の男性では、勃起不能という意味でのインポテンツは一%を超えない。七〇歳で四分の一、七五歳以上で二分の一の割合だという。[*5]しかも高齢者のインポテンツであっても、その原因は生理学的なものよりも心理的なものであることが多いとしたのである。

一九五三年のキンゼー・レポート『人間女性における性行動』は、また別のセンセーションを起こした。八〇〇〇件近くの聞き取りに基づくこのレポートのなかで最も重要なのは、おそらくキンゼーが、女性の快楽にとってクリトリスが重要であることを再発見したことにあろう。そこから彼は、クリトリスへの刺激を擁護するところにまで導かれていく。このことは、女性は「膣で反応」できるよう訓練する必要があると主張していた精神分析家達と対立する考えであった。しかしながら夫婦間性交においては妻の欲望は二の次だと、キンゼーは考えた。彼が聞き取り調査した男性の四人中三人が、絶頂に達するまでにかかる時間は二分以内だと答えていることから、それほど早くても「異常だ」とは思われていないのだと、キンゼーは判断した。そしてチンパンジーが一〇秒から二〇秒しかかからないことを付記している。男性が早かろうが遅かろうが、多くの女性が性交では絶頂に達していない以上、男性が長持ちすることを期待する理由は何もないという。それどころかキンゼーは、早漏をインポテンツの一種と見なした医師達は間違っていたと考え、「性的な反応が素早く、強力であること以上に優れていることは他になかろう。そして射精の早い男性というのは、ほとんどの場合まさにそのケースだ。たとえ妻の立場から見て、それがいかに不十分で、不都合なものであっても、だ」と言うのである。キンゼーは結婚したカップルに対して、「夫婦間の性の一致」に努めるべきだと説く。そして性感とオーガズムにおいて、生理学的機構、心理、ホルモンがそれぞれ果たす役割について語るために数章を割いている。彼自身はセックスセラピーにさほど関心を持っていない。彼は人間が実際に行なっていることの目録を作成するという、自分の単純な方法論に誇りを持っていたから、人間の行ないを治すとか正すことを目指す精神分析家や結婚カウンセラーを歯牙にもかけなかったのである。[*6]

俗流フロイト主義の跋扈

キンゼー・レポートは、精力喪失への恐怖感をまだ和らげたはずである。しかしその直後の一〇年間は、男性のインポテンツが急増しているという暗い主張が毎年発表された。一九六〇年代のある調査によれば、五〇歳男性のインポテンツが七％であるのに対し、六五歳では二五％、七五歳では五五％にまで跳ね上がるという。七〇年代中盤には、インポテンツは男性の三人に一人が感染する「伝染病」だという言い方をされる。医師は新たな手立てをほとんど持ちあわせていなかった。ほとんどの症例が心理的原因によるもので、病気に関連するものは僅かしかないという考え方を、彼らはずっと持ち続けていた。六〇年代終盤に用いられていた治療法のなかには、局所療法として陰茎包皮切除、ロウズリー手術、尿道焼灼術、あるいは副木の使用、またホルモン療法としてテストステロン誘導体、甲状腺合成物、シュタイナッハ手術、化学療法としてヨヒンビン、ストリキニーネ、アポモルヒネ、アンフェタミンなどの製剤、そして最後に心理学的な方法として心理療法、カウンセリング、催眠、弛緩療法、行動療法などが未だに含まれていた。[*7]

理屈の上では選べる医療措置は多岐にわたったが、実際問題としては、そうした方法に通じている医師はほとんどいなかった。一九六〇年代以前には、医師は性に関わる問題についてほとんど何も公式の訓練を受けなかった。ほとんどの医師が、自分の患者と同程度の知識しか持っていなかった。ミネソタ州立大学の精神科部長ドナルド・W・ヘイスティングズが、一九六三年に、まだ医学部の学生だった一九三〇年代のことを回想して書いているのだが、避妊についてたった一時間講義を受けただけだったという。そして若きインターンとして売春地区の担当となったときには、自分の往診相手の患者の方が、医学部の学生よりもセックスについて遙かに多くのことを知っていて面食らった、と。その当時から三〇年間、ほとんど何も変わらなかった。一九六〇年代の泌尿器科医は、外科的な問題は扱っても、性欲の減退など一顧だにしなかった。それに医師の側がどうであれ、男性の圧倒的大多数は、セックスに関する助言を受けるために病院を訪れることなど思いもよらなかったのである。性的機能不全に陥ったか自分自身で診断して、精力増強を謳うインチキ医者の薬を買い求めるのが通常だった。一九五〇年代終盤に売られていたインチキ薬には、例えば「人間男性のための雄ジカのタマ」だとか、ロイヤルゼリーの「パッシオナーラ」、精力を増強する作用があるというカリブ海地方原産の草ペガ・パロなどがあった。[*8]

一般的な医師は、インポテンツを巡る議論を精神分析家と結婚カウンセラーにすっかり任せっきりだった。その説を世に浸透させたのが、俗流フロイト主義だった。キンゼーは精神分析を、罪責感を植え付ける新種の手段としか思っていなかったが、一九五〇年代と言えば、精神分析の大衆的人気が頂点を極める時期である。当時の職業的精神分析家の第一人者としては、オーストリア生まれのユダヤ人で、ナチスから逃れてニューヨークに移住したエトムント・ベルグラー〔一八九九〜一九六二〕や、やはりオーストリア領ポーランド生まれのユダヤ人で、アメリカに逃れたヘレーネ・ドイチュ〔一八八四〜一九八二〕などの名前を挙げることができるが、彼らはインポテンツの原因を、去勢不安、同性愛傾向、母親への固着、精神的幼稚症に求めた。男性が母親に対して過度に依存することが、罪責感と去勢不安をもたらすという。そのような男性に性行動の抑制とインポテンツが生じるのは、象徴的な意味でのインセストに対する防衛なのだ、と。この解釈の要点は、男性の性的機能不全の責任をその母親に負わせることにある。アメリカの小説家フィリップ・ワイリー〔一九〇二〜七一〕は、『毒蛇世代』〔一九四二〕という著書のなかで、ほとんどすべてをフロイトに依拠しながら、攻撃の矛先を、彼自身が「お母さん主義《マミーイズム》」と名付けたものに向けている。その主張によれば、他にすることもない有害な中年女性の一群が息子を駄目にした結果、彼らは「軟弱で気難し屋」になってしまったという。精神科医のエドワード・A・ストレッカー〔一八九六〜一九五九〕は、子供を束縛する母親達こそ、アメリカの軍隊に入隊できない、あるいは除隊させられる男性が数十万人にも上る元凶だという。「ズボンを穿いた母親達」が、家庭内で父親が担って然るべき役割を奪い取ることによって「母親支配《ママーキズム》」を確立し、息子を発育不全か、さもなくば同性愛者に陥れている、と。[*9]

ストレッカーからすれば、性交能力の障害を理解しようと思うなら、その底に横たわる根本的な強迫観念を理解することが絶対不可欠なのだ。それで精神分析家は探偵のように追跡を始めることになるのだが、その典型的な例として、先に挙げたベルグラーがたいへんよくできた分析を示してくれているので、それを引用しよう。そこでは彼は、妻を相手にインポテンツに陥っているある若い男性について、その原因が過去に見たエミール・ゾラ原作の映画『獣人』〔一九三八、監督ジャン・ルノワール、主演ジャン・ギャバン、フランス映画〕にあることを突きとめている。

その映画の主人公は、恋人との性交を怖れている。なぜならセックスの最中に、興奮が極限に達するなかで彼女を絞め殺してしまうのではないかと思っているからだ。その若者は、この映画のクライマックスで主人公が性交中に相手の女性を殺す場面を忘れることができず、それを自分に当てはめて考えて、同じような罪を犯すのではないかという不安を抱くに至ったのである。それで彼は完全にインポテンツになり、「神経衰弱」同然の状態に陥った。〔……〕この若者の恐怖心は、去勢不安と大いに関係している。去勢するぞと脅かすのは父親である。但し幻想のなかのその父親は絶対的で、彼にとって外部の人間であることは疑問の余地がない。要するに彼が演じているのは、教訓的な命令に敢然と逆らおうとしながら、外部からの報復の危険に脅かされている侵犯者の役割だ。そして「禁欲」を強いられたことによって（数度の失敗《フィアスコ》の後、彼は妻に触れようとしなくなった）、「悪い息子」になることも免れるというオマケが付いてきたのである。その上彼の「禁欲」は、予防的に自ら科した去勢の刑だとも言える。なぜならある器官を使わないということは、無意識的にはその器官の去勢と同義だからである。だから彼は、「禁欲」によって直接的に「負のエディプス・コンプレックス」に導かれたのである。「負のエディプス・コンプレックス」とは、前エディプス期に既に経験している受動性を、「より高次の」発達段階に達して改めて反復したものに他ならない[*10]。

これだけでもびっくりするほどの想像力が駆使された解釈だと感じるが、それがより一層深い驚きとなるのは、精神分析家達の次のような言い方に触れたときである。すなわち神経症患者というものは、見かけ上はセックスとは関係のない症状を呈していることが多く、セラピーの第一回目から性的な問題を訴えてくることは稀である、しかしフロイト主義に則った精神分析家であれば、たとえ患者本人が気付いていなくても、そのインポテンツを言い当てることができるのだ、なぜなら彼らはインポテンツが様々な行動となって発現することがよくわかっているからだ、と。ベルグラーも、神経症患者にとってのセックスは、そのつど性交能力をテストされていることに等しいと主張している。「その女ったらしは、（矛盾するように思われるかもしれないが）実はインポテンツなのである。彼は絶えず相手の女性を替えることによって、この苦々しい事実を他人に対してはもちろん、自分自身に対しても隠蔽しているのである。もしも一人の女性と長く一緒にいたなら、稀代の女ったらしであったはずのその彼が、実はインポテンツであったということが露呈してしまうであろう。だから彼は、無意識のうちに予防策をとって、そのような事態に陥らないようにしているのである」。ベルグラーは同じこの主張を、『偽りのセックス』（一九五八）でも次のように繰り返している。「女性の不倫の九割は冷感症に原因があり、『次から次へと女性を渡り歩く』男性の九割は、はっきり症状に顕われているか否かは別として、インポテンツが原因でそうする」ということが、精神分析に基づく精神医学の研究によって明らかとなった、と。このようにベルグラーは、浮気性の女性は実際は冷感症なのだと言い切る。そしてまた、妾になるような女性は多くの場合、本当は妻を欲しがっているレズビアンなのだそうだ。「矛盾していると思われるかもしれないが、レズビアンは実は女性を好む女性ではなく、女性を憎む女性なのであり、さらに最も深いところでは、女性から罰を与えてもらうことを熱望する女性なのである。したがってレズビアンの関係は、憎しみと苦しみに満ちたものなのである」。このような説明が次から次へと溢れ出てくるわけだから、キンゼーがフロイトの後継者達を評して、かつての宗教者や哲学者の道徳教化を繰り返しているに過ぎないと言ったのも、無理はない。*11

　フロイト主義者はインポテンツの原因を追究した結果、その罪をまず第一に患者の母親に、第二には患者の妻に負わせた。ブダペスト出身で、のちにロンドンに移住して活動した精神分析家マイケル・バリ

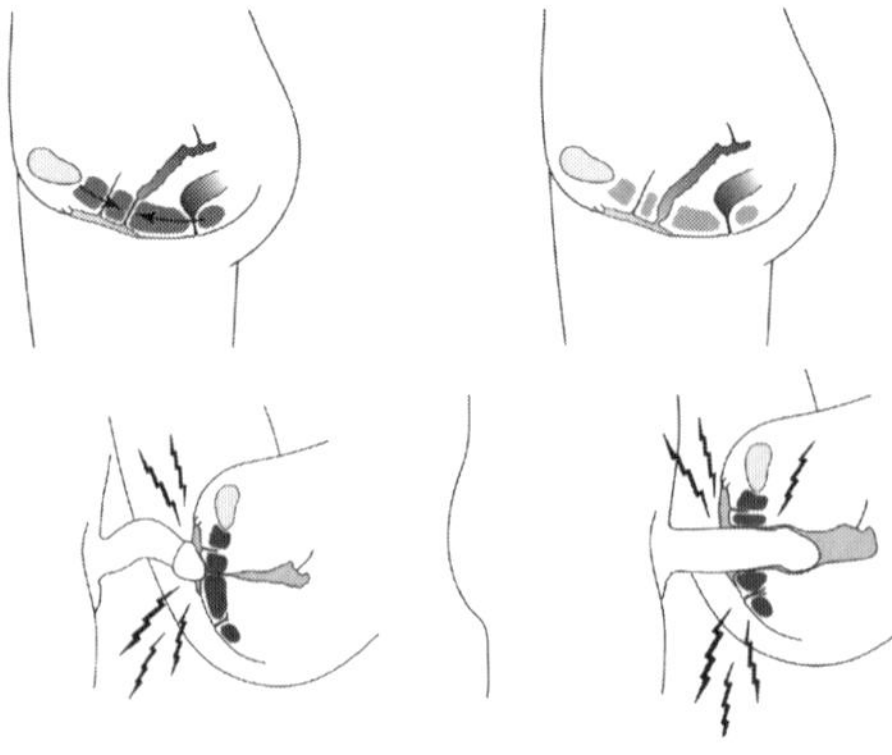

【上】骨盤低筋群が収縮して意志と関わりなく膣が狭窄し膣痙（痙攣）を起こしている左の状態に対し，右は骨盤低筋群が弛緩して性交可能な正常状態【下】骨盤低筋群のうちPC筋（恥骨尾骨筋，図中濃い網の部分）が意志と関わりなく膣口を狭窄し，ペニスの挿入を妨げる（左），あるいは挿入できても痛みを引き起こす（右）

ント［一八九六〜一九七〇］は、完成されない結婚についての研究で、妻の冷感症を治療することによって夫のインポテンツも治ると述べている。その種の女性がいかに権勢を振るうものであるか。例えば人工授精を求める女性も、実際には自分自身のペニスを持つこと、それによって男性の価値を貶めることを欲望しているのであり、その欲望がそのような形になって顕われたのである。この種の女性のほとんどは膣狭窄、あるいは膣痙であり、無意識のうちに気の弱い男性を夫に選んでいる。そのような女性に必要なのは、もっと受け身に、もっと自立心を抑制することだ。もっと夫を立て、男らしく振る舞えるようにしてやるべきだと助言するだけで、問題が解決してしまうことはよくあるのだとバリントは言う。「夫がもっと強く出ることを妻が許し、むしろそういう関係を妻の側も良しとするなら、それはいかなる精神科の治療よりも効果的であることは疑いようもない。男性のインポテンツを治療するのは、極めて時間のかかる、また極めて困難な課題であることを、我々精神分析家も認めるにやぶさかではない。しかしその一方で、彼らの妻を治療すれば、ほんの数週間で彼らの性的能力は回復する。なぜそうなるかは神のみぞ知る、だが[*12]」。なぜそうなるか、本当は彼はよくわかっていたはずだ。要するに、男女それぞれに相応しい役割を取り戻すことだというのである。

冷感症の妻に対するベルグラーの非難は、夫のインポテンツを責めることで自分の欠陥のアリバイとしているという点にまで及ぶ。ヘルマン・H・ルービンなる医学者は次のように述べている。「夫の性交能力に、妻の冷感症の影響が顕われることは珍しくない。もしも妻が性交に対して感じにくかったり、無関心だったり、嫌悪感を持っていたりしたら、夫は自身の無力感と欲求不満に苛まれて、やがてはインポテンツに陥ってしまう

H・H・ルービンは別の著書（『優生学と性の調和』1933）の「なぜ夫は家を離れるのか」と題された章で，「夫が外に愛人をつくるのは，多くの場合，妻が不衛生で臭いために親しく触れたいという欲望を殺がれるせいである」と述べる．図はその頁の挿絵．「妻がだらしないと夫の愛情を失うかもしれない」と付記されている

可能性が高い」。たとえその女性がクリトリスでオーガズムに達することがあるとしても、それは間違ったオーガズムであって、ここで言う冷感症である可能性がなくなるわけではぜんぜんないと、フロイト主義者の多くは考えていた。このように男性の欠陥だったものが、オーガズムに達することのできない女性、あるいは性的に抑圧された女性のせいにされたのである。例えば『夫をつなぎとめておく方法――幸せな結婚のために、包み隠さず精神分析してみると』というタイトルで、女性の冷感症を克服する方法を読者に教えると謳っているような書物が当時数多く出版されたが、それらは実のところ男性のインポテンツに間接的に対処する方法を語っているのである。*13

同性愛はインポテンツで反社会的人格障害

フロイト主義者の多くは、女性に対して夫に従順な妻であることの重要性を説く一方で、男性に対しては、異性への関心の欠如は潜在的な同性愛の徴候と解釈し得ると警告した。インポテンツが同性愛に結びつく理由について、アメリカの精神分析家チャールズ・W・ソカリデス［一九二二～二〇〇五］が述べている説明は、フロイト主義的説明としては古典的とも言える。

母の乳房で味わった幸せな経験は、その後の性器愛の発達を促進させる良い影響を与える。口唇刺激が過剰であったり、あるいは逆に口唇の欲求不満を経験した場合にのみ、口唇期への強い固着を示すのである。そうなると口唇的欲求が拒絶されることに対する過度な不安が生じる。そのため性器段階における対象関係が、無意識の幻想や欲望、恐怖心も含めてすべて口唇部に集中するようなパターンで満たされることになる。このような状態が膣に食べられることへの不安という形になって顕われる男性が数多くいる。おそらくこのことが、男性における性心理的インポテンツを引き起こす最も重要な要因であろう。*14

ベルグラーによれば、男性同性愛者は無意識のうちに「女性に対する恐怖のあまり、女性から逃れて『別の大陸』に赴こうとしているに過ぎない」という。同性愛者の母親は強過ぎ、父親は弱過ぎである。だからセラピストは、同性愛者を治療しようとするときには、患者の父親が「性的に抑制的であったり、インポテンツであったり、女性恐怖症であったり、バイセクシュアルやホモセクシュアル」なのではないかと疑ってみる。「同性愛への逃避」という考え方の信奉者によれば、現代においては、女性を性的に反応させることによって男らしさを示さなければならないとされるので、弱い男性は、女性を相手にするほどは骨の折れない同性との関係に退却するのだという。ソカリデスは、インポテンツあるいは疑似インポテンツが原因で同性愛に走ろうとする者を指す言葉として、「変化形同性愛」という言葉を作り出している。[*15]

セラピストのなかには、インポテンツが原因で同性愛者になると言う者もいたし、同性愛者というものはインポテンツなのだと主張する者もいた。「同性愛はインポテンツの一形態である。たとえ解剖学的に、あるいは完全にはそれが表に顕われていない場合があったとしても」と、アメリカの精神科医ジョン・カヴァナ〔一九〇四〜〕は断定する。「同性愛者は異性間関係に対する心理的インポテンツであることを強調」しておく必要がある、と。ここには、同性愛行為に対する断固たる反感が見て取れる。彼はさらに、「同性愛者は無償の愛を持つことができない。ところがそれこそ結婚に不可欠のものなのだ」とまで言う。同じくアメリカの精神科医ジョージ・ヘンリー〔一八八九〜一九六四〕は、インポテンツと性的逸脱には何ら必然的関係はないと断言しておきながら、ある症例については、インポテンツが同性愛と密接に結びついていると述べている。「エグバートの潜在的同性愛は、インポテンツに結びついている。彼は、病気になるのではないか、気が狂うのではないかという恐怖に怯え、妊婦の腹を殴りたいという衝動に駆られ、『自分は価値のない人間だ、誰も自分を必要としていない、自分は落伍者だ』といった強迫観念に苛まれ、すっかり参ってしまっている」。スコットランドの精神科医ユースタス・チェサー〔一九〇二〜七三〕のように、同性愛を犯罪と規定する刑法を廃止することに賛成している進歩的な人物ですら、同性愛は自己愛や、性的衝動の昇華の失敗、発達不全などに関係していると断言するのである。避妊の専門家で中絶合法化の活動もしていたリベラルなイギリスの医師ジョーン・マリスン［一八九九〜一九五六］も、同性愛者も両性愛者も神経症患者であり、心理療法によって「正常な道」に導いてやる必要があると言った。ベルグラーもそうだったが、こうした専門家達は、同性愛を「治療可能な病気」と見なす傾向があったのだ。アメリカの精神科医ローレンス・ハッタラー［?〜二〇〇七］によれば、同性愛を克服して、女性との「持続的婚前関係」に至る道のりには、数多くの性的な問題が待ち受けている。「早漏、一時的インポテンツ、性交頻度の低下、あるいはセックスに没頭できない、自分と相手の双方がオーガズムに達することができないといった事態は、患者が新たなセクシュアリティに適応する間に遭遇し得る、些細な困難に過ぎないのである」[*16]。

医師達は、戦後になって同性愛という問題を「再発見」したのである。一九五二年、アメリカ精神医学会は『精神障害の診断と統計の手引き』（DSM1）を作り上げた。そこでは同性愛が反社会的人格障害と宣言されている。同性愛に対する不安は、性的精神病質者に対する戦後の恐怖心を支えることにもなった。一九四七年から五五年の間に、アメリカの二一の州で、変質者を標的とした法律が成立した。法律の目的は、女性と子供をより効果的に保護するためだと謳われていた。一九六〇年代になっても医師達は、インポテンツの性対象倒錯者は性犯罪を犯す傾向が強いと言っていた。「性犯罪の多くは、自らのインポテンツを克服しようとする人物が、そのために必要な刺激を求めて起こしている。性交能力を失ったその人物は、特定の刺激さえ得られれば、性行為を完遂して深い満足感を味わえるのではないかという想念に取り憑かれるようになったのであり、それはしばしば起こることである。彼はそうした刺激をそれまでにも実際に味わったことがあるかもしれないが、もっと可能性が高いのは、想像のなかでそれを味わっていたのだ。その刺激は非常に多岐にわたり、ポルノ写真のように極めて単純なものから始まって、極端な場合には、サディスティックな殺人にも至る可能性がある」。アメリカの社会学者パトリシア・カーヨウ・セクストン［一九二四〜二〇一二］は、典型的な殺人者は、（ロバート・ケネディを暗殺した）サーハン・ビシャラ・サーハン［一九四四頃〜］や（ジョン・F・ケネディを殺したとされる）リー・ハーヴィ・オズワルド［一九三九〜六三］のように「ナイス・ガイ」で、静かなる「女性化した男性」であると述べている。彼らがふだん感じている性的衝動はあまりに常軌を逸したものなので、男らしさを示そうとするならそれとは別の、殺人という手段を選ばなければならなかったのである、という。倒錯者を「病人」扱いするこの種の説のせいで、女性や子供に対する虐待の圧倒的大多数は、異性愛者の男性の友人や家族によって行なわれているという事実から目が逸らされることになった。*17 戦後の数十年間というこの時期は、男性はもっと男らしく、精力的であらねばならぬと盛んに言われていたのであるから、インポテンツは同性愛の原因になり得る、そして同性愛は、今度はサディスティックな性犯罪の原因になり得る、という説ほど人騒がせな主張は他になかったであろう。

結婚カウンセラー――カップルで対処する問題となった不能

心理学者や精神科医はインポテンツを個人が罹る問題として対処していた。しかし結婚カウンセラーは、それをカップルが罹る問題として扱った。一九五〇年代には、性的機能不全の話題を大っぴらに口にすることが、以前に比べ遥かに容易になった。それについて特にはっきり語ったのはで職業的結婚カウンセラー達で、彼らは不幸なカップルが別離を思い付くことすらないようにするのが自分達の使命だと自認していた。その前提には、二〇世紀になって、結婚への期待が以前に増して高まったことが、離婚率上昇の大きな原因だという考え方があった。結婚カウンセリングが始まったのは一九三〇年代である。アメリカでは結婚会議という団体が、優生学者からも進歩的な人々からも支持を集めた。なぜなら経済不況が家族に対して与える影響が心配されていたからである。もともと壊れそうになっていた婚姻関係の多くが、経済的な失望と、性的な失望という最悪の組み合わせに直面したら、一たまりもないだろうと彼らは考えた。クエーカー教徒で産児制限の推進者でもあったエミリー・マッド〔一八九八〜一九九八〕は、アメリカ結婚カウンセラー

社会学者のパトリシア・セクストンが「ナイス・ガイ」だと言うサーハン（右）とオズワルド

協会を設立した。イギリスで一九三八年に設立された全英結婚指導会議も、同じように宗教的な色が付いていて、例えば『若い妻を治療する方法』などといった出版物を刊行していた。彼らの主張は、この団体の設立に関わったエドワード・ファイフ・グリフィス［一八九五〜一九八八］の次の言葉に要約されている。すなわち、結婚における問題のほとんどは、性的不能に根ざしている、と。またイギリスにおける結婚カウンセリング推進の旗頭だったデイヴィッド・メイス［一九〇六／七〜一九九〇］は、夫婦間の不調和を「病気」と見なした。*18

マリー・ストープスが、両大戦間期に結婚における性愛の重視を訴えて活動していたことは既に見た。彼女は不幸な結婚の原因を、不器用な夫とセックスに対して抑制的な妻にあるとしていた。結婚カウンセラーも同じように、夫婦間のセックスを改善することによって、婚外セックスがなくなることを期待した。妻が夫婦間のセックスを心地よいと感じるようにしなければならない。だからエミリー・マッドは、夫に対してどのように妻に「求愛」すればよいか助言した。妻の方は、夫が他所《よそ》をさまよい歩くことがないように、もっと感じやすく、もっと魅力的にならなければ駄目だとされた。第二次世界大戦後の数年間の結婚に関する調査報告を見ると、ほとんど何も変わっていないことがわかる。一九四〇年代のイギリスの家族計画クリニックから集めたデータから、女性の五〇％が依然として性的に満足していないことが判明している。クリトリスへの刺激の重要性を理解している男性はほとんどいなかったのだ。それが一九五〇年代になっても変わっていないことが、ある医師の書いた次の言葉を見てもわかる。彼は性交能力とは、性交を開始し、持続し、「男性の満足」によってそれを終える能力だと、通常は定義できると書き記した後、さらに付け加えて、「これをもし『男性と女性双方の満足』と書き換えたなら、性交能力があったはずの男性のおおよそ半分がインポテンツと分類されてしまうことだろう」と述べているのだ。つまり医療関係者も、インポテンツで苦しむのは一人ではない、二人であるという考え方に傾いてきたのである。インポテンツについて医師に訴えるのは誰だろうか。医師の報告によれば、セックスに対する夫の無関心を訴えるのは、夫自身よりも妻であることの方が多いという。アメリカのハンナ・ストーン［一八九三〜一九四一］とエイブラハム・ストーン［一八九〇〜一九五九］夫妻が、女性の冷感症に関する記事を発表したとき、欠陥があるのは夫の方だと訴える女性からの手紙がたくさん届いたことに驚いたと夫妻は書いている。[*19]

人口構成の高齢化が進めば、インポテンツの問題もますます大きくなる。アメリカでは一九六五年に、八人に一人が六〇歳以上となった。進歩的な医師は中高年のセックスが正常であることを認めなければいけないと主張していたが、カウンセラーのなかにはそのことにショックを受ける者もいた。セックス手引き『ジョイ・オブ・セックス』で有名なイギリスのアレックス・カンフォート［一九二〇〜二〇〇〇］は、性的活動を早く始めた者はやめるのが遅いことを発見した。これはキンゼーの発見に合致する。「横断的に調査してみると、ということはつまり性的な活発さの度合いが高い人も低い人も混ぜ合わせて調査してみると、肉体的な理由、あるいは当人の考え方の理由から性的『傾向』が低調な人達は、引退するのが早いことがわかる。その場合よくあるのは、彼らにとっては骨折り仕事であったことを放り出すのに都合のいい言い訳として年齢を用いることである。だが加齢と共に性的機能が失われるという強迫観念はもうたくさんだ。それがこれまでも、老年学に重大な影響を与えてきたのだ。老人になって性に関心を持たなくなるなどというのは、社会的につくりあげられた障害に他ならない」。しかしキンゼーは、性欲には性差もあることを明らかにした。男性の性的活動が頂点を迎えるのは早く、性欲が女性よりも早い段階で減少していく、と。一九六一年の調査では、定期的な性交をやめる平均年齢は、既婚男性で六八歳、独身男性で五八歳であることがわかった。夫婦間での性交が減った理由として挙げられるのは、通常は夫の側の性欲欠如であって、妻の側ではなかった。それどころか女性の方は閉経後にセックスの悦びが増すことが珍しくなかった。その理由の一つは、もはや妊娠を心配しなくても良い、ということだった。[*20]

このように新たな知見は登場していたものの、結婚の手引きを書く者達は依然としてきっかけを作る役割を男性に割り当て、女性は性的に不活性だとは言わないまでも、少なくとも男性より活発でない存在としていた。確かに一九五〇年代以降、そうした手引きで語られ、容認されている性行為は幅が広がった。しかし男性が采配を振るわなければならない、女性はそれに応えなければならない、ということが前提になっていたので、インポテンツは明らかに問題だった。まず慎重な者達が、「インポテンツ」という言葉の使い方には気を付けなければならないと言い始めた。なぜなら病気や心配事、あるいは妻から一言皮肉るような言葉を投げられただけで、たいていの男性は駄目になってしまうのだから。ジョーン・マリスンは次のようにはっきりと言っている。一時的な勃起不全は極めてありふれたことで、「ピッチャーが暴投したり、テニス選手がサーブをミスしたりする」ことに等しい、と。そうしたミスが習慣となったとき、初めてそれは本当のインポテンツだと言えるのだ。だからカウンセラーは、男性がどのような性的機能不全を呈しているのか、そしてそれが結婚生活のなかで起きているいかなる事態と関係しているのかを見極めなければならない。もしかするとその問題は「治療」できないかもしれない。しかし少なくとも問題をはっきりさせることはできる、と。[*21]

しかし他の書き手はもっとずけずけとお節介だった。エドウィン・W・ハーシュなる人物は、文明も、上品ぶることも、教養の無さも、マスターベーションに対する恐怖心も、すべてが「性的不具者」を生み出す原因である、と断定する。心的な原因によるインポテンツは意志の力によってしか治せない。「自然は勇気のない者や怠け者に報いることはない」、と。また別の専門家は、子種の節約という、すっかり廃れたはずの考え方に未だにしがみついていた。それによれば、婚前交渉は、しばしば結婚後の性生活の貧しさの原因となる。しかし健全な男性が「性的な力を正しく行使するなら」、彼は六十代になってもなお現役でいられるであろう。好色な人物はそれに相応しい報いを受ける。「愛人を幾人もつくって性的な興奮を極限まで味わう生活を送ってきたような男は、結婚したら、妻という同じ女性から毎日十分な刺激を受けることなど望めないと悟るであろう。それで彼は、性的な力をもっと節約していた場合と比べれば、遥かに若い年齢でインポテンツになってしまうだろう」と彼は断言している。[*22]しかしもっと時流に即した書き手達は、早くから性的に活発になった者は、長くそれを維持するというキンゼーの言葉に追随した。

多くのセラピストが、様々な要因が複雑に相互作用した結果としてインポテンツが引き起こされるのだと言っている。そのうちの一人が、典型的な没交渉の夫婦がいかにお互いに性欲を失っていくか描いている。夫は毎晩「ハイボール」を片手に夕刊紙を眺めている。昼間ビジネスの世界で遭遇した厳しい戦いを経て、夜はすっかり弛緩している。夕飯が済めば、今度はテレビのレスリング中継にかじりつく……。妻の側は夫のこんな態度に機嫌を損ね、一日が終わる頃にはすっかり嫌気がさしているから、性的に興奮するのがかなり難しいことは十分理解できる」。精神科医の推測によれば、インポテンツも冷感症も、どちらも婚外交渉を夢見ていることに関係しているのではないかという。またインポテンツや冷感症によって蓄積した欲求不満が罪責感と結びつけば、情緒不安に陥り、果ては精神病にまで至る可能性があるともいう。[*23]

　結婚カウンセラーも精神分析家と同じように、インポテンツの責任のほとんどは女性にあると決めつけた。このことは、マクシーン・ディヴィスなる著者による『女性の性的責任』（一九五七）という本のタイトルにもよく表わされている。彼女はそのなかで、夫婦は同じ山に登ろうとしているのだから、夫は自分だけ先に行ってしまってはいけませんと、純情ぶった言い方をしている。そして妻たる者の務めは、夫が駄目になろうが欲情のあまり興奮しきっていようが、その時々に応じて「夫に合わせること」なのだそうだ。若い新郎は新婦と同じように緊張していることがよくあるものだ。そんなとき妻は夫を元気づけてやらなければいけない。「あわてなくっても大丈夫。こんなことよくあることだってお医者様も言ってるし、どの本を読んだって書いてあるから。特にあなたみたいな本当に繊細な人の場合はね。私達二人とも、緊張し過ぎなんだよね。でもきっとうまくいくから大丈夫」と。夫をなだめる言葉をかけてあげれば、きっと効果があるはずです。「花嫁から信頼され、できる男だと思われたなら、若い健康な男性は、普通敏感に反応するものです。まるで新しいテニスボールのように」。ハーシュは言う。すべての失敗《フィアスコ》の責任が夫の側にあるとは限らない。女性のなかには「時代遅れ」な堅物もいる。しかし「聡明で夫を立てることを心得ている妻であれば、いわゆるインポテンツの夫も性的な力に溢れた立派な配偶者に変えることができるであろう」。もう一人の専門家は、夫が「性の牢獄から逃れようと」しているときには、妻はその手助けをしてやらなければいけないと主張する。さらに別の専門家は次のように書く。もしも女性が膣痙だったり、「怖がって縮こまる」せいで挿入が困難になっているなら、責任は自分にあることを妻の側が否定できないのは明らかだ。また妻は、男性と同じようにセックスをするたびにオーガズムを得られるはずだなどと考えてはならない。多くの女性が本を読み過ぎている。本に書いてあることを鵜呑みにして、肉体的なものを重視し過ぎているのだ。さらに妻が夫を批判するなど、完全なる背信以外の何物でもない。「あたかも夫が性交をできなくなっているとか、あるいは性交能力そのものを現に失いつつあるかのように振る舞うなら、その妻は、決定的破壊要因を作動させたことになるのだ」[*24]。

性革命と避妊ピルがインポテンツを急増させたのか

インポテンツに苦しめられている男性は、社会的な規範の変化の犠牲者であると、多くの文献に書かれている。アメリカで発表されたある文献に挙げられている例では、妻を経済的に支えているのが自分だけであることを誇りに感じていたある夫が、妻が自分で収入を稼ぎだすようになると性交能力を失ってしまう。「性交を遂行する能力は、大昔から男性の自己評価の拠り所であった」と、ある結婚の専門家が書いている。「かつては男性の側が一方的に性欲を発揮することが、性的な力だと考えられていた。しかし今日では、女性の側に十分な性的反応を引き出してこそ初めて性的能力があると見なされるようになった。〔……〕インポテンツの問題解決が急を要する理由の一つは、男性が女性との競争を免れるたった一つの領域であるこの分野で、何とか男らしさを保つことが心理的に要請されているからである。男らしさを値踏みするに当たっては、基準となるのは経済的成功でなければ性的な能力しかないだろう。だからこそ、この領域で何か欠陥があるとすれば、男性にとっては女性と比べて遙かに深く自我を脅かす事態なのである。性的な能力の有無は、男性にとって、女性との関係だけでなく男性同士の関係にも強く影響するのである」[*25]。膣痙の報告が増えていることについても、生理学的な障害としてではなく、女性の経済的自立にその原因があるとする医師が数多くいた。

今や結婚は、夫婦双方の性的な幸福を確保するためのものと考えられているために、夫が感じる圧力《プレッシャー》はますます大きくなっているのだという考え方が、極めてありふれた通説となっていた。自分の性的な能力について心配し過ぎなのだとも言われた。男性は自分に責任があると考えれば考えるほど、失敗を大げさに捉えてしまう。インポテンツなどというものは、「恐怖を恐怖する」ために陥る障害に過ぎない。男性は女性の恋人として、ただもっと腕を磨けば良いのである、と。もっと保守的な言い方をする者は、男性は妻の反応など気にするな、という忠告を懸命に繰り返した。ロンドンとバーミンガムの結婚指導会議で働いていたJ・F・タットヒルは、性行為を長びかせようとすれば、単に夫の側の心配が増すだけだと主張している。二〇世紀前半の性の専門家は、男女同時にオーガズムに達することこそ、あらゆるカップルがそれを目指して奮闘すべき目標であると言っていた。しかし一九五〇年代以降に結婚について書いている者達は、次第にそれを大げさに捉えてはいけないと警告するようになっていく。ほとんどの女性は「ロマンス」の方を好むものであるし、それを目指して頑張り過ぎた結果、予期せぬ影響で男性が不能になってしまうということもあり得る、と。[*26]

一九六〇年代の「性革命」によって、セックス遂行への圧力が男性に対してますます重くのしかかるようになったと受けとめられていることを考えれば、以上のような警告はむべなるかなである。婚前性交および婚外性交の経験者の割合に顕われているように、この一〇年間で変わったのは男性より女性である。若い女性がかつてないほど性的に貪欲になってきていることを示す研究も、次々登場した。若い女性だけでなく、妻達も変わった。ロバート・ベルという人物が調査した数字によれば、一九二〇年代の既婚女性の三人に二人はセックスが減れば良いと思っているが、一九四〇年代にはそれが六人に一人に、一九六四年には一三人に一人しかいなくなる。女性の側から交際を申し込まれて慌ててしまう男性のことも、多くの論文で発表された。男性を怖じ気づかせる元凶は女性であるとされることに変わりはなかったが、一九六〇年代に特に槍玉に挙げられたのは、ある特定のタイプの女性、すなわちフェミニストであった。アメリカの精神分析家レスリー・H・ファーバー〔一九一二〜八一〕は、性科学者を非難する一九六四年の記事のなかで、女性がオーガズムのことなど知らなかった時代には、それを得られないことを嘆いたりしなかったものだし、「女性の歓びの総体から、それを切り離して」考えることもなかったと決めつけている。ところが今や専門専門家達は、オーガズムを女性の神聖な権利として「崇め奉って」いる。一九七〇年代までは、B・ライマン・

スチュワートのような保守的な医師が、次のようなことを断言していた。「受け身の男性」は、「温情主義的な、あるいは社会主義的な形態の政府」のせいで、また女性解放運動を支持するような攻撃的な種類の女性に対する恐怖心から、インポテンツにされてしまう、と。スチュワートは、今や若者や非白色人種が男性の性的不能を訴えて医師のもとにやって来るようになったことを指摘し、それこそが性的不能が急増している確かな証拠であるという。スチュワートにしてみれば、以前に比べて攻撃的な女性が登場したのであれば、唯一の解決は男性がもっと力強くなることにしかなかったのである。リベラルな批評家のなかには、武器を取れという男性への呼びかけに困惑を見せる者もあった。それは単に、男女の対等な関係を想像する能力が欠けているだけではないかと考えたのだ。イギリスの批評家カール・ミラー［一九三二～二〇一四］はこう書いている。「我々が今いるのは、アメリカやイギリスの戦闘的女性集団が、男性の性的能力が実はこけ威しであったことを責め立てているという状況である。あるいは彼女達に対する怒りのあまり、そんなふうに責め立てられていると思ってしまう、という状況である。ペニスは吊し上げを、いやむしろ格下げを、耐え忍んでいるところだ」。他には、オーラル・セックスの人気が高まっていることこそ、男性が、挿入することに自信が持てていない証拠だと主張する者もいた。*27

一九六〇年代の性の最先端を表わすあのシンボルは、「新たなインポテンツ」の登場にも中心的役割を演じていた。避妊ピルのことである。一九世紀この方、避妊の必要がある場合に熱が冷めてしまう男性がいる、ということが繰り返し報告されてきた。一九五〇年代、六〇年代になっても引き続き、産児制限がインポテンツの原因として挙げられていた。コンドームであればそれを好まない男性であったり、膣外射精《コイトゥス・インテルプトゥス》であれば、うまくできるかどうかが気になってしまったりするからである。問題は、主要な避妊手段がどれも男性側にその行使を任せていることに由来しているとされた。マーガレット・サンガーは、コンドームの着用を強いられるとセックスが遂行できなくなる男性が多いという訴えが多くあるので、セックスと直結しない避妊法が必要であることを悟った。彼女が医学界や慈善家を説得したことによって、一九六〇年、とうとう産児制限ピルの出現を見たのである。経口避妊薬の登場によって、性行為は遂に、生殖とも、生殖を避けるための面倒な手段とも縁を切ったのだ。ほとんどの男性は喜んだ。ピルによって自分達は避妊の責任から解放されるし、もっと女性を性的な意味で手に入れやすくなるだろうと考えたのだ。しかし喜んで良いものかどうか、確信を持てないでいる者もあった。『孤独な群衆』で有名なアメリカの社会学者デイヴィッド・リースマン［一九〇九～二〇〇二］も、ピルによって女性が「男性の性交能力を一方的に消費する、厳しい消費者」になってしまうのではないかと心配していた。またピルのせいで、女性の意図がわからなくなったと嘆く男性さえいた。ピルの登場以前であれば、妊娠の可能性があるわけだから、女性は相手の男性との関係を真面目に考えていない限りセックスに同意しなかったというのだ。今や女性は自由に物色できるようになってしまった、と。しかしそれは男性と同じになったということである。ピルが登場すると、ほぼその直後から、避妊が簡単になったせいでインポテンツがむしろ増えるという叫び声が上がり始めた。医学博士のハーバート・A・オットーなる人物が主張している。「ピルやペッサリーによって男性は、女性をセックスに飢えた存在であると、ことによっては飽くことも知らないほどだと見るようになってしまった。というのも妊娠する心配が、かつては性欲に対する抑止力として働いていたのに、今やそれが払拭されてしまったのであるから」と。しかし当時の調査結果を見てわかるのは、実際には、経口避妊薬によって性交と避妊とが切り離されたために、かえってそれまでのジェンダー規範が何も変わらないまま存続することが可能になったということである。なぜなら性交時に女性が自ら率先して施す必要のある避妊法とは異なり、前もって服用しておくことができるというピルの性質のおかげで、性交そのものの場面では、相変わらず受け身の態度を取ることができて良いと感じる女性が大勢《おおぜい》いたからである。*28

偉大なるセックスセラピスト、マスターズとジョンソンの登場

一九七〇年代に「新たなインポテンツ」の報告が相次ぐのに先立って、ピルの使用が普及し、フェミニズムの第二波が到来していただけでなく、一度のセックスで何度もオーガズムに達する女性の存在が発見されてもいたことは、おそらく偶然の出来事ではないだろう。女性の連続《マルティプル》オーガズムという現象を大いに

世に知らしめたのは、ウィリアム・H・マスターズ〔一九一五〜二〇〇一〕とヴァージニア・E・ジョンソン〔一九二五〜二〇一三〕である。最も偉大なセックスセラピストであるこの二人は、一九六〇年代に登場するや、性的機能不全に最も精通した専門家という地位を、結婚カウンセラーと精神分析家から奪い取ったのである。ベストセラーとなった『人間の性反応』（一九六六）で、彼らは性交のメカニズムを初めて科学的に解明したと主張した。マスターズは、セントルイスのジョージ・ワシントン大学で、一九五四年にオーガズムの研究を開始したのだが、実質上このときにセックスセラピーの新たな領域を開拓したのである。一九五〇年代に彼はヴァージニア・ジョンソンと結婚し、以後、二人は夫婦で一つのチームとなって研究に当たった。最初彼らは、主にインポテンツや早漏に悩む男性を診ていたが、一九六〇年代には、主要な患者はオーガズムを求める女性となった。女性に関する彼らの研究については、これまでも多くのことが書かれてきたが、男性に関する研究についてはほとんど何も書かれていない。[*29]

マスターズ（右）とジョンソン

結婚カウンセリングがもっぱら夫婦間のコミュニケーションと感情の調和を課題にしたのに対し、セックスセラピーは主にテクニックを扱い、結婚カウンセリングよりも科学的であると標榜して、実際に性交を観察したり測定した結果に基づいて提言した。マスターズとジョンソンのレポートが初めて発表されたときには、セックスがラボの実験や観察――プラスティック製ペニスに仕込んだ極小カメラも使われた――の対象となっていると聞いて、一般の読者は居心地の悪さを覚えた。しかし彼らは、そのような困惑を上手に払拭した。いかにも医療関係の科学者といった白衣姿で登場し、決して過激な性解放論者の装いを見せなかった。「インポテンツ」とか「冷感症」といった言葉を使う代わりに、「勃起不全」とか「女性性的興奮障害」などの言葉を使って、フロイト主義者から距離を置いた。もっと重要なこととしては、彼ら二人が、夫婦どちらの側の「結婚問題」にも取り組む一つのセラピー・チームとして登場し、夫婦間の調和を究極の目標に据えていることを示したので、彼らが微妙な領域に、お節介にもずけずけと足を踏み入れることが正当化されたのである。彼らは個々の夫なり妻なりを治療しようとはしなかった。夫婦二人を「患者」の「単位」とし、夫婦間の相互関係が不可欠だと考えたのである。

キンゼーは性的な実行力が社会階級によって異なると主張したが、マスターズとジョンソンは、性交は単なる生理的プロセスであるということを基本的な前提として出発している。オーガズムを求めるということについては、特に男性においては、誰でも変わりがないと彼らは考えた。また一五年間のラボでの実験と一一年間の臨床試験から、既存のセラピーは生理学的洞察を欠いていると主張した。彼らはクリトリスが女性の快楽の中心的な源泉であること、セックスに対する女性の許容範囲は男性のそれを上回ることを、自分達の発見として主張したが、その点についてはほぼ既知の事実をわかりやすく示したに過ぎない。彼らの言葉は男性達に、性に対するますます大きな懸念を抱かせもし、また安心感を与えもした。マルティプル・オーガズムが可能な女性を発見したという二人の説に震え上がった男性がいたことは疑い得ない。また女性は男性を相手にするよりも男性抜きの方が、より多くのオーガズムに達することができると聞いて、屈辱的だと感じる男性もいた。

マスターズとジョンソンは、オーガズムを得られない女性とインポテンツの男性のどちらも診た。彼らのメッセージは単純で、新しい科学的な知識を身に付ければ、夫婦間の問題を克服するのは比較的容易《たやす》いということだった。必要なのは訓練のための二週間と、その費用としての二五〇〇ドルだけである、と。憂鬱、怒り、怖れ、倦怠といったマイナス思考こそ、長期間にわたって男性を性的に衰えさせる一番の原因であると、彼らは考えた。キンゼーと同じく彼らもまた、中年を過ぎたら「性を積極的に表現することを止めてはいけない」、それが鍵になると報告している。但し彼らは、「後天的な二次性インポテンツ」であれば、五〇を過ぎていても「訓練」によって脱することができると主張した。男性の性的な力を「再建することと」、「再活性化すること」は可能である。短期的な問題としては、生活の単調さ、仕事への没頭、疲労、過度の飲食、肉体的な疾患など、すべてが何らかの役割を演じている。しかし最終的に勃起不全を引き起こすことになる男性の性交不安の一番の原因は、性交において男性に任されている負担が大き過ぎることにあるとし、その責任の重圧に彼らは狙いを定めた。[*30]

　ストープスやサンガーは、どうすれば性生活を改善することができるかということについて、一般的な教えを手紙で書き送った。マスターズとジョンソンは、お節介なまでの指導をして、行動改革を目指した。キンゼーがオーガズムの量に関心を持ったのに対して、彼らはその質に焦点を当てた。オーガズム療法を教えること、特にマスターベーション教育から始めることによって、文化による条件付けを払拭することができるし、治療するのに何年もかかるような、精神分析家が相手にしている精神というものも回避することができると彼らは主張した。また彼らは、ペニスの大きさは重要ではないと、患者を安心させもした。男性に必要なのはリラックスして、性交など単に「自然の肉体的機能の一つ」に過ぎないということを知ることだけだ、と。

　もしもいつも決まりきったパターンで、健康かつ自然な反応が阻害されるのだとしたら、改めて条件付けしてやる必要がある。悪い記憶や恐怖心、敵意などによる「負の条件付け」こそが、不安の主要因である。「抑圧的な躾け」、支配的な母親、罪の意識など、すべてが何らかの役割を演じている。マスターズとジョンソンは、行動主義心理学のモデルを採用して、インポテンツの男性であっても「刺激／反応モデル」を避けることはできないと考えた。そこでインポテンツ男性に、「官能焦点《センセート・フォーカス》セッション」を受けさせることによって、不健全な反応を取り除き、快感を感じる能力を開発しようとした。この訓練には、自分で自分を刺激することも含まれていた。一九世紀の医師達は、マスターベーションがインポテンツの原因になると言った。マスターズとジョンソンは、「性交不安」を克服するよう「躾ける」には、マスターベーションが役に立つ可能性があると主張したのである。[*31]

　マスターズとジョンソンは、男性にとってセックスのハードルをより高くした側面もあった。キンゼーは早漏を問題視することを拒んだが、二人は逆に次のようなことを断言するところまで行った。すなわち女性にオーガズムをもたらす時間の半分以下で終わってしまう男性は、悪い条件づけを受けていると見なすべきである。またこのままにしておけば、その人は二次的インポテンツに陥ることだろう、と。彼らは早漏をペッティングや膣外射精《コイトゥス・インテルプトゥス》によって条件付けられた反応だと考えたのである。野球の成績を暗唱するなど何か他のことに集中して気を逸らすという伝統的なやり方も、鎮静作用のある錠剤や軟膏も効果はない。その代わりに彼らが説くのは「圧迫法」◆によって習得した射精コントロールを、女性上位の体位で実践すること、すなわち妻はペニスを挿入後、それ以上の刺激を与えないよう動くのをやめて、膣内にペニスを保留したままにしておくことだという。これによって夫は「何も求められているわけではない、とい

◆二次性インポテンツ　マスターズとジョンソンによれば、挿入し得る程度の勃起力がまったくないか、あるいはあったとしても長続きしない勃起不全の状態が、初体験以降ずっと続いているのが「一次性インポテンツ」、過去に少なくとも一回は挿入に成功した場合を「二次性インポテンツ」という。

◆圧迫法　マスターズとジョンソンによれば次の通り。妻は両足を大の字に開いて上体を起こし、夫は尻が妻の両足の間に来るよう膝を立てて仰向けに寝そべる。この体位で妻は夫のペニスを刺激するのだが、夫の性的興奮が高まり極限を迎える直前に妻は圧迫法を施す。これは親指を亀頭下面の包皮小帯（いわゆる「裏スジ」）に宛がい、人差し指と中指を反対側に添えて亀頭冠を挟むように強く圧迫する（三〜四秒）方法で、これによって夫の射精衝動は直ちに消失し、完全な勃起状態から一〇〜三〇％程度衰える場合もある。圧迫を解除して一〇〜三〇秒経過したら、ペニスへの刺激を再開する。こうして刺激と弛緩を繰り返すことにより、一五〜二〇分の間射精に至らずにいられるようになるという。

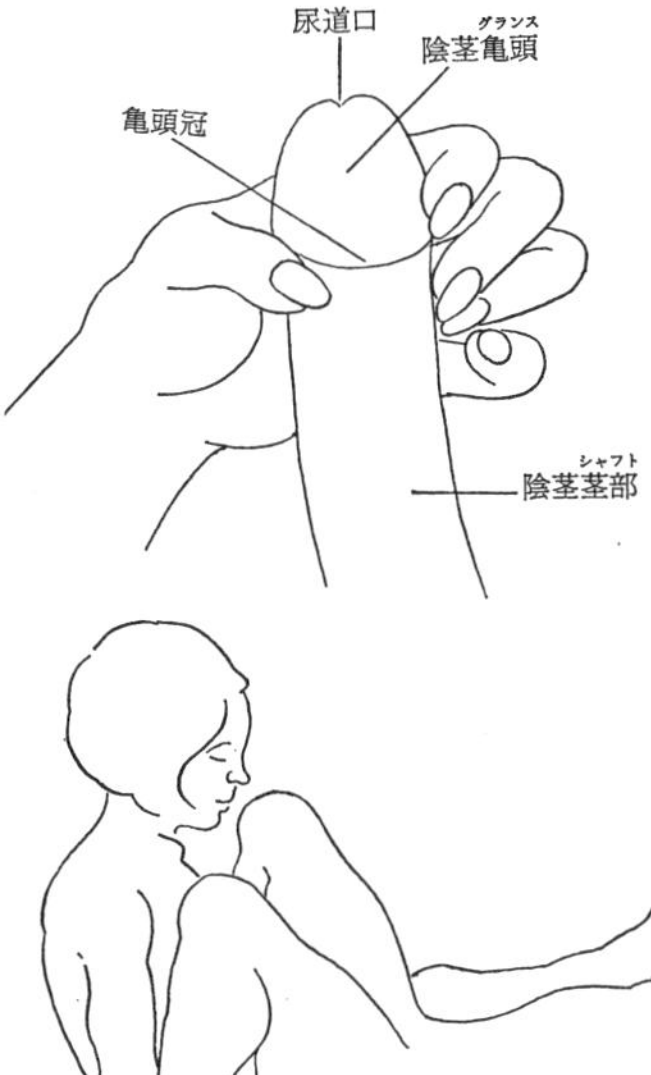

マスターズとジョンソンによる圧迫法の解説図

うことは脅かすものが何もない条件下で、膣内の感覚に習熟することができる」という。催眠や麻薬、鎮静剤、バルビツール催眠剤、感覚を麻痺させるクリームやゼリーなどよりも、この「圧迫法」の方が効果が高く、一八六の症例のうち一八二例で完治したとマスターズとジョンソンは主張している。[*32]

マスターズとジョンソンは「二次性インポテンツ」を、挿入しようとして二五％以上失敗するケースと定義した。その場合の訓練の目標は、性交不安を取り除くことと、男女間でコミュニケーションを取れるようになることだという。妻の側は夫の上に跨るように教えられる。そうすれば夫が膣を「捜し回って」気を逸らしてしまうこともない。また「おねだり」の仕方も習う。「女性が腰を突き出してせがむようなパターンは、逆に男を脅かすだけで、どんな男でも萎えてしまう恐れがある」と警告する。こうした簡単な訓練を二週間あまり続けることで、信じ難いほどの成果が得られる。七五％で功を奏したと二人は主張している。さらに彼らは、三二例の「一次性インポテンツ」のうち一九例で完治を見たという。「一次性インポテンツ」とは、心理的要因、同性愛傾向、娼婦から受けたトラウマなどを原因とするインポテンツだという。別のセックスセラピストが書いているところによれば、彼らは男性の性交能力を回復させるだけではなく、それ以上の成果を挙げていることを誇っていたという。「彼らはこう言っていた。夫が性的な領域で効果的に、また安定的に事を成し遂げる能力を身に付けたなら、それは人生の他の領域で自信をもって男らしく振る舞う能力に必ずや良い影響をもたらすし、また夫婦関係は革命的に改善する、と」。[*33]

未婚男性が訓練を受けるときに、その男性が「パートナーの交代要員」を連れてくることもあれば、既婚男性の訓練の相手として、マスターズとジョンソンが「パートナーの代わり」を用意することもあった。「極度に緊張して怯えている男性」に訓練を施すには、その種の女性が必要なのだと、彼らは正当化していた。[*34] そのような形のセラピーは、決して新しいわけではなかった。医師はもう何世紀にもわたって、男性に娼婦で試してみることを勧めていたのだ。マスターズとジョンソンが客観的な科学者らしく見えるよう振る舞っていたことを考えると、彼らが女性に対してはパートナーの代わりを提供しなかった理由を明確にしていないのは興味深いことである。夫婦のコミュニケーションの重要性を強調していたセラピストからすれば、そこに他人を入れることは方針に反することであるのは確かなはずだ。

セックスセラピストが推奨するテクニック

マスターズとジョンソンが、セックスの純粋に肉体的な側面を強調したこと、また夫婦関係を改善するよりも症状自体を逆転しようとしたことは、今日の目から見れば効果がなさそうに思われる。当時の批評家は、彼らの方法が奏功したという報告の割合が高過ぎることを疑って、被験者をあらかじめ選んでいるのではないかと指摘している。しかしながら彼らが治療奉仕者◆という完全に新しい職業の土台を築いたことは間違いない。そしてこの職業にとって、インポテンツという問題は試金石となったのである。アメリカの心理学者アルバート・エリス〔一九一三～二〇〇七〕は、マスターズとジョンソンに先立って、自分が理性感情療法（RET）を開発したのだと主張した。エリスの考え方は、患者は自己と他者に対して厳格過ぎる見方をしているために、例えばインポテンツのような性的な問題を自分は抱えているのだと思い込み、ないはずの問題を創り出してしまうというものだった。自分の置かれた状況を「悲惨化」し、マスターベーションに救いを求めてきた彼らが、その呪いを解くためには妻と性交する必要がある、と。ウィーン生まれで第二次世界大戦中にアメリカに移住したセックスセラピストのヘレン・シンガー・カプラン〔一九二九～九五〕は、一時的なインポテンツ、あるいは彼女自身が好んだ呼び方では一時的な勃起不全を経験したことのある男性のうち、半分は「驚くほど簡単に」治せると言った。不安が鍵となっている以上、「相手への過度の気遣い」を捨てること、「利己的になること」を彼女は男性に指示した。こうしたセラピスト達は女性に対して、男性の性器に一切触れないか、さもなくば車の後部座席や映画館、コンサートや演劇、あるいは海辺の砂浜で毛布にくるまりながら、男性を挑発するように愛撫してやることを求めた。一九六〇年代の雰囲気を伝

◆治療奉仕者　マスターズとジョンソンは、治療に当たって患者側がカップルで参加するだけでなく、治療者側もカップルで関与する、四人一組の治療体制を良しとした。

えるものとして、あるイギリスの文献のなかに次のようなくだりがある。音楽――「インドの夜に響くラーガのリズム、アフリカの太鼓、レゲエ、マドリガルの歌声」――があれば、男の心配事などあっと言う間に吹き飛んでしまう。[*35]

ここまでに挙げたセックスセラピスト達の著書を読んだ者は、性交が今や高度に組織化された一つのイベントと見なされていて、そのために人は訓練をしたり注意深く準備したりしなければならなくなった、という感覚に陥った。その後に続いた一九七〇年代の大衆的な性の手引き書は、様々な問題に着手して戦略を提示し、筋書きを教え、訓練し、図解した。テクニックを習得し、意識的に計算されたやり方で性の問題に取り組み、プログラム通りに自然と行動できるようになれば、オーガズムという目標を達成することは可能だと、そうした手引き書は請け合った。マスターズとジョンソンは、セックスを仕事のように考えることの危険を確かに指摘しているのだが、その一方で、経済や工業の隠喩に頼ってしまっているところがある。例えば彼らは、ある男性について、「単純に『仕事を終えること』ができないだけ」という言い方をする。[*36]またリラックスして、相手の女性を歓ばせる「仕事」を進めていこうと男性に諭す。セックスセラピストは女性がマルティプル・オーガズムを経験することが可能だと広く知らしめたわけだから、「仕事」はますます厄介になったと思われたに違いない。

セックスセラピストが大衆の啓蒙に貢献したことは間違いない。個々人がそのパートナーを喜ばせる方法を習得することは可能だということを、彼らは強調した。またフロイトが、クリトリスへの刺激の重要性を認めなかったのは誤りだったという考え方も一般に普及させた。そうした彼らのクリトリス重視の考え方は、人体はそもそもオーガズムを発動させるスイッチの集合体のようなものだと主張する者が現われて非難された。それで例えば先に引用したエドウィン・W・ハーシュらは、精神分析家の「反クリトリス・プロパガンダ」に攻撃の照準を合わせ、妻がどう言おうが「鈍感な」クリトリスや「冷え切った」クリトリスを果敢に攻めなければならないと、夫達に教え諭した。クリトリスの復権要求も、オーラル・セックスを可とする人が増えたことも、どちらも膣への挿入を以前より重視しない結果をもたらしたのではないかと考えるのは理に適っている。しかし実際は、セックスセラピストも、性の手引きの書き手も、相変わらず膣への挿入こそ究極的な目標だと言い続け、世の男性達の性器性交への先入観を正すことはなかったのである。インポテンツの割合を示す数値も、それが持つ意味も、どちらも誇張して世に知らしめることは、一方でセックスセラピストの職業上の利益に合致していた。実際、男性の性的機能不全が、アルコール依存症、離婚、薬物依存、自殺、同性愛など、幅広い社会問題の原因であると主張する書き手が何人もいた。[37] しかしその一方で、不安に陥った者達に対して、正しい知識を習得すれば必ず治ると安心させることもまた、セックスセラピストの利益に合致していたわけである。

セックスセラピストが書いた手引き書には、かつてタブーとされていた様々な性行為が大胆に論じられているけれども、そうした書物のほとんどを埋めつくしている行動主義心理学への妄信は、読む者を暗澹たる気分にさせる。要するに彼らの目論見は、女性に対して適切に反応するよう男性を条件づけることだったのだが、極端な事例ではそのために罰を与えることを推奨する者までいた。例えばヘレン・カプランは次のように報告している。「このテクニックは女性器に対する患者の恐怖を軽減するために用いられるのだが、要するにフェルドマンとマックロックが述べている『中止ショック』テクニックの変形である。彼らはそれが、後天的同性愛者に対する性的指向復元に極めて良好かつ迅速な効果を発揮したという。その手法を簡略に述べるなら、電気ショックから解放する際に女性器の写真を見せる、というものである」。異性愛強制の実例として、これほど衝撃的なものは他に想像しがたい。セラピストが焦燥感に駆られているように感じられるのは、他にも例えば実現可能か否かはお構いなく、とにかく挿入は良いことなのだからしなければいけないと命じているのを読むときである。あるアメリカの医師は、萎えたペニスを湿った膣に「押し込む」方法を説いている。またイギリスのセラピスト・チームは、オーラル・セックスや手でしごいて男性が勃起の兆しを見せたら、「詰め込み法」［女性の指を萎えたペニスの副木にして挿入する］を用いて女性のなかに入れてやるのが良いとして、その方法を解説している。また別の専門家は、女性が両手法を用いるのが良いとして、「牛の乳を搾る動作とまったく同じ」であると説明している。[38] これらの策略のおかげで相手の男性が達成感を得ることはできるかもしれないが、悦びはそれほど大きそうではない。

女性と黒人の権利拡大がインポテンツを急増させたのか

性革命がインポテンツ急増の原因となったという主張を非常によく聞くが、そうなのだろうか。本当のところはわかり得ない。懐疑主義者が言うように、野球をする人が増えれば、ヒットを打てないと報告する数も必然的に増える。それと同じで、一九六〇年代までに制約が緩んだことで、より多くの人が性交に引き寄せられたとすれば、実際に行なわれる性交の数も増えるだろうし、その結果、性交に失望したとか、性交に失敗したなどと敢えて告白する人の数も増えるだろう。その結果、インポテンツの報告数も数を増すことになる。しかしそれでも実際の割合は減少している可能性があるというわけだ。当時、「革命」を巡るレトリックが駆使されてはいたが、性的規範が維持されたことは確かである。女性はそれ以前に比べて性的に活発になったかもしれないが、それでも男性が依然としてセックスの主導権を握ることが求められていたのである。フェミニストの性研究者シェア・ハイト［一九四二〜］は、そのような圧力《プレッシャー》のために男性の一〇％が繰り返し性交能力の問題に陥っていると認めている。しかしさらに論を進めて、勃起に対するそのような男性の懸念は、女性に快感を与えたいという気持ちよりも、他の男性に負けられないという気持ちに由来すると主張する。女性に快感を与えることが男性の最大の関心事であるなら、女性にオーラル・セックスをしようとする男性の数が今よりずっと多いはずだと言うのである。同性愛男性であれば、ストレートの男性のように性行為のレパートリーが限定されていない。[*39] だからゲイ・ムーブメントが目につくようになりつつあることは、女性は挿入される存在で、男性は挿入されない存在だと信じ切っている異性愛《ストレート》男性にとって、インポテンツに対する恐怖心をますます煽られる事態かもしれない、という。ここには、挿入できない男性は挿入される、という同性愛嫌悪的《ホモフォビック》含意を見て取ることができる。

シェア・ハイト

一九六〇年代は、白人は黒人のセクシュアリティに脅かされているという古い偏見が再燃した時期でもあった。その種のパニックが当時どのような役割を果たしたかということについては、数多くの黒人作家が物していて、それらは既に古典となっている。例えばアメリカの作家ジェイムズ・ボールドウィン〔一九二四〜八七〕は、『次は火だ』（一九六二）のなかで、白人は自分達は男らしいと信じているが、それは白人以外に男らしさを認めないことで成り立っている不安定な自信だ、その不安定さ自体に、白人の黒人に対する恐怖心と憧れが投影されている、と主張している。仏領マルティニク島出身の精神科医フランツ・ファノン〔一九二五〜六一〕は、自分の患者のなかに、黒人はペニスそのもので、それ以外の何物でもないという人種主義的妄想を抱いている者がいると報告している。そうした妄念が、なぜリンチには去勢がしばしば伴うのかということに対する説明になる。特にアメリカでは、白人は「性的な力を誇ることを夢見ながらそれを抑圧され」、「男性として欠陥があるという妄想に打ちひしがれている」と指摘するのは、自身が黒人である心理学者のカルヴィン・C・ハーントン〔一九三二〜二〇〇一〕である。白人は自分達の罪責感から、マッチョな黒人男性という像を作り上げてきたのだと彼は主張する。これらの作家が白人の性的な不安を軽減することをその目標の一つにしていたとすれば、アメリカの黒人運動指導者エルドリッジ・クリーヴァー〔一九三五〜九八〕は、『氷の上の魂』（一九六八）でそれとは正反対の道を行っている。彼は白人男性の間違った恐怖心を逆手にとって、黒人男性にとっては、白人女性を手に入れることこそ解放の象徴であると誇ってみせるのだ。それどころか白人男性はあまりに気力を失っているので、自分の妻に「黒い棹」をあてがうために金を払う者すらいるのだと、クリーヴァーは主張している。[*40]

評論家はインポテンツをどのように論じたか

セックスセラピストが書いた本も、その批判者が書いた本も、どちらも総人口からすれば読んでいる人の割合は比較的低かった。社会問題の評論家や小説家、映画作家などの作品に目を向けることにより、男性の性的機能不全を巡る世論が、大衆文化のなかでいかに使い古されていたか、より十分に感じ取ることができる。性革命によってもたらされたとされる変化への一つの反応として、男性を犠牲者と描くものが氾濫した。例えば『男性のジレンマ――性革命をいかに生き延びるか』といった類の題名を持つ書物が溢れたのである。それに似たような見出しの記事は、『ペントハウス』や『メイフェア』などの新しいソフトポルノ雑誌にも登場し、男性を骨抜きにするとして飽きることなくフェミニストを攻撃した。アカデミックな世界でも、例えばモントリオール生まれでアメリカで活動する人類学者のライオネル・タイガー［一九三七〜］は、その著『男性社会』（一九六九）で、もしも男性が女性から逃れられる場所を得られなければ、男らしさを失ってしまうだろうと主張した。パブや、山小屋や、その他の行きつけの場所が必要なのだ。学園都市に住んでいる北米の大学人が、仕事と家庭が密接に絡まり過ぎて、皆「建設的な男らしさ」を失ってしまっている証拠に、タイガーはキンゼーの調査した数字を引用している。それによれば、大学人はいかなる職業集団よりも性交の回数が少ないのだ。アメリカの経済学者でレーガン大統領のブレーンでもあったジョージ・ギルダー［一九三九〜］は、著書に『性的自殺』（一九七三）という題を選んでいることを見ても、女性が男性よりセックスに積極的な世界になったらどうなるのか、という点についての彼の考えは明瞭である。生物学的な性差をなくしてしまうとしたら、それは自殺に等しいということだ。男性が統率する立場にないから、性的実行力もないのである。「インポテンツへの恐怖こそ、男性のセクシュアリティにおいて最大の問題である」と彼は強調する。「男性にとって性欲が単に快楽の追求だけではないこと」をフェミニストは見落としている。「男性の性欲は自らのアイデンティティを試す不可欠の試練なのである」。男性がセックスをすることを文化が認めないなら、それだけますます男性はセックスをする必要があるという。男性は安定を得るためには攻撃的にならねばならぬ、と。これに対してオーストラリアのフェミニスト、ジャーメイン・グリア［一九三九〜］は次のように抗議する。「いつでもペニスを硬くすることを期待される男性は、硬いペニスの一突きですぐに膣を濡らすのが当然と思われている女性と同じぐらい自由ではない」と。ギルダーはそれに答えて、「女性の方が積極的になった場合、もしもそれによって男性の統率のリズムが狂って不安定な立場に追いやられるとしたら、すべてが台無しになる恐れがある。それでも条件さえ整っていれば、男性は何とか事を成就できるかもしれない。しかしインポテンツに陥る可能性は増す。セックスにおける最大の不確定要素は、男性の勃起だ。そして男性の勃起は、信頼や自信に基づく精神的な化学作用によって生じるのである。ところが女性の積極性は、通常この信頼や自信を突き崩してしまうのだ。ジャーメイン・グリアは女性の積極性が増せば、男性のインポテンツも克服できると言いたげであるが、それこそ男性のことを少しも理解していない証拠であり、彼女の著作にはこうした無理解が溢れているのである」[*41]。

小説はどのように描いたか

この問題は小説家達も追究した。一九六〇年以降、登場人物のなかにセックスに怖じ気づく男性を加える作品がだんだん増えていくのである。イギリスのある結婚カウンセラーが書いている。「現代の小説でサスペンスの中心となっているのは、彼女はその気があるだろうか、ないだろうかではもはやなく、彼はできるかな、できないかな、ということなのだ」[*42]。もちろんこれは誇張だ。しかしインポテンツというテーマが、かつてないほど文学界の注目を集めていたことも確かだ。またかつてであれば、この種の議論は男性作家の専売特許であったが、それが今や、解放された女性の作家もそこに参入するようになった。男性の性的能力に対する失望をはっきりと表現したことで一番有名なのは、アメリカの小説家エリカ・ジョング［一九四二〜］の『飛ぶのが怖い』の語り手である。

　私はしゃぶり続けたが、彼は硬くなるとすぐにまた柔らかくなった。〔……〕
「その気になればたいていの奴とはやれるよ」。彼は挑むような口調で言った。
「もちろんそうでしょ」。
〔……〕私はこれまでずっとフェミニストを通していた。しかし大きな問題は、自分の女性解放論をいかにして男の肉体に対する抑えがたい欲求と折合わせるかだった。それは簡単ではなかった。その上、齢をとればとるほど、男が根本的に女を怖れているということがはっきりしてきた。ある男は内心で、ある男は公然と。解放された女が萎えたペニスに面と向かうほど痛々しいものはあり得るだろうか。〔……〕男が女を嫌悪するのも不思議ではない。男が女性の無能という神話をこしらえたのも不思議ではない。*43

男性作家はできる限りの自己弁護に努めた。イギリスの小説家キングズリー・エイミス［一九二二〜九五］は、いくつものコミック・ノヴェル作品のなかで、この問題を笑い飛ばそうとしている。『女づきあいの難しさ』（一九八二）では、登場人物の男性が、妻がどこで読んだのか、理不尽な期待を抱いていると友人にぼやいている。

「あれがいつも読んでいる本とか雑誌の記事とかに書いてあったに違いないんだ。肉体的満足みたいなことに対する女性の権利なんてことをあれに吹き込んだのは。去年の春、アンシア・シュムツィッヒの『私の爆弾を破裂させてよ』を出しただろ？　あれをたまたま一冊うちに持って帰っていたんだけど、バーバラの目にとまっていないはずがないんだよ。もちろんあの本は全部フィクションだったわけだけど、バーバラは文字通りに受け取ったに違いない。その結果、ぼくは今、あり得ないような立場に立たされているわけなんだ。あり得ないというのは、つまりできない、ってこと」
「つまり、……デリケートな立場に立たされた……キング・コングみたいなものか」。パトリックは口ごもる。
「ぼくの経験では、女に主導権を握らせちゃ駄目なんだよ」。
「絶対に困ったことが起こるからな」。

エイミスは、パトリシア＆リチャード・ギランの『今日のセックスセラピー』（一九七六）を一冊持っていたし、一九七〇年代には自分自身がセックスセラピストにかかっていた。彼の小説『ジェイク先生の性的冒険』（一九七八）を読むと、セックスセラピー体験に対する彼の考えがわかる。小説に出てくる最初のジョークから、既に女性嫌悪《ミソジニー》の調子が決定的である。語り手（歴史学者）のジェイクはセックスセラピーの初回で、次のように聞かれる。

「奥さんはどれくらい体重がありますか？」
「何？ いやどうも失礼しました。おっしゃったことは聞こえたのですが。どれくらいって……わかりませんね。でもおっしゃる通りです。つまり家内はかなり体重があります。〔……〕どうしてご存知なんですか？」。

ジェイクは妻と一緒に「非性器官能焦点《センセート・フォーカス》セッション」を受けるよう言われ、また夜間測定器を用いて勃起記録を採ることを教わる。最終的に彼は、自分は性交能力はあるのだが、要するに単なる女嫌いなのだという結論に達する。つまり作者のエイミスは、ここで古くからある自己弁護、インポテンツの原因は女性が男性を興奮させられないことにある、という言い訳を支持しているように読める。[44]

世界的に名前を知られた作家のなかにも、女性の貪欲さが男性を去勢しつつあるという懸念を表明して参入してくる者がいた。イタリアの小説家アルベルト・モラヴィア［一九〇七〜一九九〇］は、『わたしとあいつ』◆（一九七一）のなかで、主人公が女性に跨られたときに、性器を取られたように感じたと描写している。これはまさに、一六世紀の男性が魔法を掛けられたと信じ込んだときの感覚にそっくりである。

突然、マファルダはわたしを押し倒し、わたしの上にのしかかる。二人のうち、男はマファルダの方だというような気持ちになる（《あいつ》がいつもすばらしい能力を示してくれたから、わたしとしてはこんな経験は初めてのことだ）。イニシアティブも彼女がとり始める。ある意味で、彼女がわたしの体のなかへ入り込む。彼女の腰が激しく押し迫ってくるたびに、《あいつ》の方は不甲斐なくも退却と屈服をするばかり。あまりのことに、やがてわたしは、自分がもはや男ではなく、女になってしまい、今しがたまで《あいつ》がでんと構えていた箇所に窪みができ、文字通りに孔が空いてしまったような気持ちになる。[*45]

最もありのままに、男性の性的機能不全に焦点を当てたフィクションは、おそらくフランスの小説家ロマン・ガリ〔一九一四～八〇〕の『この線を越えるとあなたの切符は無効です』（一九七五）であろう。出版当時のガリは中年で、若いアメリカ人女優ジーン・セバーグと結婚していた。この本のなかでは登場人物の男性達が、今、女性の膣は広がってきているのではないか、その一方、自分達のペニスは小さくなってきているという話をする。彼らは膣性交を避ける傾向があり、なかの一人はこんなジョークを言う。もしも女房に、性器を医者に診てもらえと言われたら、舌を突き出して見せてやるさ、と。彼らは今や、女性の親切心と憐れみにすっかり頼り切っている。そんな屈辱を受けるくらいなら死んだ方がましだと、語り手は自分自身を殺害する計画を練る。[*46] もちろんガリは、主人公のインポテンツを西洋的資本主義世界の衰退を表わす隠喩として用いているのだが、それを大方の読者は、精力を失った男性の嘆きとしか受け取らなかった。

アメリカの小説家フィリップ・ロス〔一九三三～〕の『ポートノイの不満』（一九六七）は、一九六〇年代のセックス小説のなかでは最も有名な作品である。そこでは母親に固着しているユダヤ人の主人公が、「故国」旅行の最中にインポテンツになってしまう。「勃ってくれない！　イスラエルの国に来たのに！」。また『背信の日々』（一九八七）の登場人物ヘンリー・ザッカーマンは、心臓病治療のためにのんでいる薬のせいでインポテンツになる。三九歳のヘンリーにとって性交能力は極めて重要であるので、生死を賭けてそれを回復しようとする。「インポテンツは、予想できる生活の最も単純な位置から自分を切り離したと、ザッカーマンは考えていた。彼に能力がある限り、〔……〕決まりきった仕

ロマン・ガリと妻の女優ジーン・セバーグ（1971）

事とタブーとの間を行き来するゆとりがあった。しかし能力がないとなると、あらゆる問題が鎖でつながれた生活を運命づけられることになる」[*47]。彼は生命の危険のある心臓バイパス手術を受け、そのおかげで愛人との情事を続けることが可能になる。皮肉なことに妻は、彼が死の危険を冒して手術を受けたのは自分のためだと信じている。こうした小説が現実の多くの男性の思考を反映しているわけではないにしても、インポテンツであるよりも死んだ方がましだという「背水の陣」の心境を描き出すことによって、ややもすればすっかり包囲されてしまったという思いに打ちひしがれている一つの時代に、どのようなレトリックがあり得るかを見事に活写していることは間違いない。

演劇・映画はどのように描いたか

劇作家にとっても、インポテンツという話題は抗いがたい魅力があったようだ。アメリカのエドワード・オールビー［一九二八～］による『ヴァージニア・ウルフなんかこわくない』の劇評のなかで、イギリスの批評家ケネス・タイナン［一九二七～八〇］は次のように言っている。トニー賞受賞のこの作品はインポテンツを巡ってくだくだしい会話を展開しているが、このインポテンツという問題こそ、「ブロードウェイが長い時をかけて確立したあげく、最近になって一つの強迫観念と言えるほど堅固に（いや柔弱に、か？）なった主題なのだ。シリアスな演劇であれば、この主題なくして完成されることはない」。彼はこの主張の裏付けとして、他にもいくつかの戯曲を例に挙げている。例えばどれもアメリカの劇作家の作品だが、テネシー・ウィリアムズ［一九一一～八三］の『やけたトタン屋根の猫』（一九五五）や『青春の甘き小鳥』（一九五九）［映画化作品の邦題は『渇いた太陽』、一九六二、監督リチャード・ブルックス、主演ポール・ニューマン］、パディ・チャイエフスキー［一九二三～八一］の『真夜中』（一九五六）［映画化、一九五九、監督デルバート・マン、主演フレデリック・マーチ］、リリアン・ヘルマン［一九〇五～八四］の『屋根裏部屋のおもちゃ』（一九六〇）などである。一般大衆がこのテーマに触れたのは、

◆『わたしとあいつ』　語り手の「わたし」は、長さ二五センチ、周囲一八センチ、重さ二・五キロという巨大なペニスを持ち、しかもその逸物が口を利いて「わたし」と会話するという物語。「わたし」はそれを《あいつ》と呼ぶ。

映画を通してだった。一九五〇年代初めには、映画を観る大衆層が、インポテンツ男性のことを自分達の生きている社会の悲劇的な犠牲者であると受け取る準備が整っていた。このことを悟った映画製作者が、インポテンツの元凶として槍玉に挙げたのが、まず戦争であった。障害を負った退役軍人という主題は、第一次世界大戦の終わった一九一八年から既にあったが、それが身に迫るもっと深刻なものとなったのは、第二次世界大戦後のことである。『男たち』（一九五〇、監督フレッド・ジンネマン）では、主人公の退役軍人が脊髄損傷のために歩くことができなくなっている。しかしやはりその怪我のために、男らしさをも失ってしまったということが、より重大なこととして描かれている。「もうぼくは男じゃないんだ」と、マーロン・ブランド演じる主人公は嘆いてみせる。「一人の女性すら幸せにできないんだ」、と。彼のガールフレンドの両親は、孫を待望しているからこそ二人の結婚に反対する。主人公が国や婚約者に経済的に頼り切っていることよりも、セックスができないことの方が、男らしさを脅かす要素としてはより深刻なのだ。[*48] 当時のアメリカでは膣に挿入しない性行為が幅広く行なわれていたということを、ちょうどアルフレッド・キンゼーが発表したところだったのに、この映画は慎重にも、主人公は性的な欲求不満が避けられない人生を運命づけられているように描いている。

　夫たる者、体制順応主義社会のなかで家計を支えることが務めであるが、心配性で病弱な者は圧力《プレッシャー》から不能になってしまう、という解釈の方が映画ではありふれていた。[*49] アルフレッド・ヒッチコック［一八九九〜一九八〇］は、俗流フロイト主義の様々な概念を上手に利用しながら、冷感症のヒロインとインポテンツの男性という主題を何本も作品にしている。『裏窓』（一九五四）の主人公は、想像力豊かな批評家に言わせれば、精神分析的には去勢された＝インポテンツの窃視者だと言えるそうだ。一度も結婚をしたことがない『めまい』（一九五八）［出演ジェイムズ・スチュワート、キム・ノヴァク］の主人公も同じで、女性を支配することができない。『フレンジー』（一九七二）では、女性の首を絞めることでしかインポテンツを克

車椅子に座る主演のマーロン・ブランドと，ガールフレンド役のテレサ・ライト

服することができない精神病質の殺人者の所業を、ヒッチコックは赤裸に描いている。

インポテンツが豊かさのせいにされることもあった。上流階級には、下層の人間が持っている豊かな精力が欠けているという古くからある物語を、ハリウッド映画も何度も焼き直している。全国良風連盟◆から「猥褻故に非難に値する」とされた『ベビイドール』は、エリア・カザン［一九〇九〜二〇〇三］がテネシー・ウィリアムズの一幕劇を映画化した作品である。子供のような処女の妻、酔っ払って威張り散らす年上の夫、妻を誘惑する第三の男など、すべての登場人物が初期近代の猥本を思わせる。夫は医者に「このところずっと調子が悪いんだ」と訴え、第三の男は「空っぽの子供部屋」を見て思いを巡らす。ダグラス・サーク［一八九七〜一九八七］の『風と共に散る』（一九五六）では、テキサスの金持ちのプレイボーイが登場するが、「決して種なしではないが、弱い」と医者に言われ、子供を持つ望みがほぼ叶えられないことを知る。それで自暴自棄になった彼は、妹のみならず妻までもが、自分の親友に心惹かれていると感じてもそれを止めようとはしない。その幼なじみは下層階級の男らしい男として描かれている。

◆全国良風連盟　アメリカのカトリック司教によって一九三四年に設立された団体。宗教道徳的見地から映画のレイティングを行ない、大きく分けて三段階——A「異議無し」、B「異議あり」、C「非難すべき」——の評価を付けた。

『ベビイドール』の主演キャロル・ベイカー

【上】『裏窓』で車椅子に座るジェイムズ・スチュワートとグレイス・ケリー【下】『フレンジー』でバーバラ・リー・ハントの首を絞めるバリー・フォスター

予想されていたことだが、やはりインポテンツの元凶は女性だともされた。『縮みゆく人間』（一九五七、監督ジャック・アーノルド）は、タイトル以外は主人公の性的能力への言及はない（事故で放射性物質を浴びたことが彼の運命の直接的原因である）。しかしかつては一家の主人であった男性が、鼠の大きさにまで縮んでいく様を描くことで、この映画は観る者が既に抱いているジェンダーに対する不安に訴えかけるのだ。

オールビーのブラック・コメディの映画化作品『バージニア・ウルフなんかこわくない』（一九六六、監督マイク・ニコルズ）は、男女間の争いを徹底して解剖してみせる。歴史学教授のジョージと妻のマーサには子供がいない。ある晩二人が、新任の生物学教授の夫妻を夜遅く家に招いてひどく酔っ払って過ごすのだが、マーサは男達をののしって、夫のジョージも生物学教授のニックも誰も彼も「出来損ない」の「インポのぐうたら」◆だと言う。ジョージはもうずっと前からマーサ相手に勃たなくなっていた。マーサが、学長の娘である自分と結婚するためなら、右腕も差し出すという男がいくらでもいると言うと、ジョージは冷たく答えて言う。「残念ながら実際にはね、マーサ。犠牲にしなくちゃならないのは、解剖学的に言って、もう少しプライベートな部分だよ」。女性嫌悪《ミソジニー》の憂愁が頂点に達するのは、同じ監督の『愛の狩人』（一九七一）である。ジャック・ニコルソン演じる登場人物は、性革命の結果「最近の女性は男よりデカイ物をぶら下げている」と不満をもらす。[*50] 女性を追いかけることに血道をあげるその彼が、最終的に娼婦以外とセックスすることができなくなり、女性に対して抱いている自分の憎悪を思い知る。「何に突っ込んでるか考えたら、意

【右】『風と共に散る』の金持ちのロバート・スタック（中央）とその妻ローレン・バコール（右），幼なじみの親友ロック・ハドソン【左上】『縮みゆく人間』グラント・ウィリアムズと妻のランディ・スチュワート【左下】『バージニア・ウルフなんかこわくない』で罵り合うエリザベス・テイラーとリチャード・バートン

識のはっきりした奴ならどんな男でも萎える権利がある。そうは思わないかルイーズ?」。

インポテンツを安直に同性愛と結びつけるという大衆文化の常套手段を利用する映画もいくつかあった。テネシー・ウィリアムズの『欲望という名の電車』は、原作の戯曲では主人公ブランチの夫は年上の男と一緒にいるところを彼女に見られて自殺したことになっている［第六場末尾］。それが一九五一年の映画化作品では、監督エリア・カザンが検閲の求めに応じて変更を加え、ブランチが発見したのは夫が「弱い人間」、つまりインポテンツであることに、また自殺の原因も彼女が夫に「あなたは弱い人間、尊敬できないわ。軽蔑するわ」と言ったことに、変えられたのである。[*51] また同じテネシー・ウィリアムズの『やけたトタン屋根の猫』は、原作では主人公ブリックと、自殺した彼の友人との「同性愛」関係が物語の焦点の一つになっていたが、映画化作品（一九五八、監督リチャード・ブルックス）［映画邦題は『熱いトタン屋根の猫』］では、自分の妻がその友人と浮気をしたと思い込んだことでアルコール依存症になり、妻を嫌ってセックスを避けるようになるが、最後には誤解が解けるという描き方になっている。映画が共感の対象として同性愛を描くことができない一方で、男性のインポテンツを話題にすることは

【上】『愛の狩人』ジャック・ニコルソンと娼婦ルイーズ役のリタ・モレノ【下】映画『欲望という名の電車』のヴィヴィアン・リーとマーロン・ブランド

◆**インポのぐうたら** 原語は impotent lunkheads だが、この言葉は映画では使われていない。原作では第三幕の冒頭の場面に出てくる。第二幕の最後は、ニックとマーサが二人きりになって、性行為に臨もうとする場面なので、マーサのこの言葉はニックがインポテンツに陥ったことを意味する。ニックは酒の飲み過ぎだと言い訳する。

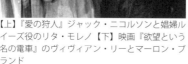

可能だったわけだが、このことは、第二次大戦直後の数十年間に性を巡る道徳観に何らかの変化があったことを物語っている。

映画製作者がインポテンツをそれとなく話題にすることが可能だった一番の理由は、それがユーモアの種になり得るからだった。*52『お熱いのがお好き』（一九五九、監督ビリー・ワイルダー）は、これまで作られたアメリカ映画のなかで最も面白いと今でも思われている作品だが、そのなかでジョー（トニー・カーティス）は、シュガー（マリリン・モンロー）を誘惑するためにインポテンツを装う。

シュガー「名医にかかるのね」。

ジョー「かかった。ウィーンのフロイト教授だ。（ソファに横になりながら）こんなふうに仰向けに寝かされて半年間。それからメイヨー兄弟のクリニックにも行ったし、注射や催眠療法も受けたし、ミネラル風呂もやった。こんな臆病者じゃなければ、自殺してたところだよ」。

シュガー「そんなこと！（彼のところに走り寄り）感じる女性がどこかにいるわよ」。

ジョー「そんな女がいたらすぐ結婚するね」。

シュガー「お願い」。

ジョー「何だ？」。

シュガー「あたしはフロイト教授でも、メイヨー兄弟でも、フランス娘のメイドでもないけど、もう一度させて」。

ジョー「ご希望なら」。

【右】映画『熱いトタン屋根の猫』のエリザベス・テイラーと，足を骨折しているポール・ニューマン
【左】『お熱いのがお好き』で，マリリン・モンローにキスをしても「何も感じない」と言うトニー・カーティス．引用されているセリフはこれに続く場面でのやりとり

シュガー「どう？」。
ジョー「感じない。悪いね」。

性革命の真っ只中で、やはりトニー・カーティスが再び同じような役回りを『求愛専科』（一九六四、監督リチャード・クワイン）で演じている。今度は三流雑誌の記者として、『セックスと独身女性』〔映画の原題と同じ〕という本を出版したばかりの女性性科学者にインタビューをしたいと目論む。そこで彼は、インポテンツに悩まされているので相談したいと言って、素性を隠して彼女のオフィスに通うのである。このように、純朴な者が洗練された体《てい》を装ったり、性交能力がある者がインポテンツを装うなど、物語のなかで男性が本来の自分以外の役割を演じている書物や映画は、夥しい数に上る。このことが意味するのは、ジェンダーとは人が演じるべきものであり、したがって男性性などというものは仮面に過ぎないのだという考え方が、当時の社会に浸透し始めたということである。これは既成観念を根底から覆すような考え方であった。*53

映画でインポテンツが取り上げられる場合に、一番多いのが、不器用な若い男性が手探りしながら性的に成熟していく過程でそれに陥るという物語である。このレトリックは一九六〇年代の、自意識過剰な純真さを反映したものと言える。チェコ・アカデミー賞を受賞した『厳重に監視された列車』（一九六六、監督イジー・メンツェル）では、主人公の青年ミロシュが、ガールフレンドと一緒に彼女の叔父さんのプラハの家を訪ねたとき、彼のベッドに彼女が忍び込んできたことを回想している。「ぼくも彼女を優しく撫でた。それで遂に男になるぞという瞬間が来そうになるその時までは、ぼくは確かに男だった。ところが突然、ぼくは萎えちゃったんだ。すべてが駄目になったんだ。マーシャは一生懸命指でしてくれたんだけど、手足の先が全部痺れたみたいになって、ぼくは本当に死んでた」。彼女の叔父さんが写真家で、「五分で終わり

『求愛専科』でのナタリー・ウッドとトニー・カーティス

ます」というキャッチコピーの入った広告作品を作っていたから余計に恥ずかしかった、「ぼくなんか始める前に終わっちゃったんだから」、と青年は告白する。成長物語を描いた映画では、純朴な青年と理解のある女性の登場が、ほとんど必須条件となった。『日曜はダメよ』（一九六〇、監督ジュールズ・ダッシン）では、不能の若者が心優しい娼婦によって癒される（「君のせいじゃないんだ〔……〕どうしたのかわからない。緊張してるのかな。このまま帰っても構わないかな?」「いいけど、タバコでも吸わない?」）。その一方で、『俺たちに明日はない』（一九六七、監督アーサー・ペン）では、出会ったばかりのクライドが強盗をやってのけるのを見て、すっかり興奮したボニーはそのままクライドをセックスに誘い込もうとするものの、興奮させることができない。クライドは言い訳がましく「悪いところがあるわけじゃない。男が好きなわけでもない」と言う。[*54]『真夜中のカーボーイ』（一九六九、監督ジョン・シュレシンジャー）では、自称色男の若者が初めての失敗を経験するし（「こんなこと初めてだ……天に誓って」）、『ラスト・ショー』（一九七一、監督ピーター・ボグダノヴィッチ）では、一九五〇年代のテキサスの若者達のセックスライフが描かれている（「何が起こったかわからない」）。既婚者のインポテンツは、以上のような例よりももっと複雑で微妙な問題なので、映画監督がそれを進んで取り上げることはなかった。義理の両親と暮らしていることが原因となって結婚を成就できないでいる若き夫を描いたイギリスのコメディ『ふたりだけの

【右】『厳重に監視された列車』の「理解のある女性」ナジャ・ウルバーンコヴァーと「純朴な青年」ミロシュ役のヴァーツラフ・ネッカージ

【左】『日曜はダメよ』で心優しい娼婦メリナ・メルクーリが、駄目になった若者を慰める

窓』（一九六六、監督ロイ・ボールティング）が、一九六七年にアメリカで公開されたときには、その内容をスキャンダラスだと考えた者がいたぐらいである。

障害者となってヴェトナムから帰還した兵士の人生を描いたもののなかでも、大胆さに驚かされるのは、映画制作者が彼らを性的機能不全に直面させる物語である。最も有名なのは、ロン・コヴィック［一九四七〜］の同名の小説（一九七五）を映画化した『七月四日に生まれて』（一九八九、監督オリヴァー・ストーン）である。それは主人公が怪我を負うところから始まっている。◆その怪我のせいで、彼は尊厳も、またセクシュアリティも奪われることになる。「全部が終わってしまった。アメリカのために失ったんだ。民主主義のためにくれてやった。もうそれはそれでいい。いいんだ。そうさ、いいんだよ。ブラブラぶらさがっているだけのちんぽはアメリカにくれてやったんだ。まだ新しかったおれの麻痺したちんぽは、民主主義にくれてやったんだ。なくなった。今はもうすっかり麻痺してる。大砲がバンバン破裂していたあの川のそばのどこかで、なくしてしまった。神様、神様！ あれを返してくれよ！」[*55]。主人公はメキシコ人の娼婦の助けを借りて、セックスらしきものを再び経験する。その後反戦運動に打ち込んでいく主人

◆……から始まっている　原作の小説はヴェトナムの戦場から始まるが、映画は幼い主人公が戦争ごっこをしている場面から始まる。ここに引用されている内的独白も、映画にはない（小説の集英社文庫版邦訳ではこの独白は大幅に短縮されている）。

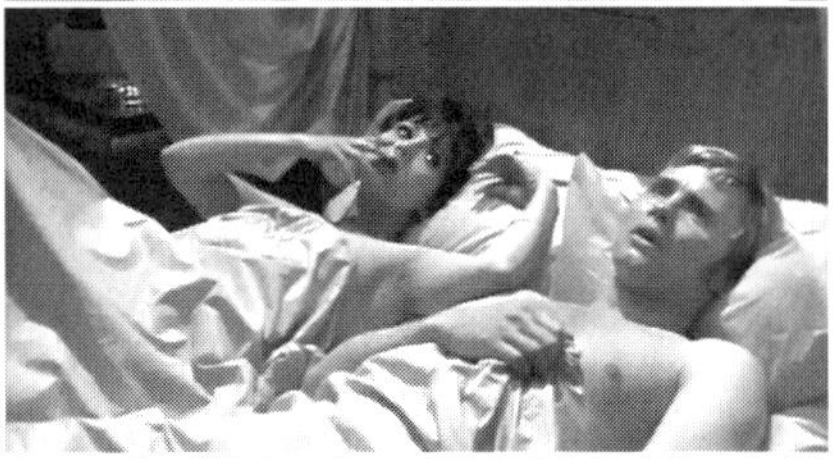

【右上】『俺たちに明日はない』のウォーレン・ベイティとフェイ・ダナウェイ，この映画のクライド＝ベイティも，片足を引きずっている【右下】『真夜中のカーボーイ』で初めて失敗して呆然とする自称色男のジョン・ヴォイト【左】『ラスト・ショー』で，うまくできなくてガールフレンドから罵られる若者

公は、最終的には自尊心を取り戻す。時期的にもっと前の映画である『帰郷』（一九七八、監督ハル・アシュビー）は、フェミニズムと反戦の雰囲気に満ちている。そこでは両足麻痺の登場人物が、人妻との情事でオーラル・セックスという手段を使う。性交能力のある彼女の夫と違って、「インポテンツ」のこの愛人は、彼女をオーガズムに導くことができる。『再会の時』（一九八三、監督ローレンス・カスダン）では、一九六〇年代に学生運動をしていたグループが、ある週末に再会する。クロエから誘いを受けたニックは、「ヴェトナムでぼくに起こったこと、話していなかったっけ？」と言って断る。また別の友人には、「道具がぜんぜん役に立たなくなっちゃったんだ」と教える。クロエはそれは重要な問題ではないとニックに言い、彼と一緒に暮らす決心をする。このように、これらの映画は男らしさの定義を拡大しているのである。それを見ると、一九六〇年代に、セックスに対する態度は幾分の緊張緩和を見たのだという主張も、なるほどと肯けるのである。

おわりに

映画も、演劇も、小説も、たとえインポテンツの話題を取り上げたとしても、それを延々と追究するような作品は稀である。そんなふうに深刻に扱うよりも、喜劇に仕立てる方が一般的には好まれたのである。セックスの実態調査レポートやセックスセラピストの著書が間接的に言及されることがあっても、医療や心理学的な治療を受けることにまで話を発展させる勇気は持てずにいたのだ。たいていの場合、男性の性的機能不全は単なる厄介な通過点として描かれ

【右】『ふたりだけの窓』で新婚夫婦を演じるヘイリー・ミルズとハイウェル・ベネット【左上】メキシコの娼婦コルデリア・ゴンサレスに，麻痺して感じないからできないと言うトム・クルーズ【左下】『帰郷』でヴェトナム帰りのジョン・ヴォイトと人妻ジェーン・フォンダが心を通わせる

るに過ぎない。そうは言っても一九六〇年代から七〇年代の全体を通じて、小説家や映画作家が、インポテンツは人生におけるハードルの一つであり、男性なら誰でもやがて直面する可能性がある問題なのだという考え方を大衆に広める役を果たしたことは確かである。通常は物語の最後で性交能力が回復する。しかし実際そんなにうまくいくのかと不安視されていたという事実そのものが、男らしさという堅固な一枚岩の観念をある程度までは突き崩す役割を演じたのである。一九六〇年代以降に異性愛の規範がどのように変化したか辿っている研究者が、女性の考え方、振る舞い方における大きな変化に注目して、焦点のほとんどをそこに当てていることは極めて正当なことだと思うけれども、性を巡る女性のシナリオが変化したように、男性のそれもまた変化したのだ、ということは認めるべきであろう。

しかしながらインポテンツという妖怪は未だに巨大な姿を現わしていた。心理学の文献情報を集積した『心理学要録』を、一九四〇年版から八三年版まで目を通したある研究者は、冷感症を扱う論文の数が一九七九年までにゼロになるのに対して、インポテンツを扱う論文は爆発的に増加し、一九七九年の一年だけで三〇本以上もあることに驚いている。「冷感症」という言葉はあまりに多くの予断を含んでいると見なされたために、「女性オーガズム不全」という用語に取って代わられたのである。それに対して「インポテンツ」という用語についてセラピストは、定義するのが難しい上に、ありとあらゆる文化的なマイナスイメージを抱え込んでいることが明らかだと認めはするものの、未だに自由に使って良いと考えていたようだ。性革命とセックスセラピーという職業の急増の予期せぬ影響として、文化が勃起という現象に固執する度合いは弱まるどころか逆に大いに高まった。専門家がセクシュアリティに関する調査を行なえば行なうほど、病に対する懸念を煽る彼らの言葉がますます説得力を持つようになったからだ。しかし実際

『再会の時』のニック役ウィリアム・ハートとクロエ役メグ・ティリー

は、彼らが説く「正常」の概念は、医学的に構成されたものというよりも、むしろ文化的に構成されたものだった。性の手引き書は影響を受けやすい者達に対して、四六時中自己診断すること、そして問題があればそれを治すだけでなく、性生活を改善し向上させるためにも、様々なサービスを試してみるべきだと説いた。このような事態に反映されているのは、現代世界における性的能力は「文化的基準」に合致しているかどうかによって測られること、だからセックスはもはや単なる生物学的欲求だけではないこと、イギリス人のある結婚カウンセラーが言ったように、セックスが今や「社会から認められたいという私達の欲求を満たすための」手段となったという事実である。[*56]「新たなインポテンツ」を伝える記事が急増したことを見てもわかるように、一九六〇年代、七〇年代の男性達の多くは、試験に落第してしまうかもしれないと、文化によって思い込まされていたのである。

セックスが次第に「強迫的な性質」を帯びるようになってきた、それによってセックスの意味が奪われてしまう恐れがある、と言って嘆く論者もいたのだが、進取の気性に富んだ人々は、まだセックスセラピストが蓋を開けたばかりのその分野に、潜在的巨大市場が開発される可能性があることを見て取った。もしも科学者がインポテンツを治す薬を創り出したなら、精神分析家に何年も通って調べてもらう必要も、セックスセラピストのお節介な条件付け訓練に従う必要もなくなるし、何より一財産築くことができるであろう、と。

第10章

バイアグラと“男らしさ”の現在

幸福な解決策か、新たな不幸の誕生か

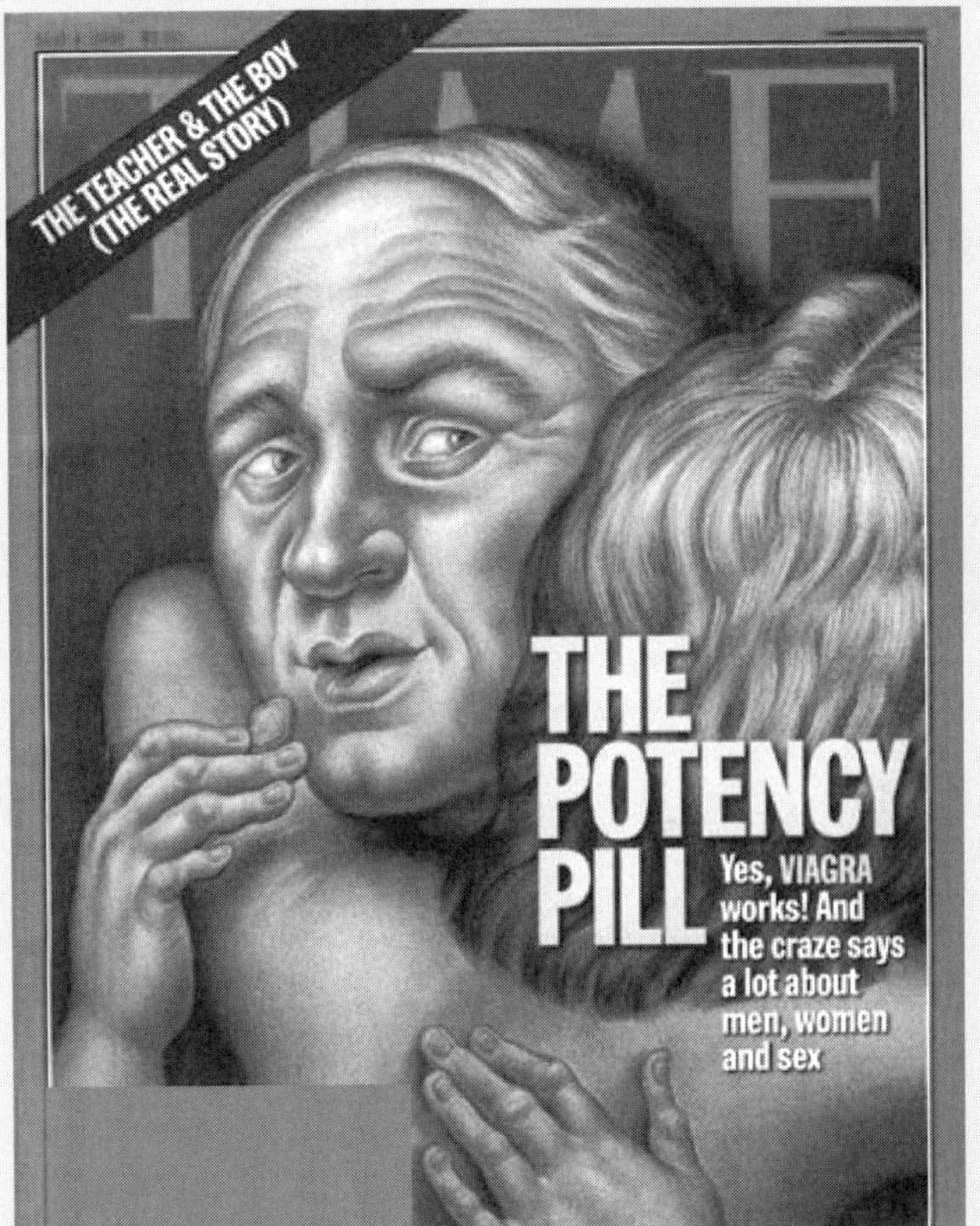

バイアグラは本当に〝革命〟だったのか

一九九八年三月二七日、バイアグラは、勃起不全の経口治療薬としては初めてアメリカ合衆国食品医薬品局によって公式に承認された。それ以来、この薬が与えた影響を分析する書籍や論文が洪水のように溢れ、その勢いは現在なお一向に衰える気配を見せていない。そのなかでも深い洞察を示していると思われるものの一つとして、メイカ・ルーの『バイアグラの誕生——小さな青い錠剤はいかにアメリカのセックスを変えたか』（二〇〇四）〔邦題『バイアグラ時代——〝魔法のひと粒〟が引き起こした功罪』〕がある。ルーの本のこのタイトルには、よくある議論が要約されている。だが、「セックスを変える」、「セックスが変わる」とは、何を意味しているのだろうか。バイアグラが、魔法の妙薬や魔弾のように、人のセックスをすっかり変えるというのだろうか。これこそが、何世紀にもわたって医師達が探し求めてきた回春剤だというのか。セクシュアリティを医療の対象にすることに熱心な人々は、まさにそうだと主張している。一九六〇年代の避妊ピルによって、新しい時代の制約のない性風俗がもたらされたのとまったく同じように、バイアグラも、二一世紀初頭の世界にそれに匹敵するほどの革命的影響を与えたのだと言う者は多い。男性のセクシュアリティ研究の第一人者であるアメリカの医師アーウィン・ゴールドスタインも、バイアグラによって「第二の性革命」が始まったと断言している。セックスセラピストのバーニー・ジルバーゲルト〔一九三九～二〇〇二〕も、このダイヤモンド型の錠剤が、セックスに対する私達の考え方を変えたという意見に同調している。但し彼は、それでもバイアグラによって男性が変わったわけではないと、矛盾した言い方をしてはいる。バイアグラに肯定的な者達が、その効力を大げさに言い立てるのはありそうなことである。しかしバイアグラを批判する者達までもが、この錠剤に極めて大きな影響力があると見ていることには驚かされる。先ほどのメイカ・ルーも、フェミニストの社会学者としてファイザー社のマーケティング戦略を辛辣に分析してみせるが、そんな彼女ですら、バイアグラ現象が「アメリカの人々のセックスに対する認識を変えたのであり、また世界中の人々の認識を今変えつつある。〔……〕正常なセックスは今や求めたときにすぐ応じる《オン・デマンドの》セックスであり、万人のセックスであり、生涯通じてのセックスを意味するようになったのだ」ということを認めているのである。[*1]

歴史家としては、このような大げさな主張に対して懐疑的にならざるを得ない。これまで見てきたように、男性の性的不全の概念は、時代が変わるたびに再構成されてきたからである。フーコーも言っていたように、セクシュアリティの統制管理のありようがいかに変わろうとも、それが制御されているという事実に変わりはないのである。バイアグラの成功を分析することが、この最終章の中心テーマとなるが、あの小さな青い錠剤の到来によって、セックスを巡る男性の不安が解消されたわけではない、ということは言っておかねばならない。それどころか、あの錠剤のおかげでかえって不安が増したことを示す証拠がいくらでもある。一九九〇年代に新世代の性関連薬品が登場し、利益を生んだことの背景には、特定の社会的文化的条件があった。その条件を理解しなければならない。この錠剤は老化やジェンダーに対する考え方を根底から覆したと言われている。ではその変化はいかなるものだったのかという点に囚われ過ぎてしまうと、もっと重要な点、すなわちバイアグラはそれ自体が科学と医学、メディアと大衆文化の相互作用の産物であるという事実を見落としてしまうことになる。バイアグラに対する批判者にもこの傾向は見受けられる。この物語の「供給」の側面については多くのことが知られている。しかし「需要」の側面についてはほとんど知られていない。一九九〇年代末にバイアグラを始めとする数種の勃起薬が登場したことが、それに先立つ数十年にわたる開発の成果であったことは間違いない。バイアグラ現象を正しく評価するためには、一九九〇年代に薬理学上の新成分の数々がいかに登場したかを辿ってみることも必要だが、さらにそれを、男らしさや医学、また様々な人間強化技術に対する考え方が、文化的にいかに変化したかという文脈のなかに位置づけてみなければならない。

バイアグラ以前の治療法

「異性愛男性の自信と力を『回復させ』、強化し、それによって『危機に陥った男らしさ』を救うことを目的にバイオテクノロジーが利用されたのは、これがアメリカ史上初めてのことである」とメイカ・ルーは書いている。しかしこれまで見てきたように、既に何世紀にもわたって男性達は、精力回復のための薬を求めて医師にすがりついていたのである。それに対して一九八〇年代の医師達は、ヴィクトリア朝時代からお馴染みの真空装置やヨヒンビンなどのハーブを依然として勧めていたのである。さもなくば新しい治療法としてインプラントや注射、陰茎動脈のバイパス手術などを受けることもできた。バイパス手術は動脈を繋ぎ換える方法で、アーウィン・ゴールドスタインもそれを実施した一人だが、複雑で危険を伴う手術で成功率は低かった。そうした外科手術に関して最も興味深いのは、性交能力の回復を保険会社が正当な医療費と認めて保険金を支払うかどうかという問題が初めて持ち上がったことである。[*2]

インポテンツ男性に対するさらに大がかりな治療方法として、一九七〇年代以降外科医が実施していたのがペニス・インプラント、すなわちペニスへのシリコン・ロッド移植術である。アメリカン・メディカル・システムズ社（AMS）は、一九八〇年代にペニス・インプラントとして三種類のモデルを提供していた。通常時には折れ曲がり、挿入時には真っ直ぐにすることができる二本のシリコン・ロッドからなる「半固定人工ペニス補助装具６００」、液体が充填されていて、圧迫すると膨らむ二本のシリンダーからなる「人工ペニス補助装具ダイナフレックス」、それにさらに液体を入れておくタンクと、タンクから液体を充填するためのポンプ（陰嚢内に埋め込む）を加えて完成形となった「膨張

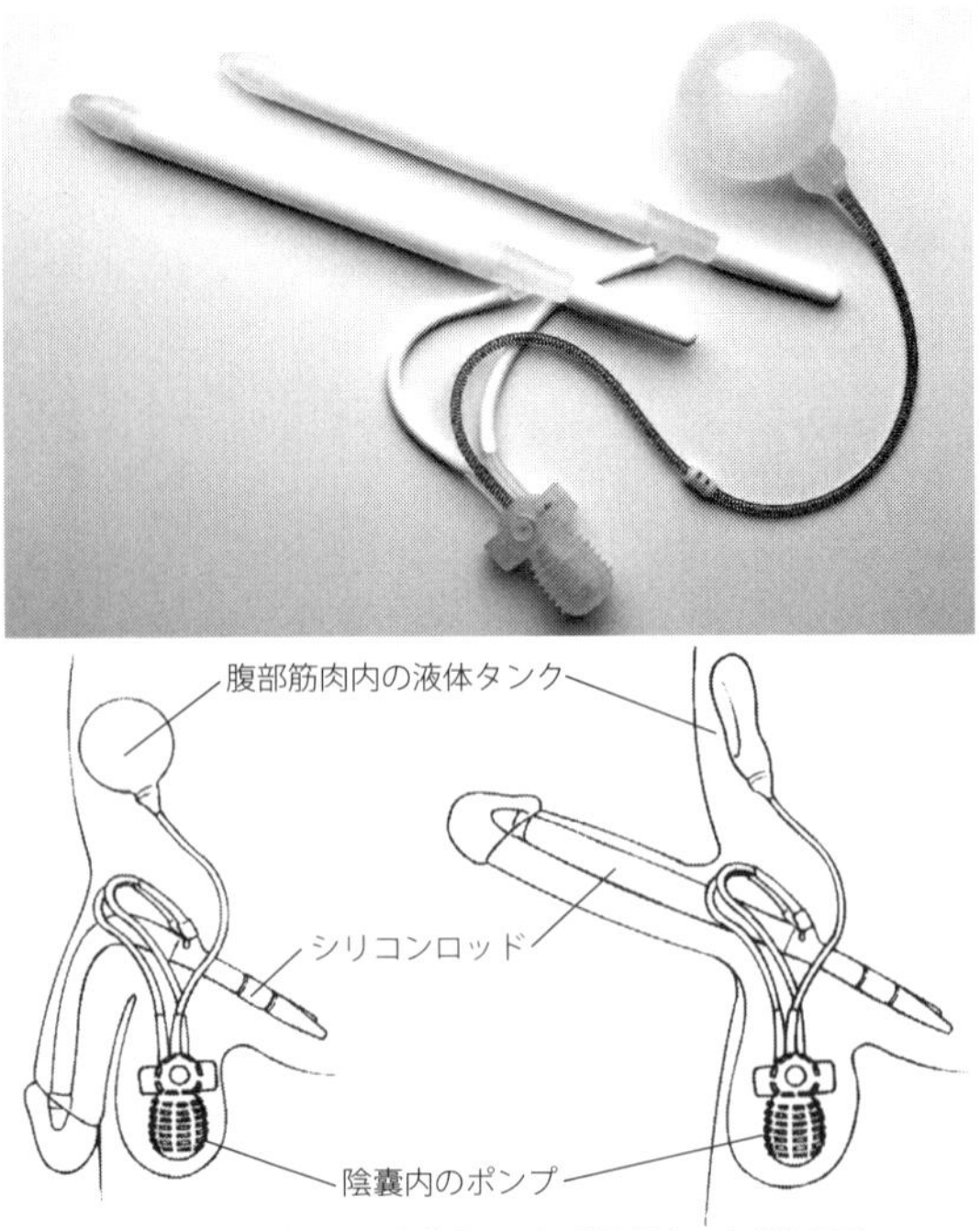

AMS700 の写真（上）と公式説明図．左が通常時，右が作動時

式人工ペニス補助装具700アルトレックス」である。これらの装置によって恐ろしいほど堅固な陰茎が実現するが、それが思い起こさせるのは、人気映画『ターミネーター』（一九八四）でアーノルド・シュワルツェネッガーが演じたロボットだ。広告では、その器具を装着した男性の妻達が、「夫は以前よりも落ち着いたし、自信も深まったみたい」と語っている。ある医師がこう主張している。こうした装置によって「セックスが完全に自然なものになった」。性的に興奮することを、スイッチを入れたりぺちゃんこのタイヤに空気を入れて膨らませることになぞらえているところを見ると、この医師を始め、ペニス・インプラントの推進者達は、「機械的」ということと「自然な」ということをどうやら同一視していたらしい。深夜テレビのコメディアン達は、この種の装置の購入者を数えきれないほどの冗談の種にした。ブダペスト生まれのユダヤ人で米国に移住し自由意志論に基づく精神科医として活躍したトマス・サース［一九二〇〜二〇一二］は、満足したと言っている患者は単に自分と自分のパートナーを欺いているに過ぎないと、辛辣に批判している。そのようなインプラント手術（一度の手術で三五〇〇〜九〇〇〇ドルかかる）はペニスの「ディルド化」だと、にべもない。サースは医学史にもよく通じているだけあって、その指摘にはなるほどと思わせるものがある。彼によれば、医師は例によって流行を追いかけているだけで、かつては性行為を完遂できないと決めつけて去勢した者達に、今度は人工セックス補助装具を移植して性交能力を授けているだけだ、と。この種の膨張式ペニス・インプラントは、当初FDAの検討対象にならなかった上に、度重なる手術の失敗や感染症の問題を引き起こしていた。ところがそれでもなお、一〇年間に二五万人から三〇万人がこの装具の移植を受けたと試算されている。[*3]

　外科医がセックス補助装具のインプラント手術を盛んに行なっていた一九八〇年代は、ペニスに注射すると直ちに勃起を引き起こす様々な血管拡張物質が、医学者によって発見された一〇年間でもあっ

勃起を「機械」の作用に見立てたカリカチュアは多い

た。最初の報告は一九八二年、パリの心臓血管外科医ロナルド・ヴィラグ〔一九三八〜〕が『ランセット』誌に寄稿した論文である。それによれば、たまたま患者のペニスに筋弛緩物質であるパパベリンを注射してみたところ、勃起が生じたという。勃起のメカニズムが完全に解明されているわけではないことに気付いたヴィラグは、様々なテストを重ねて、良好な結果を得た。そこから彼は、筋弛緩物質が何らかの抑制効果を持っているのではないかと推測したのである。イギリスの生理学者ジャイルズ・ブリンドリー〔一九二六〜〕も、同じような筋弛緩剤を、自分自身を実験台にして検証していた。一九八三年、彼はラスヴェガスで開かれたアメリカ泌尿器学会に出席して、化学物質によって誘引された勃起状態にある自身のペニスを、居合わせた聴衆に披露して万場の喝采を浴びた。[*4] ブリンドリーのこの発表の話を読むと、一世紀前のブラウン＝セカールのパフォーマンスをどうしても思い出してしまう。ヴィラグとブリンドリーは、勃起を瞬時に引き起こすことが可能であるということを泌尿器科医に知らしめた。少なくとも、ペニスの血流の観察によって勃起のメカニズムをよりよく理解する手段を提供したことだけは確かである。ペニスの海綿体に血液が流れ込むことによって勃起が生じることは、ずっと以前から知られていた。しかし、その血液が取り込まれたままになっているのは何によるのか、ということが問題だった。かつてはごく微細な弁があるのではないかと言われてもいた。しかし今や、勃起のメカニズムがはっきりと観察されたわけである。すなわち、筋弛緩物質によって海綿体が血流を取り入れ、それによって海綿体の体積が増すために静脈が圧迫され、血流が遮断される。そうでなければ静脈から血液が逃げ去ってしまうというわけだ。

　注射療法は、診断方法としては有用だったが、治療法としては明らかにいくつかの難点があった。まず第一に、初期には多くの費用がかかった。例えばパパベリン注射の場合で、年間に一二〇〇〜二四〇〇ドルだった。注射によって瞬時に引き起こされる勃起は、患者の意志

注射療法．実際には男性がこっそり自分で射つことが多い（C・デルヴァレ）

によらず、その精神状態とは何の関わりもなかったが、そのことを良しとする医師は、その反応の速さをもって「自然な」反応の証《あかし》だと称した。[*5] しかし批判的立場を採る者は、とりわけロマンティックな傾向というわけでなくても、肉体的興奮と感情的欲望とが切り離されることは不穏当であると抗議した。さらにはまた、注射療法はあまりに効き過ぎるので、痛みを伴う持続性勃起を引き起こす可能性がある。これは勃起が数時間も継続する状態で、緊急の治療が必要となる場合もある。だがこの治療法の最大の難点は、大方の男性にとっては悪夢でしかない、ペニスに針を突き刺すという過程がどうしても必要だという点である。

　このように明らかな難点があったにもかかわらず、ヴィラグとブリンドリーの研究に、製薬会社は殺到したのである。プロスタグランジンＥ１とか、パパベリンといった成分に、莫大な富を生む可能性が眠っていると見た製薬会社は、医師や科学者のチームを集めて有給の顧問とした。一九九五年、アップジョン社がインポテンツに処方される注射薬として初の認可をＦＤＡ（アメリカ合衆国食品医薬品局）から受ける。これはアルプロスタジルという成分の注射器で、カヴァジェクトという商品名のもと、一回分二〇～二五ドルで売りに出された。同じ年、ヴィヴァス社は「ミューズ・システム」という商品を世に出す。これは注射針を使わずに、尿道から薬剤を装填するものである。こうした注射療法は、すぐさまペニス・インプラントに取って代わった。しかしそれがどのような結果をもたらしたかについては、良

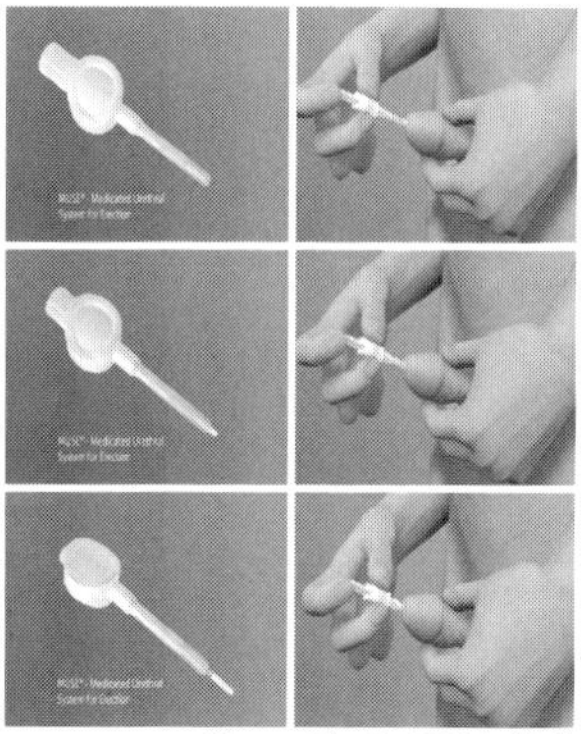
ミューズ・システム公式サイトの使用法動画より

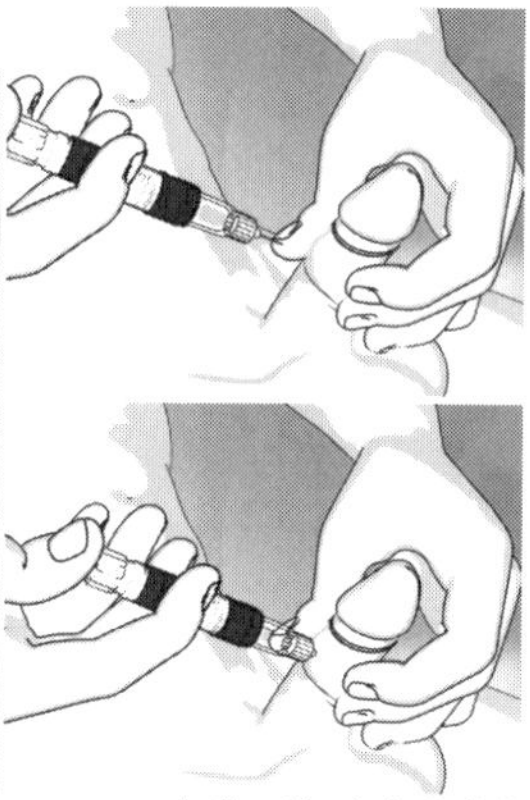
カヴァジェクト公式サイトの使用法動画より

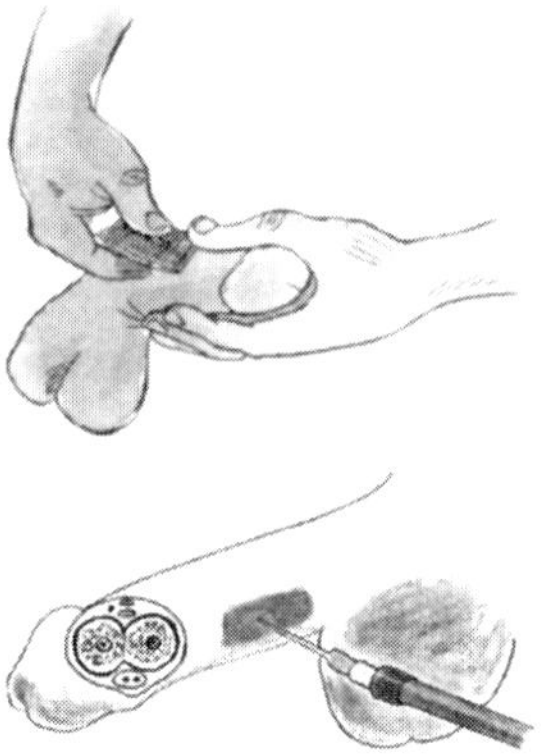
注射療法．皮膚を消毒し，海綿体のなかに直接注射する

い方も悪い方も、いずれも十分な情報が手に入らなかった。わかっていることは、この種の治療法に敢えて手を出す勇気があった者は、もともと血管拡張物質を試していたたいへん少数の男性だけだということである。それでも『ビジネス・ウィーク』誌の一九九五年のレポートによれば、アメリカ人男性が精力増強を求めて費やす金額は、毎年総額六〜七億ドルに上るという。*6 要するに、男性のセクシュアリティが医学の対象として商品化されるという現象は、バイアグラが舞台に登場するよりも前に起きていたことなのである。

インポテンツが医療の対象になるまで

こうした進展が見られたのは、文化が大きな転換を経験したことを表わしている。第二次世界大戦直後の時代、医師はインポテンツを患う男性患者にしてやれることはほとんどないと認めていた。ほとんどの医師は、インポテンツの症例の大半は、心理的な不調が原因となっているという通念を喜んで受け容れていたのである。インポテンツは、一九五二年のアメリカ精神医学会『精神障害の診断と統計の手引き』（DSM1）に、心理的な要因によるものとして正式に記載された。マスターズとジョンソンも、それを大前提にして自分達の研究を始めたのである。そのため一九七〇年代を通じて、セックスにまつわる不調についての議論は、精神分析家とセックスセラピストが支配することになる。セックスカウンセリングはさらに、一九六〇年代の「性革命」と「性的権利」を求める女性運動とに結びついた。前章で見たように、マスターズとジョンソンはクリトリスへの刺激の重要性を説いたことと、連続《マルティプル》オーガズムが可能な女性を発見したことで有名である。セックスセラピストは確かにインポテンツの問題も扱ったが、彼らのメッセージはテクニックやコミュニケーションを改善することに重きを置いていて、多くが自ら認めていたように、方法においても目標においても女性に向けて発せられたものだった。

一九八〇年代になると、新たなパラダイムが出現する。振子は今度は、男性セクシュアリティを医療の対象とする方に振れたのだ。インポテンツに対する医師の関心の高まりを示す例としては、例えば泌尿器学の教科書がだんだんとこのテーマに注目するようになってきたことを、その頁数から知ることができる。『キャンベルの泌尿器学』の第三版（一九七〇）では、インポテンツには一頁しか割かれていないのに対して、マスターベーションは四頁を占めている。それが第五版（一九八六）になると、マスターベーションに関する議論はすっかり姿を消し、インポテンツには三〇頁が割かれている。第六版（一九九二）ではインポテンツが五〇頁を占め、そして第七版（一九九八）では勃起不全と名を変えた上で一一八頁が割かれているのだ。男性セクシュアリティを医療の対象とする動きを示す別の例は、一九八二年に国際インポテンツ研究学会が設立されたことである。これは泌尿器科医を中心とする機関である。彼らが目指したのは、インポテンツは生理的原因によって起こること、とりわけ血流の閉塞が大きな影響を与えることを、広く一般に知らしめることだった。批判的な者は、泌尿器科医の言っているのは何でも物理化学の法則で説明しようとする還元主義的な医学モデルだと非難したが、泌尿器科医はそれをとことんまで推し進めて、挿入してオーガズムに達するというサイクルが、正常なセックスに不可欠なものであるという大前提に立ち、それが阻害されるのは、血流の異常に原因があるとした。高感度の検査をすれば、どんな不調でもその原因となるような器質的な欠陥を医師は見つけることができるはずだと、皮肉屋は指摘した。[7]

　インポテンツは機械的な問題であり、したがって治すことができるというメッセージが、多くの男性の耳に心地よい話であったのは間違いない。一九八二年にブルース・マッケンジーという人物が、泌尿器科医の考え方に従って『すべてが頭のなかで起きているわけではない』と題する本を書き、互助組織「匿名のインポテンツ達《インポテンツ・アノニマス》」を立ち上げた。またジョージア州出身のタイヤのセールスマンだったゲディング・オズボンという人物は、自分自身の勃起不全に対処するために真空装置を発明してうまくいったので、誇りに思った彼は同じようにインポテンツに悩んでいる仲間にそれを提供することにした。アメリカ・インポテンツ協会、インポテンツ・インフォメーション・センター、オズボン財団といった草の根組織が設立され、医師に助けを求めるようにもなる。[8]

　報道機関は、古くからある病が医学によって遂に克服されようとしているという見方を社会に広く浸透させた。一九八八年の『タイム』誌に掲載されたある記事は、「『すべてが頭のなかで起きている』わけではない」というフレーズを改めて見出しにしている。それによれば、合衆国では慢性的インポテンツに悩んでいる男性の数は一〇〇〇万に上る。この病気のほとんどは、心理的な原因によるとかつては考えられていた。しかし今や、七五%が身体的な原因によるものであることがわかっている。医師はこれまで何年もの間、性的機能不全を、例えば糖尿病のような疾患に結びつけて考え、また酒の飲み過ぎやタバコの吸い過ぎ、過度の自転車の運転などに警告を発してきた。しかし血流障害や、前立腺手術の増加、様々な疾患に処方される特定の治療薬の使用の増加が、インポテンツに大いに関係しているというのが現在の医師の見解であるという。かつては心理的な問題だと見なされていたものが、実は身体に原因があるかもしれず、もしそうならば治療することも可能だということを医師も認めるようになっているという事実が、広く一般に知られるようになるに当たって、主導的役

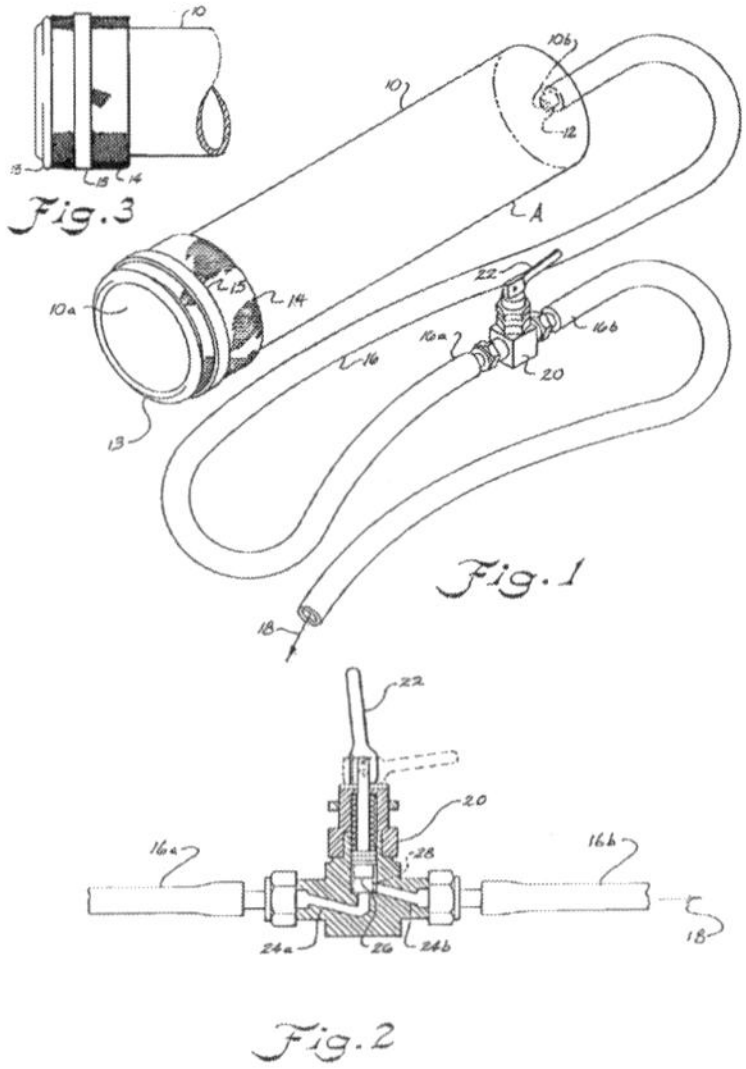

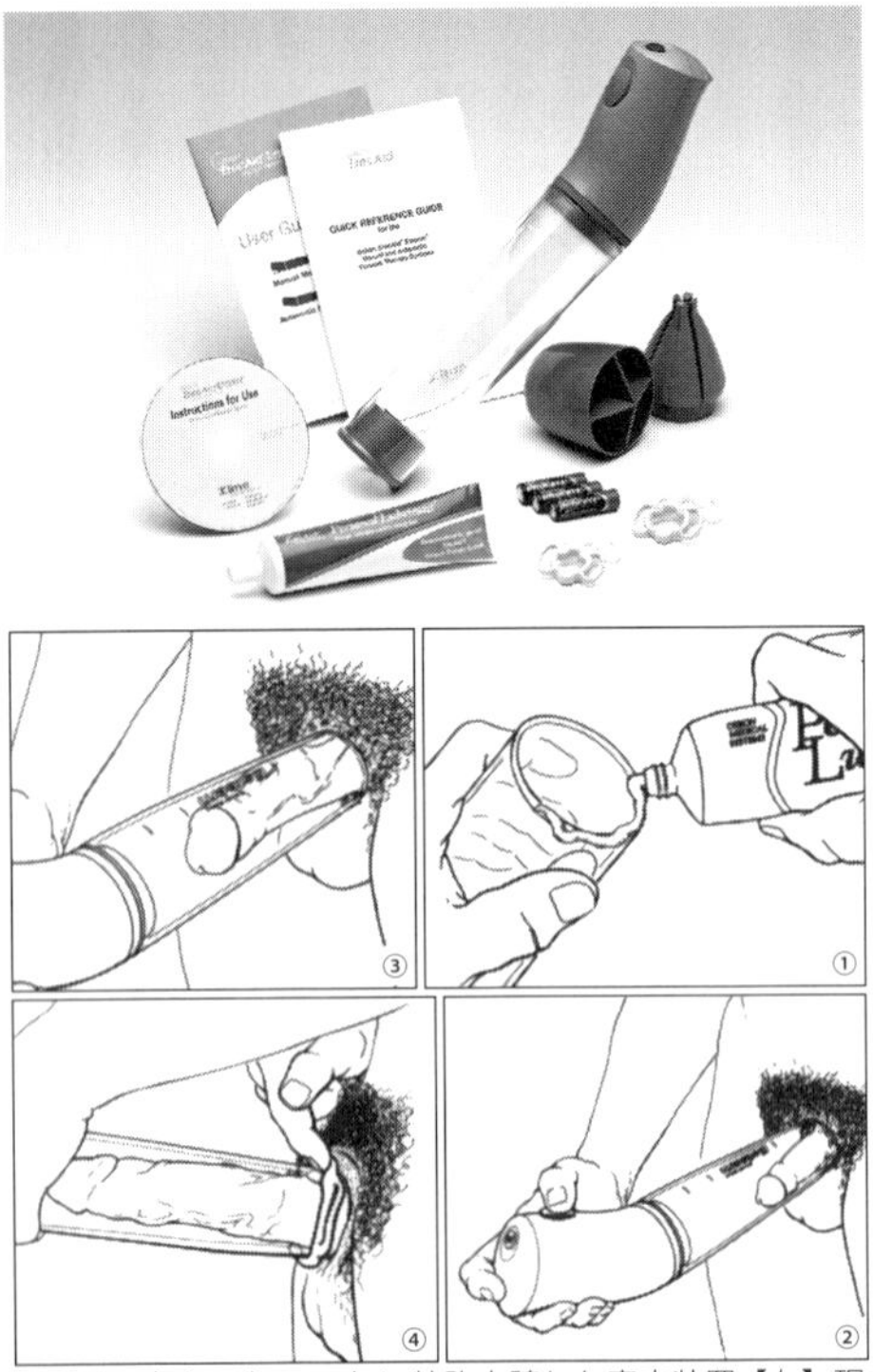

【右】オズボンが1983年に特許申請した真空装置【左】現在販売されているオズボン ErecAid® の最高級電動ポンプモデル（629ドル）とその取扱説明書の図．①チューブの根元に輪ゴムをはめ潤滑剤を塗布，②ペニスに被せスイッチオン，③大きくなったら，④根元の輪ゴムをペニスにスライド

割を果たしたのが女性誌だったことは興味深い。[*9] 大衆的な出版物がその流れに追随し、薬剤注射療法や血流再建手術、ペニス・インプラントなどの選択肢があるという知識を普及させたのである。

泌尿器科医こそが、他の誰よりもインポテンツ治療にふさわしいという主張は、異議を醸さずにはいなかった。トマス・サースは、「インポテンツ」や「早漏」を医療が対象とすべき病と見なすこと自体を非難した。それはむしろ「生きていく上での様々な課題に対する解決法」として、人が採用したものと見なす方がよほど理に適っている、もしもその人が望むなら、別の解決法を身に付けることもできるはずだと彼は主張した。セックスセラピーの擁護者であり、セクシュアリティを医療の対象とすることに対して鋭い批判を加えるアメリカの心理学者レオノア・ティーファーは、セックスはダンスのようなもので、うまくなるために必要なのは練習であって、医者に助けを求める者などいないと言う。彼女の主張の要点は、セックスセラピーは不幸な関係を変えることを目指しているのに対して、泌尿器学の目的はそこにはない、ということだ。これは他の批判者も言っていることだが、泌尿器科医の医学モデルは純粋に機能的な面しか見ていないと彼女も非難している。身体にしか焦点を当てず、勃起という現象を具象的な側面からしか見ない、と。キンゼー研究所のジョン・バンクロフトは、心理的な問題と生理的な問題が互いに絡み合っているインポテンツの症例として、糖尿病患者が病気のために性交能力を奪われていると信じ、その結果、本当にそうなっているという場合を挙げて、両者のバランスを取ることの重要性を説いている。医師が性的機能不全を扱おうとするならば、患者の心と身体の両方を治療する必要があるのだ、と。[*10]

しかし泌尿器科医は、そうしたやかましい口出しを打ち負かした。一九八〇年代末にはメディアはこぞって彼らの口真似をして、インポテンツの症例の九〇%は生理的性質のものであり、心理的なものではないと言い募った。心理的なものから器質的なものへと焦点を移すことによって、泌尿器科医はセックスセラピストを押しのけた。なぜそのようにうまくいったのだろうか。泌尿器医学が男性の性的機能不全に対して提供する治療は、どれも明らかな欠点を持っていたのだが、二〇世紀終盤に医学が達成した長足の進歩のおかげで、ほとんどすべての医療分野がそうだったように、泌尿器医学もその地位が格段に跳ね上がったのである。大衆は医学的な治療処置の有効性を信じて疑わなかった。もっと隠れたところでは、経済的な力が働いて、医学界の方針推進が促されていた。泌尿器科医が男性の性的機能不全に目を向けるようになったのは、新たな患者を獲得することが目的であった。インポテンツという問題を医療の対象とし、その適用範囲を大げさに設定することは、彼らの目的に適っていた。泌尿器科医は泌尿器科医で、製薬企業から拍車をかけられていた。泌尿器科医の目論見が推進されることは、製薬企業の経済的利益に適っていたからである。[*11] ◆ HMOは医療機関にかかった費用であれば患者に払い戻すが、セックスセラピストにかかった費用については払い戻しを拒否した。医療従事者、製薬企業、HMOが味方に付いたのであれば、男性の性的機能不全を医療の対象にするという方針が、最終的に勝利を収めたことは、何ら不思議ではない。

しかしながら大多数の男性が、自身が抱えるセックスにまつわる問題を相談しに医療従事者のもとを訪れることはないという事実はまだ変わらなかった。一九九〇年代初めの医師達は、男性患者一般の非協力的な態度を知らぬ者はないと嘆いた。一九八五年の調査では、医者にかかる男性のうち、セックス関連の相談をするのは〇・二%に過ぎないことが判明した。効果的な血管拡張物質は手に入るのに、一歩進んでその注射を敢えて試そうとする者はほんの一握りだった。泌尿器科医の最大の嘆きは、年配の者が自身のインポテンツを簡単に受け容れてしまうことだった。[*12] 医師は長い間、患者の生命を脅かすような習慣、例えば喫煙や飲酒などを止めさせることが自分達の義務だと考えてきた。それに対して二〇世紀末の一〇年間に新たに現われたのは、性生活を改善しようとしない患者を批判することが自分の権利だと考える医師だった。そしてバイアグラの登場によって、よほど蒙昧な輩でない限りその有用性を否定できない錠剤を、医師が手中に収めたということになったのである。

遂にバイアグラ登場

マリー・ストープスは、自分が不幸な経験をしたからセクシュアリティについてどうしても書かざるを得なかったのだと言ったように、ファイザー社も、セックス・ドラッグを探していたわけではなくて、いくつかの出来事が重なるという不可抗力の結果として、それが一つ見つかったのだと説明した。少なくとも公式の話としては、ファイザー社の科学者はシルデナフィルエステルと呼ばれる成分が、心臓への血流を増やす作用によって狭心症治療薬になるのではないかと期待していたという。シルデナフィルの研究は一九八〇年代終盤に始まり、人体への臨床試験は一九九〇年からだった。この薬品が所期の目的を果たすことはなかったが、一九九一年に予期せぬ副作用があることがわかった。勃起が生じたことを被験者が報告し、何人もの患者が試験薬の返還を拒んだとか、もっとたくさん手に入れようとして、盗み出した者すらいたという話が語られた。それを別の言葉で言えば、思いがけず嬉しい体験をした男性患者の後押しで、ファイザーはインポテンツ治療薬としての可能性を探るために、シルデナフィルのさらなる研究に乗り出したということになる。この話は確かに真実なのかもしれない。しかしそれを前記のような形に整えて語ったのは、最初は明らかに製薬企業の狡猾な知恵であって、そうすることで、未だに多くの人が下世話と見なす分野の研究を正当化しようとしたこともまた確かである。同じような観点から、ファイザー社は抜け目なくも、「インポテンツ」という言葉を「ED（勃起不全）」という言葉に言い換えなければならないと主張した。それによってファイザー社は、これから顧客になる可能性のある人達に向かって、あなた方が患っているのは単なる血流障害であって、欠陥や何かではありませんよと語りかけたのである。この新たな命名は、ファイザー社が見かけを気にしていた証でもあった。すなわち惚れ薬や催淫剤を売る怪しげな業者とは一線を画したい、厳格な科学的企業だと見られたい、という懸念である。*13

バイアグラ発売時のカリカチュア．男達は薬局，女達は映画『タイタニック』

◆ＨＭＯ　健康維持組織、保険維持機構などと訳されるアメリカの会員制医療組織。会員は毎月一定の予測医療費を保険料として支払い、実際に様々な医療サービスを受ける際には自己負担がほとんどない。ＨＭＯが病院等に対して、患者の有無にかかわらず一定額を支払うことで医療施設側の経営の安定等が図られる仕組み。

シルデナフィルエステルの検査の結果、一酸化窒素と関連があることが明らかになる。一世紀以上にわたって心臓疾患にニトログリセリンが投与されていたが、一九八〇年代に判明していたのは、一酸化窒素ガスの放出によってそれが作用しているということだけだった。一九八六年に、平滑筋の弛緩という現象において、一酸化窒素がメッセンジャーの役割を果たしていることが科学者によって発表された。それが血管に対して拡張するよう指令を与え、その結果血圧が下がるという。またペニスにおいて、性的に興奮したという脳からのメッセージを一酸化窒素が伝達しているということも発見された。[*14] すなわち、一酸化窒素がサイクリックグアノシン一リン酸（環状ＧＭＰ）の産出を促し、この物質が平滑筋を弛緩させることによって、ペニスの海綿体に血液が流れ込むのだそうだ。しかし流れ込んだこの血液が流出することを阻止しなければ、完全な勃起にはならない。シルデナフィルは、５型ホスホジエステラーゼ（ＰＤＥ５）という酵素を抑制することによって作用する。ＰＤＥ５の通常の役割は、勃起を生じさせる筋肉と血管のプロセスを最初に始動させる物質である環状ＧＭＰを遮断することである。シルデナフィルエステルが勃起を生じさせるわけではない。それは、血液を流出させせペニスを萎えさせるプロセスを阻害することによって、勃起を維持させるのである。したがってこの成分は、環状ＧＭＰがＰＤＥ５に負けてしまう男性であれば、効果を発揮する。しかし健常な男性においてはこの二つのバランスが取れているので、シルデナフィルは無用の長物である。ファイザー社は、この成分の可能性をすぐさま見て取り、これを商品化するために大勢《おおぜい》のスタッフを掻き集め、数百万ドルという資金も用意した。ほんの数回の試行でこの薬は完成したが、被験者の五〇～八〇％に対して有効であったと報告されている。驚くのは、偽薬《プラセボ》をのんだ被験者でも、その四分の一に勃起が生じたということである。

ファイザー社としては、製品ができたのだから、次はそれを売る段階である。この薬は「バイアグラ」というブランド名で売られることは決まっていた。製品が完成する前からファイザー社の広報部は、「活力《ヴィガー》」と「ナイアガラ」の二つの単語からひねり出された「バイアグラ」という名前が、市場開発の良い武器になるだろうと考えていたという。研究者のロナルド・ヴィラグに敬意を表して名付けたと思っている者もいるが、そうではなかったのだ。この小さな青い錠剤は、並外れた成功を収めた。バイアグラによって生じる効果は、注射療法とほとんど変わるところがなかったが、用法が男性達に受け容れられたのである（この点に関しては、バイアグラは避妊ピルに似ていると言えるかもしれない。避妊ピルも、ペッサリーに比べてその効果に格段の違いがあるわけではないが、遙かに扱いやすかったのだ）。ファイザー社はシルデナフィルエステルは、単に「自然の状態」を強化するだけで、催淫剤ではないということを強調していた。それは大部分、訴訟沙汰から身を守るためなのではないかと疑う者もいた。例えばジョン・バンクロフトの考えによれば、ファイザー社はバイアグラに性的衝動を刺激する性質があるとは決して認めないだろう、なぜならもしそんなことをすれば、すぐに強姦犯が自分の犯罪は薬品によって引き起こされたのであり、だから製薬会社に責任があると主張し始める恐れがあるからだ、という。ファイザー社の法務部が、裁判で、同社の製品を濫用していたとか、常用していたということが主張される恐れがあることを意識していたことは確かだろう。バイアグラがその生理学的な効果と心理的な効果の両方の側面から、被告の抗弁の根拠にされる事例が初めて実際に起きたのは、一九九九年のことであった。あるイスラエル人男性が、バイアグラのせいで強姦の罪を犯したと主張したのである。またアメリカでは、殺人罪に問われた女性が、バイアグラのせいで興奮した男性に抗うための正当防衛だったと主張した。[*15] 結果的にはどちらの被告の主張も通らなかった。

バイアグラはあっと言う間に歴史上最も良く売れた薬となった。ファイザー社の株価は一九九八年に一五〇％上昇した。バイアグラの販売数は一九九九年に頂点に達し、売上は一〇億ドルに、利益率は九〇％に上った。ファイザー社がこれほどの成功を収めたのは、同社自身が主張するように、既存の広大な「手付かずの市場」を獲得したことによるのだろうか。あるいは同社が新たな市場を作り上げたのだろうか。間違いなく正解はその両方だ。そのような薬の到来を今か今かと待ちわびていた男性がどれほどの数いたか、ということについては推測するしかない。はっきりとわかっていることは、ファイザー社が手の込んだキャンペーンを立ち上げて、数百万に上る男性に、自分もバイアグラが必要だと思い込ませたということである。広告は、バイアグラが発売されるより数年も前から始まっていた。雑誌の記事は、読者にこの驚異の薬を迎える準備を整えさせた。一九九六年に『タイム』がファイザー社によるシルデナフィルの研究を報じ、翌年には『ニューズウィーク』が勃起薬の売上が莫大なものになるだろうと予想している。[*16] 一九九八年五月四日の『タイム』は、「高性能薬」という特集記事のタイトルを表紙に掲載した。一九九八年は、バイアグラを扱う雑誌記事が雪崩のように殺到した年であった。バイアグラは遂にやって来た。そして私的《プライベート》な経験を、社会的な——そして最終的には保険の利く——関心事に変えたのである。

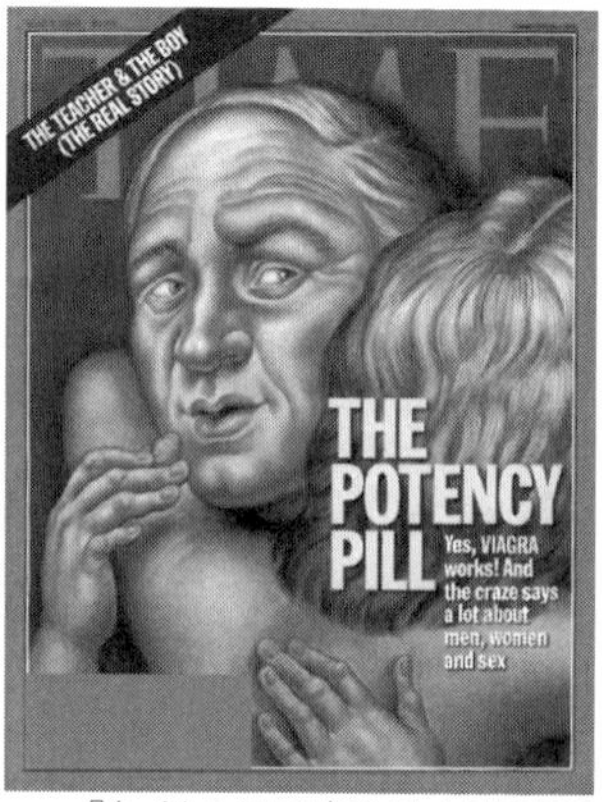

『タイム』1998年5月4日号表紙

ファイザー社のマーケティング戦略

ファイザー社は当初、低俗な媚薬やセックス・トイを売る業者と混同されることを恐れて、真面目な感じを打ち出すことに細心の注意を払っていた。「医学的に見て異常な状態」という重大問題に対処しようとしているのだと強調し続けることによって、尊敬に値する取り組みであると見てもらえるよう努力した。しかしながらバイアグラを巡るファイザー社のメッセージは単純ではない。それは数年にもわたる高度な技術を用いた研究の成果であると謳い、またその高価な錠剤を使おうと思う男性には、性交の少なくとも一時間前には服用するよう慎重に計画を立てることを求めておきながら、この薬を用いれば男性は「自然に」行為に及ぶことが可能になると言うのである。この薬は男性の情念に火をつける作用はなく、刺激に「反応」できるようにするだけである、と。一方で、この薬は単なる血の巡りの問題に対処するだけのものなのであるから、服用することを恥ずかしく思う必要はないと断言しておきながら、その一方では、この薬は男性の人生を、男性のアイデンティティを、男性の対人関係を、魔法のように変えられるということを仄めかしてもいたのだ。

この錠剤が必要なのは、誰だったのだろうか。それ以前の調査では、インポテンツを勃起することができないことと厳密に定義した場合、男性の一〇％が時折その状態に陥っているであろうとされていた。ところが一九九三年に、アーウィン・ゴールドスタインが中心となって実施したマサチューセッツ男性加齢研究の調査では、不満足に終わったと自己申告されたセックスの経験が勃起不全と同一視され、四〇歳以上の男性の半分が何らかの形でインポテンツを経験していると報告されたのである。「セックスの満足な遂行」を妨げるものをすべて一緒くたにすることによって、かつて性交能力に問題を抱えているアメリカ人男性はおおよそ一〇〇〇万人であると見られていたのが、一夜にして三〇〇〇万人という数字にまで膨れあがったのだ。一九九九年に『アメリカ医師会報』に発表されたある論文が頻繁に引用されるのだが、それによれば、女性の四三％、男性の三一％が「性的機能不全」を抱えていて、「重大な社会的懸念」となっているという。その次の号に掲載された注意書きには、この論文の三人の著者のうち二人がファイザー社から研究助成金を受けていることを、うっかりして書き漏らしたとあった。しかし読者が記憶したのは、アメリカ人男性の三人に一人が性交能力に問題を抱えている、ということだけだった。[17]

でも本当に性交能力に問題があるのだろうか。勃起が困難であるのと、勃起不全とでは、どこに境目があるのだろうか。懐疑主義者は疲れていたり、ストレスを感じていたり、健康状態が悪かったりすれば、性的機能不全のような状態になることは完璧に正常だと意見を述べた。しかしこうした問題は、製薬会社の統計には加味されない。それどころかインポテンツのすべての症例が生理的な原因によると想定することは、製薬会社の利益に適っているのである。製薬会社が先に見たように調査研究段階でも中心的役割を果たしているのであれば、性的機能不全がしばしば非常に緩やかに定義されているのは、製薬会社のマーケティングに有利だからそうしているということになろう。様々なケースを一緒くたにして「軽度勃起不全」という漠然とした名前で呼ぶときにも、主観的な申告の曖昧さが利用されている。インポテンツを患っている男性患者数が大幅に水増しされることは、その定義が人によって今なおまちまちであることも相まって、医学文献ではよくあることである。インポテンツの「蔓延」によってアメリカという国家が一掃されてしまう、すぐさまこれと闘わなければならない、などと騒ぎ立てる者まで出てくる。[18]つまり病気そのものを売りに出すようなやり方で、製薬会社はありふれた問題を心配すべき病気であるかのように見せたのである。

バイアグラは誰に向けて発売されたのだろうか。身体の調子が悪いと言って医者に相談すると、ほとんどの場合医者が患者を診察し、問題の原因を突き止め、それに相応しい治療法を処方する。しかし製薬会社が支配する時代の到来と共に、ほとんどの医者はインポテンツの原因に関心を示さなくなった。それよりも、一粒の錠剤でインポテンツが解消されるということに、心を奪われているのである。社会学者の研究に、「薬品が効果を発揮したかどうかによって、身体がどんな状態にあったかが定義される。身体の不調そのものによってではない」と書かれているのも、同じ事情を言い当てているのである。ある患者にバイアグラが「必要」か否かは、その患者がそれを服用したあと、性交能力が回復したとか強化されたと報告してくるかどうかということでしか、医者にはわからないのである。それどころか医者達は、自分達が相手にしているのは一個の病気ではなく、むしろある一つの「身体の状態」であると考えるのが常である。セックスについて調査している者達のなかには、どんな問題でも薬を一錠のめば解決するという考え方が、現在一般に広く共有されていると心配する者もいる。これまで常に性研究に敵対的な立場を採ってきた保守的な議員は、生物学的還元主義が高まりを見せている新たなこの機会に乗じて、性研究の予算の削減を呼びかけている。[*19]

ファイザー社は中高年の既婚者のなかでも上品な部類の人達を最初のターゲットにした。これもまた、同社の慎重さを表わしているが、様々な宗派の教会から暗黙の支援を得ようと努め、ヴァチカンにまで接触した。また同社は、バイアグラの初代イメージキャラクターに、七五歳のボブ・ドール［一九二三〜］を起用した。彼は共和党の大統領候補で第二次世界大戦の帰還兵、前立腺癌の治療経験の持主だった。しかし性的能力の衰退を間違いなく経験しているはずの年齢層をターゲットにする同社の方針は長くは続かなかった。二〇〇〇年に売上が横ばい状態になると、ファイザー社は広告の焦点を高齢者からベビーブーマー世代に移したのである。バイアグラを服用するにふさわしいとされる候補者の幅を広げることによって、同社は顧客の層を拡大することを狙ったのである。広告にはより若く、マッチョな男性が登場することが多くなる。あるマーケティング戦略の専門家が感心した様子で次のように述べている。「職業上の経歴の頂点にいる三十代後半から四十代の男性が焦点となっている。彼らは長時間の仕事で燃え尽きてしまっている。性生活は振るわない。今や薬を一錠のんで一挙に解決するべきときだ、というわけである。ファイザー社がこの層の男性を標的にしたことは驚くべきことではない」[*20]。バイアグラの広告は、二〇〇二年の野球のワールドシリーズのテレビ放送でも異彩を放っていた。有名な野球選手が、「おれは打って捕って、そしてバイアグラを使うよ」と宣言し、「さあ一歩を踏み出してホームベースを踏もう」と視聴者に誘いかけた。そしてファイザー社は、品の良さを強調する路線から徐々に離れていき、二〇〇五年には、四十何歳かの引き締まった身体つきの男性が、頭に悪魔の角を生やしてランジェリーのショーウィンドウを横目で見ている姿を広告に採用したのである。

野球の試合やカーレースに広告を出したり、六錠パックを無料で配ったりなど、ファイザー社がより若い層の顧客を獲得しようと狙いを定めていることは明らかだったが、同社は常にそれを否定した。バイアグラが到来すると、ほぼ同時に若者がそれに飛びついたことは確かである。それに伴ってセックスにまつわる若者の懸念に対する世間の受け止め方がどのように変化したか知るためには、映画を観れば良い。『アルフィー』のオリジナル版（一九六六、監督ルイス・ギルバート）は、一九六〇年代の女たらしを描いた映画の代表と目されている作品だが、そこでマイケル・ケイン演じる主人公の色事師が一番心配しているのは、ガールフレンドが妊娠しないだろうか、ということだった。それがほぼ四〇年後にリメイクされると（二

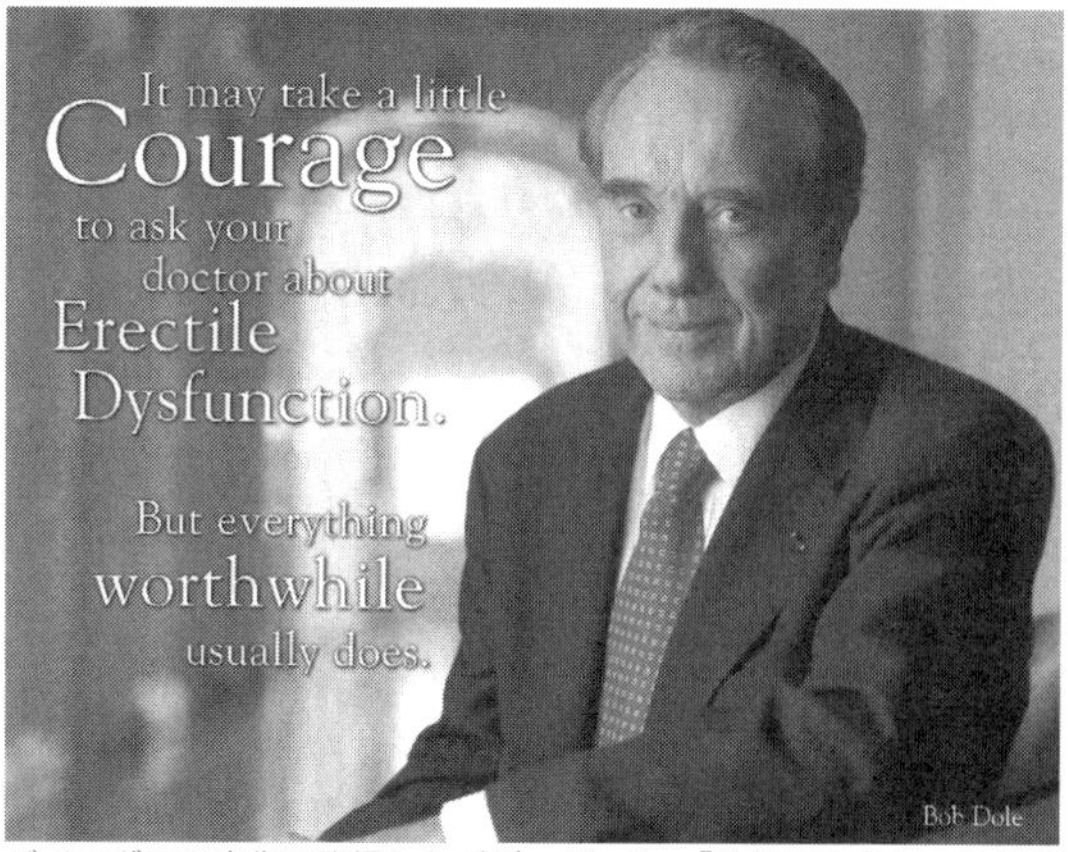

バイアグラの広告に登場したボブ・ドール.「勃起不全のことを医師に相談するのは少しばかり勇気が要るかもしれません. でもやってみる価値があることをするには, いつだって勇気が必要なものです」という文章が, 彼自身の言葉として掲げられている

〇〇四、監督チャールズ・シャイア）、避妊薬はいくらでも手に入るようになっていて、ジュード・ロウ演じる主人公がパニックになるのは一時的にインポテンツに陥ったときだけである。加齢による衰えを克服する薬があるのなら、二四時間ぶっ通しで馬鹿騒ぎをする連中が、それを服用しないわけはない。『トレインスポッティング』（一九九六、監督ダニー・ボイル）や『パーマネント ミッドナイト』（一九九八、監督デイヴィッド・ヴェロズ）、『ヒューマン・トラフィック』（一九九九、監督ジャスティン・ケリガン）などの映画作品は、麻薬によって性的不能になった若者を描いている。そんなわけで、ニューヨークのタウン誌『ヴィレッジヴォイス』は一九九九年に、独身者の世界ではバイアグラが麻薬のエクスタシーと人気を競っていると報告しているのである。パーティ狂いは「デートの保険」として、ボディビルダーはステロイドの副作用を抑えるために、無頼の輩はドラッグ・カクテルに混ぜてバイアグラを用いているという。二〇〇三年にファイザー社はバイアグラを処方されている男性のうち、四〇歳未満は一〇%に過ぎないと述べた。しかしそれより遥かに多くの若者が、正式の処方とは別の手段でバイアグラを手に入れていることは明らかだった。この薬の処方箋の八〇%は一般医が書いていて、彼らはほとんど何も患者に訊かない。なかには電話での問診だけで書く医者もいる。あるいはインターネットを通じて処方箋を出す医者もいる。若者の多くがそうしたネットワークを通じて様々な勃起強化剤を入手し、さながらペプシチャレンジのように「味比べ」をしている。そうした薬がパーティ狂いの若者達に及ぼした影響については何もわからない。なぜならそうしたタイプの若者が、検査を受けるわけがないからだ。[*21]

何度かインポテンツに陥る『アルフィー』のジュード・ロウ

バイアグラは効いたのか？

バイアグラのマーケティングは、なぜあれほど成功したのだろう。ファイザー社はもちろん、よく効く薬だからだと答えるだろう。バイアグラが売りに出された最初の一年間に、その服用が関係しているとされた死亡事故が一〇〇件ほど起きたが、ファイザー社は死亡の原因はその人達の既往歴にあるとした。同社は健康な男性であっても、バイアグラによってほてり、頭痛、視覚異常などごく軽度の副作用を来すことがあることは、はっきりと認めながらも、自分達の製品の効力がいかに大きなものであるかということを主張し続けた。ファイザー社が財政支援した二重盲検法検査では、六九％に有効性が認められただけでなく、偽薬《プラセボ》群で変化が認められたのは二二％だけだったと報告されている。これに対して数字が水増しされているのではと疑う者もいたが、外科手術や精神分析、セックスセラピーに求めても得られなかった結果が製薬会社によって達成されたというのが大方の見方だった。それどころか、バイアグラは奏功する見込みのない症例でも有効な場合があるとまで言われた。というのは、精神科医が言うように抑鬱が原因でインポテンツになるのはよくあることで、インポテンツになれば、今度はそれが原因で抑鬱状態がますます深刻になる。しかしバイアグラは、この悪循環を断ち切ることができる、というのだ。[*22] またバイアグラのおかげで男性は以前よりも病院を頻繁に訪れるようになったし、セックスにまつわる問題についても以前より積極的に相談するようになった。男性に前立腺の検査を受けさせることがいかに難しいかを考えると、このことには一定の利点

「バイアグラ――ダンスを始めよう」．バイアグラの最初期の広告の１つ（1998, ファイザー社）

がある。良い悪いは別として、バイアグラの到来によって、かつてタブーであったことが日常的なお喋りのなかで話題にされるようになったことは確かなのだ。

インポテンツを薬で治療することに批判的な者は、バイアグラは良い結果は何ももたらさないと考えているように見えることが時折ある。性的機能不全は何か重大な病気の徴候かもしれず、もしもバイアグラのような薬が自動的に処方されているのだとしたら、その原因となっている病気やストレス、肥満などの問題が看過される危険があると、彼らは言う。だが彼らの言葉でもっと重要なのは、インポテンツ治療薬が「効く」と主張するためには、単にそう言い募るだけでは到底駄目だという指摘である。彼らによれば、有効性を判断するのは難しいという。バイアグラの有効性を調査した論文の多くは疑わしいのだ、なぜなら調査している研究者が、製薬会社から財政的支援を受けているからだ、と。現代の科学界においては、ある製品を調査するのはそれを製造する企業自体であるか、あるいはその企業が資金を提供して、私設の研究所か大学の実験室に請け負わせるか、である。だから利害関係のない専門家を見つけることが、ますます難しくなってきているのだ。仮に調査結果を額面通り受け取るとしても、機能不全をどのように定義して調査しているかという点については、よくわからないことがしばしばである。しかもセックス・ドラッグが効いたか効かなかったかは、自己申告に基づいていることが普通だから、主観的な判断に委ねられているということである。そうした申告がまったく当てにならないことをこの上なくはっきりと示しているのは、妻の申告は、夫の申告よりも常に低い成功率しか示さないという事実である。また偽薬《プラセボ》しか服用していない男性にも高い成功率が見られるという事実はまた別のことを示していて、つまり性的な事柄には心的なものが強力な役割を演じている、ということである。またその一方で、バイアグラが自分にも効くだろうと大きな期待を抱いてそれを服用したけれども、思ったような効果を得られなかった者は、薬のせいで自分の悩みがかえって深まったと感じている。[*23]

夫婦を対象にインタビュー調査を実施した研究者によれば、バイアグラが「効いた」と申告している人達のなかに、男性機能が回復したというよりは、むしろ新しい状況が生まれたと感じてそう答えている人がいるという。セックスにおける杖のようなものとしてバイアグラを常用している男性もいれば、精力を試したくて婚外関係に走る男性もいるのだそうだ。女性は思ったほど幸せを感じていないという人が多かった。夫はバイアグラをのむと圧力《プレッシャー》がかかってしまうのか、性交しようと焦ってしまって、抱きしめ合って親密さを確かめるようなことはすっかりなくなってしまったと感じているという。どの夫婦も、セックスが治療すべき病気や、何か計画的なもののようになることを全面的に受け容れているわけではなかった。望まれているのは「リアルさ」だという。バイアグラの効能が限られていることをおそらく最もよく示しているのは、試した男性のうち、再びそれを処方してもらうのは全体の半分に過ぎないという事実であろう。[*24]

ポスト・バイアグラの開発競争

それでもファイザー社の競争相手がすぐに出現した。二〇〇三年に、イーライリリー社製のシアリスと、バイエル薬品製のレビトラが登場したのである。シアリスは、三六時間以上効果が持続するので「自然な」性行為が可能だということを誇っている。その副作用には、四時間も続く危険な持続性勃起も含まれている。二〇〇二年にファイザー社は広告に三億ドルも費やし、バイアグラの売上は一三％上昇して一七億ドルに達した。二〇〇四年には市場規模が八％しか拡大しなかったにもかかわらず、ファイザー社を始めとする製薬三社は消費者に対する広告に三億七三〇〇万ドルを、また医療従事者へのマーケティングにも同じような金額を費やした。しかし二〇〇五年には、ＥＤ治療薬の新たな処方数は落ち込んだのである。[*25]

製薬会社は開発すべき新しい市場を既に探しまわっていた。インポテンツを訴える男性の数より早漏を訴える数の方が多いことから、これに対処する治療薬ができれば可能性は莫大だと見られた。なかにはバイアグラが間接的にその役に立っていると言う医者もいた。バイアグラを服用すると、一度目の性交のあと再び勃起することが可能な男性もいるからだ、と。そしてジョンソン・エンド・ジョンソン社が、鎮静剤のように作用し、射精を遅らせる目的に合わせて調整したダポキセチンという名の成分◆を開発したと発表した。だが、「早漏」とは何を意味するのだろうか。ある調査によると、自分が「正常」だと思っている男性が絶頂に達するまでの平均時間は七分であるのに対して、早いと自認している男性は二分だったという。製薬会社は潜在的購買層を全男性の一五〜三〇%にまで拡大するために、「正常」の基準を引き上げようとしていると報じる記事が、『ウォール・ストリート・ジャーナル』紙に掲載された。[*26] ジョンソン・エンド・ジョンソン社は、この薬は深刻な問題を抱えている人しか対象にしないものになると述べたが、批判的な者は、自称セックスのアスリートが、たとえ「正常」であってもそれを手に入れようとする事態が不可避だと予想した。別の言葉で言うならば、ありふれた不調を「医療が扱うべき問題」に仕立てあげ、それを薬で「治療する」と触れまわったことによってバイアグラが引き起こした様々な問題の多くが、再び持ち上がったということである。

ファイザー社は、バイアグラの成功からさらに一歩を進めて、「女性の性的機能不全」という新しいカテゴリーの病を創造することに関心を抱いた。そして他にも一〇社を超える製薬企業が、医療が対処すべき、そのような身体の異常は確かに存在するという考えを一般に広めることに乗り出した。製薬業界は、女性の三人に一人は性欲がなく、四人に一人はオーガズムを得るのが困難であることを示すデータで武装して、そうした不幸な状態は、血流の問題に原因があるという仮定の下に研究を進める泌尿器学の調査チームをいくつも支援している。自分も異常なのではないかと心配してパニックに陥った女性向けに、テストステロンを配合した錠剤や、血管拡張剤、脳に対する刺激物質などは既に販売されている。製薬会社の目標は、バイアグラのもたらした儲けさえ小さく見えるほど莫大な利益をもたらす女性用の薬を生み出すことにある。[*27] バイアグラに関する議論のうち最も洞察に富んだものは、フェミニストの学者によるものだったという事実は、単にジェンダーを巡る問題への深い懸念から来るだけではなく、女性が製薬会社の次なるターゲットになっていることをはっきりと理解していることに由来するのであろう。本章ではこれから、バイアグラの成功の舞台となった、セックスを巡る社会的環境の変化を分析していくつもりだが、大部分はそのようなフェミニストの書き手の洞察に依拠することになるだろう。

バイアグラと新自由主義・新保守主義の関係

インポテンツを巡る議論を文化的な文脈に位置付けようとするならば、時代をリベラルな時期と保守的な時期とに截然と切り分けて分類する誘惑に抗わなければならない。一九六〇年代、七〇年代は、「性革命」が誕生した進歩的な二〇年間であり、それに対して八〇年代にはその反動がやってきたという思いを多くの人が抱いている。八〇年代の保守性を示す実例として彼らが指摘するのは、キリスト教右派の誕生と、その勢力による託児所や積極的差別是正措置《アファーマティヴ・アクション》や性教育に対する批判、反ポルノ運動へのフェミニストの参加、「男性解放運動」の発生、妊娠中絶に対する狂信的反対者の凶暴化、およびそれが婦人科クリニックの爆破や医師の殺害という形で頂点に達したこと、などである。しかし世間一般の考え方は、同じ時期

◆**ダポキセチンという名の成分**　もともとは抗鬱薬としてイーライリリー社が開発したSSRI（選択的セロトニン再取り込み阻害薬）の一種。その後権利をジョンソン・エンド・ジョンソン社が買い取り、早漏治療薬として製品化した。FDAの認可はまだ下りていないが、ヨーロッパやアジア地域では既に承認され、「プリリジー」という商品名で販売されている。

◆**女性用の薬**　FDAは、二〇一五年八月一八日、いわゆる「女性用バイアグラ」を初めて承認した。スプラウト・ファーマシューティカルズ社が製造する閉経前の女性のHSDD（性欲減退障害）治療薬フリバンセリン（商品名「アディ」）である。副作用は眠気、失神や吐き気など軽度のものだが、アルコールと一緒に摂取すると深刻な血圧の低下を引き起こす恐れがあるという。同年八月一九日付の『ウォール・ストリート・ジャーナル』には、本書にも引用されているニューヨーク大学医学部精神医学科准教授レオノア・ティーファーの談話が掲載されている。それによると女性のHSDDは「絶望感、自己批判的な感情、そして自信の欠如」に由来するものであり、精神医学的な治療で「必ず」改善できる。その効果は「アディ」と同等ないしそれ以上だという。

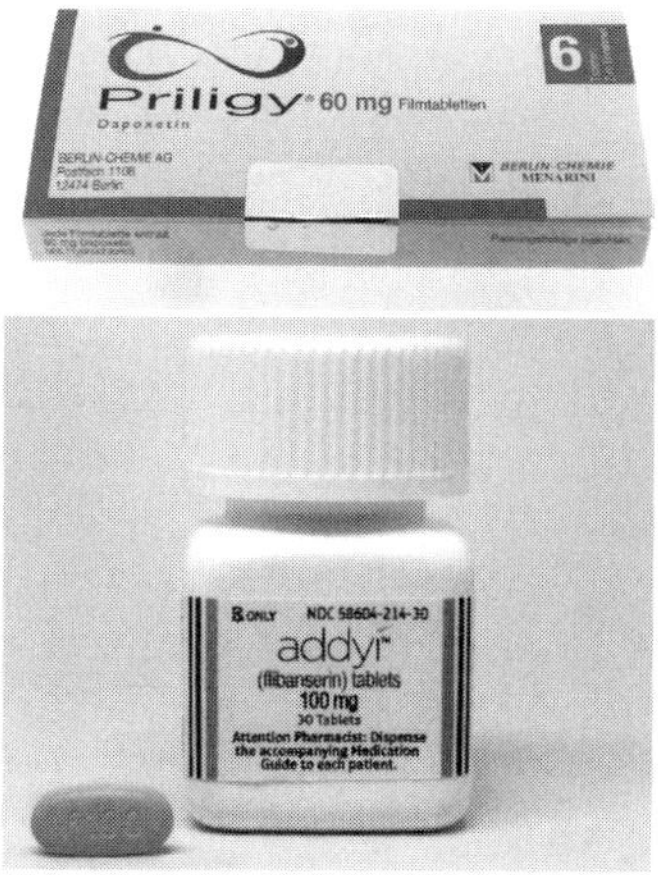

プリリジー（上）とアディ

にそれ以前よりリベラルになっているのだ。例えば妊娠中絶への支持率や、同性愛への寛容性は全般的に上向きになった。セックスを巡っては以前よりも多元主義的な時代が到来した。つまり気が付けば、古めかしいタイプの男女が道端で、試験管ベビーからトランスセクシュアル、「セーフセックス」やポルノから「リップスティック・レズビアン［女性らしさを前面に押し出した女性同性愛者］」に至るまで、ありとあらゆる話題について気楽に議論しているという時代のことである。[*28]

　しかしながら、一九八〇年代に政治が右に振れることがなければ、バイアグラのような薬の成功はもっと小さなものだったはずだと信じるに足る根拠がある。六〇年代から七〇年代初頭までは、経済的には豊かだった。しかしその後、経済は下向きに転じ、八〇年代には、ロナルド・レーガンやマーガレット・サッチャーのような保守的な政権が選出されるという結果がもたらされる。彼らの政策が大企業の社会経済的利益に奉仕するものであることは明白だった。例えば大企業を縛っている規制を最大限緩和し、その一方で大企業の研究やマーケティング戦略を支援したのである。経済的にはそうした新自由主義《ネオリベラリズム》が時代の趨勢となり、大学や科学研究所が巨大産業と手を組んで、市場の需要にあわせた研究しかしなくなるという状況下で、バイアグラは誕生したのである。

　レオノア・ティーファーは、ＦＤＡ（アメリカ合衆国食品医薬品局）によるバイアグラの承認が、男性のセクシュアリティを医療の対象にするための、泌尿器科医と製薬企業によるキャンペーンの締めくくりだったという言い方をしている。[*29] 医薬品産業は、アメリカで最も儲かる分野となったのである。生活改善薬《ライフスタイル・ドラッグ》によって莫大な利益をあげられることがわかったのだから、製薬企業が研究開発に注ぐ力を、最も必要とされているものよりむしろ最も金になるものに集中するようになったのは自然のなりゆきである。それはつまり、発展途上国で病気と貧困のために死にそうになっている数億人を治療する薬を製造するよりむしろ、アメリカやヨーロッパに住む健康な人々にバイアグラやプロザック［抗鬱剤］といった類の高価な薬を供給することになるのだから、本末転倒も甚だしい限りである。

　一九九七年、アメリカ政府は医薬品業界への迎合をさらに深めて、製薬会社が広告で直接消費者に訴えることを認めた。このことに関する意見のなかには、「史上初めて患者が医者に、広告で見かけた製薬会社の特定の商品を指定して、処方を求めるようになったのだ」と述べているものがある。[*30] しかしこうした状況は、本当は新しいことではなく、むしろ一九世紀に逆戻りしたと言った方が正しい。当時も患者は医者に対して、新聞で読みかじった薬を出してくれと要求していたのである。しかしFDAが規制緩和したことと、以前に比べてテレビコマーシャルでの宣伝が簡単になったことによって、製薬産業がかつてないほど自在に、様々な生活改善薬《ライフスタイル・ドラッグ》を次から次へと発売することができるようになったのは確かだ。

　そんな西洋世界ですら、一般の人々が必要だと言われて購入するその種の薬が保険適用されることには異議が噴出した。イギリス政府は、バイアグラ需要で国民健康保険が破産することを心配して、国が「英気を養うための薬《リクリエイショナル・ドラッグ》」と認定した薬品については、医学的必要性を説明できる者にしか保険を適用しないと定めた。しかしアメリカでは、保険会社がバイアグラの購入費を払い戻すことになった。これによってバイアグラの成功が保障されたのだ。但し保険会社が実際に保険金を支払ったのは、加入者が裁判に訴えてからのことだった。これに対して、経口避妊薬を保険対象としているのは、保険契約の一五%に過ぎなかった。予定外の妊娠を避けるためなら女性は金を支払うものだと保険会社は確信していたのである。しかしバイアグラが登場して両者の待遇に格段の違いがあることがはっきりすると、州議会議員はやっとのことで「避妊薬にも公平な扱いを適用する法」と呼ばれる法律を通すために動き始めたのである。[*31]

　市場開放を推進する保守主義者は、「家族の価値」と呼ばれるものの擁護者でもある。しかしそれが本当のところ何を意味しているのかは、それほど明瞭ではない。そしてバイアグラの成功は、この問題に対するどっちつかずの立場によるところが大である。この薬は、評論家達が離婚率と再婚率の高さを嘆いている時期に登場した。それを服用するのがマスターベーションをする者や同性愛者、女たらしである可能性もあるはずなのに、ファイザー社は、自社製品の対象は、互いに一夫一婦制を遵守し何でも話し合う既婚中年夫婦であり、それを服用すれば婚姻関係が守られるのだ、というメッセージを匂わせていた。教会ですら、良きセックスがあれば家族の安定は維持されるという考え方を後押しした。しかしその考え方が正しいことを示す実証的なデータは何一つ上げられていなかった。バイアグラとその競合商品の広告がいつも見せるのは、手を取りあい、笑いながらゆっくりとダンスをする幸せな夫婦の姿である。血流に作用するだけと言われて売られている製品なのに、その広告が描いているのがいつでもロマンティックな物語であることは、極めて興味深い。そうした広告に子供が登場することはない。私達は今、避妊ピルや妊娠中絶、生殖医療技術のおかげもあって、セックスと生殖が完全に別物であることが当然の前提となっている文化のなかで生きているのだ。二〇世紀末の数十年の間に、体外受精や精子提供、養子縁組などの体制が整ったことによって、生殖という観点から見た男性の性交能力の必要性は、一切なくなった。男性がバイアグラを服用するよう煽り立てられているのは、子供をつくるためではない。男らしさの基準に見合った男になるためなのだ。[*32]

製薬会社は決して語ろうとしないが、繰り返し笑いの種になっている物語がある。セックス・ピルをのんだ助平な夫は外にさまよい出て帰ってこないから結婚は壊れるという話だ。しかしこの話にしても、製薬会社が語る物語にしても、婚姻関係におけるセックスの重要性を大げさに捉え過ぎている。一九九〇年代半ばに実施された全米規模でのセックス調査の報告を見ると、社会が性欲中心になってきているという主張があるわりには、パートナーとの性行為の頻度が高くはないことがわかる。ほとんどの回答者が、セックスをしているのは月に数回だと申告している。週に四回以上しているのは全体の八％に過ぎない。男性は六〇歳を越えると、一気に性的に不活発になる。膣に挿入する性交でいつもオーガズムに達すると答えているのは、男性全体の七五％、女性全体の二九％しかいないが、それによって結婚が危機に瀕するとは思っていないという。[*33]

バイアグラが、セックスにおいては夫が主導的な役割を果たすべしという異性間結婚の伝統を支えてくれる薬だということは、ありのままに宣伝されていた。白人中流階級の男性が、人員削減によって労働市場から搾り出されるとか、フェミニストや同性愛者、アフリカ系アメリカ人などに対して優位に立つための力を失っていると感じる時代にあって、このメッセージが彼らの胸に響いただろうということは、これまでも多くの学者が指摘してきた。一九六〇年代のリベラリズムに対抗するものとして、ある種の反動が八〇年代、九〇年代に登場する。それを代表するのが、性差を生物学的に説明しようとする考え方の再来である。またアメリカでは、フェミニズムに対抗する「男性解放運動」が出現する。そのなかでも最も戦闘的な集団は、離婚と児童保護権に関する法律の改革を中心的な課題として掲げた。一九九五年一〇月一六日には、アフリカ系アメリカ人の男性が大挙して首都ワシントンで開かれた「百万人大行進◆」に結集し、良き父、良き夫になることを誓った。その二年後には、今度は「プロミス・キーパーズ」と称する白人男性集団が、ほぼ同じ規模でワシントン・モールに集結した。この騒ぎには『プレイボーイ』誌や『エスクァイア』誌までが加わって、男性は同情を売り物にするリベラルな連中のせいで、すっかり心を去勢されてしまっていると訴えた。しかしこのような動きに対抗する強力な流れが存在した。家庭内分業とかセックスの相互性といった問題に対して先入観なく取り組んでいこうと考えるカップルが、事実婚関係を選択するケースが増加したのである。このことは、より公平な男女関係を求める男性が存在する証であった。敏感で、性差別に反対で、様々な価値観を併せ持ち、コスモポリタンな「新しい男性」の出現を、メディアは特にゲイやフェミニストの影響と見なした。[*34]

◆百万人大行進　ネイション・オブ・イスラムの指導者ルイス・ファラカンが呼びかけた集会。彼が推進する有権者登録運動の一環という背景があり、単に保守的男性像擁護のための集会ではないが、そのメッセージには、黒人社会の発展を阻んでいるのは黒人家庭の崩壊であり、黒人男性が家族の保護者として自律的に責任を担わない限りそれを止めることはできない、というファラカンの思想が色濃く反映されていた。実際に参加したのは警察発表で四〇万人ほどとされるが、それでも黒人集会としては空前の規模となったものの、原語 Million Man March が示すように「百万人〝男性〟大行進」であって、女性の参加は一割にも満たなかった。

百万人大行進のちらし

この薬は〝男らしさ〟を変えたのか

　バイアグラは女性の進出に対する反動の一つだったのだろうか。男女平等に対抗するための薬だったのだろうか。そのように主張する者は、証拠に事欠かない。最も目に付く証拠として、バイアグラがアメリカの市場に登場する際の、性急な承認過程がよく例に挙げられる。日本でも、避妊ピルの承認は三四年も先送りした政府が、バイアグラに対してはたったの半年でOKを出した。あるいはまた、バイアグラ、レビトラ、シアリスの製造企業はどれも、男性であることはどういうことかを巡る伝統的通念をこぞって利用している、ということも指摘されてきた。社会学者はそうした製品の広告が伝達する「セックスやセクシュアリティの表現は、ジェンダー規範を強化する文化的シナリオとして作用している」と述べている。[*35] しかしそれは驚くようなことだろうか。企業の広告キャンペーンは社会を変革するためのものではない。勃起薬の登場が引き起こした議論をつぶさに検討してみると、セックスや加齢、医療の日常への介入などに対する見方が、我々の文化の内部でも見かけ以上に紛糾していることがわかってくる。

　そうした議論から引き出すべき第一の教えは、二一世紀が始まったという時代にあってもなお、肉体的な能力をどこまで発揮できるかが男らしさの概念の中心にある、ということだ。セックス・ドラッグの擁護者は、セックスによって男は真の男になるという古めかしいメッセージを未だに撒き散らしている。「彼は頭痛だ」とは言わないが、「彼はインポテンツだ」とは言う。つまりインポテンツは、一人の男性の存在全体を表わす特別な状態なのだ。バイアグラの暗黙の約束は、血流の問題に対処することによって、男性の特権のすべてを取り戻させるということなのだ。一九世紀のインチキ医者が大切にしていたメッセージを、二一世紀の科学者が繰り返しているのだ。男性のアイデンティティは勃起できることに支えられている、というメッセージである。例えばハーヴァード大学医学部所属のある医師は実際にこんなふうに論文に書く。ある一人の患者が、きちんとした髪型に整えるようになったことは、彼の性交能力の回復の徴《しるし》である、と。[*36]

バイアグラやその同類の薬の最大の魅力は、インポテンツという問題を単なる血流障害に還元したことにある。男性がこの医学モデルに飛びついたのは、恥を掻かないで済むようになるからである。泌尿器科医は、もしもどこか悪いところがあるとしても、それはペニスが悪いのであってあなた方ではありません、と断言して、男性から失敗者の汚名を拭い去ってやったのだ。この結果として、奇妙なことには男性が自分のペニスから切り離されてしまったと、批判的な者が非難する。医師は、インポテンツを医学上の問題とすることによって、それが男性と外界との間の関係にある何らかの障害に関連しているのではないか、という問いを巧みに回避してしまった。それによって身体のこの不調は、患者の前歴から切り離され、患者はそれについて誰かに相談する必要を免れることになった。もちろん男性は一般的に、もともとこの種の話題を口にしたがらないことでは定評があった。ニュージーランドのある男性心理学の研究者の論文によれば、注射療法が初めて利用できるようになったとき、男性のなかにはセクシュアリティについて話すことを是が非でも避けようとして、パートナーと話し合うよりも自分のペニスに注射針を突き立てる方を選ぶ者がいることを、セックスカウンセラーは思い知ったという[*37]。

バイアグラも他の勃起薬も、広告のなかで既成の男らしさのモデルを踏襲し、強化した。そのモデルでは、男性の性欲は異性愛であるということが前提となっていた。泌尿器科医は勃起不全を、水力学を基準としたモデルに基づいて組み立て、診断し、製薬会社もそれに追随した。そして男性の性的興奮の定義を狭め、セックスは必然的に挿入を意味するということが前提となった。その結果、ペニスが硬ければ硬いほどセックスは良くなるとされ、医師達は勃起の「質」の計測に取り掛かることになった。しかしそうした泌尿器科医や製薬会社の考え方もまた、決して新しいものではなかった。男性は既にペニスに関して、「ハード・オン［「勃起」。鉄のように硬く作動しているという含意］」、「道具」、「つるはし」など、機械に関連する隠喩を用いていた。このことが表わしているのは、男性が依然として、常に自制と堅牢さを示さなければならないという神話に囚われているということである。バイアグラが評価されるのは、その神話を遂行することが可能になるからであって、必ずしも快楽を与えてくれるからではない。それどころか、「吹く仕事《ブロウジョブ》［フェラチオ］」や「手仕事《ハンドジョブ》［手コキ］」

といった言葉を見ると、男性のなかにはセックスを仕事とか、あるいはもしかすると商売上の交換のようなものと思っている者がいるのだろう。[*38]

フェミニストは泌尿器科医の関心が生殖器性交にしかないこと、セクシュアリティの相対性や文化的側面を見ようとしないことを非難する。泌尿器科医がそうまで勃起に魅了されていることは、嘆かわしいことなのだろうか。おそらくそうなのだ。セラピストが指摘するように、勃起は必ずしも欲望を表わすわけではない。男性は寝ている間にも勃起するし、揺れるバスに乗っているときも、あるいは恐怖におののいたときにも勃起する。一方ペニスが萎えていても、快楽を感じることはできるし、オーガズムに達することもできる。その上二〇世紀の終わり頃から、性行為は変化し始めた。生殖器によらない快感、とりわけオーラル・セックスの快感を良しとする人の数は増えている。セーフセックスを重視する新しい考え方も、挿入が中心的地位を失う一因となった。そのときにはもはや、挿入はかつてのように異性愛関係だけのものではなくなっていたのだ。もしも勃起不全が問題だというなら、医師の勃起への執着も問題だと言い得るだろう。それによって医師は、実質的には男性のセックス障害は常に身体的なもので、女性のそれは常に心理的なものであるという古くからの考え方を強化しているのである。[*39]

バイアグラを巡る議論から引き出すべき第二の教えは、多くの男性が身をもって証明しなければならないという圧力を、以前よりも強く感じているらしいということだ。このような緊張が生じる主な原因は、社会の方は劇的に変化しているのに、力と自制を重視する旧態依然たる男らしさの理想像を維持しようとする者がいることにあるだろう。バイアグラは、壊れた男の機械を直してくれる「男らしさ薬」だと男性達は見ていると言う研究者もいる。[*40] もちろんこれと同じような主張は、強壮剤を売るインチキ医者が、何世紀にもわたって唱えてきたことだ。彼らの時代と同じように、二〇世紀もそのほぼ全期間を通じて、男らしさが危機に陥っているということが言われてきた。しかしそうは言っても、一九九〇年代の男性達が新たな課題に直面したことは確かである。

バイアグラの広告は、最初からその一部がアフリカ系アメリカ人に向けて作られていたことを考えると、性的能力を発揮することへの圧力は白人に固有のものではないということを、製薬会社がはっきり認識していたことは明らかである。一九七〇年代には、非コーカソイドの男性が勃起不全を何とかしてくれと医者のところにやって来たという事実が、多くの医師を驚かせた。つまりその医師達は、無意識のうちに男性のセクシュアリティを巡る人種差別的な考え方、とりわけ黒人は他の人種に比べてペニスのサイズも大きいし、精力も強いという紋切り型を受け容れてしまっていたのだろう。しかし九〇年代になると、そうした素朴なステレオタイプ的思考はある程度姿を消していた。しかしこの変化が今度は新たな課題をもたらしたのである。黒人やラテン系男性は、それまで何世紀にもわたって文化によって性欲過剰だとされてきたのに、突然「性欲不足」の可能性があると言われて、どのように対処しただろうか。彼らが白人男性よりも、性交能力の回復に熱心なのはもっともなことなのだと、アフリカ系アメリカ人の泌尿器科医テリー・メイソンは主張する。「黒人は、社会の他のあらゆる分野で打ちのめされてきたのであるから、もしも家に帰って配偶者を性的に満足させることができないとなれば、それは彼にとって破壊的な衝撃だろう」。他の医師も、黒人であれば状況はさらに悪化すると指摘する。なぜなら黒人は、「本当の男」になるためには精力絶倫でなければならぬという考え方を受け容れ、自分のものとしてしまっているかもしれないが、実際には、糖尿病や循環器系障害など、勃起力を失う原因になり得る疾患に、白人よりも罹りやすいからだという。[*41]

白人も黒人も、男女の関係は変化している。インポテンツに関する心配が増したのは、女性の性的な要求が大きくなったせいなのだろうか。避妊ピルによって女性の性欲が解放されたという考え方は、未だに根強い。女性のなかには、パートナーのインポテンツに腹を立てた者も確かにいた。それを自分への侮辱と捉えたのである。興味深いことに、バイアグラは当初、女性の性生活を助けてくれるものともてはやされていた。そして女性が服用しても効果があるか、という疑問がすぐに持ち上がった。アメリカの進歩的な女性誌『ミズ』ですら、女性はこれまで男性のインポテンツの原因にされることが多かったが、今やインポテンツは器質的な障害であることが証明されたと、バイアグラを讃えた。[*42]勃起薬の広告にあれほどロマンティックな性質のものが多かったのは、病院に行って薬をもらってくるよう夫を説得する者がいるとすれば、それは第一に妻であろうという製薬会社の計算が、おそらく働いていたからに違いない。

しかしながら女嫌い《ミソジニスト》は新たに到来した薬を女性への対抗手段として用いることができるという見方をした。彼らは力関係の問題を捨象して、男性は性革命の犠牲者であると捉えていた。それが今やバイアグラのおかげで、女性に対する形勢を一挙に逆転できると歓んだ。『プレイボーイ』誌の編集者も誉め称える。「ペニスが帰ってきた。六〇年代にクリトリスが、舞台の中央に祭りあげられた。以来ペニスは、抑圧される男性の象徴だった。クリトリスの専制がしかれてから三〇年、クンニリングスまたは電動式のオーガズムの数百万時間を経て、バイアグラは遂に男根中心セックスを回帰させた。男根は偉大なる神として戻ったのだ」。この反動には、単なるレトリック以上の影響力があった。男性の性的機能不全に対処することによって莫大な利益を得た製薬企業は、避妊や妊娠中絶、性感染症などに関する女性を対象とした研究計画を、後景に退けてしまった。[*43] さらにはアメリカでは医学校にすら、影響が及んだ。妊娠中絶擁護派の「選択権を支持する医学生」および一般の医学生への一九九九年の調査によると、避妊や妊娠中絶の方法よりもバイアグラに関する生化学について履修する時間の方が長かったという。

バイアグラを巡る議論からは、現代のセックス事情はより単純になるどころか、以前にも増して複雑化しつつあると感じている男性がいるということも明らかになった。例えば婚姻関係をより良くしようと男性は薬を服用する。しかしそれを相手には言えず、嘘をつくことになる。あるいは離婚率が上昇していると聞けば、年下の妻を持つ男性は満足させられるだろうかと心配になる。「気晴らしとしてのセックス」という考え方が受け容れられている世界では、デートは極めて慌ただしく、セックスを、せっつかれてしているように感じる男性もいるという。三十何歳かでデートを心配してバイアグラを服用するのは、トランクのなかにスノータイヤを入れておくようなものだと言った医師がいる（ついでながら、この種の話には自動車の隠喩が溢れている。バイアグラは気力の萎えた人の「ジャンプスタート［バッテリーの“あがった”車のエンジンを、ケーブルで直結させたり押したりすることで始動させること］」が可能だと言った医師もいた）。現実の一般的デート事情はそれほどでもないとしても、どぎつさを増す一方のメディアのセックス描写が、現実以上に男性に圧力をかけてくるのだ。例えば男性ポルノスターもバイアグラを服用していることが、一般男性にも知れ渡っているのである。しかし「セックス遂行への圧力《プレッシャー》ということでは同じとは言え、ポルノスターが感じる圧力《プレッシャー》は、一般のアメリカ人男性が日常的に感じるのとはまったく異なるだろうに」と、メイカ・ルーは指摘する。もしもポルノスターが週に何回もセックスをしなければならないのなら、確かにそうだろう。しかし、一九九〇年代にセックスに関するポルノ界の基準が、世のなか全体にまで浸透したというスーザン・ファルーディの主張も一理あるのだ。ポルノ製作者は、ラディカルフェミニストと同じく、男性は必然的に女性を支配しようとするものだ、という見方の支持者であるのだ。*44

そのような圧力《プレッシャー》に曝されるからこそ、男性はバイアグラに飛びつくと説明される。しかし彼らのパートナーの意見が取り上げられることはまずない。セックスの専門家達が数十年にわたって報告してきたように、女性は膣への挿入よりもクリトリスへの刺激の方を好むというのであれば、なぜこのように男性は、かつてないほど勃起に執着しているのか。勃起は誰のためなのか。ある身上相談コラム《アン・ランダーズ》の回答者が女性読者にアンケートを取ったところ、その半数は今以上の性生活を望んでいないことが判明した。よく効く勃起薬はむしろ、セックスを強要されたり、夫が浮気したり、その結果離婚にまで発展したりといった危険をもたらすと、彼女達は思っている。女性は男性ほど、膣への挿入に価値があると思っていない。だが男性が勃起障害に陥ったら、その他の形態の愛情表現に目もくれなくなりがちなことは、よく知っている。*45

一九九〇年代のフェミニストのジョークにこういうものがある。「——どうして女性はオーガズムの振りをするの？——だって男性が前戯の振りをするからよ」。これが男性解放論者《マスキュリニスト》バージョンになるとこうなる。「——何で女性はオーガズムの振りをするんだ？——男性がそれを望んでいると思ってるんだろ」。男がセックスをするのは、何よりもまず自分自身の快楽のためだ。それとまったく同じように、男が勃起するのも自分の快楽のためだ。こうした放言にもかなり多くの真理が含まれていると、男性はぬけぬけと認めるかもしれないが、製薬会社は自社の製品がナルシシスティックな——人によっては自慰的なと呼ぶような――性質のものであることを、決して認めようとはしない。

高齢者や同性愛者

バイアグラを巡る議論を通して、人は男性の二つの下位集団の性行動に注意を向けることになった。その一つは高齢者男性、もう一つはゲイ男性である。これまでに見てきたように、加齢との闘いは、少なくとも一八九〇年代のブラウン＝セカールの著作まで遡ることができる。しかし一九世紀のほぼ全期間を通じて、精力が失われるのは自然な加齢現象の一つだと、ほとんどの男性が考えていた。アメリカの性科学者クライド・マーティン〔一九一八～二〇〇四〕が、一九八〇年代初めに、もしも若い頃の精力が取り戻せる安全な薬があったらのみますか、というアンケート調査をしたところ、ほとんどがのまない、潔く引退する日をむしろ楽しみにしていると回答した。しかしこうした禁欲主義は、次第に批判に曝されるようになっていく。結婚カウンセラーやセックスカウンセラーは、「使わなければ退化する」の精神を押し付けた。そこには性的寿命をできるだけ引き伸ばすことを意識しない男性は敗北主義者だという含みがあった。

セクシュアリティが医療の対象とされ、泌尿器科医が機械論的なインポテンツ概念を普及させるに伴って、性的に不活発な高齢者が、機能不全を患っていると言われるようになる。医者がもしも、セックス面での健康状態を男性患者に尋ねなければ、非難されるようにもなる。勃起障害がある四十代男性は、飲酒、糖尿病、緊張過多が原因だとする研究が、いくつも報告される。先にも触れたように、マサチューセッツ男性加齢研究の調査では、四十代から七十代の男性の五二％が程度の差こそあれインポテンツであると断定された。しかしそれは医学上の問題なのか。血流や神経反応の速度が加齢によって低下することが、勃起障害の「最も確かな予兆」であるなら、精力は自然に逓減していくものである、という結論となるはずではなかろうか。高齢のカップルのほとんどは、実際にそういう意見なのだ。男性の勃起力が失われてくれば、彼らは新しい体位なり何かそれに対処するための策を講じるのだ。そしてなかにはもちろん、その時点で喜んで性生活に終止符を打つカップルもいるのである。[*46]

それとは対照的に、製薬会社は勃起不全は自然現象ではなく、薬で治せる病気なのだという考え方を吹聴した。高齢者のインポテンツでも、器質的な原因によるものもある。一九八〇年代に新技術によって前立腺手術の危険性が以前より減少して以来、その手術を受ける男性数が増加するのに伴って、結果として勃起に障害を抱えることになった人の数も増えている。既に述べたように、ファイザー社は抜け目なく、初代イメージキャラクターにボブ・ドールを起用した。彼は前立腺癌を手術で克服していたのである。しかし本当のところは、その種の患者にバイアグラが効く確立は低く、製薬会社の真の狙いは、歳をとってきたとは言え健康なベビーブーマーがつくりだす来たるべき豊かな市場にあったのだ。二〇三〇年までにアメリカ人の四人に一人が六五歳以上になると試算されていた。二一世紀に入ると、その結果として「不老《エイジレス》のセックス消費者」をターゲットにした商品がかつてないほど繁殖することになった。健康な生活が性的な寿命を延ばすとかつては言われていたが、製薬会社はこれを逆様《さかさま》にひっくり返して、活発な性生活が健康を増進すると主張した。大衆メディアは、トニー・ランドールやソール・ベロー◆といった、晩年になってなお性的に活発なことを身をもって示した人物を称揚することで、加齢を良しとしないこの圧力を後押しした。七〇代になって「バイアグラ・ベビー」をつくるという考えには、不安を抱く向きも多々あったのだが、それでも西洋文化は、男性が若い女性とベッドを共に

◆トニー・ランドールやソール・ベロー　トニー・ランドール（一九二〇～二〇〇四）はアメリカの俳優。七五歳のときに二五歳の女性と再婚し、一男一女をもうけた。ソール・ベロー（一九一五～二〇〇五）はカナダ生まれのアメリカの作家でノーベル賞受賞者。生涯に五度結婚し、四〇以上の歳の差があった最後の結婚相手との間に八四歳で一女をもうけた。

【上】トニー・ランドールと２人目の妻ヘザー
【下】ソール・ベローと最後の妻ジャニス

することに依然として寛容だった。但し逆はあり得ないが。本当の意味で懸念が深まったのは、高齢者の間にHIV感染者が急増したことからだった。研究者はその原因をバイアグラにあるとした。なぜなら薬によって性的活力を取り戻した高齢者世代は、性感染症についての教育を受けていないからだという。[*47]

男性にも更年期があるのではなかろうかと医師達が言い始めたとき、当初はそれを歓迎する男性はほとんどいなかった。なぜなら閉経に伴う不快な症状とよく似た経験を味わわねばならぬのかと、考えたからだった。しかしマスターズとジョンソンは、六〇歳以上の男性で生活にそれほど劇的な変化があるのは五％に過ぎないだろうと試算した。ところが二〇世紀末になると、医師はもっと高い割合であると報告するようになる。その理由は、もっと高齢の男性が増えたことと、医師がそう診断することで利益を得る製薬企業が、以前にも増して積極的にそれを求めるようになったことである。ホルモン補充療法は女性にリスクがあることがわかってきたのとちょうど同じ頃に、医師達は男性にもそれを受けさせようとしていた。二〇〇五年二月に開かれた加齢男性に関する北米会議では、回春作用のあるテストステロンその他の薬物療法を受けることを、高齢男性に納得させたい企業側の代表と、医師の間で討論会が催された。発言者は口々に、男性の機能低下は加齢に伴う「自然」現象の一つなどではないという考え方の扉を開いたのはバイアグラであると述べた。[*48]

ゲイ男性のバイアグラ使用に目を転じてみると、彼らの経験にはこの薬の互いに矛盾する様々な影響が詰まっていることがわかる。ファイザー社は、教会と中流階級のアメリカ人の支持を取りつけるために、自社製品によって婚姻関係の若返りが可能だと盛んに煽り立てた。その広告にゲイ男性が描かれることは一度もなかった。事実セーフセックス推進の活動家は、ボブ・ドールの偽善を指摘した。彼はTVネットワークがコンドームの広告を制限していることには抗議しないのに、自ら広告に登場して勃起不全の治療を勧めていると非難したのだ。ところが同時に保守主義者達は、ファイザー社がバイアグラの恩恵を受ける者を指す言葉として、印刷物のなかでは常に男性とその「パートナー」という言葉を使っている（その「妻」とは言わない）ことに対して警鐘を鳴らした。性別に関係のないこの言葉を使い続けることで、より広い市場に訴えようとしたのだろうと推測されるのだが、この「パートナー」という言葉は非常に曖昧なので、ガールフレンドもボーイフレンドもどちらも含まれる、ということはつまりストレートもゲイもどちらも含むということになるし、また既婚者も独身者も、相手が一人だけの人も複数の相手がいる人も、要するにすべてが暗黙のうちにはターゲットとされていることになる。ゲイ男性がこの薬を購入することは確かだ。LGBT向け雑誌『アドヴォケート』の二〇〇三年の記事によると、HIV非感染者男性を対象としたある調査では、その一五～二五％がバイアグラの使用経験があったという。そこから考えられることとして、ゲイ男性の方がストレート男性よりも何でも積極的に試そうとする傾向が強く、そのためにバイアグラの服用率も高くなるのだろうということだった。それより後に実施された調査では、ある男性健康センターの利用者のうち、バイアグラの使用経験がある者の三分の二が異性愛者で、三分の一がゲイまたはバイセクシュアルであり、また使用者の平均年齢は三二歳だった。[49] 一九九八年に、「ポッパー」と呼ばれる亜硝酸エステル［「ラッシュ」などの商品名で売られ、性感を高める血管拡張剤として使われる。日本では二〇〇七年から指定薬物］と一緒にバイアグラを服用したゲイ男性が相次いで失神する騒ぎがあって、初めてファイザー社は、バイアグラを他の薬物と併用すると深刻な低血圧症を引き起こす危険があるという注意書きを入れるようになった。

バイアグラを服用していることからわかるのは、ゲイ男性も特定の男らしさの基準に従わなければならないという圧力《プレッシャー》を感じているということだ。おそらくその圧力はストレート男性よりも強いだろう。なぜならゲイ男性は、若く逞しい男性的な身体を理想化しているところがあるからだ。また勃起薬を服用しなければならない彼らに特有の理由もある。アナルセックスをするにはペニスが硬い方が良いのである。初めて同性愛関係を試してみる若者が、自信を付ける薬が欲しくてバイアグラを試すという場合もある。ゲイ男性の間での使われ方を見ると、バイアグラが加齢世代だけでなく若者世代にも魅力を持っていることがわかる。前にも触れたように、次から次へとパーティを渡り歩いているような者達は、気晴らしのためにエクスタシーやコカインなどのドラッグを使うことが多いが、こうした麻薬はインポテンツを引き起こすので、気付け薬が必要になる。麻薬によって自制心が低下したところに性的興奮剤を服用すれば、残念ながら性感染症の感染リスクが高い行為に走る危険性は増す。二〇〇五年のある医学誌掲載論文によると、一四の症例でハイリスク行為とバイアグラが結びついていたという。この論文の主筆であるサンフランシスコ市保険局性感染症予防管理部長は、避妊薬と違いバイアグラは、性的健康にかかわる医薬品のなかでは唯一、性感染症の感染リスクを増加させる製品であると指摘している。[*50] ファイザー社は、危険なのは行為であって薬ではないとして、公衆衛生に関する警告のなかでバイアグラの処方まで危険視する考え方を一蹴した。

ゲイ男性のバイアグラ経験は、ストレート男性のそれと大きく異なるわけではない。どちらの集団も精力を発揮することによって男らしさを示すことができるという信念を共有している。またバイアグラが効く者もいれば効かない者もいる。バイアグラのせいでセックスが不自然なものになり、かえって損なわれたと感じる者もいる。ただゲイ男性は、誰よりもペニスについてはよく知っていると自認しているので、硬過ぎる勃起には疑い深い傾向がある。[*51] ストレートの妻達にも苦情を洩らす者があったように、ゲイ男性のなかにも「薬にファックされている」と感じてしまうと語る者がいる。だがゲイ男性もストレート男性も、たいていは、勃起薬によって男らしさに対する規範的な考え方が以前のまま維持されていると感じている。但し次のような主張もあるにはある。性的マイノリティが、既成秩序に従わない自身の快楽のために勃起薬を用いることによって、そうした薬品は、製薬企業の意図とはかかわりなく、人体改造的な効能を持ってしまう、と。

昔からの男性強化技術の一つ

バイアグラについていくら語ろうとも、それを二〇世紀末の数十年間に登場した他の人間強化技術と比べないのであれば、完全とは言えない。バイアグラはＦＤＡから医学上の機能不全治療薬として承認されたが、あらゆる証拠が示すように、快感や能力を強化するためにそれが使われるケースは増えてきている。そういうものとして見ると、バイアグラは「ただ良いことより以前よりもっと良くなること」を求めてしまう文化が生んだ欲望を反映していると言える。そのような野心は、アメリカ人に特有の自己啓発への衝動を反映しているとも言えるし、またもっと一般的には、西洋においては世俗の考え方にすら見られる、病気は精神の退廃を表わしている面もあるという通念を反映しているとも言える。[*52] そうした強迫観念は、経済がサービス化している社会においてはますますひどくなる。なぜならそこでは、健康や外見がますます重視されるからだ。しかし太っていたり、禿げていたり、そしてインポテンツであったりするから、何だというのだ。医療従事者や製薬産業の代表者達は、医学的に対処すべき様々な身体状態の多くは、すぐに治すことができるんですよと保証する。しかしそうした身体状態の重大さは、彼ら自身が呪文で出現させたのだ。しかも彼らは、消費者が悲観的自己診断を下せるように、そのための生物学用語まで普及させているのだ。

怪しい妙薬は数世紀にもわたってずっと売られてきたのだが、二〇世紀終盤の人々は、メディアから今は奇蹟の治療薬の時代だと思い込まされて、生理的なものであろうと心理的なものであろうと、ほとんどいかなる欠陥も医療技術によって対処可能だと信じるに至った。[*53] もしもパーフェクト・ボディを持っていないなら、ボトックス［ボツリヌス毒素を眼の周りの皮膚に注射して皺を取る］を一本打てば良いのだし、脂肪吸引術や豊胸術、四肢延長術などの手術も受けられる。鬱《ふさ》ぎの虫が問題なら、リタリン、プロザック、パキシルといった向精神作用性の精神活性剤を、幅広い選択肢のなかから処方してもらえる。バイアグラとほぼ同時期に市場に登場してベストセラーとなった新薬には、プロペシア（脱毛症治療薬）、リピトール（高コレステロール血症治療薬）、エビスタ（骨粗鬆症治療薬）などがある。注意欠陥障害から更年期障害まで、ありとあらゆることに薬で対処する薬漬けの世界なのだから、勃起不全も同じように薬で治療すると言われて驚く方が難しい。非常に多くのその種の生活改善薬《ライフスタイル・ドラッグ》に共通しているのは、それが医学上の身体状態に対処するためのものだと謳われていること、そして多くの場合、使用する患者の側は、身体よりも自己像や社会的信望にもっと深い問題を抱えているということである。薬の広告が、単に病気を治すだけでなく幸福を増進すると約束しているのを見ても、このことは明らかである。幸福は、薬によって人が「自分らしさ」（プロザックの自慢）を感じたり、

「正常である」（バイアグラの主張）と感じたりすることによって確かなものとなるのだそうだ。二〇世紀終盤の、市場主導型の文化からの要請によって、アメリカは、顔面美容整形手術《フェイスリフティング》が医学上必要だと認められたり、「引っ込み思案」が病気として治療されたりする一方、四〇〇〇万人が無保険状態でいるという国家になったのである。

一九九〇年代に幸福で健康であろうと思えば、メディアを信じる限り、性的に元気でなければならない。禁欲者は新手の変質者である。消費一辺倒時代の異性愛は、快楽の追求というまるで道徳的義務のような何物かに支配されているのだ。映画やテレビ番組や広告の制作者は、セクシュアリティの商品化の肯定的イメージを、男女両性に向かって発信する。その狙いはもちろん、人々が性の商品化を自らの目的として受け容れることだ。セックスは運動のように、健康なライフスタイルの一環として提示される。性的な元気を失うことは不自然なことであり、避けられるし避けるべきであるという描き方をされる。このような文化のなかでは、男も女も古い慎みをかなぐり捨て、新しい率直さで性の問題を話し合うことを誇りに思って然るべきなのだ。しかしその同じ文化が、「正常な」性を狭く定義することによって、思いがけず抑圧的様相を呈することもあると指摘するのは、レオノア・ティーファーだけではない。批判者のなかには、人は今、多様性の時代から「新たな画一性」の時代へ移行しつつあるのではないかと心配し、次のように言う者もいる。「二〇世紀には、性的な表現における多様性への支持がかなり進んだ。それが今世紀になって、行動の面でも欲望の面でも画一性が期待されるようになるのだとしたら、恥ずかしい話である」。生物学的な性別の意味でも、社会的な性別の意味でも、ふさわしい性別役割は維持されたり書き直されたりしているが、生活改善薬《ライフスタイル・ドラッグ》は、その過程において非常に保守的な

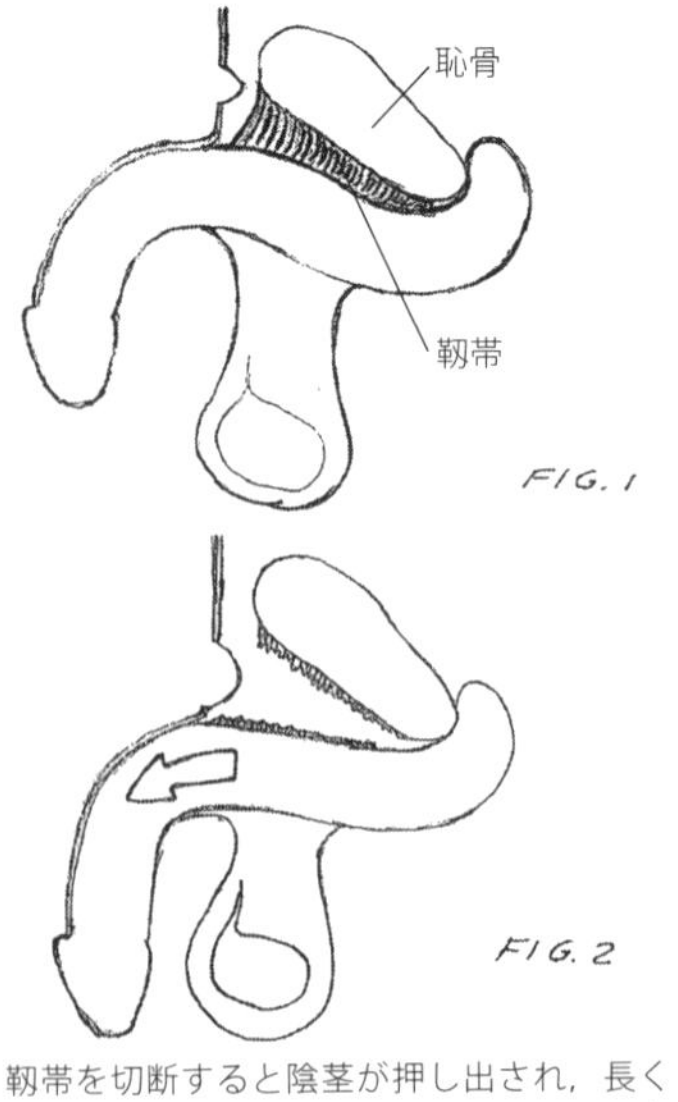

靭帯を切断すると陰茎が押し出され，長くなったように見えることを示す模式図．実際の長茎術では靭帯を切断することはない

役割を果たしている。例えばバイアグラは、男性に性的な元気を取り戻させる一方で、プロザックのような抗鬱剤（何よりも女性の気鬱に処方されることが多い）は女性を穏やかにするのだが、プロザックの最大の副作用の一つは、実は性欲の喪失なのである。[*54]

　バイアグラは、市場に売りに出されている数々の男性強化法の一形態に過ぎない。一九世紀には、女性は外見に時間と努力を費やすが、男性は自分の身体の見た目など目もくれないのが普通だと言われていた。それが二〇世紀になると、少なくともアメリカでは、自社の石鹸を、あるいは自社の整髪料を使えば幸福感が増しますよと、数々の広告が競い合うようになるにつれ、そのような遠慮は打ち棄てられた。一九九〇年代になると、男性はかつてないほどの金額を頭髪用も含む様々な化粧品に費やすようになっていた。あまりにも真剣に自身の身体を手入れする男性がいるのを見て、かつての文化は人格を重んじていたが、今や外見が重んじられる時代になったと言った者もいる。髪の毛の生え際が不幸にも後退してきた男性は、ロゲインやプロペシアといった薬に飛びつくか、あるいは植毛に頼ることになる。そこまで来ればその次は、自分を短小だと思っている不幸な男性が手術の助けを求める番だ。七〇年代の医師はより太くするためにシリコン注入を勧めた。九〇年代の医師は、陰茎と恥骨を繋ぐ靭帯を緩める手術によってペニスを長くすることが可能だと主張した。その種の手術を受ける者の動機は、いわゆる「更衣室症候群」、つまり女性よりも他の男性から、自分のペニスがどう見られるかを心配し、他の男性を圧倒したいと望むところにあった。陰茎靭帯を完全に切断してしまえば、勃起が維持できなくなる。つまり性交能力を犠牲にしても長さを獲得したい、ということだ。しかもその種のペニス増強法に対して男性が支払う代価には、壊疽などのような重篤な合併症が加わる可能性まであるのだ。[*55]そうまでして性的な誇示《ディスプレイ》を追求する者に比べれば、バイアグラに頼るぐらいは大したことではないと思えてきて、ある意味で釣り合いの取れた評価を下すのに役立つだろう。

「もしもあなたが自然に勃起するのなら、たぶんバイアグラの必要はないでしょう」と、フロリダ州のある医師は、この小さな青い錠剤が市場に初めて登場したときに言った。「たぶん」？　病気ではないけれども、それでもなお薬をのむべきだという考えは、二〇世紀のほとんど全期間を通じて奇妙と思われていたはずだが、それが一九九八年には、そうでもなくなったらしい。セクシュアリティの重要性が嵩増しされるにつれて、多くの男性女性の不安感も募っていった。バイアグラを服用する男性は、豊胸のためにシリコン移植術を受ける女性に似ていると言える。どちらも自分のものとして受け容れた理想に合致するよう、「不自然な」ことをする。方法は異なるがどちらも、身体を操作する医学の力とセックスを商品化する産業界の利益を体現している。そうした人々に対する一般の評価は、浅はかだと見るか、要領がいいと見るかで二分される。だがどちらもが自己への執着を示していることは確かであろう。アメリカの哲学者カール・エリオット［一九六一〜］が言うように、自己こそが現代アメリカ文化の鍵である。そしてそれは、事が自己啓発の問題に及ぶと、深刻なアンビバレンスに陥るという特徴がある。すなわち一方で、自身の幸福を強化するためならどんな手段を用いる権利もあると言いながら、もう一方で、体制に順応したり他者に依存したりする手段は未熟だと言って非難するのだ。[*56]

男性の解放か、義務の増加か

二〇世紀終盤の泌尿器科医は、インポテンツを医療の対象とするという目論見に成功したのであろうか。勃起不全に対する彼らの取り組み方は、それを化学工学的な問題と見なすことが中心だった。その議論は機能や血流など機械の隠喩に溢れていたが、彼らが開発した薬を製薬企業がいざ売り出す段階になると、文化によって安定した価値を付与されているロマンスや結婚といった要素までが加わって、いつの間にか科学と手を取りあうことになった。インポテンツの医学的な説明が刷新され、それを罪や罪悪感、悪癖、呪《まじな》いのせいにさえしていた古くからの通念は傍へ押しのけられてしまったのだが、だからと言ってそうした通念が完全に払拭されたわけでは

『恋愛適齢期』の主人公ジャック・ニコルソンと恋人のアマンダ・ピート．現在63歳の主人公の恋愛対象は，これまで30歳を超えることはなかった

なかった。生物学的医学的な論証は、実際にはこれまで蓄積されてきたインポテンツの説明の上に被せられただけだった。我々は今、性的機能不全に対処するために必要なものを、スーパーマーケットで手に入れることができるという世界に生きている。それは確かにいろいろな意味で新しい世界かもしれない。しかしバイアグラがセクシュアリティに「革命的変化」をもたらしたわけではないことは確かだ。異性愛者の婚姻関係を支え、伝統的な性別役割《ジェンダー・ロール》を維持するものとして登場したバイアグラは、元来が保守的なその目的に合致していると主張する者は多いだろう。またバイアグラの製造者自身が、この薬は能動的な男性と受動的な女性という伝統的な異性愛関係を支えてくれると仄めかしていたことも確かだ。しかし欲望を強化することが、どうしてそのような結果をもたらすのか、という点については理論的には何ら根拠が挙げられていないのである。

製薬企業はインポテンツだからと言って汚名を着せられることはなくなったと主張するかもしれないが、なくなっていないのは明らかである。バイアグラを服用する男性が何百万人いようとも、メディアがそれを取り上げるときは、常に馬鹿にした調子がつきまとう。年上の男性がバイアグラを使って若い女性に言い寄ろうとする話は、映画『恋愛適齢期』(二〇〇三、監督ナンシー・マイヤーズ)でも、アメリカのテレビ番組製作者で脚本家、小説家のピーター・レフコート[一九四六〜]の小説『ウッディ』(一九九八)でも、笑いの種として用いられている。二〇〇二年九月に放送された、イラク侵攻の準備段階を報道するテレビ番組では、サッダーム・フセインはバイアグラをのんでいたという元愛人の証言が引用された。彼の二人の息子ウダイとクサイが殺されたときには、メディアは嬉しそうにウダイの遺体から現金と痛み止め、コンドーム一つ、そしてダイヤモンド形の錠剤がたくさん発見されたと報道した。[*57] 嘲るようなこの言及の含意は、ウダイの持ち物のどれ一つとっても、本当の男なら頼りにしたりしないものばかりだ、ということである。

バイアグラはセックスを巡る男性の不安定感を払拭することはできなかった。しかしバイアグラに対する批判者に時々見受けられるように、セックスを遂行できるかどうか心配する時代をバイアグラが新しく開いたのだと主張するなら、それはまったくの見当外れである。男性のそのような心配は、時代を遙か昔まで遡ることができるのだ。勃起薬の製造業者が、自分は欠陥ではないかという感覚を男性に植え付けようとしたそのやり方は、確かに前代未聞だった。セックスを巡る不安定感を増殖させるという狙いのもと、企業はかつては正常な身体状態だったものを、次から次へと医学上の障害だと決めつけていった。その点で製薬企業は、古くからある男性薬の売り手の先例に倣ったと言える。彼らはもう何世紀も前から、男性がどんどん自信を失うようにしなければ儲からないことを知っていた。ただ今日では近代的なメディアのおかげで、自分は性的機能不全に陥っているという思い込みの餌食になる男性の数はかつてないほど膨れあがる可能性があるのだ。もっと勃起に注目してもらおうとするそれらの新薬が、かえって勃起を危機に陥れているのは皮肉なことである。セックスに関することではイニシアティブをとらなければならない、という義務から解放されたいと男性は願っていたかもしれないが、そうした新薬の広告のせいで、男性の義務は以前より減るどころかかえって増えた。男性の解放を約束する薬が、実際には男性を拘束する。それはバイアグラのようなインポテンツ治療薬それ自体が悪いものだからではない。また同じ目的でかつて利用されていた、護符や催淫剤や薬草が悪かったわけでもない。勃起を過大に重視し、挿入を男らしさに不可欠の徴として執着することには長い歴史がある。新しく登場した医薬品によって、その歴史に新たな頁が加わっただけだ。その強迫観念の根深さを認めずに、男女両性の生物学的な、また社会的な関係に対する考え方の進化について述べるのであれば、それは不完全なものになるだろう。

［おわりに］インポテンツという幽霊は、これからも装いを変えながら男達に取り憑いていく

現代の〝性的不能〟をめぐる社会的パニック現象

一九八〇年代に、西アフリカのいくつかの場所で怒った群衆が「ペニス泥棒」を殺害したというニュースが、世界中の報道機関によって報じられた。「ペニス泥棒」と呼ばれる魔法使いは、その犠牲者の言によれば、ペニスを縮めたり奪い取ったりした上で、元に戻してほしければ金を出せと脅すという。

それから一〇年後のエジプトでは、イスラエルのスパイ機関のモサドが男性を不能にするチューインガムをこっそり持ち込んでいるという記事が、複数の新聞に掲載された。そのガムは性腺の活性を高めることによってインポテンツを引き起こすと考えられていた。イスラエルの計略は、それによってアラブ世界の出生率を減少させることにあると信じられていたのである。

ほぼ同じ時期に中国では、インポテンツが「伝染病」のような割合に達したと言われていた。ここでその原因として非難されたのは、資本主義だった。セクシュアリティと富と現代性を崇拝する資本主義のせいで、古くからの禁欲的な文化が破壊されたというのだ。*1

以上のような話に驚くほどよく似たパニックが、歴史上、西洋世界にも数多くあったことは、本書でこれまで明らかにしてきた通りである。そうしたパニックは、セックスを巡る男性の不安が引き起こしたものだった。男性の不能に対する考え方を文化横断的に比較対照して研究するという企画はとても魅力的だが、それは後日の機会に譲らねばならない。今はヨーロッパと北アメリカについて展開してきた我々のこ

の物語の、幕を閉じるための紙数しか、我々には残されていないからだ。

〝男らしさ〟も〝性的不能〟もその中身は時代によって異なる

本書の目標は、男性の性的欠陥の表象が歴史的にどのように構築されてきたか、その主要な趨勢を理解するところにあった。我々の第一の発見として、インポテンツを巡る懸念を辿ることによって、男であることの意味が時と共に変化してきたことがわかった。インポテンツについて知れば知るほど、男らしさに付与された意味の変遷をより正確に把握することができた。女性と女らしさの歴史を扱う文献は数多い。しかし男らしさはつい最近まで当たり前とされてきたのだ。それでも男らしさは、女らしさとは違って失う可能性があった。セックスの能力は男らしさの証の一つだった。それが単純に勃起だけで示される文化もあれば、妻が妊娠することまで求められる文化もあった。そして多数派《マジョリティ》の自己像と自信の重要性が維持されるために、時にそうした試練に耐えられない男性が犠牲として必要とされたのである。[*2]

インポテンツの原因が文化によってどのように捉えられているかに従って、不能男性は罪悪感を感じたり、被害者意識を持ったり、責任を感じたり、呪われていると思ったりと、様々だった。そして常に、原因がはっきりしない曖昧な面が残された。男らしさの基準は時代、階級、人種によって様々だった。性的に無力であることが暴露されたら、その男性の美徳は損なわれるのが常だと言うなら、それは真実ではない。[*3]男らしさというものは、人が考えるより遙かに捉えがたく変わりやすいイデオロギーなのである。一たび失われた男らしさを、再び身に付ける手段も存在した。例えばローマ人がそうだったように、性的に不能になっても家父長制権力を失わないことがあり得た。その一方で、性欲過多の男性は野蛮だと見なされるのが普通だった。ペニスが大き過ぎる男性は、乳房が大き過ぎると見なされる女性と同じで、嘲弄の対象となった。どちらも知性を欠いていると考えられるのが普通だったのだ。[*4]どの文化でも、「本当の男性」および彼が満たすべき性に関わる規範について、その文化独自の集合的表象があらまし決められていた。また男らしさ観が変わってきたのと同じように、女らしさ観も変わってきた。特に男性の不全の原因が女性にあるとされる場合に、女性の身体が冷た過ぎるからそうなるのか、あるいは熱過ぎるからなのか、また女性が慎み深過ぎるからそうなるのか、あるいは積極的過ぎるからなのかということは、様々に変化してきた。セックスに対する女性の情熱を巡る社会の寛容さも、かように目まぐるしく満ち欠けしてきたのである。

正常と不能の境界線、原因と治療法も、その時代の文化が構築してきた

男性はなぜセックスをするのだろうか。快楽のためか、それとも能力を証明するためだろうか。我々は、男らしさに対する考え方の変遷には、性を巡るイデオロギーと実践の両面での変化が反映されていることを発見した。キリスト教徒にとって性交能力は、結婚を成就させもするが脅かしもするものだった。現代世界においては、結婚をしたり、子供（とりわけ男の子）をたくさんもうけたりといった、かつて男らしさに不可欠の徴《しるし》とされていた多くの行動が、もはや無しで済まされるようになっている。二〇世紀には「気晴らしとしてのセックス」が誕生した。セックスは以前に比べて実用的な意味を持たなくなってきたが、そのことによって心理的重要性はますます高まってきた。現在では、セックスは結婚生活に先立つことが認められているが、それでも幸せな結婚の基礎であると見なされてもいる。今日の消費主義文化の要諦としての良き性生活が、幸福には不可欠であると信じられている。セックスを健康養生法の一部と見なすそうした文化的メッセージが昂じて、抑圧的性格を帯びるほどにまでなることがある。フェミニストの学者は、例えば多くの女性がオーガズムの振りをしている事実を挙げて、女性が明らかにそうした抑圧の犠牲となってきたと指摘する。一九八〇年代になって自分もオーガズムの振りをしているという声が男性から上がり始めたことは、快感を感じることへの圧力《プレッシャー》が存在する証拠としては、より衝撃的である。[*5] それと同じ圧力に屈してバイアグラを服用する男性がいることも明らかだ。オーガズムはいつでもその振りをすることが可能だが、勃起の振りをすることはできないと、医師は長年にわたって主張してきた。しかしそのような悲観主義が間違っていることが、製薬会社によって証明された。男性の性的不全の徴候は、どのようなも

のとされていたか。男性はどう勃起しなければならないとされていたか。またその頻度は。挿入し、一定の時間射精を我慢することが必要とされていたか。何が「正常」かを決めていたのは誰なのか。証拠が示すところによれば、インポテンツは通常、「機能の」不全であって器質的病理学的原因によるものではなく、また性交能力の衰えは正常な加齢現象の一つであると見なされていた。しかし専門家が、「正常」と「病理」の間に引かれている境界線を引き直す手を止めることは決してなかった。男性の性的障害は、心のせいにされるときもあれば、身体のせいにされるときもあった。失敗《フィアスコ》を解明しようとする者が、二〇〇〇年以上にわたって、思いつく限りの心理的生理的原因を考え出してきた。不能の原因を不節制だとした文化もあれば、節制とした文化もある。しかし性的機能不全の定義が文脈に固有であり、それぞれの文化が反映されているという点については変わりがない。[*6] 古代にそれを説明しようとした医学者は、魔術や体液説に原因を求めた。一八世紀の啓蒙時代には、医師は食事内容や運動不足に原因があると非難した。ヴィクトリア朝時代のインチキ医者達は、自瀆に狙いを定めた。二〇世紀の内分泌学者はホルモンの不均衡を追及し、泌尿器科医は血流の閉塞を見つけ出した。

最も「科学的な」ものも含め、いかなる診断であろうとも、一定の語り方のパターンに収まることが常である。男性の障害をその経歴との関係で説明し、それに対する今後の明るい展望を提供するというパターンである。つまりインポテンツは文化的に構築されるものなのだ。それはある意味で、私的な問題に文化的政治的関心が向けられたことに端を発する社会的駆け引きの産物である。原因解明と助言が求められ、それに対して診断が下されたなら、私的な性的障害も社会的な現象となるのだ。またいくら私的な欠陥だとは言え、それによって子孫繁栄や安定した婚姻関係、個々人の幸福が妨げられる可能性があるとなれば、それは明らかに公的な影響力を持つ。我々は、性的機能不全の治療薬を求める医療従事者の研究に固執し過ぎて、もっと重要な点、すなわちインポテンツはほとんど常に、集団全体の問題と見なされるという点が曖昧にならないように注意を払ってきた。インポテンツ男性に健康を取り戻させ、その能力を立て直してやるのが自分の使命だと援助の手を差しのべる者は、それが自分と同じ男性だからそうするのである。

これから、さらに多くの男達がインポテンツという幽霊に……

インポテンツという男性のカテゴリーは、どのような役割を演じてきただろうか。様々な文化において、インポテンツという概念が思考の役に立つと認められてきた。それはつまり、インポテンツという概念が一定の文化的作用を果たしてきた、ということである。例えばその概念を用いる文化はどれも、男らしさ、女らしさに対する考え方を明確に表明する機会を得ることになった。他にも同性愛、人種、階級、ジェンダー、加齢などについて、それらに対する社会的な見解をインポテンツとの関係から表明することが可能となった。教会も、医学も、法も、すべてがインポテンツを論じた。それによって、結婚や生殖、離婚に関する議論に影響を与えたのである。インポテンツ概念は、性交能力《ポテント》がある／性交能力《インポテント》がないという一対を孕んだ概念である。つまり障害がある者、適性を欠く者、不能の者について論じることは、能力を備えた者の有能さを際立たせることに貢献するのである。

他の文化史であれば、特定の主題の盛衰変化の跡を辿るものだが、本書はそれらとは違って、ある意味で常に変わることのない一つの問題を追いかけることになった。その問題に対する態度は変化し、その社会的意味は進化してきた。どの時代も、その問題の原因と対処法のリストを独自に作り上げてきた。我々はインポテンツには確かに歴史があることを立証してきた。そしておそらく、インポテンツには未来もあるだろう。製薬企業の利益追求への貪欲さを見れば、性を巡る不安をあたう限り多くの消費者に植え付けることが彼らの利益を最大にするはずだ。それに今日では以前に比べてずっと率直に性的機能不全の話題が口にされているのだから、インポテンツという幽霊がかつてないほど多くの男性に取り憑くことは十分にあり得る。しかしそれは未来の話で、まだ歴史にはなっていない。

訳者あとがき
――日本文学史に性的不能者を垣間見る

山本規雄

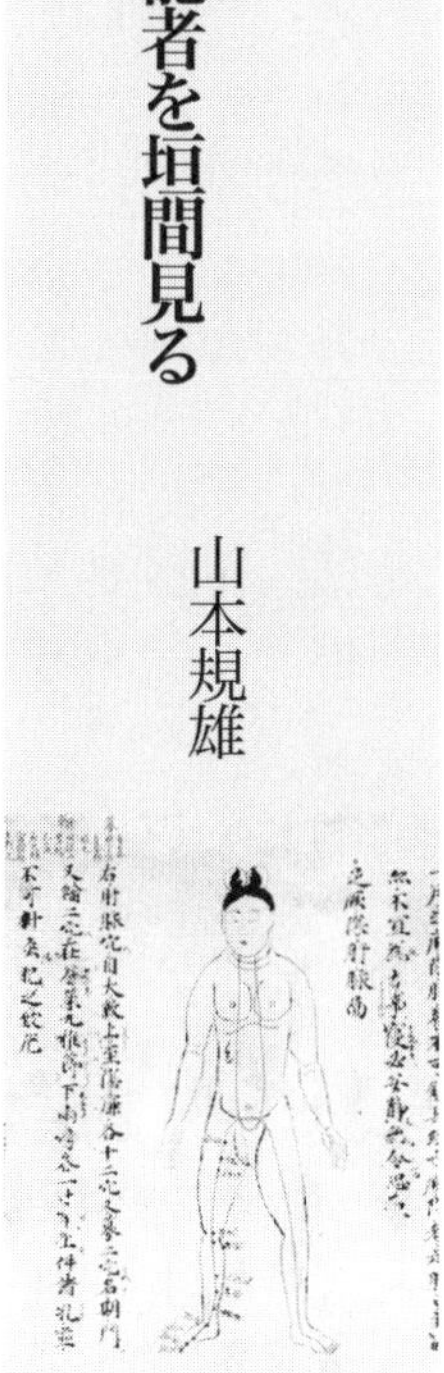

著者アンガス・マクラレンについて

本書は、Angus McLaren, *Impotence: a cultural history*, the University of Chicago Press, 2007 の全訳である（但し巻頭に置かれた謝辞は、人名が列挙されている箇所を省略し、「はじめに」の冒頭に組み入れた）。

著者のアンガス・マクラレンは、一九四二年、カナダのバンクーバー生まれ。アメリカのハーバード大学で博士号（PhD）を取得した歴史学者で、一九七五年から二〇〇七年までカナダ屈指の名門ビクトリア大学で教鞭を執り、現在は、同大学名誉教授である。セクシュアリティの歴史を専門とする歴史家として、世界的にその名が知られている。二〇〇七年には、カナダの政府機関である芸術評議会から、人文社会科学分野で最も優れた功績を挙げたカナダ人研究者に授与される「モルソン賞」を受賞している。

これまでに、邦訳された『性の儀礼――近世イギリスの産の風景』（荻野美穂訳、人文書院、一九八九、*Reproductive rituals : the perception of fertility in England from the sixteenth century to the nineteenth century*, Methuen, 1984）を始めとして、『我らが支配者たる民族――一八八五〜一九四五年のカナダにおける優生学』（*Our own master race : eugenics in Canada, 1885-1945*, McClelland & Stewart, 1990）、『避妊の歴史――古代から現代まで』（*A history of contraception : from antiquity to the present*, Blackwell, 1992）、『男らしさ裁判――一八七〇〜一九三〇年における男女の境界線の取り締まり』（*The trials of masculinity : policing sexual boundaries, 1870-1930*, University of Chicago Press, 1997）、『二〇世紀のセクシュアリティ――一つの歴史として』（*Twentieth-century sexuality*

: a history, Blackwell, 1999)、『性を巡る恐喝――一つの現代史』(*Sexual blackmail : a modern history*, Harvard University Press, 2002)、『意図された生殖――両大戦間期イギリスにおけるセックス、ロボット、森、試験管ベビー』(*Reproduction by design : sex, robots, trees, and test-tube babies in interwar Britain*, University of Chicago Press, 2012) など多くの著書があり、世界各国で翻訳出版されている。

本書について

本書は、性的不能《インポテンツ》を主題に据え、西洋世界の歴史を二五〇〇年以上にわたって辿った作品である。「はじめに」に記されているように、「インポテンツ」という言葉が男性の性に関わる意味で使われ始めたのは、一七世紀以降のことであるが、あの現象自体が、有史以来、男性たる者を常に不安で苛《さいな》み、時に絶望に陥れてきたことは間違いない。しかし「あの現象」とは、具体的には何を指すのか? 単に勃てば良いのか、あるいは子供ができなければいけないのか。かつて古代ギリシアでは、ペニスは小さくて包茎であることをもって高貴とされていたが、やがて男性は大きさに劣等感を抱くようになり、場合によっては包茎を恥じるようにもなった。それとまったく同じように、男性に期待される性的能力も、女性を妊娠させればそれで良かった時代もあれば、女性を性的に満足させることを求められる時代もある。その変化に伴って、「インポテンツ」すなわち性的能力の不足・不全という言葉が指し示す「あの現象」の具体的な中身も、時代によって大きく変化してきたのだ、というのが本書の肝である。

男性にどんな性的能力を期待するかは、何が「男らしい」とされるかによる。だからインポテンツの歴史的変化を辿ることによって浮彫りにされるのは、家族のあり方や産業構造などの社会的条件と、宗教や物の考え方などの文化的条件を反映して、どのような「男らしさ」が男性に求められてきたか、という歴史に他ならない。そして男性が常に、自らの性的能力に不安を抱き、苦悩を抱えて生きてこなければならなかったのだとすれば、それは要するに「男らしさ」を失うことへの恐怖であり、その危機感は、歴史を通じて変わらなかったのである。かくして著者マクラレンは、インポテンツに着眼し、多数の歴史的資料を渉猟することによって、女性史の対概念としての男性史を、つまり男性もまた家父長制的男根主義の犠牲者であるという歴史を、裏側から描いてみせたのである。

本書は刊行直後から、これまでにまったくなかったテーマの研究として、歴史学はもちろん、医学、女性学／女性史、男性学／男性史、心理学等の各界から、絶賛をもって迎えられた。一部を紹介すると、「男らしさの歴史学の、新たな道を切り開いた」（『ニューヨーク・ポスト』）、「ジェンダー・スタディーズ、セクシュアリティ・スタディーズ、心理学、社会学、人類学、歴史学を学ぶ学者・学生は必読」（『チョイス』）、「一般の読者も、医療に従事している専門家も、大いに関心を持つ内容」（『ニューイングランド医学ジャーナル』）、「博覧強記で説得力に満ちタイムリーな本書は、セクシュアリティ分野の必読書リストに確固たる地位を獲得した」（アメリカ心理学会書評サイト「サイクリティックス」）、「目を離せない一つの歴史を描き出しただけでなく、男性の性的能力を巡る、我々自身の〝正常〟や〝自然〟概念をも揺るがす作品」（『アメリカ史ジャーナル』）、「セクシュアリティの歴史学、男らしさの歴史学、ジェンダーの歴史学への素晴らしい貢献」（『カナダ歴史ジャーナル』）、等々。また本書は、性科学分野の研究書として最も優れた著作に授与される「ボニー＆ヴァーン・バロー賞」（二〇〇七年、セクシュアリティ科学研究財団）も受賞している。

日本における性的不能の歴史を振り返ってみると

さて、本書によって西洋におけるインポテンツの歴史を辿ってきた今、ひるがえって本邦においてはどうなのか、という興味が湧き上がってくる。試みに文学のジャンルを歴史に沿って辿ってみたら、インポテンツの扱われ方を通して、日本の「男らしさ」の変遷が、浮かび上がってくるのではないだろうか。しかしそう考えて、まず困ったのは言葉の問題だった。バイアグラ以降、「ＥＤ」という表現も見られるようになったが、それでも今なお、あの現象を指す最も一般的な言葉は「インポテンツ」（または略して「インポ」）という語だと思う。しかしドイツ語由来のこのカタカナ語が定着したのは、当然、最近のことであろう。ではそれ以前は何と言ったのか。「不能」という語は今でも使う。しかしこれは広すぎる。そこで辞書を引いてみると、「陰萎《いんい》（または陰痿）」という言葉がすぐに出てきた。これを手がかりにしてみよう。

「陰萎《いんい》」という語は、すでに『医心方《いしんほう》』に見られる。この書は、平安中期の医家丹波康頼《たんばのやすより》が、唐代以前の中国の医書を中心に引用・編纂した三〇巻で、九八四年に円融天皇に奏進された。なかでも巻二八「房内篇」は男女交合の方法論と、それにまつわる不調についてまとめた巻であるだけに、この語が多く登場する。「陰痿不起《いんなえてたたず》、起チテ堅カラズ、堅クシテ怒《ど》セズ、怒シテ洪《こう》ナラズ［大きくならず］、入ルニ便《すなわ》チ自死スル」などの症状が挙げられ、それを治すと謳う処方も一〇種ほど収録されている。そのなかには、鹿角《ろっかく》、薯蕷《しょよ》（長芋・自然薯）、枸杞《くこ》など、現代でも馴染み深い素材も多い。

『医心方』はそもそも、欲望の赴くままにむやみに射精することを戒めている。このあたりは本書に出てきた一九世紀西洋の「精液の節約《エコノミー》」の考え方に似る。しかし特異なのは、陰陽道の観点から「還精」を説く点である。これは、自分自身は決して射精せず、もしも射精しそうになったら相手の女性を取り替えて、一晩に一〇人（別の説では三人、九人、一一人）を相手に性交し、女性の精液を脳に吸い上げ、体内に循環させて自身の気を養うという驚くべき方法である。女性との交接には決まったやり方があり、それに従えば必ず勃起するから心配はいらないと説き、勃起不全よりもむしろ、射精を問題視しているようだ。例えば勃起しないまま無理に交接してはいけない理由も、そうすると「途中で射精するので気が尽きて」しまうからだと言うし、満腹したあとすぐに交接したせいで「陰痿、無精」になった場合の対処法は、「女性を正しく寝かせて、その脚を男性の尻に引っかけさせる。男性はそこで敷物に手をついて、これを入れ、女性に自分で揺らせる。女性の愛液が出たら止める。男性は気持ちよくなってはならない。一日に九回これを行なうと、一〇日で癒える」（傍点引用者）と言う。どれほど射精による消耗を恐れていたかがよくわかる。

この消耗状態を言い表わす語が「腎虚《じんきょ》」である。腎は精を貯える臓器とされていたから、房事過多によって腎水すなわち精液が枯渇することによって、広く心身全体の衰弱を招くという。陰萎は数多くあるその症状の一つとされている。これまた一九世紀西洋の「衰弱」概念に似ている。但し『医心方』巻一三「虚労篇」によれば、西洋で問題にされていた「遺精」や「精液漏」の原因もまた、この腎虚であり、処方としては韮子《きゅうし》（ニラの種子）が挙げられている。

このように、一〇世紀末の日本においてすでに、大陸の知見を整理する形で、男性の性的不調が一貫した論理の下に体系化されていたのである。さらに『医心方』には、次のような黄帝の言葉も引用されている。「今、交接しようと努力しても玉茎が起たないと、相手に顔向けできないほどはずかしく、珠のように汗が出る。それでも私の気持ちは貪欲で、手で助けている。どうしたらこの玉茎を強くすることができるだろうか。お願いだからその方法を聞かせてくれ」。ここで語られている「はずかしさ」が、中国皇帝としての恥なのか、男としての恥なのか、あるいはもっと別の観点からなのかは、この引用だけではわからないが、少なくとも勃起不全を恥とする大陸社会の意味付けが、日本に紹介されていた、とだけは言える。『医心方』は正親町《おおぎまち》天皇（在位一五五七～八六）によって医師半井瑞策《なからいずいさく》に下賜されるまでは禁闕の秘書であった。しかし控本などからその知識は漏れ伝えられていたようだし、少なくとも文化の中心であった宮廷内ではその知見が共有されていたはずだ。そうであれば、この『医心方』以降は、その陰萎観が日本文化の一つの前提として共有されていたと考えて良いだろう。

その『医心方』と同時代の文学作品が、あの『源氏物語』である。それなら『源氏物語』は、さぞかしインポテンツのエピソードに溢れているだろうし、そのときの男性心理も深く洞察されているのではないか、と期待してしまう。訳者はその全編をきちんと通読したことはないから、すでに読んでいる人に訊いてみた。ところがその答は、「さあ、ないんじゃない?」だったのだ。『源氏物語』だけではない。記紀万葉から近世までの、連綿たる日本文学史上の作品に、インポテンツの場面は思い当たらないし、探しても見つからない。「陰萎」という言葉の用例も出てこないのだ。以上のようなことを日本文学の素養がある知人に話したところ、面白い話を教えてもらったので紹介しよう。

平安前期の宇多天皇（在位八八七～八九七）の、二三歳のときの日記に次のような記述があるという。「今、乱国の主、愚慮を致さざる日なし。万機を念ずるごとに、寝膳安からず［眠ることもできず食事ものどを通らない］。爾来、玉茎不発、ただ老人のごとし。精神による疲極、まさにこの事あるによるなり。左丞相［相談相手の源融（みなもとのとおる）］答えていわく。

露蜂《ろほう》〔アシナガバチ・スズメバチの巣、またはロイヤルゼリーか〕あるなりと。宗継に命じ、調進す。その後、彼の詞により、これを服す。その験〔能効〕真というべきなり」（寛平元（八八九）年八月一〇日、『扶桑略記』）。「不発」は「たたず」と訓ずるのだろうか。いずれにせよ意味は明白で、勃起不全を悩み事と見なしていること、それを心労に結びつけていること、強壮剤を処方されていることなどを見ると、本書を読んできた者としては、まさしく典型的な記述だと感心せざるを得ない。社会的文化的な意味付けの詳細は不明ながら、それを別とすれば、西洋インポテンツ史に頻出する堅固不変のパターンにそっくりだからである。しかし残念ながら、このような典型例は、結局他には見出すことができなかった。

ちなみに「やり過ぎ」という意味で使われている「腎虚」の用例であれば、たくさん見つかる。例えば「命知らずとよし言はば言へ　君故に腎虚せんこそ望みなれ」（『新撰犬筑波集』）、「たとへば腎虚して、そこの土となるべき事、たまたま一代男に生まれての、それこそ願ひの道なれ」（『好色一代男』）。「腎虚をば堅っ苦しい奴が病み」「腎虚して取《とり》あげられる笑本《わらいぼん》」（『誹風柳多留』）、「入聟《いりむこ》のじんきょはあまり律義過」（『誹風末摘花』）など。「腎虚」を辞書で引くと、第一に「インポテンツ」と書いてあるものが多いし、医学的には「陰萎」もその症状の一つなのだろうが、これらを見ると、一般的な使い方としては「腎虚」は勃起不全とは無縁だったのではないか、と思われてくる。それは次のような用例を見ればなおさらである。「立往生は弁慶と腎虚也」（『誹風柳多留』）。つまり腎虚であるのに、いや腎虚なればこそ、逸物だけは盛んに勃っているというのである。「腎虚の往生《おうじょう》得手吉《えてきち》は衣川」（『誹風柳多留』）も同様の趣向。「得手吉」は男根、「衣川」は弁慶立往生の地。

近世以前の日本の男は、インポテンツに悩んでいなかった?

残念ながら訳者の管見では、近世までの日本文学でインポテンツに悩むという例を見出すことができなかった。もちろん近代以降の日本文学に、インポテンツを主題とした作品が数多く存在し、それを点景として描いているものまで含めれば、最早枚挙に暇がないほどであることは周知の通りである。それと比較すると、近世以前はあまりに目に付かない。不思議としか言い様がない。これはひょっとして、日本では近世まで、インポテンツがあまり問題にされなかったということなのか？ もし仮にそうだとすると、宇多天皇は、どうしても血統を保つ必要のあった立場の者が、言わば独占的に悩み、またその悩みに対処しようとした例なのか？ 江戸時代には、跡継ぎに恵まれない嫁が、盆踊りや湯治などの機会で、他の男と関係し妊娠することが暗に認められていたというから、多くの男性は自分の子ができなくても悩まなかったのか？ また江戸の女性達が、かなり自由に張形を楽しんでいたこともよく知られているから、勃起した男根がそれほど重視されなかったということなのか？ 日本の男性史・ジェンダー史が、今後、このテーマに目を向けてくれることを期待したいものである。

我々のよく知る近代以降のインポテンツの光景は、本書で見てきた西洋のそれと本質的には違いはない。一言で言えばそれは、「男らしさの危機」だ。それが日本においては近代以降に登場するのだとすれば、その先駆けという意味で非常に重要と思われる作品がある。和製〝インチキ医者《クワック》〟（と言っては褒めることにならぬか）平賀源内による『痿陰隠逸伝《なえまらいんいつでん》』がそれだ。明和五（一七六八）年刊行のこの著作は、世に才能を認められない不遇を、痿陰《なえまら》という喩えで表わしているのだ。「衆人皆起《お》えたり。吾《われ》独り痿《な》えたり。吾その勢《まら》を閲《けみ》すれば、すなわち湯屋《ゆや》で見たより大なり、痿《な》えたりといえども、大陰《おおまら》と謂《いい》つべし。惜しいかな、その痿《な》えて趺《ふ》［麩または豉？］の如くにして、その起《おえ》て木の如くならざることを。嗚呼《ああ》勢骨《まらぼね》の強き、亀稜《かり》の高きも開《ぼぼ》［女陰］と穴《けつ》に逢わざれば、すなわち徒らに一本の手弄《せんずり》を掻くのみ、その起《お》えんよりは、むしろ痿《な》えんには。痿陰《なえまら》の時義大なる哉」と。源内によれば、歴史はことごとく勃起男根同士の戦いである。「東夷《あずまえびす》の謀叛《むほん》魔羅《まら》を、日本武尊の剣《つるぎ》にことごとく薙《なぎ》散らしたまいしより、この剣《つるぎ》、魔羅臭《まらくさ》ければとて、臭薙《くさなぎ》の宝剣となづけて末世のむだまらの戒《いましめ》とす。あるいは将門《まさかど》関東に駄魔羅《だまら》を怒《おや》せば、純友四国にあて手弄《がき》をなし、［……］平家の奢《おごり》は至精《いんすい》の池をたゝえ陰毛《つびけ》の林をなせしも、範頼・義経の勢骨《まらぼね》にたゝき潰され、あたまの大なる頼朝の勢《まら》は政子《まさこ》の陰戸《ぼぼ》の弶《わな》にかゝり、時政が術中に陥《おちいり》てわずか三代も怒《お》え通すことを得ず。［……］新田・足利の勢競《まらくらべ》も楠《くすのき》湊川に割勢《らせつ》してより［まらを割かれてからというもの］、後醍醐天皇犢鼻褌《ふんどし》のしまり悪く、南北両頭の勢《まら》と分る。足利十五代の長陰茎《ながまら》、信永・武智［信長・明智］の早勢《はやまら》共に痿《な》えてより、太閤の大勢《おおまら》自慢、朝鮮人の糞門《けつ》を穿《ほり》て進む。こととき［事の早く済む］勢《まら》は痿《な》ゆることも速《すみやか》なり。そのほか倭漢蛮国《わかんばんこく》昔が今に至るまで、智恵なきむだまら数うるにいとまあらず［……］春も立ちまた夏もたち秋も立ち冬もたつ間になえるむだまら」。ここには家父長制的男根主義の権力闘争を、痿陰《なえまら》という自虐的隠喩によって嘲い飛ばす痛烈な皮肉とニヒリズムを見て取れる。そう考えるとこれは、近代の先駆けどころか、それを通り越してポストモダン的と言っても良いかもしれない。

日本文学におけるバイアグラ受容

さてここで、モダン日本のインポ文学を数々挙げ、時系列に沿って細かに分析してみれば、さぞかし面白いことになるだろうとは思う。しかし限られた紙幅でそれをするのは不可能なので、疑問点を一つだけ採り上げて考えてみたい。日本文学はバイアグラどのように迎えたか、という疑問である。と言うのも、バイアグラの発売後も日本文学は相変わらずインポ文学を産出し続けているように見えるからだ。

まずは島田雅彦（一九六一〜）が書いているバイアグラ体験を読んでみよう。「実は私もさる女性作家からバイアグラをもらい、密かに試したことがあったが、全く身も蓋もない薬である。こちらがその気にならろうがなるまいが、勃起を強制される感じなのだ。その気満々なのに勃起しないのも悲しいが、その気がないのに硬く張り詰めるのも空しい」（『朝日新聞』二〇〇三年一一月一五日付朝刊）。要するに、インポで勃たないのも、バイアグラで勃つのも、いずれの場合も思い通りにならない事態であることに変わりはない、と言っている。つまりバイアグラが登場しても何も変わってはいないのだ。日本文学が悩みの種にしているのは、依然として「ペニスが勝手気ままに振る舞うこと」という、かのアウグスティヌスが一六〇〇年も前に提起した問題であるというのは、実に驚くべきことではないだろうか。

しかし古井由吉（一九三七〜）を読むと、いやそんなことは驚くに値しないのかもしれないという気もしてくる。古井はプレ・バイアグラ時代（一九八七）に、次のような発言をしているのだ。ある新人女性作家が書いた作品について、「物を書く人間からすれば、とんでもない」という。それは不能の亭主と約十七年間暮らしてきた女房の話なのだが、男がまず自分の不能について「全然屈折感がない」。「細君の親が、それに気がついて、とがめたてたとき、自分はいままでずっとそうだったし、不思議とも思ってない、なんでこれでいけないのかわからないって答える。それで、女のほうにも、屈折とか苦悩がないの。そういう亭主を持ったことに。で、十七年たっちまうという小説なの」。だから「とんでもない」のだと。なぜなら古井にとって、「小説っていうのは、だいたい葛藤を書くもんだと相場が決まっている」からだ。インポテンツなら悩まなければいけない、悩みがなければ文学ではない、こういうわけである。それならバイアグラを飲んで悩んでみせた島田は、古井的には極めて正しいということになるだろう。しかしこうした文学観は、いかにもモダンな考え方なのではないか。近世までの文学に、インポテンツに悩んだ痕跡が希薄だとすれば、なおさらである。

同じ作家のバイアグラ体験でも、次の例は少しばかり趣を異にする。バイアグラ発売直後（一九九八年、日本では承認前）の野坂昭如（一九三〇～二〇一五）と中島らも（一九五二～二〇〇四）の対談である。「野坂　僕はそのバイアグラをいまみたいに騒がれるずっと前から飲んでるんですからね。五月にアメリカの友人が面白いクスリだからと送ってくれたんですが、僕はあなたと違ってふだんからちゃあんと勃起するから必要ない。なんてくだらないクスリだと」。「中島　先生、見栄張ってるでしょう」。「野坂　張ってません」。同時期に書かれている『妄想老人日記』を信じるなら、野坂は確かにバイアグラを飲まずに女性と事を成し遂げている。一方、インポテンツに陥った経験を告白した中島らもは、次のように主張する。「中島　だけどね先生、インポテンスの側から言わせてもらいますと、好きな人と一緒にいるのに勃たない、挿入できないっていうのはものすごく辛いものなんですよ、やっぱり。男女の最終的なかたちとして入れなければ、という何か強迫観念のようなものがあるんです。セックスへの妄執なのかもしれませんけどね」。「野坂　それはセックスと言うより、性行為、入れたり出したりする生殖行為への妄執でしょ。セックスというのはそんな単純なものではありませんよ。やっぱり、男と女の間には深くて暗い河があって、渡れない、でも渡りたい。渡る手段はセックスだけじゃない、そのために言葉を交わしたり、見つめ合ったり、いろいろなことをする。入れたり出したりもそのひとつにすぎないのであって、何も勃たないのを無理に入れることはないんです。口づけしたり、抱き合ったり、いや一緒に寄り添ってるだけだっていい。それもまたセックスなんですよ」。これに対する中島の反応は、「先生、バイアグラ飲んだら急にロマンチストになられたみたいですよ」。「野坂　僕は本来、恐怖のロマンチストなんです」。

野坂の日記にはこういうくだりもある。「一九九八年六月五日　バイアグラをながめるうち、アメリカのクスリ文化を考える。鎮痛剤、二日酔いの薬、このところ爆発的に普及している抗鬱剤、そしてインポ治療薬」。このことについては対談でも語られていて、「野坂　男と女の間に、血液を何倍にとか、そんな機械的なものを持ち込む発想はどうかしてますよ。そりゃ結果的には救われた人もいるのだろうし、クスリ自体を否定はしませんが、そんな発想をする国はやっぱりおかしい。［……］これは賛同していただけるでしょう」。「中島　悪いんですけど、やっぱり反対ですわ（笑）。というのは俺、人間というのはじつに機械的なものだと考えているんです。これは四十歳くらいで鬱病になったときの経験からきてるんですが、当時、それはひどい症状でね。ところが精神科に通って、クスリをもらって毎日飲んでいると、十日目くらいから効き目が表れているのが自分でもわかるんですよ。心の病いだったはずなのに、クスリでじわっじわっと治っていく。そのとき、人間ってこんなに機械的なものなのかという思いを非常に強く持ったんです。だからセックスだって、機械的に考えていいと俺は思っています。バイアグラでもなんでも、それで問題が解決するならおおいに結構やと」。これに対して野坂は、「そうまでおっしゃるならあなた、これできますか？」と右手の人差指・中指・薬指を素早く動かし始める。「野坂　これが僕のバイアグラですよ。右手一本で三箇所をいっぺんに、大陰唇小陰唇クリトリス、大陰唇小陰唇クリトリス……。もし勃たなくなったって俺はね、あんたみたいにバイアグラの世話にならなくても、これ一本で女とやれるんだよ。そんなふにゃふにゃふにゃふにゃした指でこれ、できるかってんだよ、え？」。「中島　何がロマンチストや」。

バイアグラを「機械的」だと言う野坂発言は、本書で幾度も紹介されていたバイアグラ批判に通じるところがあるが、それに対してむしろ人間の「機械」性を突き詰めたいと言う中島の反応は、ポスト・バイアグラ時代ならではの発想として大いに評価できる。だがそれにしても、自身インポテンツを素材にした作品を山と書いてきた作家の発言とは思えない野坂のロマンチストぶりと、その右手機械にこそ、近世以前の日本にインポを悩んだ痕跡がない（本当？）理由を解く鍵があるのではないか、という妄想に誘われるのだが、さて如何だろうか。

◆参考文献

井原西鶴『好色一代男』岩波文庫、二〇〇三。

島田雅彦「面子――やがて悲しき、バイアグラ」、『朝日新聞』二〇〇三年一一月一五日付朝刊（のちに「バイアグラ――勃起不全すなわち不能ではない」と改題して『快楽急行』朝日新聞社、二〇〇五、に収録）。

『新撰犬筑波集』（『新潮日本古典集成』七七）、新潮社、一九八八。

『世界大百科事典』日立デジタル平凡社、一九九八。

丹波安頼『医心方』槇佐知子全訳精解、筑摩書房、巻一三「虚労篇」二〇一〇、巻二八「房内篇」二〇〇四。

「日本史上もっとも切ない日記（性的な意味で）」、ブログ『とらっしゅのーと』二〇一一年四月二三日（trushnote.exblog.jp/15339068）

野坂昭如『妄想老人日記』中公文庫、二〇一〇（初出『新潮45』新潮社）。

野坂昭如、中島らも「うれしはずかしバイアグラ――六七歳絶倫と四六歳不能が、飲んで勃てて激論！」、月刊『現代』一九九八年一〇月号、講談社。

平賀源内「痿陰隠逸伝」、「風来六部集」上、『風来山人集』（『日本古典文学大系』五五）、岩波書店、一九六一。

服藤早苗『平安朝の女と男』中公新書、一九九五。

『扶桑略記』（『新訂増補国史大系』一二）、吉川弘文館、一九九九。

古井由吉、田中康夫『フェティッシュな時代』トレヴィル、一九八七。

矢野貫一「淫喩辞彙」、季刊『文学』一九九九年夏号、特集「表象としての春本」、岩波書店。


――――※――――※――――※――――

今回も、訳者の知識の及ばない点について、多くの方々からご助言をいただいた。ここにお名前を挙げることは控えるが、心からの謝意を表したい。また本書で参照されている文献の邦訳を、大いに参考にさせていただいた。訳文をそのまま借用させていただいた場合も多い。ここに謝して御礼申し上げる。

[著者紹介]

アンガス・マクラレン
（Angus McLaren）
歴史学者．カナダ屈指の名門ビクトリア大学教授を経て，現在，同大学名誉教授．1942年，カナダ・バンクーバー生まれ．ハーバード大学で博士号を取得．専門は，セクシュアリティに関する歴史学で，世界的にその名が知られている．2007年，カナダの政府機関である芸術評議会から，人文社会科学分野で最も優れた功績をあげた研究者として「モルソン賞」が授与されている．また本書で，性科学分野で最も優れた研究書に与えられる「ボニー＆ヴァーン・バロー賞」（2007年，セクシュアリティ科学研究財団）を受賞．
邦訳書に『性の儀礼――近世イギリスの産の風景』（荻野美穂訳，人文書院，1989）があるほか，『生殖の儀式――16～19世紀イギリスにおける生殖能力への理解』『避妊の歴史――古代から現代まで』『男らしさ裁判――1870～1930年における男女の境界線の取り締まり』『20世紀のセクシュアリティ――1つの歴史として』など多数の著書があり，世界各国で翻訳出版がなされている．

本書の原書を手にする著者

[訳者紹介]

山本規雄（やまもと・のりお）
1967年，東京都生まれ．出版社等勤務を経て，現在，翻訳業・編集業に携わる．主な訳書に，『体位の文化史』（共訳，作品社，2006），『オルガスムの歴史』（作品社，2006），『乱交の文化史』（作品社，2012），『〈同性愛嫌悪（ホモフォビア）〉を知る事典』（共訳，明石書店，2013），『緊縛の文化史』（すいれん舎，2013），『性の進化論』（作品社，2014），『［図説］“特殊性欲”大百科』（作品社，2015），他．

性的不能の文化史
"男らしさ"を求めた男たちの悲喜劇

二〇一六年八月一〇日 第一刷印刷
二〇一六年八月二〇日 第一刷発行

著　者　アンガス・マクラレン
訳　者　山本規雄

発行者　和田　肇
発行所　株式会社 作品社
〒一〇二-〇〇七二
東京都千代田区飯田橋二-七-四
電話　（〇三）三二六二-九七五三
FAX　（〇三）三二六二-九七五七
振替口座〇〇一六〇-三-二七一八三
http://www.sakuhinsha.com
組　版　ことふね企画
装　丁　伊勢功治
印刷・製本　シナノ印刷㈱
落丁・乱丁本はお取替えいたします
定価はカバーに表示してあります

ISBN978-4-86182-589-7 C0022

◆異端と逸脱の文化史◆

オルガスムの科学

性的快楽と身体・脳の神秘と謎

The Science of Orgasm

バリー・R・コミサリュック
カルロス・バイヤー＝フローレス
ビバリー・ウィップル

福井昌子 訳

その瞬間、身体と脳では、何が起こっているのか？

オルガスムへの認識を一新させた、性科学研究の世界的名著——
その神秘を追及することは、
身体-脳システムと意識の謎に迫ることである。

米・性科学研究財団「ボニー賞」受賞

「性的快感に関して最新の科学的な理解を集約した素晴らしい一冊」
『米国医師会誌』

「人間のセクシュアリティ研究の古典となることは間違いない」
ヒルダ・ハッチャーソン博士（コロンビア大学医科大学院）

「なぜオルガスムは気持ちよいのか？ 男と女とは違うのか？ 性感帯によって感じ方が異なるか？ 本書を読んで、多くの疑問を解消した。本書は、性的快楽への認識だけでなく、人生観までも変えてしまう一冊である」
ヘレン・フィッシャー（『愛はなぜ終わるのか』著者）